新型工业化
及其实施路径研究

New Industrialization
and its Implementation Path

史丹　等著

中国社会科学出版社

图书在版编目（CIP）数据

新型工业化及其实施路径研究／史丹等著．—北京：中国社会科学出版社，2023.11

ISBN 978－7－5227－2871－1

Ⅰ.①新…　Ⅱ.①史…　Ⅲ.①工业经济—经济发展—研究—中国　Ⅳ.①F424

中国国家版本馆 CIP 数据核字(2023)第 242749 号

出 版 人　赵剑英
责任编辑　张　潜
责任校对　杜　威
责任印制　王　超

出　　版　中国社会科学出版社
社　　址　北京鼓楼西大街甲 158 号
邮　　编　100720
网　　址　http://www.csspw.cn
发 行 部　010－84083685
门 市 部　010－84029450
经　　销　新华书店及其他书店

印　　刷　北京明恒达印务有限公司
装　　订　廊坊市广阳区广增装订厂
版　　次　2023 年 11 月第 1 版
印　　次　2023 年 11 月第 1 次印刷

开　　本　710×1000　1/16
印　　张　41.5
插　　页　2
字　　数　658 千字
定　　价　198.00 元

目　　录

总论篇

第一篇 数字经济、新型工业化与产业结构优化

第二篇　产业融合与经济体系优化升级

第三篇 新型工业化与产业链现代化水平

第四篇　新型工业化与绿色低碳发展

总 论 篇

第一章

新型工业化理论意义与实践意义

新中国成立后，中国共产党带领中国人民开启了工业化的征程，改变了中国，改变了世界。中国由过去一穷二白落后的农业国跃居为工业规模世界第一的工业大国，GDP 赶超除美国之外的所有工业发达国家，实现党的第一个百年奋斗目标。进入新时代以来，党中央坚持发展实体经济，提出推进新型工业化的时间表，到 2035 年中国基本实现新型工业化。在中国业已建成完整的工业体系成为世界第一工业大国和世界第二大经济体的条件下，提出推进“新型工业化”这一理论命题和实践要求具有新的时代内涵和新的战略任务。深入研究新型工业化的内涵和战略任务对于社会主义现代化强国建设具有重大意义。

第一节　新型工业化提出的实践基础与时代背景

任何一个理论问题的提出都离不开实践经验，任何一个理论的形成都离不开时代背景。始于 18 世纪后半叶的工业革命开启了人类工业化的历史进程，开启了人类历史上生产力快速发展的新篇章，经济发展已远超人类之前历史上任何时代，创造了巨大的物质财富。先后发生工业革命的国家如英美日德都已成为世界大国。由于错过了前两次科技和产业革命的机遇，直到近代，中国的人均 GDP 仍处于较低水平，甚至在帝国主义侵略下沦为半殖民地半封建社会，长期的动荡造成经济发展水平倒退。新中国成立之前，中国人均 GDP 甚至低于 19 世纪的水平。[①] 新中国成立后，通过实施重工业优先发展战略，建设以“156 项重大工程”为代表的工业项目，在较短的时间内基本建成较为完整的工业体系。改革开放后，中国又进一步发挥劳动力丰富、工资水平低的比较优势，加入全球分工网络，实现了劳动密集型产业的高速增长，成为世界重要的加工制造基地。自 2010 年以来，中国持续保持世界第一工业大国和制造业大国的地位。工业成为推动中国经济增长的重要动力，人均 GDP 从 1952 年的 569 美元（1990 年国际元）快速提高到 1978 年的 978 美元和 2003 年的 4803 美元，2021 年人均 GDP 达到 1.2 万美元（根据国家统计局发布的数据按年平均汇率换算）。根据世界银行的数据，2021 年中国制造业增加值占全球的 30.3%，制成品出口占全球的 20.3%，GDP 占全球的 18.4%。

新中国成立 70 多年来，党对如何结合国情和国际环境的变化推进工业化进行了富有成效的探索，并形成了宝贵经验，对工业化作用的认识逐步走向深化和系统全面。工业化的经验经历了从“以钢为纲、重工业优先发展”到“工业现代化”再到“新型工业化道路”几次升华，最终形成新时代“新型工业化”这一新的理论命题和实践要求。

一　新型工业化的实践基础

百年以来，中国共产党立足中国国情，坚持一切从实际出发，领导人民成功走出工业现代化道路，取得了举世瞩目的成就，打破了“现代化就是西方化”的迷思，充分表明世界上既不存在定于一尊的现代化模式，也不存在放之四海而皆准的现代化标准，在推进工业现代化方面形成了独有的宝贵经验。

早在新民主主义时期，毛泽东同志指出，“中国落后的原因，主要是没有新式工业”。强调了工业现代化的重要性。1945 年，毛泽东在《论联合政府》中指出，“没有一个独立、自由、民主和统一的中国，不可能发展工业”。强调了国家存亡、民族解放与工业发展的关系。新中国成立

---

① 李翀：《论中华民族 70 年的民族复兴之路》，《中山大学学报》（社会科学版）2019 年第 5 期。

后，把工业化放在经济建设的首位。1954 年全国人民代表大会首次正式和完整地提出“四个现代化”，明确要“建设起强大的现代化的工业、现代化的农业、现代化的交通运输业和现代化的国防”。1975 年第四届全国人民代表大会第一次会议上明确提出了实现“四个现代化”目标的两个步骤：第一步，在 1980 年以前，建立一个独立的比较完整的工业和国民经济体系；第二步，在 20 世纪内，全面实现农业、工业、国防和科学技术的现代化，使中国国民经济走在世界的前列。采取的主要政策措施是致力于建设独立、完整的工业体系，确定以重工业为发展重点，轻重工业协调发展。实施一批重点建设项目，推进工业体系建设。“自力更生为主，争取外援为辅”，在国防领域、尖端科技领域和重要资源领域，强调要把主导权掌握在自己手里。

改革开放后，中国对“现代化”提出了更加务实的目标与举措。1979 年 3 月，邓小平同志明确提出了“实现中国式的现代化”的概念。他将“中国式的现代化”形象地描述为“小康之家”“小康状态”，并确定了具体的量化标准，即到 20 世纪末人均国民生产总值 1000 美元。党的第十二次全国代表大会上，将“逐步实现工业现代化”作为“把中国建设成为高度文明、高度民主的社会主义国家”进阶目标的重要保障。在此阶段，党中央把人民生活富裕作为奋斗目标，大力解放和发展社会生产力，推动工业现代化建设，坚持改革开放，确立了“以经济建设为中心”的基本路线。积极融入世界分工体系；将科技创新作为第一生产力；促进工业化和信息化的融合；提出走新型工业化道路。

党的十八大以来，世界正处于百年未有之大变局，新一轮科技革命和产业变革崛起，工业发展困难较多、转型升级制约较大，在前期工业化遗留的各种问题和阶段性难题没有解决的情况下，又面临中美贸易摩擦、排华产业链加速形成等新的严峻考验。中国工业发展机遇与挑战并存，工业现代化的任务艰巨而紧迫。党中央审时度势，做出中国经济由高速度转向高质量发展的重要决策，习近平总书记提出高质量发展是第一要务的重要指示，提出了“五大发展理念”，构建国内大循环与国际大循环的相互促进的新发展格局新部署新要求。在实现了第一个百年奋斗目标之后，党的十九大进一步提出现代化强国的建设目标，即“从二〇二〇年到二〇三五年，在全面建成小康社会的基础上，再奋斗十五年，基本实现社会主义现代化”，到21世纪中叶，“把中国建成富强民主文明和谐美丽的社会主义现代化强国”。党的二十大进一步明确了2035年中国发展的总体目标，包括人均GDP达到中等发达国家水平，高水平科技自立自强，居民人均可支配收入再上新台阶，碳排放达峰后稳中有降，生态环境根本好转。从这一角度来看，新型工业化是高质量工业化，是由工业大国向工业强国转变的工业化。根据国家统计局和世界银行数据，2021年，中国制造业增加值达到31.4万亿元，占全球比重接近30%，连续十二年位居世界第一制造业大国。制造业规模已经超过了美国、日本、德国的总和，220多种产品产量位居世界第一。中国拥有41个工业大类、207个工业中类和666个工业小类，是全世界唯一拥有联合国产业分类中所列全部工业门类的国家。重大成果竞相涌现，5G、高铁、核电、航天等重要领域跻身世界先进行列。一批优质企业和国产品牌脱颖而出。总体而言，中华民族伟大复兴的历史进程已经势不可挡，形成了人心所向、不可逆转的历史大势。在建成社会主义现代化强国进程中，工业仍然是推动经济增长、保障物质文明供给、带动其他产业升级、应对系统冲击、促进科技创新的关键力量。

二 新型工业化的国际背景

一是以不同于以往的新一轮科技革命和产业变革正在深入影响人们的生产与生活方式，传统的工业组织形成和产业分工体系正在解构。随着数字科技、生命科学、新能源、新材料、空天海洋、先进制造等领域技术的梯次成熟、应用、扩散和融合，技术迭代频率加快，不同学科、不同领域的技术出现多重交叉融合，跨学科、跨领域的集成创新越来越多，催生新产品（新服务）、新模式、新业态，对制造业的传统模式及发展方式带来挑战。另外，大数据、物联网、云计算等新一代信息技术与制造业深度融合，推动制造模式发生深刻变化，产业链价值链创新链出现分化重组，不仅会形成全新的产业，而且使既有产业在生产要素、生产方式、生产组织、业务流程、空间布局、商业模式、价值形态等方面发生深刻变革，进而影响全球产业格局发生重大改变。随着中国经济发展水平的提高、人口结构的改变，中国工资水平已经远远高于东南亚、南亚、非洲、拉美等地区的低收入发展中国家。中国生育率不断下降，每年新增劳动人口已经出现负增长。中国在劳动密集型产业以及产业链劳动密集型环节的竞争力正被削弱。此外，数字技术的广泛应用，数字要素将对劳动力替代，对劳动比较优势形成较大的冲击，影响发展中国家尤其是中国在全球产业链中的重要性。新型工业化就是要适应新一轮科技革命的趋势，重构中国发展竞争力，进一步发挥知识、技术、人力资本、数据等高级生产要素对产业发展的作用。

二是全球政治经济格局发生深刻变化。当今世界正经历百年未有之大变局，虽然全球化仍然是主流，但是由于国际力量发生深刻调整的冲击，单边主义、保护主义、霸权主义、强权政治对世界和平与发展威胁上升，逆全球化思潮上升，世界进入动荡变革期。由于不甘于“东升西降”特别是“中升西降”，美西方国家采取加征关税、高技术产品断供、市场封闭、限制人才流动等多种手段对中国高技术产业和战略性新兴产业发展进行打压遏制。发达国家重新认识工业在支撑创新、吸纳就业、促进增长等方面的重要作用，推出一系列振兴制造业的法律和政策，全球竞争大于合作的态势正在形成。近年来，全球制造业已形成多强并存、多区域发展、多元共治的新格局，全球产业链在重大地缘政治以及公共卫生事件的催化下加速重塑，很多国家意识到在特定地区集中生产、缩减库存等提升效率方式的脆弱性，更加关注安全稳定和产业链韧性，采取措施保障关键领域供应链安全，产业链供应链多元化、分散化、区域化趋势明显。

三是节能减碳应对气候变化成为全球共识。随着收入水平的提高，中高收入国家的居民更加重视优美的生活环境，中低收入水平的发展中国家也意识到不能走发达国家走过的“先污染后治理”的道路。在应对气候变化方面，世界大多数国家都签署了《巴黎协定》，做出减少化石能源消耗和温室气体排放的承诺，中国和许多发达国家制定了碳达峰碳中和的时间表。新型工业化是中国应对气候变化对改变传统工业发展模式的客观要求，也是为构建人类命运共同体贡献的中国方案。

三 国外工业化理论与发展

工业化理论主要研究经济活动在工业部门和其他部门间的重配过程，以及该过程对一国或地区经济发展产生的影响。对于发展中经济体而言，如何将农业经济体转变为工业经济体，从而实现追赶发达工业经济体的目标；对于发达经济体而言，如何持续保持其工业国的领先地位，并通过结构变迁支撑其经济长期可持续发展，都是工业化相关问题研究的出发点。综合来看，国外工业化相关研究可分为工业化阶段划分与测度研究、工业化影响因素研究、工业化经济效应研究等几大领域。

（一）产业结构演变规律

早期工业化理论主要研究工业化阶段的划分，主要依据是产业结构和就业结构的变化。17 世纪，英国经济学家威廉·配第在描述经济发展过程中三大产业之间的关系时得出产业结构的一般演进。科林·克拉克在配第研究结论的基础上，进一步揭示在经济发展过程中各产业部门结构变化的一般规律，即随着经济的发展，劳动力首先由第一产业向第二产业转移，再从第一产业、第二产业向第三产业流动。这种劳动力转移的趋势被称为“配第—克拉克定理”，是最重要的早期工业化基础理论之一。19 世纪，马克思在其著作《资本论》中认为国民经济各个产业之间需要保持一定的比例关系，这是社会大生产的客观必然性。在社会大生产的背景下，生产资料只有在工业部门按照合理比例配置，才能保持工业部门与其他部门之间关系的协调，充分发挥各种生产要素功能，有效利用社会总劳动，保障国民经济协调发展。20 世纪早期，德国经济学家霍夫曼对重工业化进行了开创性研究，提出了工业化阶段理论，也被称作“工业化基本法则”，揭示了工业化进程中工业结构演变的普遍规律：资本品工业稳步上升。当然，霍夫曼的研究仅仅适用于工业化过程中重工业化阶段的结构演变规律，对工业化中后期和后工业化发展阶段服务业比重上升的解释力度有限。第二次世界大战结束后越来越多的国家开启了工业化进程，这为工业化理论研究提供了大量经验数据，同时也提出了紧迫的要求。罗斯托在《经济成长的阶段》一书中将经济成长划分为六个阶段：传统社会阶段；为起飞创造条件的阶段；起飞阶段；向成熟推进阶段；高额群众消费阶段；追求生活质量阶段。其中，第三阶段意味着工业化的开始，在所有阶段中是最关键的阶段，是跳出“贫困的恶性循环”、越过“低水平陷阱”的分水岭。

（二）工业化的要素理论

在早期研究的基础上，学者们开始运用宏观理论与实证计量等工具进一步剖析工业化的各种影响因素。其中，包括技术、资本、劳动等。经济发展事实表明，一国或地区的工业化过程是众多影响因素共同作用的结果，但在市场经济条件下，工业化过程演进主要由消费者的需求行为和厂商的供给行为共同决定。技术进步、资本深化、投资需求与对外开放等因素都会对工业化进程产生重要影响。

1. 劳动力二元结构理论

20 世纪中期，刘易斯（1954）构建了二元经济框架，他认为发展中国家存在两大经济部门，即以制造业为中心的现代部门和以手工业为主的传统部门。二元经济理论的核心问题是传统部门的剩余劳动力向现代工业部门和其他部门转移，这一过程是通过工业化的生产方式带动社会化的分工协作，推动传统社会向现代社会转变。在继承克拉克研究成果基础上，库兹涅茨（1966）对各国产业结构变化与经济发展的关系进行了深入考察，总结了国家产业结构的变迁过程：农业所占比重下降，服务业所占比重上升，而工业所占比重则呈现出先上升后下降的“驼峰”特点。这也被称为产业结构转型的“库兹涅茨事实”。钱纳里和塞尔昆（1988）是早期工业化研究的集大成者，他们的主要观点包括：劳动力的转移主要发生在农业和服务业之间，工业相对稳定；结构转变可以分为初级产品生产阶段、工业化阶段和发达经济阶段；实行不同发展战略的国家结构转变的时间、顺序、速度均不同，各要素对增长的贡献也不相同；不同国家的结构转变没有统一的模式等。

2. 鲍莫尔成本病

由技术进步推动的产品相对价格变化是影响工业化进程的重要力量。Baumol（1967）发现，部门技术异质性导致部门产出非平衡增长，进而引起部门产品的相对价格发生变化，在产品替代弹性不等于单位值的情况下，消费者因产品相对价格变化而调整的产品需求量无法匹配因技术异质性引起的产出变化量，进而导致经济资源在不同部门间转移。劳动生产率增长率差异将导致停滞部门对于先进部门的相对价格或相对成本无限上升，即出现所谓的“鲍莫尔成本病”现象。工业因为其高于农业和服务业的生产率，吸引资源进入不断深化工业化进程。Ngai 和 Pissarides（2007）从 TFP 增长率差异视角重新刻画了鲍莫尔的思想，其不仅给出了相对价格变化驱动工业化进程的作用机制和经济直觉，而且还得出了工业化结构变迁与总量平衡增长可以并存的结论。值得强调的是，他们所得出的结论是在中性技术进步以及技术进步率恒定的条件下获得的，如果进一步考虑非恒定技术进步率和有偏技术进步的影响，那么相对价格变化驱动工业化进程的作用渠道和结论将被拓宽或改变。

3. 资本深化效应

除了劳动生产率增长率差异或 TFP 增长率差异之外，资本深化与要素密集度差异也可以通过相对价格效应驱动工业化进程。一方面，Acemoglu 和 Guerrieri（2008）认为，资本深化与资本产出弹性异质性引起的要素密集度差异会导致资本密集部门的相对产出不断上升，进而导致其相对价格不断下降，在产品替代弹性小于 1 的情况下，生产要素将向劳动密集部门转移。由资本深化和资本产出弹性异质性驱动工业化的路径通常被命名为“资本深化效应”。此外，由于 Acemoglu 和 Guerrieri（2008）模型中的部门要素密集度始终保持不变的假设与美国工业要素密度不断变化的事实不一致，Liu（2012）将动态要素密集度（或动态收入份额）纳入该文的两部门增长模型内，进一步深化了对“资本深化效应”的认识。另一方面，Alvarez-Cuadrado 等（2017）指出，资本深化与要素替代弹性异质性引起的要素密集度差异会导致要素替代弹性较低部门的相对成本和相对价格不断上升，进而通过相对价格效应推动生产要素的跨部门转移。值得指出的是，资本深化与要素替代弹性异质性还会形成一种名为“要素再平衡效应”的新机制，即代表性企业面对生产要素的相对价格变化（由资本深化引起）时，其对资本和劳动的最优配比的调整灵活度不同也会导致生产要素跨部门转移，甚至引起同一部门内的资本比重与劳动比重呈反方向变化。

4. 投资需求

投资需求对工业化的影响依赖于最终消费和最终投资内部的增加值构成存在差异。鉴于发展中经济体在其工业高速增长过程中存在着投资率先上升后下降的倒 U 型变化事实，Garcia-Santana 等（2016）首次考察了投资需求变化对工业化的影响。在最终消费和最终投资内部的增加值构成存在显著差异的情况下，投资率变化将改变不同部门的增加值产出的相对需求，进而引发生产要素跨部门转移。值得指出的是，Garcia-Santana 等（2016）考察的是扩展边际层面的投资需求变化对工业化的影响。

与他们形成鲜明对比的是，Herrendorf 等（2018）通过构建包括消费结构变迁和投资结构变迁的统一模型，考察了集约边际层面的投资需求变化对工业化的影响。在平衡增长路径上，经济体的投资率将保持不变。因此，扩展边际层面上的投资需求变化对工业化不产生影响，然而最终投资内部的投资增加值比重的变化会推动部门就业比重的变迁。扩展边际和集约边际层面的投资需求变化对工业化的影响并不是相悖的，二者反映的是投资需求变化驱动结构变迁的两条具有互补关系的传导路径。

5. 国际需求

开放经济条件下的国际需求变化也是驱动工业化的重要力量之一。相对于封闭经济环境下的研究而言，开放经济条件下的研究不仅丰富了工业化的影响因素及其作用机制的认识，而且在一定程度上改变了封闭经济环境下的相关结论。不同于封闭环境下的相对价格效应会驱动技术进步率较快的制造业部门的就业比重不断下降的判断，Matsuyama（2009）发现，开放环境下的相对价格效应会导致制造业的就业比重呈倒U 型变化规律。因为高效率的制造业会在国际分工中形成比较优势，所以国际社会对一国制成品的需求会推动该国制造业部门的快速扩张；但当该国的制造业产能超过其他国家对制造业产品的出口需求时，制造业的就业比重会向其他部门转移。在 Matsuyama（2009）的启发下，Uy 等（2013）、Betts 等（2017）从生产率差异和贸易成本冲击视角考察了国际贸易对韩国工业化演进的影响。在开放经济条件下，国际贸易会通过传统的相对价格效应和收入效应两条渠道推动工业化进程。数值模拟发现，相对于封闭环境而言，国际贸易的引入可以很好地拟合韩国三次产业的结构变迁过程。此外，Teignier（2018）进一步从比较优势和产业保护政策视角讨论了对外开放环境下的韩国工业化升级过程。

（三）工业化的经济效应

近年来，随着多部门经济增长模型的不断完善，学者们不仅深化了对工业化的含义及其动因的理解，还进一步深入探讨了工业化带来的各种经济效应，即对经济增长、劳动生产率、经济周期等产生的影响。

1. 工业化对经济增长的影响

新古典增长理论认为，在完全竞争市场条件下，自由流动的生产要素获得了效率报酬，各部门之间不存在生产率差异，生产要素的跨部门转移并不会影响总量经济增长。因此，在分析和解释一国或地区的经济增长过程中并不需要考虑工业化的影响。Kongsamut 等（2001）首次在包含非位似 Stone-Geary 偏好的多部门增长模型内获得了工业化推动的结构变迁与总量平衡增长可以并存的结论。然而，不同于经济增长理论将工业化视为经济增长的“副产品”，发展经济学始终认为工业化是推动经济增长的重要力量之一，且工业化对经济增长的影响存在阶段性特征。Echevarria（1997）在一个动态一般均衡模型内考察了工业化与经济增长之间的关系，其动态一般均衡模型包含了非位似效用函数和存在生产率差异和要素密集度差异的部门生产函数。通过数值模拟发现，由收入效应和相对价格效应引起的工业化结构变迁能在很大程度上解释总量经济的“驼峰型”增长事实，即贫穷国家的经济增长率最低，中等收入国家的经济增长率最高，而高收入国家的经济增长率位于中间水平。换言之，工业化将导致总量经济增长率先上升后下降。

2. 工业化对劳动生产率的影响

早期研究认为，劳动生产率的差异主要由技术进步差异或技术扩散差异引起的。然而，工业化进程推动的跨部门转移也是影响总量劳动生产率差异的重要原因。Foellmi 和 Zweimuller（2008）在多部门经济增长框架下发现，由于总量劳动生产率为部门劳动生产率的加权平均值，生产要素的跨部门转移将导致总劳动生产率发生变化。具体而言，在部门劳动生产率存在差异的情况下，生产要素由低生产率部门向高生产率部门的转移将导致总量劳动生产率不断上升；反之，生产要素由高生产率部门向低生产率部门的转移将导致总劳动生产率不断下降。Duarte 和 Restuccia（2010）在一个三部门静态一般均衡模型内考察了工业化对总量劳动生产率的影响，并从结构变迁视角解释了 1956—2004 年间的 29 个样本国家间存在的总量劳动生产率的差异。其研究发现，穷富国间农业和服务业的劳动生产率水平及其增长率差异要大于制造业，这意味着，在工业化过程中，劳动力由农业部门向制造业部门的转移将导致穷国的总劳动生产率对美国的赶超；而劳动力由制造业向服务业的转移将导致穷国的总劳动生产率相对美国的进一步落后。工业化对总劳动生产率的影响不仅体现在国际比较上，而且也体现在一国或地区的自身发展过程中。

3. 工业化对经济周期的影响

在经济增长过程中，经济体的总产出、总收入和总就业一般存在着扩张和收缩交替或周期性波动的特点，这种现象被称为经济周期或商业周期。关于工业化与经济周期之间的关系，早期研究存在一定的争议。Lilien（1982）认为，如果劳动力由一个行业转移到另一个行业需要花费一段时间，那么经济资源的跨部门转移时期正好也是劳动力的失业时期。因此，二战以后的美国经济周期可以被描述为劳动力在工业化进程中的再平衡时期，这种再平衡可以用不同部门层面的劳动增长率波动来度量。然而，Abraham 和 Katz（1986）认为，Lilien（1982）关于劳动增长率波动与失业率之间的正相关性并不能视为工业化对经济周期的重要影响，这种正相关性可能仅仅是因为各部门对总冲击的反应程度各不相同，而且职位空缺数据也支持冲击性解释而不是部门转移性解释。工业化即使不是经济周期形成的原因，仍然可能对经济周期产生影响。如果工业部门层面的增加值波动存在差异，那么总产出的部门构成将是经济周期的一个潜在的重要决定因素。Da-Rocha 和 Restuccia（2006）发现一国或地区的农业和工业之间存在着较大差异，尤其是农业部门比工业部门的波动性更高，而且农业部门具有逆周期就业现象。该现象意味着具有较大农业部门的国家或地区将具有更高的产出波动性和更低的就业波动性，而且也意味着各国的经济周期属性将随着经济的工业化过程而逐渐收敛。

四　世界工业化发展的新趋势

随着新一代科技革命和新产业变革的深入演进，世界经济发展中的高端化、数字化、网络化、智能化、绿色化趋势日益明显。以数字技术为主导的新产业群的兴起，使新材料、新能源、人工智能等技术成为世界经济发展的巨大推动力量，改变了传统经济的增长方式，极大地推动了人类社会向数智化时代迈进。与此同时，绿色化日益深入人心，世界各国在总结传统工业化造成生态环境破坏，从而危及人类生存的教训基础上，提出了绿色化原则，强调在生态环境保护和资源有效利用的基础上来实现可持续的工业化。数字化、网络化、智能化和绿色化的趋势不仅改变了世界工业化的生产方式，而且使得世界工业化从传统工业时代的旧工业化向新工业时代的工业化转变。

（一）全球产业链呈短缩化

全球化的演进形成了错综复杂、遍布全球的供应商网络，虽然可以实现高效的交付，但也使脆弱性凸显。即便在新冠疫情暴发之前，不少突发事件已经开始导致许多公司的生产发生了中断，而且给全球生产带来影响的冲击正变得越来越频繁与严重。数智技术的发展，使劳动力成本的重要性相对下降，为制造业向发达国家回迁创造了条件，麦肯锡的报告显示，过去十年里，基于劳动力成本套利的全球贸易额一直在下降，全球价值链的知识密集度变得越来越高，也越来越依赖于高技能劳动力。

（二）更重视供应链韧性

疫情发生后，各国相继出台不同程度的人员和商品限制措施，劳动力和商品自由流动也会受到相当影响，供应链中断促使各国审视其供应链的脆弱性，在产业链的生产、库存、物流、员工安全、信息技术等各环节都有多元化保障的现实需求。欧美国家可能会在本土启动与吸引必要的工业化项目，减少对外依赖。除此之外，还将在全球谋求供应链多元化，减少对单一国家的依赖。同时，疫情使发达国家充分意识到医疗物资和防疫措施的重要性，未来将加快医疗等重要物资的本土化生产。

（三）加快全球产业数智化、绿色化升级

疫情危机提高了数字解决方案、工具和服务的使用，也加速了全球经济数智化转型。各国将进一步发挥数智技术对产业转型升级的支撑和引领作用，加快发展先进制造业、大力发展战略性新兴产业，积极布局未来产业，促使制造业向高端化、融合化、绿色化的产业制高点迈进。

（四）加强数字基础设施及软环境建设

欧美各国将继续加大数字化基础设施的建设，升级互联网和移动通信带宽，发展数字经济、数字金融；促进数据资源整合，开发大数据分析价值，并重视数据安全防护工作；通过知识产权保护激发创新的活力，确保创新成果更快地推广和分享。

（五）加大创新投入催生新的经济增长点

在基础研究和应用研究方面，抓住新科技革命的机遇，加强世界领先的投资，重视先进制造业和投资核心技术的研发项目，以此来提高劳动生产率，降低人力资源成本，继续占领技术创新的制高点。

五　中国关于工业化的研究

新中国的发展史也是一个工业化的历史，新中国成立70多年来，国内研究围绕工业化的战略重点、工业化阶段的判断、新型工业化道路、工业高质量发展、新工业革命等问题，不断进行研究和探索，为中国工业化提供了理论支撑。

（一）关于工业化阶段的分析

中国学者在借鉴钱纳里、赛尔奎等国外学者对工业化阶段划分方法的基础上，不断根据中国国情和世情进行创新，在工业化基础建设阶段、工业大国发展阶段和工业强国发展阶段，都提出适应当时发展要求的工业化阶段划分和评价体系，进一步从评价结果中找到工业化的短板和与发达国家的差距。新中国成立后到改革开放前，中国工业化发展不均衡且速度波动大，但确实在改革开放之前就建立了较为完备的基础工业体系。郑经青（1959）认为在新中国成立头10年里，工业在整个国民经济中的地位发生显著变化，占国内生产总值的比重提高了一倍，新中国正在加速工业化的进程。王思华（1956）提出加速实现国家的社会主义工业化是当时最重要的任务，而钢铁等重工业的发展是奠定工业基础的关键所在。到20世纪80年代，很多研究都提出中国已经初步建立了较为完整的工业体系，特别是基础工业的门类比较齐全，但与发达国家工业化水平的差距仍然非常显著。例如，杨沐和杨世涛（1985）从技术水平、生产效率和工业品附加值水平等角度，比较了中国与发达国家的工业化水平，认为中国的工业化任重而道远。

杜辉（1992）将工业化进程划分为前工业化阶段、一次工业化阶段、二次工业化阶段、超工业化阶段，认为从20世纪90年代初开始，中国开始向二次工业化升级转换。郭克莎（2000）以人均收入水平为主、三次产业结构和工业内部结构为辅来分析工业化进程，2000年前后，中国已经步入工业化中期的上半阶段，但产业结构和工业结构调整较慢，是当时制约工业化持续推进的重要原因。陈佳贵、黄群慧等（2006）提出1995—2004年为中国加速工业化阶段，但先进地区与落后地区之间的工业化差距在不断拉大，2000年以后，工业结构升级代替产业结构调整成为大部分地区工业化的主要动力。

（二）关于产业结构和发展优先顺序问题

不同国家基础不同、资源禀赋不同、国情不同，会选择不同的工业化发展道路。对于中国而言，在不同历史时期，工业化的重点任务有所不同，优先发展的产业部门也存在区别，这不仅反映在对三次产业优先发展的战略选择上，也反映在工业内部轻重工业优先发展的选择上。

新中国成立初期至改革开放前的主要学术观点是：中国第一产业的比重很高，且还没有完全解决温饱问题，经济发展乃至国家安全对农业的依赖性很大，工业化的主要任务除了构建社会主义工业体系，还要大力发展农业生产，提高农业生产效率，这构成了当时工业化研究的基本背景。王思华（1956）认为在新中国成立初期，要优先发展农业，将农业合作化步骤与工业化步骤相适应，工业化是一个艰巨的任务需要很长的时间才能够实现。杨坚白（1959）较早提出了中国推进工业化要处理和协调中央与地方的关系、沿海与内陆的关系、不同产业间发展速度的关系，特别是社会主义建设要在优先发展重工业的条件下，农业的发展和工业的发展要同步。许涤新（1962）从当时的情况出发，提出工业化要以农业为基础，大力发展农业，这不仅是经济问题，更是政治问题，是中国人民群众的根本利益所在。

改革开放后的主要学术观点：在三次产业关系的分析上，工业的主导作用不断增强。冯海发和李溦（1989）认为在 20 世纪 80 年代末中国已经进入工业化第二阶段，在新的发展阶段，农业不再是制约经济增长的主要原因，工业效率的提高是国民经济发展和工业化推进的主要力量，缺少工业的发展和效率提升，农业再难实现无限的要素供给。当然，在 20 世纪 80 年代，中国的粮食问题并没有得到彻底解决，粮食供应仍然实行配给制度，很多学者继续坚持农业的基础作用。例如，梁文森（1983）认为应采取以农轻重为序的工业化道路，多发展一些农业和轻工业，这其实是优先满足人民群众最基本的需求。严瑞珍（1991）认为“先工后农”违背了工农业之间的本质联系，造成了农业的长期落后，破坏了工农业之间的平衡发展。在工业内部，轻工业和重工业孰轻孰重也是研究的重点。武力和温锐（2006）发现，1949—2005 年中国工业化“轻、重”关系发生了三次大的转变：1949—1978 年的求强阶段，表现为“重重轻轻”；1979—1997 年的求富阶段，表现为“农、轻、重”同步发展；

1998—2005 年探索新型工业化道路阶段，表现为政府和企业在轻工业和重工业部门寻求新的增长点。邓宏图等（2018）发现了重工业资本存量比重与全社会的总产出表现为倒 U 型关系，这解释了新中国成立初期、改革开放之后以及在新时期中国工业化不同的轻重比重关系。

（三）关于新型工业化道路的研究

2002 年，党的十六大提出了走新型工业化道路后，学术界对此做了大量研究工作，特别是 2010 年以后的研究在已有成果的基础上有明显的深化和细化。对工业化研究更加系统全面，不仅研究工业部门本身和内部结构的问题，而且研究工业化与城镇化，工业化与信息化，工业化与生态环境，工业化与全球产业分工，技术创新与高质量发展等。

党的十六大报告在全面建设小康社会的目标中明确指出：要力争再用 20 年时间基本实现工业化，从而确立了中国实现工业化的时间表。在当时的背景下，走新型工业化道路的新型有两层含义：一是相对于中国原有的工业化道路是新型的，二是相对于西方发达国家走过的工业化道路是新型的（洪银兴，2003）。新型工业化道路与传统工业化道路的根本区别在于它们是在不同经济结构下的工业化道路，新型工业化道路的实质就是工业化与信息化的互动发展，即信息化带动工业化，工业化促进信息化。江小涓（2002）、任保平（2003）等指出，在中国工业化步入中期阶段，所面临的环境和资源约束问题日益严峻，同时又遇到以信息化为主要内容的科技挑战等时代背景下，新型工业化的核心是可持续发展，而市场化、信息化、城市化、国际化和绿色化是其根本的实现要求。葛守昆和郭敏（2003）认为，新型工业化道路既包含降低物质损耗、加强环境保护、提高科技含量、实现规模效益等内容，也有体制机制改革、增长方式和发展战略调整等方面的要求。

庞瑞芝等（2011）提出了“新型工业化”生产力的概念，认为“新型工业化”生产技术是在既定投入下试图达到最大的工业增加值与最少的环境污染的结合。王燕梅（2011）认为，转变发展方式反映了国家发展战略目标的多元化，就是从单纯追求劳动财富的最大化到追求劳动财富、自然财富、人文财富的综合最大化。按照新型工业化发展思路，对工业发展水平评测也有了新的内容。李廉水（2015）等界定了制造业“新型化”内涵，并构建了“新型化”评价指标体系，研究发现，2003—

2012年中国制造业“新型化”程度不断提高，制造业整体发展态势良好。在全球化背景下，通过国际比较也能够准确和科学地判断中国工业竞争力水平的现状，一些研究得出中国制造业在全球的优势出现调整的结论。戴翔（2015）基于贸易附加值，测算了中国各制造业的显示性比较优势指数，结果表明，中国在全球产业链布局中的现实地位及进一步发展基本上是“依托低端，挺进中端，遥望高端”。

胡吉宏（2020）提出要把加速推动新型工业化作为经济高质量发展的首要任务，这是贯彻习近平总书记关于坚持新型工业化等现代化经济体系的具体部署，是党在十九大针对“贯彻新发展理念、建设现代化经济体系”做出重要部署之后，首次明确提出2035年新型工业化实现的时间点，这是建设现代化经济体系的目标之一，更是建设社会主义现代化国家的基本路径（李永杰，2020）。以大数据、云计算、人工智能等新一代信息技术为核心驱动的高级数字经济时代，开辟了中国特色新型工业化发展的新境界（杜传忠，2020），数字化、网络化、智能化已经成为全球制造业发展的方向（赵姗，2020）。

（四）新工业革命

工业革命是经济起飞和加速发展的重要动力，英国《经济学人》（*The Economist*）杂志在2012年4月刊出以“第三次产业革命”为题的特别报道，引起了国内外对新工业革命的关注和热烈探讨。沿着德国“工业4.0”、美国工业互联网等构想，国内学者不约而同地把新工业革命的核心性质定义为“工业智能化”，贾根良（2016）认为与前几次工业革命的核心是以机器替代工人的体力劳动不同，新工业革命的核心是以人工智能系统替代人类的脑力劳动，以智能制造为核心的工业智能化是工业化的新类型及高级阶段。Balogh（2017）、Kim（2018）等认为新工业革命以智能化、数字化、信息化技术的发展为基础，以新一代信息技术与制造业的深度融合为典型特征，工业智能化时代将成为现实。近年来，人工智能成为产业界讨论的一个焦点问题，更加坚定了学者对新工业革命性质的判断。

新工业革命对工业化和工业部门的发展产生了多方面的影响：一是制造流程的智能化程度快速提升，例如，富金鑫和李北伟（2017）指出工业产品与机器设备能够实现自由沟通，制造工艺根据环境、过程实时优化，提升制造的柔性程度。二是制造范式向个性化大规模定制转变，例如，冯国华（2015）认为基于工业智能化对制造流程的重塑，可以在一条生产流水线上设置全流程的控制程序，以规模化的方式来获得个性化和定制化的产品成为可能。三是新的生产组织形式开始涌现，例如，王如玉等（2018）提出工业的地理空间集聚弱化，虚拟集聚成为新一代信息技术与实体经济深度融合的空间组织新形态，产业集聚呈现出上下游企业主体以任务型合作为出发点，在网络信息空间上企业与企业之间、企业与消费者间的信息耦合度显著增强，在网络空间相聚并形成关联。四是全球工业竞争格局重构，例如，贾根良（2016）指出一国的国际竞争力将日益取决于“资本的智能生产率”；Liu（2017）认为新工业革命可能会加强发达国家在全球制造业分工中的竞争力，依赖低劳动成本优势的国家和企业的竞争力将被削弱。

新工业革命为中国从“工业大国”向“工业强国”的跨越提供了宝贵的机会窗口，能否把握新的历史机遇决定了中国经济增长和工业发展的前景。吕铁等（2012）指出了四个方面的威胁：比较成本优势加速削弱的风险，新兴产业竞争压力增大的风险，技术密集型和劳动集约型行业国际投资回溯的风险，经济增长点断档的风险。他们提出，在新工业革命浪潮中，中国制造业应当努力实现由低附加值向高附加值、由低技术密集向高技术密集、由粗放发展向精益制造、由大规模生产向大规模定制与个性化生产的全面战略转型，显著提升在全球制造业分工中的位势。党的十九大报告进一步提出推动“互联网、大数据、人工智能和实体经济深度融合”，中国正在积极迎接新工业革命的到来。学者普遍对中国把握新工业革命的机遇充满信心和期待，例如，Balogh（2017）认为中国在基于消费者导向型和效率驱动型创新的行业中成为世界领导者，中国支持 R&D 和高技术公司的创新生态系统是有效率的。全球竞争格局的改变使创新和生产率提高变得更为重要，基于这种判断，国内学者系统思考了应对新工业革命的战略选择和政策思路：黄群慧和贺俊（2013）从国家战略角度指出未来中国需要在转型升级战略、全球竞争战略、技术创新战略、产业发展战略、国家信息战略等多方面进行适时调整。吕铁和韩娜（2015）从政策思路角度提出要把基础系统软件的开发和标准的制定纳入顶层设计中，加强关键核心技术攻关和自主品牌建设，大力培养技能工人和高端技术人才，完善落实相关配套政策等具体措施。

（五）“两化”融合

2007年，党的十七大报告提出了“两化融合”概念，通过信息化带动工业化、以工业化促进信息化，这也是新型工业化的重要标志之一。早在20世纪90年代初，乌家培（1993）就已经提出在信息化过程中，工业作后盾，信息业应先导。发达国家先工业化再信息化的路径不适合中国，中国也不可能跳过必要工业化阶段，以信息化代替工业化，须同时推进工业化与信息化，用工业化培育信息化，用信息化促成工业化。冯昭奎（2001）提出21世纪将出现信息技术革命、工业化的进化与新产业文明兴起这三大技术发展潮流，这三大潮流的一个关键就是工业化和信息化的深度融合发展。郭祥才（2003）指出中国新型工业化道路的内在机制是以信息化带动工业化，以工业化促进信息化的双向互动，这是中国区别于发达国家和其他发展中国家工业化的主要特征。谢康和肖静华（2012）认为工业化与信息化融合对中国转变经济增长方式、三次产业结构调整、降低能耗有不同程度的影响，实证研究的结果表明，工业化和信息化融合程度增加1个百分点，人均国内生产总值可以增加0.06%。

从20世纪末开始，中国城市化进程加速，工业化与城市化如何实现协调推进成为学术研究的新的热点，总体上看，大多研究都认为在20世纪末和21世纪头十年，中国主要是依靠工业化带动城市化，2010年前后开始，城市化开始推动工业化的进一步发展。章元和许庆（2012）提出中国通过优先发展城市工业部门来推动工业化并推动经济增长和降低农村贫困有其必然性，城市工业不断创造新的增长点和就业岗位，吸收农村剩余劳动力，另外，贫困地区农户通过进入劳动密集型工业部门，是他们分享工业化成就最简单、最直接的途径，也是摆脱贫困最迅速的渠道。

第二节　新型工业化的内涵特征

一　新型工业化的理论创新

工业化带动了经济的快速增长、生活水平的显著改善，但是由于生产力与生产关系不相适应、人们对工业化规律认识不到位以及技术发展水平约束等因素影响，也产生了多方面的严重矛盾和问题。一是生态环境问题。人类活动必然会改变自然环境。特别是，工业对自然资源的开采、加工和利用，造成对自然生态的破坏、污染物的排放。当工业生产规模比较小的时候，凭借自然界的自我修复能力尚不会造成严重的影响；但是随着工业生产规模的扩大，就出现了生态破坏、环境污染、全球气候变暖等一系列生态环境问题。这已是世界性问题，发达国家对此负有更多责任。在全球工业化进程中，发达国家出现了产业空心化、社会分配不公平，贫富差距加大的问题，一些发展中国家则存在着过早去工业化，导致产业结构早熟，从而陷入中等收入陷阱等问题。中国快速工业化过程中面临着资源消耗过大、生态环境问题的挑战。此外，区域发展不平衡，地区之间经济发展水平和工业化水平差距较大，工业发展对外需依赖过大，在获得全球产业分工效率红利的同时，自主创新的能力受到损害，进入传统工业化后期，产业发展缺乏原始创新支撑，关键核心技术受制于人，成为中国建设社会主义现代化强国这一新发展战略目标的短板和制约。

新型工业化是基于对世界工业化一般规律的认识、新中国成立以来特别是中国改革开放几十年来经济发展经验教训的认识，以及国内发展条件、发展阶段、发展目标与国际环境分析基础上提出的。洪银兴（2003）认为走新型工业化道路具有相对于中国原有的工业化道路新、相对于西方发达国家走过的工业化道路新两重含义，新型工业化也具有新的内涵和特征，是在新发展理念指导下对经济发展模式的新探索，既不同于中国历史上也不同于发达国家走过的经济发展模式。

二　新型工业化“新”在何处

由于新一轮科技革命和产业变革引发的技术—经济范式转变，特别是数字经济领域大量颠覆性创新的涌现及其广泛应用，使得当前的工业化呈现出一系列新特征。

（一）新的效率源泉

数字经济是新一轮科技革命和产业变革最活跃的领域，大量颠覆性数字技术不断涌现。这些新技术的成熟形成新产品、新服务和新型商业模式，进而形成新兴产业，成为经济增长的重要动力。由于数字经济的发展需要制造业为其提供传感器、计算机和服务器、芯片、通信设备等硬件产品，因此软件和互联网应用的快速发展也拉动了工业增速的提高。同时，数字科技还是典型的通用目的技术，对广泛的产业领域能够形成强大的赋能作用。随着云计算、大数据、新一代互联网、物联网、人工智能、区块链、虚拟现实、智能机器人、3D 打印等新一代数字科技的成熟，这些技术已经能够在工业领域获得日益广泛的应用，呈现数字技术与实体经济深度融合的趋势，工业经济范式正在被数字经济范式取代，数字技术正成为工业领域质量提升、效率改进、竞争力增强的重要推动力量。尽管一些研究发现如同 20 世纪 80 年代的"生产率悖论"一样，数字技术没有对生产力增长产生明显改善，但主要是因为数字经济仍处于"安装阶段"，当技术进入"部署阶段"以及互补技术成熟时，其生产率的提升效应就会显现（Brynjolfsson et al.，2017）。

数字技术促进了制造业与服务业的融合，制造业基于制造能力和数据开发各种增值服务，增值服务在制造企业营收和利润中的比重不断提高。根据《国民经济行业分类》的国家标准，划分行业的基本单位是产业活动单位和法人单位，将该单位划入某一行业的依据是占其单位增加值（或销售收入、营业收入、从业人员）份额最大的主要活动。因此，从短期看，中国可以保持制造业的比重基本稳定。但是从长期看，制造业服务化过程中一些专业服务的提供会从制造企业剥离出去由专业化的企业提供，从而造成制造业比重的下降。从这个角度来说，更应该保持制造业以及为其提供服务的生产性服务活动整体比重的基本稳定。

（二）新的生产要素

人类经济和工业发展的进程中，随着技术的变革，利用自然资源的能力不断增强，生产要素的构成也在不断变化，总体趋势是从以初级生产要素为主逐步转变为以高级生产要素为主。人类早期生产活动的主要投入是土地、自然资源和劳动力，技术的突破催生了工业革命，生产规模的扩张提高了资本的重要性，企业规模的扩大使得现代管理方法成为提高生产率的重要力量，近代的科技革命进一步凸显了知识、技术的作用。在数字经济时代，数据成为继劳动、资本、土地、知识、技术、管理之后的重要生产要素。数据进入生产函数后，不但改变生产要素的投入结构，而且能够显著提高其他生产要素的使用效率，成为价值的重要来源、产业竞争力的关键。更为重要的是，数据是在人类的生产经营活动中产生的，具有非竞争性、不可消灭的特点。近期以 ChatGPT 为代表的人工智能技术突破，使得“机器”可以自动地创造内容（数据）。数据是新型工业化的重要投入要素，数据的生产、开发、利用水平直接决定新型工业化的水平和产业国际竞争力的高低。

（三）新的组织形态

第一次工业革命时期就出现了具有严格科层结构、高度分工的现代企业，并取代了传统的手工工场。第二次工业革命时期，垂直一体化的大型企业成为推动美国工业化和经济增长的核心力量。此后德国、日本、韩国等国家的工业化过程中，生产组织在形态、功能等方面出现一些新的变化，如日本汽车产业的下包制、德国的隐形冠军企业。与生产组织形态相伴的是管理模式与管理理论的创新。流水线和更细化的劳动分工、标准化可替代零部件是美国生产体系的特点，并出现福特制大规模生产方式和科学管理等现代管理理论。与日本制造业崛起相伴的是精益生产方式和精益实践。在数字经济时代，平台作为一种重要的组织形态出现，并且适用的范围不断扩大、重要性不断提高。一是在网络效应的作用下，平台可以聚集大量的用户和供应商，并使得少数安装基础领先的头部平台脱颖而出，成为市场竞争中的最终赢家。二是在数字基础设施支撑下，平台能够聚集全球范围的用户，并实现用户之间的高效联系，使平台成为一种跨越国界、高度开放的生产组织形态。开放性创新在数字经济中的影响更加深入，聚集全球资源的各种用户论坛、开源社区在科技创新当中发挥着日益重要的作用。三是平台具有提供核心工具和服务、拓展受众、配对以及制定规则和标准的功能，不但在一定程度上取代了政府的治理功能，而且强化了平台在产业链中的主导作用和控制力。在工业领域，工业互联网平台已经成为工业企业数智化转型、决定工业企业竞争力的关键因素。此外，生产力发展带来的居民受教育程度提高、闲暇时间增加，同时云计算的快速发展、人工智能的突破及其与各种软件和应用的融合、3D 打印技术的逐步成熟，使消费者可以更便捷且低成本地获得生产力工具参与到产品和服务的开发设计乃至生产之中，消费者成为在企业之外参与产品开发、生产的重要力量。

（四）新的约束条件

绿色低碳是新一轮科技革命和产业变革的又一重要领域。但与数字经济典型的创新推动特征不同，绿色低碳更多呈现需求拉动特征。随着人们可持续发展意识的增强，特别是在世界主要国家签署旨在应对全球气候变暖的《巴黎协定》并设定碳达峰碳中和时间表、制定路线图之后，巨大的低碳技术供给需求由此产生。面对温室气体减排的刚性目标和时间表，许多国家制定了旨在减少各行业二氧化碳排放的法律和政策，作为能源消耗和温室气体排放最大的领域，低碳化成为工业发展新的约束条件。工业化在实现产业发展、经济增长目标的同时，也要重视绿色与增长目标的多目标协调。低碳化不仅成为工业化的约束条件，同时也成为工业化的新机遇。一方面，2023 年 2 月欧盟正式通过碳边界调整机制（CBAM）并将于 2023 年 10 月 1 日正式生效，未来会有更多国家跟进。这意味着那些可再生能源占比高、能源利用效率高的国家及其产业在国际市场更具有竞争力，能够实现更快的发展。另一方面，要实现碳达峰、碳减排目标需要新的技术、产品、服务和解决方案，从而催生新的产业发展机会，如可再生能源、能效技术、碳捕获和埋存、碳汇技术。低碳技术不仅会催生新产业，同时也会对许多传统产业形成替代和颠覆，如新能源汽车对传统企业的颠覆。那些低碳技术创新速度快的国家，将能够在新一轮全球产业竞争中实现更快的增长。

新型工业化是党中央根据经济发展特别是工业发展的一般规律，对技术和产业发展趋势进行科学研判后提出的，因此不仅适用于指导中国的工业化，而且可供其他发展中国家甚至发达国家参考借鉴。对于发展中国家来说，要避免重走发达国家过去工业化走过的弯路；对于发达国家来说，国际金融危机后就开始推动制造业回流，新冠疫情暴发后更加重视关键产业链的本土化，尽管它们已经进入后工业社会，仍然具有大力发展工业的内在要求，同时工业也要向更高水平发展。当今世界所有国家的工业化都应以人为本，积极发展和利用数字技术，重视创新、绿色、开放、质量，这是工业化的内在规律所决定的。

三 新型工业化的中国特色

以人为本是新型工业化的根本宗旨。以人民为中心是中国共产党革命和建设时期一贯坚持的原则。中国共产党始终坚持以人民为中心，将全体人民共同富裕，满足人民美好生活需要作为根本目标。党的二十大报告提出“全面落实以人民为中心的发展思想”，指出“实现全体人民共同富裕，从根本上体现了党的初心使命、性质宗旨，体现了中国社会主义制度的优越性”，要求“把促进全体人民共同富裕摆在更加突出的位置”。因此，新型工业化也要将以人民为中心作为根本宗旨。以人民为中心或以人为本，在微观层面体现为要使劳动者拥有良好的工作环境，保证劳动者权益，促进劳动者收入增长；在宏观层面体现为，新型工业化要通过带动城镇化、信息化、农业现代化，推动经济增长、社会发展，实现共同富裕，满足人民群众日益增长的美好生活需要，有力支撑共同富裕目标的实现。

高质量发展是新型工业化的核心内涵。与传统工业化更多地表现为工业规模扩大与经济结构转变不同，新型工业化虽然也包含工业规模扩大与结构转变的内容，但更突出的特点是追求发展质量。在微观层面，要提高中国工业产品的技术性能、稳定性、可靠性和使用寿命等全方位的质量水平；在中观层面，中国工业发展在全球价值链分工中要实现从中低端为主向中高端为主的升级，主要产业和关键产品具有领先的国际竞争力；在宏观层面，中国工业整体上呈现出更高的生产效率、具有更高的增加值率和经济效益，由此实现更大财富的创造，形成筑牢共同富裕的物质基础。

自主创新是新型工业化的根本动力。随着中国产业结构向传统产业的中高端环节、高技术产业、战略性新兴产业为主的方向转变，工业发展的投入需要从以前的主要依靠简单生产要素投入转向依靠知识、技术、资本、数据等高级生产要素投入，工业化要从低水平的规模型扩张转向高水平的质量效益型发展，实现这一转变必须依靠创新驱动。创新驱动不仅需要模仿型创新，更需要更大力度、更大范围地开展原始创新。新一轮科技革命和产业变革也给中国的工业化带来了新技术、新模式、新业态等方面原始创新的新机会。中国需要成为一些重要前沿科技、未来产业的策源地，实现在新兴产业领域的引领性、竞争力和掌控力。面对逆全球化回流、全球产业链重构，中国既要大力吸收国外的先进知识、技术，也要更加强调科技的自主性，通过增强自主创新能力提高产业链供应链韧性、保障国家产业链安全。

绿色低碳是新型工业化的生态底色。21 世纪和新时代的工业化一定是绿色低碳的工业化。要把绿色发展理念贯穿于工业的全领域、全过程，工业企业要积极利用绿色低碳技术、创新绿色低碳发展模式、开发绿色低碳产品，实现全产业链价值链、产品全生命周期的绿色化，使工业与生态、工业与城市和谐共生。此外，除了要大力推进工业本身的绿色低碳化，还要为国民经济的各个产业、社会发展、居民生活提供更加丰富、高效的绿色、低碳产品。为实现 2030 年碳达峰和 2060 年碳中和目标，工业要积极开发低碳技术、采用低碳工艺、生产低碳产品。

数实融合是新型工业化的技术特征。数字技术的成熟和广泛应用使得数字技术与制造技术、数字经济与实体经济深度融合成为可能。工业特别是制造业的数实融合体现在组织全领域、价值链和产品生命周期全过程、供应链的全链条以及商业生态各个方面，具体表现为要素融合、技术融合、设施融合、流程融合和产品融合（李晓华，2022）。在数字经济时代，数实融合成为制造业的主要时代特征，也是制造业规模扩大、技术水平提升、国际竞争力提高、全球价值链掌控力增强的关键推动力。

开放循环是新型工业化的空间形态。改革开放以来，对外开放促进了中国工业化的快速发展。未来中国的新型工业化仍然是坚持对外开放的工业化，一方面要深化制度型开放，利用中国超大规模市场、完善产业体系吸引高水平的外资投向高技术产业、战略性新兴产业、研发中心等领域；另一方面，也要积极推动中国的投资、产品、服务等“走出去”。同时也要注意到，新时代的工业化也要坚持构建以国内大循环为主体、国内国际双循环相互促进的新发展格局，在扩大开放的同时要立足于国内市场、畅通国内大循环，同时通过畅通的国内大循环有力地支撑、促进国际大循环，形成国内国际相互融合、促进的局面，有力地支撑扩大开放，捍卫全球化。

第三节　本书的研究重点与总体思路

中国在全面建成小康社会、实现第一个百年奋斗目标后，又要乘势而上全面建设社会主义现代化国家、向第二个百年奋斗目标进军。进入新发展阶段，中国经济所处的内部条件和外部环境正在变得严峻和复杂。从外部环境变化来看，新一轮科技革命和产业变革正在重塑世界，单边主体和贸易保护主义抬头，国家地缘政治冲突不断，不确定不稳定因素激增，造成世界经济格局加速重构，中国正处于百年未有之大变局。从内部条件变化来看，中国已经发展成为一个超大规模经济体，是世界第二大经济体、制造业第一大国，外汇储备连续多年位居世界第一。不可忽视的是，中国仍面临着科技创新实力不强、人口红利逐渐消失、资源环境矛盾突出、城乡区域收入分配差距较大、产业链供应链安全风险加大等问题。

实际上，在新发展阶段中国经济现代化进程已经到了经过量的积累、开始实行质的突破的关键时期。洪银兴（2018）认为随着中国社会主要矛盾的变化，所推进的现代化将呈现出以下新特征：一是以人民为中心的社会主义现代化。党的十九大报告指出，新时代中国社会主义主要矛盾已经转变为人民日益增长的美好生活需要和不平衡不充分的发展之间的矛盾，要解决这一矛盾，就必须坚持以人民为中心的发展思想，不断促进人的全面发展，实现全体人民的共同富裕。二是赶超西方发达国家的现代化。中国的现代化目标是建成富强民主文明和谐美丽的社会主义现代化强国。这个目标本身就超出了所有实现现代化的发达国家水平。已有的现代化理论，指的是经济文化相对落后的发展中国家追赶先行现代化国家的过程，但是，中国新时代的现代化突破了这个教条，不仅是要追赶发达国家的现代化水平，更要最终实现赶超。三是生态文明时代的现代化。党的十九大报告指出，要建设的现代化是人与自然和谐共生的现代化。在生态文明时代，中国要实现现代化已经没有先行国家的资源、环境的宽松环境，过去数十年的快速发展，长期过度开发所遗留的环境和生态破坏问题，在全面小康阶段不可能完全解决，必须在推进现代化的进程中从根本上加以解决。因此，中国新时代的现代化不能再走西方国家所走过的浪费和掠夺资源的现代化道路，必须走低消耗、低排放的新型工业化道路。这也是社会主义现代化与西方国家现代化的根本区别。

推动以数字化、融合化、产业链供应链现代化、绿色化为主要特征的新型工业化，是经济体系优化升级的必由之路。这是因为，在社会主义现代化建设新征程中，新型工业化符合经济体系优化升级的本质要求，体现了经济体系优化升级的时代特征。实际上，新型工业化是一个动态的进程，具有鲜明的时代特征。当前及未来一个时期，数字化、融合化、产业链供应链现代化、绿色化是新型工业化的重要趋势，是促进经济体系优化升级的关键力量。

一 新型工业化与经济体系转型升级关系

（一）数字化通过生产力提升促进经济体系优化升级

21 世纪以来，随着数字技术创新的不断深入和数字技术应用范围的持续拓展，数据已成为不可或缺的生产要素。与其他生产要素相比，数据要素具有可计算、易复制存储、便于传输的特点。因此，利用新一代信息技术，采集工业企业生产经营各环节的物理信息后，将其转化为可以传输、存储、计算和应用的数据，然后结合数字化技术，既可以实现硬件与软件、软件与员工之间的连接，还可以实现企业内部各业务环节之间的连接，从而减少因信息不对称而导致的效率损失。同时，采集、存储各业务环节的多种来源、不同时段的原始数据后，企业可以根据需要进行计算分析、模拟预测，为生产经营决策提供有价值的参考。近年来，数字技术与工业制造的深度交融已成为推进新型工业化进程的主要着力点。在先进通信网络、数据中心、工业互联网、人工智能等数字基础设施建设，以及智能制造示范工厂建设和区域制造业数字化生态构建等方面不断取得积极进展的情况下，作为最先进生产力的代表，数字技术在工业领域的广泛应用，将有力推动中国生产方式变革，进而促进经济体系优化升级。另外，数字化会通过技术进步和技术创新推动产业升级，进而促进经济体系优化升级。以新一代信息通信技术为代表的数字技术创新，是近些年全球技术创新最活跃的重点领域。根据欧盟委员会发布的《欧盟工业研发投资记分牌 2022》（The 2022 EU Industrial R&D Investment Scoreboard），2021 年全球研发投资排名前 2500 家企业中，有 456 家信息通信技术产品制造企业、365 家信息通信技术服务企业。2021 年，信息通信技术产品制造业、信息通信技术服务业的研发强度分别为 7%、9.3%，在 11 个产业领域中分别排在第三位、第二位，比平均水平分别高 2.3%、4.6%。持续的技术进步和技术创新，使得数字化成为推动产业体系优化升级的关键力量，进而有力促进经济体系优化升级。

（二）融合化通过生产方式变革促进经济体系优化升级

随着通用数字技术的广泛应用，融合化发展已成为新型工业化的鲜明特征。首先是技术层面的融合，即工业生产技术与数字技术的深度融合。在数字基础设施不断完善的条件下，数字化智能工厂建设已经让智能制造成为工业发展的普遍形态，推动了互联网、大数据、人工智能等数字技术与工业生产技术的融合发展，拓宽了数字技术在钢铁、煤炭、石化、轻工、纺织、医药、建材、金属制品等制造业行业的应用。其次是产品层面的融合，即通过模块化技术等方法将不同产品结合实现功能互补，或者是通过数字技术将传统的产品实体与新兴的服务融合在一起。再次是产业层面的融合，特别是先进制造业与现代服务业的深度融合。产业融合在使传统的产业边界变得模糊的同时，会培育出制造业和服务业融合发展的平台型公司，并且使智能化生产、柔性化定制、系统集成总承包、全生命周期管理、品牌规则控制、众包等制造服务融合发展的新业态、新模式层出不穷，这有力促进了生产方式变革，使经济体系现代化水平迈上新台阶。

（三）综合竞争新优势促进经济体系优化升级

产业链供应链现代化既包括夯实产业基础能力，又包括实现产业链供应链的自主可控和安全高效，还包括构建独立自主和开放合作相促进的产业链供应链（黄泰岩、片飞，2022）。从产业链供应链现代化的视角来看，夯实产业基础能力不仅指基础产业能力的提升，更重要的是指产业体系的现代化，因为产业链供应链内在于产业体系之中。因此，夯实产业基础能力是推动产业体系现代化，进而促进经济体系优化升级的必然要求。从统筹发展与安全的大局的视角看，在世界百年未有之大变局的不确定性中掌握经济发展的主动权和控制权，推动产业链供应链现代化要以关键核心技术自主可控、产业链供应链安全可靠、产业链供应链全球协调高效为目标，这既有利于充分发挥中国产业链供应链在部分领域的先发优势，锻造产业链供应链长板，巩固和增强国际竞争优势，同时通过补齐产业链供应链的核心技术短板，推动产业链供应链优化升级弥补短板。从开放合作的视角看，通过构建更高水平的开放型经济体制，充分发挥中国超大规模市场优势、资本充裕优势、产业链供应链完备优势，充分利用国内国际两个市场、两种资源，有利于形成具有更强创新力、更高附加值、更安全可靠的产业链供应链。在全球产业链供应链创新链中的影响力和控制力的提升，将有效增强中国综合竞争新优势，进而促进经济体系优化升级。

（四）绿色化是经济体系优化升级的重要目标取向

资源节约、环境友好、绿色低碳发展，是中国现代化经济体系的时代特征之一，也是经济体系优化升级的一个重要目标取向。2020 年，中国正式宣布将力争 2030 年前实现碳达峰、2060 年前实现碳中和。中国承诺实现从碳达峰到碳中和的时间，远远短于发达国家所用时间，并且在 2035 年基本实现现代化的前五年要实现碳达峰。因此，在全面建设社会主义现代化强国的新征程上，绿色化已成为新型工业化的本质特征。在能源领域，必须立足以煤为主的基本国情，在抓好煤炭清洁高效利用，推进煤炭产业低碳化、清洁化发展的基础上，通过技术创新，大力发展核能、太阳能、风能等新型清洁能源。在制造业领域，一方面要加快淘汰高耗能高污染产能，推进传统产业绿色化技术改造，另一方面要加大绿色技术研发投入，在关键核心技术领域取得突破，为产业链供应链绿色化改造升级提供强大的技术保障。同时，还要通过绿色技术创新，把中国丰富的生态资源转化为有竞争力、可持续的生态产品，为实现碳中和目标作出贡献。

二　本书的总体思路、各篇的主要研究内容

（一）总体研究框架

本书将在迈向社会主义现代化国家新征程的战略目标下，系统分析在新一轮科技革命和产业变革、中国基本实现工业化和即将进入高收入国家行列的国情、逆全球化和发达国家对中国遏制加剧等条件下，新型工业化的发展特征、趋势，新型工业化与经济体系优化升级的互动关系和影响机制，新型工业化发展的路径特别是数字化、融合化、绿色化的发展趋势及其对中国工业深入发展的影响，新的国际分工格局与中国产业链供应链现代化等问题，研究提出“十四五”时期和 2035 年更长时期，面向社会主义现代化国家战略目标实现的新型工业化的发展路径和模式、重点推动任务和政策支持体系。

本书的基本内容，按照课题的总体设计及各子课题展开。总体框架结构及子课题之间的关系如图 1－1 所示。

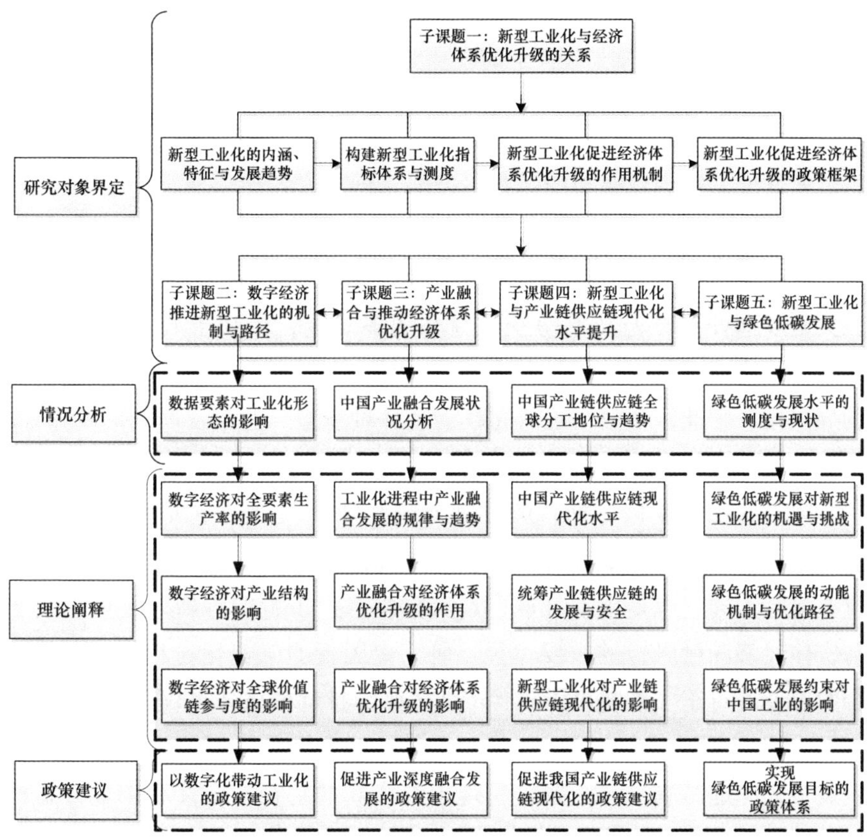

图 1－1　研究思路框架图

（二）本书的研究意义

本书以习近平新时代中国特色社会主义思想和党的十九大，十九届二中、三中、四中、五中全会精神，党的二十大精神为指导，以建设社会主义现代化国家为总体目标，从理论上揭示新科技革命和产业变革、新征程背景下新型工业化促进经济体系优化升级进而建成现代化经济体系的理论逻辑和内在规律，进一步推进中国特色工业化理论发展；从实践上立足建设现代化经济体系，提出中国新型工业化的内涵特征、体系构建和实施路径，对适应新一轮科技革命与产业变革、推进现代化经济体系建设、实现高质量发展具有至关重要的理论意义和现实意义。

第一，通过数字经济推动新型工业化是中国构建现代化经济体系的目标方向，是应对布局大国竞争、突破发达国家“技术封锁”的关键步骤。习近平总书记指出，“新一轮科技革命引发新一轮产业革命，各国争相调整、适应，抓紧实施必要改革”。当前，这些具有高度战略性的数字经济领域不应再重复以往拼资源、低水平规模扩张的老路，而是要立足新产业发展的客观规律和国际竞争态势，创新设计产业政策、技术路线、竞争规范、贸易规则、政府监管的政策工具，高起点高质量推动新兴技术的产业化。中美经贸摩擦升级进一步暴露出中国产业基础能力薄弱、在关键零部件和核心技术等领域存在诸多短板，受制于人的突出问题。同时，也反映出传统技术路径在推进先进制造业发展、应对大国竞争中的局限性。因此，全面系统研究数字经济对新型工业化发展的影响路径，具有重要的理论价值和突出的现实意义。

第二，在工业化后期，产业融合成为深化发展的重要形式与途径，也是推动制造业高质量发展、加快发展先进制造业与现代生产服务业的重要途径，同时也是推动互联网、大数据、人工智能等新一代信息技术与实体经济深度融合的重要途径。研究中国新型工业化过程中，产业融合发展及其对于“加快发展现代产业体系，推动经济体系优化升级”，具有重大现实意义。与此同时，新一轮科技革命深化发展为产业深度融合发展带来深远影响，产业融合呈现出许多新的特征，定性和定量分析产业深度融合发展的新特点和新趋势，并从理论分析和实证检验两个方面着手研究产业融合影响现代产业体系建设和经济体系优化升级的经济效应和理论机制，能拓展产业融合及新型工业化已有的相关研究，具有较高的理论价值。

第三，当前，全球化进程之变、世界经济格局之变与全球治理体系之变使得中国当前正面临世界百年未有之大变局，兼之全球贸易保护主义“抬头”与科技革命的突破性进展，在此历史浪潮中确保中国经济安全与产业自主可控成为重要战略目标。产业链现代化必须立足并适应未来中国经济高质量发展的新阶段，必须服务于国家发展战略全局，顺应时代发展的需要。推进新型工业化和提升产业链现代化水平，是中国深化供给侧结构性改革、转变发展方式、构建现代化经济体系、提高中国经济发展韧性和竞争力的重要途径。本书对于提高贯彻和落实中央决策的自觉性和主动性，确保中国产业链供应链稳定和安全，具有十分重要的现实意义。

第四，绿色低碳发展是对马克思主义绿色发展观的传承和创新，是中国生态文明建设的路径与方向，更是中国构建现代化经济体系的必然要求。从理论层面看，本书对新型工业化与绿色低碳发展间的理论内涵、发展路径与目标进行辨析，在此基础上对中国绿色低碳发展进行测度以揭示绿色低碳发展轨迹与背后隐藏的潜在事实，能够拓展对绿色低碳发展的理论认知。从微观数据要素功能发挥到宏观数字经济和实体经济融合探讨新型工业化绿色低碳发展路径，能够为新型工业化制定相关绿色低碳发展顶层设计与政策规划提供理论依据。从现实意义看，本书从经济效益、环境效益和社会效益三个方面创新性构建指标体系对绿色低碳发展进行测度，能够更全面、及时和准确地判断中国绿色低碳发展现状，量化研究工业行业在实现“双碳”目标过程中的作用、贡献以及给出相应的路径安排，使各部门及各级政府推动新型工业化绿色低碳发展上有据可依。

三　主要内容和研究发现

（一）新型工业化与经济体系优化升级的关系研究

以习近平新时代中国特色社会主义思想和党的十九大，十九届二中、三中、四中、五中全会精神，党的二十大精神为指导，深刻阐释新型工业化的内涵特征、体系构建及与经济体系优化升级的关系。在新技术革命影响下新型工业化技术经济范式的变化及一般性和中国式现代化赋予新型工业化的中国特色，构建基于数字化、融合化、网络化、绿色化一般特性的新型工业化发展评价的理论框架，运用综合评价法来客观测算全球主要经济体的发展水平，通过构建反映中国特色新型工业化发展进程的指标体系，比较分析中国整体及各省份新型工业化发展水平，并分析时空双重维度的新型工业化变动趋势。对国内新型工业化发展评价结果显示：中国新型工业化水平整体不断提升，但区域差异存在扩大趋势。其中，东部地区发展态势良好，东北地区发展相对缓慢。具体而言，中国以人为本指数在四大区域间呈现为趋同，体现了中国的新型工业化更加鲜明地体现“以人为本”的工业文明本质；中国两化融合仍有较大发展空间；各地区创新水平明显提升，并保持较好增长趋势，但南北区域创新差距不断增大；各地区之间的产品市场和要素市场分割程度有所增加，说明中国地区间合作联系不够紧密、一体化市场融合程度不高，各地区要素市场联动不足。研究认为：经济体系优化升级既是创造中国式现代化物质基础的必由之路，又是应对新时代中国社会主要矛盾转变的内在要求，还是立足新发展阶段实现高质量发展的迫切要求。推动以数字化、融合化、产业链供应链现代化、绿色化为主要特征的新型工业化，是经济体系优化升级的必由之路，也是促进经济体系优化升级的关键力量。其中，数字化通过生产力提升促进经济体系优化升级；融合化通过生产方式变革促进经济体系优化升级；产业链供应链现代化通过增强综合竞争新优势促进经济体系优化升级；绿色化是经济体系优化升级的重要目标取向。

（二）数字经济推进新型工业化的机制与路径研究

本书深入分析了数字经济影响全要素生产率的内在逻辑，通过匹配地级市层面 2011—2016 年数字经济和生产率的面板数据予以佐证。同时，通过理论建模研究了数字技术对“逆全球化”的作用。研究认为：一是，考察期内数字经济对全要素生产率具有显著的负向影响，基于夜光遥感数据的内生性检验支持了数字经济对全要素生产率的这一负向影响。将全要素生产率分解为技术变化和效率变化后发现，数字经济降低了技术进步速度，却增加了技术效率。这说明数字经济降低全要素生产率的主要原因为技术进步速度的下降。从产出结构的视角，数字经济整体上同时提高了投入规模和产出规模，这也是数字经济无法提升全要素生产率的原因。报告指出，应规范数字生态环境，引导数字经济向稳向好发展。在推动数字产业化和产业数字化的过程中，既要注重构建与之相配套的数字生态环境，又要对相应的数字应用环境进行规范，防范数字垄断、赢家通吃等损害生产效率的现象发生。二是，数字技术对“逆全球化”起到了推波助澜的作用。在数字经济发展推动下，发达国家保守主义倾向加强，国内最终产品本地占比是影响 GVC 参与度的直接因素，最终产品本地占比上升引发 GVC 参与度下降。而当最终产品呈现出较强的本地偏好后，中间产品本地占比上升与相对他国较低的经济增长率也会导致经济大国 GVC 参与度下降。当最终产品本地偏好被强化后，增加值率提高反而会抑制 GVC 参与度，即发生了“技术反噬”现象。研究提出，近年来出现的“逆全球化”现象不应被简单解读为一连串的偶发政治事件或者仅仅是民粹主义者的鼓噪，在这些纷繁表象的背后实则是世界实体经济正在酝酿重大变革，意味着单边主义扩散、全球化放缓的倾向有可能在更大范围向更多领域渗透。研究认为，应加快推进智能制造与工业互联网融合发展，释放数字化转型的强大动能；增强产业升级的关键动力，以技术突破和标准引领为双向靶点，优先着力于与数字技术易于结合的细分领域；提升企业“智改数转”积极性，加强政策支持和思维引领。全面促进数字产业化，加快新型数字基础设施建设。强化数字化科技创新，超前布局未来产业。统筹区域协调发展，优化数字产业生态布局。

（三）产业融合与推动经济体系优化升级研究

重点分析了产业融合的内涵和类型、产业融合的过程和驱动因素以及产业融合的作用和趋势；使用投入产出表，从投入角度度量制造业与服务业、信息业的融合程度，分别在全国、行业、省份层面研究制造业与服务业和信息业融合程度的发展现状，从而对中国制造业与服务业和信息业融合程度的发展现状进行了比较全面、深入的研究。基于投入—产出表从投入角度度量融合程度和基于中国税收调查数据库从产出角度度量融合程度这两种度量方法，在行业和地区层面研究了产业融合对经济效率和经济结构的影响。研究发现：一是，中国制造业与服务业和信息业的融合程度总体呈上升趋势。中国制造业与服务业融合程度代表了制造业各行业与服务业融合程度的一种普遍趋势，这其中轻工业行业与服务业融合程度相对较低且呈下降趋势，重工业行业和高新技术产业与服务业融合程度相对较高且呈上升趋势；在地区层面各省份制造业与服务业的融合程度则存在较大差异，通常经济发达和经济落后省份的制造业与服务业融合程度比较高且变化幅度较大，而经济相对发达或处于中间位置的省份制造业与服务业的融合程度比较低且变化趋势比较平稳。二是，不同于中国制造业服务化程度代表了制造业各行业服务化程度的一种普遍趋势，中国制造业信息化是少数经济发达省份信息制造业发展驱动的结果，多数省份的制造业与信息业融合程度低于全国平均水平。

三是，制造业与服务业和信息业的融合程度越高越能够提高全要素生产率和利润率，但是这种效果主要存在于低技术行业和经济相对落后的中西部地区，对于高技术行业和经济相对发达的东部地区，制造业与服务业和信息业的融合则降低了经济效率。研究提出，针对中国融合程度偏低、层次有待提高、融合效果有待提升，现代服务业发展滞后等问题，建议为融合发展提供良好外部环境，大力培育有利于融合的产业生态，鼓励和支持制造业企业发展服务型制造，加强数据产权与安全相关基础制度的建设，加强制造业行业共性技术平台建设，助推制造业企业数字化、制造业企业服务化过程中的管理变革，建立部际协调机制。

（四）新型工业化与产业链供应链现代化水平提升研究

重点研究产业链现代化水平的影响因素、新时期产业链现代化的内涵、产业链现代化主要特征，从强大、融合、高级、开放、独立、智能、绿色、稳定八个方面构造了新时期制造业产业链现代化评价体系，分析2000—2020年中国制造业细分行业的产业链现代化的特征及面临的瓶颈。随后，从产业关联视角和“三链”综合视角对中国产业链安全性进行综合评估，剖析当前中国产业链现代化水平提升进程中面临的重大制约因素，并提出针对性政策建议。研究发现，中国出口风险明显高于进口风险，进口风险主要集中于高技术制造业；中国高技术制造业产业链安全性有待提升；发达国家与发展中国家的“两端挤压”造成的发展困境；产业链现代化水平提升内生动力不足；产业运行不畅遏制产业链现代化水平提升；区域发展不平衡不充分问题依然突出；绿色制造与绿色产业链建设存在技术瓶颈。研究认为：一是，在新时期，中国产业链现代化主要特征为产业发展基础的安全可控、产业要素供给的高度协同、产业结构持续优化升级、创新驱动产业发展能力增强、全球分工地位显著提升。总体上，中国制造业产业链足够强大、独立、稳定，在融合、智能、绿色方面需要进一步加强，在国际产业链中的高级性、开放性上还有较大欠缺，需要着力关注。二是，中国高技术制造业产业链安全性有待提升，其典型特征是：从双边价值链角度来看，中国高技术制造业对德国和美国的进口依赖较大；从全球价值链角度来看，中国高技术制造业的国际竞争力较弱；从区域价值链角度来看，亚太地区高技术制造业的区域价值链构建尚不完善。提升中国产业链安全性，应通过增强内循环和调整贸易结构优化产业链发展结构，通过强化自主创新和区域创新合作提升产业链发展水平，通过整合亚太区域价值链优化产业链发展环境。三是，当前中国在产业链现代化水平提升主要面临五重制约，即发达国家与发展中国家的“两端挤压”造成的发展困境、产业链现代化水平提升的内生动力不足、产业运行不畅、区域发展不平衡不充分问题依然突出、绿色制造与绿色产业链建设仍存在技术瓶颈。

（五）新型工业化与绿色低碳发展研究

分析了绿色低碳发展的理论演进，中国绿色低碳发展路径探索与发展目标。随后，将绿色低碳发展的衡量指标划分为绿色低碳经济效益、绿色低碳环境效益、绿色低碳社会效益三个维度，使用时空极差熵值法对中国省际层面绿色低碳发展进行测度，并对指标权重、变化态势与区域差异进行分析。利用省际面板数据，从产业融合视角探讨了数字经济对绿色低碳发展的影响机制。实证检验了数字经济和实体经济融合对绿色创新的影响和作用机制。构建动态多区域可计算一般均衡模型，重点量化分析工业对“双碳”目标的贡献及其实现路径。研究认为：一是，中国要提升绿色低碳发展水平，不能只考虑绿色低碳发展的环境效益，要综合考虑绿色低碳发展过程中面临的经济效益和社会效益。绿色低碳经济效益的好坏更依赖于绿色技术创新程度和绿色产业发展规模，绿色低碳环境效益更依赖于低碳发展所带来的环境效益。二是，数字经济对绿色低碳发展具有显著的正向影响，提高数字经济发展水平有利于促进绿色低碳发展，数字经济可以通过提升制造业与生产性服务业的融合水平以及提高全要素生产率来促进绿色低碳发展。三是，绿色创新是实现绿色低碳发展的关键途径之一，数字经济和实体经济融合有利于促进绿色创新，其可以通过增大研发投入规模和技术市场交易规模促进绿色创新。完善市场为导向的绿色技术创新体系，利用绿色技术转化市场机制推动各类创新主体竞相迸发，增强不同绿色创新主体之间的协同能力，以激发绿色技术创新市场活力。四是，中国总体上能够于 2030 年前实现碳达峰，但仅依靠能源效率和温和的绿色技术进步不足以实现碳中和目标，还需要辅之以碳税和碳排放权交易等市场手段。“双碳”目标下传统能源部门受到的冲击最大，多数制造行业产出受到负面冲击，各区域之间以及内部呈明显分化趋势。为推动实现“双碳”目标，在加大节能增效力度的同时，需要大力发展绿色制造、加强绿色自主技术创新、加快构建新型电力系统、推动工业智能化转型等，根据各地区的经济发展阶段与环境承载能力，有序扩大碳排放权交易市场覆盖面。

四 学术价值和应用价值

（一）学术价值

本书的理论意义在于研究揭示新科技革命和产业变革背景下、面向全面建设社会主义现代化国家的新征程，深入阐释具有时代特色、适应中国国情的新工业化理论。

第一，在总结全球工业化一般演进规律的基础上，为深入认识新时代下新型工业化的内涵、定位、发展方向等提供了新的理论视角。当前，正在全球范围兴起的新一轮科技革命和产业变革无疑将是中国实现第二个百年奋斗目标的重要机遇，深入推进新型工业化则是实现新征程战略目标的重要支撑。这需要在把握国内外环境、条件变化的基础上，既要充分利用好国际资源，又要发挥中国自己的优势，处理好新型举国体制与市场机制、产业政策与竞争政策、国内大循环与国际大循环等方面的关系。新征程中新型工业化的新内涵以及与传统工业化、党的十六大提出的新型工业化道路有较大区别。本书结合新时代的时代特征和发展要求，构建了新型工业化发展评价的理论框架，围绕经济体系、产业体系这些在中国鲜活经济实践中提出的理论概念，深化了新时代下新型工业化的认识，对于精准推进新型工业化、促进经济高质量发展具有重要的学术价值。

第二，从理论上回答了全面建设社会主义现代化国家新征程中新型工业化促进经济体系优化升级的内在规律。从党的十九大报告首次提出“现代化经济体系”的概念，指出“建设现代化经济体系是跨越关口的迫切要求和中国发展的战略目标”，到党的十九届五中全会提出“加快发展现代产业体系，推动经济体系优化升级”，再到党的二十大报告中明确2035年基本实现社会主义现代化的重要目标是“建成现代化经济体系”，可以看到，中国对于现代化经济体系建设的实践探索在不断深入。理论上，从经济体系的现状到建成现代化经济体系，只能通过经济体系优化升级来实现。而促进经济体系优化升级的一个重要途径就是推进新型工业化。因此，在全面建设社会主义现代化国家新征程中，本书深刻揭示了经济体系优化升级的新地位、新作用和新内涵，在科学界定新型工业化的时代特征基础上明晰新型工业化与经济体系优化升级的内在关系，进而完善中国特色新型工业化理论，为以中国式现代化全面推进中华民族伟大复兴提供经济理论支撑。

第三，在统筹发展与安全的前提下，提出数字经济、产业融合、以产业链供应链现代化以及绿色化推进新型工业化的机制及路径。推动“新两化”（数字化和工业化）融合发展，既是中国构建现代经济体系、走中国特色新型工业化的必然要求，也是应对大国博弈、突破发达国家“技术卡脖子”的关键。本书着眼于新一轮科技革命和产业变革下的数字化趋势，研究数字经济推进新型工业化的主要机制与路径，深入论证了数字经济对全要素生产率、产业结构、全球价值链参与度的影响。同时。从产业关联视角和“三链”综合视角对中国产业链安全性进行综合评估。将智能化、绿色技术创新、能源效率、碳税、碳交易等纳入统一研究框架，探究工业碳减排在实现“双碳”目标中的贡献及实现路径，在理论上丰富了新型工业化与“双碳”目标之间关系的研究广度和深度。这些定性和定量讨论能够有效测度中国新型工业化水平，揭示内在的影响机制及作用路径，且理论和算法均具有可推广性，具有重要的学术价值。

第四，构建了不同维度的产业融合指标测度体系和测算方法。本书从投入和产出两个维度构建度量产业融合的指标，从整体、分行业、分地区多个维度，对中国产业融合的发展现状和趋势进行了更为全面、深入的研究，也从宏观角度这一新视角尝试评估了产业融合的经济影响。研究了制造业投入服务化、产出服务化和制造业信息化对制造业行业、各地区经济效率以及各地区经济结构的影响。这些研究是对现有研究文献的有益补充，研究发现拓展了对中国产业融合问题的认识。此外，基于微观视角，使用中国税收调查数据库从产出角度度量产业融合也是一个重要创新。

（二）应用价值

面对新一轮科技革命和产业变革，“逆全球化”等复杂多变的国际环境，国内资源禀赋、主要矛盾、政策目标等方面的变化，本书具有重大的应用价值。

第一，针对全面建设社会主义现代化国家战略目标，提出中国工业的定位与新型工业化的发展方向。深入推进新型工业化和经济体系优化升级，需要在把握国内外环境、条件变化的基础上，既要充分利用好国际资源，又要发挥中国自己的优势，处理好新型举国体制与市场机制、产业政策与竞争政策、国内大循环与国际大循环等方面的关系。本书研究设计了衡量新型工业化的多维度指标体系，选择合适的具体指标、确定合理的权重，对近年来中国新型工业化水平的变化进行衡量，并用于评价“十四五”及面向2035年中国新型工业化发展水平，同时与主要发达经济体进行了系统比较；提出中国新型工业化与经济体系优化升级的目标、基本原则、总体思路、主要路径以及政策措施。在指导中国工业化实践的同时，形成中国经验与世界其他国家分享。

第二，针对新一轮科技革命和产业变革历史新机遇，提出以数字化促进新型工业化的政策。新一代信息技术自身的产业化及其强大的赋能能力使数字经济成为工业化的强大推动力。数字经济的发展对新型基础设施提出了更高的要求，数字产品和服务具有网络效应、平台化与“赢家通吃”等不同于传统产业的新特征，数字化赋能在传统产业催生了大量新模式新业态，在中国工业化进程中曾经发挥重要作用的产业政策与数字化的新趋势存在着许多不适应的地方，本书通过扎实细致的实证研究提出了数字化促进新型工业化的政策优化调整方向。

第三，针对复杂多变国际形势下产业链分割断链问题，提出产业链供应链自主可控的对策。面对“逆全球化”、制造业回流等国际形势变化，产业链供应链现代化问题变得更为复杂。本书在对新型工业化与产业链现代化水平进行理论与实践、国际比较与算法创新并重的研究基础上，从产业链发展结构、产业链发展目标、产业链环境目标三个维度提出提升中国产业链安全的战略选择。针对当前存在的发展中国家与发达国家的“两端挤压”等突出问题，从加强产业链现代化相关研究，构建中国特色产业链现代化理论体系等视角提出促进产业链现代化水平提升等切实可行的政策建议，具有较强的应用价值。

第四，针对绿色低碳发展约束和碳达峰碳中和目标承诺，提出数字化与绿色化的协同发展政策。数字化与绿色化是工业发展的世界性趋势。本书多个维度对中国省际层面绿色低碳发展水平进行测度，有助于深入认识中国绿色低碳发展的时空特征与现实困境。同时，在中国加快建设创新型国家和实现数字发展战略的大背景下，全面刻画数字经济对绿色低碳发展的影响，以及数字经济和实体经济融合对绿色创新的影响机制，对于促进绿色低碳发展提供了新的思路。此外，通过构建动态多区域可计算一般均衡模型，重点量化研究工业行业在实现“双碳”目标过程中的作用、贡献以及给出相应的路径安排，能够为各级政府部门制定政策提供参考依据。

本章参考文献

［1］陈佳贵、黄群慧、钟宏武：《中国地区工业化进程的综合评价和特征分析》，《经济研究》2006 年第 6 期。

［2］戴翔：《中国制造业国际竞争力——基于贸易附加值的测算》，《中国工业经济》2015 年第 1 期。

［3］邓宏图、徐宝亮、邹洋：《中国工业化的经济逻辑：从重工业优先到比较优势战略》，《经济研究》2018 年第 11 期。

［4］杜传忠：《智能经济开拓中国特色新型工业化发展新境界》，《中国社会科学报》2020 年 8 月 25 日第 1 版。

［5］冯国华：《打造大数据驱动的智能制造业》，《中国工业评论》2015 年第 4 期。

［6］冯海发、李溦：《试论工业化过程中的工农业关系》，《经济研究》1989 年第 12 期。

［7］冯昭奎：《工业化、信息化、新产业文明：技术进步对世界经济的影响》，《世界经济》2001 年第 5 期。

［8］富金鑫、李北伟：《新工业革命背景下技术经济范式与管理理论体系协同演进研究》，《中国软科学》2018 年第 5 期。

［9］葛守昆、郭敏：《新型工业化道路的内涵与南京发展的路径选择》，《南京社会科学》2003 年第 S2 期。

［10］郭克莎：《中国工业化的进程、问题与出路》，《中国社会科学》2000 年第 3 期。

［11］郭祥才：《马克思主义跨越发展理论与中国新型工业化道路》，《中国社会科学》2003 年第 6 期。

[12] 洪银兴：《新型工业化道路的经济学分析》，《贵州财经学院学报》2003 年第 1 期。

[13] 胡吉宏：《加速推动新型工业化》，《贵州日报》2020 年 12 月 23 日。

[14] 黄群慧、贺俊：《“第三次工业革命”与中国经济发展战略调整——技术经济范式转变的视角》，《中国工业经济》2013 年第 1 期。

[15] 黄泰岩、片飞：《习近平关于产业链供应链现代化理论的逻辑体系》，《经济学家》2022 年第 5 期。

[16] 贾根良：《第三次工业革命与工业智能化》，《中国社会科学》2016 年第 6 期。

[17] 江小涓：《新型工业化：实现小康生活的必由之路》，《人民论坛》2002 年第 12 期。

[18] 李廉水、程中华、刘军：《中国制造业“新型化”及其评价研究》，《中国工业经济》2015 年第 2 期。

[19] 李晓华：《制造业的数实融合：表现、机制与对策》，《改革与战略》2022 年第 5 期。

[20] 李永杰：《全面开启社会主义现代化强国建设新征程》，《中国社会科学报》2020 年 12 月 9 日第 1 版。

[21] 梁文森：《坚持以农轻重为序的工业化道路》，《经济研究》1983 年第 12 期。

[22] 刘易斯：《二元经济论》，北京经济学院出版社 1989 年版。

[23] 吕铁、韩娜：《智能制造：全球趋势与中国战略》，《人民论坛·学术前沿》2015 年第 11 期。

[24] 庞瑞芝、李鹏、路永刚：《转型期间我国新型工业化增长绩效及其影响因素研究——基于“新型工业化”生产力视角》，《中国工业经济》2011 年第 4 期。

[25] 任保平：《新型工业化：中国经济发展战略的创新》，《经济学家》2003 年第 3 期。

[26] 王如玉、梁琦、李广乾：《虚拟集聚：新一代信息技术与实体经济深度融合的空间组织新形态》，《管理世界》2018 年第 2 期。

[27] 王思华：《论我国社会主义工业化的迅速发展》，《经济研究》

1956 年第 4 期。

［28］王燕梅:《转变发展方式目标下的财富政策——三大财富综合求解的视角》,《中国工业经济》2011 年第 3 期。

［29］乌家培:《正确处理信息化与工业化的关系》,《经济研究》1993 年第 12 期。

［30］武力、温锐:《1949 年以来中国工业化的“轻、重”之辨》,《经济研究》2006 年第 9 期。

［31］谢康、肖静华、周先波、乌家培:《中国工业化与信息化融合质量：理论与实证》,《经济研究》2012 年第 1 期。

［32］许涤新:《论农业在国民经济中的地位和发展农业生产的关键》,《经济研究》1962 年第 12 期。

［33］严瑞珍:《“先工后农”并非工业化的客观规律》,《经济研究》1991 年第 5 期。

［34］杨坚白:《论国民经济根本性的比例关系》,《经济研究》1959 年第 10 期。

［35］杨沐、杨世涛:《从工业看国民经济增长的几个问题》,《经济研究》1985 年第 9 期。

［36］章元、许庆、邬璟璟:《一个农业人口大国的工业化之路：中国降低农村贫困的经验》,《经济研究》2012 年第 11 期。

［37］赵姗:《2021：步入智能制造新时代》,《中国经济时报》2020 年 12 月 22 日。

［38］郑经青:《我国社会主义建设十年来的伟大成就》,《经济研究》1959 年第 10 期。

［39］中国社会科学院工业经济研究所课题组、吕铁:《第三次工业革命与中国制造业的应对战略》,《学习与探索》2012 年第 9 期。

［40］Abraham, K. G. and L. F. Katz, “Cyclical Unemployment: Sectoral Shifts or Aggregate Disturbances”, *Journal of Political Economy*, Vol. 94, No. 3, 1986.

［41］Acemoglu, D. and V. Guerrieri, “Capital Deepening and Nonbalanced Economic Growth”, *Journal of Political Economy*, Vol. 116, No. 3, 2008.

[42] Alvarez-Cuadrado, N. Van Long, and M. Poschke, "Capital-Labor Substitution, Structural Change, and Growth", *Theoretical Economics*, Vol. 12, No. 3, 2017.

[43] Baumol, W. J. , "Macroeconomics of Unbalanced Growth: The Anatomy of Urban Crisis", *American Economic Review*, Vol. 57, No. 3, 1967.

[44] Betts, C. R. Giri, and R. Verma, "Trade, Reform, and Structural Transformation in South Korea", *IMF Economic Review*, Vol. 65, No. 4, 2017.

[45] Brynjolfsson, E. , D. Rock. , and C. Syverson, "Artificial Intelligence and the Modern Productivity Paradox: A Clash of Expectations and Statistics", *NBER Working Paper*, 2017.

[46] Da-Rocha, J. M. and D. Restuccia, "The Role of Agriculture in Aggregate Business Cycles", *Review of Economic Dynamics*, Vol. 9, No. 3, 2006.

[47] Duarte, M. and D. Restuccia, "The Role of The Structural Transformation in Aggregate Productivity", *Quarterly Journal of Economics*, Vol. 125, No. 1, 2010.

[48] Echevarria, C. , "Changes in Sectoral Composition Associated with Economic Growth", *International Economic Review*, Vol. 38, No. 2, 1997.

[49] Foellmi, R. and J. Zweimüller, "Structural Change, Engel's Consumption Cycles and Kaldor's Facts of Economic Growth", *Journal of Monetary Economics*, Vol. 55, No. 7, 2008.

[50] García-Santana, M. , J. Pijoan-Mas, and L. Villacorta, "Investment Demand and Structural Change", *CEPR Discussion Papers*, 2016.

[51] Herrendorf, B. , R. Rogerson. , and V. Ákos, "Structural Change in Investment and Consumption: A Unified Approach", *NBER Working Paper*, 2018.

[52] Kongsamut, P. , S. Rebelo, and D. Xie, "Beyond Balanced Growth", *Review of Economic Studies*, Vol. 68, No. 4, 2001.

[53] Lilien, D. M. , "Sectoral Shifts and Cyclical Unemployment", *Journal of Political Economy*, Vol. 90, No. 4, 1982.

［54］ Matsuyama, K. , "Structural Change in An Interdependent World: A Global View of Manufacturing Decline", *Journal of the European Economic Association*, Vol. 7, No. 2 –3, 2009.

［55］ Ngai, L. R. and C. A. Pissarides, "Structural Change in A Multi-sector Model of Growth", *American Economic Review*, Vol. 97, No. 1, 2007.

［56］ Syrquin, M. and H. Chenery, "Three Decades of Industrialization", *World Bank Economic Review*, No. 2, 1989.

［57］ Teignier, M. , "The Role of Trade in Structural Transformation", *Journal of Development Economics*, Vol. 130, 2018.

［58］ Uy, T. , K. Yi, and J. Zhang, "Structural Change in an Open Economy", *Journal of Monetary Economics*, Vol. 60, No. 6, 2013.

第二章

中国新型工业化水平评估及体系构建

第一节　中国新型工业化发展水平评估

在对新型工业化进行评价时，已有研究大多采用“传统工业化评价指标+新型工业化评价指标”相结合的评价模式。传统工业化评价指标体系涵盖的内容大致类似，多数围绕党的十六大相关表述进行设计，即坚持以信息化带动工业化，以工业化促进信息化，从而达到科技含量高、经济效益好、资源消耗低、环境污染少、人力资源优势能充分发挥的目标。尽管对于新型工业化的内涵现有学者的观点较为一致，但是相关指标体系的构建方面存在较大差异，原因在于对“新”的理解不同。

党的二十大报告提出，建设现代化产业体系。坚持把发展经济的着力点放在实体经济上，推进新型工业化，加快建设制造强国、质量强国、航天强国、交通强国、网络强国、数字中国。本书认为，新型工业化的内涵是“立体的”，新型工业化、信息化、城镇化、农业现代化四者密不可分；新型工业化更加强调以人为本，充分发挥人力资本优势，发挥对就业的重要带动作用，推动全体人民实现共同富裕；不单单强调规模，而是更加注重工业发展的结构优化和质量提升；筑牢科技安全和国家安全防线，注重创新发展的独立性、自主性、安全性；以绿色低碳发展为底色，顺应全球碳中和的大趋势和新要求；顺应全球新一轮科技革命和产业变革趋势，促进数字经济和实体经济深度融合；在新发展格局下，不仅重视高水平对外开放，而且注重构建国内统一大市场，促进区域间和区域内要素充分流动，实现要素高效配置和协调发展。由此，新型工业化是随着时间推移动态演变的，涉及的范围较为宽泛，在不同阶段其关注的重点有所差异。在当前推动构建新发展格局和实现第二个百年奋斗目标的背景下，本书认为以人为本、质量优先、自主创新、绿色低碳、数实融合、开放循环是新型工业化的主要内涵所在。

一　新型工业化发展评价的指标体系、方法介绍

（一）指标选取原则

科学性原则。新型工业化发展指标的选取应以现有产业经济学理论、可持续发展理论、低碳经济学理论、系统论等为依据，遵循实践经验和发展规律，有理可循。不仅要保证指标选取上的客观性和真实性，还要保证数据来源的准确性，为后续工作的展开奠定基础。另外，在研究方法上也必须具有科学依据，以保证能够从不同侧面或角度反映新型工业化发展水平。

系统性原则。系统性要求在指标构建的工作中要保持全局意识，指标构建必须能够全方位地反映新型工业化发展的各个层面，要充分考虑产业、数字化、融合化、产业链供应链发展水平、资源环境以及社会的协调性，尽可能减少指标重叠线性，保证评价目标和评价体系既具有系统性又不失层次性。

可比性和动态性。指标的选取和设置应便于政府部门和相关机构了解不同评价单元如国别以及各区域新型工业化的现状，能够根据研究需要对不同区域等进行横纵向比较，能够揭示不同层面新工业化发展的比较优势和制约因素。可持续性的动态发展是工业发展的基本特征，需要一定的时间才可以反映出来，应当确保一定时间段的研究数据，进而保证在不同的时点上让数据客观反映新型工业化的发展水平，进而做出合理决策。

数据可获得性原则。由于收集相关数据的困难，指标的选择必须具有数据可用性，即指标具有数据源，可以获得。同时，在设计指标体系时，应尽量采用国际通用或相对成熟的指标，同时也要考虑国情，使所选指标易于理解和应用。同时，要使指标体系中各项指标的含义准确、

统计口径和统计方法科学统一，能够反映评价对象的发展规律和基本属性。

（二）指标选取与评价方法

本书结合上述关于新型工业化内涵的分析，构建的新型工业化水平评价指标体系如表 2 - 1 所示。第一，新型工业化必然是以人为本的工业化，收入、就业、教育、医疗、住房都是事关人民群众的切身利益；新型工业化也必然是以共同富裕为根本目标的工业化，关系全面建设社会主义现代化强国的宏伟目标。本书从收入状况、就业贡献、医疗水平、住房条件、人力资本、共同富裕来衡量以人为本。第二，新型工业化更加辩证地看待“增量”和“提质”的关系，坚持质量第一、效益优先，宏观层面上提升全要素生产率，优化资源配置，保持经济运行的稳定性，促进工业化与其他“三化”融合发展；微观层面上要推动实现投资有回报、企业有利润，为市场提供高质量的产品。本书主要从宏微观两个层面来刻画质量优先，包含绿色全要素生产率、工业增长和价格的稳定性、工业企业的经营效益以及产品质量等。第三，自主创新是主体性的最高表现形式，是民族独立、国家发展的根本动力。只有坚持自主创新，才能实现世界科技强国的伟大目标。自主创新摆脱了技术引进、技术模仿对外部技术的依赖，通过拥有自主知识产权的核心技术实现产品价值增值的过程。兼顾数据的可得性，本书从创新投入、创新成效、创新载体来刻画自主创新。第四，绿色低碳是全球的两大发展趋势之一，也是经济发展的底色。工业作为节能降碳的关键领域，在实现“双碳”战略目标过程中具有举足轻重的作用。本书主要从绿色制造、工业节能减排、可再生能源供给、资源回收利用四个方面表征绿色低碳发展水平。第五，在新一轮科技革命和产业革命浪潮下，推动制造业全产业链数字化转型是实现其结构优化升级的重要途径。本书基于产业链视角，从研发设计、生产工序、平台应用三个方面刻画制造业数字化水平。第六，加快构建以国内大循环为主体、国内国际双循环相互促进的新发展格局，是掌握未来发展主动权的“利器”。开放循环不仅涉及高水平对外开放，而且关系国内统一大市场建设。本书从国际竞争力、国内统一市场建设来刻画开放循环水平。

表 2－1　　　　新型工业化水平发展评价指标体系

一级指标	二级指标	三级指标	指标类型	单位	权重
以人为本	收入状况	工业职工平均工资	正向指标	万元/人	2.31%
	就业贡献	工业就业占总就业比重	正向指标	%	2.04%
	医疗水平	每万人拥有的医院床位数	正向指标	张/万人	1.86%
	住房条件	住房支出占财政支出比重	正向指标	%	1.86%
	人力资本	专科及以上就业占比	正向指标	%	3.16%
	共同富裕	恩格尔系数	负向指标	—	1.49%
		基尼系数	负向指标	—	2.42%
		泰尔指数	负向指标	—	1.69%
质量优先	宏观质量	绿色全要素生产率	正向指标	—	1.80%
		工业增加值波动率	负向指标	—	1.88%
		工业生产价格波动率	负向指标	—	1.54%
		高技术产业营收占工业营收比重	正向指标	%	3.06%
		生产性服务业就业人数占服务业就业比重	正向指标	%	3.03%
		每百人互联网宽带接入端口数	正向指标	个/百人	0.94%
		单位机械总动力农业产值	正向指标	万元/千瓦	2.72%
		城镇化率	正向指标	%	1.42%
	微观质量	产品质量合格率	正向指标	%	1.58%
		规上工业企业主营业务利润率	正向指标	%	1.57%
		规上工业企业资产负债率	负向指标	%	1.56%
		规上工业企业成本费用利润率	负向指标	%	1.69%
自主创新	创新投入	规上工业企业研发人员占就业比重	正向指标	%	1.80%
		工业研发经费支出强度	正向指标	%	1.67%
	创新成效	万人工业有效发明专利拥有量	正向指标	件/万人	1.84%
		技术市场交易额与工业增加值比值	正向指标	—	2.90%
	创新载体	工业设计中心数	正向指标	个	7.11%
		产业技术基础公共服务平台数	正向指标	个	2.15%

续表

一级指标	二级指标	三级指标	指标类型	单位	权重
绿色低碳	绿色制造	绿色工厂数量	正向指标	座	2.85%
		绿色产品设计数量	正向指标	件	9.26%
		绿色园区数量	正向指标	家	3.80%
	工业节能减排	单位工业增加值 CO_2 排放量	负向指标	吨/万元	0.87%
		单位工业增加值电耗	负向指标	千瓦时/元	0.66%
	可再生能源供给	可再生能源消纳比重	正向指标	%	2.52%
	资源回收利用	资源回收利用产业投入与工业增加值比值	正向指标	%	2.94%
		工业固体废弃物综合利用率	正向指标	%	2.03%
数实融合	研发设计数字化	数字化研发设计工具普及率	正向指标	%	1.32%
	生产工序数字化	关键工序数控化率	正向指标	%	1.78%
	平台应用数字化	云平台利用率	正向指标	%	1.69%
开放循环	国际竞争力	新产品出口占新产品销售收入比重	正向指标	%	2.86%
		工业品出口市场占有率	正向指标	%	7.33%
	国内统一市场	产品市场分割程度	负向指标	—	1.28%
		劳动力市场分割程度	负向指标	—	0.51%
		资本市场分割程度	负向指标	—	1.21%

科学合理地确定各评价指标的权重值对整个评价的客观性有非常重要的意义。指标权重的准确性决定了评价结果的准确性。本书采用改进的熵值法来确定指标权重，以客观反映数据变动的主要特征，熵值法是根据各项指标观测值所提供的信息量的大小来确定指标权重，其给出的指标权重值具有较高的可信度；同时运用改进的 TOPSIS 法作为评价模型。该方法既保留了 TOPSIS 法的优点，又客观得到了指标权重。

数据来源。本部分研究的时间窗口为 2016—2020 年，由于西藏、香港、澳门以及台湾四个地区的部分数据缺失，研究对象为 30 个省、直辖市以及自治区，数据主要来源于工业和信息化部、国家统计局，历年《中国统计年鉴》《中国工业统计年鉴》《中国固定资产投资统计年鉴》《中国投资领域统计年鉴》《中国环境统计年鉴》《中国环境年鉴》《中国能源统计年鉴》《中国科技统计年鉴》《中国劳动统计年鉴》，Wind 数据库、CEIC 数据库、中经网统计数据库，以及历年各省统计年鉴等。

由于研究涵盖的指标较多，许多指标是通过间接计算而来，需要作进一步说明：(1) 对于工业绿色全要素生产率的测算，采用了基于方向距离函数的非期望产出模型，该方法在测算中国工业绿色全要素生产率方面已经得到了应用（陈诗一，2010）：期望产出为各省份的工业增加值，非期望产出为工业二氧化硫排放量、工业固体废物排放量、废水排放量，要素投入为工业劳动力、规模以上工业企业固定资本以及工业能源消费。对于资本的处理采用传统的永续盘存法，借鉴张军等（2004）的处理方法。其中，工业从业人员来自对采矿业，制造业，电力、热力、燃气及水的生产和供应业就业的加总。工业能源消费来自各省份统计年鉴中的能源平衡表，本研究选取原煤、焦炭、洗精煤、原油、汽油、煤油、柴油、燃料油、天然气、液化天然气、热力等，剔除了原料使用消耗，根据《中国能源统计年鉴》附录对应的折标煤系数分别换算成标煤单位后进行加总，并根据 IPCC 温室气体排放清单的碳排放系数测算碳排放量。(2) 基尼系数综合了城市和农村，以收入累计百分比和人数累计百分比来衡量。恩格尔系数是以食品支出占居民消费支出的比重来衡量。(3) 工业二氧化碳排放量是通过搜集各省份历年统计年鉴，以上述重要能源品种为对象，通过各自的碳排放系数作乘加总而得。(4) 产品市场分割程度、劳动力市场分割程度、资本市场分割程度测算过程较为复杂，参考了余东华（2020）等已有研究的做法，主要使用省份层面相应的价格指数计算。其中，就业人员平均工资指数包括国有城镇单位、城镇集体单位和其他城镇单位就业人员平均实际工资指数三类；固定资产价格指数包括建筑安装工程固定资产投资价格指数、设备工器具购置固定资产投资价格指数以及其他费用固定资产投资价格指数三类。此外，针对个别缺失数据，为了保持样本的完整性，采用插值以及线性趋势的方法予以补齐。

（三）评价结果

中国新型工业化发展趋势呈现以下特征：一是新型工业化水平整体不断提升。根据测算结果，如图 2－1 所示，中国新型工业化指数总体呈

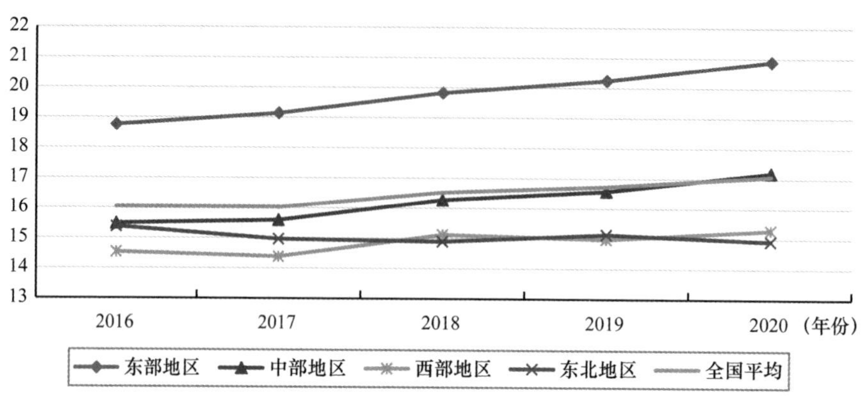

图2－1　中国新型工业化发展指数

上升态势，这表明以人为本、质量优先、自主创新、绿色低碳、数实融合、开放循环为表征的新型工业化水平发展趋势较好。二是区域差异明显，四大区域新型工业化进展不一，且具有差距扩大趋势。从测算结果看，三大区域呈现出明显的自东向西阶梯状过渡分布。东部地区是推动中国新型工业化水平提升的最重要来源，新型工业化水平显著高于其他区域，且保持了较好的发展态势，中部地区次之，特别在“十三五”中后期上升较快，超过全国平均水平。西部地区呈现一定的上升趋势，但东北部地区的新型工业化水平相对发展较慢，反而在2017年以来呈现下降趋势。总体来看，京津冀、长三角、珠三角地区整体表现优于全国平均水平。其中，新型工业化发展水平综合排名前五的分别是上海、北京、江苏、广东、浙江，该结果与中国工业的布局和经济发达程度基本一致（见图2－2）。东部地区作为工业基础良好地区，改革开放40多年的发展更是集中了技术优势、人才优势和政策红利，近年来，东部地区工业发展的制约因素日益显现，在高质量发展理念和供给侧结构性改革的深入推进下，不断推动实体经济优化升级，如向数字化、融合化、绿色化转型。东北作为中国工业的摇篮，曾为国家的现代化建设做出了重大贡献，但由于体制和体制性矛盾，产业布局和调整较慢，加上企业设备老化和技术落后，资源型城市主导产业衰退，严重制约了新型工业化的发展速度，且与东部发达地区之间的差距在逐渐拉大。

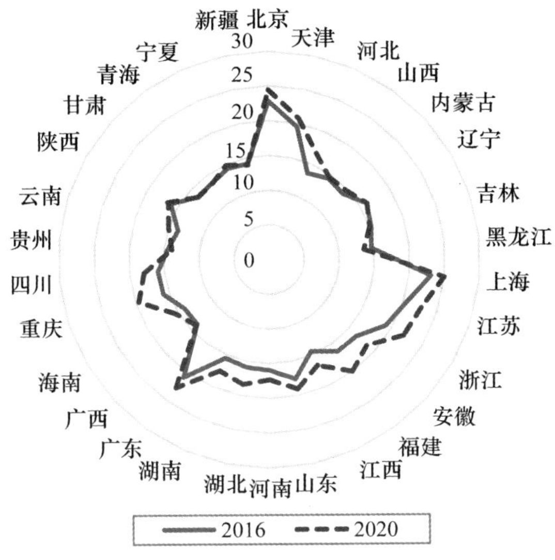

图2－2　2020年各省份新型工业化发展指数

二　分指标比较及分析

（一）以人为本指数

从结果看，以人为本指数在考察期内呈上升态势，其中，东部和中部地区表现相对较好，表现为以人为本指数较高，“十三五”时期末西部地区上升趋势明显，但东北地区停滞不前（见图2－3）。总体上说，中国

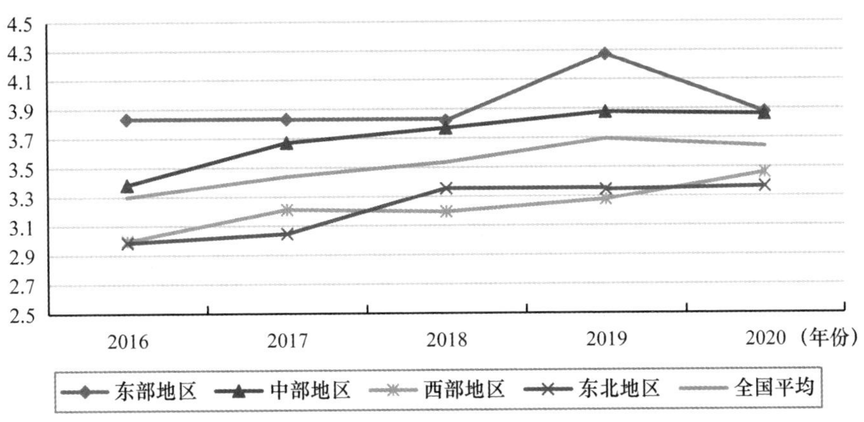

图2－3　以人为本指数区域比较

以人为本指数在四大区域间呈现为趋同，这也更加鲜明地体现了中国的新型工业化“以人为本”的工业文明本质。（见图2－4）

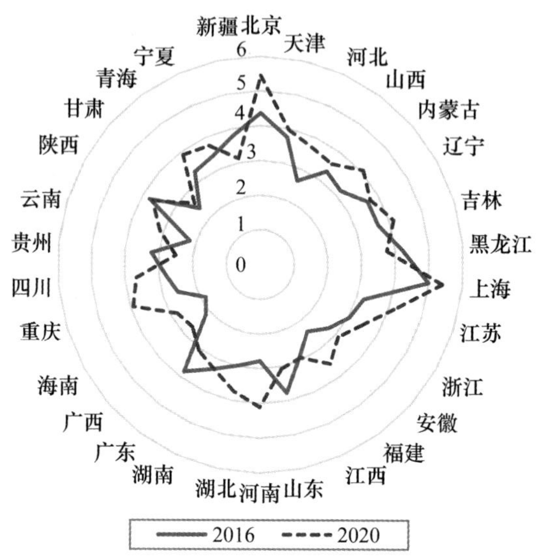

图2－4　以人为本指数省份比较

从具体指标看，收入状况和人力资本水平的作用越发凸显，表现为工业职工平均工资和专科及以上就业占比二者的权重相对较高，说明这两项对以人为本指数的贡献相对较大。“十三五”时期，中国工业职工平均工资由6.23万元提升至8.95万元，增长43.69%；同时，专科及以上就业占比由19.81%提升至24.05%，增幅超过4个百分点。值得注意的是，涉及共同富裕的恩格尔系数、基尼系数两项指标的权重相对较小，表明其对以人为本指数的提升作用有限。考察期内，中国的恩格尔系数29.96小幅提升至30.16，表明食品支出总额占个人消费支出总额的比重仍然较高；基尼系数呈现先降后升的变动趋势，保持在0.43左右的水平。同时，泰尔指数在“十三五”后期下降趋势明显，表明中国整体的个体收入分配不平等程度趋于下降。另外，中西部地区每万人拥有的医疗机构床位数已超过东部地区（见图2－5）。

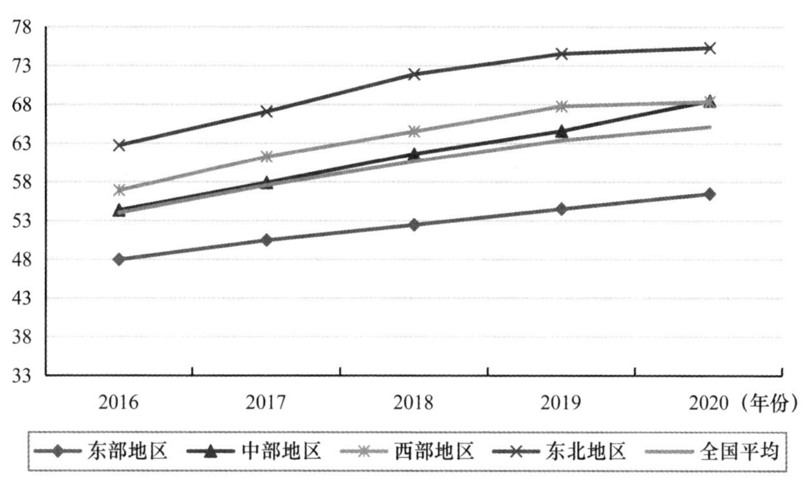

图2－5　每万人拥有的医疗机构床位数（张/万人）

（二）质量优先指数

质量优先指数涉及结构和效益指标。“十三五”时期，该指数总体上呈现上升趋势，对新型工业化的权重为0.2279（见图2－6）。其中，东部地区仍是工业质量发展较好的地区，东北地区在“十三五”初期高于全国平均水平，但随后一路下滑，甚至低于西部地区，图2－7直观显示了东北三省的工业发展质量发生了明显倒退。

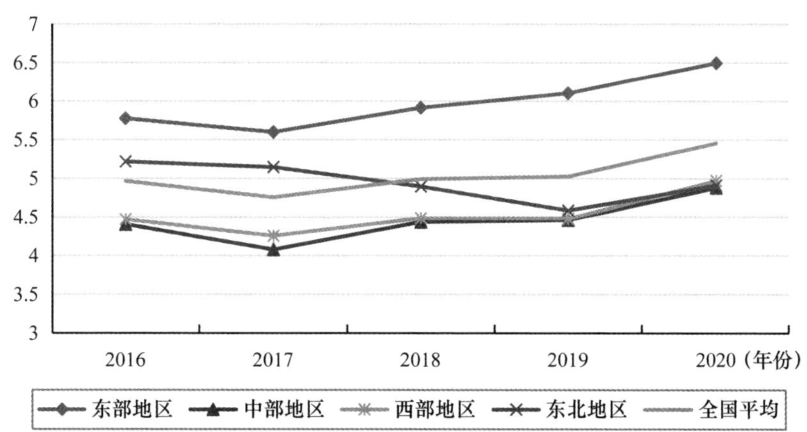

图2－6　质量优先指数区域比较

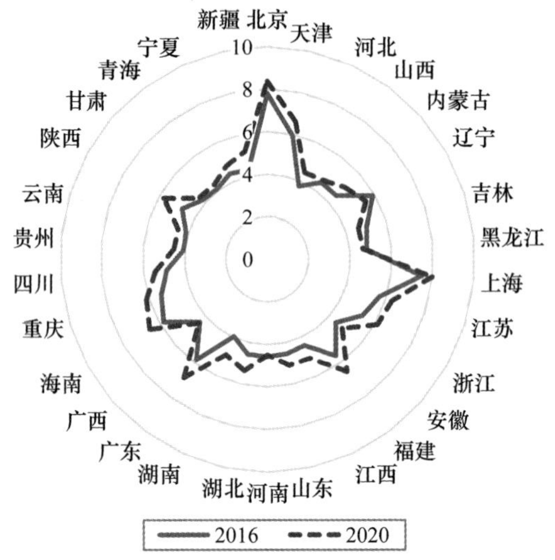

图 2－7 质量优先指数省份比较

对于工业绿色全要素生产率[①]，考察期内全国工业绿色全要素生产率增长总体为正，且各区域趋势由分散转为趋同，这反映了各地区努力践行绿色发展理念和推进供给侧结构性改革的成效不断显现，节能减排政策的作用明显。具体而言，整个“十三五”时期内工业绿色全要素生产率呈现先升后降的趋势，前期提升的原因在于各地区二氧化硫等污染物等非期望产出大幅下降，后期出现下降在于内外部复杂因素导致期望产出的增速变慢，即经济增长动力不足。相比而言，西部地区工业绿色全要素生产率下降更慢，且于 2019 年起逐渐超过其他地区。东部地区经历的波动相对较大，且于 2019 年起落后于其他地区。但可以肯定的是，中国工业绿色全要素生产率呈现一定的趋同。另外，绿色全要素生产率又可以进一步分解为技术变动指数（又称作“前沿面移动效应”）和技术效率变动指数（又称作“追赶效应”）两个部分。分指标看，工业全要素生产率增长率主要来源于技术进步的驱动，考察期内各地区技术进步增长率均为正，表明各地注重引进绿色先进技术和自主创新发展生产，但与环境有关的技术效率上升非常有限，不少地区年均增速表现为负增长。

① 该指标能够反映绿色化，但这里更为了突出在考虑资源环境约束后的全要素生产率增长状况，更加侧重于反映创新。

测算结果表明，“十三五”时期技术变化年均增长的速度约为8.86%，而技术效率的增长率仅为0.26%，反映了技术变化是该时间段内推动各地区工业绿色全要素生产率提升的重要动力。具体从区域看，东部技术进步表现最好，年均增长9.89%，东北部与西部地区类似，为6.8%左右；从技术效率看，仅东部、中部地区的年均增长率为正，分别为0.39%、0.09%。这一结果表明，与环境相关的技术效率裹足不前是制约工业绿色全要素生产率提升的主要方面，技术效率不高的省份主要分布在中西部地区，如重庆、甘肃、黑龙江、江西、辽宁、河北等。同时，这也从侧面反映出单纯依靠技术进步，而不考虑要素使用效率的提升不能从根本上推动工业绿色全要素生产率的长期提升，要实现生产方式向集约型的转变依旧需要绿色技术效率的提升与生产技术水平的优化。另外，工业增加值波动率和工业生产价格波动率作为反映工业经济稳定性的重要指标，二者的权重之和约为0.034，考察期内工业增加值波动率均值仅在东部地区为正，说明该地区的工业增长较为稳定，而其他三个地区均为负，东北地区的负向波动率最大；工业生产价格波动率方面，东部地区最小，说明工业生产成本变动稳定，西部和东北地区负向波动率更大。此外，中国高技术产业发展较快，其占规模以上工业企业营收的比重也在不断提升，2020年为11.89%，其中，东部地区最高，超过16%，东北地区较低，不足5%（见图2－8、图2－9）。

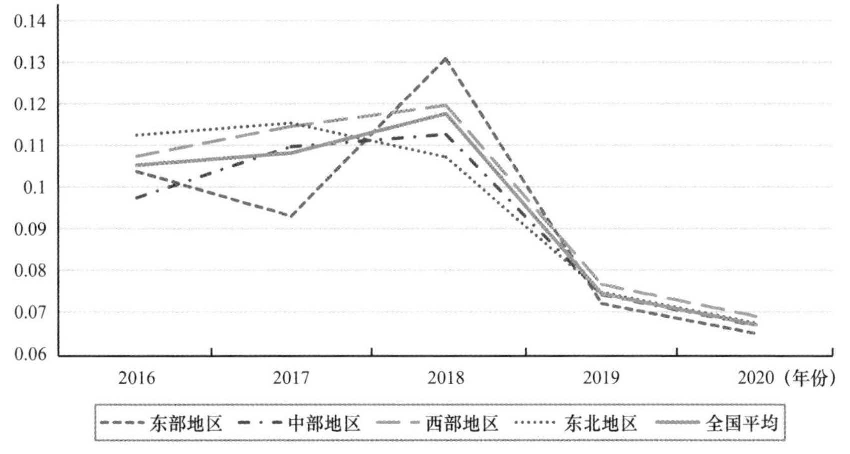

图2－8　各区域绿色全要素生产率增速

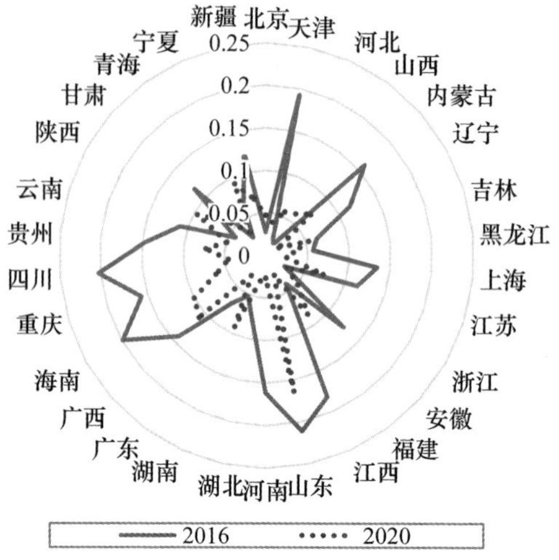

图2－9 各省份工业绿色全要素生产率

同时，实体经济间协调发展是现代产业发展的重要趋势，近年来，中国高度重视先进制造业和现代服务业的深度融合，将其作为培育现代产业体系、促进高质量发展的重要途径。制造业与农业的融合程度、制造业与服务业融合程度的权重分别为0.027、0.03，说明这两项指标对新型工业化的支撑作用优势不明显。生产性服务业[①]就业人数占服务业就业比重能够在一定程度上反映先进制造业与现代服务业的融合程度。近年来，中国生产性服务业就业人数占服务业就业比重整体上不断提升。其中，表现相对较好的为北京、天津、上海，2020年分别为51.97%、48.37%、32.47%，江西、河南、贵州等省份相对较低，均不足20%（见图2－10）。每百人互联网宽带接入端口数是反映工业化和信息化两化融合的重要指标，该项指标的贡献同样较小，这说明中国两化融合仍有较大的发展空间。此外，中国城镇化水平不断提升，2020年为63.89%，较2016年提升了6.5个百分点，对新型工业化起到了一定的带动作用（见图2－11）。其中，东部地区的城镇化率已超过70%，相比之下，中西部仍未达到60%的水平。

---

① 交通运输、仓储和邮政业，信息传输、软件和信息技术服务业，批发和零售业，金融业，租赁和商务服务业以及科学研究和技术服务业六大行业。

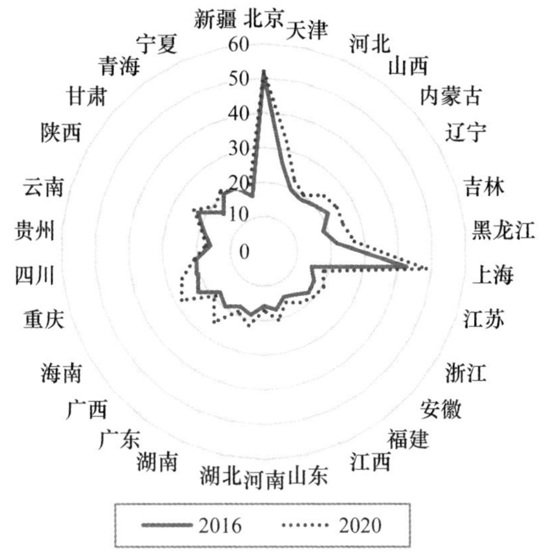

图 2－10　各省份生产性服务业就业人数占服务业就业比重（%）

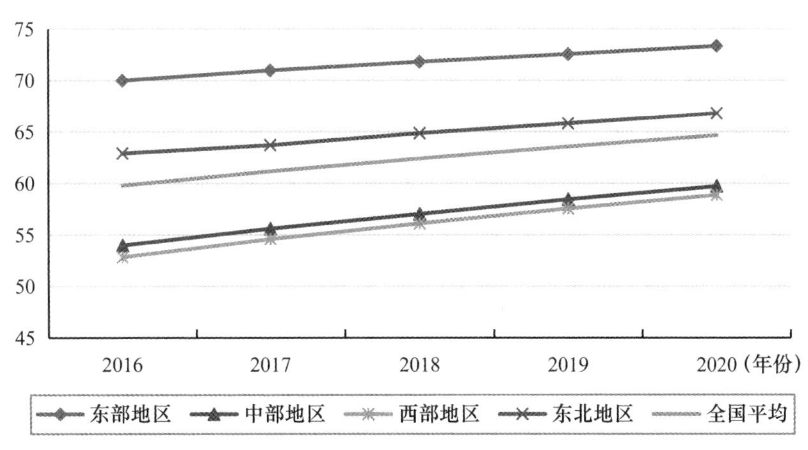

图 2－11　各区域城镇化率（%）

企业经营效益是质量发展在微观层面的重要反映。微观质量指数在质量优先中的权重为 0.06 左右，低于宏观质量指数。规上工业企业主营业务利润率、规上工业企业资产负债率、规上工业企业成本费用利润率三个指标的权重大致相当。“十三五”时期，中国规上工业企业主营业务利润率大致经历了 N 型走势，东部地区和中部地区相对稳定，西部地区和东部地区的波动幅度较大，东北地区不仅在多数年份低于其他地区，而且在2020年与其他地区的差距有所拉大，说明东北地区工业企业的盈利能力在不断下降。关于规上工业企业成本费用利润率，东北地区仍然最低，反映了企业的经济效益较差。考察期内，产品质量合格率有所下降，2016—2020年由94.12%下降至93.46%，各地区也呈现不同程度的下降。根据2020年国家统计局数据，产品质量较好的省份主要集中在东部地区，不少西部地区和东北地区的产品质量仍有提升空间（见图2－12）。

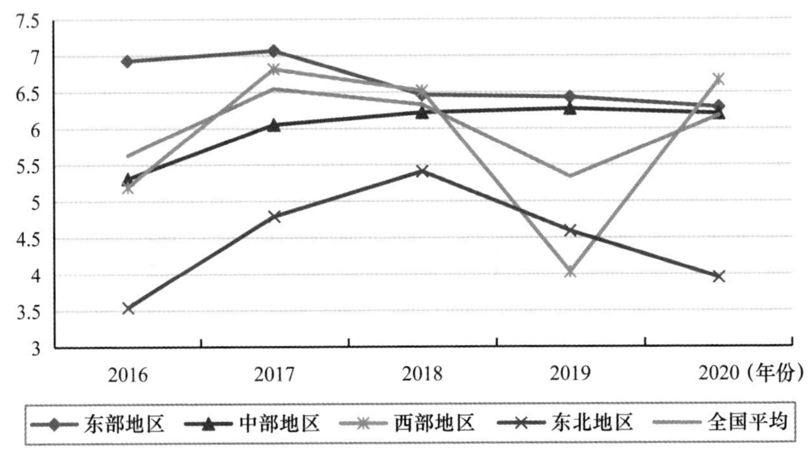

图2－12　规上工业企业主营业务利润率

（三）自主创新指数

从测算结果看，工业领域的自主创新指数对新型工业化的权重较高，为0.1747，在一级指标中排名第三位，这表明自主创新在推动新型工业化过程中具有重要作用。分区域看，在国家实施一系列创新政策的推动下，各地区的创新水平明显提升，并保持良好的增长趋势，东部地区遥遥领先，仍是中国创新驱动的重要引擎，特别是北京、浙江、江苏三地的优势明显，且显著高于广大中西部地区和东北地区省份。东北地区的创新水平相对较低，与近年来本地经济衰退、国有经济占比偏高、人才流失有关。此外，结果显示，北方省份平均创新水平低于南方省份，且南北省份间创新差距不断拉大，“十三五”时期，北方省份自主创新指数由3.04稳步增至3.68，而南方省份由3.63提升至4.32（见图2－13、图2－14）。

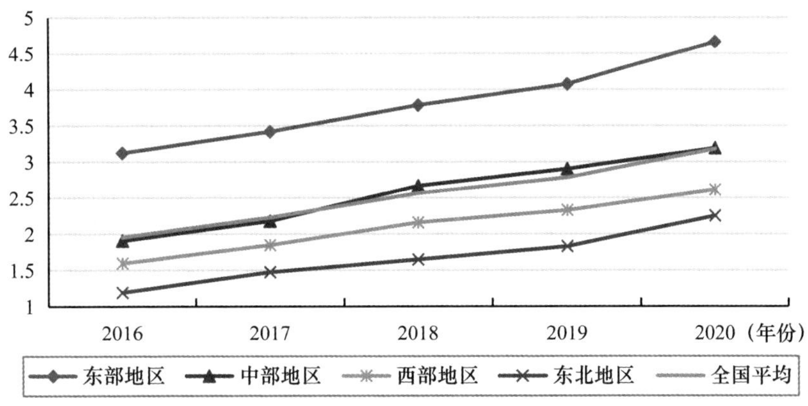

图 2-13　自主创新指数区域比较

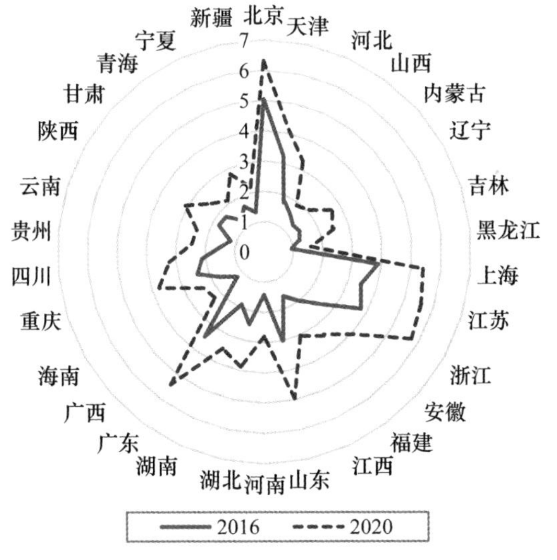

图 2-14　自主创新指数省份比较

具体来看，创新投入和产出指标的贡献大致相当。对于研发经费投入强度，表现较好的省份包括北京、上海、广东，均为 7% 以上，相比而言，新疆、青海、广西等西部省份较低，且新疆在“十三五”时期表现为显著的下降趋势。考察期内，中国规上工业企业研发人员占就业比重不断提升，由 5.76% 增至 8.31%，提升了 2.5 个百分点，浙江、湖南、江苏三地表现抢眼，2020 年分别为 19.10%、15.02%、15.00%。对于创新成效，万人工业有效发明专利拥有量和技术市场交易额与工业增加值比值的权重略优于创新投入指标。其中，万人工业有效发明专利拥有量由4.65件/万人增长至8.39件/万人。然而，区域差异十分明显，广东、江苏、北京是创新领先地区，得益于这些地区对创新的高度重视与投入，北京的高校和科研机构优势突出，知识获取能力强，长三角地区产业体系齐全，制造能力突出，粤港澳大湾区产业技术创新能力强，创新创业生态体系相对完善。尽管重庆、陕西等西部地区的追赶势头迅猛，与东部地区仍有不小差距。创新载体表现较好，工业设计中心数和产业技术基础公共服务平台数二者权重为0.09左右，其中，工业设计中心主要分布在东部地区，例如山东、广东、江苏、浙江，2020年这一地区占全国总数的比重超过60%，东北地区相对最少。

（四）绿色低碳指数

当前，在“双碳”目标约束下绿色低碳发展已成为各地区经济转型升级的必由之路。根据测算结果，总体上绿色化对新型工业化的权重较大，为0.2493，在一级指标中排名第一。这充分体现了绿色化对于新型工业化的重要底色指向作用。同时，这也说明“十三五”时期中国各地区高度重视推进绿色低碳发展，且取得了明显成效。其中，东部地区和中部地区的绿色低碳指数大致相当，且在“十三五”末，中部地区对东部地区形成了赶超态势，表明中部地区整体上工业绿色低碳转型成效明显。西部地区和东北地区进展相对缓慢，区域间呈现出扩大趋势（见图2-15、图2-16）。

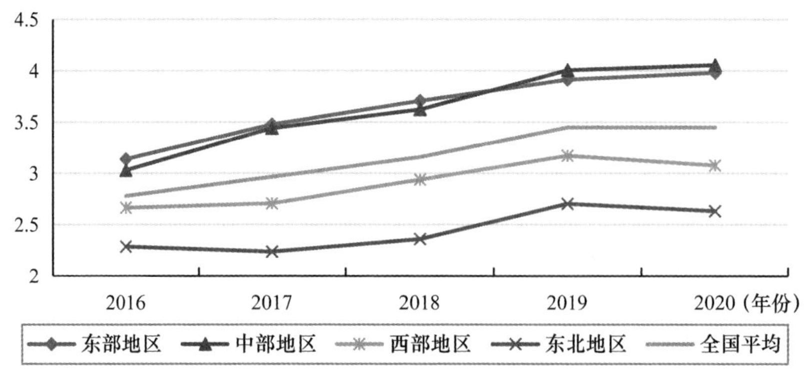

图2-15 绿色低碳指数区域比较

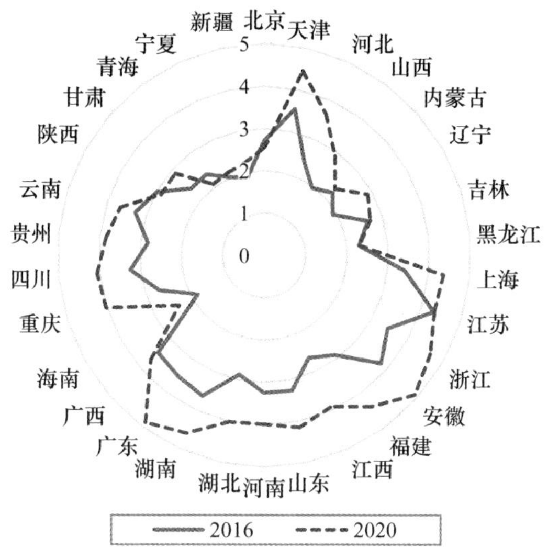

图2-16　绿色低碳指数省份比较

分具体指标看，建设绿色制造体系有利于企业实现可持续发展，提高企业经济效益，从源头解决工业污染问题，改善生态环境。自《关于开展绿色制造体系建设的通知》发布以来，通过树典型、立标杆，调动了地方的积极性和主动性，制造业绿色转型卓有成效。“十三五”时期，中国已创建2121家绿色工厂、171家绿色园区、189家绿色供应链示范企业，开发2170多种典型绿色设计产品，累计推广节能、节水、再制造、综合利用、中国RoHS等在内的绿色产品近2万种，完成了“千家绿色工厂、百家绿色园区、万种绿色产品”目标。从贡献看，绿色制造体系建设指数的权重在整个新型工业化发展水平评价指标体系中的权重为0.16左右，在绿色化指标中位居第一。这表明，考察期内绿色制造体系建设在推进新型工业化中占据重要地位。分具体指标看，绿色产品设计方面对新型工业化发展的权重相对最大，为0.09，远高于绿色化中的其他二级指标，且在全部指标体系中名列第一，这也印证了通过绿色产品设计促进新型工业化发展水平提升的方向正确性。分区域看，中国已经发布的六个批次绿色产品设计主要分布在发达省份，广东、安徽、浙江、江苏表现优异，前三个省份绿色产品设计数量均在

100件以上，占全国的56.25%，西部地区偏少。此外，绿色工厂数量、绿色园区也大致遵从同样的区域分布，例如，中国已经发布的六个批次绿色工厂主要分布在发达省份，主要集中在广东、浙江、福建、山东，西部地区同样偏少。另外，需要注意的是，产业技术基础公共服务平台在持续提升试验检测、标准检测、成果转化、知识产权保护等基础服务的支撑能力方面具有关键作用，但目前建设较为滞后，2020年12月工信部公布的19家名单中仅北京就占据10家，大部分地区为零，这些不足需要引起重视。

从节能减排状况看，中国工业约承载了60%的碳排放量。单位工业增加值CO_2排放量的权重相对不大，为0.0087，表明工业节能减排。分区域看，除河北外，工业碳排放强度较高的省份主要集中在西部地区，还包括宁夏、青海、新疆、内蒙古，海南的工业碳排放强度也不容小觑。同时，工业碳排放最多的省份分布在河北、山东、江苏、内蒙古、广东，2020年五个省份占工业碳排放总量的比重达37.42%，而前十个省份约占工业碳排放总量的比重达60%。北京在工业低碳绿色发展领域一骑绝尘，大大领先于全国其他省份。从节能情况看，2020年单位工业增加值电耗表现较好的省份主要集中在东部地区以及中部的湖北、湖南，而西部地区的青海、新疆、宁夏、内蒙古等相对较高，说明这些地区节能工作有待进一步深入。另外，从可再生能源供给看，可再生能源消纳考核责任是解决可再生能源消纳利用矛盾的重要手段。当前，各地区可再生能源消纳状况不断改善，2020年可再生能源电力消纳占比超过80%的有3个，主要分布在西南地区，东中部地区仍有提升空间。此外，“十三五”时期，中国资源回收利用效果显著。从工业废弃物利用投入和效率看，资源回收利用产业投入与工业增加值比值较高的地区为天津、河北、安徽、广西等，均超过0.2，而海南、青海、黑龙江等相对较低；工业固体废弃物综合利用率中表现较好的包括天津、浙江，均接近100%，而内蒙古、四川、山西等省份偏低，前两个省份甚至不足40%，仍有较大的提升空间（见图2－17、表2－2）。

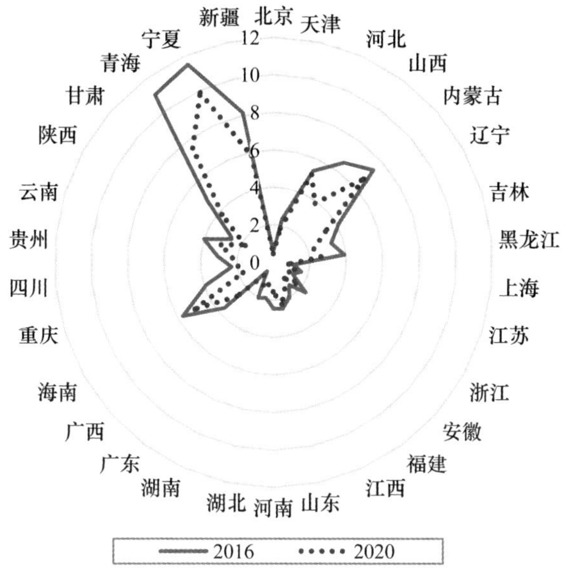

图 2－17　省份碳排放强度（吨/万元）

表 2－2　　可再生能源电力（含水电）消纳总量责任权重实际完成情况（%）

年份 省份	2016	2017	2018	2019	2020
北京	10.5	12.1	13.2	12.7	16.4
天津	9.3	11	11.4	12.6	16.1
河北	10.3	11.6	12.2	13.7	14.2
山西	12.1	14.1	16.4	18.4	18.8
内蒙古	16.4	19.2	18.6	18.3	21.1
辽宁	12.7	12.2	14.2	15.4	17.2
吉林	20.7	22.2	24.9	25	30.3
黑龙江	15.7	20.2	19.4	22	23.4
上海	32.6	33.3	32.1	34.5	35.6
江苏	12.8	14.7	14.7	15	16.8
浙江	19.9	19.3	17.8	20	19.6
安徽	12.3	14.3	14.9	15.7	17.6
福建	35.8	24.2	19	24	19
江西	27.2	25.4	22.9	25.5	25.2
山东	6.1	7.3	9.9	11.6	12.4

续表

省份＼年份	2016	2017	2018	2019	2020
河南	10.4	14.6	16.9	20.5	21.6
湖北	38.4	43	38	32.5	43.2
湖南	49.7	50.4	42.1	44.4	47.1
广东	33.9	32.4	32.9	34.4	33.1
广西	49.9	51.6	46	43.1	43.4
海南	12.3	13.3	13.6	14.5	16.2
重庆	48.7	49.2	45.9	45.5	51.4
四川	83.1	83.5	81.9	81.1	81.8
贵州	41.2	35.6	36.2	35.6	40.7
云南	81.3	85.6	83.4	82.9	80.6
陕西	10.1	16	20.3	22.4	24.9
甘肃	42.9	46.9	48.4	53.9	52.5
青海	62.4	64.9	78.2	81.8	84.7
宁夏	21.1	23	25.2	25.7	26.7
新疆	22.9	26	26.8	21.9	20.54

资料来源：据历年《全国可再生能源电力发展监测评价报告》整理。

（五）数实融合指数

测算结果显示，考察期内中国数实融合水平不断提升。然而，三项指标的权重之和相对较低，且各项指标均低于新型工业化指标评价体系的平均水平，说明数字化研发设计工具普及率、关键工序数控化率、云平台利用率对新型工业化发展水平的作用尚未显现。数字化研发设计工具普及率体现了企业的工业软件应用水平，关键工序数控化率反映了企业的自动控制与感知水平。尽管近年来中国的数字化转型应用场景持续丰富，数字技术加速向制造业渗透，2021年底，数字化研发设计工具普及率、关键工序数控化率分别提升至55.3%、74.7%，但总体上仍未形成良好的支撑作用。从省份层面看，数字化研发设计工具普及率较高的地区主要集中在东部地区，包括上海、江苏、浙江、广东、天津，安徽、河南紧随其后，辽宁、黑龙江等地区相对较低；关键工序数控化率较高的地区有浙江、湖北、上海、江苏，这些地区均在60%以上，内蒙古、云南、湖南等省份发展较慢。同时，云平台利用率体现了工业云的应用水平，是物理流、信息流和数据流的重要衔接点。当前，云平台利用率较高的地区也主要集中在东部地区以及安徽、四川等少数中西部省份，2020年，仅浙江的云平台利用率超过60%，而山西、辽宁以及不少西部省份相对较低（见图2-18、图2-19）。

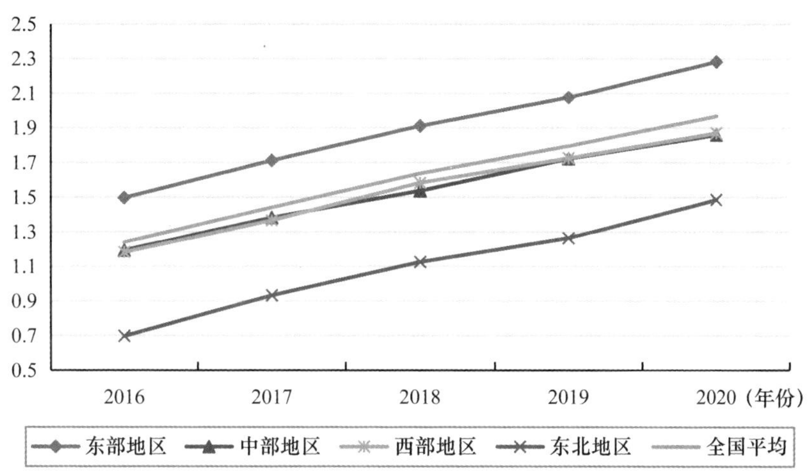

图2-18 数实融合指数区域比较

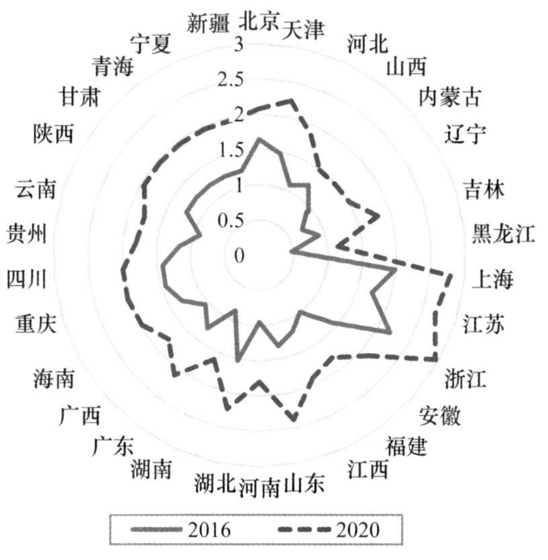

图2-19 数实融合指数省份比较

（六）开放循环指数

总体上看，“十三五”时期开放循环指数呈现下降趋势，但对于新型工业化仍具有一定的支撑作用，权重为0.1319。从国际竞争力看，工业品出口市场占有率对开放循环指数的权重相对较大，新产品出口占新产品销售收入比重也超过开放循环各项指标的平均水平。以上结果表明，中国的产品在国际市场上具有较强的竞争力，市场份额不断提升。2021年，中国出口国际市场份额为15.1%，与2012年相比提升了4个百分点，其中货物贸易接近40万亿元，全球第一贸易大国的地位更加稳固。这不仅充分体现了中国是“世界工厂”，同时也是“世界市场”。广东、江苏、浙江三省份的国际市场竞争力较强。从新产品出口占销售收入的比重看，表现较好的省份包括河南、广东、福建，均在25%以上，中部省份提升效果明显。近年来，由于劳动力成本上升、土地资源日益紧缺以及生态文明建设的推进，中国传统的劳动密集型产业大量从东部地区转移至中西部地区。在此背景下，湖北、四川等中西部省份迅速崛起，工业增加值占全国的比重不断提升，2016—2020年分别由4.4%、3.88%提升至5.55%、4.29%，新产品出口能力稳步提升。河南依靠全国唯一以交通物流为特色的河南自贸试验区，大力推动跨境电商贸易，推动外贸

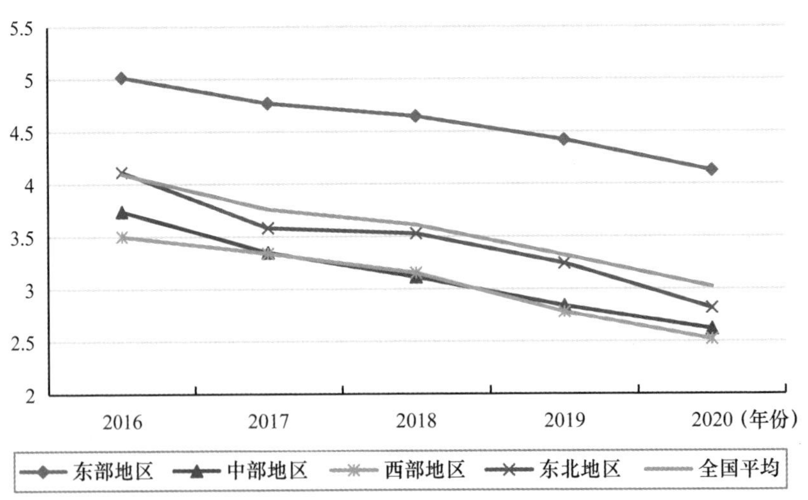

图2－20　开放循环指数区域比较

出口不断跃上新台阶，投资贸易趋于便利化、高端产业趋于集聚化、交流物流日益通达，形成较强的辐射带动作用。

产品市场和要素市场对开放循环指数的贡献相对有限，提升效果不明显。测算结果显示，“十三五”时期，各地区之间的产品市场和要素市场分割程度有所增加，说明中国地区间合作联系不够紧密、一体化市场融合程度不高，各地区要素市场联动不足。由于地方保护主义、产业不当竞争、部门干预等，市场在要素资源配置中的决定性作用尚未得到应有的、充分的发挥，一些体制机制性因素阻碍了要素自由流动和有效配置，要素价格形成机制有待进一步完善。

第二节　新型工业化的体系构建

面对前所未有的变局，提升质量和孕育新动能既是中国工业化长期发展的要求，也是全面建成社会主义现代化强国的基础，推进新型工业化必须抓住关键矛盾、突破主要制约、化解主要风险，通过构建世界领先的产业科技体系，形成创新驱动发展的核心动能；通过筑牢高端先进的制造体系，实现产业结构的突破性演进；通过建设低碳循环的绿色体系，实现发展方式的根本变化；通过打造内外协同的分工体系，实现中国参与全球分工地位的提升。

一　构建自立自强科技体系

随着中国综合国力提升、技术水平开始逼近世界第一梯队，以美国为代表的西方国家对中国的技术封锁、对中国技术研发和高科技产业发展的遏制必是长期趋势。对比发达国家，基础研发能力的薄弱和颠覆式创新的缺乏造成了中国制造业部门关键技术缺失、核心技术受制于人的现状，进而成为制约当前和未来中国经济增长的瓶颈，迫切需要构建自立自强的产业科技体系，实现工业化由要素投入为主转变为创新驱动为主。

（一）不断增强产业技术的自主可控

中国已经是技术创新投入和产出大国，但仍然面临突出的“卡脖子”风险，需要依据要素禀赋条件和比较优势，准确把握世界前沿技术进步态势及自身技术差距的变化规律，选择适宜的技术创新方向进而快速实现技术追赶，在不确定性和风险增加的情况下增强产业技术的自主可控。（1）动态调整自主创新与模仿创新的比重与关系。在继续学习借鉴发达国家经验和成熟技术基础上，推动产业创新活动从“引进消化吸收再创新”向“自主原创引领”的稳步转轨，完善涵盖核心基础技术、关键前沿技术、超前未来技术在内的自主产业技术体系。（2）加强关键产业技术的自主性。在技术的国产替代过程中促进创新链产业链互动融合，特别重视基础技术、基础工艺、基础材料的自主化。（3）加强国际产业技术交流合作。依托产业体系优势、投资和市场规模优势、应用创新和场景创新优势，拓宽高技术产业发展融资渠道，打造世界级技术交易市场和孵化环境，加强对前沿科技转化的制度建设，吸引全球领先科技成果中国落地。

（二）培育引领新工业革命的创新能力

创新能力的增强需要继续加大公共性技术创新投入，也要推动创新资源由过度集中向兼顾各类企业和创新主体转变，高水平建设新型创新基础设施，优化创新环境，才能够在新型工业化进程中充分把握新一轮科技革命和产业变革创造的历史机遇。（1）强化创新主体功能。推动科研机构体制改革，增强企业创新主体地位，贯通产业链创新链打造基础研发体系、产业应用体系、优势和突破性技术研发体系。（2）加快建设新型创新基础设施。以基础技术研发和前沿技术研发为重点，建设一批世界领先、稀有甚至唯一的重大科学装置和产业验证平台，推动体制改革创新，吸引更多主体参与创新基础设施的建设和运行。（3）充分把握新一轮科技革命和产业变革历史机遇。加强前沿科技和未来产业的前瞻布局，发挥中国人口和产业规模优势，进一步释放新型举国体制能量，在影响未来的各个技术领域同时推进多条技术路线的发展，在新一轮科技革命和产业变革中实现产业技术能力的不断跃迁。

二　筑牢高端先进的制造体系

无论是先行国家提供的大国工业化规律经验，还是中国共产党领导下的工业化的实践，都证明实体经济必须是工业化的根基，而制造业则是实体经济的内核。新型工业化进程中，制造业的重要战略地位不会改变，将继续支撑中国经济高质量发展，成为构建新发展格局的坚实力量。

（一）稳定制造业发展预期

对中国这样的大国而言，服务业的地位和作用呈上升态势并不代表制造业地位和作用的下降，反而更加凸显了制造业对高质量发展的作用不可替代（郭克莎、彭继宗，2021），新型工业化的顺利推进、先进制造体系的筑牢首先是要稳定制造业发展预期。（1）加强制造业发展的要素保障。贯彻习近平总书记“坚持把发展经济的着力点放在实体经济上”的重要指示，保障制造业发展的基本土地、能源、资金、劳动力供给，保持制造业比重基本稳定。（2）稳定和扩大工业有效投资。以新产业、新业态、新基建为重点领域，以智能制造、服务型制造、海外制造基地建设为重点方向，挖掘制造业投资新机会，发挥各类产业基金引导作用，带动社会资本投资先进制造业和产业链现代化项目。

（二）确保产业链供应链总体安全

中国发展阶段和面临的国际环境都发生巨大变化，新型工业化的推进将面临来自内外的各种挑战，产业链供应链安全可控尤为重要，需要一方面要补齐上一阶段发展遗留的短板，另一方面锻造面向未来的长板。（1）打通产业链供应链堵点卡点。针对不同行业制定差异化、精准化政策：材料、能源、采掘等高排放行业加强绿色改造，适度超前实现碳达峰，保障工业减碳基本面稳定；汽车、机械装备、电子信息等技术密集型行业加强数字化和智能化改造投资，利用技术窗口加速赶超，保障工业转型升级基本面稳定；纺织服装、家电、食品等消费品工业稳住国内产能和加强对外投资相结合，保障民生产品供给基本面稳定；纺织、电子、机械、钢铁等外向型程度较高的行业积极应对外部压力和开拓国内市场，保障工业构建“双循环”新发展格局基本面稳定。（2）大力发展战略性新兴产业和未来产业。进一步加大对技术溢出效应强、产业带动性强的高端装备、新一代电子信息技术、生物医药、新能源、新能源汽车的投资和布局，前瞻布局和超前发展一批未来产业和新型商业模式，在新兴领域缩短与发达国家的起步差距。（3）推动自主品牌发展。结合扩大内需战略，抓住收入水平提高、消费观念转变的机会，重点在智能手机、平板电脑、智能穿戴等信息产品，服装箱包、化妆品、食品饮料、玩具文具等消费品，汽车和新能源汽车、家居家装等耐用品中培育中国品牌。

（三）推动工业化与数字智能深度融合

数字技术是新一轮科技革命和产业变革中意义最重大的代表性技术，随着数字技术向各个产业部门的进一步渗透和赋能，工业和制造业的数字化转型将成为数实融合的主战场，同时也是新型工业化区别于传统工业化的重要特征。(1) 做优做强信息制造业。在继续做大规模的基础上，锻造长板补足短板，打造全球规模最大、体系最全、效率最高、韧性最强、技术最领先的现代信息制造体系。(2) 深入推动传统工业部门的数字化转型。着力提高工业装备智能化，加强工业生产过程的自感知、自学习、自决策、自适应能力。(3) 发展数字化制造新模式。推广产品功能数字化、工业大数据联动、供应链智能化协调、产品全生命周期服务等较为成熟工业数字化改造模式，推动人机协同制造、用户参与制造、柔性制造、共享制造、云制造、软件定义制造等新制造模式。

（四）大力发展服务型制造

服务型制造打破因产业分类造成的价值创造割裂，有助于制造业效率和效益提升，同时形成差异化的竞争优势。服务型制造与资源配置效率之间具有非线性关系，而当前中国服务型制造水平总体处于促进资源配置效率的阶段，存在进一步提升的空间（祝金树等，2021）。(1) 促进服务型制造的制度建设。政府管理方面，扭转传统思维模式，以打破行业管理壁垒为突破口逐步消除行业间要素流动的体制障碍，加大跨行业的政策支持和规划引导；企业方面，引导制造企业重塑价值链重心，鼓励服务企业调整战略重心由“2C”向“2B”转型。(2) 重点推进先进制造业和现代服务业深度融合。支持高端装备制造、电子信息制造、新能源汽车、生物医药等先进制造业，与软件和信息服务业、金融业、科技研发和科技服务业等现代服务业间的深度融合，探索跨行业共享要素资源和提高盈利能力的新模式。(3) 利用信息化推动服务型制造创新。推动信息技术广泛渗透于产品设计、客户定制、集成制造、市场营销、供应链管理、质量管理、测试认证、金融服务等环节，不断提升制造企业在服务环节的价值创造能力。

三　建设低碳循环的绿色体系

与石油革命和电力革命比较，当前能源转型最大的区别在于其主要出发点并非技术进步而是人类社会可持续发展的战略选择，因此在初期主要驱动因素不是创新而是政策（范英、衣博文，2021）。相对于发展中国家，中国在一个更低的发展水平开始绿色转型并承担巨大的减排责任，更需要强有力的制度安排和政策支持。

（一）科学分解碳达峰目标

工业是产生碳排放的重要部门，也是能否达成双碳目标的关键所在。（1）有节奏、有步骤、有选择地推进工业和制造业减碳。分行业科学衡量能耗和碳排放，分清“载能”“耗能”区别，根据不同产业技术特征和不同地区资源禀赋、产业结构，科学分解碳达峰目标，高排放工业部门和环节、产业结构偏重的地区碳达峰目标适度提前，但碳中和目标适度降低。（2）跨行业制定减排目标和政策。试点开展跨行业部门“碳补偿”，对自身虽不产生排放但使用高排放中间投入品的行业征收“碳税”，用以补偿高耗能高排放行业的减排投入。

（二）全面推进工业绿色低碳转型

新型工业化背景下的工业和制造业发展必须实现全面的绿色低碳转型，而当前绿色转型的主要制约来自能源结构中化石能源比重居高，低碳技术创新滞后于减碳需求，以及循环经济的实现层次偏低。（1）不断改善能源结构。稳步推进大型清洁能源生产基地建设投产，通过税收、奖励机制调整鼓励工业企业使用清洁能源，促进清洁能源的就近使用。（2）依靠技术创新不断提高产业能效水平。集中力量突破全球性能效和排放技术难题，力争中国制造业节能减排技术达到世界一流水平，重点工业行业能耗水平达到和超过发达国家。（3）构建多层次循环经济系统。大力发展资源回收产业和再制造产业，依靠技术进步和制度建设促进资源节约、集约利用，在企业范围、园区范围和区域范围实现不同层次循环经济。

（三）倡导全民绿色消费

新型工业化低碳循环绿色体系的建设需要生产方式和生活方式的改变，因此，除了产业自身的绿色转型，消费的绿色化也是重要支撑。

(1) 加强绿色消费宣传。弘扬“勤俭节约”精神，广泛开展环保、节能、节水、节材、低碳、低排主题宣传，引导人们转变旧的生活习惯，自觉抵制消费陋习。(2) 减少浪费性消费和高碳消费。发挥市场机制作用，通过价格机制控制过度消费、身份消费、奢侈消费，反对铺张浪费，深入推进线上线下融合的生活工作新模式，减少个人碳足迹。(3) 增加低碳工业产品消费比重。继续实施对新能源汽车、节能电器、分布式能源系统等低碳产品个人购买的补贴政策，进一步完善充电桩、智能微电网系统等低碳产品基础设施和消费场景。

四 打造内外循环分工体系

新型工业化既不能走过度强调出口为导向的外向型发展老路，更不能走脱离世界的封闭之路，面对逆全球化抬头的国际环境，中国的新型工业化更是要扩大开放，利用好两个市场、两种资源，构建以国内大循环为主体、国内国际双循环相互促进的新发展格局，打造内外循环的分工体系。

(一) 高质量推进走出去和引进来

新型工业化必须坚持全面对外开放和对内开放，不断提高“引进来”的吸引力和“走出去”的竞争力。(1) 进一步巩固工业产品出口优势。从能源原材料供给、出口货运能力提升等多个角度为出口企业创造良好发展环境，增强国际市场渠道建设和本地化运营能力，保障出口企业的海外订单交付能力。(2) 推动产业全球布局。加强与主要对外投资国家的政治互信和政策互动，在经济战略、产业规划和区域产业链构建等方面加强沟通，不断增强国际物资调配和国际产能合作能力，健全跨国物资快速通关体制和运输通道，强化区域产能合作机制，通过产业跨境协同增强抵御风险的能力。(3) 积极参与国际贸易规则和产业标准制定。扩大中国主张在 WTO 和区域经济组织中的影响，在应对新一轮科技革命和产业变革的新贸易规则制定中贡献中国经验，建立中国专利技术与标准制定相互支撑的正向循环体系，推动自主标准工业产品成套出口，在对外工程和其他承包合同中推动中国标准的落地。(4) 扩大利用外资和提高利用外资水平。继续做好外资企业服务工作，不断改善营商环境推动外资量增质升。

（二）释放和更好满足国内消费

中国有全世界潜力最大的内需市场，内需的释放不仅是产业链供应链韧性和安全的保障，更能让广大人民群众享受到工业化的成果，体现了新型工业化满足人民美好生活需要的奋斗目标。（1）提振国内消费信心。统筹推进经济发展和民生保障，兜住兜牢民生底线，坚持“房住不炒”，稳步提高人民群众可支配收入水平，筑牢消费潜力释放的基础条件。（2）释放多层次消费需求。持续提升传统基本消费、积极发展服务消费、加快培育新型消费、大力倡导绿色低碳消费，释放农村市场、老龄市场、数字市场等新兴消费潜能。（3）完善扩大内需的硬件基础和制度环境。进一步完善通信和物流基础设施，鼓励创新数字化、个性化、体验化商业新业态，实施好消费补贴、以旧换新等刺激消费政策，切实加强消费者权益保护。

（三）优化国内产业区域布局

中国上一阶段工业化的特征之一是在一个较长时期产业从东部沿海地区向中西部梯度转移，客观上促进了各个地区的工业化和产业升级，但遗留了区域发展不平衡、区域间发展差距拉大等问题，这是新型工业化必须破解的难题。（1）增强区域产业协同。树立突出区域平衡发展的布局观，强调各区域功能化、特色化的发展定位和政策。（2）促进要素流动。推进东部发达地区对中西部欠发达地区的高端要素输入，推动中心城市在技术、人才、消费市场上的优势和非中心城市劳动力和资源能源优势相结合，促进城市圈范围产业链供应链重构优化。（3）缩小城乡发展差距。进一步发挥工业在推动城乡基础设施和社会保障均等化中的作用，以工业发展为抓手，带动就业、消费、生活模式改变，逐步实现工业结构的城乡协同和工业化水平的城乡同步。

（四）调整改善全球产业分工关系

中国的发展是要争取更加合理的国际分工地位和构建更公平的国际分工秩序，不会威胁到任何国家，更不会抢夺任何国家的发展机会，构建“人类命运共同体”是新型工业化的目标之一，需要不断改善与发达国家和发展中国家的分工关系。（1）加强与发达国家在高端产业和新兴产业的合作关系。发挥中国在基础设施建设、集成创新、产业应用等方面的优势，在战略性技术研发、技术转化上与发达国家开展广泛合作，创造中国能够深入参与的高端产业和新兴产业分工新体系。（2）加强与发展中国家的共赢合作。以南亚、东南亚、南美、西亚和非洲为重点，构建满足“命运共同体”原则的新型对外投资合作关系，推动与发展中国家在产业链、产业体系层面的深度合作，打造信息网络互联互通、产业链供应链相互融合的国际产能合作新模式。

第三节　新型工业化的实施路径

推进新型工业化是一个复杂的系统性工程，涉及国家组织、人才、财税、金融、产业、科技、贸易、区域、环境、市场监管等方方面面的体制机制和政策，应当适应新时代的新形势新目标要求，对新型工业化相关的体制机制和政策进行优化调整，确立推进新型工业化实施路径。

一　强化组织领导，提升人力资源

（一）强化组织引导

组建新型工业化专业领导机构，分别在国家和地方层面成立新型工业化建设领导小组，强化领导小组对国家和地方新型工业化建设的统筹抓总作用，协调解决工作推进过程中的重大问题。领导小组针对新型工业化在不同阶段的发展目标设立引导性指标，并依据相关指标考核各地新型工业化的建设成效，以此加强对全国和地方新型工业化发展方向的引领。在领导小组运作过程中，应创新新型工业化各部门协调联动机制，针对涉及多部门协力的新型工业化平台建设、奖励补贴规定、规划指导意见等工作任务，选取各部门业务骨干成立专班统筹推进，减少各部门间利益冲突，加快政策措施落地。

（二）升级人才政策

2022 年中国已经出现人口负增长，人口老龄化程度也不断提高，传统的劳动力比较优势必然继续减弱，新型工业化不能依靠廉价劳动力的投入而是应当依靠更高水平的产业人才队伍实现“高工资”下的“高竞争力”。夯实新型工业化人才供给基础，加快学校教育课程改革和教学方式创新，增强新增劳动力对新一轮科技革命和产业变革的适应能力，提倡终身学习，重视职业教育，不断提升存量人力资本水平。强化人才价值的市场化引导，充分发挥市场对创新要素资源的估值与配置，引进和培养新型工业化建设所需的关键原材料、关键零部件、数字设计、工业母机、技术集成等研发人员。培育中国的战略科学家和企业家。以国家科技计划、专项战略计划等重大任务为牵引，发现和培养更多具有战略意义的高层次复合型人才。

二　优化财税和金融政策，降低要素成本

（一）优化财税政策

发挥税收政策对企业转型升级和技术进步的引导作用，针对新型工业化建设的重点行业与攻关领域，加大工业增值税改革力度，升级企业再投资引导措施，对企业利润转投资行为减免部分所得税，加大企业关键设备采购的税前扣除力度，根据设备金额和折旧年限设立税前扣除清单，对于折旧期限较短的高价设备实施一次性税前扣除，降低中小企业设备采购负担。优化关键零部件与核心技术的中间产品进口关税结构，避免与下游终端产品税率倒挂，降低企业生产成本。将高污染、高耗能产品纳入消费税征收范围，适当提高征收力度和范围以此促进企业绿色转型。在防范债务风险的大前提下，支持地方为建设高新技术产业园区和绿色低碳发展园区发售专项债券，推动地方产业园转型升级。

（二）改进金融政策

改进金融系统业绩考核方案，加大引导金融系统对新型工业化实体的让利行为，优化银行业资金分配结构，推动信贷资金向实体经济倾斜，降低工业企业融资成本。探索建立支持新型工业化发展的金融创新机制，鼓励金融机构通过金融科技改进风险评估和管理措施，创新供应链金融工具和手段，科学描绘供应链上下游关键环节、技术路线、市场潜力及行业风险，加强对产业链上下游科技型中小企业的资金支持，着力提高商业银行向初创企业和中小微企业的贷款比重，实现培育产业链领军企业和专精特新“小巨人”企业的金融支持路径。进一步完善直接融资市场，简化注册制上市程序，严格事后违规处罚标准，规范科技型企业的市场估算方法和标准，推动更多工业科创企业上市融资。

三　提升产业政策，加快科技自主创新

（一）提升产业政策

针对现有产业政策开展合规性检查，着力提高产业政策与其他政策之间的兼容度，逐步清理与国际规则和市场规范不一致的产业补贴措施，减少针对终端产品的补贴力度，逐步将补贴重心转向前端研发环节。发挥消费者用脚投票的作用，将资金支持方向由生产者转向消费者，通过市场化手段提高补贴效率。整合规范现有产业基金，改进产业基金绩效考核方案，减少国家大基金因更多考虑资金的安全性而过于“逐利求稳”的现象，避免地方产业基金成为招商引资的补贴手段。推动产业基金支持市场失灵程度较高的研发与小试中试阶段，提高产业基金投资方向的精准度，力争5—10年内在集成电路、工业母机、工业软件等中国制造“卡脖子”较为严重的技术领域实现突破，同时在人工智能、区块链、量子通信、无人驾驶等未来产业领域培育一批高质量的新技术供给，掌握一批“撒手锏”技术。改进现有的政府采购管理办法，提高政府采购的科学性与透明度，在保证安全的前提下，对国内外供应商一视同仁，发挥政府采购对新产品新模式的宣传效应和需求支持作用，引导消费者对新型工业化产品的消费需求。

（二）强化科技自主创新政策

坚持开放包容的技术创新导向，鼓励高等院校、科研机构及企事业单位协同海外技术团队积极开展全球联合研发，创新技术合作模式，拓宽技术合作边界，以此应对外围“技术封锁”，实现对“卡脖子”技术和关键零部件的突破。升级现有“双创”平台，吸纳海内外优秀团队加入国内“双创”队伍，加快孵化器和创客空间的开放力度，并辅以风投资本和产业基金支持，力争推动“双创”平台成为全球性技术创新高地。继续加强知识产权保护力度，完善知识产权保护法规，支持重点企业在关键技术环节加强知识产权储备。积极参与国际技术标准制定，扩大国家标准的国际影响力与行业话语权。规范技术交易市场，扩大新型工业化相关技术专利与版权服务的交易规模，积极探索区块链等技术交易新手段，推动知识产权的价值实现。

四　优化贸易和区域政策，畅通内外循环

（一）进一步优化贸易政策

全面对标全球对外开放领先地区，进一步扩大对外开放范围，推进高水平开放，以开放包容带动新型工业化建设。加快海南、粤港澳、长三角等开放示范区建设，重点打造一批对外开放新高地，率先在示范区试点改革措施，取得良好成效后再逐步推广到其他地区。对标国际贸易规则，加快清理不透明不合规的贸易政策工具，降低出口退税的补贴力度，坚持竞争中性原则，营造良好的开放环境。升级招商引资方向，引导外资进入智能制造、绿色制造、数实融合等新型工业化重点发展的高技术领域，扩大金融、物流、软件等生产性服务业的开放力度，利用外资促进国内生产性服务业加快升级。面对全球价值链重大调整带来的机遇与挑战，加快构建区域价值链，充分发挥区域全面经济伙伴关系协定（RCEP）功能，以此推动各类双边自由贸易区或区域性贸易协议谈判，为中国开拓新市场新供应链赢得更大空间。

（二）强化区域协调发展政策

深挖国内市场，完善沿海发达地区与中西部地区之间的对接机制，继续推进东部劳动密集型产业向中西部地区转移，以此更好地发挥各地资源禀赋比较优势，逐步形成分工明确、东西互助的新型工业化区域发展格局。加快升级中西部地区的基础设施，改善商业与生态环境，营造人才所需的生活氛围。发挥中西部地区作为“一带一路”桥头堡的功能，加快建设边境自由贸易区与特殊功能区，打造面向西亚、南亚、中北亚与东盟的开放前沿阵地，与沿海地区形成开放互补优势。继续深入推进区域一体化战略，加快京津冀、粤港澳、长三角、成渝双城经济圈等重点区域建设，将中心城市群和都市圈打造成新型工业化龙头示范区，以点带面推动周边地区产业发展，以此提高新型工业化的区域推进速度。

五　加强环境与市场监管，优化营商环境

（一）完善环境政策

坚持绿色低碳的新型工业化发展方向，加快推广绿色制造生产范式。引导钢铁、水泥、有色、化工等高耗能行业的绿色低碳改造，升级现有

的生产技术与末端治理装备，加强废水、废气、固体废弃物的循环利用与无害化处理。普及产业园区内的风电、水电、光伏等可再生能源使用，加快绿色储能技术研发，建设绿色厂房与节能建筑，打造一批绿色制造示范园区。做大绿色产业发展基金规模，鼓励现有国家层面的大基金加大对新型工业化绿色低碳领域的投入，以此引导各类风险投资和创业投资支持绿色低碳关键核心技术攻关。鼓励商业银行、证券、信托等金融机构加快绿色金融科技应用，根据“碳达峰”与“碳中和”目标刻画产业链关键环节与技术路线图，通过绿色信贷、绿色债券推动产业链骨干企业进行低碳化改造，扩大绿色供应链金融创新服务，引导上下游中小微企业开展绿色低碳转型。

（二）加强市场监管

有效推进竞争政策落地，加大对市场主体公平竞争行为的审查力度，对涉嫌滥用市场支配地位、限制市场竞争的经营者依法开展反垄断调查。加强线上线下市场的监督管理，打击假冒伪劣行为，着力提升产品和服务质量。面对新型工业化的数实融合趋势，积极探索数字产业化与产业数字化的监管新模式。坚持放管结合，完善相关行业法律法规，厘清互联网平台竞争边界，监督平台型企业遵守市场秩序。加强数据产权保护，完善国家大数据监管体系，评估主要领域的数据安全风险，严格约束平台企业对数据资源的使用，加强数据的法治化管理，防止数据垄断或数据滥用等现象，保障消费者数据隐私。在不违反法律法规的前提下，鼓励企业建立数据资源共享体系，扩大数据红利的外部性收益。针对现有法规难以覆盖新产业新模式的问题，发挥行业协会、社会组织与专家学者的作用，构建由多元主体参与的协同监管模式，先出台相关行业倡议或管理条例，再逐步完善法律法规，以此加强监管的及时性、精准性与科学性。

参考文献

[1] Brynjolfsson, E., “Artificial Intelligence and the Modern Productivity Paradox: A Clash of Expectations and Statistics”, *Nber Working Papers*, 2017.

[2] Pan, Wenrong, Tao Xie, Zhuwang Wang, Lisha Ma, “Digital

economy: An innovation driver for total factor productivity", *Journal of Business Research*, Vol. 139, 2022.

[3] United Nations, World Economic Situation and Prospects 2023, https://www.un.org/development/desa/dpad/publication/world-economic-situation-and-prospects-2023/.

[4] van Ark, B., "The Productivity Paradox of the New Digital Economy", *International Productivity Monitor*, Vol. 31, 2016.

[5] [法] 托马斯·皮凯蒂:《21世纪资本论》, 巴蜀松等译, 中信出版社2014年版, 第300页。

[6] [美] 亚历克斯·莫塞德、尼古拉斯·L. 约翰逊:《平台垄断: 主导21世纪经济的力量》, 杨菲译, 机械工业出版社2018年版。

[7] [美] 乔纳森·戴利:《现代西方的兴起》, 童文煦译, 文汇出版社2021年版, 第360页。

[8] [英] 安格斯·麦迪森:《世界经济千年史》, 伍晓鹰等译, 北京大学出版社2003年版, 第3页。

[9] [英] 安格斯·麦迪森:《中国经济的长期表现（公元960—2030年)》, 伍晓鹰、马德斌译, 上海人民出版社2008年版, 第19、36页。

[10] 陈佳贵、黄群慧、钟宏武:《中国地区工业化进程的综合评价和特征分析》,《经济研究》2006年第6期。

[11] 范英、衣博文:《能源转型的规律、驱动机制与中国路径》,《管理世界》2021年第8期。

[12] 郭克莎、彭继宗:《制造业在中国新发展阶段的战略地位和作用》,《中国社会科学》2021年第5期。

[13] 洪银兴:《新型工业化道路的经济学分析》,《贵州财经学院学报》2003年第1期。

[14] 金壮龙:《加快推进新型工业化》,《求是》2023年第4期。

[15] 李晓华:《数字技术推动下的服务型制造创新发展》,《改革》2021年第10期。

[16] 李晓华:《制造业的数实融合: 表现、机制与对策》,《改革与战略》2022年第5期。

［17］［德］马克思：《资本论》第 1 卷，人民出版社 1975 年版。

［18］马克思、恩格斯：《共产党宣言》，载《马克思恩格斯选集》第 1 卷，人民出版社 1972 年版，第 256 页。

［19］王林辉、姜昊、董直庆：《工业智能化会重塑企业地理格局吗》，《中国工业经济》2022 年第 2 期。

［20］习近平：《不断做强做优做大我国数字经济》，《求是》2022 年第 2 期。

［21］习近平：《努力建设人与自然和谐共生的现代化》，《求是》2022 年第 11 期。

［22］习近平：《高举中国特色社会主义伟大旗帜　为全面建设社会主义现代化国家而团结奋斗——在中国共产党第二十次全国代表大会上的报告》，人民出版社 2022 年版。

［23］习近平：《深刻认识建设现代化经济体系重要性　推动我国经济发展焕发新活力迈上新台阶》，《人民日报》2018 年 2 月 1 日第 1 版。

［24］［英］约翰·伊特韦尔、［美］默里·米尔盖特、［美］彼得·纽曼编：《新帕尔格雷夫经济学大辞典》（第 2 卷：E—J），经济科学出版社 1996 年版，第 861 页。

［25］祝树金、罗彦、段文静：《服务型制造、加成率分布与资源配置效率》，《中国工业经济》2021 年第 4 期。

第三章

发达国家工业化的现状、趋势及对中国的借鉴

自第一次工业革命开启了工业化道路，工业化在发达国家现代化的过程中扮演了举足轻重的角色。而且，几乎所有新兴国家都是通过工业化实现经济发展和赶超的。历史上英美法等发达国家的工业化历时都接近甚至超过100年，而日本等后起工业化国家用了不到50年的时间就成为工业强国，韩国、新加坡等亚洲新兴国家虽然是在20世纪60年代才起步，却仅用20多年的时间就完成了工业化进程。中国的新型工业化属于世界工业化进程的一部分，因此需要将新型工业化纳入世界工业化的研究视角中去研究。本章对国际金融危机后各国再工业化政策进行梳理，并从智能化、融合化、绿色化、定制化四个方面进行对比。

第一节　美国去工业化与再工业化

一　去工业化的后果

20世纪60年代，美国工业发展进入成熟期，美国经济高度繁荣，人均收入迅速提高，第三产业开始迅速发展。随着国内要素成本攀升，美国开始加快促进制造业向亚洲和欧洲的转移。80年代以后，美国国内逐渐转入了以信息技术、金融化为主导的“新经济”，核心经济逐渐由实体

经济转换为“虚拟经济”，即所谓“脱实向虚”或者“去工业化”[①]。美国大规模产业转移的直接后果：一是制造业衰退。20 世纪中期以来，美国伊利诺伊州、印第安纳州和密歇根州等以钢铁生产和重工业而闻名的地区，随着去工业化的推进，制造业经历了快速的衰退，人口大量流失，城市收缩明显，各种工厂大量倒闭，遭遗弃的工厂在岁月的洗礼下锈迹斑斑，成为所谓“锈带”。美国制造业增加值占 GDP 的比重，第二产业就业人数占比都呈现快速下降的趋势（见图 3－1）。二是出现了大量商品贸易逆差。在 20 世纪 70 年代以前，美国商品贸易基本保持着顺差，自 20 世纪 70 年代开始逐渐出现规模较小的贸易逆差。到 20 世纪 90 年代以后，美国的商品贸易逆差呈不断扩大的趋势（见图 3－2）。三是研发投入不足。如前所述，创新是美国工业化的核心特征。而基础科研是企业提高创新能力和竞争力的重要保证。研发投入不足，企业就无法获得相关知识储备，实现核心技术的创新。长此以往，企业就会逐渐丧失竞争力。但是基础研究具有投入大、不可预测、容易产生技术溢出效应的特点，因此一般由政府作为研发主体。美国作为世界研发强国，美国企业拥有

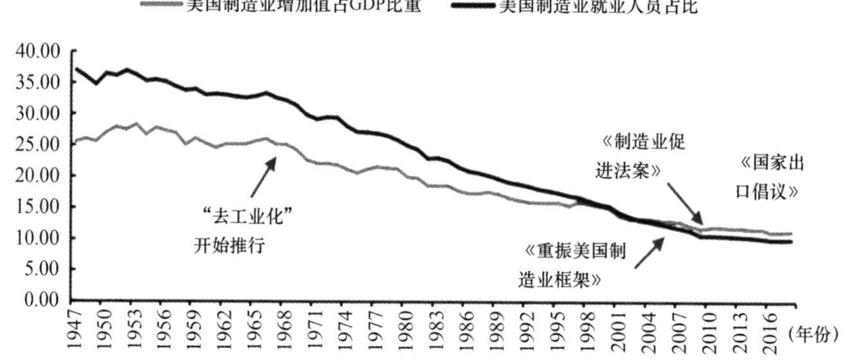

图 3－1　美国制造业增加值、就业占比的变化

资料来源：Wind。

---

① “去工业化”这一概念最早是由巴里·布鲁斯顿（Barry Bluestone）和贝尼斯·哈里森（Bennett Harrison）在 1982 年出版的《美国的去工业化》中提出的。在该书中，他们把一国将资本、劳动力等生产要素快速、广泛且系统地从制造业向服务业转移，从而导致制造业的产出、就业相对衰落的现象称为“去工业化”。

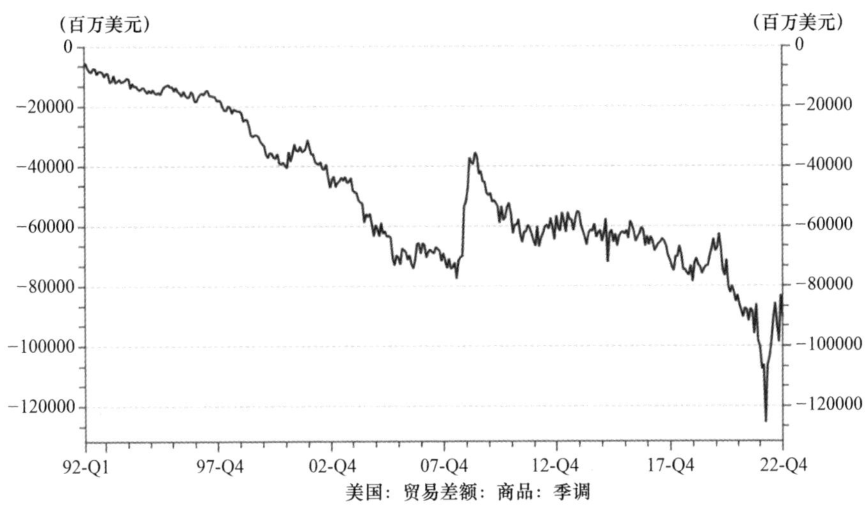

图 3－2　美国贸易差额

资料来源：Wind。

的强大竞争力与其一贯强调研发密不可分。20 世纪 60 年代和 70 年代，联邦政府一直是基础研发支出的主要投入者，但随着制造业大规模外迁，政府的研发支出也不断下降。联邦政府研发支出占 GDP 的比重从 1978 年的 1.22% 下降到 2018 年的 0.71%。这直接影响到美国制造业创新能力和国际竞争力的提高。

二　从“去工业化”到“再工业化”的政策转变

美国制造业增加值占 GDP 的比重从 20 世纪 50 年代初的 28.3%（1958 年）下降到 2008 年的 12%。由于金融衍生品的过度泛滥，最终引发了次贷危机，进而发展成全球金融危机，美国也陷入了自 20 世纪 30 年代大萧条以来最大的经济危机，失业率一度飙升至 10% 以上，这促使美国政府重新认识实体经济的重要性，推出了一系列重振制造业的政策，即“再工业化”①。

① 1968 年版的韦伯斯特词典对“再工业化”的解释是“一种刺激经济增长的政策”，特别是通过政府的帮助来实现旧工业部门的复兴和现代化，鼓励新兴工业部门的增长。

（一）美国推进“再工业化”的核心和重点

美国推进“再工业化”的核心是将科技创新上的优势转化为产业优势，重点是发展以创新为目标的先进制造业，保持和强化美国先进制造业的国际领导力，具有以下四个方面的特点：一是以新的制造业投资形成新的经济增长点，改变对外贸易严重逆差的状况，寻求经济的再平衡。二是促进美国的科技优势向产业优势转化。由于制造环节和制造业的大规模转移，不仅使美国的制造业相对规模和贡献快速下降，也使美国赖以安身立命的研发创新能力趋于衰弱。发展制造业不仅是形成新的经济增长点的需要，更是巩固和加强美国的创新能力的要求。三是“重振制造业”并非要重构完整制造业体系，其重点是率先突破和使用先进制造技术和制造工艺，重点发展先进制造业等新兴产业，争夺未来产业竞争制高点。其主要意图并不是将海外的低端产能转回国内，而是借助于日益发达的全球分工网络，在国内建设生产效率更高、制造技术和工艺更先进的高端制造中心，而非一般制造业聚集地。在这个意义上看，美国“重振制造业”并不仅仅是向实体经济的简单“回归”，更是对实体经济的“重塑”，数字制造、增材制造等先进制造，以及新能源、航空航天、宽带网络、生物医药等新领域，成为重振美国制造业的重点，这必将对全球制造业分工体系产生深刻的影响。

（二）美国推进“再工业化”的主要举措

为了推进“再工业化”，美国加强了对产业发展的干预，设立了一系列专门的机构或工作组，包括：成立“白宫制造业政策办公室”，协调联邦政府的制造业政策和项目实施；出台“先进制造业伙伴”计划后，成立了全面负责该项计划的“先进制造业伙伴指导委员会”；为加强和协调先进制造投资，成立由商务部牵头的“国家先进制造业计划办公室”等，从顶层设计、科研投入、人才吸引、基础设施建设等方面综合发力，为促进先进制造业发展提供有效的保障。主要措施可以概括为以下六个方面。

一是加强顶层设计，强化政府引导。2009 年以来，为了加快释放在技术创新上的优势，重振制造业，美国加强顶层设计，出台了一系列政策法案，旨在举全国之力，整合政府、产业和大学的资源，大力促进能够提供高端制造业岗位、提升全球竞争力的先进制造业和新兴产业的发展（见表3－1）。

表3－1　　美国再工业化政策及内容

时间	再工业化政策	政策内容
2009—2015年	《美国创新战略：推动可持续增长和高质量就业》《美国创新战略：确保我们的经济增长与繁荣》《国家创新战略》	从国家战略的角度提出发展创新型经济与新兴制造业的完整规划
2009年	《重振美国制造业框架》	将制造业确定为美国核心产业，并提出七项政策措施：加强劳动力素质培训；加大对新技术研发和产业化投入；发展有利于新技术产业化的资本市场；为劳动者提供一个美好的未来；加强先进交通基础设施建设；扩大出口，创造公平的市场竞争环境；营造有利于制造业发展的政策环境
2010年	《制造业促进法案》	通过降低制造业成本，增加制造业就业，增强美国制造业的竞争力，并进一步巩固制造业作为美国经济复苏关键动力的地位
2011年	《先进制造伙伴计划》	通过在政府、制造业和学术界之间建立联系，旨在对国家产业政策和创新体系的构建进行完善，并最终实现产业升级
2013年	《国家制造业创新网络初步设计》	投资10亿美元组建美国制造业创新网络，计划在制造工艺、先进材料及其加工工艺、高效能技术及其平台以及具体应用等优先领域建设15个制造业创新研究所（IMI），最终目标是希望在未来十年建设45个制造业创新研究所
2014年	《振兴美国制造业和创新法案》	要求商务部、国防部与能源部合作，构建出一个全国性的网络体系，提高美国制造业的竞争力和生产率
2018年	《出口管制改革法案》	向中国发起“301调查”，意在对后进国家制造业进行技术封杀；大幅降低企业所得税和个人所得税以刺激美国高新技术企业加大研发投入；反对低技术移民，推行“限穆令”，设防工业间谍行为，主张“买美国货，雇美国人”

续表

时间	再工业化政策	政策内容
2018 年	《美国先进制造业领导力战略》	提出通过发展和推广新的制造技术、培训制造业劳动力和强化美国制造业供应链三大任务，支持智能和数字制造系统、先进工业机器人、人工智能基础设施、先进材料和加工技术、组织和器官的生物制造、食品安全加工、检测和可追溯性等 15 个重点方向的发展
2021 年	《美国的供应链行政令》	要求对半导体、高性能电池、关键矿产和原材料、药品开展供应链百日评估；对国防、卫生健康、信息通信技术、能源、交通、农业的供应链和工业基础开展专项评估
2021 年	《2021 美国创新和竞争法案》	由芯片和 5G 紧急拨款方案及《无尽前沿法案》《2021 年战略竞争法案》《确保美国未来法案》以及《2021 年应对中国挑战法案》4 个相互独立的法案构成，是一套高度细化的对华竞争战略
2022 年	《通胀削减法案》	联邦政府将在气候和清洁能源领域投资约 3700 亿美元；在医疗保健领域投入约 640 亿美元，以降低处方药价格、强化医疗保障
2022 年	《美国竞争法案》	重点为半导体产业提供 520 亿美元的资金，主要支持半导体制造、汽车和电脑关键部件的研究。还提出未来六年内投入 450 亿美元以缓解供应链短缺加剧的问题。旨在提升美国对中国的经济竞争力以及加强美国芯片制造等方面的能力
2022	新一期《先进制造业国家战略》	明确为在先进制造业领域继续保持领先地位而需要完成的目标：确保经济持续增长、创造新的就业机会、强化环境的可持续发展、积极应对气候变化、确保国家安全和改善医疗保健。把先进制造技术的研发和应用作为首要任务，其重点在于脱碳、半导体、生物经济、先进材料和智能制造五大方面

资料来源：据公开资料汇总整理。

二是设立政府基金，加大财政支持力度。一方面，设立专项扶持资金，如先进技术汽车制造贷款、国家制造业创新网络基金、商务部先进制造技术基金、中西部促进基金、国防部制造技术基金等促进技术创新和成果转化的扶持性基金，重点支持下一代汽车、互联网、信息安全和国防相关产业的发展。除设立政府基金外，美国还广泛动员社会资本，鼓励制造业利益相关企业设立专项基金，吸引海外美国制造业企业回归本土投资。另一方面，在财政预算中持续加大对先进制造的支持力度。如《2021 美国创新和竞争法案》和 2022 年《美国竞争法案》都提出拨款 520 亿美元，刺激芯片生产回流。

三是推动"产业公地"建设，构建创新生态系统。"产业公地"是制造业基础设施，企业共享的知识资产、信息平台、金融平台有形和无形设施。"产业公地"的建设会推动产业集群的发展，促进产业集聚，发挥制造业对经济发展的合力。美国重视政府投资在"产业公地"建设中的重要作用，联邦政府提出要在"产业公地"建设上与企业密切合作，协调投资方向，重点在先进材料、先进技术平台、先进制造业工艺及设计与数据基础设施方面形成与企业合作发展的投资组合，目标是打造一个完整的创新系统，从而培育制造业创新，促进创新成果转化和应用，实现高水平的技术领先。

四是加强劳动力培育，升级人才结构。为了提高劳动力质量，美国推出了"STEM"（科学、技术、工程和数学）教育计划、美国人毕业倡议和美国未来计划等一系列措施来强化对劳动者的技能培训，为先进制造业开发和维护具有竞争力的劳动力。鼓励更多的劳动者接受实践工作的学习和培训，并利用行业证书制度提高了劳动力的流动性。同时，在教育体系中强化制造业的地位，重振美国教育体系在制造业人力发展和人力资源培训中的核心作用。政策目标是大量培育先进制造业所需的技能工人和应用型人才。

五是改善营商环境。近年来美国政府不断增加对 5G 通信基站、宽带网络、大数据等新型基础设施的投资，推行各类新型货币政策工具帮助中小企业进行偿还债务，并通过相关基金支持制造企业固定资产投资，从而给本土制造企业创造了更好的营商环境，并希望通过进一步税收优惠和放松管制等措施吸引海外的制造业企业回美国投资建厂。

六是加大贸易保护力度。为了缓解贸易逆差，奥巴马政府2010年签署了“国家出口倡议”，加快与其他国家的贸易进程和签订贸易协定，改革进出口管制，并为出口企业提供了一系列支持政策。特朗普上任后，倡导“美国优先”原则，退出“跨太平洋伙伴关系协定”，与后续拜登政府通过以双边贸易谈判取代多边贸易框架来重塑美国对全球经贸规则的主导权，甚至发动“贸易战”打压中国等国的制造企业，进一步加大贸易保护力度。

第二节　英国再工业化的举措

一　英国工业的衰落

进入20世纪70年代，石油危机爆发，能源价格急剧上涨，再加上随着西欧发达工业国家人均收入的提高，劳动力成本上升，巨大的成本压力，迫使一些低技术、低附加值、高污染的传统工业部门不得不转向海外，寻求成本更低的资源、劳动力和市场。还有部分传统工业部门，则在新兴工业国家替代产业快速成长的冲击下，逐步衰退甚至消亡。与此同时，为获取更高的利润、创造新的就业岗位、满足国内环保诉求，产业发展的重心由第二产业向第三产业转移。制造业增加值占GDP比重呈现持续降低的态势，同时，由于过度侧重金融和房地产业发展，出现了经济“虚拟化”等问题。2007年，除德国（20.85%）之外，其他欧洲大国的制造业增加值占GDP比重均显著低于20%，其中意大利为15.96%，法国为11.63%，英国则不足10%（见图3－3）。

20世纪80年代以来，英国不断缩减钢铁、化工等传统制造业的发展空间，将汽车等许多传统产业转移到劳动力及生产成本相对低廉的发展中国家，集中发展金融、数字创意等高端服务业。但是，2008年国际金融危机给英国带来沉重打击，GDP一度转为负增长，也让英国政府重新认识到制造业在维护国家经济韧性方面的重要意义。因此，英国围绕创新型经济转型，加快布局以数字化和绿色化为方向的先进制造业，希望重现18世纪工业革命时代的辉煌。

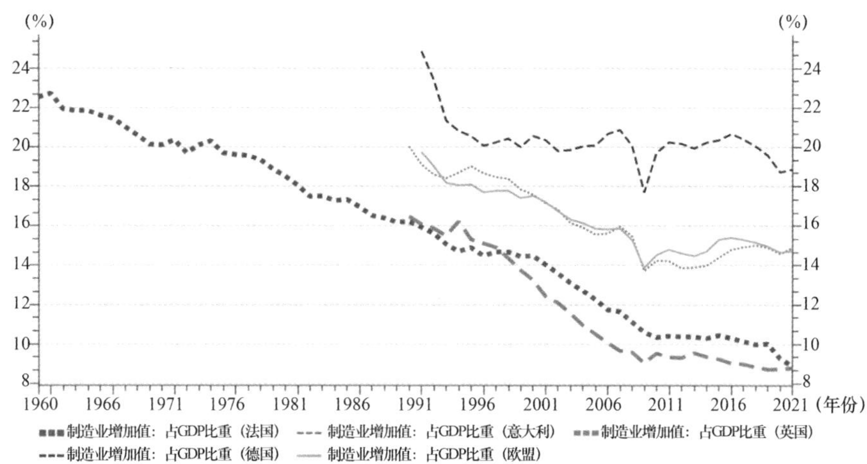

图3-3 欧盟、英国、法国、意大利制造业增加值占GDP的比重

资料来源：Wind。

二 英国发展工业的举措

2008年9月，英国政府发布《制造业：新挑战，新机遇》，针对英国本土的制造企业，推出广泛、开放的政策计划，帮助企业适应全球制造业新趋势，设立制造业咨询机构（MAS），为先进制造业领域的中小企业提供咨询帮助和商业建议，其主要目的是保持和强化英国先进制造业的国际领先优势。此后，又出台了一系列配套战略，如《低碳工业战略》向制造业咨询机构追加400万英镑投资，用于为竞争低碳机遇的制造商提供支持。

2013年10月，英国政府发布了被称为英国版工业4.0的《制造业的未来：英国面临的机遇与挑战》（The future of manufacturing：a new era of opportunity and challenge for the UK）（又称为《英国工业2050战略》），是远见项目（Foresight）中的一个。报告展望了2050年制造业的发展状况，并据此分析英国制造业的机遇和挑战，提出科技改变生产，信息通信技术、新材料等科技将在未来与产品和生产网络的融合，极大改变产品的设计、制造、提供甚至使用方式，指出制造业并不是传统意义上的“制造之后进行销售”，而是“服务再制造（以生产为中心的价值链）”，并提出了英国制造业未来发展的四大特征：将技术作为制造业的驱动核心，加快英国制造业技术转化的速度，加强英国制造业知识产权保护；占领全球制造业高端价值链，提高英国对新兴经济体的出口，保持英国在制造业领域的外资吸引力；加强制造业资源效率和原材料可替代性的研发，大力支持基于再利用再制造业和服务业的商业模式，量化和最大限度利用国内重要物资储备等；改变英国年轻人和女性对于制造业的看法，并逐步提高英国制造业管理人员的素质。这一报告的出台将英国制造业发展提到了国家战略的高度。

2015 年 2 月，英国政府出台《英国 2015—2018 年数字经济战略》，倡导通过数字化创新来驱动经济社会发展，为把英国建设成为未来的数字化强国部署战略方向。

为了巩固和加强“脱欧”后英国产业的竞争力，2017 年 11 月，英国发布《产业战略：打造适合未来的英国》报告，确立了能帮助英国引领全球技术革命、立足未来产业前沿的四项重大挑战——人工智能（AI）与数据经济、清洁增长、未来流动性、老龄化社会，并针对想法、人民、基础设施、商业环境、地区 5 个生产力基础领域制定了相关政策。2021 年 3 月，英国在 G7 国家中率先推出《工业脱碳战略》，以减少重工业和能源密集型行业的碳足迹。2022 年 4 月，《英国能源安全战略》提出，英国将在核能、海上风电、氢能等可再生能源领域加大投资，推动产业绿色化转型，以抢占全球低碳经济发展先机。

第三节　德国强工业化的主要举措

一　德国再工业化战略

进入 21 世纪以来，尽管德国经济结构上已经同美英等发达国家一样是服务业占国民经济最主要位置，但德国制造业占比仍保持在 17% 以上（见图 3 –4、图 3 –5）。

为了应对美国“再工业化”和以中国为首的新兴国家制造业崛起的挑战，在新一轮科技革命和产业变革中巩固和提升的竞争优势，德国政府也相继颁布诸多举措，如被称为德国版再工业化战略的——以智能制造为主攻方向的《工业 4. 0 战略》（2013 年）、《高新技术战略 2025 等》（2018 年）等（见表 3 –2）。2019 年，在德国推出的《国家工业战略

2030》中，将钢铁铜铝、化工、机械、汽车、光学、医疗器械、绿色科技、国防、航空航天和3D打印十个工业领域列为“关键工业部门”。德国政府表示将持续扶持这些部门，并为相关企业提供更廉价的能源和更有竞争力的税收制度，并放宽垄断法，允许形成“德国冠军”甚至“欧洲冠军”企业，最终目的是“努力确保或重夺所有相关领域在德国、欧洲乃至全球的经济技术实力、竞争力和工业领先地位”，到2030年，逐步将制造业增加值在德国和欧盟GDP中的占比分别提升至25%和20%。

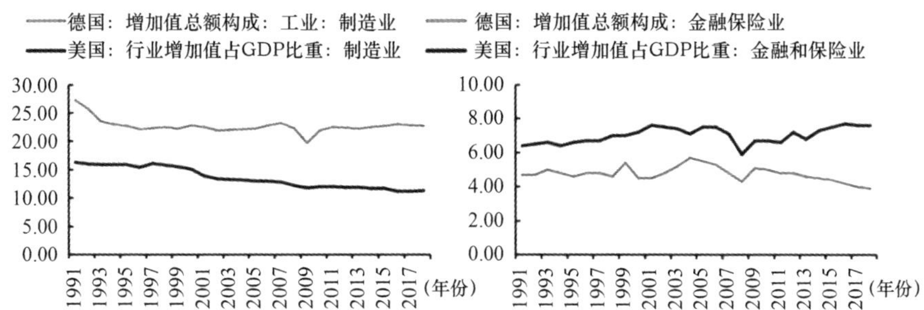

图3-4 美、德制造业增加值占比和金融和保险业占制造业增加值比重比较

资料来源：Wind。

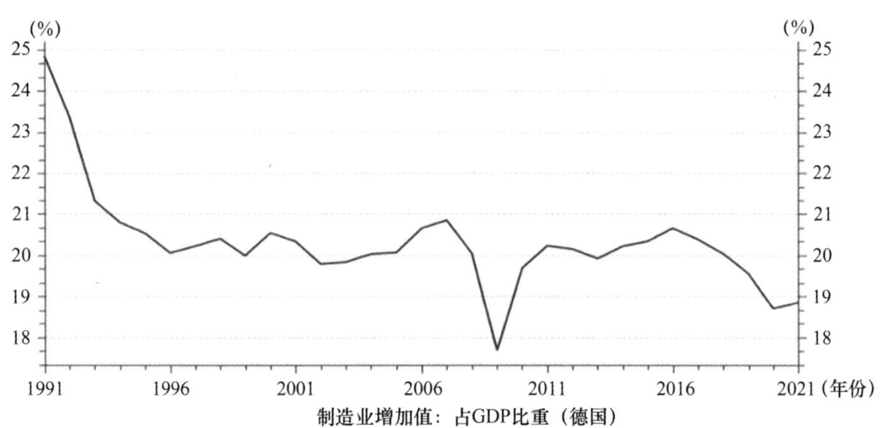

图3-5 德国制造业增加值占GDP比重

资料来源：Wind。

表 3－2　　德国再工业化战略及目标

时间	再工业化战略	战略目标
2013 年	《保障德国制造业的未来：关于实施“工业 4.0”战略的建议》（工业 4.0）	核心是“智能＋网络化”，通过使用建立在信息和通信技术高度发展的基础上的 CPS 来实现智能制造
2018 年	《研究与创新为人民——高技术战略 2025》（HTS 2025）	通过加大基础科研投入，保持德国全球科技领域的领先地位，重点关注解决社会挑战、构建德国未来能力、树立开放创新和风险文化三个领域
2018 年	《人工智能战略》	让德国和欧洲成为领先的人工智能中心，从而帮助德国维护未来的竞争力
2019 年	《国家工业战略 2030：对德国和欧洲工业政策的指导方针》	通过加强人工智能、数字化、生物科技、纳米技术等领域的研发投入，同时注重打造欧洲自己的数字化基础设施，维护科技主权
2020 年	《国家氢能战略》	以发展“绿氢”为重点，到 21 世纪中叶实现气候中和的目标，成为氢技术的全球领导者
2021 年	《联邦政府数据战略》	增加商业、科学、社会和行政管理领域中数据的收集和使用，着力打造数据文化，发起国家数字化教育行动，确保公平参与和防止数据垄断，增强德国的数字能力，使其成为欧洲数据共享和创新应用领域的领导者
2021 年	《未来能源——第八次能源转型检测报告》	通过能源转型实现可持续的能源供应，并且通过新能源战略开发德国在商业和工业领域创造新价值的潜力
2022 年	《数字化战略》	在未来几年全面建立互联、可持续的数据文化，强调人工智能的主导作用并致力于开发 6G 技术的潜能

资料来源：据公开资料汇总整理。

二　德国推进再工业化的主要举措

一是加大基础科研和重点领域的投入。在基础科研的投入上，根据《HTS 2025》，联邦政府在财政上设定了新的研发和具体的投入目标，计划到 2025 年实现联邦研发投入占 GDP 的比例达 3.5%。此外，德国还计划总投资 90 亿欧元大力支持“绿氢”的发展；在人工智能和量子领域投资 70 亿欧元用于超级计算机、量子计算机等技术的研发，投资 95 亿欧元用于疫苗研发、改善医疗条件等；投资 100 亿欧元于联邦数据战略，用于电子政务系统、5G 通信、6G 通信等建设和研发。[①]

二是完善数字基础设施建设。在《联邦政府数据战略》中，德国政府提出数字化发展的基础是要创建持续有效的数字化基础设施，在 2021 年的“国家改革计划”中，德国政府在应对主要宏观经济挑战的举措中提到继续加大对数字基础设施的投资。而早在 2012 年，德国联邦电网管理局出台《电网发展计划》，提出要进行电网建设，政府计划到 2030 年投入 2696 亿欧元进行公路桥梁建设、IT 网络现代化改造和能源应用转型；2016 年德国提出《德国数字化战略 2025》，力争到 2025 年在德国建成高速传输光纤网络。[②]

三是强化政府干预。德国长期以来始终持续保持工业的国民经济支柱性地位，在《国家工业战略 2030》中，德国政府计划有针对性地扶持各大重点工业领域，除了增加研发支持力度、加强基础设施建设等常规手段，在新能源、人工智能、自动驾驶等关键领域，德国政府通过政府补贴、援助甚至是接管重要企业的方式深度参与相关产业发展。同时进一步完善利于企业发展的制度体系，加大对中小企业的扶持力度，改善国内营商环境，从而能够充分调动私人资本并吸引外商投资，提高市场竞争活力，促进创新。

四是强化人才培养和人才储蓄。科技创新竞争的本质是人才竞争，德国不断加强对教育的投资，改善教育的基础设施，德国优良的“学徒传统”和“二元制”的教育模式为制造业培养出了一代又一代高素质的从业者。并且德国重视产学研的合作，通过建立孵化中心，打通人才在大学、科研机构、企业间的流动，促进产学研深度交流。[③] 德国还通过组建学术国际网络（GAIN）等，面向国外工作的德裔学者，为他们提供德国就业相关的政策信息、工作岗位等，通过打通国际交流渠道，鼓励德国人才回流来强化本国人力资源。

---

① 周波、冷伏海、李宏、陈晓怡、贾晓琪、葛春雷、惠仲阳：《世界主要国家未来产业发展部署与启示》，《中国科学院院刊》2021 年第 11 期。

② 欧阳乐：《美德中三国制造业战略分析及对中国的启示》，硕士学位论文，云南财经大学，2017 年。

③ 苏铮、李丽：《世界主要科技强国发展战略对比研究》，《制造技术与机床》2021 年第 2 期。

第四节　日本应对产业空心化的举措

20世纪70年代两次石油危机，推动日本制造业从资源消耗型重化工业向低能耗、高附加值的技术密集型产业转型升级。经过调整和转型，日本不仅节能环保技术走在世界前沿，而且实现了制造业的结构升级，劳动生产率明显高于欧美发达国家，产品性能及出口竞争力进一步提升。日本成为全球机电设备、汽车、家用电器、半导体等技术密集型产品的生产和出口大国，取代美国成为“世界工厂”。1985年，“广场协议”签订后，日元大幅升值，日本央行采取了过度宽松的货币政策，不仅催生了房地产泡沫，也加快了日本国内产业结构的调整，日本制造业开始大规模向海外转移，日本国内制造业占比出现下滑（见图3-6），国内出现了产业空心化问题。[①] 根据日本经济产业省所做的海外经营活动调查数据

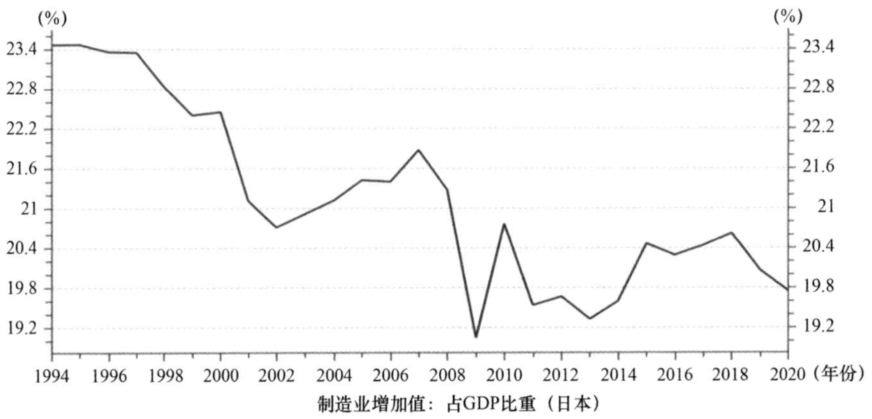

图3-6　日本制造业增加值占GDP的比重

资料来源：Wind。

---

① 在原日本经济企划厅1994年发布的年度经济报告中，对产业空心化做出的解释是：一是国产与进口产品竞争加剧，国产产品失去竞争力，企业开始减产甚至退出，国内生产被进口替代；二是当出口变得无利可图或者海外生产变得更有利可图时，公司将生产基地转移到海外或扩大海外生产规模，用于出口的国内生产被海外生产替代；三是当国内生产被进口和海外生产替代，制造业国内生产基地收缩时，非制造业的权重增加，经济将更加以服务为导向，即制造业被非制造业取代。

显示，日本制造业企业海外生产比率由 1985 年的 3% 一路上升，在 2017 年、2018 年一度突破 25%。分行业来看，日本运输机械行业海外生产比率高达 44.4%，而通信机械、通用机械以及传统的钢铁、化学等行业海外生产比率也相对较高。

一　日本产业空心化的特点

尽管伴随着人均 GDP 提高和经济全球化的演进，发达经济体进入到后工业化阶段都会出现一定程度的“去工业化”现象，但日本产业空心化现象的出现，也与其自身独有的一些因素有关，如日本自然资源匮乏、国内市场饱和、工业生产成本上升，以及人口老龄化程度加深、税率较高等。其中，一个重要的原因在于没有形成替代传统产业的新兴主导产业。作为后发赶超型国家，日本一直走的是“引进—消化—吸收—再创新”的路径，进入到 20 世纪 90 年代，在与欧美技术差距不断缩小，又面临技术遏制的情况下，日本在将国内处于比较劣势的一些低技术、低附加值、丧失发展前景的传统制造业转移到国外后，没有抓住信息技术革命的机遇，发展新兴产业，形成新的比较优势，来弥补传统制造业转出后留下的产业空间。在外部“双端”① 挤压下，2001 年 5 月，日本经济产业省在年度《通商白皮书》中明确宣告，由于中国的崛起，以日本为领头雁的引领东亚产业升级的“雁行发展模式”结束。而且，泡沫经济破灭后，企业不良贷款增加，投资意愿下降，研发支出减少，也导致了日本制造业竞争力的下降。根据联合国工业发展组织（UNIDO）编制的制造业竞争力指数（Competitive Industrial Performance Index），在 90 年代早期日本制造业竞争力与德国相近，明显高于美国及中国。但在 90 年代中后期开始，日本制造业竞争力持续下滑，并在 2014 年被中国反超。

二　日本“超智慧社会”和“互联工业”战略

在美国大力推行“再工业化”战略和德国推出“工业 4.0”战略的

① 低端（低技术、低附加值）的劳动密集型产业或者产业的劳动密集型环节被中国及东南亚国家承接，高端（高技术、高附加值）的一些领域，如芯片等，面临美国、韩国、中国台湾等的激烈竞争。

背景下，为了抓住新科技革命和产业革命的机遇，重塑日本制造业的竞争优势，日本在经团联的积极推动下，推出了以“超智慧社会”（“社会5.0”）和“互联工业”战略来推动日本的再工业化。

日本在《第五期科学技术基本计划（2016—2020）》中明确指出，在世界率先构建能够实现经济发展与社会问题同步解决的新型社会经济形态——“超智慧社会”（又称社会5.0），同时，进一步指出日本不但需要具备战略上抢先行动（前瞻性和战略性）、切实应对各种变化（多样性和灵活性）的能力，而且要在国际化、开放的创新体系中展开竞争与协调。通过发展物联网、机器人、人工智能、大数据等新一代信息通信技术来提升制造业生产效率，强化产业竞争力，解决少子高龄化导致的劳动力匮乏、产业竞争力低下等社会经济发展的难题。

为了与美国工业互联网和德国工业4.0直接对标，2015年6月，由日本民间组织——机械工程学会生产系统部门联合设备厂商、系统集成企业等共同发起了工业价值链计划（Industrial Value Chain Initiative，IVI）。2017年10月，日本发布《“互连工业”：东京举措2017》，将自动驾驶与出行服务、制造与机器人、生物技术与材料、工厂与基础设施安全保障、智慧生活确定为“互联工业”重点发展的五大领域，并在2018年6月发布的《未来投资战略2018：为实现“社会5.0”和“数据驱动型社会”的变革》中，将“互联工业”（Costnnected Industries）上升为国家战略，将发展“互连工业”作为提升日本国际竞争力，推动“社会5.0”实现的重要基石。2018年6月，日本经产省发布的《日本制造业白皮书（2018）》明确提出将互联工业作为制造业发展的战略目标。

为了加快适应数智时代新产业的发展，日本出台了一系列政策举措（见表3-3）。2017年5月30日，日本产业结构审议会发布《新产业结构愿景》，重点布局“移动”领域、“生产、使用”领域、“生命健康”领域、“生活”领域，并确定了目标和任务部署，推动制造业和相关服务业的发展（见表3-4）。

表3-3　日本推动再工业化的主要举措

主要产业	政策举措	目标
人工智能产业	《AI战略2019》 《AI战略2021》 《AI战略2022》	构建符合时代需求的人才培养体系，培养AI时代人才；运用AI技术强化产业竞争力，使日本成为全球产业的领跑者；确立一体化的AI技术体系，实现多样性、可持续发展的社会；发挥引领作用，构建国际化的AI研究教育、社会基础网络
新能源产业	《能源基本计划》（2021年） 《电池产业战略》（2022年）	提高可再生能源发电所占比例；提高日本电池产业竞争力
汽车产业	《新一代汽车战略2010》	提高清洁能源汽车市场占比；建立“氢能社会国家”
信息产业	《制造业白皮书》相关各年	以“制造业+IT”相融合来促进制造业的发展
数字产业	《半导体和数字产业战略》（2021）	强化半导体的技术研发能力和供给能力维持术优势；从补贴、研发、国际合作三个层面大力支持产业发展

资料来源：根据公开资料整理。

表3-4　《新产业结构愿景》的重点领域

领域	目标	相关产业
“移动”领域	开展自动驾驶、高精度立体地图、队列行走和无人机研发	人工智能产业、新能源产业、汽车产业、数字产业
“生产、使用”领域	建设最优智能供应链，实现制造与生产现场的高度化与效率化	人工智能产业、信息产业、机器人产业、数字产业
“生命健康”领域	实现长寿、高生存质量和终身护理	人工智能产业、医疗健康产业、机器人产业、信息产业
“生活”领域	推动共享经济和金融科技的发展，实现智能生活	数字产业、人工智能产业、信息产业

资料来源：根据相关资料整理。

此外，围绕实现“社会5.0”，促进人工智能与日本优势领域的融合发展，提升日本产业竞争力，日本设立了“人工智能技术战略会议”，负责牵头制定日本“人工智能研发目标与产业化路线图”“人工智能技术战略”等人工智能相关政策措施，以求凝聚日本国内产学研各界智慧，消除条块分割，一体化地推进人工智能研发和产业化。2019 年发布了《AI 战略》，围绕适应 AI 的教育改革、研究开发体制的基础建设、社会应用、整合数据基础、人工智能时代的数字治理、中小企业和风险企业的支援以及 AI 的伦理规则等制定了各种举措。此后，在 2021 年、2022 年连续两年发布《AI 战略》，进一步明确了日本人工智能的发展的 4 个目标：构建符合时代需求的人才培养体系，培养 AI 时代各类人才；运用 AI 技术强化产业竞争力，使日本成为全球产业的领跑者；确立一体化的 AI 技术体系，实现多样性、可持续发展的社会；发挥引领作用，构建国际化的 AI 研究教育、社会基础网络。

为了促进在数字产业的发展，2021 年 6 月，日本经济产业省发布《半导体和数字产业战略》，试图通过强化半导体的技术研发能力和供给能力维持该行业的技术优势，制定了“三步走”战略，将半导体产业布局提升至国家安全高度，从补贴、研发、国际合作三个层面大力支持产业发展。通过加大新技术研发投入力度和确定新技术赶超路径来推动半导体产业绿色发展。

第五节　韩国工业化的经验

1953 年朝鲜战争结束以后，韩国开启了工业化进程，在美国的援助下，仅仅用了二三十年的时间便完成由一个贫穷落后的农业国到工业国的转变，快速完成工业化，创造了举世瞩目的“汉江奇迹”。

20 世纪 50 年代中后期，韩国效仿拉美国家发展进口替代产业，加上美国的经济援助，韩国的食品加工业迅速发展，带动了整个经济复苏，为推进工业化积累了资金。60 年代初期，朴正熙政府针对韩国和国内市场狭小、资源缺乏的特点，将进口替代战略转变为出口导向型战略，充分发挥劳动力充足、成本低的比较优势大力发展劳动密集型产业，以出口为导向，出台一系列贸易和金融政策，由此第二产业占 GDP 比重逐年攀升（见图 3 –7）。进入 70 年代后，随着国际市场上劳动密集型产品的竞争的激烈，韩国政府于 1973 年发布“重化工化宣言”，将钢铁、机械、有色金属、汽车、电子、石油化学、造船等十大产业作为战略发展产业，并给予一定的政策倾斜（潘志，2015）。80 年代以来，韩国提出“科技立国”，重视人才培养，将重点集中在技术、知识密集型产业，并将产业结构逐步升级为技术密集型的电子、精密仪器、精细化工、半导体等领域，并给予这些行业的企业提供一些金融和贸易支持。

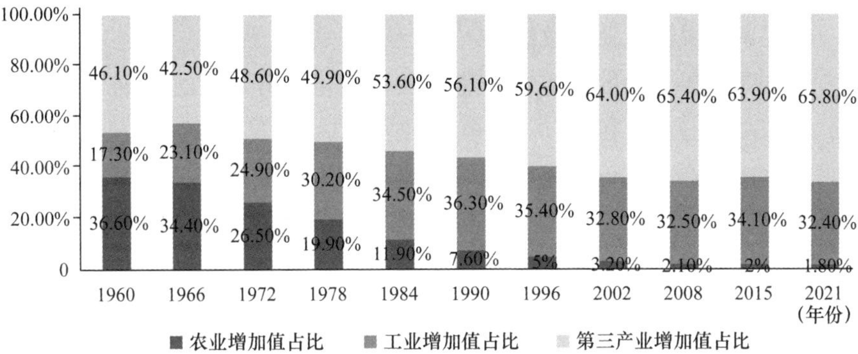

图 3－7　韩国三次产业结构占比的变化

尽管经历了亚洲金融危机和国际金融危机的冲击，但韩国凭借其强大的工业体系和技术实力，世界主要制造业大国、强国的地位依然没有动摇，其工业和制造业在国民经济中的占比一直保持基本保持稳定的态势（见图 3－8）。据世界银行的数据计算，1960—2021 年，按照 2015 年

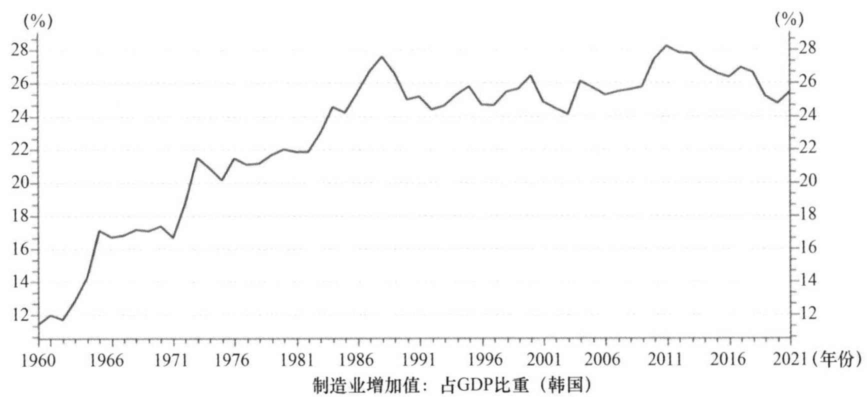

图 3－8　韩国制造业增加值占比

资料来源：Wind。

不变价美元计算的韩国人均GNI已经增长了26.5倍，从1174.7美元增长到32322.6美元；工业增加值（不变价本币单位）由1960年的2.62万亿韩元增长至2021年的651.19万亿韩元，增长了247.5倍，工业增加值占GDP百分比也从1960年的17.30%升至2021年的32.40%。

一　韩国发展工业的做法

韩国是世界上为数不多的快速实现工业化并跨入发达国家行列的国家，其成功经验主要在于以下三个方面：

韩国政府在工业化进程中发挥了主导作用。重新审视韩国的工业化历程，进行了两次成功的产业结构转型升级，即从轻工业向重工业的转型；由重工业向电子工业、机械加工转型，这都是在政府的推动下进行的。可以说，韩国政府在产业政策选择中的决定性作用，是韩国几十年发展成功的重要原因。政府审时度势地将劳动密集型产业转向资本密集型产业，进而又转向技术密集型产业，不仅符合产业结构的升级路径，也符合韩国自身的比较优势（林毅夫、苏剑，2012）。

积极扶持财团企业。在韩国经济腾飞的初期，政府为了促进经济发展，大企业为了得到政府的支持和资源倾斜，二者之间就形成了紧密的联系，三星、现代、SK等财团的扩张也缘于此。20世纪70、80年代实行的“民营化”政策，使得浦项制铁等也成为韩国十大财团之一。韩国财团的发展路径有三大特点：一是多元化发展，各个财团涉足的产业领域十分广泛，如LG集团，不仅在电子、家电、化学、通信等领域都建立了下属企业，还投资职业棒球、篮球队。二是注重向海外市场扩张，各大财团也将“韩国制造”的影响扩大到全世界，韩国在电子、造船、钢铁等行业牢牢占据世界前列。韩国财团不仅利用对外投资在海外各国设厂，还提前对能源等战略资源做战略布局，如SK创新、LG化学积极参与玻利维亚的锂矿开发，现代财团也购得巴西EBX集团下属的铁矿采掘公司的部分股份等等（陈根，2014）。三是注重科技和人才的培养。韩国财团学习日本的企业管理方法，注重企业文化建设和职工培训体系完善。各大财团均设有研究院，三星集团还是韩国著名高校成均馆大学的主要赞助者之一。亚洲金融危机曾对韩国的金融系统和企业财团造成了较为严重的打击，也暴露出财团经济的弱点，危机前后韩宝、大宇等知名财团破产倒闭，迫使韩国重新审视偏向大企业的金融、产业政策。此后，韩国政府为了获得国际货币基金组织560亿美元的援助，度过金融危机，根据国际货币基金组织的要求，着手实施扶持中小企业的金融政策，并将产业发展的重点转向新一代汽车、非存储半导体、新材料等领域。近年来韩国的财阀与政治之间的丑闻也频繁见诸报端，虽然韩国政府一直在试图调整产业政策，但并未改变韩国资源、先进技术向大财团集中的趋势，也正是财团企业为韩国在世界领先的制造业提供了产业扶持的动力。韩国大企业尤其是财团对韩国经济的促进作用是毋庸置疑的。

有利的国际形势。韩国的产业发展历程不仅深受国际政治环境影响，也与国际产业转移的历程息息相关，韩国的外向型发展战略大体可以分为两个阶段：第一阶段是20世纪60年代以轻纺工业品为主的出口导向战略，抓住了美欧日由于劳动力成本上升进行产业升级、让出劳动密集型产品市场的机遇。第二阶段是从20世纪70年代开始以重化工业品为主的出口导向战略，抓住了美欧日受能源危机影响进行产业升级、让出资源和资本密集型产品市场的机遇。特别是日本的产业转移在韩国的经济和相关产业发展中发挥了很大作用。据统计，1966—1972年韩国引进的技术共356件，其中日本对韩输出的技术多达250件，主要集中在电气电子、机械等领域（闫华芳，2015）。日本的对外直接投资也是韩国吸收外资中最重要的一部分，1962—1990年，日本对韩国的直接投资额约为38亿美元，占韩国吸收外资总额的48.2%。

二　韩国强化制造业竞争力的主要举措

2008年国际金融危机之后，“再工业化”、重振制造业和实体经济成为发达国家共同的政策选择，韩国也顺势推出了制造业复兴计划、智慧绿色产业园计划以及稳定和优化供应链的政策。推进制造业复兴计划的四大战略包括：产业结构高级化、培育新兴主导产业、重构产业生态和建设创新创业型政府。复兴计划的目的是提高韩国制造业附加值，强化尖端技术产业的竞争力。智慧绿色产业园计划是通过数字化改造、能源创新等措施，把工业园区打造成生态友好型高新技术产业基地，通过环保与数字化的融合，使产业园区成为有竞争力的、低碳环保的制造业空间，并通过人才建设，将产业园区打造成为年轻产业人才的聚集空间。

稳定和优化供应链的政策主要通过支持制造业回迁、吸引外资、多元化供应链分散风险、扩大海外基地等方式来实现。近年来，韩国出台的促进产业发展的主要战略举措（见表3－5），主要涵盖信息产业、汽车产业、半导体产业、生物医药产业等。

表3－5　　韩国促进产业发展的主要战略举措

年份	产业	政策措施	主要目标
2018	生物医药产业	《第四期科技计划》	创新发展生物医药产业，具体到重点技术任务
2020	白色生物产业	《白色生物产业振兴战略》	通过扩大环保生物塑料的开发及普及，实现循环经济以白色生物高附加值产品为中心，强化工业链，打造产业集群
2020	人工智能产业	《人工智能半导体产业发展战略》	通过基于韩国强项的半导体制造能力，大力培育人工智能半导体，从而引领全球市场
2021	清洁能源	"2030充电电池产业发展战略"	用持续的研发投入来引领技术方向
2021	清洁能源	"充电电池产业革新战略"	将动力电池作为提升其出口竞争力的核心产业
2022	机械制造业	农业机械化第九个基本计划	推动韩国智能农业机械化，实现可持续农业生产，开展农机自动行驶和研制并普及电动力和氢动力的农机
2022	半导体产业	"半导体超级强国战略"	扩大对半导体研发和设备投资的税收优惠，目标到2030年实现半导体制造产业链中原材料、零部件和设备本土化采购由30%提高到50%
2022	清洁能源产业	恢复核电	2024年起逐步恢复核电建设，到2030年核电在韩国电力结构中占比30%以上

资料来源：根据公开资料整理。

参考文献

［1］陈根：《韩国四大财团转型升级中崛起》，电子工业出版社2014年版。

［2］林毅夫、苏剑：《新结构经济学：反思经济发展与改革的理论框架》，北京大学出版社 2012 年版。

［3］潘志：《韩国独立初朝经济发展历程及启示》，《才智》2015 年第 11 期。

［4］闫华芳：《韩国经济起飞的日本因素》，《大连大学学报》2015 年第 1 期。

第四章

主要国家工业发展新趋势比较

开始于18世纪中叶的英国工业革命拉开了人类社会工业化的序幕。在很长的一个时期，工业化的主要推动技术是化石能源和机械动力，到20世纪中期，以可编程逻辑控制器（PLC）为代表的机电技术开始应用于生产之中，主流的工业化理论是建立在这样的生产力基础之上的。近年来，以新一代信息技术、新材料、新能源、生命科学等领域的科技爆发为主要特点的新一轮科技革命和产业变革正在全球兴起，先进数字生产（Advanced Digital Production，ADP）技术正在颠覆制造业的生产过程，推动制造业发展呈现绿色化、智能化、服务化和定制化，即所谓的工业“新四化”的趋势。

第一节 新工业革命下工业发展新特征

一 绿色化

制造业发展的绿色化是指制造业向能源和资源节约、环境友好和低温室气体排放方向的转变。绿色化的趋势一方面源于技术创新引发生产方式、商业模式等变革，不仅局限于高耗能、高污染、资源型行业能源转化效率和资源利用效率的提高，在各个制造业部门、制造业产业链的全流程和全生命周期的每个环节都将普遍采用更加绿色的生产设备、生产工艺和发展方式。另一方面，世界各国对制造业的原材料、生产工艺、最终产品、环境影响、回收循环等提出更高的环境标准，绿色发展越来越成为共识。绿色化的趋势一方面促进节能环保产业成为主导产业，另一方面制造业的环境成本会有所增加。对于那些缺乏绿色制造技术的企业来说，环境成本的增长可能会抵消已有成本优势。

二　智能化

早期制造业的整个生产流程中的交流和控制使用原始的语言（与供应商之间）或非微电子的机械，微电子技术出现后开始的数字化制造技术则经历了四个阶段的演进：最早是仅在特定功能的特定用途中使用数字化技术的刚性制造，接着是数字化制造技术参与并连接企业内不同功能和活动的精益制造，然后是实现整个生产流程互联的集成制造，目前已经进入到数字化制造技术支持全面集成、互联和智能的生产流程的智能化工厂阶段。① 新一代信息技术的发展使制造业向数据驱动、实时在线、智能主导的智能化方向发展，在人工智能技术的赋能下，生产设备和产品将具有自感知、自学习、自决策、自执行、自适应的能力。制造业的智能化将会重构制造业的生产方式、价值流程，使制造业提高研发与生产效率、加强市场反应、改善用户服务。智能化还将使制造业结构发生根本性的变化，形成一批以软件和数字传输、集成分析的新兴战略性产业，同时一些传统产业因数字赋能而焕发生机。制造业的竞争优势因此向人力资本和知识密集方向转变。例如，食品制造业、印刷业和记录媒介的复制、家具制造业和纺织服装、鞋、帽制造业等这些“劳动密集型”行业，在高度自动化生产范式下正演变为对劳动力依赖度较低的“资本密集型”行业。

三　服务化

世界经济结构总体上呈现服务业比重提高的趋势，同时服务的可贸易性增强，全球价值链中的服务活动增加。第一，研发、品牌、软件、知识产权等无形资产的重要性提高，其产出占国民经济的份额不断增长。第二，数字产品和服务相对于传统的服务活动具有更强的可贸易性，数字经济的高速增长推动数字产品贸易规模的扩大。第三，数字技术的发展还使传统服务业的可贸易程度提高，例如图书、音像制品从以实物为载体到完全数字化。第四，信息网络技术为制造企业在生产分工的基础

---

① United Nations Industrial Development Organization, Industrial Development Report 2020: Industrializing in the Digital Age, 2019, p. 7.

上向客户端延伸创造了条件。制造业呈现由以产品为中心向以客户为中心、由加工组装为主向以产品服务包集成、由一次性交易产品向长期提供服务、由以产品为价值来源向以产品 + 服务的组合为价值来源的方向转变，个性化定制、在线支持、整体解决方案、全生命周期管理等基于产品的集成化、定制化服务日益成为制造企业竞争力的重要来源。

四　定制化

生产力水平的提高需要与其相适应的生产方式。在前工业革命时代，与手工生产方式相对应的是小批量生产；英国工业革命极大地提高了生产效率，生产的规模显著扩大，规模化成为主要的生产方式；在电气革命时代，随着连续流程和可互换部件的出现，以福特制为代表的大规模生产成为主流；电子信息技术在工业应用后，又出现了以丰田制为代表的大规模定制模式。标准化、批量化是人类工业化历程的技术和管理经验的积累，是传统工业化条件下企业提高效率的主要途径。人工智能、机器人、3D 打印等技术的成熟和在工业领域的广泛应用，一方面提高了生产系统的柔性化程度，可以适应种类繁多的产品生产，同时也能通过软件、算法使最终产品具备更繁多的功能；另一方面使定制生产的成本大幅度降低，因此极致的个性化定制愈来愈成为可能，大批量、规模化生产向小批量、个性化、柔性生产转变。向特定客户精确提供高度定制化的产品使得制造企业扩展个性化的市场需求，能够获得更多订单和提高效益。个性化定制市场是在传统的排浪式消费需求之后制造业扩展市场规模、形成竞争新优势的金矿。

第二节　主要国家数字化水平对比分析

在 ICT 行业发展方面，得益于长期在 ICT 行业保持较高的投资份额（见表 4 - 1），美国相对其他国家优势明显。2010—2020 年，各国的软件和数据库投资对总资本增长百分比贡献总体保持增长趋势（见表 4 - 2）。其中，美国、德国、法国、意大利、韩国分别从 0.422%、0.144%、0.595%、0.154%、0.207% 增长到 0.945%、0.291%、1.269%、0.176%、0.462%，英国从 0.667% 略微下降到 0.619%。可以发现，美国和法国的软件和数据库投资行业对资本增长的贡献度增长最快，由于拥有全球顶尖的软件头部企业，例如美国 Autodesk（欧特克）公司、美国 Oracle（甲骨文）公司、法国达索（Dassault），在工业软件、数据库等领域处于垄断地位，吸引了大量国际资本投入。另外，上述国家对软件，特别是工业软件的开发特别重视，在产业政策上对软件行业有所倾斜。例如，2012 年法国曾经发布了《数字法国 2020》，将发展固定和移动宽带、推广数字化应用和服务以及扶持电子信息企业的发展作为三大主题。

从 ICT 行业中间投入来看（见表4－3），中国 ICT 行业总体中间投入占比快速增长，到2014 年已经达到6.07%。除略低于日本（6.28%）和韩国（7.58%）以外，已超过了美国（5.55%）、英国（5.15%）、德国（5.01%）、法国（4.44%），并且明显高于印度（2.88%）、巴西（4.47%）、俄罗斯（3.14%）、墨西哥（4.11%）等发展中国家。

然而，从具体行业来看，中国 ICT 行业的中间投入主要集中在制造业部门，在服务业部门与发达国家甚至与部分发展中国家仍有差距。2014 年，中国的计算机、电子和光学产品制造投入占比达到了 4.49%，在样本国家中只低于韩国（6.42%）位列第二，但电信、计算机编程咨询及相关信息服务活动的投入仅分别为 1.07% 和 0.51%，明显低于美国（2.01%、1.79%）、法国（1.55%、1.98%）、日本（1.76%、1.70%）等发达国家。同时，低于巴西（1.75%、1.19%），并在计算机编程咨询及相关信息服务活动的投入低于印度（1.08%），在电信方面低于俄罗斯（1.70%）、墨西哥（1.72%）的投入水平。

表 4－1　　ICT 投资占非住宅固定资产形成额的比重

	美国	英国	德国	法国	意大利	日本	韩国
2000	32.601	30.027	17.321	19.237	14.601	15.043	18.029
2001	31.151	28.039	17.513	20.513	13.637	15.082	16.997
2002	30.338	26.463	16.649	19.219	12.338	14.834	15.705
2003	30.534	24.501	15.069	18.554	11.604	14.847	13.240
2004	29.772	25.003	14.525	17.639	11.456	14.640	11.911
2005	27.779	24.600	14.984	17.451	11.670	14.307	12.235

续表

	美国	英国	德国	法国	意大利	日本	韩国
2006	26.719	24.746	15.194	17.028	10.909	13.453	12.374
2007	26.311	23.766	13.965	16.237	10.741	13.399	12.140
2008	26.424	—	13.046	16.223	10.419	13.532	11.718
2009	30.610	—	13.235	16.340	10.908	—	11.358
2010	32.138	—	12.690	—	11.026	—	10.716

数据来源：OECD 数据库。

表 4－2　　软件和数据库投资对总资本增长百分比的贡献

	美国	英国	德国	法国	意大利	日本	韩国
2010	0.422	0.667	0.144	0.595	0.154	0.122	0.207
2011	0.548	0.762	0.340	0.586	0.041	0.086	0.161
2012	0.713	0.860	0.109	0.784	0.189	0.268	0.183
2013	0.764	0.991	0.195	0.817	0.315	0.362	0.322
2014	0.712	0.906	0.173	0.855	0.531	0.316	0.387
2015	0.592	0.636	0.334	1.015	0.553	0.360	0.461
2016	0.635	0.480	0.298	1.175	0.580	0.319	0.423
2017	0.719	0.516	0.259	1.328	0.415	0.247	0.486
2018	0.891	0.793	0.235	1.520	0.362	0.126	0.374
2019	0.904	0.681	0.381	1.465	0.249		0.351
2020	0.945	0.619	0.291	1.269	0.176		0.462

数据来源：CEIC 数据库。

表 4－3　　ICT 中间品和服务投入占总中间投入的比重　　（单位：%）

行业	年份	美国	英国	德国	法国	日本	韩国	中国	印度	巴西	俄罗斯	墨西哥
计算机、电子和光学产品的制造	2000	3.11	2.13	2.38	2.04	3.63	7.58	4.22	1.09	1.84	1.60	4.11
	2005	2.10	1.18	1.86	1.32	2.87	6.88	5.98	1.53	1.74	1.78	3.29
	2010	1.92	1.40	1.74	1.10	2.77	6.65	4.94	1.29	1.52	1.61	2.95
	2014	1.75	1.32	1.54	0.91	2.81	6.42	4.49	1.15	1.53	1.43	2.34
电信	2000	2.47	1.96	1.52	1.56	1.82	0.86	0.85	0.91	1.86	1.98	1.65
	2005	2.04	1.88	1.89	1.82	1.76	0.87	1.69	0.98	1.97	2.16	1.97
	2010	2.05	1.68	1.61	1.86	1.70	0.55	0.99	0.64	2.01	2.00	2.08
	2014	2.01	1.61	1.30	1.55	1.76	0.49	1.07	0.65	1.75	1.70	1.72

续表

行业	年份	美国	英国	德国	法国	日本	韩国	中国	印度	巴西	俄罗斯	墨西哥
计算机编程咨询及相关信息服务活动	2000	1.48	1.91	1.32	1.72	1.53	1.21	0.32	0.61	0.99	0.00	0.04
	2005	1.28	2.11	1.58	1.72	1.72	1.23	0.56	0.68	1.05	0.00	0.05
	2010	1.64	2.12	1.81	1.89	1.81	0.80	0.46	0.38	1.10	0.00	0.05
	2014	1.79	2.21	2.18	1.98	1.70	0.67	0.51	1.08	1.19	0.01	0.05
ICT 行业总体中间投入	2000	7.06	6.00	5.22	5.32	6.98	9.65	5.39	2.61	4.69	3.59	5.80
	2005	5.41	5.17	5.33	4.86	6.35	8.98	8.24	3.18	4.76	3.94	5.31
	2010	5.60	5.20	5.16	4.84	6.28	8.00	6.39	2.30	4.63	3.62	5.08
	2014	5.55	5.15	5.01	4.44	6.28	7.58	6.07	2.88	4.47	3.14	4.11

数据来源：WIOD 数据库。

从互联网普及率看，如图 4－1 所示，2000—2020 年中国的互联网普及率不断提高，从 1.78% 增长到 70.40%，但目前仍低于美国（90.21%）、英国（94.8%）、德国（89.81%）、法国（84.80%）、日本（90.22%）、韩国（96.51%）等发达国家，也低于巴西（81.34%）、俄罗斯（84.99%）、墨西哥（71.97%）等发展中国家，表明互联网的应用仍有待推广，需进一步发挥数字化对工业生产和消费的带动作用。

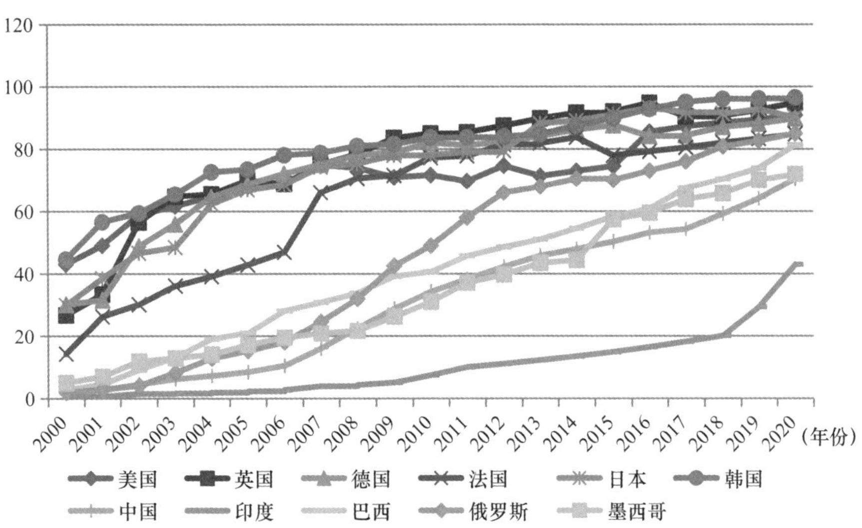

图 4－1　互联网普及率（单位：%）

从信息传输、软件就业人数占服务业就业人数比重看，尽管中国在信息传输及软件和信息技术及科技研究的就业占比呈逐年增长趋势，从2010年的2.4%增长到2018年的3.7%，高于越南（1.3%）、巴西（1.8%）、墨西哥（1.1%）、法国（3.6%），但仍与美国（4.5%）、英国（4.5%）、德国（4.0%）、日本（4.1%）、韩国（4.0%）有一定差距（见表4－4）。

表4－4　　信息传输、软件就业人数占服务业就业人数比重

年份	美国	英国	德国	法国	日本	韩国	中国	越南	巴西	墨西哥
2010	0.040	0.039	0.041	0.034	0.040	0.037	0.024	0.014	—	0.011
2015	0.043	0.046	0.038	0.033	0.041	0.038	0.031	0.016	0.019	0.011
2016	0.042	0.045	0.038	0.033	0.040	0.038	0.032	0.015	0.019	0.011
2017	0.043	0.045	0.038	0.035	0.041	0.038	0.035	0.015	0.019	0.011
2018	0.045	0.045	0.040	0.036	0.041	0.040	0.037	0.013	0.018	0.011

从互联网宽带接入端口看，2000—2020年，中国100人安装宽带网络数量从0.0017上升到33.60，已明显高于印度（1.66）、巴西（17.10）、俄罗斯（23.22）、墨西哥（17.01），但与美国（36.61）、英国（40.26）、德国（43.22）、法国（46.92）、日本（34.79）、韩国（43.55）有一定差距，表明中国的数字化基础设施建设仍需完善（见图4－2）。

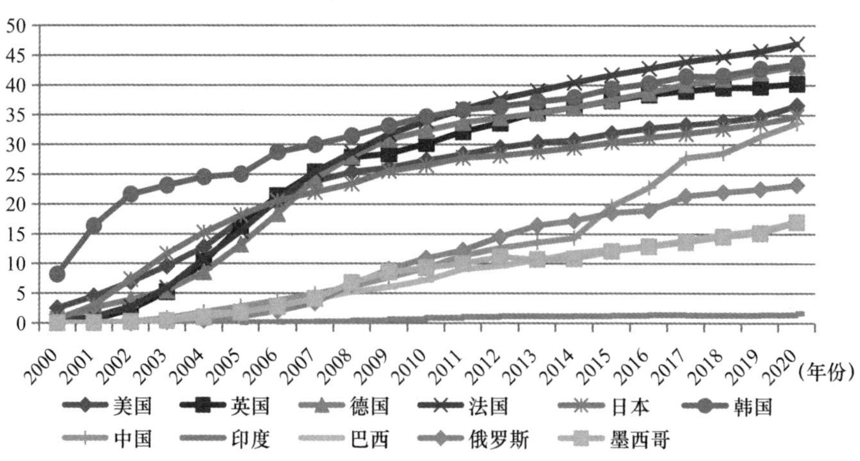

图4－2　每百人安装宽带网络数量

除了上述指标外，国别相关比较还纳入了工业机器人等指标。从表4－5中可以看出，中国工业机器人使用量增长迅猛，特别是2017、2018和2019年的增量都超过了十万台，分别达到了15.62万台、15.40万台和13.99万台，几乎等于表中其他国家同年的增量总和。从存量上来看，在2010年中国（5.23万台）低于美国（17.32万台）、德国（14.83万台）、日本（30.77万台）、韩国（10.11万台）。而截至2019年，中国工业机器人使用存量已达到78.27万台，远高于表中排名第二和第三的日本（35.49万台）和韩国（32.40万台）。

表4－5　工业机器人新安装量、存量和每万人拥有机器人存量

		美国	英国	德国	法国	日本	韩国	中国	印度	巴西	俄罗斯	墨西哥
2010	新增	1.64	0.09	1.41	0.20	2.19	2.35	1.50	0.08	0.06	0.02	0.00
	存量	17.32	1.35	14.83	3.45	30.77	10.11	5.23	0.49	0.57	0.11	0.00
	人均	11.02	4.19	35.33	11.51	46.54	39.62	0.68	0.11	0.61	0.14	0.00
2011	新增	2.06	0.15	1.95	0.31	2.79	2.55	2.26	0.15	0.14	0.03	0.19
	存量	18.09	1.36	15.72	3.45	30.72	12.42	7.43	0.64	0.70	0.13	0.19
	人均	11.51	4.20	37.69	11.50	46.78	47.90	0.95	0.14	0.74	0.18	0.40
2012	新增	2.24	0.29	1.75	0.30	2.87	1.94	2.30	0.15	0.16	0.04	0.21
	存量	19.03	1.50	16.20	3.36	31.05	13.89	9.69	0.78	0.76	0.18	0.40
	人均	12.06	4.59	38.73	11.13	47.52	52.82	1.24	0.17	0.80	0.23	0.80
2013	新增	2.37	0.25	1.83	0.22	2.51	2.13	3.66	0.19	0.14	0.06	0.27
	存量	20.32	1.56	16.76	3.23	30.40	15.61	13.28	0.97	0.86	0.24	0.68
	人均	12.84	4.71	39.73	10.64	46.32	58.58	1.69	0.21	0.89	0.31	1.32
2014	新增	2.62	0.21	2.01	0.29	2.93	2.47	5.71	0.21	0.13	0.03	0.25
	存量	21.94	1.69	17.58	3.22	29.58	17.68	18.94	1.18	0.96	0.27	0.93
	人均	13.81	5.07	41.42	10.62	45.02	64.55	2.39	0.25	0.98	0.36	1.79
2015	新增	2.75	0.16	1.99	0.30	3.50	3.83	6.86	0.21	0.14	0.03	0.55
	存量	23.42	1.75	18.26	3.22	28.66	21.05	25.65	1.38	1.07	0.30	1.47
	人均	14.65	5.19	42.82	10.57	43.46	75.75	3.22	0.29	1.09	0.40	2.80
2016	新增	3.14	0.18	2.01	0.42	3.86	4.14	9.65	0.26	0.12	0.04	0.59
	存量	25.05	1.85	18.93	3.34	28.73	24.64	34.95	1.60	1.17	0.34	2.07
	人均	15.48	5.43	43.47	10.96	43.30	87.99	4.38	0.34	1.18	0.45	3.86

续表

		美国	英国	德国	法国	日本	韩国	中国	印度	巴西	俄罗斯	墨西哥
2017	新增	3. 31	0. 24	2. 13	0. 50	4. 56	3. 98	15. 62	0. 34	0. 10	0. 07	0. 64
	存量	26. 21	1. 95	20. 05	3. 53	29. 72	27. 31	50. 12	1. 90	1. 24	0. 40	2. 70
	人均	16. 04	5. 69	45. 79	11. 58	44. 44	96. 54	6. 27	0. 40	1. 22	0. 54	5. 00
2018	新增	4. 04	0. 24	2. 67	0. 58	5. 52	3. 78	15. 40	0. 48	0. 22	0. 10	0. 57
	存量	28. 50	2. 07	21. 58	3. 81	31. 81	30. 02	64. 94	2. 29	1. 42	0. 50	3. 27
	人均	17. 31	5. 99	49. 17	12. 44	46. 83	105. 50	8. 12	0. 48	1. 38	0. 67	5. 93
2019	新增	3. 34	0. 20	2. 05	0. 67	4. 99	3. 29	13. 99	0. 43	0. 18	0. 14	0. 46
	存量	29. 97	2. 17	22. 16	4. 21	35. 49	32. 40	78. 27	2. 63	1. 53	0. 62	3. 73
	人均	18. 01	6. 23	49. 96	13. 76	51. 77	112. 98	9. 78	0. 54	1. 47	0. 84	6. 59

数据来源：IFR 数据库；新增和存量单位为万台，人均单位为台/万人。

值得注意的是，近年来墨西哥的工业机器人使用量增长较快，高于印度、巴西、俄罗斯，主要是由于美国制造业环节对墨西哥的转移。此外，在人均方面，虽然，中国工业机器人使用量高于其他发展中国家，仍与发达国家有较大差距。2019 年，中国工业机器人使用量为 9. 78 台/万人，低于美国（18. 01 台/万人）、德国（49. 96 台/万人）、法国（13. 76 台/万人）、日本（51. 77 台/万人）、韩国（112. 98 台/万人），劳动和工业机器人等资本品的投入比例仍有优化的空间。

从具体行业来看（见表 4 -6），中国工业机器人的使用主要集中在传统制造行业，特别是在纺织品、木材和家具、塑料化工产品等中低端环节优势明显，但在一些制造业高端环节（特别是核心零部件领域）的工业机器人使用存量仍与发达国家有一定差距，例如，家用电器行业的使用量为 0. 91 万台，低于日本的 1. 09 万台。电动机械（非汽车）行业的使用量为 1. 27 万台低于日本（3. 52 万台）、韩国（3. 46 万台）。电子元件/器件行业的使用量为 1. 71 万台，低于日本的 6. 04 万台。半导体 LCD、LED 行业的使用量为 3. 61 万台，低于韩国的 9. 63 万台。药品、化妆品行业的使用量为 0. 42 万台，低于美国的 0. 72 万台。汽车零部件的使用量为 6. 39 万台，低于美国（6. 91 万台）和日本（7. 67 万台）。

表 4 - 6　　工业机器人在不同行业的使用量

（2019 年，单位：万台）

	美国	英国	德国	法国	日本	韩国	中国	印度	巴西	俄罗斯	墨西哥
农业林业渔业	0.01	0.00	0.01	0.01	0.04	0.01	0.11	0.00	0.00	0.00	0.00
采矿和采石	0.00	0.00	0.01	0.00	0.00	0.00	0.01	0.00	0.00	0.00	0.00
食物和饮料	1.48	0.15	0.71	0.39	0.76	0.16	1.40	0.01	0.07	0.03	0.06
纺织品	0.03	0.00	0.04	0.01	0.01	0.00	0.10	0.00	0.00	0.00	0.00
木材和家具	0.03	0.01	0.10	0.02	0.03	0.00	0.17	0.00	0.00	0.01	0.00
纸张	0.05	0.01	0.06	0.05	0.13	0.01	0.09	0.00	0.01	0.00	0.00
塑料化工产品	2.26	0.27	2.14	0.44	1.91	0.91	4.14	0.22	0.14	0.04	0.35
橡胶塑料制品	1.52	0.19	1.83	0.34	1.56	0.88	3.39	0.21	0.13	0.03	0.31
玻璃陶瓷、石材、矿产品	0.11	0.02	0.22	0.05	0.17	0.01	0.56	0.00	0.01	0.00	0.00
基本金属	1.05	0.02	0.23	0.07	0.08	0.07	0.43	0.01	0.00	0.00	0.04
金属制品	1.00	0.10	1.64	0.23	1.93	0.28	2.94	0.13	0.09	0.08	0.03
工业机械	0.48	0.06	1.16	0.29	2.42	0.51	3.30	0.01	0.06	0.04	0.06
家用电器	0.08	0.01	0.13	0.03	1.09	0.87	0.91	0.00	0.01	0.00	0.02
计算机和外围设备	0.07	0.00	0.01	0.00	0.24	0.02	0.62	0.00	0.00	0.00	0.00
电动机械	0.43	0.01	0.18	0.02	3.52	3.46	1.27	0.00	0.00	0.00	0.02
信息通信设备	0.20	0.00	0.11	0.01	0.78	2.27	6.95	0.02	0.00	0.00	0.01
电子元件/器件	1.01	0.01	0.18	0.04	6.04	0.38	1.71	0.00	0.00	0.00	0.03
半导体 LCD、LED	2.53	0.00	0.28	0.01	0.00	9.63	3.61	0.00	0.00	0.00	0.01
医疗、精密、光学仪器	0.35	0.01	0.20	0.07	0.49	0.01	0.09	0.00	0.00	0.00	0.04
汽车	13.2	1.12	11.1	1.57	11.4	9.56	23.1	1.38	0.81	0.23	2.77
机动车辆发动机和车身	6.28	0.69	7.21	0.89	3.71	4.17	8.21	0.27	0.49	0.18	0.95
未指明车辆零件	2.62	0.04	0.30	0.06	7.67	1.43	3.53	0.17	0.06	0.01	0.62

续表

	美国	英国	德国	法国	日本	韩国	中国	印度	巴西	俄罗斯	墨西哥
其他车辆	0.11	0.03	0.08	0.07	0.25	0.04	0.37	0.02	0.00	0.01	0.01
电力煤气供水	0.01	0.00	0.01	0.01	0.01	0.00	0.10	0.00	0.00	0.00	0.00
建筑	0.03	0.01	0.02	0.02	0.06	0.00	0.02	0.00	0.00	0.00	0.00
教育、研究、开发	0.15	0.03	0.20	0.06	0.06	0.02	0.48	0.01	0.02	0.03	0.02
所有其他制造部门	1.69	0.09	0.43	0.13	3.75	0.29	2.12	0.04	0.09	0.02	0.06
未指明	3.29	0.17	2.83	0.53	0.28	3.20	14.7	0.65	0.19	0.11	0.19
药品、化妆品	0.72	0.07	0.31	0.10	0.34	0.03	0.42	0.01	0.01	0.00	0.04
金属	2.53	0.18	3.04	0.58	4.43	0.90	9.11	0.22	0.16	0.13	0.13
电气、电子	4.89	0.06	1.09	0.19	12.2	17.3	21.6	0.06	0.02	0.01	0.12
电气、电子（未指明）	0.23	0.00	0.00	0.00	0.00	0.62	6.40	0.03	0.00	0.00	0.00
未指明的汽车	0.01	0.00	0.07	0.00	0.00	1.15	8.46	0.67	0.04	0.00	0.00
未指明的化学产品	0.00	0.00	0.00	0.00	0.00	0.00	0.00	0.00	0.00	0.00	0.00
金属（未指明）	0.00	0.00	0.01	0.00	0.00	0.05	2.44	0.06	0.00	0.00	0.00
其他化学产品	0.02	0.00	0.01	0.01	0.01	0.00	0.33	0.00	0.00	0.00	0.00
汽车零部件	6.91	0.43	3.83	0.68	7.67	4.24	6.39	0.44	0.28	0.05	1.81
所有其他非制造业分支机构	0.08	0.02	0.07	0.09	0.06	0.05	0.18	0.00	0.01	0.01	0.00

数据来源：IFR 数据库。

在人工智能发展方面，图 4－3 显示了 2021 年 AI 雇佣指数最高的 15 个国家或地区。新西兰在 AI 的增长率是最高的，比 2016 增长了 2.42 倍，其次是中国香港（1.56）、爱尔兰（1.28）、卢森堡（1.26）和瑞典（1.24）。中国大陆的 AI 雇佣指数为 1.18，位列第 8。此外，2020 年到 2021 年，许多国家或地区的 AI 招聘增长率有所下降，可能缘于新冠疫情对全球经济的冲击。

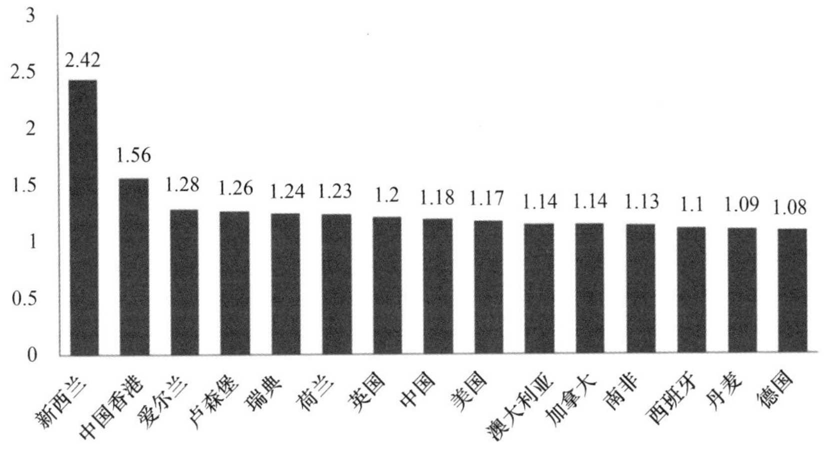

图 4－3 人工智能相关行业雇佣指数（2021 年）

数据来源：人工智能指数 2022。人工智能雇佣指数的计算方法是，在工作开始的同一时期，在个人资料中拥有人工智能技能或从事人工智能相关职业的增加新雇主的百分比除以相应位置的雇主总数。然后将该比率与 2016 年的平均月份进行指数化。相对人工智能雇佣指数反映了人工智能人才的雇佣增长是否快于、等于或慢于特定国家或地区的整体雇佣。

在新成立 AI 公司方面，图 4－4 显示，2021 年美国以 299 家公司领先，其次是中国，有 119 家，英国有 49 家，以色列有 28 家。2013 年至 2021 年的汇总数据显示了类似的趋势。然而，自 2018 年和 2019 年以来，

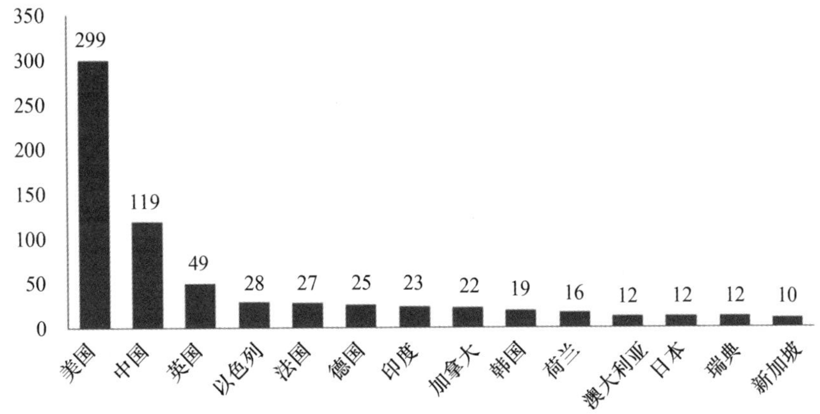

图 4－4 新成立 AI 公司最多的国家或地区（2021 年）

数据来源：人工智能指数 2022。

美国和中国新投资的人工智能公司数量都有所下降（见图4－5）。尽管有下降趋势，但美国仍在新资助的公司中占领先地位，其中299家的成立来自2021年，其次是中国（119家）和欧盟（96家）。

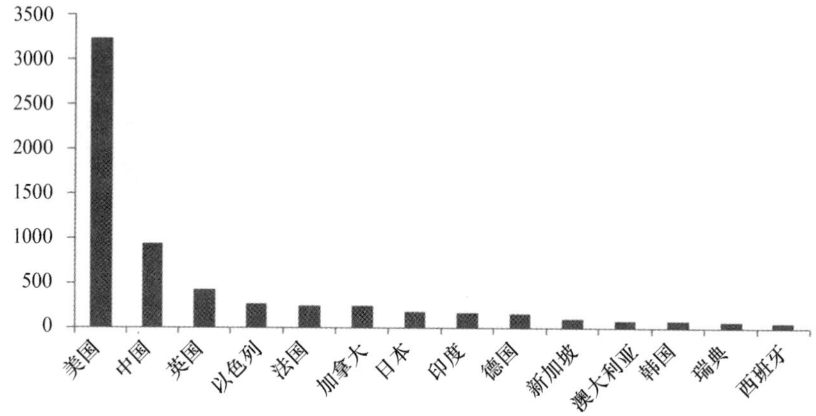

图4－5 新成立AI公司最多的国家或地区（2013—2021年）

数据来源：人工智能指数2022。

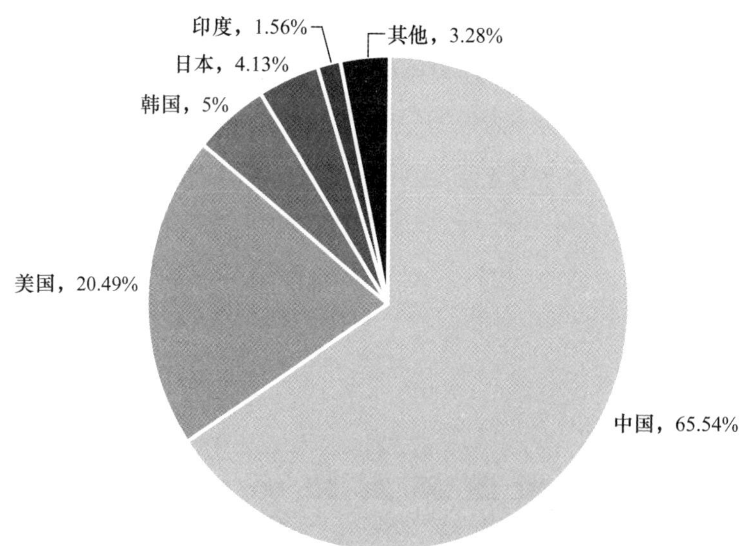

图4－6 截至2021年7月全球人工智能行业专利来源国家（地区）分布情况

数据来源：智慧芽全球专利数据库，前瞻产业研究院整理。

在AI专利申请方面，全球人工智能第一大技术来源国为中国，中国人工智能专利申请量占全球人工智能专利总申请量的66.54%；其次是美国，美国人工智能专利申请量占全球人工智能专利总申请量的20.49%。韩国和日本虽然排名第三和第四，但是与排名第一的中国专利申请量差距较大（见图4-6）。

第三节 主要国家融合化水平对比分析

由于数字化研发设计工具普及率、关键工序数控化等指标数据在国别层面大多不可得，这里主要对制造业与服务业、农业的融合程度进行比较。在生产性服务业就业占比方面，2010—2018年中国的占比有明显的增加，从46.8%提高到53.9%，但仍低于发达国家德国（55.2%）、日本（56.4%）、韩国（54.6%），以及发展中国家越南（63.1%）、巴西（59.4%）和墨西哥（58.8%）的比重（见表4-7）。一方面，部分发展中国家服务业整体仍不发达，例如，2018年越南服务业就业占总就业的比重为44.02%，低于中国（67.2%），从而使生产性服务业占服务业就业人数的比重较高。另一方面，相比德国、日本等传统制造强国，中国从事融合化发展的人才储备仍较为短缺。从具体行业来看，在信息传输及软件和信息技术及科技研究、科技研究和技术等高端领域，国家间的分化更为明显。尽管中国在信息传输及软件和信息技术及科技研究的就业占比呈逐年增长趋势，从2010年的2.4%增长到2018年的3.7%，高于越南（1.3%）、巴西（1.8%）、墨西哥（1.1%）、法国（3.6%），但仍与美国（4.5%）、英国（4.5%）、德国（4.0%）、日本（4.1%）、韩国（4.0%）有一定差距（见表4-8）。而在此期间，中国科技研究和技术服务业的就业占比从3.7%下降到3.5%，2018年低于美国（6.5%）、英国（8.3%）、德国（7.2%）、法国（6.9%）、日本（4.5%）、韩国（5.2%），甚至低于巴西（4.7%）和墨西哥（4.0%），表明中国仍需促进人才在科技研发领域的集聚。此外，从制造业与农业融合程度看，日本的农业机械化程度最高，相对而言，中国具有较大的提升空间（见图4-7）。

表4-7　　生产性服务业占服务业就业人数的比重

年份	美国	英国	德国	法国	日本	韩国	中国	越南	巴西	墨西哥
2010	0.535	0.521	0.553	0.500	0.561	0.557	0.468	0.624	—	0.581
2015	0.553	0.521	0.554	0.491	0.572	0.556	0.555	0.619	0.620	0.581
2016	0.535	0.524	0.553	0.492	0.570	0.551	0.551	0.626	0.610	0.585
2017	0.537	0.523	0.554	0.495	0.571	0.547	0.544	0.631	0.604	0.582
2018	0.538	0.524	0.552	0.496	0.564	0.546	0.539	0.631	0.594	0.588

数据来源：《国际统计年鉴》、联合国 ILO 数据库。

表4-8　　信息传输、软件和信息技术及科技研究和技术就业人数占服务业就业人数比重

信息传输、软件和信息技术及科技研究服务业										
年份	美国	英国	德国	法国	日本	韩国	中国	越南	巴西	墨西哥
2010	0.040	0.039	0.041	0.034	0.040	0.037	0.024	0.014	—	0.011
2015	0.043	0.046	0.038	0.033	0.041	0.038	0.031	0.016	0.019	0.011
2016	0.042	0.045	0.038	0.033	0.040	0.038	0.032	0.015	0.019	0.011
2017	0.043	0.045	0.038	0.035	0.041	0.038	0.035	0.015	0.019	0.011
2018	0.045	0.045	0.040	0.036	0.041	0.040	0.037	0.013	0.018	0.011
科技研究和技术服务业										
2010	0.061	0.073	0.064	0.059	0.040	0.048	0.037	0.012	—	0.033
2015	0.066	0.079	0.070	0.067	0.042	0.052	0.036	0.011	0.050	0.036
2016	0.064	0.081	0.072	0.068	0.043	0.054	0.037	0.010	0.047	0.037
2017	0.066	0.082	0.072	0.068	0.044	0.052	0.037	0.011	0.047	0.037
2018	0.065	0.083	0.072	0.069	0.045	0.052	0.035	0.012	0.047	0.040

数据来源：《国际统计年鉴》、联合国 ILO 数据库。

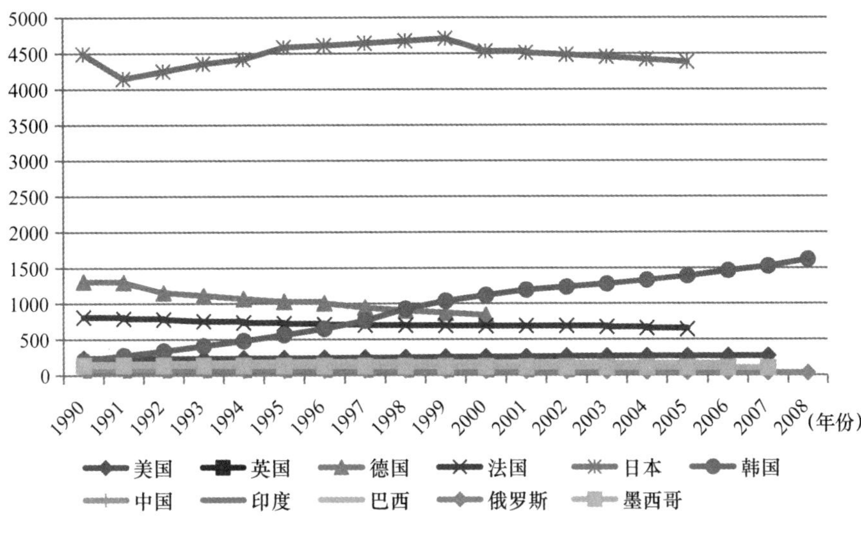

图4－7　每百平方公里耕地拥有的拖拉机数量（台/百平方公里）

除了上述指标外，这里还对制造业服务化进行了国别比较。在服务占投入、产出和出口的比重方面，中国的服务要素投入比重偏低（见表4－9），2000—2014年虽然制造业服务化水平从0.438增加到0.476，但低于美国（0.508）、英国（0.505）、德国（0.596）、法国（0.657）、日本（0.480）、韩国（0.481）、巴西（0.531）的水平。此外，从行业差异来看，一方面，2014年中国资本和技术密集型行业，如计算机、电子产品和光学制品业、机械设备制造业、电力设备制造业等的服务化投入系数较高，而食品、饮料和烟草制造业、木材制品业、家具制造业等劳动密集型行业的服务化投入水平仍较低。另一方面，中国服务产出在制造业产出中的比重较高（见表4－10），2000—2014年，占比从71.4%增长到79.3%，高于美国（63.2%）、英国（67.6%）、德国（58.5%）、法国（61.3%）、日本（71.2%）、韩国（75.5%）、印度（53.4%）、巴西（57.7%）、俄罗斯（74.0%）、墨西哥（55.7%），整体上经济有脱实向虚的发展趋势。

在基于制造业出口的服务投入增值率方面，2000—2014年中国制造业出口的服务投入增值率从0.263增加到0.311，但发达国家中仍低于英国（0.334）、德国（0.370）、法国（0.396）、日本（0.314），发展中国家中仍低于印度（0.348）、巴西（0.375）、俄罗斯（0.359），中国在参与全球价值链分工过程中，服务业增值仍有较大的提升空间（见表4－11）。

表4－9　　服务要素在制造业投入中的比重

年份	美国	英国	德国	法国	日本	韩国	中国	印度	巴西	俄罗斯	墨西哥
2000	0.474	0.509	0.540	0.583	0.484	0.412	0.438	0.411	0.485	0.281	0.359
2001	0.485	0.531	0.555	0.602	0.510	0.426	0.435	0.442	0.499	0.323	0.354
2002	0.488	0.536	0.553	0.607	0.506	0.430	0.425	0.447	0.489	0.326	0.361
2003	0.476	0.543	0.558	0.611	0.496	0.442	0.402	0.481	0.476	0.344	0.375
2004	0.466	0.545	0.557	0.625	0.493	0.440	0.390	0.482	0.448	0.331	0.362
2005	0.486	0.535	0.565	0.632	0.488	0.450	0.413	0.479	0.483	0.318	0.377
2006	0.477	0.541	0.562	0.646	0.505	0.463	0.404	0.457	0.498	0.325	0.370
2007	0.485	0.552	0.576	0.646	0.526	0.478	0.404	0.443	0.505	0.336	0.380
2008	0.481	0.545	0.584	0.657	0.528	0.487	0.399	0.437	0.500	0.333	0.378
2009	0.451	0.547	0.589	0.634	0.528	0.489	0.425	0.455	0.492	0.361	0.394
2010	0.461	0.500	0.578	0.645	0.496	0.493	0.416	0.452	0.493	0.363	0.389
2011	0.470	0.495	0.587	0.635	0.496	0.487	0.414	0.449	0.494	0.342	0.385
2012	0.481	0.492	0.572	0.637	0.493	0.484	0.435	0.435	0.522	0.340	0.380
2013	0.493	0.493	0.601	0.651	0.481	0.481	0.458	0.447	0.526	0.363	0.395
2014	0.508	0.505	0.596	0.657	0.480	0.481	0.476	0.463	0.531	0.390	0.401

数据来源：WIOD数据库。

表4－10　　服务产出在制造业产出中的比重

年份	美国	英国	德国	法国	日本	韩国	中国	印度	巴西	俄罗斯	墨西哥
2000	0.636	0.576	0.567	0.585	0.666	0.687	0.714	0.514	0.575	0.685	0.509
2005	0.643	0.584	0.583	0.577	0.685	0.712	0.739	0.542	0.606	0.709	0.540
2010	0.646	0.674	0.583	0.618	0.704	0.730	0.774	0.549	0.577	0.722	0.536
2014	0.632	0.676	0.585	0.613	0.712	0.755	0.793	0.534	0.577	0.740	0.557

数据来源：WIOD数据库。

表 4-11 基于制造业出口的服务投入增值率

	美国	英国	德国	法国	日本	韩国	中国	印度	巴西	俄罗斯	墨西哥
2000	0.310	0.331	0.353	0.382	0.323	0.281	0.263	0.348	0.346	0.315	0.283
2001	0.334	0.349	0.360	0.393	0.348	0.288	0.272	0.366	0.353	0.354	0.293
2002	0.326	0.357	0.362	0.395	0.340	0.293	0.277	0.369	0.347	0.353	0.298
2003	0.313	0.359	0.362	0.399	0.329	0.300	0.269	0.382	0.339	0.374	0.307
2004	0.305	0.362	0.361	0.404	0.324	0.294	0.267	0.379	0.325	0.334	0.302
2005	0.312	0.356	0.364	0.404	0.314	0.294	0.272	0.375	0.355	0.316	0.307
2006	0.305	0.357	0.362	0.410	0.319	0.293	0.276	0.348	0.370	0.321	0.302
2007	0.310	0.367	0.369	0.410	0.325	0.294	0.282	0.335	0.370	0.327	0.307
2008	0.302	0.352	0.375	0.412	0.330	0.289	0.270	0.325	0.363	0.335	0.302
2009	0.289	0.360	0.379	0.395	0.347	0.300	0.285	0.351	0.359	0.360	0.313
2010	0.288	0.328	0.361	0.389	0.325	0.291	0.282	0.339	0.362	0.354	0.304
2011	0.285	0.323	0.363	0.387	0.322	0.287	0.279	0.335	0.359	0.333	0.296
2012	0.293	0.326	0.360	0.384	0.318	0.286	0.288	0.322	0.374	0.335	0.297
2013	0.296	0.331	0.372	0.393	0.312	0.286	0.301	0.334	0.372	0.343	0.305
2014	0.305	0.334	0.370	0.396	0.314	0.290	0.311	0.348	0.375	0.359	0.309

数据来源：WIOD 数据库。

第四节 主要国家产业链供应链现代化比较分析

从研发人员看，2000—2019 年，中国每百万人研发人员数量从 538.58 人上升到 1584.87 人，明显高于印度（252.70 人，2018 年）、墨西哥（327.22 人），但仍低于美国（4821.23 人）、英国（4683.77 人）、德国（5396.47 人）、法国（4811.53 人）、日本（5374.58 人）、韩国（8407.76 人）、俄罗斯（2746.67 人）等科技强国的水平（见图 4-8）。实现新型工业化需要有强大的科研人才储备基础，中国的科研人才队伍仍需壮大。值得注意的是，2000—2019 年韩国的每百万人研发人员数量从 2287.29 人提高到 8407.76 人，迅速跃升至第一位，为韩国工业现代化提供了有力的人才支撑，其研发人才的培养经验可以借鉴。

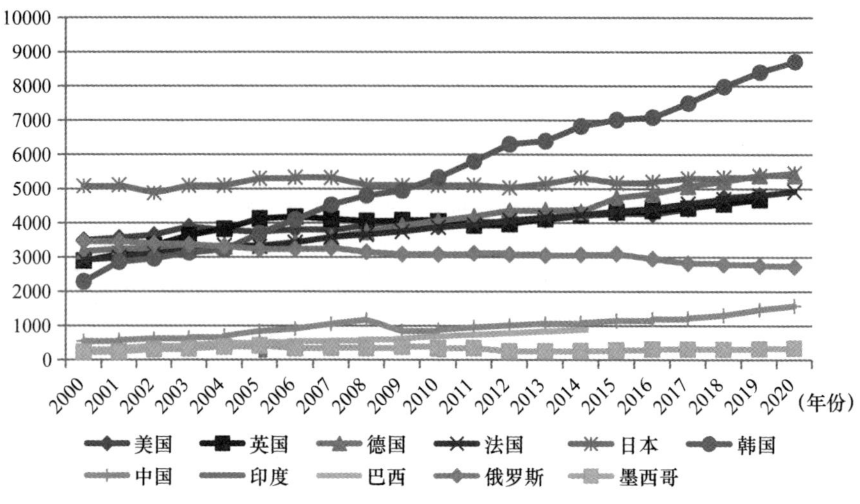

图4-8 每百万人研发人员数量

同时，2000—2019年，中国研发支出占GDP的比重从0.89%提高至2.40%，已超过英国（1.71%，2019年）、法国（2.35%）等发达国家，并且明显高于印度（0.66%，2018年）、巴西（1.21%）、俄罗斯（1.10%）、墨西哥（0.30%），中国近年来不断加大研发投入，为中国缩小与发达国家工业技术水平提供了支持（见图4-9）。

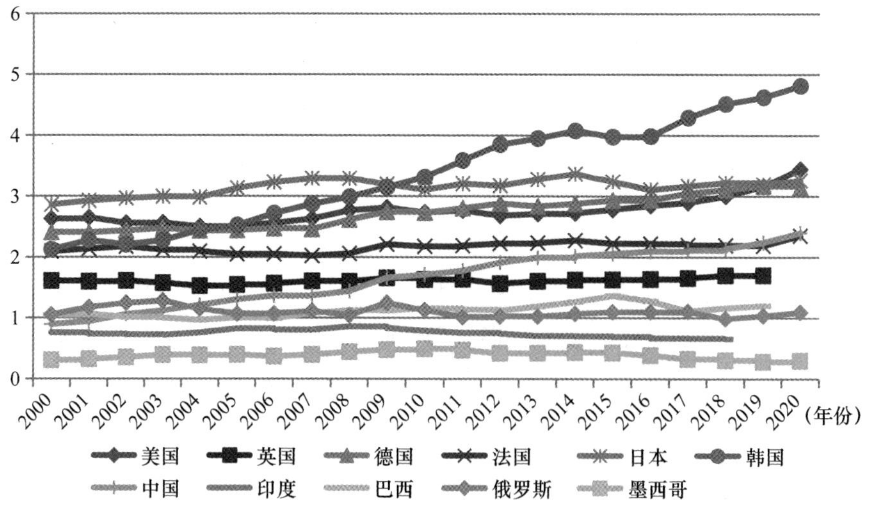

图4-9 研发支出占GDP比重（%）

2000—2020年，中国非居民申请专利数量从26560项提高至152342项，高于英国（8771项）、德国（19845项）、法国（1542项）、日本（61124项）、韩国（46282项）、印度（33630项）、巴西（20178项）、俄罗斯（14106项）、墨西哥（13180项），仅低于美国（327486项），虽然，中国研发产出有较大的飞跃，但从专利申请数量来看，与美国的差距仍然较大，考虑到未来中国和美国在高技术领域的竞争仍将持续，如何在专利产出方面加快对美国的追赶是中国实现新型工业化面临的较为严峻的挑战之一（见图4－10）。

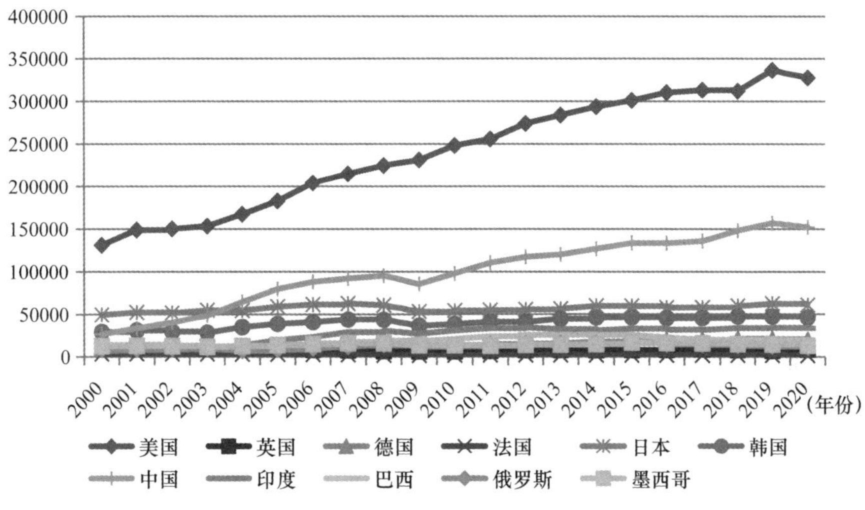

图4－10　专利申请数量（项）

2000—2020年，中国新产品出口额从17240.38亿美元增加到26500.50亿美元，明显高于美国（13521.18亿美元）、英国（3656.96亿美元）、德国（13113.31亿美元）、法国（4829.751亿美元）、日本（6762.20亿美元）、韩国（5563.84亿美元）、印度（2866.21亿美元）、巴西（2177.82亿美元）、俄罗斯（3302.38亿美元）、墨西哥（4199.93亿美元），表明中国工业体系完备，能够为新产品的出口提供较为丰富的技术和经验支撑（见图4－11）。

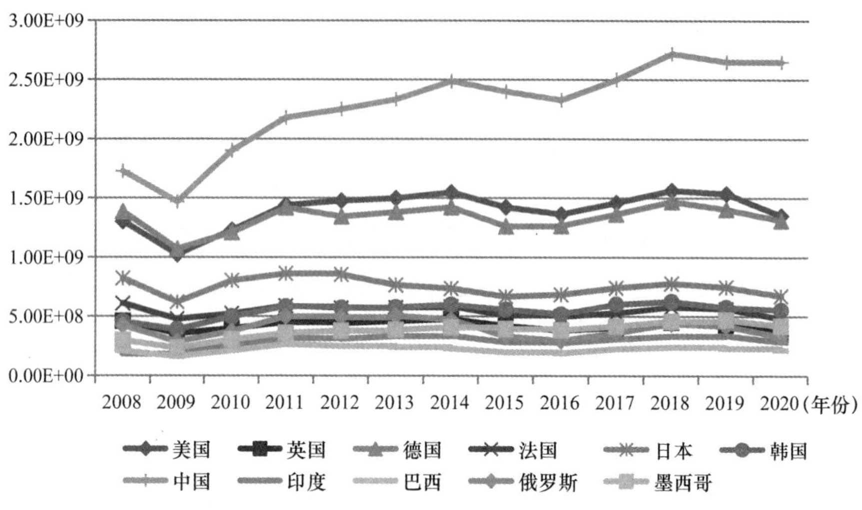

图4－11 新产品出口额（单位：千美元）

从绿色全要素生产率结果看[①]，2000—2021年，中国与巴西、印度、俄罗斯的共同前沿生产率指数年均低于1，而多数发达国家高于1，说明在样本期内，考虑CO_2排放因素后，这些国家的绿色发展水平低于多数发达国家（见表4－12）。

表4－12 各国绿色全要素生产率

年份	巴西	中国	德国	法国	英国	印度	日本	韩国	墨西哥	俄罗斯	美国
2000	1.029	1.025	1.062	1.060	0.979	1.150	1.209	0.987	0.984	0.707	1.005
2001	1.015	0.928	0.990	0.957	0.937	0.963	0.839	0.970	1.030	0.879	0.922
2002	1.039	0.981	0.989	0.992	0.978	0.981	0.884	0.984	0.961	1.015	0.976
2003	1.235	0.904	0.973	0.928	0.968	0.934	1.073	0.964	0.958	0.895	1.013
2004	1.002	0.931	1.159	0.981	0.972	0.844	1.188	1.094	0.961	1.013	1.020
2005	1.033	1.010	1.201	0.810	0.978	0.937	1.018	1.006	0.942	1.001	1.007

① 此处计算绿色全要素生产率的步骤是，以CO_2排放量为非期望产出，制造业增加值（2015年实际值）为期望产出，通过共同前沿生产率指数测算而得。

续表

年份	巴西	中国	德国	法国	英国	印度	日本	韩国	墨西哥	俄罗斯	美国
2006	0.917	0.988	0.988	0.975	1.010	1.033	1.016	0.988	1.000	0.896	1.016
2007	0.918	0.970	0.987	1.007	1.003	0.888	1.023	1.014	0.931	0.879	0.994
2008	0.907	0.955	0.985	0.951	0.999	1.103	0.999	1.038	0.957	0.941	0.948
2009	1.093	0.890	1.000	0.770	1.019	0.922	0.939	1.082	1.024	1.350	0.932
2010	0.813	0.955	1.017	0.990	1.011	0.945	1.051	1.031	1.015	0.808	1.045
2011	0.911	1.021	0.988	1.028	1.037	0.960	0.963	1.042	0.961	0.772	1.019
2012	0.948	0.987	1.047	0.991	0.978	0.991	1.027	1.028	1.048	0.981	1.011
2013	0.955	0.959	0.992	1.000	1.054	1.065	0.995	1.020	1.003	1.039	1.011
2014	1.048	0.991	1.001	1.003	1.079	0.985	1.046	0.970	1.018	1.103	1.006
2015	1.214	0.984	1.001	1.023	0.999	1.067	1.076	0.951	1.065	1.213	1.021
2016	1.152	0.966	1.000	0.996	1.009	1.016	1.012	1.005	1.022	0.953	0.967
2017	0.982	1.007	0.974	1.007	1.018	0.954	1.012	1.032	1.049	1.007	1.016
2018	0.966	0.990	0.982	0.998	1.009	0.951	1.020	1.012	1.023	1.088	1.029
2019	0.980	0.980	0.983	1.024	1.045	0.961	0.994	0.963	1.036	1.010	0.988
2020	0.937	0.964	0.980	0.873	0.991	1.070	1.016	0.980	1.130	1.046	0.986
2021	0.880	1.118	1.020	1.021	1.065	0.922	0.973	1.055	0.988	1.049	1.067

从各国市场占有率看，2007—2020年，中国商品贸易出口额占全球商品贸易出口额的比重从10.97%上升到15.67%（见图4－12）。与此同时，美国、英国、德国、法国、俄罗斯商品贸易出口额占全球商品贸易出口额的比重分别从8.61%、3.24%、9.24%、4.01%、2.36%下降到7.99%、2.16%、7.75%、2.86%、1.95%。此外，韩国、印度、墨西哥的商品贸易出口额占全球商品贸易出口额的比重分别从2.93%、0.88%、1.93%上升到3.29%、1.69%、2.48%，而日本（4.00%）、巴西（1.28%）的出口贸易份额占比几乎保持不变。上述结果表明，过去十几年全球产业分工继续从发达国家向新兴发展中国家转移，而中国作为全球生产网络中心的地位进一步凸显，这为中国发展新型工业化提供了有利的外部条件。

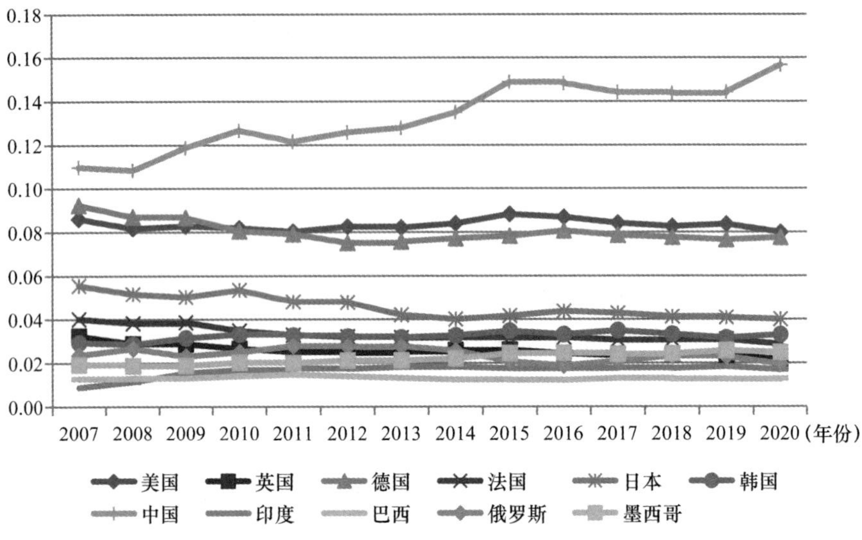

图 4-12　出口额占全球出口的比重

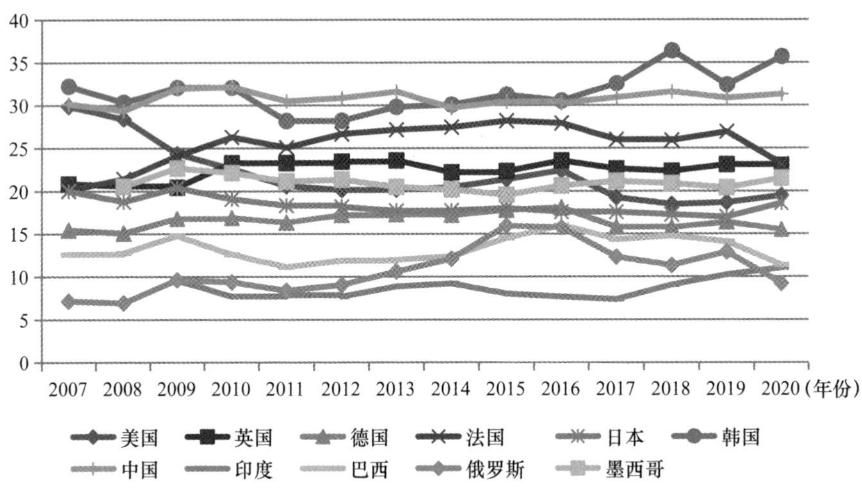

图 4-13　高技术产品出口占比

以高技术产品出口反映新产品出口状况，2007—2020 年，中国高技术产品出口占比从 30.15% 上升到 31.28%，而同时期美国的高技术产品出口占比从 29.88% 下降到 19.48%，印度、墨西哥的高技术产品出口占比也分别从 9.57% 和 7.16% 上升到 11.03% 和 11.35%（见图 4-13）。

跨国公司主导的国际分工迅速由“产业内”向“产品内”分工深化，越来越多的产品，其生产过程的组织和管理被“分割”为不同的“任务和活动”，国际贸易向外包和模块化方向发展，特别是制造业由于便于运输和组装，片段化生产特征更为明显，使发展中国家有更多的机会承担到高端产品的部分生产工序。

此外，结合数据可得性，本部分还对制造业增加值增速、具体行业的相关指标以及全球价值链参与程度进行了国别比较。从制造业增速和市场份额看，中国制造业产值保持了长期较高的增长速率（见图4－14），2000—2019年，制造业平均增加值增速为9.44%，明显高于美国（1.58%）、英国（－0.02%）、德国（2.04%）、法国（0.98%）、日本（1.83%）、韩国（5.27%）、印度（7.16%）、巴西（1.14%）、俄罗斯（3.00%）、墨西哥（1.49%），特别是在2008年和2009年全球金融危机使全球制造业产值增速明显下降的情况下，中国制造业增加值增速仍然达到了9.93%和8.83%，反映了中国在全球生产网络中的“稳定器”作用。

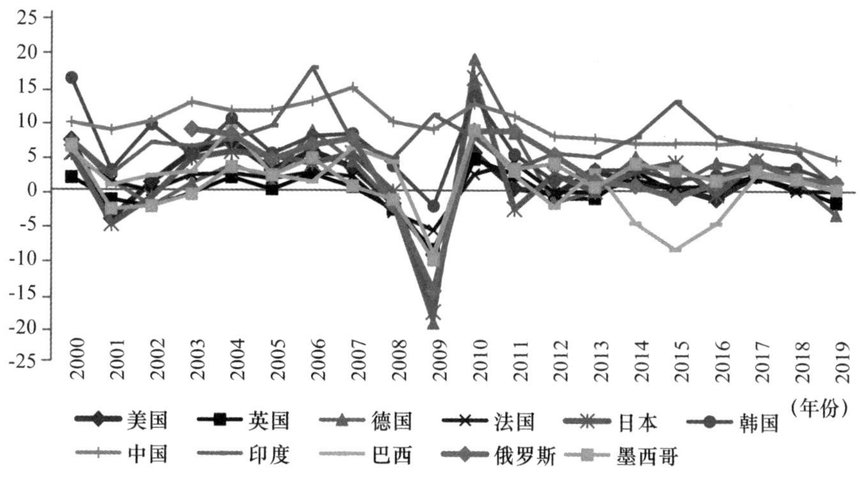

图4－14　各国制造业增加值增速

数据来源：世界银行。

从市场占有率来看（见表4－13），2018年中国众多类别产品出口份额都位列第一，尤其是塑料橡胶制品（20.42%）、木制品（34.44%）、纺织品（21.24%）、石料石膏水泥等（17.38%）占据了较大市场份额，是全球主要的供给国。

表4－13　　各大类产品市场占有率　　（2018年，单位:%）

行业大类	美国	英国	德国	法国	日本	韩国	中国	印度	巴西	俄罗斯	墨西哥
1	2.790	1.493	1.776	1.106	1.769	0.298	10.47	4.494	4.915	1.839	2.790
2	5.234	0.604	1.675	1.831	0.184	0.213	3.753	1.435	9.201	7.085	5.234
3	2.900	0.182	0.514	0.363	0.463	0.339	0.952	0.231	1.238	11.01	2.900
4	7.747	2.891	8.550	4.337	1.350	1.281	4.970	0.966	0.956	0.950	7.747
5	0.194	0.219	0.584	1.044	0.199	0.822	0.492	0.606	1.335	2.585	0.194
6	5.808	2.160	9.910	3.520	7.265	2.253	6.111	1.275	0.559	0.599	5.808
7	8.975	2.268	13.23	3.826	3.461	2.177	20.42	0.760	0.187	0.147	8.975
8	4.526	1.213	2.085	1.022	0.195	0.996	4.727	1.592	1.111	0.615	4.526
9	1.045	0.605	6.017	1.221	0.195	0.095	34.44	2.145	0.720	1.085	1.045
10	10.05	2.595	5.370	1.213	1.949	0.747	8.793	1.436	11.33	1.323	10.05
11	4.729	1.794	3.828	1.736	2.392	4.359	21.24	4.177	1.500	0.441	4.729
12	4.453	0.554	3.124	1.492	0.405	3.935	32.36	1.234	0.588	0.143	4.453
13	7.600	1.001	7.987	1.438	9.525	3.847	17.38	3.197	0.660	0.950	7.600
14	0.531	0.103	0.156	0.306	0.054	0.052	0.297	0.191	0.012	0.045	0.531
15	5.425	1.618	8.750	2.920	2.647	2.675	13.68	1.338	0.522	0.836	5.425
16	5.350	3.107	10.87	2.879	7.601	23.97	12.40	0.535	0.126	0.280	5.350
17	4.056	1.407	6.040	1.520	1.742	9.379	10.44	1.321	4.036	1.847	4.056
18	7.079	2.916	6.613	4.207	4.251	0.951	10.14	1.417	0.128	0.253	7.079
19	43.00	0.217	0.506	3.275	0.143	9.490	1.539	0.431	5.478	1.047	43.00
20	6.319	1.750	5.878	2.558	0.487	1.498	14.83	0.594	0.328	0.826	6.319

数据来源：Uncomtrade数据库；各大类行业分别为：1. 农产品；2. 植物产品；3. 动植物油脂；4. 食品饮料烟草；5. 矿产品；6. 化工产品；7. 塑料橡胶制品；8. 毛皮制品；9. 木制品；10. 纸制品；11. 纺织品；12. 鞋帽伞杖鞭；13. 石料石膏水泥等；14. 珍珠宝石贵金属首饰；15. 贱金属及其制品；16. 机器机械器具、电气设备；17. 车辆、航空器、船舶及有关运输设备；18. 仪器及设备、精密仪器及设备；19. 武器、弹药；20. 杂项制品。下表同。

在比较优势方面（见表4－14），2018年中国比较优势超过1的行业包括：塑料橡胶制品（2.693），木制品（4.543），纸制品（1.160），纺织品（2.801），鞋帽伞杖鞭（4.268），石料石膏水泥等（2.292），贱金属及其制品（1.805），机器机械器具、电气设备（1.635），车辆、航空器、船舶及有关运输设备（1.377），仪器及设备、精密仪器及设备（1.338），杂项制品（1.956）。尽管中国在制造业众多行业都具有比较优势，但优势明显的行业仍然是木制品、纺织品、石料石膏水泥等传统中低端行业，在高技术行业领域与发达国家仍有一定差距。

此外，传统生产要素特别是劳动力成本低，在过去一个较长的时期内是中国制造业形成国际竞争优势的重要因素，但随着资源环境制约日益凸显、人口红利逐渐消失，中国传统劳动密集型产业成本优势弱化，低端生产环节竞争力下降。从表4－14来看，2006—2018年，中国动植物产品、塑料橡胶制品、毛皮制品、木制品、纸制品、石料石膏水泥等劳动密集型产品的比较优势下降明显，且车辆航空器船舶及有关运输设备、仪器及设备和精密仪器设备等资本、技术密集型产品比较优势与美国仍有一定差距，而与此同时，印度的低技术密集度产品比较优势呈上升趋势。这表明中国在产业链供应链的高端和低端环节正遭受发达国家和新兴发展中国家的双重挤压，如果丧失了产业链低端环节的要素禀赋优势，但尚未培育与高端环节相匹配的要素结构，则可能面临“断链”“掉链”“堵链”的风险。

表4－14　　各大类产品比较优势（2018年）

行业	美国	英国	德国	法国	日本	韩国	中国	印度	巴西	俄罗斯	墨西哥
1	0.586	0.920	0.302	0.447	0.778	0.127	1.381	3.946	2.936	0.296	1.127
2	1.100	1.609	0.285	0.740	0.081	0.090	0.495	1.260	5.495	0.261	1.393
3	0.610	0.708	0.087	0.147	0.203	0.144	0.126	0.203	0.739	0.420	0.365
4	1.628	0.928	1.455	1.753	0.594	0.543	0.656	0.848	0.571	0.167	1.600
5	0.041	1.184	0.099	0.422	0.088	0.349	0.065	0.532	0.797	2.021	0.297

续表

行业	美国	英国	德国	法国	日本	韩国	中国	印度	巴西	俄罗斯	墨西哥
6	1. 221	1. 566	1. 687	1. 422	3. 195	0. 956	0. 806	1. 119	0. 334	2. 693	0. 562
7	1. 887	0. 397	2. 251	1. 546	1. 522	0. 924	2. 693	0. 668	0. 112	0. 105	2. 409
8	0. 952	2. 325	0. 355	0. 413	0. 086	0. 422	0. 624	1. 398	0. 664	0. 220	0. 532
9	0. 220	0. 387	1. 024	0. 493	0. 086	0. 040	4. 543	1. 883	0. 430	0. 974	1. 779
10	2. 113	0. 227	0. 914	0. 490	0. 857	0. 317	1. 160	1. 261	6. 768	0. 299	0. 811
11	0. 994	3. 507	0. 651	0. 702	1. 052	1. 849	2. 801	3. 668	0. 896	0. 505	1. 040
12	0. 936	0. 109	0. 532	0. 603	0. 178	1. 669	4. 268	1. 083	0. 351	0. 270	0. 599
13	1. 598	2. 326	1. 359	0. 581	4. 189	1. 632	2. 292	2. 807	0. 394	0. 426	0. 923
14	0. 112	0. 024	0. 027	0. 124	0. 024	0. 022	0. 039	0. 168	0. 007	0. 024	0. 012
15	1. 140	0. 666	1. 489	1. 180	1. 164	1. 135	1. 805	1. 175	0. 312	0. 316	1. 493
16	1. 125	0. 395	1. 850	1. 163	3. 343	10. 169	1. 635	0. 469	0. 075	0. 128	1. 690
17	0. 853	0. 267	1. 028	0. 614	0. 766	3. 979	1. 377	1. 160	2. 410	0. 174	0. 765
18	1. 488	0. 301	1. 125	1. 700	1. 869	0. 404	1. 338	1. 244	0. 076	0. 244	0. 693
19	9. 040	0. 010	0. 086	1. 323	0. 063	4. 025	0. 203	0. 378	3. 272	0. 059	0. 098
20	1. 328	0. 368	1. 000	1. 034	0. 214	0. 635	1. 956	0. 522	0. 196	0. 253	0. 554

数据来源：Uncomtrade 数据库。

从竞争优势来看（见表 4 – 15），中国竞争优势极强（0. 6 < TC < 1）的行业包括：塑料橡胶制品（0. 65），木制品（0. 72），纺织品（0. 73），鞋帽伞杖鞭（0. 73），车辆、航空器、船舶及有关运输设备（0. 75），武器、弹药（0. 77），杂项制品（0. 61）；有较强竞争优势（0. 3 < TC <0. 6）的行业包括：毛皮制品（0. 33），石料石膏水泥（0. 44），仪器及设备、精密仪器及设备（0. 33）；有微软竞争优势的行业包括：食品饮料烟草（0. 2），纸制品（0. 09），珍珠宝石贵金属首饰（0. 11），贱金属及其制品（0. 18），机器机械器具、电气设备（0. 21）；有极大竞争劣势的行业为矿产品（ –0. 92）；有微弱竞争劣势的行业为化工产品

（－0.04）（见图4－15）。

表4－15　　　　　　　　各大类产品竞争优势（2018年）

行业	美国	英国	德国	法国	日本	韩国	中国	印度	巴西	俄罗斯	墨西哥
1	－0.36	－0.22	－0.26	－0.32	－0.39	－0.85	0.22	0.93	0.82	－0.09	0.12
2	0.17	－0.28	－0.07	0.28	－0.90	－0.85	0.02	－0.22	0.84	0.77	－0.04
3	0.57	－0.86	－0.43	－0.64	－0.21	－0.33	－0.35	－0.38	－0.09	0.83	0.06
4	－0.12	－0.27	0.22	0.03	－0.43	－0.25	0.20	0.33	0.28	－0.24	0.25
5	－0.79	－0.90	－0.45	－0.51	－0.95	－0.53	－0.92	－0.59	0.06	0.72	－0.01
6	－0.18	－0.22	0.20	－0.11	0.53	－0.12	－0.04	－0.41	－0.65	－0.52	－0.52
7	－0.21	－0.24	0.18	－0.09	－0.01	0.19	0.65	－0.27	－0.60	－0.76	－0.36
8	0.34	0.05	－0.26	－0.33	－0.85	－0.15	0.33	0.27	0.58	－0.17	－0.79
9	－0.91	－0.74	－0.20	－0.63	－0.94	－0.87	0.72	0.37	0.31	0.30	0.50
10	0.21	－0.17	－0.06	－0.44	－0.31	－0.33	0.09	－0.46	0.90	0.32	－0.51
11	－0.13	0.09	0.20	－0.08	0.01	0.60	0.73	0.33	0.30	－0.41	－0.32
12	－0.25	－0.54	－0.31	－0.26	－0.73	0.65	0.73	0.08	0.10	－0.83	0.13
13	－0.17	－0.63	0.21	－0.37	0.24	0.03	0.44	0.25	－0.08	－0.06	－0.11
14	0.17	－0.76	－0.48	－0.07	－0.71	－0.31	0.11	－0.98	－0.90	－0.72	－0.28
15	－0.29	－0.35	－0.07	－0.16	－0.19	－0.01	0.18	－0.15	－0.20	－0.16	－0.34
16	－0.08	0.37	0.26	0.18	0.59	0.83	0.21	－0.49	－0.59	－0.43	－0.05
17	－0.17	－0.20	0.06	－0.31	0.13	0.81	0.75	－0.35	0.71	－0.17	－0.29
18	－0.08	－0.07	0.00	0.11	－0.18	－0.07	0.33	0.00	－0.68	－0.52	－0.09
19	0.86	－0.38	－0.09	0.78	－0.58	0.98	0.77	－0.72	0.93	0.73	0.21
20	－0.05	－0.38	－0.15	－0.32	－0.65	0.39	0.61	0.07	－0.06	－0.50	－0.45

数据来源：Uncomtrade数据库。

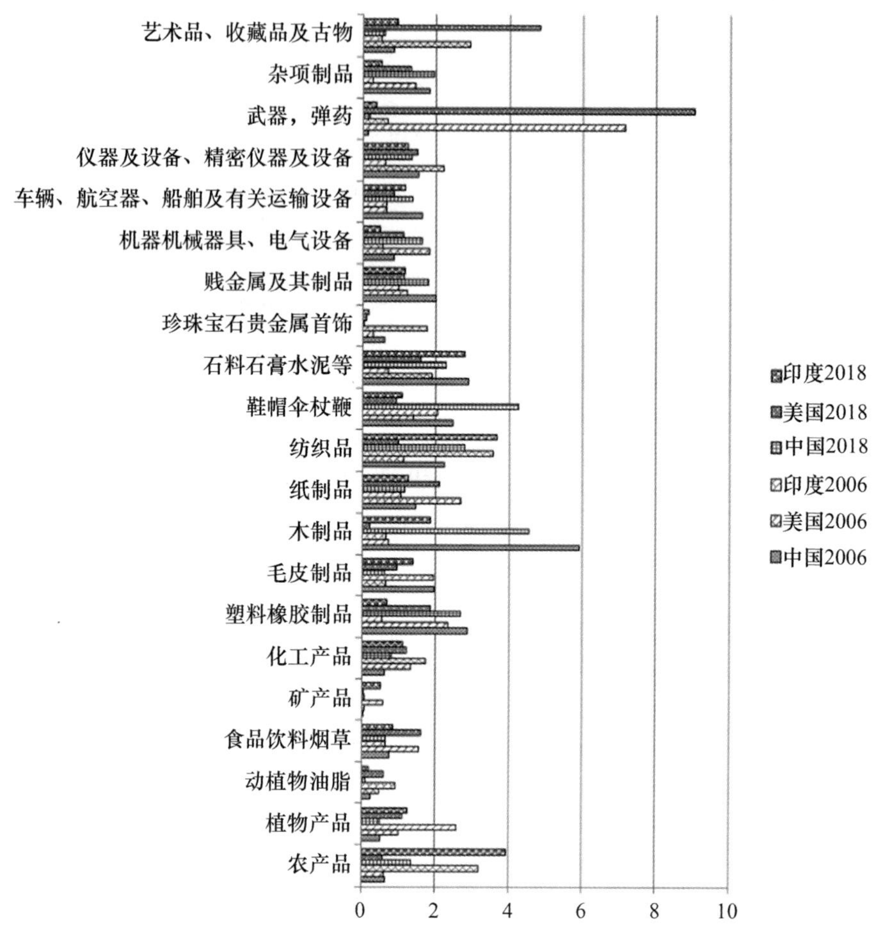

图4－15　中国、美国、印度比较优势指数变化（2006年和2018年）

数据来源：Uncomtrade数据库。

从全球价值链参与程度来看，联合国贸发会的测算结果显示，2000—2010年，发达国家全球价值链参与度的平均增速达到11%，2010—2017年却大幅滑落为1%，同期发展中国家这一指标的增速则由13%降至3%。而作为世界上两个最大的国际贸易和投资主体，中国和美国的GVC参与度分别自2010年、2011年出现下降。其中，2018年美国GVC参与度为53.43%，已降到2003年的水平，比2010年的高位值降低了8.55个百分点，其逆向演进的特点相当突出，而2010年之后，德国、日本等主要工业品出口大国的 GVC 参与度也相继转为收缩状态（见图 4－16）。

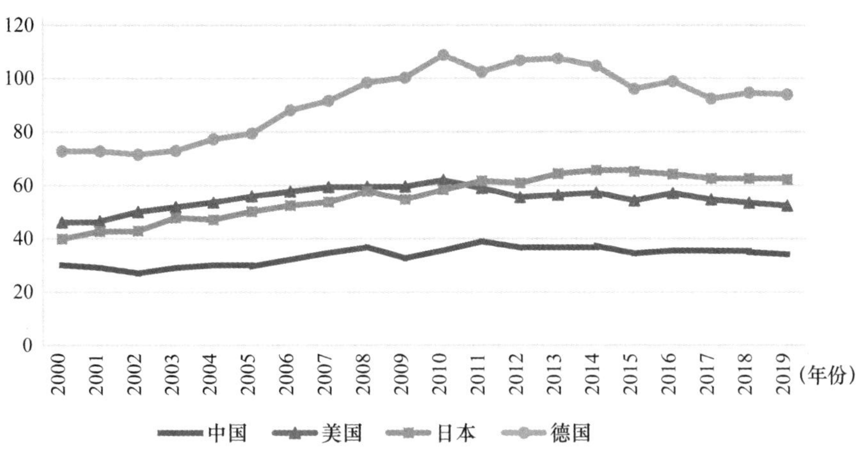

图 4－16　主要工业品出口国 GVC 参与度的变化

资料来源：根据世界银行、美国经济分析局、美联储的数据计算。

在价值链长度方面，2018 年中国各制造行业国内价值链长度都位列第一（除其他运输设备），这主要是因为中国生产体系完备，在国内完成了多个环节的生产制造增值。但值得注意的是，墨西哥在一些制造行业也有较高的国内价值链长度，例如，木材及木材和软木制品、机动车辆拖车和半拖车等行业的国内价值链长度都较长，几乎与中国相当，特别是其他运输设备的国内价值链长度还高于中国，原因在于近年来美国在墨西哥的生产投资布局。

同样，从全球价值链长度来看，2018 年中国大多数制造行业国内价值链长度都位列第一（除金属制品、其他机械和设备的维修和安装制造），加入 WTO 以来，中国不断融入全球生产体系，在全球生产网络的嵌入程度很高。可以发现，墨西哥的全球价值链长度较高，在金属制品、其他机械和设备的维修和安装制造方面甚至高于中国，表明其参与全球分工的意愿不断提升。

表 4－16　　国内价值链长度（2018 年）

行业	美国	英国	德国	法国	日本	韩国	中国	印度	巴西	俄罗斯	墨西哥
1	2. 363	1. 834	2. 034	2. 024	2. 086	2. 641	2. 967	1. 862	2. 374	1. 788	1. 891
2	2. 074	2. 219	2. 086	1. 807	2. 100	2. 345	2. 542	1. 358	1. 324	1. 832	1. 353
3	2. 942	3. 454	2. 952	3. 308	3. 100	4. 208	4. 558	3. 493	3. 805	3. 641	3. 358
4	3. 006	2. 837	2. 853	3. 327	2. 660	3. 819	3. 982	3. 552	3. 881	3. 553	3. 756
5	1. 340	4. 035	3. 256	3. 141	3. 417	3. 572	5. 491	3. 729	4. 295	3. 380	1. 523
6	1. 513	1. 615	1. 520	1. 592	1. 486	2. 264	4. 046	1. 364	1. 540	1. 332	2. 715
7	1. 665	1. 438	1. 526	1. 614	2. 107	2. 540	4. 530	1. 681	1. 432	1. 441	2. 881
8	2. 497	2. 742	2. 546	2. 697	2. 682	2. 971	5. 786	2. 353	2. 778	2. 741	4. 970
9	2. 640	2. 527	2. 772	2. 847	3. 124	3. 536	6. 252	2. 772	2. 897	2. 732	4. 757
10	2. 159	2. 170	2. 306	2. 091	2. 632	3. 236	6. 607	2. 611	2. 727	2. 915	4. 622
11	2. 739	2. 622	2. 820	2. 888	3. 157	3. 595	7. 057	2. 809	2. 805	2. 890	5. 067
12	1. 349	1. 688	1. 708	1. 504	1. 880	2. 055	3. 577	1. 908	1. 416	1. 357	2. 852
13	2. 408	2. 594	2. 634	2. 655	2. 682	3. 182	6. 173	2. 233	2. 642	2. 591	4. 529
14	2. 405	2. 518	2. 533	2. 582	2. 536	2. 830	5. 157	2. 431	2. 500	2. 662	4. 698
15	3. 301	3. 031	3. 397	3. 446	3. 567	3. 531	6. 822	2. 710	3. 159	3. 326	6. 205
16	2. 485	2. 423	2. 580	2. 646	2. 535	2. 896	5. 381	2. 433	2. 518	2. 318	4. 695
17	1. 760	2. 047	1. 990	1. 914	2. 012	2. 657	4. 771	1. 603	1. 665	1. 779	3. 756
18	1. 975	1. 979	2. 215	2. 140	2. 463	2. 612	4. 865	1. 636	1. 945	2. 288	3. 954
19	1. 849	2. 143	2. 043	2. 003	2. 253	2. 073	4. 207	1. 483	2. 003	2. 027	3. 541
20	1. 561	1. 676	1. 842	1. 643	2. 291	2. 107	3. 886	1. 118	1. 756	1. 626	3. 271
21	1. 753	1. 864	1. 851	1. 835	1. 816	1. 802	3. 437	1. 453	1. 792	1. 831	3. 481
22	1. 639	2. 127	1. 894	1. 923	2. 227	2. 522	3. 572	1. 867	2. 265	2. 325	3. 301
23	2. 080	2. 854	2. 371	2. 547	2. 212	3. 307	3. 384	2. 237	2. 480	3. 003	2. 567
24	2. 029	2. 135	2. 672	2. 494	1. 718	2. 902	3. 044	2. 484	2. 140	2. 895	1. 919
25	1. 290	1. 776	1. 674	1. 364	1. 048	1. 104	1. 042	1. 282	1. 262	1. 444	1. 102
26	1. 868	1. 813	1. 995	2. 004	2. 156	2. 616	2. 667	2. 102	1. 937	2. 266	1. 928
27	2. 228	2. 102	2. 337	2. 143	2. 102	2. 755	3. 026	1. 933	2. 383	3. 138	1. 844
28	1. 590	2. 200	2. 531	2. 362	2. 858	2. 871	3. 142	2. 535	3. 147	2. 827	1. 936
29	1. 865	2. 133	2. 264	1. 906	1. 918	2. 639	2. 891	2. 216	2. 264	2. 264	1. 252

续表

行业	美国	英国	德国	法国	日本	韩国	中国	印度	巴西	俄罗斯	墨西哥
30	2. 800	2. 561	3. 148	2. 810	2. 327	3. 455	3. 142	2. 488	2. 413	3. 321	2. 130
31	2. 798	2. 969	3. 011	2. 765	2. 463	3. 362	3. 385	2. 543	2. 732	2. 206	2. 040
32	1. 437	1. 354	1. 600	1. 414	1. 419	2. 023	2. 193	1. 552	1. 308	1. 316	1. 200
33	1. 909	1. 854	2. 059	1. 957	2. 279	2. 456	1. 702	1. 652	2. 887	2. 184	1. 564
34	1. 896	2. 184	2. 409	2. 258	1. 513	2. 701	2. 087	2. 003	1. 695	1. 626	1. 586
35	2. 125	2. 311	2. 711	1. 896	1. 981	2. 023	1. 855	1. 760	1. 946	2. 539	1. 580
36	2. 191	2. 224	2. 362	2. 592	1. 779	2. 297	2. 806	2. 325	1. 943	2. 346	1. 479
37	1. 584	1. 224	1. 721	1. 422	1. 297	1. 350	1. 592	1. 126	1. 355	1. 761	1. 329
38	2. 493	2. 677	2. 573	2. 503	2. 205	2. 580	2. 718	2. 441	2. 842	2. 185	2. 466
39	2. 670	2. 637	2. 642	2. 862	2. 696	2. 979	2. 861	2. 663	2. 668	3. 279	2. 596
40	1. 183	1. 201	1. 334	1. 159	1. 012	1. 057	1. 039	1. 000	1. 069	1. 057	1. 015
41	1. 078	1. 334	1. 254	1. 320	1. 140	1. 106	1. 059	1. 098	1. 073	1. 072	1. 009
42	1. 029	1. 092	1. 061	1. 072	1. 034	1. 131	1. 042	1. 003	1. 061	1. 046	1. 007
43	1. 429	1. 339	1. 569	1. 335	1. 316	1. 494	1. 367	1. 048	1. 411	1. 147	1. 093
44	1. 228	1. 292	1. 381	1. 563	1. 516	1. 758	1. 546	1. 013	1. 360	1. 102	1. 147
45	1. 000	1. 000	1. 000	1. 000	—	1. 000	—	1. 000	1. 000	1. 000	1. 000

数据来源：中华人民共和国商务部全球价值链与中国贸易增加值核算数据库；行业分别代表：1. 农业、狩猎、林业；2. 渔业和水产养殖；3. 采矿和采石、能源生产产品；4. 采矿和采石，非能源产品；5. 采矿支持服务活动；6. 食品、饮料和烟草；7. 纺织品、皮革和鞋类；8. 木材及木材和软木制品；9. 纸制品和印刷；10. 焦炭和精炼石油产品；11. 化工产品；12. 药品、医药化学品和植物产品；13. 橡胶和塑料制品；14. 其他非金属矿产品；15. 基本金属；16. 金属制品；17. 计算机、电子和光学设备；18. 电气设备；19. 其他机械和设备；20. 机动车辆、拖车和半拖车；21. 其他运输设备；22. 其他制造业、机械和设备的维修和安装；23. 电力、燃气、蒸汽和空调供应；24. 供水；污水处理、废物管理和修复活动；25. 建筑业；26. 批发及零售业、汽车修理；27. 陆路运输和管道运输；28. 水运；29. 航空运输；30. 仓储和运输支持活动；31. 邮政和快递活动；32. 住宿和餐饮服务活动；33. 出版、视听和广播活动；34. 电信；35. IT 和其他信息服务；36. 金融和保险活动；37. 房地产活动；38. 专业、科学和技术活动；39. 行政和支助服务；40. 公共行政和国防；强制性社会保障；41. 教育；42. 人类健康和社会工作活动；43. 艺术、体育和娱乐；44. 其他服务活动；45. 家庭作为雇主的活动、家庭自用的无差别商品和服务生产活动。下表同。

表4－17　　国内价值链长度（2018年）

行业	美国	英国	德国	法国	日本	韩国	中国	印度	巴西	俄罗斯	墨西哥
1	3.588	3.765	3.667	3.463	5.205	5.618	5.627	4.391	3.681	3.527	3.085
2	2.955	2.878	2.988	3.621	3.630	4.941	5.857	3.514	3.360	3.159	2.765
3	4.112	3.727	3.857	4.173	4.778	5.593	5.699	4.805	4.419	3.972	3.586
4	4.395	3.518	3.167	4.316	4.451	4.963	5.313	4.453	4.312	3.970	4.448
5	4.484	4.776	3.790	3.915	4.580	4.105	6.437	5.459	5.378	4.956	4.624
6	3.489	3.414	3.225	3.309	4.497	5.107	7.984	3.371	3.492	3.533	5.735
7	3.252	3.373	3.125	3.203	3.872	4.240	7.214	3.453	3.741	3.416	6.171
8	3.795	4.205	3.629	3.722	4.943	5.251	7.156	3.749	3.387	3.336	6.859
9	4.038	4.148	3.827	3.952	4.884	4.863	8.509	4.432	3.945	4.067	7.162
10	3.665	3.404	3.868	3.742	4.657	4.166	8.823	3.728	4.923	3.894	7.435
11	3.959	3.760	3.566	3.572	4.274	4.263	8.254	3.970	4.463	3.786	7.357
12	2.714	2.839	2.841	2.563	3.843	3.531	6.140	3.206	3.853	3.022	5.386
13	3.633	3.485	3.513	3.410	3.943	4.115	7.383	3.573	4.183	4.011	6.478
14	3.679	3.590	3.453	3.515	3.516	4.079	6.635	3.596	3.639	4.423	6.517
15	4.063	3.936	3.898	3.729	4.344	4.073	8.144	3.859	3.697	4.009	7.457
16	3.812	3.744	3.718	3.814	4.077	4.268	6.824	3.729	4.346	3.867	6.980
17	3.368	3.632	3.242	3.116	3.397	3.625	7.581	3.332	4.131	3.998	6.331
18	3.255	3.416	3.317	3.056	3.693	3.857	7.089	3.345	3.878	4.089	5.904
19	3.496	3.509	3.420	3.263	3.708	3.768	7.473	3.348	4.035	4.292	6.032
20	3.327	3.147	3.317	3.000	3.754	3.662	7.902	2.993	3.640	4.329	5.816
21	3.209	3.138	3.061	3.118	3.242	3.613	7.220	3.298	2.947	4.289	5.724
22	3.267	3.845	3.579	3.600	4.337	4.622	5.984	3.083	4.634	4.750	6.358
23	4.912	5.522	4.701	5.001	5.450	5.439	5.875	4.801	5.402	5.476	4.376
24	5.076	4.827	4.883	4.973	5.350	5.282	5.868	4.966	4.982	5.224	4.445
25	5.324	5.159	5.086	5.257	5.196	5.404	5.974	4.888	5.298	5.215	4.769
26	3.788	3.719	3.729	3.668	4.130	4.310	4.575	4.018	4.203	4.076	3.552
27	3.999	3.879	3.827	3.763	4.460	4.909	4.744	4.052	4.793	4.755	3.639
28	3.764	3.633	3.594	3.641	4.153	3.815	4.214	3.762	4.508	4.022	3.630
29	3.362	3.559	3.246	3.430	4.076	3.828	4.397	3.621	3.873	3.644	3.904

续表

行业	美国	英国	德国	法国	日本	韩国	中国	印度	巴西	俄罗斯	墨西哥
30	4.312	4.151	4.576	4.362	4.427	4.811	4.732	4.021	4.090	4.590	4.028
31	4.047	4.320	4.626	3.981	4.647	5.112	5.545	4.906	5.022	4.073	4.568
32	4.924	4.655	5.061	4.851	5.160	5.377	5.602	5.009	5.365	5.244	4.482
33	3.688	3.485	3.724	3.759	4.301	4.557	3.514	3.198	4.490	3.951	3.568
34	4.375	3.967	4.930	4.612	4.451	5.418	5.023	4.388	4.943	4.550	4.252
35	4.091	3.880	4.346	4.072	4.712	4.407	3.784	3.066	4.377	4.073	4.380
36	4.115	3.547	4.326	4.452	4.132	5.113	5.535	4.246	5.006	5.080	4.218
37	4.951	4.573	4.917	4.777	4.901	5.443	5.605	4.041	4.916	5.329	4.536
38	4.063	3.710	4.093	4.242	4.591	4.778	4.571	3.139	4.219	4.279	4.457
39	4.206	3.770	4.359	3.984	3.805	4.454	5.155	4.056	4.639	5.153	4.423
40	4.600	4.698	5.029	4.482	5.345	5.201	5.561	6.459	4.340	5.235	4.754
41	4.218	4.467	4.671	4.716	4.252	5.337	5.718	4.701	5.250	5.360	4.160
42	3.797	4.206	4.288	4.327	5.081	5.315	5.541	5.348	4.809	5.360	3.656
43	4.530	3.577	4.406	4.363	5.057	4.784	5.076	4.019	4.400	4.550	3.603
44	4.896	4.325	4.887	4.771	5.102	4.782	5.657	5.351	5.280	4.525	4.376
45	—	—	—	—	—	—	—	—	—	—	—

数据来源：中华人民共和国商务部全球价值链与中国贸易增加值核算数据库。

第五节　主要国家绿色化发展比较分析

从单位工业增加值 CO_2 排放量看，2000—2019 年，各国每单位工业增加值碳排放量整体呈下降趋势，特别是中国、俄罗斯降幅明显，分别从 0.083 千克/万美元和 0.247 千克/万美元下降到 0.023 千克/万美元和 0.045 千克/万美元，但与美国（0.015 千克/万美元）、英国（0.009 千克/万美元）、德国（0.007 千克/万美元）、法国（0.009 千克/万美元）、日本（0.008 千克/万美元）、韩国（0.012 千克/万美元）相比仍有差距（见图 4－17）。预计能源转型和绿色创新将成为国际生产体系调整的重要方向。另外，碳减排目标最终将均摊到消费者，绿色消费将成为热点投资领域。

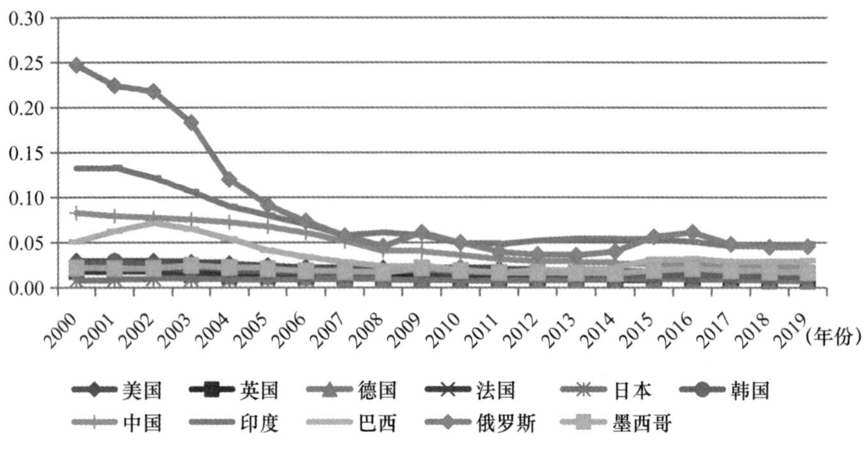

图 4-17 每万美元工业增加值排放 CO_2（千克）

在单位 GDP 能耗方面，2000—2014 年各国的 GDP 单位能耗都有增长的趋势，其中发达国家涨幅明显，美国、英国、德国、法国、日本、韩国分别从 6.2 美元/千克石油当量、10.3 美元/千克石油当量、10.5 美元/千克石油当量、9.6 美元/千克石油当量、8.9 美元/千克石油当量、5.7 美元/千克石油当量，增长到 8.6 美元/千克石油当量、16.3 美元/千克石油当量、13.4 美元/千克石油当量、11.7 美元/千克石油当量、11.8 美元/千克石油当量、7.2 美元/千克石油当量（见图 4-18）。中国的单位

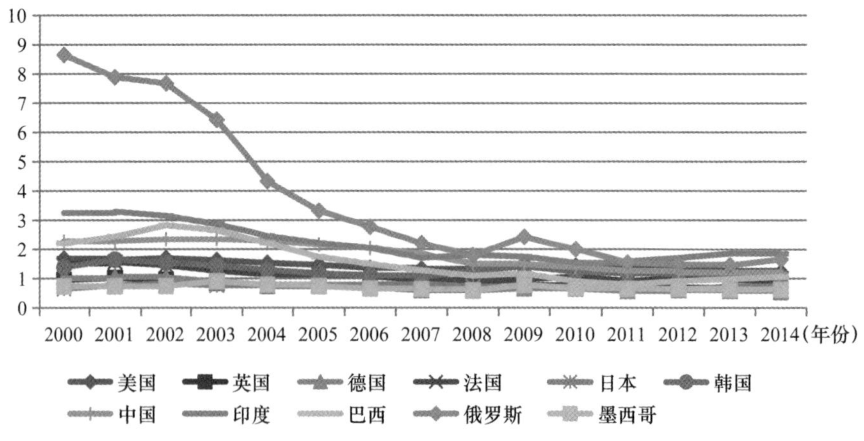

图 4-18 单位工业增加值耗电量

GDP 能耗相对较小，主要原因是煤炭是中国的主体能源，对石油的依赖程度相对较小。

在可再生能源消耗占比方面，2000—2018 年大部分国家有所增加或保持不变，而中国可再生能源消耗占比从 29.6% 下降到 13.1%，已低于德国（15.8%）、法国（15.3%）、印度（31.7%）、巴西（47.1%）（见表 4－18）。主要的原因在于，加入 WTO 以后，中国迅速跃升为世界工厂，出口贸易极大诱发了国内能源消耗，特别是在初期对三高企业的监管不够，而可再生能源发展尚不足以弥补较大的能源缺口，从而使可再生能源的消耗占比迅速下降。从可替代能源和节能专利的申请来看，2020 年中国在这两个领域申请专利的占比分别为 2% 和 3.5%，与荷兰（4.8% 和 5%）、美国（2.8% 和 3.5%）、韩国（3.7% 和 6.1%）、德国（3.2% 和 6.7%）等发达国家相比仍有一定差距，未来需进一步促进绿色专利的申请（见图 4－19）。

表 4－18　可再生能源消耗占比　（单位：%）

年份	美国	英国	德国	法国	日本	韩国	中国	印度	巴西	俄罗斯	墨西哥
2000	5.4	1.0	3.7	9.3	3.8	0.7	29.6	51.6	42.8	3.5	12.2
2001	4.7	0.9	3.9	9.5	3.6	0.7	28.3	51.9	41.4	3.6	11.3
2002	4.8	1.0	4.4	8.7	3.8	0.7	27.0	50.8	43.0	3.5	10.7
2003	5.3	0.9	5.4	8.9	4.2	0.8	23.8	50.8	45.2	3.3	10.2
2004	5.5	1.1	6.3	9.0	4.3	0.8	20.2	50.1	45.3	3.6	10.2
2005	5.8	1.4	7.3	8.7	4.0	0.9	17.4	48.5	46.3	3.6	10.3
2006	6.4	1.6	8.6	8.5	4.4	0.9	16.4	46.1	46.8	3.5	9.8
2007	6.3	1.8	10.5	9.5	4.3	1.0	14.9	44.9	47.3	3.7	9.5
2008	6.8	2.8	10.2	10.6	4.4	1.1	14.1	43.4	47.2	3.3	9.8
2009	7.4	3.4	10.7	11.3	4.5	1.2	13.4	42.1	49.0	3.6	9.2
2010	7.4	3.7	11.6	12.0	4.8	1.3	12.3	41.1	46.9	3.3	9.4
2011	8.4	4.4	12.5	10.8	4.9	1.3	11.3	40.6	45.3	3.2	9.1
2012	8.7	4.8	13.6	12.5	4.8	1.6	11.5	39.3	43.6	3.2	9.0
2013	9.1	6.0	13.6	13.6	5.2	1.9	11.5	38.2	42.4	3.6	9.2

续表

年份	美国	英国	德国	法国	日本	韩国	中国	印度	巴西	俄罗斯	墨西哥
2014	9.2	7.4	14.0	13.4	5.7	2.9	12.1	36.1	41.8	3.3	9.8
2015	9.0	8.6	14.6	13.5	6.3	2.7	12.2	34.4	43.7	3.2	9.2
2016	9.5	8.7	14.2	14.4	6.4	2.5	12.6	33.6	45.6	3.4	9.2
2017	9.9	9.7	15.2	14.1	7.0	2.8	12.9	32.2	45.4	3.2	9.5
2018	10.1	11.0	15.8	15.3	7.4	3.2	13.1	31.7	47.1	3.2	9.6

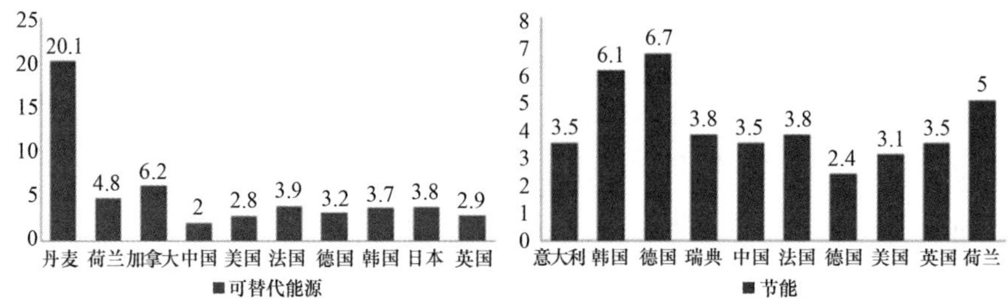

图4-19 2020年可替代能源和节能领域专利申请数量占总数量比重（%）

数据来源：WIPO知识产权统计数据库。

参考文献

[1] 陈诗一：《中国的绿色工业革命：基于环境全要素生产率视角的解释（1980—2008）》，《经济研究》2010年第11期。

[2] 高培勇、杜创、刘霞辉、袁富华、汤铎铎：《高质量发展背景下的现代化经济体系建设：一个逻辑框架》，《经济研究》2019年第4期。

[3] 郭晗、廉玉妍：《数字经济与中国未来经济新动能培育》，《西北大学学报》（哲学社会科学版）2020年第1期。

[4] 李雪、吴福象、竺李乐：《数字经济与区域创新绩效》，《山西财经大学学报》2021年第5期。

[5] 李研：《中国数字经济产出效率的地区差异及动态演变》，《数量经济技术经济研究》2021年第2期。

[6] 林浩、陈春晓、秦永彬：《工业互联网：我国实体经济与数字经济融合发展的路径选择》，《贵州大学学报》（社会科学版）2020年第

5 期。

［7］刘斌、魏倩、吕越、祝坤福：《制造业服务化与价值链升级》，《经济研究》2016 年第 3 期。

［8］刘斌、赵晓斐：《制造业投入服务化、服务贸易壁垒与全球价值链分工》，《经济研究》2020 年第 7 期。

［9］刘军、杨渊鋆、张三峰：《中国数字经济测度与驱动因素研究》，《上海经济研究》2020 年第 6 期。

［10］刘淑茹、贾箫扬：《技术来源对工业绿色全要素生产率的影响研究》，《生态经济》2020 年第 10 期。

［11］龙飞扬：《制造业投入服务化的内在动因、典型事实与可行策略》，《经济研究参考》2022 年第 7 期。

［12］吕指臣、张涛：《绿色低碳循环发展视角下的现代化经济体系研究》，《价格理论与实践》2019 年第 11 期。

［13］盛朝迅：《推进我国产业链现代化的思路与方略》，《改革》2019 年第 10 期。

［14］史丹：《绿色发展与全球工业化的新阶段：中国的进展与比较》，《中国工业经济》2018 年第 10 期。

［15］孙振清、李欢欢、刘保留：《中国碳交易下的工业绿色发展效率及影响因素》，《华东经济管理》2020 年第 12 期。

［16］佟新华、周红岩、陈武、段志远、徐梦鸿、段海燕：《工业化不同发展阶段碳排放影响因素驱动效应测度》，《中国人口·资源与环境》2020 年第 5 期。

［17］汪芳、潘毛毛：《产业融合、绩效提升与制造业成长——基于 1998—2011 年面板数据的实证》，《科学学研究》2015 年第 4 期。

［18］王梦菲、张昕蔚：《数字经济时代技术变革对生产过程的影响机制研究》，《经济学家》2020 年第 1 期。

［19］王喜文：《5G + 工业互联网 助力企业数字化转型》，《企业管理》2020 年第 6 期。

［20］王一鸣：《百年大变局、高质量发展与构建新发展格局》，《管理世界》2020 年第 12 期。

［21］吴金明、邵昶：《产业链形成机制研究——“4 + 4 + 4”模

型》,《中国工业经济》2006 年第 4 期。

[22] 吴翌琳:《国家数字竞争力指数构建与国际比较研究》,《统计研究》2019 年第 11 期。

[23] 向坤、杨庆育:《共享制造的驱动要素、制约因素和推动策略研究》,《宏观经济研究》2020 年第 11 期。

[24] 向书坚、吴文君:《OECD 数字经济核算研究最新动态及其启示》,《统计研究》2018 年第 12 期。

[25] 许和连、成丽红、孙天阳:《制造业投入服务化对企业出口国内增加值的提升效应——基于中国制造业微观企业的经验研究》,《中国工业经济》2017 年第 10 期。

[26] 徐清源、单志广、马潮江:《国内外数字经济测度指标体系研究综述》,《调研世界》2018 年第 11 期。

[27] 许宪春、张美慧:《中国数字经济规模测算研究——基于国际比较的视角》,《中国工业经济》2020 年第 5 期。

[28] 赵涛、张智、梁上坤:《数字经济、创业活跃度与高质量发展——来自中国城市的经验证据》,《管理世界》2020 年第 10 期。

[29] 张辉:《建设现代化经济体系的理论与路径初步研究》,《北京大学学报》(哲学社会科学版) 2018 年第 1 期。

[30] 张军、吴桂英、张吉鹏:《中国省际物质资本存量估算:1952—2000》,《经济研究》2004 年第 10 期。

[31] 张雪玲、焦月霞:《中国数字经济发展指数及其应用初探》,《浙江社会科学》2017 年第 4 期。

[32] 中国社会科学院工业经济研究所课题组:《中国工业绿色转型研究》,《中国工业经济》2011 年第 4 期。

[33] 中国社会科学院工业经济研究所课题组、史丹:《新工业化与“十四五”时期中国制造业发展方向选择》,*China Economist* 2020 年第 4 期。

[34] 中国社会科学院工业经济研究所课题组:《提升产业链供应链现代化水平路径研究》,《中国工业经济》2021 年第 2 期。

[35] 朱东波:《习近平绿色发展理念:思想基础、内涵体系与时代价值》,《经济学家》2020 年第 3 期。

[36] Acemoglu D., Aghion P., Lelarge C., et al., "Technology, Information, and the Decentralization of the Firm", *The Quarterly Journal of Economics*, Vol. 122, No. 4, 2007.

[37] Acemoglu D., Restrepo P., "The Race Between Man and Machine: Implications of Technology for Growth, Factor Shares, and Employment", *American Economic Review*, Vol. 108, No. 6, 2018.

[38] Acemoglu, D. and P. Restrepo, "Automation and New Tasks: How Technology Displaces and Reinstates Labor", *Journal of Economic Perspectives*, Vol. 33, No. 2, 2019.

[39] Acemoglu, D. and P. Restrepo, "Robots and Jobs: Evidence from US Labor Markets", *Journal of Political Economy*, Vol. 128, No. 6, 2020.

[40] Anderson J. E., "A Theoretical Foundation for the Gravity Equation", *The American Economic Review*, Vol. 69, No. 1, 1979.

[41] Armington P. S., "A Theory of Demand for Products Distinguished by Place of Production", *Staff Papers*, Vol. 16, No. 1, 1969.

[42] Bartel A., Ichniowski C., Shaw K., "How does Information Technology Affect Productivity? Plant-level Comparisons of Product Innovation, Process Improvement, and Worker Skills", *Quarterly Journal of Economics*, Vol. 122, No. 4, 2007.

[43] Caliendo L., Parro F., "Estimates of the Trade and Welfare Effects of NAFTA", *Review of Economic Studies*, Vol. 82, No. 1, 2015.

[44] Caroli E., Van Reenen J., "Skill-biased Organizational Change? Evidence from a Panel of British and French Establishments", *Quarterly Journal of Economics*, Vol. 116, No. 4, 2001.

[45] Graetz, G. and G. Michaels, "Robots at Work", *Review of Economics and Statistics*, Vol. 100, No. 5, 2018.

[46] David H., Dorn D., "The Growth of Low-skill Service Jobs and the Polarization of the US Labor Market", *American Economic Review*, Vol. 103, No. 5, 2013.

[47] Antràs P., Chor D., Fally T., Hillberry R., "Measuring the Upstreamness of Production and Trade Flows", *The American Economic Review*:

Papers & Proceedings, Vol. 102, No. 3, 2012.

[48] Wang Z., S. Wei, X. Yu, and K. Zhu, "Measures of Participation in Global Value Chain and Global Business Cycles", *NBER Working Paper*, 2017.

第一篇

数字经济、新型工业化与产业结构优化

第五章

数字经济与新型工业化

第一节　引言

数字经济为中国经济社会持续发展注入了新动能。数字技术不但改变了经济社会的发展形态，也改变了人们的生活方式，以数字技术为动力，以数据为关键要素的数字经济已成为经济发展的重要构成。数字经济对于中国新型工业化发展的关键作用越发凸显。数字经济以其高成长性、广覆盖性、强渗透性，以及互联、融合、共享等特征，深刻影响着传统工业经济的生产方式、组织模式和发展轨迹，从发展历程看，中国超大规模经济体为数字经济成长提供土壤，新基建加速数字经济发展，各种政策优势叠加，为数字经济发展提供良好支撑。中国经济要实现较快复苏和长期高质量发展，数字经济要发挥重要作用。在数字经济条件下，工业企业的产品和服务质量不断提升，市场交易成本不断降低，创新动能不断得到培育，因此，发展数字经济符合创新、协调、绿色、开放、共享的新发展理念，有助于推动新型工业化发展。

现有研究围绕数字经济的内涵特征、存在问题、发展机制作出了大量的理论和实证分析（赵剑波，2019）。在新时期，需要深刻厘清数字技术推动数字经济发展的作用机制，重视并充分发挥数字经济在实现新型工业化发展中的重要作用。对于数字经济与工业高质量发展的作用机制，一些学者从宏观经济、产业发展、企业转型等不同的角度作出了分析和探讨（如宁朝山，2020；张蕴萍等，2021；丁志帆，2022）。现有研究从理论层面探讨数字经济影响工业经济高质量发展的机制，“动力说”是目前最为流行的观点。持“动力说”观点的学者认为，数字经济是宏观经济实现高质量发展的驱动力，数字经济可以赋能、驱动或者促进制造业或者宏观经济高质量发展（李春发等，2020；邝劲松、彭文斌，2020；韦庄禹等，2021；李英杰、韩平，2021；蔡宁等，2022）。这些观点认为，数字技术的广泛应用促进了工业经济的数字化转型和效率提升，但对于数字经济与工业高质量发展或者新型工业化关系这一问题，还缺乏系统、全面、深入的分析，甚至混淆了数字技术、数据要素、数字产业、产业数字化、数字经济的概念，使得它们之间的逻辑变得不清晰。

本研究认为，新型工业化是工业经济高质量发展的终极形态，数字经济发展与工业经济高质量要求存在一致性。数字经济是一种广泛、复杂的经济现象，研究的起点应该是数字技术的广泛应用和数据要素的大量积累，随着数字经济的繁荣，从不同层面提升了经济发展质量。数字经济不是宏观经济发展的主要动力而是重要组成，将两者混淆的根本原因在于没有理解数字经济发展的内在逻辑。由于理论研究相对滞后，数字技术和数据要素驱动的内涵、动因和关键因素等基本问题还存在一定的观点混淆和认识误区，造成对新型工业化发展实践的指导性不足。数字经济特质与工业经济高质量发展内涵高度相关，推动新型工业化或者工业经济高质量发展需要从数字化产业、产业数字化、数据价值化三个方面入手，因此，需要明确数字技术、数据要素和数字经济之间的逻辑关系，并从微观、中观、宏观层面明确促进新型工业化发展的主要动因。理解数字经济推动中国发展新进程的深层逻辑，亟须理论创新。只有深刻理解数字经济运行的深层逻辑，才能明确其与新型工业化及经济高质量发展的关系，才能科学提供政策供给和改善政府监管，为经济发展提供更加广阔的空间。

本研究内容安排如下：首先，综述了数字技术、数据要素和数字经济的关系，从概念、边界、机制明确了三者之间的联系；其次，围绕数字经济与工业经济高质量发展的一致性问题，从微观、中观、宏观层面阐述数字经济对于新型工业化的重要作用；最后，本研究提出了以产业数字化为主战场，发挥平台企业的畅通和创新作用，培植壮大数据要素市场，规范数字经济运行秩序等促进新型工业化持续发展的具体措施。

第二节 数字技术、数据要素和数字经济

数字经济的内涵界定与核心特征已经逐渐明确（李晓华，2019；2022），并在学术界达成共识。数字经济的发展与数字技术、数据要素密切相关，随着数字化产业向产业数字化领域渗透和融合，产业数字化成为新型工业化的重要动力，促进了工业经济向新的经济形态升级。

一 数字技术

数字经济与数字技术在经济社会领域的渗透密切相关（宁朝山，2020）。数字技术的进步，例如互联网、大数据、人工智能等，造成设备的广泛连接、海量数据的积累、算力的指数级增长，对经济发展产生了巨大影响。相关研究就数字经济相关技术或信息产业对经济增长的影响效应进行了考察（蔡跃洲、张钧南，2015；陆珉峰，2023）。一方面，数字技术迅速实现产业化、市场化，带动数字化产业的发展；另一方面，数字技术向实体经济渗透，改变原有的生产方式和管理方式，带动产业数字化发展（胡俊、杜传忠，2020）。也就是说，数字经济源自数字技术，具有基础性、渗透性、外溢性和互补性的数字技术能够渗透到生产、分配、交换、消费等社会再生产的各个环节，开拓经济增长新空间（裴长洪等，2018；石良平等，2019）。无论是数字化产业，还是产业数字化，抑或是数据价值化，相关概念的产生只是为了更好帮助更好理解数字经济发展的规律。数字化产业的发展需要利用数字技术整合实体经济资源，或者服务于实体经济，侧重于新业态和新模式的发展。例如芯片和工业软件等数字经济核心产业的产品最终要应用于生产领域，电商和出行等数字平台重新匹配和整合的也是实体经济资源。产业数字化发展则是利用数字技术对企业进行智能化、数字化改造，实现生产效率、价值创造、管理能力的提升。在生产效率方面，利用数字技术实现数字工厂、智能制造，实现生产效率提升，成本的降低，质量的提升等；在价值创造方面，企业利用数字技术改进价值创造模式，从而实现产品和服务创新、商业模式创新；在管理提升方面，利用数字技术实现数据决策、管理协同。因此，数字技术是数字经济的核心，作为通用目的技术向经

济社会各个领域广泛渗透，不同的市场主体都能够利用数字技术实施业态创新，最终推动新型工业化和宏观经济的高质量发展。

二 数据要素

数据是驱动数字经济发展的关键要素。数字经济是建立在数字技术基础上的新经济形态，随着数字技术在经济社会各个领域的应用，数字化产业和产业数字化的深入发展，数据要素大量积累并创造价值，实现数据价值化，数据成为关键生产要素（左鹏飞、陈静，2021）。要素投入的增加本身就可以带来产出的增加，数据作为独立的生产要素进入到生产、流动、消费等经济各领域、各环节，同时，由于数据要素具有强大的溢出和渗透效应，与其他要素相互作用、相互补充，在提升数字经济规模的同时还能与劳动要素、资本要素等有机结合，提高土地、劳动和资本的边际收益率，推动传统生产要素在经济活动中的价值创造效应不断深化（曲永义，2022）。数据要素具有低边际成本、易复制性、非损耗等优势，当“数据”要素加入生产过程中，可以突破传统资源约束和增长极限，扩大生产可能性曲线和边界，推动数字经济实现非线性增长（丁志帆，2020）。数据要素往往伴随数字平台而集中，以数字平台的规模效应、网络效应以及数据和算法的潜在生产力为基础，具有天然的垄断倾向。数据垄断主要体现在算法控制、价格操控、合谋协议、客户挟持、过度并购等方面（尹振涛等，2022），掌握数据要素资源的平台企业往往以接口准入、运营规则和评级等“数字化之手”取代“无形之手”，数据要素市场也存在着数据确权问题、隐私保护问题、数据孤岛问题以及数据交易机制问题（熊巧琴、汤珂，2021）。

三 数字经济

从产业数字化发展的角度看，新型工业经济是数字经济的重要组成部分。数字经济已成为新时代中国发展最迅速、创新最活跃、辐射最广泛的新型经济形态，产业数字化成为数字经济发展的主战场。在学术领域，对于数字经济的定义和界定还存在一些争论。有学者偏重技术，认为数字经济是一个广泛运用信息通信技术的经济系统；有学者偏重模式，认为数字经济可以被看作是巨量 APP 的加总，具有熊彼特提出的所谓

“创造性摧毁”效应，即在创造新经济活动的同时摧毁传统的经济活动，并通过这一过程推动整个经济形态的结构性变化。中国信息通信研究院2021年发布的《中国数字经济发展白皮书》提出数字经济包括四个部分，即数字产业化、产业数字化、数字化治理、数据价值化。本研究认为，数字经济的构成有“新”也有“旧”，“新”的内容是指以互联网领域为代表的数字产业化，这是围绕数字技术拓展出来的新增市场空间；“旧”的内容是指以数字化转型为代表的产业数字化，这是传统行业领域应用数字技术提升经营效率，创新业务模式，从而走出一条新型工业化发展的路径。当然，数据价值化更是围绕数据要素衍生出来的新市场、新模式。数字化治理属于社会范畴，本研究未将其列入研究重点。普遍认为，数字经济是一种技术经济范式，数字技术是“通用目的技术”，必然重塑整个经济和社会，数据成为最重要的生产要素，重构各行各业的商业模式和赢利方式（赵西三，2017）。因此，数字经济是以数据资源为关键生产要素，利用信息通信技术与经济社会的融合来变革生产方式与管理模式，进而提高生产力、优化经济结构的一系列经济活动。数字经济在孕育新的经济形式、产生新动能的同时，还可以对传统产业进行融合、改造，提升旧动能，以新型工业化发展为动力驱动经济高质量发展（赵涛等，2020）。

数字经济是一个全新的，由技术、数据而非资本驱动的新经济形态。可以说，数字经济是一个应用数字技术，形成数据要素，并挖掘数据价值的活动和过程。首先，数字技术创新迭代，新技术成熟并进入商业化阶段，形成新产品或新的商业模式，平台经济成为典型代表；其次，产业融合加速发展，通过运用数字技术，传统产业在生产要素、产业业态和商业模式等方面都实现了创新，新型工业化成为典型代表；最后，数据成为生产要素，甚至成为经济社会的基础性战略资源，数字虚拟空间打破了传统商业地域扩张的障碍，数据量呈现出爆发式增长，带动数字经济进入新发展阶段。但是，数字经济的概念也不能泛化。有学者认为，未来所有产业都是数字化产业，所有企业都是数字化企业。甚至在统计数据上，认为数字经济规模已经占到GDP非常高的比重，这些做法无疑都夸大了数字经济的范畴。

第三节 数字经济与新型工业化的关联性

通过综述相关研究（张蕴萍等，2021；丁志帆，2022；任保平，2020；徐曼等，2022），本研究从宏观、中观、微观三个层面阐述数字经济与新型工业化发展的逻辑一致性，主要体现在微观层面的业态创新，中观层面的结构优化，宏观层面的要素配置上。

一 微观层面

在微观层面，以数字技术为基础的平台企业崛起迅速推动数字化产业发展，并加速向传统企业领域渗透，从而推动数字化转型，两者是数字经济发展的微观基础。

（一）平台企业与网络效应

以电子商务、分享经济等平台企业为代表，数字经济的发展体现在平台企业所构建形成的新盈利和成长模式。数字技术的广泛渗透，在规模经济、网络效应、匹配机制的作用下（荆文君，2019；丁志帆，2022；尹振涛等，2022），平台企业快速崛起。

首先，数字技术的距离缩减效应（Distance-Diminishing Effects）能够帮助平台企业实现超越国别界线的扩张（Stallkamp and Schotter，2021）。传统企业生产所需要的资源会受到地理空间和物流距离限制，而基于网络空间的平台企业能够释放地理和资源联系，例如字节跳动公司的 TikTok 扩张到了 175 个国家，超过 20 亿次下载（Sherman，2020）。其次，平台企业是典型的双边市场，能够促进交易便利化，并有效治理不同的用户群体（Rietveld and Schilling，2021）。从价值创造方式看，传统产品生产的方式更多是企业依靠内部资源整合供应链，并将产品销售给用户，从而实现价值创造。平台则通过精确匹配供给为平台所有者和用户创造价值，交易活动通过整合供给和需求双方的资源创造价值。从产品到平台实现了从价值交易到价值共创的转变，出现了多边平台、在线社区、生态系统等新组织形态（李树文等，2022；王冰等，2022）。最后，双边市场的网络效应凸显，平台企业的规模和价值呈指数级增长（丁志帆，2022）。数字技术强化了网络效应的潜力，随着数据的积累以及连接范围的加大，平台的网络效应变得越来越强。在跨边效应的作用下，用户数量不断增加，平台也变得更具吸引力。平台企业能够掌握用户信息，这些数据的价值往往超过了交易费用。用户信息积累得越多，平台匹配供需交易就越精准。通过挖掘用户信息，也能够获得服务用户的新途径或者新产品。当然，平台也能够产生垄断能力，平台企业之间不分享用户数据，或者滥用用户数据。

值得注意的是，平台企业的成长也受到本土效应（Local Effect）的制约，平台所处的国别市场总有其相应的语言、文化、制度等，平台的网络外部性会受到限制（Chen et al.，2018；Stallkamp and Schotter，2021）。可能也是因为这一原因，人口众多、语言统一的中国和美国市场才会出现大型的互联网平台企业，而欧洲则很少。制度环境也会制约平台企业的成长，因此字节跳动在海外市场成立 TikTok，以适应不同国家监管的需要。尤其那些本土化特征明显的产品或服务交易平台，例如出行服务、外卖等，本土效应是重要的制约因素。而一些平台本土效应特征并不明显，例如互联网金融、流媒体等，其产品和服务完全是数字化的，或者跨境电商，可以通过物流将产品送达客户。

总之，平台企业规模大、竞争力强，作为双边市场链接海量消费者和供应商，并以智能技术高效匹配供需，形成更完善的价格机制，由此提高经济的均衡水平（Ozcan and Yakis-Douglas，2020）。在双边市场中，包括搜索成本、信息成本、运输成本、传递成本、管理成本等在内的交易成本不断降低，促进了资源组织和配置效率以及供应链的管理能力，从而提升了创造价值的绩效（黄群慧等，2019；李海舰等，2014）。因此，平台企业既是数字化产业的重要组成，又是推动新型工业化发展的重要力量。

（二）传统企业数字化转型

工业企业是新型工业化的主体，在数字经济发展的条件下，传统企业通过数字化转型助力新型工业化发展。企业可以优质的产品吸引用户，然后转变为平台企业。京东、小米、海尔等都是从提供优质的产品或者服务开始，例如搜索引擎、零售渠道、颠覆性产品等，当用户基础积累到一定的规模，随着先加入用户的效用提升，“企鹅效应”由此产生，用户数量呈迅猛上升之势，随后转变为平台企业。因此，对于传统企业，基于现有产品构建平台是实现数字化转型的重要途径。但相关研究发现，只有具备大量用户基础的产品，才能推动由产品向平台的转型（Hagiu and Altman，2017；Zhu and Furr，2016）。当产品的用户基础较小，或者仅仅聚焦于某一细分市场时，企业就不可能获得相应的网络效应。例如，拥有大量粉丝的小米已经成长为平台企业，而曾经的行业先锋 HTC 现在仅聚焦与细分市场，就很难转型成为平台企业。

传统企业可以通过数字化转型提升经营效率。数字技术改变了很多行业，但是并未改变一切，大多数传统企业很难通过数字技术实现颠覆性变革，完全转型为一家平台企业。虽然大数据、物联网、人工智能使得地理、行业、企业的边界变得模糊，数字化转型并不是要创造出一套全新的商业体系，或者新秩序颠覆旧秩序。在不同的行业，数字化转型有着不同的含义，即使对于行业内的不同企业，数字化转型的路径也会存在差异。数字化转型更多是指在系列数字技术的赋能下，触发企业组织特性的重大变革，并重构企业战略、生产方式、商业模式、组织结构、运行体系的过程（Furr et al.，2022；黄丽华，2021）。

传统企业通过数字赋能走向新型工业化道路。企业数字化转型应该是企业生产管理模式、价值创造模式、组织管理方式等在内的全方位的变革，数字化转型会改变企业组织结构、流程和业务活动，影响并且重塑企业的整个管理系统。戚聿东等（2022）、仉瑞和徐婉渔（2019）等认为，数字技术的应用改变了传统的商业逻辑，其价值维度体现在推动产业跨界融合、重构产业组织的竞争模式、赋能产业升级等方面。生产运营数字化、价值创造数字化、管理提升数字化，三者不能一概而论。生产运营数字化是在企业内部运用数字技术优化业务流程、运营方式和工作方式等，侧重降本增效。价值创造数字化以企业创新发展和用户价值增值为主要目标，侧重于利用数字技术打造数字化能力，推动传统业务创新变革，构建数字时代新商业模式，探索价值创造新路径等。管理提升数字化需要重塑愿景、战略、组织结构、流程、能力和文化，重新构建企业组织架构和管理体制。企业数字化转型能够提升投入产出效率（刘淑春等，2021），推动了企业高质量发展。

（三）数据要素积累与交易

数据价值化就是要把包括经济活动在内的人类各种活动所蕴含的信

息进行数字量化、储存，产生并沉淀为数据要素，再将这些数据进行汇聚、运算和分析，进而利用数据实现发现规律、提高认识、解决问题的目的。按照《中国数字经济发展白皮书》的定义，数据价值化主要体现在数据资源化、数据资产化、数据资本化三个方面。新一代信息技术的迅速发展与普及、全球数据的"井喷式"生产、数据收集存储和处理成本的大幅下降、机器计算能力的大幅提高，为数据资源化奠定了基础。以互联网为核心的新一代信息技术正逐步演化为人类经济社会活动的基础设施，并将对原有的物理基础设施完成深度信息化改造。从机器设备到动植物均成为数据载体，具备数据生成、汇聚、转化能力，万物互联、万物智能成为时代特征。从全球看，即使欧美日等发达国家，仍处于数据资源化的初级阶段。目前，中国已在数据采集、数据标注环节初步形成了产业体系，数据管理和数据应用能力不断提升，但整体来看，数据确权尚处于起步阶段。

首先，数据的爆发式增长、海量集聚蕴藏了巨大价值，为智能化发展带来了新机遇。协同推进技术、模式、业态和制度创新，切实用好数据要素，将为经济社会数字化发展带来强劲动力。因此，数据资源汇聚是数据利用全链条的起始环节，只有将大量分散的数据加以汇聚，形成海量数据集，才能更好挖掘数据价值。其次，数据是资产已成为行业的共识，数据资产管理理论框架渐趋成熟。在数字经济时代，增强用数据赋能行业和安全监管的意识，要"用数据说话、用数据决策、用数据管理、用数据创新"，在数字化产业和产业数字化发展的过程中用好数据要素，对传统产业实施数字化改造，使得数据要素创造出更大的价值。在数据资产化阶段，主要任务是数据资产的运营管理，以运营导向管理数据资产。未来，可实现数据资本化。根据中国信息通信研究院发布的关于数据资产的系列成果看，在数据资本化阶段，数据可以成为金融产品，并在资本市场进行交易。从发展现状来看，中国数据资本市场还不是很成熟，但通过培育数据交易市场，促进资源合理配置，数据要素能够对于经济社会发展产生乘数效应。建设和完善数据要素市场，最终形成数据要素价格市场决定、数据流动自主有序、数据资源配置高效的市场秩序，推动数字经济高质量发展。

二 中观层面

在中观层面，通过产业创新效应、关联效应、融合效应的发挥，促进数字技术的产业化发展，以及产业数字化转型，实现产业结构转型升级以及新型工业化。随着数据要素进入到生产、流动、消费等环节，新型工业化助力数字经济持续向纵深加速发展。

（一）产业创新效应

新科技革命会带来新产品、新模式、新业态的爆发式发展。数字技术能够参与技术、产品、市场、组织、管理等创新过程，推动数字产业化发展，培育新的经济增长点。数字经济作为创新驱动发展的先导力量，依托数字技术和数据资源等关键要素打破信息交流壁垒，以数字化生产作为产业创新和产业变革的新方式在全球范围内重塑产业生态，对整体产业结构将产生深刻影响（杨路明、施礼，2021；肖旭、戚聿东，2019）。数据作为生产要素，对于推进数字产业化和产业数字化有不可或缺的重要作用，是推动数字经济高质量发展的重要支撑。以平台经济为例，在新的技术经济范式下，数字化产业往往会超越传统产业而逐渐成为宏观经济体系中的主导产业。随着数字化产业化成为数字经济的关键组成，很多数字企业本身就是知识密集型的，是产业创新的主导力量。对于那些大型数字企业而言，它们是产业技术的主要创新源泉，企业瞄准市场需求、应用场景进行技术创新，本身就是在促进新技术的扩散。大型数字企业还是所在领域的龙头企业，了解新技术应用对全产业链的影响，可以有效实现链上企业和外部资源之间信息流、资金流的畅通，为各方创新提供市场和要素供给。为了保持持续的竞争力，这些大型数字企业对于基础研究进行大量投资，积极探索从 0 到 1 的原始创新。

数字化产业与产业数字化不仅仅是替代关系，数字技术将对传统经济产生技术冲击和溢出两种效应，但二者相互竞争，促进产业创新，提升社会总福利（许恒等，2020）。数字经济的发展并不是对传统产业部门的简单替代，而是通过对其深度改造而实现再生。数字技术向传统产业深度渗透融合，对传统产业从消费端向生产端、从线下向线上，进行多角度和全方位的改造提升。传统产业利用数字技术对业务进行升级并提升生产数量和生产效率（肖旭、戚聿东，2019），数字技术可以推动各类资源要素快捷流动、各类市场主体加速融合，帮助市场主体重构组织模式，实现跨界发展，打破时空限制，延伸产业链条。随着数据成为生产要素，数字经济的增长能够克服传统生产要素边际报酬递减的固有缺陷，实现传统工业经济难以企及的高成长性。产业数字化发展能够有效破除产业主体间的要素供需矛盾、弱化产业主体间经济活动的边界性、降低产业主体间联动的边际成本、解决产业内部公平与效率难以兼顾的难题。创新主体能够基于数字技术实现即时链接以及瞬时互动，创新合作被重新定义，形成了产业创新生态系统（曲永义，2022）。数字经济相关产业与传统产业深度融合，使得新业态、新模式趋于系统化、复杂化（李宗显、杨千帆，2021）。随着数实融合程度的深化，产业数字化加速转型，通过优化产业结构、提高资源利用效率、扩大市场覆盖率，改进产品和服务等方式促进经济增长，提高经济增长质量。

数字经济促进产业结构升级，进而对新型工业化与经济高质量发展产生影响（徐晓慧，2022）。数字经济具有通用技术性、范围经济性、平台生态性、融合创新性等特征（左鹏飞、陈静，2021）。数字技术催生数字产业化发展，数字产业化加速产业结构升级的节奏（冯素玲、许德慧，2022；王开科等，2020；李治国等，2021）。产业数字化加速传统要素改造、整合及提升，优化生产要素配置效率，促使生产方式发生变革，传统生产过程中部门协调程度不断优化，从而显著提升生产效率（陈晓东、刘洋，2022）。数字技术通过规模效应和技术进步效应促进制造业企业绿色化转型（戴翔、杨双至，2022）。数字化产业和产业数字化与制造业高质量发展之间具有积极的正向影响，两者深度融合能够推动制造业实现质量、效率、动力变革（焦勇、刘忠诚，2020）。伴随着数字化转型，数字技术广泛渗透，数据要素价值加速发挥，企业的生产方式得到改进，生产模式得到优化，提高企业生产效率，从而实现新型工业化发展（黄赜琳等，2022）。

（二）产业关联效应

产业关联体现在数字经济条件下形成了以网络平台为核心的产业组织模式。数字经济通过更大、更开放的平台体系，互联网将各种资源分布到全网络的末端，动员了社会资源，带动了大规模的协作（任保平，2020）。平台型组织是数字经济时代的新型产业组织形态，平台作为数字经济时代协调和配置资源的基本经济组织，是价值创造和价值汇聚的核心，其推动产业组织关系从线性竞争到生态共赢转变（李永红等，2019；曲永义，2022）。除了互联网金融、流媒体等以数字产品交易为核心的平台，大多数平台离不开实体经济基础。在双边市场条件下，平台企业快速集聚双边用户与其他互补者，共同参与价值共创与价值增值共享。

传统的产业链是材料零件部件到集成组装的产品链，是从研发设计到生产销售的经营链。对于传统产业，数字技术将推动形成更加专业化、纵深化、多元化的分工与协作，推动潜在生产可能性边界持续拓展（左鹏飞、陈静，2021）。数字技术贯穿产业发展的全过程，新一代数字技术提供的连接、数据、算法和算力、加工制造等能力，能够有效化解企业所面临的用户信息、生产成本、运行数据等问题。同时，数字技术的无边界属性可以拓宽产业融合的横向边界、延长纵向产业链，成为重塑产业链群生态体系的重要驱动力量。随着物联网、人工智能、云计算、大数据、5G、区块链等为代表的新一代数字技术的应用，产业链发生重大变化。如工业互联网与制造业的结合，推动全产业链泛在链接和协作。工业互联网构筑形成全产业链、全价值链泛在深度互联的基础，支撑构建全面互联制造体系链。工业互联网将助力原有制造体系打破时间和空间的相对或绝对约束，为实现跨层级、跨企业、跨行业、跨区域、跨国界网络化协同发展奠定基础。工业互联网让跨地区范围内实时开展协同研发、设计、生产、营销、运维等成为可能，可以促进软硬件、创意等创新资源和各类制造资源广泛聚集与高效匹配，优化产业主体协作模式，重构协作链条及流程。通过高协同性和正反馈效应形成具有强烈互动的产业生态，企业与企业之间、产业与产业之间的竞争形态将发生变化，从产品竞争和企业竞争，逐渐转变为生态体系和上下游产业链竞争。

（三）产业融合效应

数字经济是“融合性经济”（李腾等，2021），既包括以平台经济为主体的数字化产业，也包括以数字化转型为动力的新型工业体系。作为一种通用目的技术，数字技术具有通用性和高渗透性等特点，与工业经济具有天然的融合性。数字经济的魅力在于打破传统发展模式，通过对原有产业及传统成分的渗透、摈弃和整合，加速传统工业数字化转型，提高生产部门要素利用效率（付晓东，2020），促进全要素生产率增长。

随着消费互联网逐步向产业互联网蔓延，其与工业经济的融合也由消费领域延伸到生产领域，跨界融合、产销融合成为产业融合的新趋势，推动传统产业数字化转型，并开拓出新产业、新业态和新模式，通过产业关联等传导机制促进新型工业化发展。数字技术改变了产业链上下游的传统交互模式，通过将新一代网络信息技术与产业深入融合，实现产业链的技术优势、渠道优势和资源优势的协同效应。数字技术对产业的渗透与融合简化了资源要素流动途径，使生产要素流动性增加，提高了生产要素配置效率，进而合理化要素配置，使产业链上下游及产业间协调发展（冉启英、李艳，2022）。产业边界最终会被打破，服务业、制造业、农业之间的界限会变得非常模糊，数实融合将是必然的发展趋势。

随着数实融合深度发展，制造业成为发展数字经济的主要载体。曲永义（2022）提出，数字技术和数据要素驱动产业高质量发展的核心逻辑包括生产要素赋能机制、交易成本降低机制、产业组织变革机制以及资源配置能力提升等多重机制，可以促进产业跨界融合创新，提升产业链韧性与抗风险能力。李腾等（2021）认为，数字技术将导致现有产业结构发生两种变化：首先是“互补整合”，数字经济中生产要素与非生产性增值活动联结，产生一批新的产业形态；其次是“优化整合”，数字经济中生产要素流入生产性增值活动中，变革劳动密集型生产，分解大型流水线作业，重新定义产业规模效应，同时降低成本且提升效率。因此，数字产业化与产业数字化存在双向联动关系，数字产业化是促进产业结构升级的基础性和先导性条件，但产业数字化促进产业结构升级的效应更为显著（陈晓东、杨晓霞，2021）。

三　宏观层面

数字经济与新型工业化的一致性得到广泛认可（杨佩卿，2020）。数字经济条件下，新技术、新要素、新产业注入高质量发展过程中，从经济运行系统、经济效率、经济创新力等方面促进中国工业经济提质增效。新型工业化条件下，工业经济质量的提升不仅体现在增加要素投入、改善要素配置等微观要素配置层面，而且体现在优化产业结构、市场结构与区域结构等中观结构优化层面（王家庭等，2022；徐曼等，2022），也体现在促进双循环，提升全要素生产率，创造更多创业就业机会等方面。

（一）提升全要素生产率

新型工业化要求以高效率、高效益的生产方式为全社会持续提供高质量的产品和服务的经济发展。数字经济有助于提升供给体系质量，优化产业分工结构，极大地提高了资源配置效率和全要素生产率，实现工业经济高质量发展（刘鑫鑫、惠宁，2021；张蕴萍等，2021）。张凌洁和马立平（2022）提出，数字经济相关技术和生产要素通过影响经济规模、生产效率、技术创新等方面显著促进了全要素生产率增长。宁朝山（2020）基于质量变革、效率变革、动力变革三个维度分析数字经济驱动经济高质量发展的理论机制并对其效应进行检验。荆文君（2019）提出数字技术可以通过新的投入要素、新的资源配置效率和新的全要素生产率三条路径促进工业经济增长，三条路径结合形成了经济高速增长的新模式。因此，宏观层面数字经济主要是通过影响生产投入和产出效率从而影响经济发展，体现为要素投入增加、要素配置效率改善，以及技术创新和技术溢出带来的全要素生产率提升。

现有研究检验了数字技术渗透对工业经济全要素生产率的影响。一是提高市场资源配置效率。数字经济条件下，数字技术的渗透和数据要素参与价值创造，能够降低信息不对称性，优化生产资源配置，可以突破空间限制，实现信息及时传递与加工，促进形成生产的规模经济效应。数字经济降低交易成本，压缩时空距离，不仅有助于提升劳动生产率，而且通过促进企业专业化分工提高企业全要素生产率（如杨慧梅、江璐，2021；李治国、王杰，2021）。因此，数字经济能够有效克服市场配置存在的盲目性，助推实体经济降低成本，引导促进要素自主有序流动，实现要素匹配更有效率、更加精准，从而极大地提高了市场资源配置效率。资源错配及市场扭曲的减少有助于通过改善资源配置效率提高全要素生产率。二是新增要素效应。数字经济以数据为核心生产要素，渗透于各个生产环节并逐渐改变生产过程中的要素投入种类和比例，打破了传统要素市场的束缚，进而通过加剧市场竞争和优化产业分工，减少资源错配和市场扭曲（余文涛、吴士炜，2020）。随着数据等生产要素的投入增加，改变了要素投入的有机配比，通过与劳动、资本等要素的深度融合，带动传统要素效率提升。新的生产要素不断形成并补充到宏观生产函数中，数据和信息不仅可以直接投入生产，而且可以提高劳动、资本、企业家才能等传统要素的生产效率（丁志帆，2022）。三是资本深化效应。新兴工业化的原动力来自数字技术的大规模扩散与应用。数字技术具有原创性技术、应用性创新强、跨界融合催生创新、可创新点密集（左鹏飞、陈静，2021）等特点，能够提供便捷链接能力，智能匹配能力更强。技术优势引导着工业企业密集地采用功能更强大、价格更低廉的关键要素与核心技术。

（二）助力新发展格局

数字经济成为推动经济增长、加快构建新发展格局的重要力量。数字经济可以通过需求和供给两大体系的同步升级赋能中国“双循环”战略，构建起中国经济在新发展格局下的高质量动态运行体系（李天宇、王晓娟，2021）。一些学者对于数字经济和双循环的关系做了大量研究（左鹏飞、陈静，2021；蓝庆新、赵永超，2021；李天宇、王晓娟，2021；赵春明等，2021；祝合良、王春娟，2021），指出双循环新发展格局将会促成完整内需体系的形成、全球吸纳力的增强、国内消费的升级、投资环境的创新、营商环境的优化以及产业链的安全稳定，从而推动产业的数字化转型，实现产业的高质量发展。

从发展现状看，数字经济持续创造国内需求增量，助力内需释放，降低跨国交易成本，助推“双循环”。平台经济迅速发展，新业态、新模式层出不穷，对推动经济高质量发展、满足人民日益增长的美好生活需要发挥了重要作用（尹振涛等，2022）。数字平台高效联结国内外消费者和供应商，在推动中国效率变革和激活消费市场方面发挥了重要作用，逐渐成为推动经济高质量发展的新动能、新引擎（杨文溥，2022）。左鹏飞和陈静（2021）认为，不断形成以数字化技术为驱动、以解决消费痛点为导向的新消费业态，促进商品和服务在更大的空间范围内实现循环，推动形成更大范围内的市场竞争效应，实现超大规模市场消费潜力的多层次、多渠道释放。任保平（2020）提出，打造平台经济和新业态经济，引领宏观经济领域的高质量发展。利用数字技术可以实现对社会再生产过程中海量数据的分析，数字平台利用数据资源和技术挖掘消费需求，有效解决了信息不完全和外部性问题，实现供需精准匹配，畅通产业、经济、社会三个循环。数字企业可以充分利用中国超大市场的规模优势，打通数字产品“双循环”通道，扩大数字产品产量，进而获得规模经济效应（丁志帆，2020）。

（三）创造创业就业机会

数字技术进步促使就业技能结构、产业就业结构、就业性别结构发生改变。无论数字企业成长，还是传统企业转型，都能提供更多工作岗位，重塑劳动关系，提高工作报酬和工作能力。数字就业平台提供大量就业岗位，是就业主要增长点。随着数字技术的发展，平台经济迅速崛起，大大拓宽了“零工经济”的应用场景，催生了一大批新就业形态（莫怡青、李力行，2022）。零工经济对创业的潜在的正向影响，外卖平台带动了金融、信息、科研和人力资源等行业的创业。数字经济能够促进就业结构优化与就业质量提升，实现高质量就业（丛屹、闫苗苗，2022；戚聿东等，2020）。数字经济能够提高劳动收入，对不同群体的收入增长均有促进作用，对低收入群体的劳动收入提升作用更大（罗小芳、王素素，2021）。

数字经济发展为高质量就业提供了契机，也为工业经济发展带来了挑战。一方面，催生出一大批新型就业形态和就业模式，创造了大量知识和技术密集型的就业岗位；另一方面，以智能技术为核心的数字经济对部分劳动力的替代，造成结构性失业。一些学者也对数字经济快速发展过程中表现出的不平等问题和治理难题表示担忧，认为数字鸿沟会引起人口红利下降，导致中低收入劳动受到数字不平等的冲击。再加上当前日益严重的人口老龄化与人口红利递减，使得数字经济对高质量就业的作用更为复杂。

第四节 推动新型工业化发展的政策建议

数字经济的内涵包括数字产业化本身的高质量发展，数字经济与实体经济的高质量融合发展，以及数据要素市场的高质量发展（李三希、黄卓，2022）。新型工业化也与这三个方面密不可分，因此需要从数字化产业、产业数字化、数据价值化三个方面推动新型工业化发展。

一 以产业数字化为主战场

一是强化数字平台建设。随着消费互联网向产业互联网渗透，产业数字化正在成为数字经济实现高速增长的主要领域。产业数字化首先要从生产制造业开始，因为传统制造业生产效率和增长潜力已逼近天花板，必须通过数字化转型来寻找新的空间。制造业企业在数字化转型过程中能够收集和汇聚产业链中的各类数据，嵌入所需的各类智能服务，构建工业互联网平台，提高制造业全链条生产效率。工业互联网成为数字产业化转型的主要途径，其与实体经济的融合已经初步显示出强大的创造力。从技术发展的角度看，工业互联网、智能制造等数字化平台将会对以制造业为代表的传统产业进行改造和重组，以数字技术为基础的平台正在整合生产制造的各个环节，联通需求与供给、生产与消费、物理世界与数字世界，从而成为经济与社会中新的资源配置与组织方式，成为驱动企业数字化转型、产业数字化发展、经济高质量发展的新动力。

二是探索智慧场景创新。数字工厂中的智能终端能够形成网络智能，例如数百个机器人可以形成黑灯工厂，但是在工业领域仍旧缺乏一个集成性更高、应用性更强，能够带动更多数字技术创新，与环境协同的智能平台或者示范主体。除了工业互联网，制造领域需要利用数字技术和数据要素探索建设更多智慧场景。一方面，企业延伸和拓展制造过程以及向服务型制造转型需要巨量生产和用户数据的支撑；另一方面，企业创新和生产需要更加广泛的协作，有效利用数字技术可以降低跨界链接成本，形成广泛分工的创新和生产网络。未来可以通过构建多元化的智慧场景，将其作为比工业互联网更复杂的系统平台或者示范主体。在集成化程度更高的智慧应用场景下，人工智能等数字技术就能基于场景大数据进行学习和创造价值，从数据驱动向场景牵引拓展，例如一些处于初级阶段的人工智能技术就能以大量的数据作为“思考”和“决策”基础，对特定场景下的多来源、多层次、多维度数据进行结构化处理，使人工智能系统能够更加全面、准确地实现理解判断、相互认知、智慧协同，推动新型工业化不断向数字化、融合化发展。

三是鼓励大城市创新引领。在产业数字化发展的过程中，要鼓励大城市如“北上广”，以及都市圈如“京津冀”“长三角”“粤港澳”等率先实现新型基础设施的创新引领，尤其在5G/6G、人工智能、区块链、工业互联网、超算中心、量子通信等未来产业布局方面实现全球领先，打造出一批有特色的国家级创新示范区或试验区。以示范区或试验区为载体，把智慧应用场景落地作为牵引新一代人工智能等未来数字技术创新发展的抓手，以“场景智能”为发力点，加快建立连接人工智能等未来数字技术创新链的平台生态。

二 发挥数字平台畅通作用

一是优化数字化的消费平台。2022 年末的中央经济工作会议指出，要充分释放平台经济的创新引领作用，即通过创新优化供需匹配，提高资源配置效率，进而加快经济内循环流速，缓解国内经济压力。数字平台尤其是电商平台在畅通经济社会循环过程中起着非常重要的作用，以电商为主的数字化消费平台所蕴含的新的交流、交易模式，正成为人们日常生活模式和社交结构变革的重要推动力。中国是世界第一大网络零售市场，随着人脸识别、云货架、无感支付等前沿技术日趋成熟，零售新场景和新体验快速演化，商业零售呈现线上线下融合发展的态势，为促进内循环提供新动能，未来随着数字消费向国际化推广与复制，必将形成新的外循环模式。为了实现国际国内双循环，应强调制造业与消费者的衔接，鼓励基于电商平台实现工厂直供消费者，把质优价低的产品和美好生活提供给平民大众。此外，通过产业数字化，传统制造和服务企业可以嵌入多平台和多场景，如金融服务可以嵌入到支付平台、电商平台、出行平台等，实现个性化需求与规模化定制相结合的商业模式。

二是加强基础技术研发和创新。数字化产业和产业数字化发展需要相互共享，现阶段不但传统制造模式遭遇效率瓶颈，互联网企业也遭遇流量瓶颈。随着网络流量接近天花板，消费互联网平台市场格局基本定型（例如在网络零售领域，阿里系市场份额约占 67%，腾讯系市场份额约占 33%），其他如社交电商、网红直播、社区团购等领域的流量分配也基本定型。目前数字化产业和产业数字化都有融合发展、创新发展的需求。数字企业具有创新优势，在自动驾驶、云计算、数据库、数字引擎、区块链等前沿数字技术领域，平台企业已经是中国数字科技创新的核心力量。数字经济的全球竞赛也是新一代信息技术话语权的竞争，尤其在数学建模、类脑计算、区块链、基础网络、量子对抗等难度高、周期长、迭代快、不确定性大的技术体系中，更需要充分发挥科技自立自强的优势，整合相关要素资源进行集中力量攻关，快速培育一批具有自主创新能力和国际竞争力的数字化企业。

三是加强数字经济相关标准建设。数字经济是一个全域空间下的全要素集合，涉及经济社会运行的方方面面，当所有这些要素及其关系组合在一起时，就形成了一个真正的复杂巨系统。在数字经济做强做优做大的过程中，要充分发挥未来科技的引领力量，促进形成中国自主的标准和知识产权，通过标准提升科技创新效率。西方国家主要通过开源社区的方式形成标准垄断，如安卓系统的开源。结合中国未来产业和数字经济发展的现状和特点，可以探索建设共享的“数据专区”模式。不同于强调行业特征的数据汇聚、治理和利用等治理模式，数据专区模式是可控程度高，可以依托区块链构建可控的交易体系，促进政府、企业、高校和科研机构、第三方组织及个体之间的数据流通与融合应用，并基于此逐步形成一系列数据要素标准体系。

三　培育壮大数据要素市场

一是坚持数据权属，严控数据滥用。传统企业的“资本”主要是人、物、资金，而数字产业化的“资本”则体现为数据、算力和算法，治理关键就在于数据确权。实施确权要从数据全链条来看待所有权问题，产生数据的人拥有数据的所有权，同时还拥有一定的使用权和收益分配权；数据的采集者和服务提供者拥有数据收益分配的优先权，以此鼓励对数据的采集、治理和服务行为。数据的快速复制性导致“所有权”模糊，可以通过区块链的共识和授权机制给出解决办法，这也是上述“三权”分开的技术前提。数据管理体系需要有一个公平、公立的第三方组织来承担，该组织对所有数据均没有所有权、使用权和收益权，只有按照约定规则存储和提供的权力。

二是实现数据精准化透明监管。与传统鼓励资本穿透的做法不同，因为数据成为了新的“资本”，且数据的复制是低成本的，所以数据是不能被穿透的，为确保数据要素市场的运行秩序，可以探索使用主体只拥有数据使用权，数据所有权依其产生和管理主体归个人或国家所有的模式。与政府的数据孤岛相比，企业的数据孤岛更为严重，这些数据只有被产业链及其相关方搜索到才能发挥出数据的价值。但数据共享必须是可控的，以网约车监管为例，通过线下的方式来完成线上业务的监管，一定程度上治标不治本，最终难以持续。究其原因，是在用物理世界的方法来解决数字世界的问题，不符合数字经济条件下的数字（算法）监管模式。未来应通过加强非经营性数据的共享，规范企业的同质竞争及数据的无原则采集，探索个人数据中立托管等多模式，提高数据要素市场监管的透明度和问责制。

三是建设国家数据交易平台。数据要素的闲置、垄断、滥用等现象成为制约中国数字经济深入发展的三大瓶颈，为了用好数据资源，应探索建设国家数据交易平台，实现数据要素的可交易性、可携带性、可控制性，不断提升数据管理和利用水平。在确权方面，对于一般性数据，应充分赋予消费者个人数据所有权，平台只有开放接入义务，但不能对用户原始数据拥有产权或排斥其他企业的数据采集和利用权。在交易方面，国家大数据平台为一般性数据和资产性数据提供交易场所。

四 规范数实融合运行秩序

一是平衡促进和监管秩序。数字经济条件下数据成为核心要素，占据主导地位的生产要素会对经济发展阶段中所有的经济活动产生根本性影响。数字平台利用其数据和算法等的综合能力，在激发数据生产要素潜力的同时，也对基于工业经济的反垄断法带来基础理论和规制体系的挑战（杨东，2020）。平台的混合式经营模式、算法和算力导致“监管脱敏”，平台企业为逃避政府反垄断、劳动保护、金融监管的规制，以混合式经营模式混淆传统行业分类边界，模糊监管归属，甚至还利用算法、算力形成逃避监管的“技术壁垒”。数据监管的目标是确保数据采集利用的“安全共享”，因此，应遵守包容性监管原则、构建反垄断长效机制、强化数据安全和治理。但是，平台经济的有效运转并不代表垄断行为的必然出现，二者之间存在着复杂的关系（尹振涛，2022）。数字产业化在自身发展的同时，也为产业数字化提供支撑，例如通过数字平台聚合各类要素提高创新效率，监管的重点是要设好“红灯”，解决好垄断型平台经济问题。

二是规范数字经济秩序。坚持资本监管，防止资本利用平台所形成的资金聚合能力进行无序扩张。数字经济的核心是提高效率，更进一步讲是提高资本的效率。正确认识资本特性和行为规律，是发展数字经济的必要前提，既要防止资本的无序扩张和野蛮生长，又要鼓励平台经济产生价值，但不鼓励其剥削价值，并防止平台用其所形成的事实标准来遏制新兴的创新平台的发展。在推动创新方面，需要完善相关科研政策体系，可以探索将平台经济企业的非核心代码开源与其知识产权有效分离，构建共享代码第三方监管的模式，降低垄断因素对于开源代码共享创新的影响。

三是加强数据算法治理。经济社会的有序运行靠制度，制度的具体形态体现为算法。制度和算法是物理世界和数字世界的“一体两面”，依法监管的“法”不单指法律法规，也包含更广义上的制度和算法。算法会导致公平性问题，数字世界的算法问题会直接体现到物理世界的运行秩序中，如果赋予人工智能技术的算法本身就是存在偏见，这种隐形的“歧视”会潜移默化地放大现实社会的“差距”，这正是监管缺位的地方。其解决途径不能靠人管算法，而要靠算法管算法，政府要利用算法进行数字化监管，要以算法为核心建立数字经济的基本制度。技术和数据的所有权之争，根本上是算法控制权之争，对于科技巨头的监管，重点应监管其算法控制力。

参考文献

[1] 蔡宁、符建华、乔书晨:《数字经济发展对产业结构升级的影响及作用机制》,《商业经济研究》2022 年第 23 期。

[2] 蔡跃洲、张钧南:《信息通信技术对中国经济增长的替代效应与渗透效应》,《经济研究》2015 年第 12 期。

[3] 丛屹、闫苗苗:《数字经济、人力资本投资与高质量就业》,《财经科学》2022 年第 3 期。

[4] 陈晓东、刘洋、周柯:《数字经济提升我国产业链韧性的路径研究》,《经济体制改革》2022 年第 1 期。

[5] 陈晓东、杨晓霞:《数字经济发展对产业结构升级的影响——基于灰关联熵与耗散结构理论的研究》,《改革》2021 年第 3 期。

[6] 戴翔、杨双至:《数字赋能、数字投入来源与制造业绿色化转型》,《中国工业经济》2022 年第 9 期。

[7] 冯素玲、许德慧:《数字产业化对产业结构升级的影响机制分

析——基于2010—2019年中国省际面板数据的实证分析》，《东岳论丛》2022年第1期。

[8] 丁志帆：《数字经济驱动经济高质量发展的机制研究：一个理论分析框架》，《现代经济探讨》2020年第1期。

[9] 付晓东：《数字经济：中国经济发展的新动能》，《人民论坛》2020年第21期。

[10] 胡俊、杜传忠：《人工智能推动产业转型升级的机制、路径及对策》，《经济纵横》2020年第3期。

[11] 黄赜琳、秦淑悦、张雨朦：《数字经济如何驱动制造业升级》，《经济管理》2022年第4期。

[12] 黄丽华、朱海林、刘伟华、窦一凡、王今朝、蔡莉、陈煜波、廖貅武、吴晓波、谢康、叶强、张兮、陈文波：《企业数字化转型和管理：研究框架与展望》，《管理科学学报》2021年第8期。

[13] 荆文君、孙宝文：《数字经济促进经济高质量发展：一个理论分析框架》，《经济学家》2019年第2期。

[14] 焦勇、刘忠诚：《数字经济赋能智能制造新模式——从规模化生产、个性化定制到适度规模定制的革新》，《贵州社会科学》2020年第11期。

[15] 仉瑞、徐婉渔：《人力资源数字化转型的破局之道》，《人民论坛》2019年第22期。

[16] 邝劲松、彭文斌：《数字经济驱动经济高质量发展的逻辑阐释与实践进路》，《探索与争鸣》2020年第12期。

[17] 李春发、李冬冬、周驰：《数字经济驱动制造业转型升级的作用机理——基于产业链视角的分析》，《商业研究》2020年第2期。

[18] 李永红、黄瑞：《我国数字产业化与产业数字化模式的研究》，《科技管理研究》2019年第16期。

[19] 李三希、黄卓：《数字经济与高质量发展：机制与证据》，《经济学》（季刊）2022年第5期。

[20] 李树文、罗瑾琏、胡文安：《从价值交易走向价值共创：创新型企业的价值转型过程研究》，《管理世界》2022年第3期。

[21] 李天宇、王晓娟：《数字经济赋能中国“双循环”战略：内在

逻辑与实现路径》，《经济学家》2021 年第 5 期。

［22］李腾、孙国强、崔格格：《数字产业化与产业数字化：双向联动关系、产业网络特征与数字经济发展》，《产业经济研究》2021 年第 5 期。

［23］李晓华：《数字经济新特征与数字经济新动能的形成机制》，《改革》2019 年第 11 期。

［24］李晓华：《制造业数字化转型与价值创造能力提升》，《改革》2022 年第 11 期。

［25］李英杰、韩平：《中国数字经济发展综合评价与预测》，《统计与决策》2022 年第 2 期。

［26］李宗显、杨千帆：《数字经济如何影响中国经济高质量发展?》，《现代经济探讨》2021 年第 7 期。

［27］刘淑春、闫津臣、张思雪、林汉川：《企业管理数字化变革能提升投入产出效率吗》，《管理世界》2021 年第 5 期。

［28］刘鑫鑫、惠宁：《数字经济对中国制造业高质量发展的影响研究》，《经济体制改革》2021 年第 5 期。

［29］陆岷峰：《数字科技赋能实体经济高质量发展：融合优势、运行机理与实践路径》，《新疆师范大学学报》（哲学社会科学版）2023 年第 1—9 期。

［30］罗小芳、王素素：《数字经济、就业与劳动收入增长——基于中国家庭追踪调查（CFPS）数据的实证分析》，《江汉论坛》2021 年第 11 期。

［31］莫怡青、李力行：《零工经济对创业的影响——以外卖平台的兴起为例》，《管理世界》2022 年第 2 期。

［32］宁朝山：《数字经济、要素市场化与经济高质量发展》，《长白学刊》2021 年第 1 期。

［33］裴长洪、倪江飞、李越：《数字经济的政治经济学分析》，《财贸经济》2018 年第 9 期。

［34］戚聿东、刘翠花、丁述磊：《数字经济发展、就业结构优化与就业质量提升》，《经济学动态》2020 年第 11 期。

［35］曲永义：《数字经济与产业高质量发展》，*China Economist* 2022 年第 6 期。

［36］冉启英、李艳：《数字经济、市场分割与产业升级》，《统计与决策》2022 年第 22 期。

［37］任保平：《数字经济引领高质量发展的逻辑、机制与路径》，《西安财经大学学报》2020 年第 2 期。

［38］石良平、王素云、王晶晶：《从存量到流量的经济学分析：流量经济理论框架的构建》，《学术月刊》2019 年第 1 期。

［39］王冰、毛基业、苏芳：《从科层制组织到企业级生态系统——非预设性变革的过程研究》，《管理世界》2022 年第 5 期。

［40］王开科、吴国兵、章贵军：《数字经济发展改善了生产效率吗》，《经济学家》2020 年第 10 期。

［41］王家庭、袁春来、马宁：《数字经济发展对产业结构、产业效率的影响：来自省级层面的经验证据》，《中国科技论坛》2022 年第 12 期。

［42］韦庄禹、李毅婷、武可栋：《数字经济能否促进制造业高质量发展？——基于省际面板数据的实证分析》，《武汉金融》2021 年第 3 期。

［43］肖旭、戚聿东：《产业数字化转型的价值维度与理论逻辑》，《改革》2019 年第 8 期。

［44］熊巧琴、汤珂：《数据要素的界权、交易和定价研究进展》，《经济学动态》2021 年第 2 期。

［45］徐曼、邓创、刘达禹：《数字经济引领经济高质量发展：机制机理与研究展望》，《当代经济管理》2023 年第 2 期。

［46］徐晓慧：《数字经济与经济高质量发展：基于产业结构升级视角的实证》，《统计与决策》2022 年第 1 期。

［47］杨东：《论反垄断法的重构：应对数字经济的挑战》，《中国法学》2020 年第 3 期。

［48］杨慧梅、江璐：《数字经济、空间效应与全要素生产率》，《统计研究》2021 年第 4 期。

［49］杨路明、施礼：《“一带一路”数字经济产业聚集发展研究》，《中国流通经济》2021 年第 3 期。

［50］杨佩卿：《数字经济的价值、发展重点及政策供给》，《西安交

通大学学报》（社会科学版）2020 年第 2 期。

［51］尹振涛、陈媛先、徐建军：《平台经济的典型特征、垄断分析与反垄断监管》，《南开管理评论》2022 年第 3 期。

［52］余文涛、吴士炜：《互联网平台经济与正在缓解的市场扭曲》，《财贸经济》2020 年第 5 期。

［53］赵剑波、杨丹辉：《加速推动数字经济创新与规范发展》，《北京工业大学学报》（社会科学版）2019 年第 6 期。

［54］赵涛、张智、梁上坤：《数字经济、创业活跃度与高质量发展——来自中国城市的经验证据》，《管理世界》2020 年第 10 期。

［55］赵西三：《数字经济驱动中国制造转型升级研究》，《中州学刊》2017 年第 12 期。

［56］张凌洁、马立平：《数字经济、产业结构升级与全要素生产率》，《统计与决策》2022 年第 3 期。

［57］张蕴萍、董超、栾菁：《数字经济推动经济高质量发展的作用机制研究——基于省级面板数据的证据》，《济南大学学报》（社会科学版）2021 年第 5 期。

［58］左鹏飞、陈静：《高质量发展视角下的数字经济与经济增长》，《财经问题研究》2021 年第 9 期。

［59］Chen，W.，Hua，Z.，Zhang，Z. G. & Bi，W.，"Analysis of Freemium Business Model Considering Network Externalities and Consumer Uncertainty"，*Journal of Systems Science and Systems Engineering*，Vol. 27，No. 1，2018.

［60］Furr，N.，Ozcan，P.，& Eisenhardt，K. M.，"What is Digital Transformation? Core Tensions Facing Established Companies on the Global Stage"，*Global Strategy Journal*，2022.

［61］Hagiu，A. & Altman，E. J.，"Finding the Platform in Your Product"，*Harvard Business Review*，Vol. 95，No. 4，2017.

［62］Ozcan，P. & Yakis-Douglas，B.，*Digitalization and Its Strategic Implications for the Multinational Enterprise*，*In the Oxford Handbook of International Business Strategy*，UK：Oxford University Press，2020.

［63］Rietveld，J. & Schilling，M. A.，"Platform Competition：A Systematic and Interdisciplinary Review of the Literature", *Journal of Management*, No. 47, 2021.

[64] Stallkamp, M., Pinkham, B. C., Schotter, A. P., & Buchel, O., "Core or Periphery? The Effects of Country-oforigin Agglomerations on the Within-country Expansion of MNEs", *Journal of International Business Studies*, Vol. 49, No. 8, 2018.

[65] Sherman, A. Tiktok reveals detailed user numbers for the first time (Vol. 2021), CNBC. 2020, https://www.cnbc.com/2020/08/24/tiktok-reveals-us-global-user-growth-numbers-for-first-time.html.

[66] Zhu, F. & Furr, N., "Products to Platforms: Making the Leap", *Harvard Business Review*, Vol. 94, No. 4, 2016.

[67] Zhu, F. & Liu, Q., "Competing with Complementors: An Empirical Look at Amazon Com", *Strategic Management Journal*, Vol. 39, No. 10, 2018.

第 六 章

数字经济对全要素生产率的影响研究

第一节 引言

经济增长问题是宏观经济学领域的核心问题。随着数字化时代的到来，数字经济更是通过数据这种特殊的生产要素催生了新的经济增长形式，成为新时期经济增长的重要助推器。根据国家统计局发布的《数字经济及其核心产业统计分类（2021）》，数字经济是以数据资源作为关键生产要素、以现代信息网络作为重要载体、以信息通信技术的有效使用作为效率提升和经济结构优化的重要推动力的一系列经济活动。近年来，数字经济规模持续扩大，根据中国信通院 2022 年 7 月发布的《中国数字经济发展报告（2022）》，2021 年中国数字产业化规模达到 8.4 万亿元，占 GDP 的 7.3%；中国数字经济规模 45.5 万亿元，占 GDP 的 39.8%。与此同时，国家对数字经济建设给予了重点关注，近期出台的数字经济相关文件和重要讲话中关于数字经济的表述呈暴发式增长。例如，习近平总书记在中共中央政治局第三十四次集体学习时强调“把握数字经济发展趋势和规律，推动中国数字经济健康发展”；“十四五”规划中，“加快数字化发展，建设数字中国”作为单独篇章内容讲述；2022 年 1 月，《“十四五”数字经济发展规划》对外发布；2022 年 5 月，全国政协把“推动数字经济持续健康发展”作为 2022 年重要协商议题之一……如何有效发挥数字经济新动能，助力经济健康持续发展意义深远。

从经济学理论上讲，数字经济会以提升生产率的方式进入到经济增长过程，进而影响到经济增长。Klenow（2009）的研究测算出资源配置效率的改善对全要素生产率提升的贡献可高达50%。而数字化能够缓解要素的错配问题，从而优化资源配置（王宏鸣等，2022）。不仅如此，数字技术与实体经济的深度融合有助于加速重构生产要素体系，通过对劳动和资本赋能使劳动生产率和资本生产率发生改变，从而影响全要素生产率（郭凯明，2019）。然而，数字经济的发展并非必然促进生产率的提升，也可能出现"计算机无处不在，但却从来没有反映在生产率上"的"索洛悖论"现象（Solow，1987）。由于存在信息技术的时滞性、投入产出测量误差、企业管理不善及资本存量不足等原因（David，1990；Brynjolfsson，1993；Erik et al.，1996；Oliner and Sichel，1994），数字经济带来的技术进步不会带来生产率的增长。更甚者，数字经济还会产生的价格歧视、竞价排名、数据信息限制和掠夺性定价等一系列典型垄断行为（王世强，2021），严重扰乱经济活动的秩序（熊鸿儒，2019），扭曲资源的合理流动，阻碍生产技术提升。那么，在数字经济迅速发展且在经济增长中占比不断提升的背景下，一个重要议题是，数字经济发展水平的提升能否促进全要素生产率的提升？厘清该问题，能从一个更加全面的视角分析数字经济对经济增长的影响，也为数字中国建设提供经验参考。

本研究的边际贡献体现在：（1）研究视角上，基于经济增长的视角探讨了数字经济对全要素生产率的影响，对研究数字经济下的经济增长进行了一次有益的尝试。研究思路上，本研究首先检验数字经济对全要素生产率的整体影响。（2）基于技术进步和效率改进视角以及产出结构两方面视角，检验了数字经济影响全要素生产率的内在机制。检验产业结构调整在数字经济影响全要素生产率过程中发挥的调节作用，全面而又深入地剖析了数字经济的作用机制，为实现经济增长提供一个可借鉴的逻辑框架。（3）研究方法上，本研究匹配地级市层面的面板数据，通过构建数字经济主成分指标，验证了数字经济和全要素生产率之间的逻辑关系，弥补了既有研究仅从省级层面分析的不足，有助于从更全面、多维度的视角理解三者之间的内在关系，丰富既有研究结论，而数据量的扩大也使相关研究结论更具统计学意义上的一般性。

第二节 数字经济影响全要素生产率的文献综述

既有研究认为，技术进步和效率提升是实现经济增长的两条路径，因此，本研究对文献的梳理也基于这两种视角展开。

全要素生产率是资本、劳动等要素投入不变时的经济增长速度（Solow，1957），因其能更好地反映人力资本质量、企业技术和管理模式等因素对经济增长的影响，一直以来被作为衡量经济增长的重要指标。关于数字经济对全要素生产率的研究，可从数字经济的演进历程视角进行分析。数字经济一词最早出现于1995年Don Tapscott的*The Digital Economy: Promise and Peril in the Age of Networked Intelligence*一书，对数字经济的研究经历了从信息经济、互联网经济到数字经济的探索阶段（许宪春、张美慧，2020），从而数字经济的相关研究也基于此展开，考察了信息化、互联网及人工智能等领域对经济增长的作用（Waverman，1996；郑世林等，2014；郭家堂、骆品亮，2016）。

数字经济对全要素生产率的影响机制表现为：一是数字经济对技术进步的影响。21世纪技术进步最为核心的表现之一是大数据在数字经济、人工智能等领域的广泛应用，以人工智能、数字化革命为代表的大数据应用将实现空前的技术进步（Brynjolfsson and Erik，2014），可为绿色生产、生活等方面提供重要手段和保障（许宪春等；2019），使能够提升劳动生产率和资本效率的技术进步出现空前的发展（Dong and Mcintyre，2014）。具体而言，一方面，数字技术能够促进知识的传播和积累，提升开放式创新实践，激励企业从事更多的创新活动（Mubarak et al.，2021）。数字化所产生的网络效应和规模经济等效应及其与人力资源的整合，有助于加快知识在各创新主体之间的传播和共享（刘善仕等，2017）。邱子迅和周亚虹（2021）得出大数据试验区的建立显著提高了地区的全要素生产率，且这种促进作用是由技术进步主导的。Abdul-Nasser等（2019）的研究也表明企业大数据的应用会影响企业的绿色创新活动。不仅如此，数字经济还能通过促进协同创新（张昕蔚，2019），实现不同技术领域间的各类知识的整合与重构，激励企业进行绿色技术创新（宋德勇等，2022）。另一方面，数字经济使人工智能服务可以通过更便宜的资本，补充或替代劳动力（Graetz and Michaels，2018）。这些被替代的劳动力一般为低技能、低效率的劳动力，代之也会出现更多的高技能就业高位（Acemoglu and Restrepo，2016），这会为全要素生产率的提升提供更多的人力资本。与之不同，部分研究从研发投入（李静等，2017）、技术扩散（程文，2021）及互联网（郭家堂、骆品亮，2016）等视角验证了数字经济对全要素生产率不但没有提升，反而有减弱趋势。基于不同视角的研究得出的结论使二者之间的关系莫衷一是。

二是数字经济对效率提升的影响。一种观点认为，数字经济有助于缓解资源扭曲，提升资源配置，进而提升全要素生产率。数字经济改变了传统的生产模式，打破了传统要素市场的束缚，缓解了资源错配和市场扭曲问题（余文涛、吴士炜，2020）。Atrostic 和 Sang（2010）认为企业工作中采用电信通信和网络办公等方式会对企业的劳动生产效率带来积极的影响。Acemoglu 和 Restrepo（2016）认为互联网和数字化技术的使用使劳动者突破时空的限制，改善了劳动要素的配置效率。不仅如此，数字金融等新兴业态的蓬勃发展，催生了基于互联网平台的借贷市场来破解融资约束问题（滕磊、马德功，2020），通过优化生产效率，促进全要素生产率的提升。还有一种观点认为，数字经济对生产效率存在负面影响。互联网的暴发式增长是一种极不平衡的扩张，不仅无法缓解要素扭曲，反而加剧了要素使用过程中的不平等。有研究显示，富国和穷国国际互联网用户数量分布的差距比全球富国与穷国人均收入差距的悬殊程度还要严重，伴随着经济的发展，“数字鸿沟”正在迅速扩大（胡鞍钢、周绍杰，2002）。不仅如此，数字经济会产生的价格歧视、竞价排名、数据信息限制和掠夺性定价等一系列典型垄断行为，引发资源错配，扰乱市场秩序，降低生产效率（王世强，2021）。

第三节 实证设计

一 模型设置

为考察数字经济影响全要素生产率的作用，本研究首先检验数字经济对全要素生产率的影响，基于整体视角对二者之间的关系做一描述，模型设置如下：

$$TFP_{it} = \alpha_0 + \alpha_1 DE_{it} + \alpha_p X_{it} + \mu_i + \gamma_t + \varepsilon_{it} \quad (1)$$

其中，TFP_{it}表示 i 城市第 t 年的全要素生产率。DE_{it}表示 i 城市第 t 年的数字经济发展水平，X_{it}表示控制变量，包括交通便利度（*road*），人口密度（*den*），外商直接投资（*fdi*），财政自主权（*gov*）和二产占 GDP 比重（*manu*），μ_i 和 γ_t 分别表示控制了个体和年份的固定效应，ε_{it}表示随机误差项。

其次，将全要素生产率划分为技术变化和效率变化两部分，检验数字经济对不同类型技术变化和效率变化的影响作用。构建模型如下：

$$Tech_{it} = \alpha_0 + \alpha_1 DE_{it} + \alpha_p X_{it} + \mu_i + \gamma_t + \varepsilon_{it} \quad (2)$$

其中，$Tech_{it}$和 $Effic_{it}$分别表示 i 城市第 t 年的技术变化（*tc*）和效率变化（*ec*）。其余指标解释同上。

再次，基于要素的产出视角，考察数字经济对不同要素结构发挥的作用。模型设置如下：

$$Output_{it} = \alpha_0 + \alpha_1 DE_{it} + \alpha_p X_{it} + \mu_i + \gamma_t + \varepsilon_{it} \quad (3)$$

其中，$Output_{it}$表示 i 城市第 t 年的产出要素。其余指标解释同上。

二　变量的选取和说明

（一）数字经济指标测度

学术界对数字经济的统计数据和公认的指标体系尚未有统一定论，徐清源等（2018）认为，目前国内外学界和政府部门对数字经济测度一般分两类，在界定范围之下，统计或估算出一定区域内数字经济规模体量的直接法，及基于多个维度指标，对不同地区间数字经济发展情况对比，得到其发展相对情况的对比法。且与国际指标相比，国内指标存在时间新、差异性强、数据来源多样性的特点。本研究通过梳理，认为目前数字经济指标的构建存在以下特点，一是由于时间跨度短、数据的获取受限等特点，指标主要集中于省级层面。二是选取的维度不同，指标差别较大。杨慧梅和江璐（2021）从产业数字化和数字产业化两个维度，采用主成分分析法构建，刘军等（2020）从信息化发展、互联网发展和数字交易三个维度构建。为了弥补上述指标构建方面的不足，从更全面、丰富的视角检验数字经济的影响，本研究借鉴赵涛等（2020）、刘军等

(2020) 及黄群慧等 (2019) 的方法，从互联网发展和数字普惠金融两方面对数字经济综合发展水平进行测度，并将互联网发展作为测度核心，加入数字交易的指标体系。采用互联网普及率、相关从业人员情况、相关产出情况和移动电话普及率四方面指标作为互联网维度，分别采用百人中互联网宽带接入用户数、计算机服务和软件业从业人员占城镇单位从业人员比重、人均电信业务总量和百人中移动电话用户数表征。采用中国数字普惠金融指数，表征数字金融发展 (郭峰等，2020)。最后，通过主成分分析的方法，将以上 5 个指标的数据标准化后降维处理，得到数字经济主成分指标。

（二）全要素生产率测度

1. 测度方法和指标选择

TFP 的测度业已成熟，大致分为代数指数法、增长和算法（索洛余值法)、随机前沿生产函数法（SFA）和数据包络分析（DEA）四类（Coelli et al.，2005），但是由于指数法和增长核算法要求市场完全竞争、规模报酬不变、技术进步为希克斯中性，且不能将全要素生产率增长分解为技术进步和效率变化，因此不考虑采用这种方法研究城市的全要素生产率。同时，2010 年到 2020 年十年间，中国经济处于转型期，时间跨度大，涉及城市多，各城市之间发展不均衡，很难用统一的生产函数描述，因此也不考虑随机前沿分析来测度，而是选择非参数 DEA Malmquist 生产率指数法测度。

非参数 DEA Malmquist 生产率指数法是基于数学规划的方法，由于对指标构建的限制较少，无须进行生产函数、无效率项分布及市场竞争状况的假设，也没有规模报酬不变、资本和劳动产出弹性的约束，对参数的估计和投入产出价格也无需考虑，即使在价格扭曲的情况下同样可以使用。不仅如此，Faere 等（1989、1994）借鉴了 Caves 等（1982）的核算方法，运用基于松弛的方向性距离函数及 Malmquist 生产率指数将生产率分解为效率变化和技术变化。其生产力指数的可分解性，可深入挖掘生产率的构成来源，并允许技术非效率的存在，不必考虑随机冲击的影响，在分析结果时比较稳定，数据调整时，除了相关年份会进行变化，其他部分都保持不变。因此，本研究借鉴张自然和陆明涛（2013）的方法，采用非参数 DEA Malmquist 生产率指数法测算中国地级市层面的全要素生产率。

2. 投入产出变量

（1）产出。本研究采用既有文献中常用的表征增加值概念的国内生产总值指标（*gdp*），并将各城市的名义地区生产总值以2006年为基期除以地区生产总值的平减指数，得出各城市的实际地区生产总值（*sgdp*）。

（2）生产要素投入。包含劳动力（*L*）和资本存量（*K*）两类。劳动力投入（*peop*）采用就业人数表征。资本存量（*fix*）采用永续盘存法计算，即上一期资本存量扣除折旧之后与当期新增固定资产投资之和。城市层面的基期资本存量由当年各省级2006年固定资本存量按当年各地级市占各省级全社会固定资产投资的比来确定，各省2006年资本存量运用单豪杰（2008）计算的结果。与大多数文献一样，本研究采用5%的折旧率。关于地级市新增固定资产投资的计算，按照地级市的全社会固定资产投资总额占省级全社会新增固定资产投资的比重确定各地级市的全社会新增固定资产投资。以2006年为基期的地级市固定资产价格指数采用各年各省固定资产价格指数计算得到。通过这些工作，本研究得到了以2006年为基期的各地级市资本存量。

（3）产出结构的度量。为了多层次地剖析全要素生产率的构成，本研究将基于产出结构的视角做进一步验证。包含劳动生产率和资本生产率，分别采用人均GDP（*psgdp*）和单位资本存量GDP（*fdgdp*）表示。

3. 控制变量

（1）交通便利度（*road*）：便利的交通有助于要素的流动，影响了不同地区间要素的配置效率，造成全要素生产率的差异化分布。本研究采用单位人口数量的市辖区城市道路面积衡量。（2）人口密度（*den*）：本研究采用行政区域土地面积上的年末人口数表征人口密度。（3）外商直接投资（*fdi*）：本研究采用经过汇率调整后的FDI的实际价格衡量。（4）财政自主权（*gov*）：本研究采用财政收入与财政支出之比衡量。（5）二产占GDP比重（*manu*）：本研究采用第二产业占GDP的比重衡量。

三　数据来源及处理

本研究的原始数据分别来源于国家统计局公布的《中国统计年鉴》、《中国城市统计年鉴》、EPS等微观数据库，通过将数字经济主成分指标和城市层面的数据指标进行匹配，计算得出2011—2016年时间段的数据。[①] 关于城市层面的数据，本研究剔除吐鲁番市、哈密市、三沙市、儋州市等数据缺失较严重的地区（且不包含港澳台地区），选取2011—2016年中国197个地级及以上城市的面板数据。关于产业结构数据，分行业就业数据采用2003年之后经过调整的19个行业[②]的就业人员的数据处理得出。对于个别缺失的数据已进行插值法补缺，同时为了消除异方差，部分控制变量进行对数处理。对于需要调整的数据已进行指数调整。具体地，为了剔除价格波动的影响，提高数据的准确性及可信性，本研究利用国内生产总值指数，以2006年为基期对所有货币量进行平减，调整为可比价格。涉及固定资产的数据，都按照固定资产价格指数进行调整。表6-1至表6-3展示了全部指标的描述性统计结果。

表6-1　　主要变量的描述性统计

指标	变量名称	单位	指标名称	样本值	均值	标准差	最小值	最大值
	DE	—	数字经济综合发展指数	1145	-2.33	1.23	-1.47	13.18
	tfp	—	全要素生产率	1145	1.00	0.00	1.00	1.00
	tc	—	技术变化	1145	1.00	0.00	1.00	1.00
	ec	—	效率变化	1145	1.00	0.00	1.00	1.00
	road	万平方米/万人	交通便利度	1145	12.89	11.78	0.21	220.11
控制变量	*den*	人/平方公里	人口密度	1145	0.05	0.04	0.00	0.78

① 因省级层面全社会固定资产投资、新增固定资产、地级市全社会固定资产投资在2017年及其之后有大量缺失值，因而核算生产率和绿色生产率所需要的资本数据只能到2016年，本研究所需指标的样本也只能到2016年，但是，因本研究考察的是现象背后的机制，所以其研究结论不受数据时间段的影响，其研究结论也相当具有学术价值。

② 分别为农、林、牧、渔业；采矿业；制造业；电力，燃气及水的生产和供应业；建筑业；批发和零售业；交通运输，仓储和邮政业；住宿和餐饮业；信息传输，计算机服务和软件业；金融业；房地产业；租赁和商业服务业；科学研究，技术服务和地质勘查业；水利，环境和公共设施管理业；居民服务，修理和其他服务业；教育；卫生，社会保障和社会福利业；文化，体育，娱乐用房屋；公共管理和社会组织。

续表

指标	变量名称	单位	指标名称	样本值	均值	标准差	最小值	最大值
	fdi	万美元	外商直接投资	1145	0.02	0.02	0.00	0.12
	gov	万元	财政自主权	1145	0.48	0.23	0.09	1.54
	manu	—	二产占 GDP 比重	1145	48.80	10.15	14.95	89.34

表 6－2　　全要素生产率构成指标的描述性统计

指标	变量名称	单位	指标名称	样本值	均值	标准差	最小值	最大值
投入	*fix*	万元	固定资产投资	1145	15800000	17400000	360136	172000000
	peop	人	年末总人口	1145	474.27	498.44	29.97	9591
产出	*sgdp*	万元	实际地区生产总值	1145	1.11e+07	1.53e+07	967787.90	1.21e+08

表 6－3　　投入产出端指标的描述性统计

指标	变量名称	单位	指标名称	样本值	均值	标准差	最小值	最大值
投入端劳动力生产率	*psgz*	元/人	人均实际工资	1145	9.93	0.25	7.58	12.02
投入端资本生产率	*psfix*	元/人	人均实际固定资产	1145	10.05	0.68	6.40	11.76
产出端劳动生产率	*psgdp*	元/人	人均实际 GDP	1145	24351.04	24066.45	516.61	240138.90
产出端资本生产率	*fgdp*		单位固定资产生产总值	1145	0.89	0.52	0.20	7.33

第四节　实证检验

基于上述分析，本部分对数字经济与全要素生产率之间的关系进行检验，并进一步将全要素生产率分解为技术变化和效率变化，以及基于产出视角，全面剖析数字经济对全要素生产率的影响。

一 基本事实分析

在对数字经济、全要素生产率关系进行检验之前，本部分首先通过拟合曲线对数字经济和全要素生产率的增长趋势进行简单描绘，以直观展示二者的发展状况。根据图6－1拟合线结果，样本期间数字经济随时间的推移呈现显著的逐年上升趋势，数字经济的发展势头迅猛。2013年之后虽然增长趋势略微放缓，但是整体趋势依然呈现稳步提升，数字时代正加速到来。

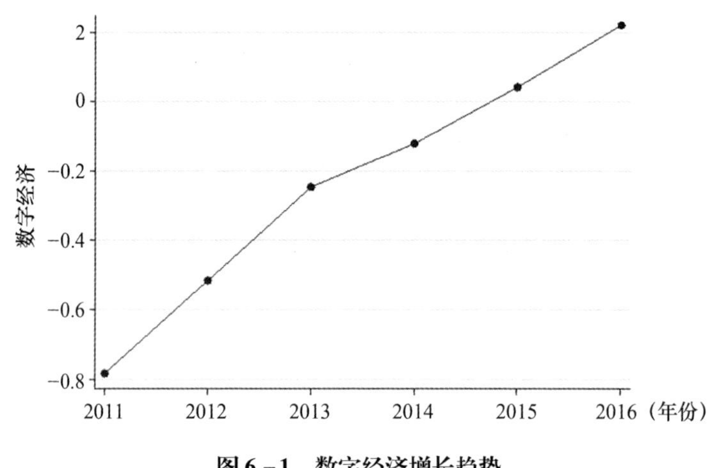

图6－1 数字经济增长趋势

图6－2统计了全要素生产率的增长趋势，结果显示，样本期间，全要素生产率整体随时间的推移呈现逐年上升，但涨幅波动较大甚至出现下滑趋势。这与经济发展现状基本相符，2012年以来，中国进入经济增长换挡期，经济增速放缓，产业结构性矛盾开始凸显。在生产端，高能耗、高污染的粗放型发展方式已经显露出弊病，环境问题频现。在消费端，经济发展水平的提高产生的消费多样化的需求无法满足，产品高级化短缺。经济结构处于不断的动态调整过程中，这必然表现为全要素生产率经过一个快速涨幅之后增速逐渐放缓并随产业结构的调整逐步回升的过程。直至2015年供给侧结构性改革的正式提出，“三去一降一补”的政策开始推行，经济结构调整力度和速度进一步加快，增速也开始由

逐渐增长转为下降趋势。

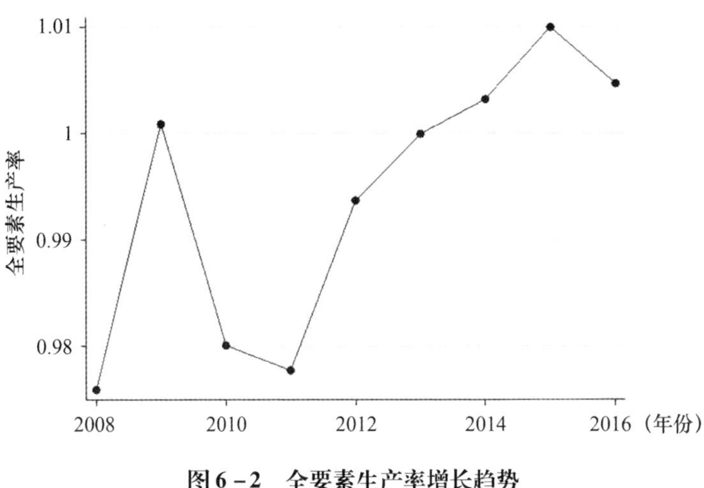

图6－2　全要素生产率增长趋势

二　数字经济与全要素生产率：技术变化和效率变化视角

表6－4显示了数字经济对全要素生产率的影响结果，根据回归结果，无论加入控制变量与否，数字经济对全要素生产率的影响均在1%的水平上显著为负，表明在样本期间，数字经济并未对全要素生产率起到拉动作用，数字经济的积极效应并未得到充分的发挥，验证了样本期间“索洛悖论”的存在性。控制变量中，交通便利度对全要素生产率的影响作用为正，说明便利的交通确实对要素之间的流动产生了积极影响，加快了不同地区间资源的配置效率，促进了生产效率的提升。同时，二产占比的增加对全要素生产率起到了微弱的削减作用。

表6－4　数字经济对全要素生产率和绿色全要素生产率的影响

变量	全要素生产率	
	tfp	*tfp*
DE	－0.01***	－0.01***
	(0.00)	(0.00)

续表

变量	全要素生产率	
	tfp	*tfp*
road		0.00 *
		(0.00)
den		-0.00
		(0.00)
fdi		-0.08
		(0.07)
gov		0.00
		(0.013)
manu		-0.00 ***
		(0.00)
_ *cons*	0.97 ***	1.03 ***
	(0.00)	(0.02)
地区	Y	Y
年份	Y	Y
N	1145	1145
R^2	0.27	0.30

注：表中所有结果均利用 Stata14.0 软件计算而得；括号内为城市层面聚类的标准差；*、**、*** 分别表示在 10%、5% 和 1% 的水平上显著。

为检验数字经济未能发挥积极作用的原因，本部分进一步将全要素生产率分解为技术变化和效率变化两方面。表 6 -5 显示了数字经济对技术变化和效率变化的影响。根据结果可见，数字经济对全要素生产率的影响中，对技术变化的影响在 1% 的水平上显著为负，对效率变化的影响在 1% 的水平上显著为正，同时，数字经济对绿色全要素生产率无论在技术变化和效率变化方面均无显著影响。这表明，数字不利于技术进步，却对效率提升起到了积极作用。结合表 6 -4 说明，数字经济对全要素生产率的降低是由于其对技术进步的负面作用，数字经济并未推动技术进步，反而阻碍了技术进步。毋庸置疑，数字经济的迅速发展重塑了社会的生产、生活方式，加速了要素流动和价值创造，但是其在改善资源配置效率的同时，也存在“破坏性”的一面，数字经济存在的技术属性使其具有的先行者优势对后发者设置了较高的进入壁垒（王世强，2021），不仅扰乱了市场秩序，还割断了新技术的产生。更甚者，数字经济的虚拟属性带来的数字泡沫、数字幻觉等一系列不健康表现（王海兵，2022），不仅冲击实体经济的发展，还会将技术引向不规范、不健康的发展方向。具体原因本研究将在下文做进一步探讨。

表6－5　　　　数字经济对技术变化和效率变化的影响

变量	全要素生产率	
	tc	*ec*
DE	－0.01***	0.00***
	(0.00)	(0.00)
control variables	Y	Y
地区	Y	Y
年份	Y	Y
N	1145	1145
R^2	0.50	0.54

注：表中所有结果均利用Stata14.0软件计算而得；括号内为城市层面聚类的标准差；*、**、***分别表示在10%、5%和1%的水平上显著。

三　内生性检验

数字经济与全要素生产率之间的关系可能存在内生性，该内生性可能来自两方面，一是数字经济与全要素生产率之间存在互为因果的关系。在数字经济发展的过程中，城市的生产率对数字化基础设施的建设及数字经济的迅速发展等具有重要影响，如互联网、信息技术等往往首先出现在北京、上海、杭州等一线城市。二是某些未观测到的遗漏变量可能同时影响数字经济和全要素生产率的提升。对此，本研究采取工具变量方法加以解决。工具变量的选取需同时满足与因变量没有直接影响，但与内生解释变量间存在显著的相关性两个条件。本研究选取基于城市层面连续校正的DMSP—OLS夜光遥感数据作为工具变量。该数据来源于美国国家海洋大气局国家地球物理数据中心。由于OLS传感器在夜间工作，可获取来自城市、乡镇及其他在夜间能有持久光源的区域，并且去除了因云、火光、汽车等偶然“噪声”影响的稳定夜间灯光影像。因此，夜间灯光影像可作为人类活动的表征，逐步成为研究人类活动的重要数据源（李欣欣，2018）。该数据作为工具变量的合理性是由于：一方面，灯光强度越高的地区，说明人类活动越频繁，数字经济的发展程度就越高，其与数字经济的发展有着显著的直接相关性。另一方面，夜间灯光强度高的地区，未必生产率就高，其对这两项生产率均无直接影响。为保证工具变量的合理性，需要进行弱工具变量检验，从结果看，F 值为 101.22，大于 10，拒绝了原假设，说明工具变量与内生解释变量之间存在显著相关性。回归结果如表 6 -6 和表 6 -7 所示。

表 6 -6 数字经济影响全要素生产率的内生性检验

变量	全要素生产率	
	2SLS-IV	
	第一阶段	第二阶段
	DE	*tfpch*
均值	0.25 ***	
	(0.00)	
DE		-0.02 ***
		(0.01)
control variables	Y	Y
地区	Y	Y
年份	Y	Y
N	950	950
R^2	0.51	0.50
Cragg-Donald Wald F statistic	101.22	

注：表中所有结果均利用 Stata14.0 软件计算而得；括号内为城市层面聚类的标准差；*、**、*** 分别表示在 10%、5% 和 1% 的水平上显著。

根据表 6 -6 结果，2SLS-IV 第一阶段结果显示工具变量对内生解释变量数字经济在 1% 水平上存在显著相关性，F 值的结果也证实了这一结论，表明工具变量的有效性。第二阶段的结果显示，数字经济对全要素生产率的影响在1%的水平上显著为负，与表6－4的结果一致，佐证了样本期间数字经济无法提升全要素生产率的事实。同样，根据表6－7结果，2SLS-IV第一阶段结果显示工具变量与内生解释变量之间的相关性，第二阶段的结果显示，数字经济对全要素生产率中技术进步的影响显著为负，对效率提升的影响显著为正，与表6－5结果一致。表明数字经济对全要素生产率的降低主要体现在其对技术进步速度降低的影响上，却显著提升了其效率，佐证了样本期间“索洛悖论”的存在。整体上说，工具变量的检验结果表明数字经济对全要素生产率的负向影响是稳健性的，样本期间数字经济并不能显著提升全要素生产率。

表6－7　　数字经济影响技术变化和效率变化的内生性检验

变量	全要素生产率			
	2SLS-IV		*2SLS-IV*	
	第一阶段	第二阶段	第一阶段	第二阶段
	DE	*tc*	*DE*	*ec*
均值	0.25***		0.25***	
	(0.00)		(0.00)	
DE		-0.02***		0.02***
		(0.01)		(0.01)
control variables	Y	Y	Y	Y
地区	Y	Y	Y	Y
年份	Y	Y	Y	Y
N	950	950	950	950
R^2	0.51	0.50	0.51	0.57
Cragg-Donald Wald F statistic	101.22		101.22	

注：表中所有结果均利用Stata14.0软件计算而得；括号内为城市层面聚类的标准差；*、**、***分别表示在10%、5%和1%的水平上显著。

四　进一步分析：产出结构视角

上述分析从全要素生产率分解视角得出数字经济对全要素生产率的影响关系，本部分将回溯到全要素生产率的指标体系本身，基于产出结构视角考察数字经济的影响。

表6-8首先基于整体的投入产出要素视角显示了数字经济对产出要素的影响结果。数字经济对投入和产出要素的影响均显著为正，不仅提升了就业人数和资本存量，还提升了产出。该结果同前文中表6-4中数字经济对全要素生产率的降低结果不一致的原因是，数字经济对产出的提升是由于劳动力投入和资本增加引起产出增加，因而全要素生产率无法提升，表6-8第一列的结果也证实了这一说法，数字经济的提升显著增加了就业和投资，使得投入和产出同时增长，从而成为全要素生产率总体未能提升的原因。总体上说，该结果符合预期，结合图6-2，样本期间数字经济处于发展初期，增长速度快，需要大量的投资支撑前期的配套建设，因此不可避免会出现投入、产出增加。

表6-8　　数字经济对投入要素和产出要素的影响：整体视角

变量	投入		产出
	peop	*fix*	*sgdp*
DE	0.06**	9.1e+06***	1.1e+06***
	(0.03)	(2.2e+06)	(3.7e+05)
control variables	Y	Y	Y
地区	Y	Y	Y
年份	Y	Y	Y
N	1145	1145	1145
R^2	0.98	0.96	0.27

注：表中所有结果均利用Stata14.0软件计算而得；括号内为城市层面聚类的标准差；*、**、***分别表示在10%、5%和1%的水平上显著。

表6-9进一步基于产出结构视角检验了数字经济对全要素生产率的影响机制。根据结果，数字经济对产出中劳动生产率和资本生产率的影响不显著。结合上表6-5说明数字经济虽然增加了劳动力和资本存量的投入，但是并未改变劳动生产率和资本生产率，产出结构并未发生显著改变，单纯地通过数字经济改变产业结构很难。

表6－9　数字经济对产出结构的影响：劳动生产率和资本生产率视角

变量	产出	
	psgdp	*fgdp*
DE	－1.5e＋03	0.01
	(3.8e＋03)	(0.01)
control variables	Y	Y
地区	Y	Y
年份	Y	Y
N	1145	1145
R^2	0.73	0.89

注：表中所有结果均利用 Stata14.0 软件计算而得；括号内为城市层面聚类的标准差；*、**、*** 分别表示在 10%、5% 和 1% 的水平上显著。

综合表6－8 和表6－9 结果，无论从产出结构视角还是投入结构视角分析，数字经济的影响主要体现在前期的大量劳动力和投资投入带来的产出变化。上述结果说明，数字经济的发展会扩大投入规模和产出规模，但是其对劳动生产率和资本生产率未产生显著影响，因此也无法起到提高全要素生产率的作用。因此，后文将深入到经济结构内部寻找数字经济提升全要素生产率的路径。

第五节　数字经济促进全要素生产率的路径

上述分析从生产率分解和产出视角对数字经济与全要素生产率之间的关系进行了整体而又全面的评估，发现数字经济降低技术进步速度进而降低全要素生产率的原因在于，数字经济的发展仅仅扩大了生产规模，并未促使劳动生产率和资本生产率提升，因而无法促进双重生产率提升，本部分将深入到经济结构内部，以产业结构调整为例，分析数字经济提升全要素生产率的机制，为数字经济如何起到拉动经济发展的作用提供一种新的解释。

根据前文产出结构视角的分析结果，数字经济水平的提升并未对产业结构产生显著影响，未引起产出结构的实质性变化，从而本研究猜想，数字经济对全要素生产率未发挥积极的作用，原因在于数字经济处于快速发展时期，整个经济的投入—产出结构未必能够迅速适应，因而产业结构也并未随之而变，从而使现有的产业结构并不能适配数字经济的发展，甚至引发一系列的资源错配现象，导致数字经济的作用无法得到有效发挥，最终全要素生产率未能提升。基于此，本部分将产业结构（*indu*）纳入数字经济影响全要素生产率的影响中，选用调节效应模型考察产业结构调整对数字经济影响全要素生产率的调节作用。模型设置如下：

$$TFP_{it} = \alpha_0 + \alpha_1 DE_{it} + \alpha_2 DE \times indu_{it} + \alpha_3 indu_{it} + \alpha_p X_{it} + \mu_i + \gamma_t + \varepsilon_{it} \tag{4}$$

其中，$indu_{it}$ 表示 i 城市第 t 年的产业结构，此处的产业结构采用按照行业划分的 19 个行业结构中除去信息传输、计算机服务和软件业从业人员和金融业从业人员之后的第三产业和第二产业的就业人数总和与被除去的这两个产业的比重表示。实证回归结果如表 6－10 所示。

表 6－10　　产业结构调整对数字经济影响生产率的影响

变量	全要素生产率	
	tfp	*tfp*
DE × indu	0.04**	0.05***
	(0.02)	(0.02)
DE	－0.02***	－0.02***
	(0.00)	(0.00)
indu	0.03	－0.02
	(0.06)	(0.07)
control variables	Y	Y
地区	Y	Y
年份	Y	Y
N	1145	1145
R^2	0.48	0.50

注：表中所有结果均利用 Stata14.0 软件计算而得；括号内为城市层面聚类的标准差；*、**、*** 分别表示在 10%、5%和 1%的水平上显著。

表 6－10 检验了产业结构调整对数字经济影响全要素生产率的调节作

用，全要素生产率的结果显示，加入控制变量和不加控制变量的数字经济和产业结构调整的交乘项的结果均表明，数字经济对全要素生产率的结果在1%的水平上显著为正，表明产业结构调整才是实现全要素生产率提升的关键因素，在产业结构调整的条件下，数字经济对全要素生产率的影响显著提升。产业结构优化对数字经济具有重要的影响作用，产业结构优化意味着与数字经济发展相适应的产业结构的调整过程，其伴随着新的技术进步和资源的配置效率的提高，是更高层阶上的产业结构调整，数字经济效应的发挥需要相应的产业结构与之匹配。

为了更清晰地看到产业结构发挥作用的路径，在上述基础上，将全要素生产率进一步分解得表6－11，根据数字经济与产业结构调整的交乘项结果可知，产业结构优化对全要素生产率的提升主要反映在技术层面。这也与表6－5中的数字经济对技术进步速度降低的结果完全相反，由此可见，产业结构优化正好可以弥补数字经济在全要素生产率中技术提升方面的不足，打通数字经济影响全要素生产率提升的关键环节，助力经济效率的提升。

表6－11　　产业结构调整对技术变化和效率变化的影响

变量	全要素生产率	
	tc	*ec*
DE×indu	0.05***	－0.02
	(0.02)	(0.02)
DE	－0.02***	0.01**
	(0.00)	(0.00)
indu	－0.01	0.08
	(0.07)	(0.07)
control variables	Y	Y
地区	Y	Y
年份	Y	Y
N	1145	1145
R^2	0.50	0.55

注：表中所有结果均利用Stata14.0软件计算而得；括号内为城市层面聚类的标准差；*、**、***分别表示在10%、5%和1%的水平上显著。

第六节 主要研究结论及政策建议

基于数字经济和经济增长的背景，本研究探讨了数字经济影响全要素生产率的内在逻辑，并通过匹配地级市层面2011—2016年数字经济和生产率的面板数据予以佐证，得出如下主要研究结论：（1）样本期间，数字经济对全要素生产率具有显著的负向影响，基于夜光遥感数据的内生性检验支持了数字经济对全要素生产率的这一负向影响。（2）将全要素生产率分解为技术变化和效率变化的结果可得，数字经济降低了技术进步速度，却增加了技术效率。说明数字经济对全要素生产率降低的主要原因为技术进步速度的下降。（3）从产出结构的视角可得，整体上数字经济同时提高了投入规模和产出规模，这也是数字经济无法提升全要素生产率的原因。基于产出结构视角的结果表明，数字经济对产出中劳动生产率和资本生产率并未产生显著影响，说明数字经济虽然同时增加了投入产出规模，但并未改变劳动生产率和资本生产率。（4）进一步深入到经济结构内部的分析可得，产业结构优化能同时促进数字经济对全要素生产率的正向作用，其主要体现在产业结构的调整可以使数字经济发挥出提高技术进步速度的作用。

基于上述结论，本研究提出如下政策建议。

第一，规范数字生态环境，引导数字经济向稳向好发展。由于数字经济的非排他性、虚拟等特性，在推动数字产业化和产业数字化的过程中，既要注重构建与之相配套的数字生态环境，又要对相应的数字应用环境进行规范，防范数字垄断、赢家通吃等损害生产效率的现象发生。尤其是在数字经济发展前期，这些不规范的发展方式造成的新知识的沟通交流和新技术的产生途径一经切断，会直接影响到全社会生产率的提升，诱发“索洛悖论”的出现。因此构筑良好的数字生态环境，不仅能为数字经济的蓬勃发展提供良好的外部环境，而且有助于激发新的经济增长点，挖掘经济增长新动能。

第二，优化调整产业结构，推动数字经济健康持续发展。数据作为一种新型的生产要素，已经深度融入经济价值创造过程，对经济社会发展产生了深远影响。数字经济的发展改变了社会的生产生活方式，影响着人们工作和生活的方方面面。然而，数字经济的发展要想实现社会效率的全面提升，必须从本质上改变要素的投入产出结构，推动产业结构的优化调整，使其能够顺应数字经济和数字产业的发展规律，防止出现数字泡沫、大数据杀熟等扭曲资源配置降低经济效率的产业发展方式。数字经济赋能传统产业转型升级要以一种更加规范、健康、可持续的调整方式，才能促进经济效率的提升，推动数字经济朝向更加持续健康的方向发展。

参考文献

［1］程文:《人工智能、索洛悖论与高质量发展：通用目的技术扩散的视角》,《经济研究》2021 年第 10 期。

［2］单豪杰:《中国资本存量 K 的再估算：1952—2006 年》,《数量经济技术经济研究》2008 年第 10 期。

［3］郭峰、王靖一、王芳、孔涛、张勋、程志云:《测度中国数字普惠金融发展：指数编制与空间特征》,《经济学》（季刊）2020 年第 4 期。

［4］郭家堂、骆品亮:《互联网对中国全要素生产率有促进作用吗?》,《管理世界》2016 年第 10 期。

［5］郭凯明:《人工智能发展、产业结构转型升级与劳动收入份额变动》,《管理世界》2019 年第 7 期。

［6］胡鞍钢、周绍杰:《新的全球贫富差距：日益扩大的“数字鸿沟”》,《中国社会科学》2002 年第 3 期。

［7］黄群慧、余泳泽、张松林:《互联网发展与制造业生产率提升：内在机制与中国经验》,《中国工业经济》2019 年第 8 期。

［8］李静、楠玉、刘霞辉:《中国研发投入的“索洛悖论”——解释及人力资本匹配含义》,《经济学家》2017 年第 1 期。

［9］李欣欣:《基于夜间灯光数据的辽中南城市群城市空间扩张分析与监测研究》，硕士学位论文，辽宁师范大学，2018 年。

［10］刘军、杨渊鋆、张三峰:《中国数字经济测度与驱动因素研究》,《上海经济研究》2020 年第 6 期。

［11］刘善仕、孙博、葛淳棉、王琪:《人力资本社会网络与企业创新——基于在线简历数据的实证研究》,《管理世界》2017 年第 7 期。

[12] 邱子迅、周亚虹：《数字经济发展与地区全要素生产率——基于国家级大数据综合试验区的分析》，《财经研究》2021 年第 7 期。

[13] 宋德勇、朱文博、丁海：《企业数字化能否促进绿色技术创新？——基于重污染行业上市公司的考察》，《财经研究》2022 年第 4 期。

[14] 滕磊、马德功：《数字金融能够促进高质量发展吗》，《统计研究》2020 年第 11 期。

[15] 王海兵：《数字经济的“破坏性”：典型现象及政策建议》，《当代经济管理》2022 年第 10 期。

[16] 王宏鸣、孙鹏博、郭慧芳：《数字金融如何赋能企业数字化转型？——来自中国上市公司的经验证据》，《财经论丛》2022 年第 1—14 期。

[17] 王世强：《数字经济中的反垄断：企业行为与政府监管》，《经济学家》2021 年第 4 期。

[18] 熊鸿儒：《中国数字经济发展中的平台垄断及其治理策略》，《改革》2019 年第 7 期。

[19] 徐清源、单志广、马潮江：《国内外数字经济测度指标体系研究综述》，《调研世界》2018 年第 11 期。

[20] 许宪春、任雪、常子豪：《大数据与绿色发展》，《中国工业经济》2019 年第 4 期。

[21] 许宪春、张美慧：《中国数字经济规模测算研究——基于国际比较的视角》，《中国工业经济》2020 年第 5 期。

[22] 杨慧梅、江璐：《数字经济、空间效应与全要素生产率》，《统计研究》2021 年第 4 期。

[23] 余文涛、吴士炜：《互联网平台经济与正在缓解的市场扭曲》，《财贸经济》2020 年第 5 期。

[24] 张昕蔚：《数字经济条件下的创新模式演化研究》，《经济学家》2019 年第 7 期。

[25] 张自然、陆明涛：《全要素生产率对中国地区经济增长与波动的影响》，《金融评论》2013 年第 1 期。

[26] 赵涛、张智、梁上坤：《数字经济、创业活跃度与高质量发展——来自中国城市的经验证据》，《管理世界》2020 年第 10 期。

［27］郑世林、周黎安、何维达：《电信基础设施与中国经济增长》，《经济研究》2014 年第 5 期。

［28］Abdul-Nasser，El-Kassar，Sanjay，et al.，"Green Innovation and Organizational Performance：The Influence of Big Data and the Moderating Role of Management Commitment and HR Practices-Science Direct"，*Technological Forecasting and Social Change*，Vol. 144，2019.

［29］Acemoglu D.，Restrepo P.，"The Race Between Machine and Man：Implications of Technology for Growth，Factor Shares and Employment"，*NBER Working Papers*，2016.

［30］Atrostic B. K.，Sang V. N.，"It and Productivity in U. S. Manufacturing：Do Computer Networks Matter?"，*Economic Inquiry*，Vol. 43，No. 3，2010.

［31］Brynjolfsson E.，"The Productivity Paradox of Information Technology"，*Communications of the ACM*，Vol. 36，No. 12，1993.

［32］Brynjolfsson，Erik，The Second Machine Age：Work，Progress，and Prosperity in a Time of Brilliant Technologies，Fir，W. W. Norton & Company，2014.

［33］Caves，D. W.，Christensen，L. R.，and Diewert，W. E.，"The Economic Theory of Index Numbers and the Measurement of Input and Output and Productivity"，*Econometrica*，No. 50，1982.

［34］Coelli T. J.，Rao D.，O'Donnell C. J.，et al.，*An Introduction to Efficiency and Productivity Analysis*，Springer US，2005.

［35］David P. A.，"The Dynamo and the Computer：An Historical Perspective on the Modern Productivity Paradox"，*The American Economic Review*，Vol. 80，No. 2，1990.

［36］Dong X.，Mcintyre S. H.，"The Second Machine Age：Work，Progress，and Prosperity in a Time of Brilliant Technologies"，*Quantitative Finance*，Vol. 14，No. 11，2014.

［37］Erik，Brynjolfsson，Lorin，et al.，"Paradox Lost? Firm-Level Evidence on the Returns to Information Systems Spending"，*Management Science*，Vol. 42，No. 4，1996.

[38] Faere R. , Grosskopf S. , Lovell C. , et al. , "Multilateral Productivity Comparisons When Some Outputs are Undesirable: A Nonparametric Approach", *Review of Economics and Statistics*, Vol. 71, No. 1, 1989.

[39] Fare R. , Grosskopf S. , Norris M. , et al. , "Productivity Growth, Technical Progress, and Efficiency Change in Industrialized Countries", *American Economic Review*, Vol. 84, No. 1, 1994.

[40] Graetz G. , Michaels G. , "Robots at Work", *Review of Economics and Statistics*, Vol. 100, No. 5, 2018.

[41] Klenow H. P. J. , "Misallocation and Manufacturing TFP in China and India", *Quarterly Journal of Economics*, No. 4, 2009.

[42] Mubarak M. F. , Tiwari S. , Petraite M. , et al. , "How Industry 4. 0 Technologies and Open Innovation Can Improve Green Innovation Performance", *Management of Environmental Quality An International Journal*, 2021, ahead-of-print.

[43] Oliner S. D. , Sichel D. , Computers and Output Growth Revisited: How Big is the Puzzle, 1994.

[44] Solow R. M. , "We'd Better Watch Out", *The New York Review of Books*, Vol. 36, 1987 (Dec. , 01) .

[45] Solow R. M. , "Technical Change and the Aggregate Production Function", *The Review of Economics and Statistics*, Vol. 39, No. 3, 1957.

[46] Waverman L. , *Telecommunications Infrastructure and Economic Development: A Simultaneous Approach*, Wissenschaftszentrum Berlin (WZB), Research Unit: Competition and Innovation (CIG), 1996.

第七章

数字经济对产业结构转型升级的影响研究

第一节 引言

党的十九届五中全会明确指出"发展数字经济，推进数字产业化和产业数字化，推动数字经济和实体经济深度融合，打造具有国际竞争力的数字产业集群"，"十四五"规划和2035年远景目标纲要也指出"加快数字化发展，建设数字中国""打造数字经济新优势"，党的二十大报告提出"加快建设数字中国"，这为"十四五"时期和未来中国产业发展确立了方向。数字经济助推新型工业化发展，显著提升全要素生产率，数字技术对经济发展和产业结构转型升级的重要推动作用已经得到国际社会的普遍认可。

近年来，中国推进新型工业化发展，在大数据、云计算、5G、人工智能、区块链等数字技术领域取得了长足进步，数字技术的驱动作用逐渐增强，数字成为核心生产要素之一，不断推动生产、流通、交易等环节持续创新和升级，工业化发展出现了新图景。根据国家统计局数据，中国产业结构转型升级进程不断加快，第三产业增加值占GDP的比重从改革开放初期的24.6%提升到2022年前三季度的53.5%，一举扭转了长期以来产业结构单一的不利局面，为转变经济发展方式、实现高质量发展奠定了重要基础。与此同时，产业结构合理化程度不断优化，产业之间协调能力不断增强。数字经济的发展是否会真正促进中国产业结构高级化和产业结构合理化，这成为理论和实证研究领域的热点话题，因此，从多模型指数构建的维度进行实证研究和论证显得尤为重要。

以往文献对数字经济指数的构建方法以及区域间数字经济对产业结构高级化、合理化的差异影响关注较少，本章试图从数字经济指数的多模型测算和数字经济对产业结构高级化、合理化影响的实证研究角度出发，通过全国31个省份的面板数据的量化分析，就数字经济对产业转型升级影响这一问题做出边际贡献，进而提供经验依据和政策建议。本章第二部分是文献综述，对相关文献和理论进行梳理；第三、四部分是数字经济指数构建和测算，分别应用变异系数模型和因子分析模型进行数字经济指数计算，并进行趋势描述；第五部分是回归分析，实证研究数字经济发展对产业结构高级化、合理化的影响，之后是稳健性检验、异质性分析和机制分析，研讨区域差异和电力消费、创新等因素的交互影响；第六部分是研究结论与政策建议。

第二节 文献综述及述评

随着中国数字经济规模不断扩大，学术界对数字经济的重视和研究程度不断增加。国内外学者展开对数字经济促进产业结构转型升级这一话题的持续研究，对相关文献内容进行综述和归纳，有助于更好地理解这一问题研究脉络和进展，对理论研究和实践工作具有指导和借鉴意义。

一 文献综述

国内学者普遍认为数字经济对中国产业结构升级起到促进作用。数字经济发展驱动服务外包产业升级和转型，推动由工业主导型经济向服务主导型经济转变（李西林，2017），这给中国从制造业数字化转型切入促进产业结构向中高端迈进提供了重要机遇（张于喆，2018）。数字经济促进产业结构升级主要有以下机制：一是数字技术促进全要素生产率提升。数字革命和人工智能革命促进了劳动要素生产率的提高，智能机器制造部分替代了传统的劳动力、资本等要素，改变了全要素的结构（Acemoglu and Pascual，2018）。在数字经济时代，数据成为核心生产要素（于立、王建林，2020），数字技术和制造业深度融合催生数字化生产要素，数字技术成为驱动制造业全要素生产率增长的新引擎（刘平峰、张旺，2021），不断推动产业升级和经济增长（王建冬、童楠楠，2020）。二是产业数字化和数字产业化相互促进。数字经济在全球范围内快速增长，信息通信技术在数字经济发展中具有重要作用（Bukht and Heeks，2017），数字产业本身规模不断扩展带动第三产业持续发展。同时，数字产业化催生新创新模式，推动科技创新和产业转型（王一鸣，2020）。工业互联网对于推动企业数字化转型和产业优化升级具有基础性作用，未来会迎来加速落地期（王喜文，2020），同时，数字经济下的工业智能化推动产业变革和创新，有助于高质量就业的实现（王文，2020）。三是数字经济加速新型工业化。在数字要素推动下，工业化展开新的发展图景，由传统的以机械化（蒸汽机为代表）、电气化（发电机、发动机为代表）、信息化（电子计算机、互联网为代表）驱动的工业革命，转向由数字技术、人工智能为代表的数字化、智能化为驱动因素的新工业革命。数字经济为经济增长提供新动能，制造业成为主战场，推动中国工业发展质量的不断提升（曹正勇，2018），数字化浪潮带来的“组合式创新”成为第四次工业革命时代创新方式重大变革的表现之一，产业政策范式出现转型（张海丰、王琳，2020）。

关于数字经济促进产业转型升级的实证研究也是以往文献的热点，有学者通过面板数据统计分析，发现数字经济的发展提升了中国劳动力资源配置效率（丛屹、俞伯阳，2020）。也有学者使用中介效应模型，发现数字经济可有效改善劳动和资本要素配置扭曲状况（马中东、宁朝山，2020）。实证研究同样发现，数字经济正向促进中国产业结构转型升级，影响效果在不同区域间存在一定的差异（李晓钟、吴甲戌，2020），而反映在制造业就业上，呈现先降后升的正 U 型（杨骁等，2020）。针对“一带一路”共建国家，实证结果显示数字经济正向促进经济增长（陈福中，2020）。以往的实证研究少有从多模型指数构建维度验证数字经济对产业结构高级化、合理化的影响，本章试图增加这一方面的经验证据。

二　文献述评

针对数字经济对产业结构转型升级这一研究热点话题，以往文献主要从数字经济对工业化的驱动作用方向展开，强调数字要素驱动经济转型升级，推动新型工业化不断发展。在数字经济时代，工业化展开新图景，呈现出区别于以往传统产业不一样的发展特点，数字要素成为新型工业化发展的重要引擎。以往文献注重讨论数字信息要素与传统要素相融合下，产业结构发生转型和升级，数字技术推动全要素生产率不断提升，全球价值链由于数字经济的发展发生变化和重构，促进中国全球价值链参与度进一步提升。

通过对以往文献进行回顾和综述，得到如下启示：一是数字经济概念的内涵和外延不断扩展，数字技术对产业结构升级的促进作用不断增强；二是数字要素推动工业发展新图景的展开，成为经济发展的新驱动力；三是传统产业在数字技术发展过程中加速转型升级，数字技术推动全要素生产率不断提升；四是全球价值链在数字经济发展过程中产生变化和重构。因此，中国应抓住数字经济发展的机遇，促进产业结构转型升级和新型工业化的不断发展，进一步提升中国产业的国际竞争力。

第三节 变异系数法下的数字经济指数构建和测算

以往的一些研究中，对数字经济指数构建和测算方法的介绍较少，多用一些文献中已测算过的成熟数据进行分析，但存在的问题是过程、标准不统一，可重复性和实效性较差。本部分通过变异系数法的数字经济指数构建和测算，采用省际最新数据进行衡量，以显示数字经济区域发展趋势并为后文影响机制分析提供数据支撑。

一 指数构建

数字经济可以从窄维度视角来展开，通常采取变异系数法进行指数构建。以往有些指标体系过于复杂，一些指标已经不能与当下快速发展的信息化社会相匹配。窄维度视角的优势在于指数构建简单便捷，能快速纳入新指标以反映现状。在建立指标体系时，既要符合当下现实需要，与时俱进地去除旧指标，增加新指标，也要考虑到数据的可得性。

首先，将指标构建成为标准化数据矩阵如下：

$$r_{ij} = \frac{x_{ij}'}{\sum_{i=1}^{m} x_{ij}'^{2}} \tag{1}$$

其中，x_{ij}' 为指标正向化后产生的数据矩阵。

进而，得到标准化处理后的数据矩阵 $R = (r_{ij})_{m \times n}$

计算指标均值为：

$$A_j = \frac{1}{n}\sum_{i=1}^{m} r_{ij} \tag{2}$$

标准差为：

$$S_j = \sqrt{\frac{1}{n}\sum_{i=1}^{m}(r_{ij} - A)^2} \tag{3}$$

进而，变异系数计算为：

$$V_j = S_j / A_j \tag{4}$$

权重比例为：

$$w_j = \frac{V_j}{\sum_{j=1}^{n} V_j} \tag{5}$$

指数得分为：

$$Score_i = \sum_{j=1}^{n} w_j r_{ij} \tag{6}$$

二　指标选择与数据来源

指标选取主要利用各年度的《中国信息年鉴》和中国互联网信息中心定期发布的《中国互联网发展状况统计报告》的数据，从信息通信基础资源和相关信息技术应用两个维度考察数字经济指数，具体两个维度细节指标如表 7 - 1 所示。

表 7 - 1　各省数字经济指数构建

	指标	名称	指标说明
数字经济指数	相关信息技术应用	X5	各省域名数量（万个）/年末常住人口（万人）
	信息通信基础资源	X6	互联网宽带接入端口数（万个）/年末常住人口（万人）

资料来源：《中国信息年鉴》《中国互联网发展状况统计报告》。

在对两个指标权重确定方法上选择变异系数法。具体做法首先为了消除各项评价指标的量纲不同的影响，需要用各项指标的变异系数来衡量各项指标取值的差异程度。具体是根据年度横截面构建省份和指标项矩阵，再以每年为单位进行权重计算。计算权重后再计算指数得分，并对得分取对数得到不同年度各个省份的数字经济指数。

三 检验和测算结果

通过上述公式可以计算各省份 2014—2020 年在变异系数法下数字经济得分（Score1）情况，作为衡量各地数字经济衡量指数（见图 7－1）。

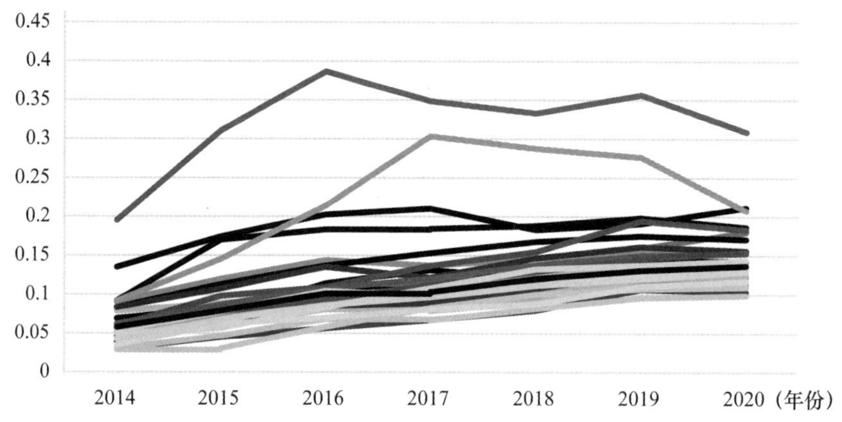

图 7－1 变异系数法下各省（直辖市）数字经济指数（2014—2020 年）

通过变异系数法构建数字经济指数，得出 2014—2020 年中国 30 个省（直辖市）数字经济衡量指数情况，走势如图 7－1 所示。结果显示：各省（直辖市）数字经济水平呈现逐渐提升的整体趋势，分层现象较为明显，北京、福建、上海、浙江等东部地区数字经济水平较高，甘肃、青海、宁夏、新疆等西部地区数字经济水平较低且同东部地区整体差距较大。部分省份数字经济发展迅猛，尤其是福建省在 2014 年之后数字经济指数增长较快。部分省份数字经济指数出现下降，尤其是北京在 2016 年之后指数出现下降但仍领先于其他地区。

上述趋势性分析说明数字经济发展水平在区域间存在较大差异、不均衡现象仍明显，东部地区整体发展水平较高，西部地区处于落后态势，中西部地区数字经济不断增长，逐渐缩小同东部地区的差距。

第四节　因子分析模型下的数字经济指数构建和测算

前文通过变异系数法对数字经济指数进行构建并测算，该方法虽然有无量纲、简单易行的优点，但变异系数法也存在一定程度的不足，主要是扰动较大、精确度不足等缺陷。因此，本部分从因子分析模型的维度进行数字经济指数的构建和测算，以期形成互相印证和稳健性检验，为后文实证回归分析提供更可靠的证据支撑。

一　指数构建

数字经济是一个涵盖面较广的范畴，对数字经济的刻画和评价应从不同维度展开。从宽维度视角，对数字经济指数的构建应从更多指标范畴来考虑，在众多指标的不同维度中选取影响程度权重更大的若干指标来构建反映数字经济发展水平的指数。因此，可采用因子分析模型来进行。

为反映数字经济对产业结构转型升级的影响，在模型构建上，采用数字经济评价指标体系构建，选取多维度数字经济发展水平评价指标，从网络基础设施、通信技术设施、数字产业发展三个维度形成数字经济发展水平指标体系。在指标体系基础上，构建因子分析模型，将原始变量通过模型结合成代表不同维度水平的因子组合，并衡量不同因子所占权重的大小。因子模型构建如下：

$$X_i = \mu_i + A_{ij} F_i + \varepsilon_i \tag{7}$$

其中，$X_i = (X_1, X_2, \cdots, X_p)^T$，$\mu_i = (\mu_1, \mu_2, \cdots, \mu_p)^T$，$F_i = (F_1, F_2, \cdots, F_p)^T$，$\varepsilon_i = (\varepsilon_1, \varepsilon_2, \cdots, \varepsilon_p)^T$；

X_i 为可观测变量；

$A_{ij} = \begin{matrix} a_{11} & \cdots & a_{1m} \\ \vdots & \ddots & \vdots \\ a_{p1} & \cdots & a_{pm} \end{matrix}$，为 $p \times m$ 载荷因子矩阵，a_{ij} 为第 i 个变量在第 j 个因子上的载荷，反映公共因子与变量相关关系；

$F_1, F_2, \cdots, F_p$ 为公共因子，为不可观测变量；

ε_i 为不被公共因子包含的特殊因子。

上述模型和变量满足如下条件：

$$E(F)=0,E(\varepsilon)=0,Cov(F)=I_m,$$

$$D(\varepsilon)=Cov(\varepsilon)=diag(\sigma_1{}^2,\sigma_2{}^2,\cdots,\sigma_m{}^2),cov(F,\varepsilon)=0$$

通过因子分析模型得到数字经济发展水平综合因子 Score2。

二 指标选择与数据来源

本研究主要的指标选择和数据来源如表 7-2 所示。

表 7-2 指标选择和数据来源

指数	一级指标	二级指标	计算方法
	数字网络基础设施（A1）	移动互联网用户人数占比 X1	移动互联网用户/年末常住人口
	通信技术设施（A2）	移动电话交换机容量 X2	移动电话交换机容量/年末常住人口
		长途光缆线路 X3	长途光缆线路长度/区域面积
	数字产业发展（A3）	各省域名数量 X4	各省域名数量/年末常住人口

三 检验和测算结果

检验过程分为三步走进行。第一步对因子分析模型原始数据进行标准化处理和检验；第二步进行因子特征值计算和因子变换，根据因子得分系数矩阵进行因子得分模型计算；第三步计算数字发展水平得分矩阵，进而将数字发展水平对产业结构指标进行回归模型计算。

首先，对数字经济发展水平指数三级指标原始数据进行标准化计算，并进行 KMO 检验以及 Bartlett 球形检验，显示 KMO 检验值为 0.5375，大于 0.5，反映各指标之间有较大的信息重叠度。Bartlett 球形检验结果为 0.058，其显著性概率值为 0.000，反映检验拒绝了指标间的相互独立假设，显示各指标间存在相互关联。KMO 检验以及 Bartlett 球形检验证明数字经济发展水平指数数据适用因子分析模型。

其次，对所有指标的方差贡献率和相关矩阵进行计算，对特征值大于 1 的因子进行提取，之后进行旋转变换，通过负荷系数趋近于 0 或 1，计算矩阵旋转前后的累积贡献率和因子贡献率。统计表 7－3 中结果显示，所提取的两个公共因子互不相关，累积贡献率达到 0.917，证明这两个公共因子所涵盖的信息能作为原始信息的较优反映。

表 7－3　　　　总方差分析

成分	总方差分解								
	初始特征值			提取载荷平方和			旋转载荷平方和		
	总计	方差百分比	累计百分比	总计	方差百分比	累计百分比	总计	方差百分比	累计百分比
1	2.441	61.04	61.04	2.441	61.04	61.04	2.432	60.79	60.79
2	1.227	30.66	91.70	1.227	30.66	91.70	1.236	30.91	91.70
3	0.256	6.41	98.11	0.256	6.41	98.11			

对两个主因子进行分析后得到成分得分矩阵、旋转后载荷矩阵（见表 7－4）。

表 7－4　　　　旋转后载荷矩阵和成分得分系数矩阵

	成分矩阵		旋转后载荷矩阵		成分得分系数矩阵	
	得分		得分		得分	
	1	2	1	2	1	2
X1	0.0132	0.9721	0.5977	－0.5180	0.0054	0.7925
X2	0.9561	0.1972	0.1638	0.4136	0.3916	0.1608
X3	－0.8094	0.4581	0.5176	0.7162	－0.3315	0.3735
X4	0.9339	0.1814	－0.5900	0.2184	0.3825	0.1479

根据因子得分系数矩阵建立因子得分模型如下：

$$F1 = 0.0054X1 + 0.3916X2 - 0.3315X3 + 0.3825X4 \tag{8}$$

$$F2 = 0.7925X1 + 0.1608X2 + 0.3735X3 + 0.1479X4 \tag{9}$$

结合第一主因子和第二主因子得分情况和方差贡献率，可以构建因子指数 Score2：

$$Score2 = (0.6079F1 + 0.3091F2)/0.917 \tag{10}$$

通过上述公式可以计算各省（直辖市）2014 年到 2020 年在因子分析模型下数字经济得分（Score2）情况，作为衡量各地数字经济衡量指数。

四 检验和测算结果

通过上述公式可以计算各省（直辖市）2014 年到 2020 年在因子分析模型下数字经济得分（Score2）情况，作为衡量各地数字经济衡量指数（见图 7－2）。

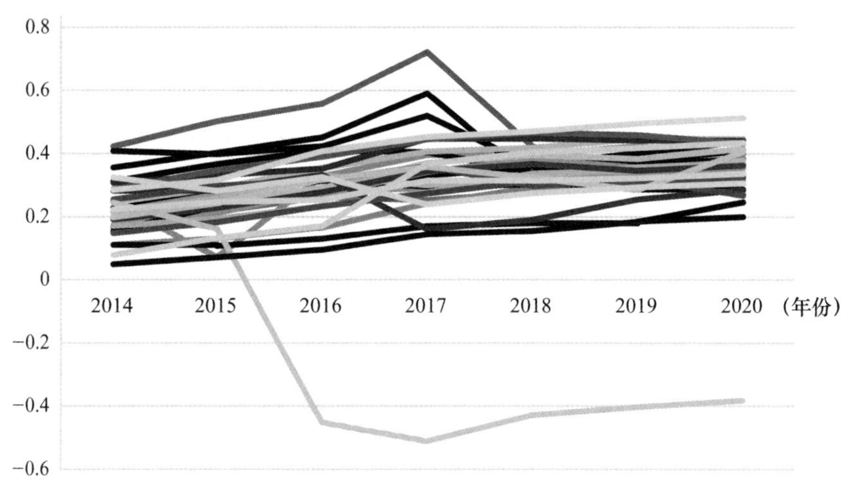

图 7－2 因子分析模型下各省（直辖市）数字经济指数（2014—2020 年）

通过因子分析模型构建数字经济指数，得出 2014 年到 2020 年中国 30 个省（直辖市）数字经济衡量指数情况，走势如图 7－2 所示。结果显示：各省（直辖市）数字经济水平呈现逐渐提升的整体趋势，分层现象较为明显，北京、江苏、上海、陕西等地数字经济水平较高，西藏、新疆、黑龙江等西部、东北地区数字经济水平较低且同东部地区整体差距较大。部分省份数字经济发展迅猛，尤其是陕西、青海、内蒙古地区在 2014 年之后数字经济指数增长较快。部分省份数字经济指数出现下降，尤其是在 2017 年之后，北京、江苏、上海数字经济指数出现较大程度下降。

上述趋势性分析说明数字经济发展水平在区域间存在较大差异，东部地区整体发展水平较高，西部地区处于落后，除西藏地区外其余地区数字经济均保持增长，西藏地区数字经济指数出现下滑，但在2017年之后开始缓慢爬升。因子分析模型下的数字经济指数趋势同前文变异系数法下的指数存在较大趋同性，但也存在两种方法下指数的一些差异。因此，用一种方法构建的指数进行回归分析总是存在偏差，以往部分文献的一大缺陷是所引用的数字经济指数没有说明是通过哪种方法进行构造、其结果是否能得到不同方法的印证。后文将运用两种不同维度下的数字经济指数对产业结构转型升级进行回归分析，以期提升结果稳健性和解释力。

第五节　数字经济对产业结构转型升级回归分析

在前文对数字经济指数进行两个维度下的构建和测算基础上，进而验证数字经济指数对产业结构转型升级是否存在定量上的影响关系，以及分析这种影响关系的方向和程度，对这一问题的深入探讨具有帮助。因此，本部分首先将产业结构转型升级这一抽象因素进行具象化，结合以往文献，可通过产业结构高级化和产业结构合理化指数来进行替代，以下进行指数的构建和分析。

一　产业结构高级化、合理化指数构建

（一）产业结构高级化指数构建（TS）

产业结构高级化指数（TS）是用于显示产业结构变化的趋势，是二、三产业规模之间的一种比例。以往诸多研究也通过第三产业产值同第二产业产值之间的比例来反映产业结构高级化的（付凌晖，2010；袁航、朱承亮，2018）。计算公式如下：

$$TS=\frac{\Delta\sum The\ third\ industry}{\Delta\sum The\ second\ industry} \tag{11}$$

其中，TS代指产业结构高级化指数，反映产业结构比重向第三产业发展的趋势，是“经济服务化”的进程（吴敬琏，2008）。通过上述公式，可以计算得到31个省份的TS面板数据。

（二）产业结构合理化指数构建（TL）

产业结构合理化指数（TL）是用于显示产业之间的协调程度，是产出结构同要素投入结构之间一种均衡状态的反映。借鉴干春晖等（2011）的做法，产业结构合理化以泰尔指数的倒数来进行度量。泰尔指数（*Theil index*）是衡量个体之间或地区之间不平等程度的指标，通过熵指数将不平等程度转化为产出份额所包含信息量的对比。计算公式如下：

$$TL = \frac{1}{Theil\ index} = \sum_{i=1}^{n} \left(\frac{Y_i}{Y} \right) \ln \left(\frac{Y_i}{L_i} \times \frac{L}{Y} \right) \tag{12}$$

其中，TL 代指产业结构合理化指数，L 为就业劳动力，Y 为产出，n 表示部门数，从而，Y_i/Y 表示产出结构，L_i/L 表示劳动力就业结构。因此，原始泰尔熵可以反映产出和就业结构的耦合，产业结构合理化指数 TL 可以在一定程度反映耦合下的结构偏离水平。

当经济系统处于均衡时，存在：

$$Y_i/L_i = Y/L$$

此时，$TL=0$。当 TL 不等于 0 的情况下，显示产业结构偏离均衡状态，产业结构合理化程度随数值偏离。通过上述公式，计算得到 31 个省、自治区、直辖市的 TL 面板数据。

二 研究设计

（一）样本选择与数据来源

本研究选取 2014—2020 年 31 个省份面板数据构成的样本，并对原始数据进行以下处理：对原始数据进行无量纲处理；对缺失数据进行填补。针对缺失数据，采用以下两种方法进行填补：（1）线性插值法。构造数据的线性趋势，填充各年份中间的缺失部分，得到线性插值法数据。（2）ARIMA 填补法。构建 ARIMA 模型，利用同一地区的时间序列数据，通过趋势预测对缺失值进行填补。本研究数据来源于《中国统计年鉴》《地方统计年鉴》、国家统计局数据库、CEIC 数据库，年度数据相对完整，仅有小于 2% 的数据缺失，数据插值的误差对整体样本的影响可以忽略不计。

（二）变量设定

（1）被解释变量：产业结构高级化指数（TS）、产业结构合理化指数

(TL)。通过产业结构高级化指数和产业结构合理化指数作为被解释变量，用来度量产业结构变化的趋势和程度。被解释变量的计算生成过程如前文指标构建模型，通过代入各变量原始数据，最终计算形成匹配本研究样本集合的面板数据。

(2) 解释变量：变异系数模型下的数字经济指数（Score1）、因子分析模型下的数字经济指数（Score2）。通过变异系数模型和因子分析模型分别构建数字经济指数，用来度量各地区数字经济发展程度和水平，数值大小的排列以及时序上的变动趋势，可以在一定程度上反映各地数字经济的情况。解释变量的计算生成过程如前文指标构建模型，通过代入模型筛选后的二级指标变量，最终计算形成匹配本研究样本集合的面板数据。

(3) 控制变量：参考以往研究和经典理论模型，纳入包括外商直接投资水平（FDI）、财政支出水平（Govern）、教育水平（Edu）、城镇化水平（Urban）、金融发展水平（Finance）等主要变量。并同时参考地区和年度固定效应。具体的变量衡量方法如表7-5所示。

表7-5 变量定义表

变量类型	变量名称	变量符号	衡量方法
被解释变量	产业结构高级化指数	*TS*	详见正文中关于变量的计算方法
	产业结构合理化指数	*TL*	详见正文中关于变量的计算方法
解释变量	变异系数模型下的数字经济指数	*Score1*	详见正文中关于变量的计算方法
	因子分析模型下的数字经济指数	*Score2*	详见正文中关于变量的计算方法
控制变量	外商直接投资水平	*FDI*	外商直接投资水平 = 外商直接投资（万元）/ GDP（亿元）/ 10000
	财政支出水平	*Govern*	财政支出水平 = 一般公共预算支出（亿元）/GDP（亿元）
	教育水平	*Edu*	人均受教育年限（年）
	城镇化水平	*Urban*	城镇化水平 = 城镇人口/总人口 * 100%
	金融发展水平	*Finance*	金融发展水平 = 金融机构存贷款余额（百万）/GDP（亿元）/100

(三)模型设定

1. 基准模型

构建产业结构对数字经济发展水平的基准回归模型,如下:

$$Y_{i,t} = \alpha_0 + \alpha_1 F_{i,t} + \beta_i Z_{i,t} + \mu_{i,t} \tag{13}$$

其中,$Y_{i,t}$ 代表地区产业结构指数,$F_{i,t}$ 为地区数字经济发展水平指数,$Z_{i,t}$ 为控制变量,α_0 为截距项,$\mu_{i,t}$ 为误差项;α_1 和 β_i 分别为解释变量回归系数和控制变量回归系数矩阵。

在基准模型的基础上,由于被解释变量、解释变量形成 2 ×2 的矩阵关系,因而,可以生成以下 4 组回归模型:

$$TS_{i,t} = \alpha_0 + \alpha_1 Score1_{i,t} + \beta_{11} FDI_{i,t} + \beta_{12} Govern_{i,t} + \beta_{13} Edu_{i,t} + \beta_{14} Urban_{i,t} + \beta_{15} Finance_{i,t} + \mu_{i,t} \tag{14}$$

$$TS_{i,t} = \alpha_2 + \alpha_3 Score2_{i,t} + \beta_{21} FDI_{i,t} + \beta_{22} Govern_{i,t} + \beta_{23} Edu_{i,t} + \beta_{24} Urban_{i,t} + \beta_{25} Finance_{i,t} + \mu_{i,t} \tag{15}$$

$$TL_{i,t} = \alpha_4 + \alpha_5 Score1_{i,t} + \beta_{31} FDI_{i,t} + \beta_{32} Govern_{i,t} + \beta_{33} Edu_{i,t} + \beta_{34} Urban_{i,t} + \beta_{35} Finance_{i,t} + \mu_{i,t} \tag{16}$$

$$TL_{i,t} = \alpha_6 + \alpha_7 Score2_{i,t} + \beta_{41} FDI_{i,t} + \beta_{42} Govern_{i,t} + \beta_{43} Edu_{i,t} + \beta_{44} Urban_{i,t} + \beta_{45} Finance_{i,t} + \mu_{i,t} \tag{17}$$

为了考虑模型变量之间可能存在的共线性问题,对两组解释变量和控制变量组合进行 VIF 检验,得到 VIF 数值分别为:3. 78、4. 25。因而,可以判断不存在严重的多重共线性问题,模型变量选取是适当的。

为考虑面板回归模型存在的内生性和异质性问题,因而,需要在基准模型基础上确定最优的估计方法。首先,判断模型适用混合估计(Pool)还是固定效应(FE),通过最小二乘虚拟变量法(LSDV 法)来检验,结果显示大多数个体虚拟变量 P 值为 0. 000 显著,原假设“所有个体虚拟变量都为 0”被拒绝。因此,模型存在个体固定效应,混合回归不适用,应采用固定效应。其次,判断模型适用混合估计(Pool)还是随机效应(RE),对模型进行 LM 检验,结果拒绝“不存在个体随机效应”的假设,显示应选择“随机效应”而非“混合回归”。最后,判断模型适用随机效应(RE)还是固定效应(FE),对模型进行 Hausman 检验,P 值结果为 0. 000 显著,显示拒绝原假设“μ_i 与($x_{i,t}$,z_i)均不相关”,模型应使用固定效应。

2. 工具变量法

由于模型可能存在包括遗漏变量偏误、双向因果等内生性潜在来源，在基准模型的基础上，采用工具变量法克服模型内生性问题，即选取一个与模型中随机解释变量高度相关却不与随机误差项相关的变量纳入模型，进而得到模型中相应回归系数的一个一致估计量。选取工具变量（IV）：参考黄群慧等（2019）的思路，选取“人均固定电话户数”（IV1），即区域固定电话年末用户（万户）/区域人口（万人），可对内生性很好地识别和控制。模型选取两阶段最小二乘法（2SLS）来进行处理，工具变量的纳入可以有效克服模型存在的内生性。

三　实证结果分析

通过不同方法下的实证估计，得到线性回归模型系数的估计结果，如表7-6所示，结果显示：数字经济对产业结构高级化指数产生正向显著影响，即随着数字经济的发展，第三产业占比逐渐提高，“经济服务化”程度加深。数字经济对产业结构合理化指数的影响在基准回归中并不明确，甚至在数字经济指标1的回归系数中产生负向影响，数字经济指标2的回归系数虽为正向但不显著，这说明产业之间的协调程度受数字经济发展影响到线性数量关系并不明确，或者由于内生性或样本量较小的影响而不明显。

表7-6　　基准回归结果

变量	TS	TS	TL	TL	TS	TS
	(1)	(2)	(3)	(4)	(5)	(6)
Score1	2.153** (2.17)		-0.461** (-2.04)		1.405*** (2.62)	
Score2		0.496* (1.85)		0.100 (1.40)		0.560*** (4.75)
FDI	0.558 (0.27)	-3.298 (-1.19)	-0.093 (-0.08)	-0.685 (-0.56)	1.307 (0.67)	-2.651 (-1.36)
Govern	-0.699 (-1.34)	-0.010 (-0.02)	0.165 (0.80)	0.395* (1.68)	-0.502 (-1.37)	0.399 (1.04)

续表

变量	TS	TS	TL	TL	TS	TS
	(1)	(2)	(3)	(4)	(5)	(6)
Edu	0.020 (0.12)	0.139 (0.84)	0.019 (0.73)	0.019 (0.72)	0.109 ** (2.31)	0.155 *** (3.41)
Urban	0.012 (1.07)	0.023 *** (3.34)	-0.018 *** (-6.43)	-0.023 *** (-8.36)	-0.005 (-1.00)	-0.012 ** (-2.14)
Finance	12.989 (1.48)	23.258 *** (4.19)	-3.002 (-1.48)	-2.751 (-1.25)	24.987 *** (6.25)	30.733 *** (7.10)
Constant term	-0.116 (-0.07)	-2.078 (-1.57)	1.946 *** (9.01)	2.118 *** (10.16)	-0.362 (-0.91)	-0.631 (-1.51)
Province FE	是	是	否	否	否	否
Year FE	否	否	否	否	是	是
Observations	186	186	186	186	186	186
R-squared	0.541	0.454	0.489	0.466	0.730	0.709

注：*** $P<0.01$，** $P<0.05$，* $P<0.1$；（ ）内为 t 值。

考虑到基准回归模型中，可能存在的内生性问题，进而采用工具变量法进行回归分析。对于 IV1，检验结果显示，K-P LM 统计量的 P 值为 0.0000，拒绝“工具变量识别不足”的原假设，Wald F 统计量大于 10% 水平的临界值，拒绝“工具变量弱识别”的原假设，因而 IV1 可以作为工具变量来克服模型内生性问题。表模型（1）—（4）为纳入工具变量 IV1 的回归结果。Score1 的系数通过 1% 显著性检验，依然显著为正；Score2 的系数通过 1% 显著性检验，依然显著为正。综上，在用工具变量进行估计的结果中，数字经济依然表现出对产业结构高级化和产业结构合理化的正向促进作用，这进一步支持了前文基准回归所示的结果，且在克服内生性影响后，数字经济发展对产业结构合理化正向促进的数量关系开始显著。

表 7-7　　工具变量法回归结果

变量	TS	TS	TL	TL
	(1)	(2)	(3)	(4)
Score1	9.534 *** (4.07)		1.816 * (1.92)	

续表

变量	TS	TS	TL	TL
	(1)	(2)	(3)	(4)
Score2		2.702 *** (3.90)	0.831 (0.65)	0.515 ** (2.05)
FDI	1.256 (0.40)	-19.541 *** (-3.22)	0.250 (1.01)	-3.130 (-1.42)
Govern	-0.024 (-0.04)	3.927 *** (2.85)	-0.061 (-1.35)	1.003 ** (2.01)
Edu	-0.211 * (-1.87)	0.368 *** (3.21)	-0.040 *** (-4.41)	0.049 (1.18)
Urban	-0.055 ** (-2.42)	-0.015 (-1.01)	-7.287 ** (-2.31)	-0.033 *** (-6.20)
Finance	1.303 (0.17)	53.766 *** (4.49)	0.831 (0.65)	2.705 (0.62)
Province FE	是	是	是	是
Observations	186	186	186	186
Sargan P	0.000	0.000	0.000	0.000

注：*** P<0.01，** P<0.05，* P<0.1；（ ）内为 z 统计量。

综上，数字经济指数对产业结构高级化、合理化在数量关系上存在正向促进作用。其中，数字经济对产业结构高级化正向影响显著，在克服内生性影响后，数字经济对产业结构合理化的正向影响数量关系也得到证实。

四　稳健性检验

稳健性检验考虑通过变量替换、滞后一期项和变换估计方法来实现。(1) 变量替换：由于本研究实现了两类建模方法下的数字经济变量 Score1、Score2 对产业结构高级化和产业结构合理化的回归分析，两类变量之间存在相互的稳健性验证，表现出一致性方向的回归结果。(2) 滞后一期项：在加入滞后一期项后，其系数表现出方向一致性，且数值通过显著性检验。(3) 变换估计方法：基准回归估计方法为固定效应模型，通过测试有无时间固定效应和省份固定效应以及混合回归，发现结果仍保持方向上和显著性上的一致性（见表7-8）。

表7-8 稳健性检验结果

变量	TS	TS	TL	TS	TS
	(1)	(2)	(3)	(4)	(5)
Score1	-0.840 (-0.83)			-0.480 (-0.66)	
L. score1	1.516* (1.78)			1.470*** (2.58)	
Score2		-0.199 (-0.61)	0.194* (1.76)		-0.016 (-0.11)
L. score2		0.408** (2.51)	0.099 (1.22)		0.468*** (4.26)
FDI	-2.061 (-0.64)	-0.029 (-0.01)	-2.591 (-1.50)	-1.078 (-0.49)	-2.018 (-0.84)
Govern	-0.484 (-0.69)	-0.829 (-1.03)	0.805** (2.38)	-0.142 (-0.33)	0.156 (0.32)
Edu	0.009 (0.07)	0.103 (0.97)	0.018 (0.50)	0.205*** (3.69)	0.238*** (4.46)
Urban	0.028*** (2.92)	0.028*** (3.52)	-0.023*** (-6.78)	-0.006 (-0.98)	-0.013* (-1.92)
Finance	8.031 (1.15)	8.282 (0.95)	2.799 (1.01)	28.321*** (6.59)	29.326*** (6.39)
Constant term	-0.532 (-0.53)	-1.415** (-2.24)	1.896*** (7.39)	-1.198*** (-2.73)	-1.242*** (-2.80)
Province FE	是	是	否	否	否
Year FE	否	否	否	是	是
Observations	155	155	155	155	155
R-squared	0.551	0.561	0.445	0.744	0.757

注：*** $P<0.01$，** $P<0.05$，* $P<0.1$；（ ）内为t值。

五　进一步分析

（一）异质性分析

在进一步分析中，首先进行异质性分析，主要考察不同区域分组下和创新实验区分组下的数量关系的不同结果。按照1986年全国人大六届四次会议“七五”计划提出的传统东部、中部、西部的划分方法，进行东、中、西部的地域划分，进而验证不同区域分组下模型回归结果。结果显示，东部地区数字经济变量对产业结构高级化具有显著正向影响，而对产业结构合理化影响作用不显著；中部地区数字经济变量对产业结构高级化、合理化指标影响均不显著；西部地区数字经济对产业结构高级化具有显著正向影响，而对产业结构合理化具有显著负向影响。数量关系上的不同结果一方面可能是由于分组后样本量减小产生的偏误，尤其是中部地区组别仅为48个观测数；另一方面可能反映如下经济事实：（1）东部地区数字经济对第三产业发展的促进作用可能由于数字服务产业本身的规模扩大和较为饱和的第二产业由于数字要素的促进产生“精减”。（2）中部地区由于第二产业仍在快速发展，数字经济对第二产业规模促进作用较大，因而，数字经济对产业结构的影响的数量关系尚未明确显示方向。（3）西部地区数字经济虽促进了产业结构高级化，但由于数字经济的高能耗等负向作用甚至包括可能存在重复建设的资源浪费，对产业结构合理化产生负向影响。

表7－9　　不同区域分组下回归结果

变量	TS	TL	TS	TL	TS	TL
	东部		中部		西部	
Score1	2.147*** (4.35)	－0.078 (－0.49)	－0.231 (－0.22)	－0.333 (－0.41)	1.482** (2.02)	－3.124*** (－4.29)
Constant term	－4.419*** (－6.72)	1.306*** (6.28)	－2.339** (－2.44)	1.089 (1.47)	1.837*** (5.00)	1.271*** (3.39)
Control variables	是	是	是	是	是	是
FE	否	否	否	否	否	是

续表

变量	TS	TL	TS	TL	TS	TL
	东部		中部		西部	
Observations	66	66	48	48	72	72
R-squared	0.917	0.671	0.347	0.318	0.453	0.371

注：*** P<0.01，** P<0.05，* P<0.1；（ ）内为 z 值。控制变量略去，下同。

（二）机制分析

进一步分析数字经济和其他经济变量对产业结构的叠加影响或交互影响，因此，引入专利［申请数（件），以 patent 表示］、技术市场［技术市场成交额（万元）/GDP（亿）/10000，以 tech 表示］、电力消费［各省电力消费量（亿千瓦时）/GDP，以 electric 表示］、电子商务［电子商务销售额（亿元）/GDP，以 ecom 表示］、区域创新能力（区域创新能力综合效用值，以 inno 表示）、全要素生产率（各省全要素生产率 TFP，以 tfp 表示）等变量，并同数字经济变量构建交互变量，建立线性交互模型，并进行系数估计和假设检验。

其中，专利、技术市场、电力消费、电子商务变量数据来自《中国统计年鉴》《地方统计年鉴》；区域创新能力数据来源于《2001—2020 中国区域创新能力评价报告》；全要素生产率参考 Battese 和 Coelli（1995）模型，采用最新的 SFA 方法计算所得。

通过构建线性交互模型，可以反映数字经济与其他经济变量对产业结构高级化、合理化的交互影响，进而在一定程度上印证数字经济对产业结构的影响作用机制。但线性交互模型可能存在线性交互作用假设不适用、缺乏共同支持两大问题，因而，在构建线性交互模型之前先进行 LIE 检验和共同支持假设。结果显示，在上述变量中，只有电力消费同数字经济的交互变量通过 LIE 检验并满足共同支持假定，且 Wald 检验 P 值为 0.0009，应用线性交互模型解释力较强；其余的交互变量只部分通过 LIE 检验，且并未完全接受原假设，故应用线性交互模型解释力较弱。

表 7－10 为纳入电力消费同数字经济的交互变量的线性交互模型回归结果，结果显示数字经济指标变量对产业结构高级化和产业结构合理化的影响显著为正，而交互变量的影响显著为负，这表明数字经济发展引

发电力消费的增加对产业结构高级化和产业结构合理化起到负向作用。因此，数字经济发展带来的电力消耗和碳排放压力，应得到充分重视，这将会对产业结构高级化、合理化带来不利影响。

表 7－10　　交互作用回归结果 A

变量	TS	TL	TS	TL
	(1)	(2)	(3)	(4)
Score1	2.679** (2.23)	0.146 (0.45)		
*Score1 * electric*	−8.722* (−1.71)	−4.412 (−1.65)		
Score2			0.918*** (4.22)	0.274*** (4.64)
*Score2 * electric*			−6.158*** (−5.35)	−2.626*** (−3.83)
Constant term	−0.111 (−0.07)	2.396*** (7.37)	−2.372* (−1.97)	2.288*** (9.17)
Control variables	是	是	是	是
Province FE	是	是	是	是
Year FE	否	否	否	否
Obs	186	186	186	186
R-squared	0.615	0.493	0.625	0.518

注：*** $P<0.01$，** $P<0.05$，* $P<0.1$；（ ）内为 t 值。

在对除电力消费之外其他弱交互变量对产业结构的回归中，应用固定效应模型进行线性估计，结果显示，线性交互项的系数在被解释变量为产业结构高级化的模型中显著，但在被解释变量为产业结构合理化的模型中不显著，说明这种交互作用对产业结构高级化有显著影响，但对产业结构合理化没有影响。数字经济通过促进技术市场、电子商务、全要素生产率进而对产业结构高级化产生正向促进作用；而数字经济通过区域创新对产业结构高级化产生负向影响，原因可能是由于数字经济推动的区域创新主要占比为一、二产业的数字化转型创新，而第三产业的创新占比相对较小；数字经济对产业结构合理化的机制影响尚不明确，可能的原因在于产业之间的协调来自产业自身发展，数字经济和其他经济变量的交互影响很微弱（见表7－11）。

表7－11　　　　交互作用回归结果B

变量	TS	TS	TS	TS	TS	TS
	(1)	(2)	(3)	(4)	(5)	(6)
Score1	0.839 (1.28)	0.111 (0.20)	1.106 (1.28)			
*Score1 * tech*	18.081*** (4.11)					
*Score1 * ecom*		6.877*** (6.54)				
*Score1 * tfp*			0.363*** (3.97)			
Score2				0.587* (1.96)	0.770*** (3.29)	0.085 (0.29)
*Score2 * patent*				−0.038 (−0.79)		
*Score2 * inno*					−0.005*** (−2.82)	
*Score2 * tfp*						0.178*** (2.98)
Constant term	−2.281*** (−3.45)	−0.175 (−0.15)	0.292 (0.19)	−2.169 (−1.63)	−2.359* (−1.84)	−1.118 (−1.11)
Control variables	是	是	是	是	是	是
Province FE	是	是	是	是	是	是
Year FE	否	否	否	否	否	否
Obs	186	186	186	186	186	186
R-squared	0.770	0.723	0.638	0.588	0.622	0.628

注：*** P<0.01，** P<0.05，* P<0.1；（ ）内为t值。

第六节　研究结论与政策建议

一　数字经济推动技术研发新突破

本研究进行了多维度数字经济指数构建，分别进行了变异系数模型和因子分析模型两个维度下的数字经济指数构建和测算，发现：两个维度下的数字经济指数表现出一定的协同趋势，能够得到相互印证，反映出各省数字经济水平呈现出逐渐增长的整体趋势，数字经济发展水平在区域间存在较大差异、不均衡现象仍明显，东部地区整体发展水平高于中西部地区。但两个不同维度下的数字经济指数也存在差异，如西藏在两个维度下数字经济水平指数产生较大差异，本研究将两个不同维度的数字经济指数纳入量化模型进行回归分析和相互印证，从而有效解决了以往部分文献关于数字经济指标选择不确定的争议。

量化研究部分发现的基本结论是：数字经济指数对产业结构高级化、合理化具有正向促进作用。这说明区域数字经济程度越高，其产业结构中第三产业比重越高；区域数字经济程度越高，其产业间不平衡程度越低即合理化程度越高。这一基本结论验证了各地大力发展数字经济，对实现产业结构转型升级和高质量发展的促进作用，数字产业化和产业数字化发展成为推进产业结构高级化、合理化的重要途径。以上结论表明，传统产业转型升级可通过数字产业化发展来促进，如何实现数字产业化和产业数字化是政策着力点。

通过异质性分析发现：数字经济对产业结构高级化、合理化的影响存在区域间的差异，这主要表现在东部、中部、西部地区间这种影响显著性和影响程度的不同。在东部地区，数字经济变量对产业结构高级化指标具有显著正向影响，而对产业结构合理化指标影响作用不显著；在中部地区，数字经济变量对产业结构高级化、合理化指标影响均不显著；而在西部地区，数字经济变量对产业结构高级化指标具有显著正向影响，而对产业结构合理化指标具有显著负向影响。这一结果的产生可能是由于区域间数字经济和产业布局、发展不均衡及要素市场完善程度不同导致的，东部地区产业发展较为成熟、产业间协调程度较高，数字经济的发展对产业结构合理化的影响不再明显；而在西部地区由于产业结构较为单一，数字化赋能反而可能使资源更多流向原有“优势”产业，这显示在量化关系上出现“负向”影响。以上结论表明，区域间数字产业基础、要素配置市场等差异较大，不均衡程度可能会影响数字经济促进产业转型升级的政策效果。因此，强化产业发展基础、完善新型基础设施等措施成为重要抓手。

通过机制分析发现：数字经济发展引发电力消费的增加对产业结构高级化和产业结构合理化具有负向作用，这说明数字经济发展带来的电力消耗和碳排放压力，应得到充分重视，这将会对产业结构高级化、合理化带来不利影响。数字经济通过促进技术市场、电子商务、全要素生产率进而对产业结构高级化产生正向促进作用；数字经济对产业结构合理化的机制影响尚不明确，可能的原因在于产业之间的协调来自产业自身发展，数字经济和其他经济变量的交互影响很微弱。以上结论表明，通过创新驱动可以促进数字经济向产业结构转型升级的有效映射，布局未来产业或成为有效途径，此外，数字经济引发的资源消耗环境压力应得到充分重视，需加强立法和制度保障。

二 政策建议

（一）全方位推进产业数字化，促进传统产业数字化转型

产业数字化是数字经济促进产业转型升级的必由之路。在前期数字化转型的基础上，扎实推进产业“智改数转”，打造中国产业数字化核心优势。加快培育一批数字创新型企业，加快助力一批数字成长型企业，加快做一批数字成熟型企业，打造创新型数字企业集群，形成产业数字化新业态。提升产业数字化示范效应，大力支持产业数字化龙头企业发展，提升企业数据贯通能力、两化融合新型管理能力、智能应用能力、网络协同能力、软件开发能力和安全防护能力等核心能力，构建优势产业数字化护城河。

一是加快推进智能制造与工业互联网融合发展，释放数字化转型的强大动能。鼓励和支持企业加大科技创新、技术改造和设备更新迭代力度，加快数字化、网络化、智能化的制造业变革，提升产业链数字化韧性，培育全方位的工业互联网生态。

二是增强产业升级的关键动力，以技术突破和标准引领为双向靶点，

优先着力于与数字技术易于结合的细分领域，实现重点制造业集群的数字化转型。破解数字新要素与传统产业融合困难的“堵点”，打通产业数字化转型的“最后一公里”。

三是提升企业“智改数转”积极性，加强政策支持和思维引领。全方位增强企业“智改数转”内生动力，破解数字化转型瓶颈。强化惠企政策引导激励，搭建企业数字化转型国家平台，降低企业数字化转型门槛和成本，进一步加强融资服务创新支持，消除企业“不敢转、不愿转、不会转”的顾虑。

四是加强制度创新，保障数字经济新业态新模式规范发展。通过制度创新，为企业数字化转型、新生产生活场景搭建、人力资源等方面提供制度保障。同时，应深刻认识数字经济正处于“新旧交织、破立并存”阶段，强化行业自律，坚守安全和质量底线，创新监管模式，保障数字新业态新模式规范发展。

（二）全面促进数字产业化，加快新型数字基础设施建设

全面促进数字产业化，压实数字经济推进产业转型升级的基础，以“数字产业化”赋能“产业数字化”。积极推进大数据、物联网、5G、人工智能等新技术、新产业的发展，聚焦发展重点，集中力量推进数字产业化。培育壮大以大数据和物联网产业等为引领的数字产业，突破大数据存储、数据清洗、边缘计算、可视化等关键核心技术，支持数字城镇、数字工厂、数字家庭、数字医疗等新产业新产品发展。支撑虚拟现实和数字孪生发展，推进区块链技术研发和应用，超前布局新一代人工智能产业，加快人工智能技术在医疗、教育、家政服务等领域的应用。

新型数字基础设施是数字产业化的载体和产物，是数字经济推动产业转型升级和高质量发展的战略基石。加快新型数字基础设施建设，为数字产业化发展提供强有力支撑，构建数字中国。

一是加快传统通信基础设施的改造升级。对覆盖全区域的通信网络、中转站、终端设备进行数字化改造和升级，大力推进光通信对电通信的替代。加强智能中转节点和终端通信分发设备的改造升级，优化数据交换和存储系统，降低通信能耗、提升通信效率，加快智能电网建设。

二是加快新一代信息网络基础设施建设。全方位推动 5G 通信网络、IPv6 网络、NB-IoT 网络建设，优先多网协同泛在无线网络布局，超前谋

划未来网络。加快全光网络基础设施建设，普及窄带物联网商用网络。

三是全面实施数字化应用基础设施建设。构建数字化应用平台，建设数字化应用基础设施，设施布局互联网大数据和云计算中心，促进内容分发网络与云计算、移动互联融合发展。

（三）强化数字化科技创新，超前布局未来产业

数字化科技创新是产业结构升级的内生动力，推动传统创新和技术研发向更高水平跃升。积极打造数字化创新科研平台，强化知识共享和分发机制，鼓励科技成果联动、互通，加快科技成果转化。大力加强前沿核心技术自主创新，优化数字化科技创新体系建设和人才队伍建设。努力打破数字经济领域的“卡脖子”现象，超前谋划布局未来产业发展。

一是扎实未来产业发展的数字化软硬件基础。积极推进第三代北斗导航高精度芯片、太赫兹芯片等产业化落地应用，积极培育高端软件与信息技术服务业，鼓励基于未来数字化通信系统的一批未来产业发展。加快数字产业化中试基地和应用场景实验室建设，制定“大科学装置”中长期规划。

二是培养基于新一代信息技术的高端外包服务业，促进量子信息科学、人工智能、脑科学等未来产业发展。打造未来产业发展平台，培育壮大一批研发创新平台、产业促进平台和专业服务平台，加快发展平台经济，促进数字经济集聚发展。

三是注重未来产业生态培育和产业链、价值链构建。积极培育面向未来、前沿的未来产业发展，依靠数字网络着力打造产业集群，培育和延伸未来产业的产业链、价值链、创新链，进一步补链强链固链稳链。扎实推进产业链、供应链和产品链整合、联通，形成网链结构的产业生态。

四是重视原始创新，制定人才战略。补强供应链，对产业链、价值链、创新链形成有效支撑和带动，着力培育未来产业集群。通过鼓励人才梯队建设和制定中长期人才战略，为人才引进创造便利条件和配套环境，实行柔性人才引进机制，以人为本，以科技人才带动科技创新，提升科技创新内生动力。

（四）统筹区域协调发展，优化数字产业生态布局

数字化区域布局协调发展对中国实现更均衡的产业结构升级和高质

量发展至关重要，应兼顾区域协调发展，进一步补足中西部地区新型数字基础设施建设短板。着力打造区域数字化转型中心，辐射带动本地区数字经济发展，逐渐弥合不均衡发展所造成的区域“数字鸿沟”。同时，应不断优化数字生态布局，构建包括云计算、工业互联网、大数据、人工智能、物联网、区块链、AR、VR等在内的数字生态应用，延伸数字产业链，形成数字产业化和产业数字化的联动融合的生态系统。

一是优化数字生态体系，加强顶层设计。构建完备的数字生态体系，增强数字经济内生动力，促进生态体系内要素流动。强化数字生态体制机制建设、创新战略规划、法律标准的设计，统筹布局，实现“全国一盘棋”，全方位推进数字生态建设的顶层设计。

二是创新数字生态合作模式。加快实现工业互联网生态共通、共享，推进智能制造、工业互联网生态系统协同发展。推动“数字技术+”创新模式，形成数字科技创新生态，打造数字科技共同体，实现数字技术加速创新。

三是统筹兼顾全国数字产业分布，弥合“数字鸿沟”。不断弥合东中西部地区之间“数字鸿沟”，实现数字产业“梯度发展”向“均衡发展”的转变，加大数字新基建向中西部倾斜力度，实现光通信“村村通”，推进中西部地区5G基础设施建设，推动中西部地区智能制造和工业互联网跨越式发展。

（五）加强立法和政策保障

立法和政策保障是数字经济促进产业转型升级的基石。应通过政策引领加快实现“数字产业化有支撑，产业数字化有平台”的良好局面。不断完善行政法、民法、知识产权法等多个领域的数字经济相关的法律规范，加强法律对知识产权、网络安全、市场竞争、消费者权益保护等多方面的覆盖。在国家层面和地方层面进行多层级的数字经济立法和规范制定，建立数字经济综合治理体系，提升综合治理能力，强化数字经济不同领域不同规范之间的协调和衔接。

一是加强国家层面的立法和政策保障。国家层面立法和政策制定有助于推进数字经济发展“一盘棋”，形成全国范围内的有序、健康的数字生态，促进数字产业国内大循环。

二是开展地方层面的规范制定和政策引导。地方层面关于数字经济发展的相关规范、条例、支持政策的制定和完善有助于实现符合本地特点的数字产业发展，形成因地制宜的数字经济发展“灵活棋”，有助于培育本地数字优势产业集群。

三是建设评估、预警系统。应动态掌握数字产业发展情况，对出现的问题进行及时评估、预警，避免同质化建设和过饱和建设，坚守低碳发展红线，杜绝和淘汰部分高耗能、低收益的数据存储和计算项目。

参考文献

［1］曹正勇：《数字经济背景下促进我国工业高质量发展的新制造模式研究》，《理论探讨》2018 年第 2 期。

［2］陈福中：《数字经济，贸易开放与“一带一路”沿线国家经济增长》，《兰州学刊》2020 年第 11 期。

［3］丛屹、俞伯阳：《数字经济对中国劳动力资源配置效率的影响》，《财经理论与实践》2020 年第 2 期。

［4］付凌晖：《我国产业结构高级化与经济增长关系的实证研究》，《统计研究》2010 年第 8 期。

［5］干春晖、郑若谷、余典范：《中国产业结构变迁对经济增长和波动的影响》，《经济研究》2011 年第 5 期。

［6］黄群慧、余泳泽、张松林：《互联网发展与制造业生产率提升：内在机制与中国经验》，《中国工业经济》2019 年第 8 期。

［7］李西林：《中国服务外包产业转型升级方向、路径和举措》，《国际贸易》2017 年第 9 期。

［8］李晓钟、吴甲戌：《数字经济驱动产业结构转型升级的区域差异》，《国际经济合作》2020 年第 4 期。

［9］刘平峰、张旺：《数字技术如何赋能制造业全要素生产率?》，《科学学研究》2021 年第 8 期。

［10］马中东、宁朝山：《数字经济、要素配置与制造业质量升级》，《经济体制改革》2020 年第 3 期。

［11］王建冬、童楠楠：《数字经济背景下数据与其他生产要素的协同联动机制研究》，《电子政务》2020 年第 3 期。

［12］王文：《数字经济时代下工业智能化促进了高质量就业吗》，

《经济学家》2020 年第 4 期。

［13］王喜文：《工业互联网：以新基建推动新变革》，《人民论坛·学术前沿》2020 年第 13 期。

［14］王一鸣：《以数字化转型推动创新型经济发展》，《前线》2020 年第 11 期。

［15］吴敬琏：《中国增长模式抉择》，上海远东出版社 2013 年版。

［16］杨骁、刘益志、郭玉：《数字经济对我国就业结构的影响——基于机理与实证分析》，《软科学》2020 年第 10 期。

［17］于立、王建林：《生产要素理论新论——兼论数据要素的共性和特性》，《经济与管理研究》2020 年第 4 期。

［18］袁航、朱承亮：《国家高新区推动了中国产业结构转型升级吗》，《中国工业经济》2018 年第 8 期。

［19］张海丰、王琳：《第四次工业革命与政策范式转型：从产业政策到创新政策》，《经济体制改革》2020 年第 5 期。

［20］张于喆：《数字经济驱动产业结构向中高端迈进的发展思路与主要任务》，《经济纵横》2018 年第 9 期。

［21］Acemoglu D., Pascual R., "The Race between Man and Machine: Implications of Technology for Growth, Factor Shares, and Employment", *American Economic Review*, Vol. 108, No. 6, 2018.

［22］Battese G. E., Coelli T. J., "A Model for Technical Inefficiency Effects in a Stochastic Frontier Production Function for Panel Data", *Empirical Economics*, Vol. 20, 1995.

［23］Bukht R., Heeks R., "Defining, Conceptualising and Measuring the Digital Economy", *SSRN Working Paper*, 2017.

第八章

数字经济对全球价值链重构的影响研究

第一节 引言

国际金融危机后，持续了30年的全球价值链扩张势头出现了停滞现象（UNCTAD，2018）。通过测算全球价值链参与度（以下简称GVC参与度）的变化可以发现，中美作为世界最大的两个贸易国以及新兴经济体和发达经济体的典型代表，其GVC参与度分别自2010年、2011年开始下降。其中，2015年美国GVC参与度为54.28%，降至2004年的水平，比2010年的高位值下降了7.74个百分点，“逆向”演进的特征凸显（见图8-1）。除中美之外，同期德国、日本、韩国等主要贸易大国的GVC参与度也相继转为收缩状态。这种全球价值链的“逆向”演进通常被简称为“逆全球化”，本研究将其定义为，相较于上一轮由资本和劳动力成本驱动的全球化，在演进方向和动力机制上呈现出显著差别的国际经济合作趋势。[①] 长期以来，全球价值链作为国际分工的载体，是全球化的标志之一。GVC参与度下降表明经济“逆全球化”渐成事实，基于传统比较优势的全球生产结构正在发生深刻变化（Carvalho，2015）。

当前，制造业本地化已成为全球生产结构演变的最显著特征。各国

① 需要指出的是，“逆全球化”不等同于“反全球化”。本研究所讨论的“逆全球化”是指有别于传统全球化的国际经济合作动向或趋势，属于一种经济现象和中性概念，强调的是这种趋势下全球生产结构重塑和分工方式的变化，而非指在政治或意识形态层面反对参与国际分工的“反全球化”。

最终产品和中间产品的投入与产出状况是制造业本地化的重要表现，其变化趋势在很大程度上反映出国际分工发展的方向和范式（Johnson，2014）。从 20 世纪 80 年代到 21 世纪初，全球生产结构总体上呈现外向、发散的变动，这一时期恰恰是经济全球化进程明显加速的阶段。然而，2004 年后，包括中美在内的主要工业国国内生产的最终产品占其最终产品总消费的比重（简称最终产品本地占比）与国内生产中间产品占其中间产品总投入的比重（以下简称中间产品本地占比）先后改变了此前的下降态势，制造业本地化增强，引发了全球生产结构重塑（见图 8－1）。实际上，伴随着数字经济发展蓬勃兴起，全球生产结构调整持续深化，发达国家生产本地化倾向的影响逐步显现。以美国为例，国际金融危机后，在新兴数字技术应用与政府“再工业化”战略的共同推动下，美国工业增加值率较长时期内下降的状态得以反转，至 2015 年已超过国际金融危机前的阶段性高点。本研究构建理论模型，尝试厘清上述因素之间相互影响的内在机制，揭示出经济“逆全球化”深刻而复杂的动因。研究结果表明，制造业本地化程度提高直接推动了 GVC 参与度下降，而由数字经济带来的技术进步对这种“逆全球化”起到了推波助澜的作用，这种数字技术对全球化的“反噬效应”在数字经济发展初期表现得尤为突出。面对百年未有之大变局，中央提出加快构建以国内大循环为主体、国内国际双循环相互促进新发展格局。深入分析数字经济发展对经济

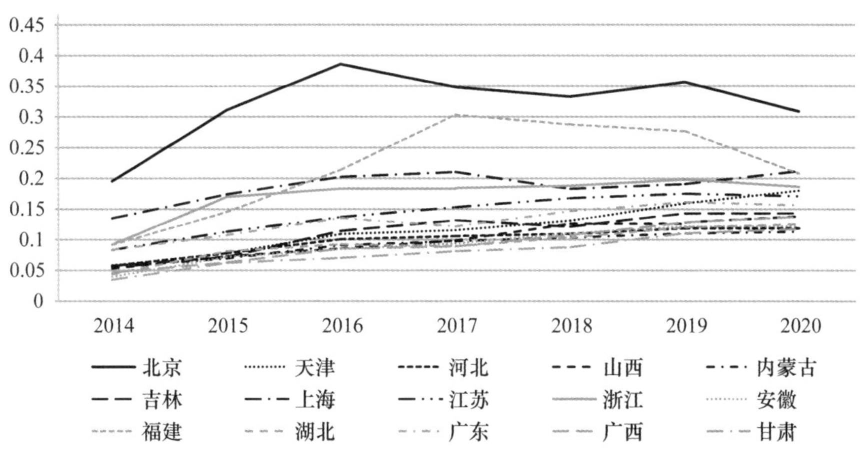

图 8－1　变异系数法下部分省（直辖市）数字经济指数（2014—2020）

“逆全球化”的影响机制，廓清“逆全球化”的深层动因具有重要的理论和现实意义，不仅有助于深刻理解双循环新发展格局的科学内涵，准确把握中央做出这一重大战略决策的理论逻辑和时代背景，也为应对“逆全球化”下全球贸易和投资环境收紧，倡导推动更加均衡、更可持续的新型全球化提供了策略方向和政策思路。

第二节 文献评述

目前，国内外学界认为“逆全球化”在一定程度上是全球化负面影响的集中体现。全球化对推动世界经济增长、创造物质财富和社会福利的历史贡献不可否认，但全球化进程中衍生的增长分化、分配失衡等一系列问题和矛盾，同样不容忽视。学者们注意到，随着全球化演进，要素市场更趋自由化，国家难以向跨国公司与高收入者征税。Egger 等（2019）发现，1994—2007 年，全球化提高了发达国家中产阶级的劳动所得税，可是前 1% 的高收入者税负却有所下降。同时，利润转移行为增多势必导致跨国公司的企业所得税减少。Torlsov 等（2018）的研究指出，不提供税收优惠的欧盟国家是跨国公司利润转移行为的最大受损者。另外，全球化加剧了本国非比较优势产业的失业状况。2000 年后，以中国、墨西哥、越南等为代表的新兴经济体出口竞争力增强，对发达国家造成了冲击。Autor 等（2013）分析了新兴经济体出口对美国制造业就业岗位的影响，结果显示，受新兴经济体冲击较大的行业在当地劳动力市场中的就业率和工资水平出现了不同程度的下降。与中高收入群体相比，低收入群体遭受了更多的收入损失，面临着更大的岗位不确定性。类似的情况也在欧洲发生，Utar（2018）将其归因为发达的资本充裕国家与新兴的劳动力充裕国家之间贸易一体化的结果。在这种情况下，一些国家和地区把贸易利益受损的矛头指向全球化，从而改变了国家间的贸易政策、政治行为及金融活动（高运胜等，2021）。反全球化势力强化了单边主义思潮，“逆全球化”由“暗流涌动”到“浊浪滔天”。实际上，国际金融危机发生以来，全球贸易政策环境转差的事实有目共睹。世界主要经济体推出的保护主义措施不断增加，严重威胁多边体制倡导的贸易和投资自由化以及全球经济一体化。2009—2021 年，全球实施了 35389 项影响跨境贸易、投资、数据流动和劳务移民的公共政策，其中有28806项对国际贸易和投资产生了负面效应，这类政策措施占比高达81.4%（Evenett and Fritz，2021）。受此影响，国际金融危机后全球价值链停顿回缩，外循环在中国经济中的地位与改革开放后的前30年相比明显下降（江小涓、孟丽君，2021）。

需要强调的是，“逆全球化”是伴随着数字经济发展逐步凸显的，与全球生产结构的变化亦步亦趋。然而，现有研究却较少关注这三者之间的关联。尽管从表象上看国际金融危机后单边主义是“逆全球化”的导火索，但其背后的根本原因却是在数字经济推动下，全球生产结构演进出现了新动向新趋势，由资本加持的上一轮全球化其动力在减弱，阻力增大（渠慎宁、杨丹辉，2018）。一方面，中国等新兴经济体在快速工业化进程中，越来越多的产品实现了进口替代，从而不断改变其在全球价值链上的分工地位（Heathcote and Perri，2013）。1999年，加工贸易出口在中国出口总额中占比接近6成（56.9%），2021年这一比值仅为24.6%，反映出中国在全球价值链上角色以及出口企业（包括在华跨国公司）供应链布局的变化；另一方面，美国等发达国家实施“再工业化”战略，力推“制造业回流”（Re-shoring），以数字经济发展为契机，通过“机器换人”提升国内劳动生产率，致使纺织服装、机械加工、化工建材等传统产业的部分环节被重新布局到发达国家的可能性增大（渠慎宁、杨丹辉，2021）。可见，以制造业本地化为表现和特征的全球生产结构变动与经济“逆全球化”现象密切相关，而以数字化绿色化转型为主线的技术进步有可能对经济“逆全球化”起到推波助澜的作用。令人遗憾的是，现有研究忽视了国际经济领域的这些重大变动及其理论机制。以往国内外学者显然更关注全球化对后发国家技术进步的影响，而对于数字科技革命和产业变革给全球化带来的影响，相关研究尚停留在数字经济造成的不平等效应上，即数字经济减少了对低技术岗位的需求，加剧了收入分配失衡，助推了本土保守主义势力的崛起（Acemoglu and Restrepo，2018）。

综合国内外文献可见，尽管关于经济“逆全球化”问题已有一些研究成果，但对全球化在不同阶段演进特征的理论解释并不充分。现有研究成果以政治经济学分析为主，偏重于对全球价值链变化的现象分析和定性讨论（陈伟光、郭晴，2017；佟家栋等，2017）。少数实证研究检验了国际贸易对反全球化政治势力的影响，却未能建立起严谨的理论解构框架。世界经济的全球化进程已然持续多年，为何全球价值链扩张的势头在国际金融危机前后发生反转？为何“逆全球化”不仅在发达国家出现，中国等新兴经济体的GVC参与度同样下降？数字经济发展与“逆全球化”相互叠加是必然还是偶然？关键数字技术创新对“逆全球化”究竟起到了怎样的作用？在现有文献中，这些问题难觅答案，究其原因，不少文献的研究思路仍囿于传统的政治经济学分析范式或常规的全球价值链测度方法，较少从开放宏观经济学的视角发掘其中蕴含的理论命题，更缺少基于理论模型的结构性解释。

本研究围绕上述问题，尝试进行思路和方法的边际创新，基于制造业本地化与数字经济发展的新视角，构建理论模型，探寻经济“逆全球化”的宏观经济学和开放经济学边界，为推动双循环新发展格局建设提供理论依据。针对全球生产结构正在发生的重大变化，本研究在理论框架中构建了一个包含中间产品和最终产品贸易的多国一般均衡模型，引入GVC参与度作为衡量经济全球化程度的核心指标，析出了关于“逆全球化”影响因素的理论命题，并对此给出结构性解释。本研究的边际贡献可能有：首先，建立了全球价值链分析的宏观分析框架，在多国一般均衡模型中推导出GVC参与度的表达式，从而在理论上厘清了数字经济发展趋势下“逆全球化”的影响因素及其传导机制，以新的范式拓展了“逆全球化”的理论研究；其次，本研究梳理分析21国的关键影响变量，采用最终产品本地占比、中间产品本地占比这些国内现有文献中较少关注但能够更全面刻画全球生产结构变化的指标，通过系统测算，实证验证了理论模型中所析出因素对“逆全球化”的影响；再次，循着本研究的逻辑脉络，挖掘不同因素组合形成的经济现象，深入剖析数字经济发展下的“技术反噬”效应，探讨双循环新发展格局下中国对国际环境不确定性增多的应对策略。本研究余下的内容将如下依次展开：第三部分为基本模型；第四部分为影响“逆全球化”的理论机制论证；第五部分对“逆全球化”的影响因素进实证检验；第六部分进一步讨论“逆全球化”的深层动因；最后为结论与政策内涵。

第三节　基本模型

本节通过建立一个多国一般均衡模型来刻画数字经济发展下的全球生产结构变化如何影响全球化的演变。这里在模型中加入中间产品贸易、最终产品贸易以及进出口等相关变量，并推广到 N 国的一般情形下。假定全球共有 N 个贸易参与国，在每一时期中，各国厂商在生产过程中投入的生产要素既包括国内资本和劳动力，也包括国内外生产的中间产品。各国零售商通过集成国内外的最终产品来满足国内投资和消费需求。各国家庭提供劳动力，同时消费最终产品消费，并进行股权投资。

一　市场参与部门设定

（一）生产厂商

对于 i 国的生产厂商，其使用资本 $K_{i,t}$ 、劳动 $L_{i,t}$ 以及来自 j 国的中间产品投入 $M_{i,j,t}$ 来生产产品，生产技术满足柯布道格拉斯生产函数：

$$Y_{i,t} = \left[A_{i,t}K_{i,t-1}^{\alpha}L_{i,t}^{1-\alpha}\right]^{v}\left[M_{i,i,t}^{\mu}\left(\prod_{j\neq i}M_{i,j,t}^{\frac{1-\mu}{N-1}}\right)\right]^{1-v} \tag{1}$$

其中，$Y_{i,t}$ 为总产出，$A_{i,t}$ 代表 i 国厂商的技术水平。假定国家之间关于生产技术的随机过程是对称的。参数 v 为总产出中增加值所占的比重，参数 μ 为中间产品本地占比，同时也反映中间产品市场的开放程度。厂商将选择要素、中间产品投入以及投资 $I_{i,t}$ ，最大化其利润：

$$\text{Max}\sum_{t=0}^{\infty}\left(P_{i,i,t}Y_{i,t} - W_{i,t}L_{i,t} - \sum_{j=1}^{N}P_{i,j,t}M_{i,j,t} - I_{i,t}\right) \tag{2}$$

其中，$P_{i,j,t}$ 为 j 国产出相对于 i 国最终产品的价格，$W_{i,t}$ 为 i 国劳动力的工资，并有投资 $I_{i,t}$ 满足资本形成公式：

$$K_{i,t} = (1-\delta)K_{i,t-1} + I_{i,t} \tag{3}$$

（二）零售商

i 国消费的最终产品 $G_{i,t}$ 由外国进口的最终产品和本国最终产品组成，满足柯布道格拉斯加总函数：

$$G_{i,t} = G_{i,i,t}^{\omega} \prod_{j \neq i} G_{i,j,t}^{\frac{1-\omega}{N-1}} \tag{4}$$

其中，参数 ω 为最终产品本地占比，代表着最终产品市场的开放程度。最终产品市场是完全竞争市场，将各国的本土最终产品价格标准化为 χ_i ，则零售商将在每期选择相应产品以实现利润最大化：$\mathrm{Max}\chi_i G_{i,t} - \sum_{j=1}^{N} \chi_i P_{i,j,t} G_{i,j,t}$ 。

（三）家庭

对于 i 国家庭，其跨期效用为：$\sum_{t=0}^{\infty} \beta^t U(C_{i,t}, L_{i,t})$ 。其中，家庭效用偏好满足 CRRA 型效用函数：$U(C_{i,t}, L_{i,t}) = \frac{C_{i,t}^{1-\gamma}}{1-\gamma} - \left(\frac{\theta_i}{1+\psi}\right)\left(\frac{L_{i,t}}{\Theta_i}\right)^{1+\psi}$ 。参数 θ_i 和 Θ_i 控制着劳动供给和劳动禀赋的负效用大小，且不同国家间有差异。参数 γ 为风险规避系数，ψ 为 Frisch 弹性系数。家庭通过选择消费、劳动力供给以及在各国的股权投资份额 $S_{i,j,t}$ 来最大化其效用，并满足家庭约束条件：

$$C_{i,t} + \sum_{j=1}^{N} E_{i,j,t} H_{j,t} (S_{i,j,t} - S_{i,j,t-1}) =$$

$$W_{i,t} L_{i,t} + \sum_{j=1}^{N} S_{i,j,t-1} E_{i,j,t} \left(P_{j,j,t} Y_{j,t} - W_{j,t} L_{j,t} - \sum_{k=1}^{N} P_{j,k,t} M_{j,k,t} - I_{j,t} \right) \tag{5}$$

其中，$H_{j,t}$ 为股票价格，$E_{i,j,t}$ 为 i 国与 j 国之间的实际汇率。

二 市场均衡条件

市场均衡时，满足以下条件：

$$Y_{i,t} = \sum_{j=1}^{N} (M_{j,i,t} + G_{j,i,t}) \tag{6}$$

$$G_{i,t} = C_{i,t} + I_{i,t} \tag{7}$$

$$\sum_{j=1}^{N} S_{i,j,t} = 1 \tag{8}$$

同时，各国之间的物价满足一价定律：$E_{i,j,t} P_{j,j,t} = P_{i,j,t}$ ，均衡价格和分配取决于各国最初的技术水平、资本积累以及投资资产。对于全社会计划者而言，其最优行为是：$\text{Max}\ \frac{1}{N}\sum_{i=1}^{N}\sum_{t=0}^{\infty}\beta^{t}U(C_{i,t},L_{i,t})$，且满足约束条件式（1）、式（3）、式（4）、式（6）、式（7）。通过对家庭、厂商和零售商的最优化行为求解，即可得出一阶条件方程组。

第四节　经济“逆全球化”的影响因素：基于 GVC 参与度的理论推演

为了从理论层面诠释经济全球化“逆向”演进的影响因素，在第三部分的一阶均衡条件基础上，本部分进一步对理论模型进行扩展，将全球投入产出系统嵌入基本模型框架，以此考察数字经济发展与“逆全球化”的关联。要在模型框架中体现“逆全球化”这一特征，需选取能刻画经济全球化程度的指标变量。在早期研究中，一些学者使用进口投入占总产出比重、进口投入占总投入比重等指标来测度全球价值链的参与度（Sanyal and Jones，1982；Feenstra，1998）。然而，这些指标很难评估和反映进口中间产品在国内产出或出口中的真实使用情况，无法有效地衡量一国在全球价值链中的实际参与程度（Haltmeier，2015）。对此，GVC 参与度这一指标较为全面地展示出一国或区域在全球价值链中的参与程度，通过一国或区域提供增加值较高的复杂产品或差异化产品的能力来展示其在全球价值链中的地位（Koopman et al.，2014；Wang et al.，2017）。如今，GVC 参与度已成为衡量一国参与全球经济活动的最重要指标之一（UNCTAD，2018），而各国 GVC 参与度变化的趋势则可视为经济全球化的演进方向。① 因此，本研究选取 GVC 参与度作为考察“逆全球化”的关键变量，继而从模型中推演出 GVC 参与度变化的传导机制，通过证明 GVC 参与度下降的逻辑命题来析出“逆全球化”的影响因素。

---

① 需要指出的是，现行全球价值链研究工具还有增加值分解、平均传递步长、生产阶段数等，这些工具和方法对刻画特定国家和产业在全球价值链中的位置相对适用。由于基于国际贸易中一般均衡模型的理论基础不够扎实，因此更多的时候起到了一个核算框架的作用，难以从理论上理解“逆全球化”演进的影响因素，无法找出关键变量，以讨论经济学意义上的因果关系。在测度全球价值链时，多数研究采用的是上游度和下游度、生产长度等指标。相较于 GVC 参与度，此类指标虽然在某些层面上可以反映一国在全球价值链上的地位，但其经济学含义并不清晰，以此测算出的结果能否全面而真实地反映出一国的分工和专业化水平令人存疑。

在固定时间 t 下，将式（6）改写成加入各国汇率的全球投入产出矩阵形式，则有：

$$\begin{bmatrix} P_{1,1}Y_1 \\ P_{2,2}Y_2 \\ \vdots \\ P_{N,N}Y_N \end{bmatrix} = \begin{bmatrix} P_{1,1}M_{1,1} + E_{1,2}P_{2,1}M_{2,1} + \cdots + E_{1,N}P_{N,1}M_{N,1} \\ E_{2,1}P_{1,2}M_{1,2} + P_{2,2}M_{2,2} + \cdots + E_{2,N}P_{N,2}M_{N,2} \\ \vdots \\ E_{N,1}P_{1,N}M_{1,N} + E_{N,2}P_{2,N}M_{2,N} + \cdots + P_{N,N}M_{N,N} \end{bmatrix} + \begin{bmatrix} P_{1,1}G_{1,1} + E_{1,2}P_{2,1}G_{2,1} + \cdots + E_{1,N}P_{N,1}G_{N,1} \\ E_{2,1}P_{1,2}G_{1,2} + P_{2,2}G_{2,2} + \cdots + E_{2,N}P_{N,2}G_{N,2} \\ \vdots \\ E_{N,1}P_{1,N}G_{1,N} + E_{N,2}P_{2,N}G_{2,N} + \cdots + P_{N,N}G_{N,N} \end{bmatrix} \tag{9}$$

通过使用里昂惕夫逆矩阵，上式可改写成：

$$\begin{bmatrix} P_{1,1}Y_1 \\ P_{2,2}Y_2 \\ \vdots \\ P_{N,N}Y_N \end{bmatrix} = (I - A)^{-1} \begin{bmatrix} P_{1,1}G_{1,1} + E_{1,2}P_{2,1}G_{2,1} + \cdots + E_{1,N}P_{N,1}G_{N,1} \\ E_{2,1}P_{1,2}G_{1,2} + P_{2,2}G_{2,2} + \cdots + E_{2,N}P_{N,2}G_{N,2} \\ \vdots \\ E_{N,1}P_{1,N}G_{1,N} + E_{N,2}P_{2,N}G_{2,N} + \cdots + P_{N,N}G_{N,N} \end{bmatrix} \tag{10}$$

根据基本模型中的一阶最优化条件以及一价定律，可推导出里昂惕夫逆矩阵：

$$(I - A)^{-1} = [\upsilon(N - N\mu + N\mu\upsilon - \upsilon)]^{-1} \begin{bmatrix} 1-\mu+\mu\upsilon+(N-2)\upsilon & (1-\upsilon)(1-\mu) & \cdots & (1-\upsilon)(1-\mu) \\ (1-\upsilon)(1-\mu) & 1-\mu+\mu\upsilon+(N-2)\upsilon & \cdots & (1-\upsilon)(1-\mu) \\ \vdots & \vdots & \ddots & \vdots \\ (1-\upsilon)(1-\mu) & (1-\upsilon)(1-\mu) & \cdots & 1-\mu+\mu\upsilon+(N-2)\upsilon \end{bmatrix} \tag{11}$$

令 $R = \dfrac{1 - \mu + \mu\upsilon + (N-2)\upsilon}{N - N\mu + N\mu\upsilon - \upsilon}, T = \dfrac{(1-\upsilon)(1-\mu)}{N - N\mu + N\mu\upsilon - \upsilon}$。根据里昂惕

夫逆矩阵特征，即有 $R>0, T>0, R>T$。由此可得 $N\times N$ 阶的增加值流动矩阵 F：

$$F=V(I-A)^{-1}Ex=\begin{pmatrix} REx_1 & TEx_2 & \cdots & TEx_N \\ TEx_1 & REx_2 & \cdots & TEx_N \\ \vdots & \vdots & \ddots & \vdots \\ TEx_1 & TEx_2 & \cdots & REx_N \end{pmatrix} \tag{12}$$

根据 Koopman 等（2014），i 国的 GVC 参与度 $GVCP_{i,t}$ 为：

$$GVCP_{i,t}=\frac{T\left(\sum_{j\neq i}Ex_{j,t}\right)+(N-1)TEx_{i,t}}{Ex_{i,t}}=T\frac{\left(\sum_{j\neq i}Ex_{j,t}\right)}{Ex_{i,t}}+(N-1)T \tag{13}$$

其中，$Ex_{i,t}$ 为 i 国的出口。可见，GVC 参与度与 T 和 i 国出口与其他国家出口之比 $\frac{\left(\sum_{j\neq i}Ex_{j,t}\right)}{Ex_{i,t}}$ 相关。而对于 $Ex_{i,t}$，根据基本模型中的一阶最优化条件，可推导出：

$$\begin{aligned} Ex_{i,t} &= \sum_{j\neq i}M_{j,i,t}+\sum_{j\neq i}G_{j,i,t}=P_{i,i,t}Y_{i,t}-P_{i,i,t}M_{i,i,t}-P_{i,i,t}G_{i,i,t} \\ &= P_{i,i,t}Y_{i,t}[1-(1-\upsilon)\mu]-\omega G_{i,t} \end{aligned} \tag{14}$$

并由式（10）可得：

$$P_{i,i,t}Y_{i,t}=\upsilon^{-1}[R\omega+T(1-\omega)]G_{i,t}+\upsilon^{-1}\left[\frac{1-R\omega-T(1-\omega)}{N-1}\right]\sum_{j\neq i}E_{i,j,t}G_{j,t} \tag{15}$$

令 $\Delta Y_{i,j,t}=Y_{i,t}-E_{i,j,t}Y_{j,t}$，$\Delta G_{i,j,t}=G_{i,t}-E_{i,j,t}G_{j,t}$，则有：$\Delta Y_{i,j,t}=\left[\frac{N(R\omega+T(1-\omega))-1}{(N-1)\upsilon}\right]\Delta G_{i,j,t}$。令 $\Delta Ex_{i,j}=Ex_i-E_{i,j}Ex_j$，则有：$\Delta Ex_{i,j,t}=\Delta Y_{i,j,t}[1-(1-\upsilon)\mu]-\omega\Delta G_{i,j,t}=\left(\frac{\mu-\mu\upsilon+\upsilon\omega-1}{N\omega-1}\right)\Delta Y_{i,j,t}$。令函数 $f=\frac{\mu-\mu\upsilon+\upsilon\omega-1}{N\omega-1}$，可得：$\frac{\left(\sum_{j\neq i}Ex_{j,t}\right)}{Ex_{i,t}}=(N-1)\frac{Ex_{k,t}+f\frac{\sum_{j\neq i}\Delta Y_{j,k,t}}{N-1}}{Ex_{k,t}+f\Delta Y_{i,k,t}}$。

由于只要不是经济规模最小的国家，总会存在某国 k，使得 $\Delta Y_{i,k,t} > 0$，$\sum_{j \neq i} \Delta Y_{j,k,t} > 0$。故当 $\Delta Y_{i,k,t} > \frac{\sum_{j \neq i} \Delta Y_{j,k,t}}{N-1}$，即 $Y_{i,t} > \frac{\sum_{j \neq i} Y_{j,t}}{N-1}$ 时，$\frac{\left(\sum_{j \neq i} Ex_{j,t}\right)}{Ex_{i,t}}$ 与 f 呈反向关系。这也意味着只要 i 国总产出超过了世界平均水平，$\frac{\left(\sum_{j \neq i} Ex_{j,t}\right)}{Ex_{i,t}}$ 即与 f 呈反向关系。本研究重点考察"经济大国"（总产出超过世界平均水平）GVC 参与度的影响机制，根据以上结果，可得出以下命题：

命题 1：若其他变量保持不变，国内最终产品本地占比 ω 上升会导致 GVC 参与度下降。

证明：求函数 f 对 ω 的偏导，可有：$\frac{\partial f}{\partial \omega} = \frac{N - N\mu + N\mu v - v}{(-1 + N\omega)^2}$。由于 $T > 0$，故 $N - N\mu + N\mu v - v > 0$，因此有 $\frac{\partial f}{\partial \omega} > 0$，即 f 是 ω 的增函数。而在此时，$\frac{\left(\sum_{j \neq i} Ex_{j,t}\right)}{Ex_{i,t}}$ 为 ω 的减函数。由于函数 T 与 ω 无关，若其他变量保持不变，国内最终产品本地占比 ω 增加会引发 GVC 参与度下降，命题得证。

由命题 1 可见，GVC 参与度与国内最终产品本地占比 ω 紧密相关，ω 上升是 GVC 参与度下降的直接原因。

命题 2：当 ω 超过一定阈值时，国内中间产品本地占比 μ 上升会导致 GVC 参与度下降。

证明：求函数 T 对 μ 的偏导，可有：$\frac{\partial T}{\partial \mu} = \frac{(N-1)(-1+v)v}{(N + N\mu(-1+v) - v)^2}$。由于 $N \geqslant 2, 0 < v < 1$，故 $\frac{\partial T}{\partial u} < 0$，即 T 是 μ 的减函数。同时，求函数 f 对 μ 的偏导，可有：$\frac{\partial f}{\partial \mu} = \frac{1 - v}{N\omega - 1}$。可见，当且仅当 $\omega > \frac{1}{N}$ 时，$\frac{\partial f}{\partial \mu} > 0$，即 f 是 μ 的增函数。而在此时，$\frac{\left(\sum_{j \neq i} Ex_{j,t}\right)}{Ex_{i,t}}$ 为 μ 的减函数。综上可见，当

$\omega > \frac{1}{N}$，即最终产品市场存在本地偏好时，国内中间产品本地占比 μ 增加会导致 GVC 参与度下降。命题得证。

对于命题 2，当 $\omega > \frac{1}{N}$ 时，可认为最终产品市场存在本地偏好。在此情况下，由进口替代推动国内中间产品本地占比 μ 的提升会导致 GVC 参与度下降。需要指出的是，对于总产出超过世界平均水平的大国而言，在现实中由于资源、禀赋、政策等条件往往存在差异，$\frac{1}{N}$ 所代表的阈值条件也各不相同。故命题 2 的实质在于最终产品市场本地偏好较强时，国内中间产品本地占比的上升会引发 GVC 参与度下降。

命题 3：当 ω 超过一定阈值时，一国相对他国较高的经济增长率会导致 GVC 参与度上升，而相对他国较低的经济增长率将会使 GVC 参与度下降。

证明：当一国通过数字经济发展等手段实现经济增长，使总产出提高 ΔY 时，此时可分两种情况进行讨论：

（1）当 $\Delta Y_i > \frac{\sum_{j \neq i} \Delta Y_j}{N-1}$，即 i 国经济增长率超过世界平均水平时，若 $f > 0$，ΔY_i 将会推动 $\frac{(\sum_{j \neq i} Ex_{j,t})}{Ex_{i,t}}$ 下降，若 $f < 0$，ΔY_i 会促使 $\frac{(\sum_{j \neq i} Ex_{j,t})}{Ex_{i,t}}$ 上升。由于 $f = \frac{\mu - \mu v + v\omega - 1}{N\omega - 1}$，其中分子 $\mu - \mu v + v\omega - 1 < (\mu - 1)(1 - v) < 0$，故当 $\omega > \frac{1}{N}$ 时，$f < 0$。可见，当 ω 超过一定阈值时，一国相对他国较高的经济增长率会导致 GVC 参与度上升。

（2）当 $\Delta Y_i < \frac{\sum_{j \neq i} \Delta Y_j}{N-1}$，即 i 国经济增长率低于世界平均水平时，若 $f > 0$，ΔY_i 会推动 $\frac{(\sum_{j \neq i} Ex_{j,t})}{Ex_{i,t}}$ 上升，而 $f < 0$ 时，ΔY_i 将致 $\frac{(\sum_{j \neq i} Ex_{j,t})}{Ex_{i,t}}$ 下降。故当 $\omega > \frac{1}{N}$ 时，一国相对他国较低的经济增长率会导致 GVC 参与度下

降。命题得证。

命题3揭示了当最终产品市场存在较强本地偏好时，一国相较于他国的经济增长情况将影响GVC参与度，高于世界平均水平的经济增长率将提升GVC参与度，而低于世界平均水平的经济增长率将削弱GVC参与度。命题3强调了经济增长对GVC参与度的影响，但这种影响取决于该国在全球经济增长中的相对地位。对于增长率普遍高出世界平均水平的新兴经济体和增长率普遍低于世界平均水平的发达国家，经济增速对GVC参与度将会产生完全不同的影响。国际金融危机后，国家通过数字经济发展实现了一定的经济增长，但由于其低于世界平均水平，反而导致GVC参与度有所下降。

命题4：当ω超过一定阈值时，技术进步带来的增加值率v上升会导致GVC参与度下降。

证明：已有较多文献表明，技术进步是推动增加值率提高的最主要动因（Amiti and Konings，2007；Antràs et al.，2012）。[①] 这里考察增加值率v升高对GVC参与度的影响。求函数T对v的偏导，可有：$\frac{\partial T}{\partial v}=\frac{(-1+N)(-1+\mu)}{(N+N\mu(-1+v)-v)^2}$。由于$N\geqslant 2,0<\mu<1$，故$\frac{\partial T}{\partial v}<0$，即$T$是$v$的减函数。同时，求函数$f$对$v$的偏导，可有：$\frac{\partial f}{\partial v}=\frac{-u+\omega}{-1+N\omega}$。可见当且仅当$\omega>\max\{u,1/N\}$或$\omega<\min\{u,1/N\}$时，$\frac{\partial f}{\partial v}>0$，即$f$是$v$的增函数。而在此时，$\frac{(\sum_{j\neq i}Ex_{j,t})}{Ex_{i,t}}$为$v$的减函数。由于当国家数量$N$较多时，对于总产出超过世界平均水平的大国而言，$\omega<\frac{1}{N}$的可能性几乎不存在。因此，当$\omega>\max\{u,1/N\}$，即最终产品市场存在本地偏好且超过一定阈值时，技术进步带来的增加值率v的提高会导致GVC参与度下降。命题

① 需要指出的是，增加值率提高会受到多种因素的影响，如国内要素的密集投入等。然而，对于制造业而言，技术进步无疑是最重要的影响因素，这已经在大量的理论研究和实证研究中得到论证。特别是基于国际比较的制造业数据分析和实证研究表明，产业技术创新水平的高低对增加值率来说至关重要（张红霞、夏明，2018）。

得证。

命题 4 表明，当最终产品市场的本地偏好进一步提高，且超过中间产品本地占比后（即 $\omega > \mu$），由技术进步带来的增加值率上升，会推动 GVC 参与度下降，技术进步将对 GVC 参与度形成“反噬”效应。这意味着，一旦贸易保护主义达到一定程度，技术创新非但不会促进 GVC 参与度的上升，反而会强化本地偏好，进而凸显“技术反噬”的作用。这一命题较好地解释了 2010 年后，发达国家呈现出数字技术革命蓬勃兴起、贸易保护盛行与 GVC 参与度下降三种现象交织并存的状态。总体而言，在数字经济发展初期，由于通用技术和主导产业快速迭代，发达国家无论是政府还是企业都具有防止技术扩散、筑牢利基市场、占据新兴领域的内部化动机，对保守型贸易政策的诉求明显增强。在技术进步与贸易保护的相互加持下，发达国家持续调整全球生产结构，GVC 参与度步入停滞下降阶段成为必然趋势。

综合上述四个命题的结论，可以得出如下逻辑脉络：随着数字经济发展，发达国家的保守型贸易政策诉求明显增强，最终产品本地占比开始提升。而当最终产品本地占比上升到一定程度后，对于经济增速低于世界平均增速的国家和地区（主要是经济大国），其中间产品本地占比的提高会导致 GVC 参与度下降。当最终产品本地偏好进一步上升后，增加值率升高对 GVC 参与度的负面效应也将显现。同理还可以发现，最终产品本地占比与中间产品本地占比下降，经济增速高于世界平均水平，以及增加值率下降均可能推动 GVC 参与度上升。可见，数字经济发展下的最终产品本地占比、中间产品本地占比、经济增长率与技术进步均是“逆全球化”的重要影响因素。这些因素相互叠加相互作用，共同影响了各国 GVC 参与度的变化，并最终决定了全球化的演进方向。

第五节　经济“逆全球化”影响因素的实证检验

本部分将对理论框架中的四个命题提供经验性证据，通过计量回归来量化测度各种因素对 GVC 参与度的影响。由于第三部分的理论模型设定采用的是各国经济结构对称设定法，并未对人口规模、经济发展水平等国别特征加以限制，且研究对象为总产出超过世界平均水平的大国。对此，本研究采用以下两步加以完善，以减少实证研究的误差：首先，将实证分析对象选定为中国及经济发展水平相差不大的 OECD 成员国①，共计 21 个国家，这些国家合计贸易规模占世界贸易总额的 90% 以上，各国总产出均超过世界平均水平，能较好地代表全球 GVC 参与度的演变趋势；其次，进一步对模型是否稳健做出评估，通过加入人口规模、经济发展水平等控制变量，对回归方程的稳健性进行检验。具体国家选取如下：澳大利亚（AUS）、奥地利（AUT）、比利时（BEL）、加拿大（CAN）、丹麦（DNK）、芬兰（FIN）、法国（FRA）、德国（DEU）、意大利（ITA）、日本（JPN）、韩国（KOR）、荷兰（NLD）、新西兰（NZL）、挪威（NOR）、葡萄牙（PRT）、西班牙（ESP）、瑞典（SWE）、瑞士（CHE）、英国（GBR）、美国（USA）、中国（CHN）。

一 回归方程设定

根据第四部分的理论推演，本研究设定以下回归模型：

$$GVCP_{i,t} = c_0 + c_1\omega_{i,t} + c_2\mu_{i,t} + c_3 v_{i,t} + c_4 gr_{i,t} + \gamma_i + \eta_t + \varepsilon_{i,t} \quad (16)$$

$$GVCP_{i,t} = c_0 + c_1\omega_{i,t} + c_2\mu_{i,t} + c_3 v_{i,t} + c_4 gr_{i,t} + c_5 X + \gamma_i + \eta_t + \varepsilon_{i,t} \quad (17)$$

$$\Delta GVCP_{i,t} = c_0 + c_1\Delta\omega_{i,t} + c_2\Delta\mu_{i,t} + c_3\Delta v_{i,t} + c_4\Delta gr_{i,t} + \gamma_i + \eta_t + \varepsilon_{i,t} \quad (18)$$

$$GVCP_{i,t} = c_0 + c_1\omega_{i,t} + c_2\mu_{i,t}(\omega_{i,t} \leqslant \varphi_1) + c_3\mu_{i,t}(\omega_{i,t} > \varphi_1) + c_4 v_{i,t} + c_5 gr_{i,t} + \gamma_i + \eta_t + \varepsilon_{i,t} \quad (19)$$

$$GVCP_{i,t} = c_0 + c_1\omega_{i,t} + c_2\mu_{i,t} + c_3 v_{i,t}(\omega_{i,t} \leqslant \varphi_2) + c_4 v_{i,t}(\omega_{i,t} > \varphi_2) + c_5 gr_{i,t} + \gamma_i + \eta_t + \varepsilon_{i,t} \quad (20)$$

其中，$gr_{i,t}$ 为 t 期 i 国 GDP 增长率与世界平均增长率之差，X 为控制变

① 由于本研究主要关注的是商品贸易，在快速工业化推动下，中国工业生产规模巨大，整体水平进步明显，与 OECD 国家的差距缩小，部分产出指标已经超过一些 OECD 国家，因此可以视为同类分析对象。

量。所有变量均做了标准化处理。对于上述回归方程，方程（16）为根据式（13）得出的基准回归模型。方程（17）在方程（16）的基础上进一步加入了控制变量，以此检查回归方程的稳健性。由于本研究在模型设定中并未对各国经济发展水平与人口规模加以限制，因此控制变量 X 主要包括 t 期 i 国的对数化人均 GDP$gdpp_{i,t}$ 和 t 期 i 国的对数化总人口 $pop_{i,t}$。方程（18）则将考察一段时间内 GVC 参与度的变化幅度是否与 ω、μ、υ 及 gr 的变化幅度相关，本研究设定2年期和4年期分别检验这种相关性是否存在。当一段时间内 ω、μ、υ 及 gr 发生一定幅度的变化后，GVC 参与度的变化幅度是否也呈现出规律性，是方程（18）所关注的问题。方程（19）和（20）为两个门槛回归方程，命题2与命题4表明，μ 与 υ 会随着 ω 的变化而对 GVC 参与度产生不同的影响，因此在方程（19）和（20）中分别就 ω 的门槛效应给 μ、υ 带来的影响进行检验。[①] 为了避免变量遗漏带来的内生性影响，回归方程还控制了个体固定效应 γ_i 和时间固定效应 η_t，$\varepsilon_{i,t}$ 为残差项。[②]

二　数据处理

本部分整理了21个国家的投入产出表及相关时间序列数据，并对其进行了标准化处理。受限于全球投入产出数据的可获得性，本研究选取时间阶段为2000—2015年。各国 GVC 参与度测算采用 Koopman 等（2014）的方法，则有 $GVCP_{i,t} = \frac{DVX_{i,t} + FVA_{i,t}}{Ex_{i,t}}$。其中，$DVX_{i,t}$ 为 t 期 i 国的间接增加值，$FVA_{i,t}$ 为 t 期 i 国的国外增加值。各国 $DVX_{i,t}$ 与 $FVA_{i,t}$ 数据根据 UNCTAD 全球价值链数据库计算得出，各国商品出口总额 $Ex_{i,t}$ 数据来源于世界银行数据库。各国最终产品本地占比 ω 的计算公式为 $\omega_{i,t} = 1 - \frac{\sum_{j \neq i} G_{i,j}}{\upsilon_{i,t} Y_{i,t} - (Ex_{i,t} - \mathrm{Im}_{i,t})}$。其中，分子 $\sum_{j \neq i} G_{i,j}$ 为 t 期 i 国的工业最终产

① 受篇幅限制，本研究仅给出了单一门槛的回归模型。

② 由于本研究实证分析基于第三部分和第四部分理论推演，且给出了自变量与因变量之间明晰的因果关系，有着较为严谨的理论基础，加之篇幅所限，此处省略主要变量之间的内生性检验。

品进口额，数据来源于 *OECD* 数据库。分母 $v_{i,t}Y_{i,t}-(Ex_{i,t}-\mathrm{Im}_{i,t})$ 为 t 期 i 国的工业最终产品需求，$v_{i,t}Y_{i,t}$ 为 t 期 i 国的工业增加值，$Ex_{i,t}-\mathrm{Im}_{i,t}$ 为 t 期 i 国的工业净出口，相关数据来源于 OECD 数据库。各国中间产品本地占比 μ 的计算公式为 $\mu_{i,t}=1-\frac{\sum_{j\neq i}M_{i,j,t}}{\sum M_{i,j,t}}$，式中分子 $\sum_{j\neq i}M_{i,j,t}$ 为 t 期 i 国的工业中间产品进口额，数据来源于 OECD 数据库。分母 $\sum M_{i,j,t}$ 为 t 期 i 国的工业中间产品总投入，数据通过整理各国历年投入产出表得出。增加值率 $v_{i,t}$ 为 t 期 i 国的工业增加值与工业总产值之比，其同 t 期 i 国 GDP 增长率与世界平均增长率之差 $gr_{i,t}$ 、对数化人均 GDP$gdpp_{i,t}$ 、对数化总人口 $pop_{i,t}$ 数据一样均根据 OECD 数据库相关数据计算得出。

通过分析多国截面数据，可进一步验证制造业本地化指标（最终产品本地占比、中间产品本地占比）及技术进步指标（增加值率）与 GVC 参与度之间的理论关联。由图 8－2（a）可见，各国最终产品本地占比水平与 GVC 参与度均存在较大差异，数值介于 10% 至 130% 之间。同时，图 8－2（a）中趋势线表明一国的最终产品本地占比越高，其 GVC 参与度越低。主要国家节点与趋势线之间的偏差较小，显示出较好的规律性，这证实了命题 1 中最终产品本地占比与 GVC 参与度之间的反向关系。图 8－2（b）则显示出中间产品本地占比与 GVC 参与度之间呈现出非线性关系特征：当低于一定阈值时，中间产品本地占比与 GVC 参与度之间表现出较为平缓的线性关系；当高于一定阈值后，中间产品本地占比与 GVC 参与度之间的负相关性显著加强，曲线斜率的绝对值不断提高。与制造业本地化指标相比，图 8－2（c）表明技术进步指标的趋势性更为复杂，并不能展示出明显的规律性。但总体而言，超过一定阈值后增加值率上升还是带动了 GVC 参与度下降，这也意味着需要通过实证研究加以检验。

三 实证结论

方程（16）—（18）的回归结果如表 8－1 所示。由方程（16）回归结果可见，2000—2015 年，最终产品本地占比 ω 、中间产品本地占比 μ 、增加值率 v 及经济增长率的差额 gr 均与 GVC 参与度负相关。这意味

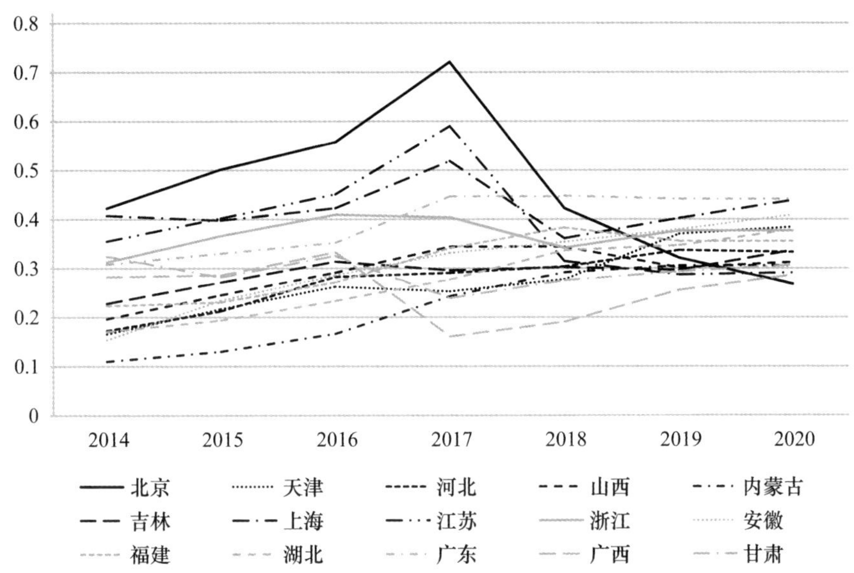

图8－2　因子分析模型下部分省（直辖市）数字经济指数（2014—2020）

着多国面板数据证实了命题1—4，这些指标是GVC参与度下降的主要影响因素。其中，技术方面的影响最大，增加值率每上升1个百分点，会带动GVC参与度下降0.7903个百分点。中间产品本地占比与最终产品本地占比每上升1个百分点，则分别带动GVC参与度下降0.5025和0.5244个百分点。此外，由于计算期内，面板数据中大多数OECD国家经济增长率与世界平均水平的差额为负值（仅中国与韩国在多数时间内差额为正值），因此这种相对较低的经济增速导致了其与GVC参与度呈现出负相关性。在低于世界经济平均增速的情况下，经济增长率每上升1个百分点，反而会推动GVC参与度下降0.6836个百分点。方程（17）回归结果显示，当加入控制变量后，主要变量的参数值变化不大，同时均较为显著。此外，方程（17）的R^2值相比方程（16）提高幅度较小，反映出本研究回归方程设定具有较好的稳健性。方程（18）分别从2年变化幅度和4年变化幅度两个维度进行了回归估计。结果显示，在2年期和4年期下，ω、μ和gr的回归参数均较为显著，υ的回归参数不显著，且4年变化幅度的拟合效果要优于2年变化幅度。这表明GVC参与度变化幅度与最终产品本地占比、中间产品本地占比、经济增长率差额的变化幅度负相关，且变化时间越长，数据的拟合效果越明显。在4年期下，最终产品本地占比、中间产品本地占比和经济增长率差额的上升幅度越大，GVC参与度下降幅度越大，每上升1个百分点将分别带来0.4005、0.5110和0.4142个百分点的GVC参与度降幅。

表8-1　　各方程回归结果

变量	方程（16）	方程（17）	方程（18）（2年变化幅度）	方程（18）（4年变化幅度）
ω	-0.5244*** (-5.8965)	-0.4242*** (-4.8864)	-0.3522*** (-4.3508)	-0.4005*** (-4.0974)
μ	-0.5025*** (-3.1737)	-0.4566*** (-2.9761)	-0.7346*** (-4.6728)	-0.5110*** (-3.0708)
v	-0.7903** (-2.4970)	-0.5745* (-1.8673)	-0.0191 (-0.0713)	-0.1457 (-0.4704)
gr	-0.6836** (-2.3412)	-0.6949** (-2.4767)	-0.4477*** (-2.6204)	-0.4142* (-1.8292)
控制变量	否	是	否	否
R^2	0.7516	0.7761	0.4699	0.5783

注：括号内数值为T检验值，***、**和*分别表示1%、5%和10%水平下显著，完整回归结果参见《中国工业经济》网站（http://ciejournal.ajcass.org）附件，下同。

在对门槛效应方程进行回归估计之前，需要先就主要变量的门槛数量与门限值进行判断。对此，本研究对门槛变量存在不同门槛数量的假设进行检验，通过使用自助法（Bootstrap）分别对单一门槛、双重门槛和三重门槛模拟似然比统计量500次，估计出门限值及其相关的区间和统计检验值（见表8-2）。门槛效应检验结果显示，自变量μ的单一门槛P值在5%的置信水平下显著，而双重门槛和三重门槛的P值均不显著，自变量v的单一门槛P值在10%的置信水平下显著，其双重门槛和三重门槛的P值也均不显著。由此可见，门槛效应在方程（19）和（20）中确实存在，且应选择单一门槛设定。

表8－2　门槛效应检验

变量	门槛数量	门限值	区间	P值
μ	单一门槛	0.3454	[0.3386，0.3462]	0.0340**
	双重门槛	0.6688	[0.6537，0.6753]	0.2180
	三重门槛	0.1761	[0.1421，0.1771]	0.6880
v	单一门槛	0.3785	[0.3707，0.3806]	0.0700*
	双重门槛	0.2750	[0.2723，0.2848]	0.5280
	三重门槛	0.5484	[0.5374，0.5492]	0.4660

根据μ和v的不同门限值，可将其分为两个区间，分析μ和v在不同区间内对GVC参与度的影响。由表8－3的回归结果可见，门槛方程回归参数均较为显著，且拟合效果较好。对于μ而言，当$\omega \leqslant 0.3454$时，其回归参数值为－0.5041，而当$\omega > 0.3454$时，回归参数值进一步降至－0.7116。v的情况则是，当$\omega \leqslant 0.3785$时，其回归参数值为－1.4910，而当$\omega > 0.3785$时，回归参数值进一步降至－1.7364。这证实了命题2和命题4的结论，即当ω超过一定阈值后，μ和v的上升将会更加明显地明显推动GVC参与度下降。[①] 进一步分析现实数据可发现，2000—2015年，跨国面板数据中多数国家的最终产品本地占比均经历了先降后升的过程，这导致当超过一定程度后，中间产品本地占比与增加值率的提高将会加速推动GVC参与度下降。此外，从具体的门限值看，μ对应的ω门限值为0.3454，低于v对应的ω门限值0.3785，这也与第四部分的理论推演结果相一致，即命题4的阈值应高于命题8－2中的阈值。

---

① 需要指出的是，命题2和命题4表明当ω超过一定阈值后，中间产品本地占比μ和增加值率v上升会导致GVC参与度下降。然而，当ω低于该阈值时，μ和v上升对GVC参与度的影响方向并不确定，需要通过实证分析来判断。若μ和v对GVC参与度的影响系数为正，大于阈值后将呈现出拐点效应，若影响系数为负，大于该阈值后则将加速推动GVC参与度下降。

表 8-3 门槛方程回归结果

变量	方程（19）	变量	方程（20）
ω	-0.8019*** (-8.0347)	ω	-0.7886*** (-7.6640)
$\mu(\omega \leqslant 0.3454)$	-0.5041*** (-2.9995)	μ	-0.7731*** (-4.7997)
$\mu(\omega > 0.3454)$	-0.7116*** (-4.4573)	$\upsilon(\omega \leqslant 0.3785)$	-1.4910*** (-5.2523)
υ	-1.7366*** (-6.4440)	$\upsilon(\omega > 0.3785)$	-1.7364*** (-6.3457)
gr	-0.8318** (-2.5308)	gr	-0.8063** (-2.4190)
R^2	0.6269	R^2	0.6165

第六节 进一步讨论：数字经济发展下的“技术反噬”效应

如果说在全球化处于传统意义上的正向演进时期，国际分工体系扩大以及各国 GVC 参与度提升与之互为因果，那么，当数字经济推动全球生产结构重塑之后，“逆全球化”现象的出现似乎是必然的。在导致“逆全球化”的因素中，最终产品本地占比集中体现了市场对本地产品的偏好程度，这一指标既取决于本地产品的竞争力，又在很大程度上反映出贸易政策导向。特别是在数字经济的发展浪潮下，数字技术与发达国家的单边主义行为相互交织相互推动，共同演化形成了对全球价值链的“技术反噬”效应。

2010 年以来，数字经济蓬勃兴起，人工智能、工业互联网、高端机器人等新技术的创新与应用带动了制造业智能化、绿色化、服务化发展，不仅催生了新产业群，而且有助于提高全要素生产率。凭借在数字科技和新兴产业的主导地位，发达国家的产业竞争力得以巩固提升。总体而言，发达国家受国际金融危机的冲击大，影响周期更长，致使危机发生后其经济增速普遍低于世界平均水平，贸易保护主义与民粹主义势力抬头，并在一定程度上转化为本地产品偏好，最终产品本地占比 ω 开始提高。因此，根据命题3和命题4的结论，由数字经济发展推动的经济增长与增加值率提升有可能对GVC参与度产生一定的负向作用。表面上看，加强贸易保护、推进逆全球化是发达国家推行“再工业化”战略、重振实体经济的关键步骤，但究其深层原因，全球贸易秩序变化在某种意义上是数字经济浪潮下全球化动力机制转换的结果。采用Bergeaud等（2016）中的方法测算了2000—2018年美国、德国、瑞士等数字经济主要发源国的全要素生产率（TFP）变化情况，进一步发现其与GVC参与度变换呈现出紧密相关性（见图8－3）。事实上，在数字技术革命下，2011年后美国TFP呈现快速上升之势，并且带动美国增加值率及GDP占全球比重上升，扭转了21世纪以来不断下降的势头，意味着相比海外投资和市场，本土化布局对企业的吸引力正在增强，而这是美国GVC参与度下降的重要原因。

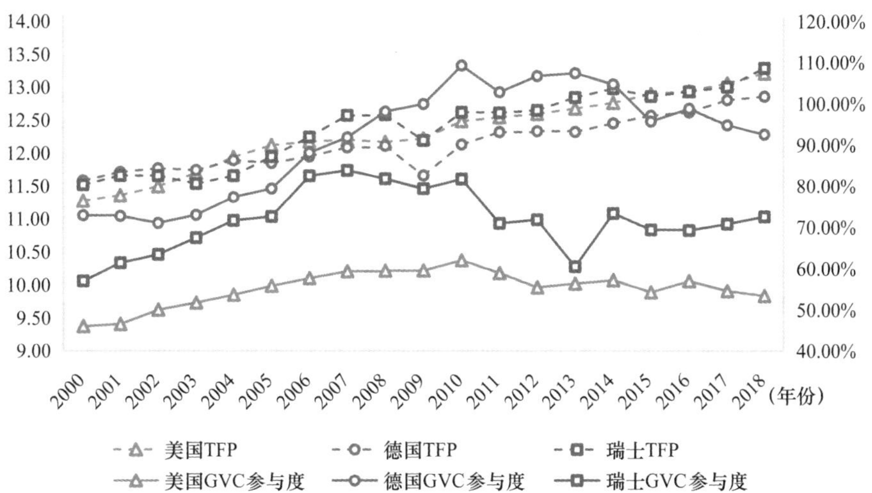

图8－3　数字经济主要发源国TFP与GVC参与度的关系

资料来源：作者计算。

注：左轴为TFP指数，右轴为GVC参与度。

同时，在数字技术演进过程中，发达国家相对新兴经济体的比较优势在发生变化。以中美产业竞争力比较为例，依据传统比较优势理论，美国制造业相对中国具有显著优势的领域主要集中在资本密集型和高附加值行业。对于交通运输设备制造业、石油加工和炼焦业、机械行业、化工原料及化学制品制造业等资本密集型行业，美国理应拥有明显的资本优势，其劳动力要素和能源要素的投资回报率会普遍高于中国。而对于通信设备、计算机及其他电子设备制造业、电气机械及器材制造业等技术密集型领域，相比中国，美国的技术和智力要素优势更为突出。但在数字技术革命影响下，食品制造业、印刷业和记录媒介的复制、家具制造业和纺织服装、鞋、帽制造业等对中国而言仍是“劳动密集型”的行业，美国却凭借高度自动化生产范式，推动这类行业朝着对劳动力依赖度较低的“资本密集型”方向演进，并以此重新获得了相对中国的竞争力优势（见表8－4）。不断提高的生产率也使得纺织服装、机械加工、化工建材等传统产业的部分环节被重新布局到美国的可能性增大，有助于实现其制造业回流的目标，进而在一定程度上降低对中国供应链以及全球价值链的依赖。事实上，2010年后，美国、英国、德国、瑞士等发达国家的中间产品本地占比均呈现上升态势。其中，美国由2011年的72.39%上升到2015年的75.53%，英国由2011年的62.09%升至2015年的69.19%。新冠疫情暴发为这一趋势提供了供应链安全保障的政策依据和企业策略加持，从而使以本地偏好为导向的全球生产结构调整得以持续深化。

表8－4　代表性“劳动密集型”行业中美竞争力对比

代表性行业	劳动力投入成本产出比		能源投入成本产出比		税负率	
	美国	中国	美国	中国	美国	中国
食品制造业	3.21	2.27	27.55	16.98	0.0707	0.1128
印刷业和记录媒介的复制	1.79	1.51	31.40	16.64	0.0421	0.0643
家具制造业	1.71	1.60	60.85	20.93	0.0212	0.0149
纺织服装、鞋、帽制造业	1.52	1.22	104.87	26.70	0.0179	0.0098

注：本表使用2014年中美相关数据计算得出。劳动力投入成本产出比为行业增加值与劳动力成本之比，能源投入成本产出比为行业增加值与能源消费成本之比，税负率为税负成本与行业增加值之比。中国税负率计算加入了出口退税的影响。劳动力投入成本产出比越高，能源投入成本产出比越高，税负率越低，行业竞争力越强。

第七节　结论与政策内涵

本研究通过建立包含投入产出系统的多国一般均衡模型，讨论了数字经济发展对经济全球化“逆向”演进的影响，从理论层面解构了“逆全球化”的作用机制，以GVC参与度作为判断全球化演进的核心指标，提出了影响大国（总产出超过世界平均水平）GVC参与度的四个命题。由命题证明可见，在数字经济发展推动下，发达国家保守主义倾向加强，国内最终产品本地占比是影响GVC参与度的直接因素，最终产品本地占比上升引发GVC参与度下降。而当最终产品呈现出较强的本地偏好后，中间产品本地占比上升与相对他国较低的经济增长率也会导致经济大国GVC参与度下降。当最终产品本地偏好被强化后，增加值率提高反而会抑制GVC参与度，即发生了“技术反噬”现象。随后，本研究使用包含OECD成员国和中国在内的21个国家的数据进行了实证分析，结果证实了这四个命题可以成立。进一步地，基于全球价值链收缩的基本事实，本研究探讨了“逆全球化”的深层次原因。由分析结论可见，近年来出现的“逆全球化”现象不应被简单解读为一连串的偶发政治事件或者仅仅是民粹主义者的鼓噪，在这些纷繁表象的背后实则是世界实体经济正在酝酿重大变革，意味着单边主义扩散、全球化放缓的倾向有可能在更大范围向更多领域渗透。随着数字经济革命的影响逐步释放，世界范围内以劳动力成本为核心的传统比较优势对全球化的推动有所弱化。在此背景下，中美大国竞争下的数字技术“冷战”，对GVC参与度下降和“逆全球化”构成了更强的推力。其中，中美大国竞争推高了美国的贸易保护壁垒，最终产品本地偏好程度继续上升，而数字技术“冷战”则打乱了全球供应链体系，倒逼各国增强基于中间产品本地偏好的产业韧性，跨国公司的生产布局和供应链策略从“效率优先”转向“战略优先”。

全球化进程出现的“波折”在一定程度上是数字经济发展下各国制造业本地化趋势的结果，而进口替代导致的贸易集中度上升以及数字技术革命下发达国家新一轮的内部化倾向恰恰是国际力量对比深刻变化的又一力证，这也正是中国做出构建双循环新发展格局战略决策的重要理论依据。未来一段时间，在加快迈向产业基础高级化与产业链现代化进程中，凭借日益完善的国内配套体系，中国进口替代的程度和效果有望进一步提高和改善，推动最终产品本地占比与中间产品本地占比继续攀升，这有利于形成高质量的国内大循环，进而为培育合作更加紧密的区域价值链创造条件。发达国家 GVC 参与度的下降态势则对中国提升供应链体系的安全性自主性提出了更为迫切的要求，应在推进更高水平的对外开放的同时，强化国内国际双循环互促共进，充分发挥国内完整的产业体系和超大规模市场优势，不断提升产业链供应链自主性和现代化水平，从而以全球生产体系重构为契机，在复杂多变的国际环境中塑造中国国际竞争新优势。

参考文献

[1] 陈伟光、郭晴：《逆全球化机理分析与新型全球化及其治理重塑》，《南开学报》2017 年第 5 期。

[2] 高运胜、李之旭、朱佳纯：《贸易失衡引致了“逆全球化”吗——基于增加值贸易视角》，《国际贸易问题》2021 年第 9 期。

[3] 江小涓、孟丽君：《内循环为主、外循环赋能与更高水平双循环——国际经验与中国实践》，《管理世界》2021 年第 1 期。

[4] 渠慎宁、杨丹辉：《美国对华关税制裁及对美国在华投资企业的影响》，《国际贸易》2018 年第 11 期。

[5] 渠慎宁、杨丹辉：《逆全球化下中美经济脱钩风险的领域与应对策略》，《财经问题研究》2021 年第 7 期。

[6] 佟家栋、谢丹阳、包群、黄群慧、李向阳、刘志彪、金碚、余淼杰、王孝松：《“逆全球化”与实体经济转型升级笔谈》，《中国工业经济》2017 年第 6 期。

[7] 张红霞、夏明：《分工和技术进步对增加值率的影响——基于投入产出技术的分析》，《管理评论》2018 年第 5 期。

[8] Acemoglu, D. and P. Restrepo, “The Race between Man and Machine: Implications of Technology for Growth, Factor Shares, and Employment”, *American Economic Review*, Vol. 108, No. 6, 2018.

[9] Amiti, M. and J. Konings, “Trade Liberalization, Intermediate Inputs and Productivity: Evidence from Indonesia”, *American Economic Review*,

Vol. 97, No. 5, 2007.

[10] Antràs, P., D. Chor, T. Fally and R. Hillberry, "Measuring the Upstreamness of Production and Trade Flows", *American Economic Review*, Vol. 102, No. 3, 2012.

[11] Autor, D., D. Dorn, and G. Hanson, "The China Syndrome: Local Labor Market Effects of Import Competition in the United States", *American Economic Review*, Vol. 103, No. 6, 2013.

[12] Carvalho, V., "From Micro to Macro via Production Networks", *Journal of Economic Perspectives*, Vol. 28, No. 4, 2015.

[13] Egger, P., S. Nigai, and N. Strecker, "The Taxing Deed of Globalization", *American Economic Review*, Vol. 109, No. 2, 2019.

[14] Evenett, S. and J. Fritz, The 28th Global Trade Alert Report, Centre for Economic Policy Research, 2021.

[15] Feenstra, R., "Integration of Trade and Disintegration of Production in the Global Economy", *Journal of Economic Perspectives*, Vol. 12, No. 4, 1998.

[16] Haltmeier, J., "Have Global Value Chains Contributed to Global Imbalances?", *International Finance Discussion Papers*, No. 1154, 2015.

[17] Heathcote, J. and F. Perri, "The International Diversification Puzzle Is Not as Bad as You Think", *Journal of Political Economy*, Vol. 121, No. 6, 2013.

[18] Johnson, R., "Five Facts about Value – Added Exports and Implications for Macroeconomics and Trade Research", *Journal of Economic Perspectives*, Vol. 28, No. 2, 2014.

[19] Koopman, R., Z. Wang, and S. J. Wei, "Tracing Value – Added and Double Counting in Gross Exports", *American Economic Review*, Vol. 104, No. 2, 2014.

[20] Sanyal, K. and R. Jones, "The Theory of Trade in Middle Products", *American Economic Review*, Vol. 72, No. 1, 1982.

[21] Torslov, T., L. Wier, and G. Zucman, "The Missing Profits of Nations", *NBER Working Paper*, No. 24701, 2018.

［22］ UNCTAD, *World Investment Report* 2018: *Investment and New Industrial Policies*, New York and Geneva: United Nations, 2018.

［23］ Utar, H., "Workers beneath the Floodgates: Low – Wage Import Competition and Workers' Adjustment", *Review of Economics and Statistics*, Vol. 100, No. 4, 2018.

［24］ Wang, Z., S. J. Wei, X. Yu, and K. Zhu, "Measures of Participation in Global Value Chains and Global Business Cycles", *NBER Working Papers*, No. 23222, 2017.

第九章

数字经济、市场分割与行业竞争

第一节　问题的提出

进入21世纪以来，中国数字经济发展迅速，已经深度融入社会经济的各个领域。根据中国信通院《中国数字经济发展报告（2022）》，2021年，中国数字经济规模达到45.5万亿元，占GDP比重达到39.8%，较"十三五"初期提升了9.6个百分点。其中，数字产业化规模为8.35万亿元，占GDP比重为7.3%。产业数字化规模达到37.18万亿元，占GDP比重为32.5%。党的二十大报告提出不仅要"加快发展数字经济，促进数字经济和实体经济深度融合，打造具有国际竞争力的数字产业集群"，还要"构建全国统一大市场，深化要素市场化改革，建设高标准市场体系。完善产权保护、市场准入、公平竞争、社会信用等市场经济基础制度，优化营商环境"。那么，如何在推进数字经济发展的同时，维护市场公平竞争就成为值得研究的重要问题。

2016年，《二十国集团数字经济发展与合作倡议》将数字经济定义为"以使用数字化的知识和信息作为关键生产要素、以现代信息网络作为重要载体、以信息通信技术的有效使用作为效率提升和经济结构优化的重要推动力的一系列经济活动"。Bukht和Heeks（2017）将数字经济划分为三个层次，核心部门或者数字部门（Digital Sector），即传统信息技术产业，包括软件制造业、信息服务等行业；狭义的数字经济（Digital Economy），即除了核心部门外，还包括因ICT而产生的新的商业模式，如平台经济、共享经济、数字服务等；广义的数字经济——数字化经济（Digitalized Economy），包括一切基于数字技术的经济活动，即除了狭义的数字经济外，还包括工业4.0、精准农业、电子商务等。中国信息通信研究院在《中国数字经济发展白皮书（2020）》中提出数字经济“四化”框架，即数字产业化、产业数字化、数字化治理与数据价值化，其中，数字产业化和产业数字化重塑生产力，是数字经济发展的核心；数字化治理引领生产关系深刻变革，是数字经济发展的保障；数据价值化重构生产要素体系，是数字经济发展的基础。2021年，国家统计局依据G20杭州峰会提出的《二十国集团数字经济发展与合作倡议》，以及《中华人民共和国国民经济和社会发展第十四个五年规划和2035年远景目标纲要》《国家信息化发展战略纲要》《关于促进互联网金融健康发展的指导意见》等政策文件，发布《数字经济及其核心产业统计分类（2021）》，其中明确指出，数字经济是指以数据资源作为关键生产要素、以现代信息网络为重要载体、以信息通信技术的有效使用作为效率提升和经济结构优化的重要推动力的一系列经济活动，主要包括数字产品制造业、数字产品服务业、数字技术应用业、数字要素驱动业、数字化效率提升业5个大类，其中前4类是数字经济的核心产业，即数字产业化部分，第5类为产业数字化部分，是数字经济与实体经济融合发展的体现。随着数字技术的发展，数字经济的内涵也在不断丰富，但核心是围绕数字技术的数字产业化与数字技术应用的产业数字化。

当前关于数字经济影响行业竞争的相关研究主要集中在以下两个方面。第一，数字经济提升了传统经济的运行效率。相比较传统经济模式，平台经济对整合经济资源、提升行业生产效率起到了积极作用（Oliner and Sichel，2000；Armstrong，2006；韩先锋等，2019），提高了传统经济活动的效率（孙杰，2020）。同时，跨境数字平台提供了企业增强国际竞争力的机会，企业需要根据平台主和参与者的特点谨慎选择合适自身业务发展的跨境数字平台，以充分借助数字平台赋能实现国际化发展（邬爱其等，2021）。第二，数字平台垄断影响市场公平竞争性。数字平台所能访问的超大规模数据集，能将数字服务与数据驱动的产品、服务相关联，并扩展业务至临近市场，实现生产者与消费者等多群体之间的高效互动，进而改变传统垄断的基础（Constantinides et al.，2018）。传统垄断行为分析是以界定“相关市场”为前提，但由于数字平台的市场结构与传统市场结构差异较大，对双边或多边市场进行相关市场界定的价值不大（OECD，2018），难以识别数字平台滥用市场支配地位的行为（熊鸿儒，2019）。随着数字经济为中国经济增长带来新活力的同时，部分垄断行为也对消费者权益形成了威胁（唐家要，2021），因此需要升级数字经济时代的反垄断规制工具，对数字企业商业模式进行更加准确的反垄断判断（孙晋，2021；王世强，2021）。

数字经济依托大数据、互联网、人工智能、云计算等技术对传统经济中的生产要素进行重构，缩短了厂商与消费者之间的距离，打破了传统交易空间的限制，促进了资源的优化配置。而由地方政府借助行政管制手段限制生产要素跨区域流动的市场分割行为，是促进公平竞争、构建全国统一大市场的重要阻碍。数字经济带来的数据要素的快速流动，提升了区域间、平台间贸易往来的效率，弱化了垄断行为所导致的市场分割，促进了行业竞争。因此，中国数字经济的发展能否缓解市场分割、促进行业竞争是一个值得深思的问题。本研究将围绕这一问题，尝试从数字经济的内涵出发，基于数字经济促进要素跨部门、跨区域流动从而缓解市场分割的作用机制，探讨数字经济如何影响行业竞争。

第二节　理论分析与假说提出

一　数字经济对行业竞争的影响

数字经济依靠人工智能等技术优势持续推动全行业技术进步，同时依靠大数据、云计算、互联网等资源、技术优势高效率实现优化资源配置，不断提升生产、分配、消费、流通等各个环节的效率，线下交易纷纷转至线上，对高效连接厂商与用户、市场与消费者起积极作用。对数字产业化的企业来说，随着目前数字经济占 GDP 比重达到近 40%，数字平台作为数字产业化的典型企业组织形式和商业模式（孙晋，2021），其规模呈现持续增长的趋势，并逐渐形成少数处于垄断地位的企业占市场主导地位的市场格局，造成数字鸿沟，对这类行业的竞争秩序带来新挑战。数字平台利用算法、数据、成本等优势实现对用户需求、所能接受的最高价格的准确预测，在提升更优质产品与服务的同时，已经造成价格歧视、“二选一”、算法合谋、扼杀式并购、搭售等垄断行为，不断使厂商与消费者更加依赖处于垄断地位的平台企业。目前，中国互联网大型平台的主营业务已经处于垄断地位（苏治等，2018）。

根据国家统计局发布的《数字经济及其核心产业统计分类（2021）》，其中将产业数字化定义为应用数字技术和数据资源为传统产业带来的产出增加和效率提升，是数字技术与实体经济的融合，即可将产业数字化企业视为数字产业化企业的用户。产业数字化企业主要利用数字平台实现自身管理、生产、销售、流通的数字化管理，自身较少涉及构建大型互联网平台等业务，通过利用数字技术，提升其生产效率、降低生产成本，最终提升行业竞争程度。基于此，本研究提出：

假说 1：数字经济促使数字产业化企业不断呈现垄断趋势，但推动了产业数字化企业的竞争程度。

二 数字经济对行业竞争的影响机制

数字经济能通过缓解市场分割促进行业竞争。第一，数字经济的网络效应能够拓宽市场边界，缓解市场分割，促进行业竞争。传统经济模式下，由于地方政府通过行政手段限制外地商品进入本地市场或者限制本地资源流出，形成中国要素市场与产品市场分割的局面（黄赜琳、姚婷婷，2020），造成行业竞争程度低。以大数据、云计算、互联网、人工智能等信息技术为代表的新一轮科技革命催生了新技术、新产品、新业态，去中心化的网络效应打破了传统市场的地域限制、拓宽了区域市场的边界（侯世英、宋良荣，2021）。

第二，数字技术的扩散效应能够在短时间内破除区域局限，模糊市场边界，降低市场分割程度，促进行业竞争。随着数字技术的发展，数据要素成为引领经济发展的新生产要素，数字经济成为新时期经济发展的新引擎。数字平台作为一种跨区域专业分工与协调机制，能够降低产学研合作研发成本，并利用算法对已有数据要素精确分析，突破区域的限制、技术的局限，为市场提供更多样化更符合消费者需求的产品，降低市场分割程度，从而促进行业竞争。

第三，数字经济的发展促进了数据要素的自由流动，打破了地方保护、企业垄断等对实体经济的区域限制，削弱了受地域和经济因素导致的市场分割，推动了市场整合（赵新宇等，2022）。

第四，数字政府治理能力的提升保证了行业竞争的公平性。数字技术的进步不仅推动了产品市场多样化进程，更是促进了数字政府治理向高效、高质量、高精确度发展。具有获取数字权限的政府利用数字技术构建数据平台，利用数据要素精确界定相关市场与垄断行为，规避掠夺性定价、扼杀式并购、搭售、“二选一”等平台垄断行为，从而促进行业竞争。数字经济的快速发展，一方面意味着数据要素的快速积累，另一方面意味着已有产业利用数据要素，实现数字化转型。数据要素存在低流通成本、高边际回报的特征，意味着要素市场、产品市场信息大范围快速流动，有利于数字平台的构建，缓解市场分割。商品、要素信息的快速流动，有利于促进行业竞争，促进产业组织的良性互动。由此，本研究提出：

假说2：数字经济发展有利于促进行业竞争。

假说3：缓解市场分割是数字经济促进行业竞争的重要机制。

第三节 研究设计

一 模型设定

根据理论分析，数字经济发展能够促进数据要素的流动，提升数字政府治理能力，从而有利于提升行业竞争。考虑到各区域社会发展不均与资源分配不均等因素所带来的异方差负面影响，本研究将所有变量取自然对数来研究数字经济发展对行业竞争的影响，构建以下模型：

$$Competition_{it} = \alpha_0 + \alpha_1 digit_{it} + \beta X + \theta_i + \mu_t + \varepsilon_{it} \tag{1}$$

在式（1）中，$Competition_{it}$表示省份 i 在第 t 年的行业竞争程度；$digit_{it}$表示省份 i 在第 t 年的数字经济发展程度；X 和 β 分别表示控制变量及其参数估计值；θ_i 、μ_t 分别表示市级固定效应与时间固定效应；ε_{it} 代表随机误差项。

二 指标选取与变量定义

被解释变量：行业竞争。参考余文涛和吴士炜（2020），利用区域内企业间竞争水平衡量行业竞争程度。具体衡量方法为：

$$Competition_i = \frac{i\text{ 地区某行业企业数}/i\text{ 地区某行业营业额}}{\text{全国某行业企业数}/\text{全国某行业企业营业额}}$$

该数值大于1表明相比全国其他地区，本地区拥有更多的企业来生产相同数额的营业额，即本地区企业表现出更激烈的竞争态势。

解释变量：数字经济。使用企业数字化程度指标，按照企业营业收入进行加权。加权方式为：

$$\text{省级产业数字化程度}=\frac{\sum \text{省级内企业数字化指数} * \text{企业营业收入}}{\sum \text{省级内企业营业收入}}$$

中介变量：市场分割。本研究使用要素市场扭曲程度对市场分割衡量，目前主要有两种衡量市场分割的方法，一是张杰等（2011），这一方法主要体现了要素市场扭曲与产品市场扭曲的相对差异：

$$Factor1 = (\text{产品市场的市场化指数} - \text{要素市场发育指数}) / \text{产品市场的市场化指数}$$

二是林伯强和杜克锐（2013）。这一方法同时可以反映地区要素市场随时间的变化与地区间要素市场扭曲程度的相对差异变化：

$$Factor2 = (\max(Factor_{it}) - Factor_{it}) / \max(Factor_{it}) \times 100$$

为了更加全面衡量中国市场分割状态，本研究采用这两种衡量方法测度市场分割水平。控制变量方面：本研究引入财政分权水平（*Finance*）、外商投资水平（*FDI*）、外贸依存度（*Export*）、技术市场交易水平（*Technology*）和产权性质（*Property*）5个控制变量。其中，*Finance* 用地区财政支出与财政收入之差与财政收入的比值衡量；*FDI* 用各地区外商直接投资额占GDP的比值衡量；*Export* 用各地区进出口贸易额占GDP的比值衡量；*Technology* 用各地区技术市场交易额占GDP的比值衡量；*Property* 用各地区非国有企业固定资产投资比重衡量。

三 数据来源

本研究所选用的样本是从2007—2020年中国30个省（区、市）的省级面板数据。采用国泰安数据库中上市公司数字化转型程度指标衡量企业数字化程度。中介变量要素市场分割指数主要参考张杰（2011）、林伯强和杜克锐（2013）的做法，数据来自中国市场化数据库。其余控制变量数据均来自《中国统计年鉴》（2007—2020年）。剔除数据不全、难获取数据的西藏、香港、澳门和台湾等地区的数据。最终，本研究形成2007—2020年包含中国30个省、市、区的面板数据（见图9-1）。

表 9－1　变量描述性统计

类型	变量	观测量	平均值	标准差	最小值	最大值
被解释变量	行业竞争	420	－0.1285	0.3017	－1.0656	0.6742
	国企行业竞争	420	0.1330	0.3748	－0.6944	1.3946
	私企行业竞争	420	0.1293	0.4523	－0.7170	1.7286
	外企行业竞争	420	0.2325	1.2704	－1.5356	5.2527
	大中型企业行业竞争	420	0.0322	0.4717	－0.0971	1.7937
解释变量	产业数字化程度	420	－0.7778	1.8494	－8.7383	2.8186
	人工智能衡量数字化程度	420	－3.6562	2.4479	－9.1535	1.5605
	区块链衡量数字化程度	420	－6.4512	1.8459	－11.6425	－0.7590
	云计算衡量数字化程度	420	－2.3068	1.7552	－8.4300	1.4373
	大数据衡量数字化程度	420	－2.4791	2.2000	－9.5278	1.3750
	数字技术应用衡量数字化程度	420	－1.1961	1.7352	－8.7383	2.3805
中介变量	市场扭曲程度 1	420	－1.5211	1.0457	－6.7488	4.3401
	市场扭曲程度 2	420	－1.0337	0.7426	－5.7512	－0.0723
控制变量	财政分权水平	420	0.5097	0.8521	－2.2685	2.1258
	外商投资水平	420	－1.3925	0.9278	－4.8145	3.5268
	外贸依存度	420	－1.7035	0.9611	－4.8761	0.5129
	技术市场交易水平	420	－5.2427	1.3513	－8.6079	－1.7388
	产权性质	420	－1.5598	0.4839	－4.0400	－0.0629

第四节　基准回归分析

本部分首先通过经验数据实证验证数字经济发展对行业竞争的影响；其次，将数字经济发展划分为数字产业化与产业数字化，检验数字经济发展对行业竞争的稳健性。

考虑到数字经济发展程度与行业竞争程度在省际层面都存在较大的异质性，因此采用固定个体效应模型进行回归，并同时对年份进行控制，实证结果如表 9－2 所示。其中，第（1）列的解释变量为数字经济发展程度，结果显示为数字经济的回归系数为 0.0162，在 1% 的显著性水平下显著，表明发展数字经济对地区行业竞争具有显著的促进作用。为估计结果的一致性，在第（2）—（6）列依次加入控制变量，实证结果显示，无论是被解释变量——数字经济还是控制变量，实证结果都具有稳健性，即数字经济对行业竞争都呈现出显著且正向的影响效应。

表 9 – 2　　基准回归

变量	(1)	(2)	(3)	(4)	(5)	(6)
lndigitizaion	0.0162***	0.0134**	0.0134**	0.0126**	0.0141**	0.0118*
	(0.0061)	(0.0080)	(0.0060)	(0.0061)	(0.0078)	(0.0063)
lnfinance		-0.1428***	-0.1438***	-0.1725***	-0.1719***	-0.1416***
		(0.0448)	(0.0507)	(0.0513)	(0.0501)	(0.0477)
lnfdi			0.0780***	0.0750***	0.0668***	0.0708***
			(0.0216)	(0.0210)	(0.0228)	(0.0229)
lnexport				-0.0691**	-0.0783***	-0.0641**
				(0.0278)	(0.0272)	(0.0274)
lntechnology					0.0313**	0.0290*
					(0.0148)	(0.0148)
lnproperty						0.1095**
						(0.0492)
Constant	-0.1143***	-0.0442*	0.0644*	0.0434	0.0948**	0.2658**
	(0.0083)	(0.0252)	(0.0369)	(0.0540)	(0.0841)	(0.1176)
时间固定效应	是	是	是	是	是	是
个体固定效应	是	是	是	是	是	是
Observations	418	418	418	418	418	418
R^2	0.0107	0.0369	0.0739	0.0894	0.1030	0.1246

注：Standard errors in parentheses, *** $p<0.01$, ** $p<0.05$, * $p<0.1$.

2021 年，国家统计局所公布的《数字经济及其核心产业统计分类（2021）》将数字经济产业划分为数字产品制造业、数字产品服务业、数字技术应用业、数字要素驱动业与数字化效率提升业，其中前 4 大类被划分为数字经济核心产业，将其所包含的产业与上市公司数字化转型行业匹配，得出本研究中所界定的数字产业化企业。同理，将数字化效率提升业所包含的具体产业界定为产业数字化，将其整理、匹配为省级面板数据。为进一步验证数字经济发展对行业竞争的影响，本研究依据国家统计局对数字经济的界定，将解释变量划分为数字产业化与产业数字化。其中，将电子信息制造业、电信业、软件和信息技术服务业、互联网行业的企业视为数字产业化的企业；剔除这些产业的其余产业的数据视为产业数字化，分别进行实证研究。结果如表 9 - 3 所示，实证发现，数字产业化对行业竞争无显著影响，产业数字化对行业竞争具有显著的正向效应。

表 9 - 3　　稳健性检验

变量	数字产业化		产业数字化	
	(1)	(2)	(3)	(4)
digitizaion	-0.0071	0.0036	0.0143*	0.0136*
	(0.0072)	(0.0071)	(0.0085)	(0.0074)
lnfinance		-0.1286*		-0.1661***
		(0.0751)		(0.0598)
lnfdi		0.0371		0.0377
		(0.0292)		(0.0317)
lnexport		0.0641		0.0057
		(0.0619)		(0.0582)
lntechnology		0.0859***		0.0939***
		(0.0235)		(0.0228)
lnproperty		0.3077***		0.2662***
		(0.0868)		(0.0868)
Constant	0.1614	0.6655***	-0.3079	0.5966**
	(0.1622)	(0.2262)	(0.1913)	(0.2524)
时间固定效应	是	是	是	是
个体固定效应	是	是	是	是
Observations	223	223	220	220
R^2	0.091	0.277	0.132	0.367

注：Standard errors in parentheses, *** $p<0.01$, ** $p<0.05$, * $p<0.1$.

第五节 进一步分析

一 机制检验

基于上述理论分析，本部分进一步考察数字经济通过市场分割影响行业竞争的程度。本研究以市场分割作为中介变量进行回归。实证结果如表9－4所示，根据江艇（2022），仅列出数字经济对中介变量的回归结果。依据市场扭曲程度1进行估计，实证结果如表9－4第（1）—（3）列所示，分别显示数字经济、数字产业化和产业数字化发展程度都能在一定程度上降低市场分割程度。第（4）—（6）列为市场扭曲程度2的实证结果，分别显示数字经济和产业数字化能够显著降低市场扭曲程度，但是数字产业化对市场分割程度无显著影响。

表9－4　　数字经济、市场分割与行业竞争的中介效应

变量	Factor1			Factor2		
	(1)	(2)	(3)	(4)	(5)	(6)
lndigitizaion	-0.1198***			-0.0292*		
	(0.0412)			(0.0154)		
lndigitizaion1		-0.1227*			-0.0177	
		(0.0719)			(0.0146)	
lndigitizaion2			-0.1728**			-0.0290*
			(0.0800)			(0.0148)
lnfinance	0.1671	0.0471	0.0922	0.2163***	0.1220	0.1048
	(0.1969)	(0.6412)	(0.6195)	(0.0761)	(0.1023)	(0.1140)
lnfdi	0.0106	0.0905	0.3810	-0.0888**	-0.3016***	-0.1332**
	(0.1211)	(0.4707)	(0.3944)	(0.0433)	(0.0863)	(0.0665)
lnexport	-0.1330	-0.4388	-0.6825	-0.1246*	-0.1192	-0.1943*
	(0.1658)	(0.5384)	(0.5452)	(0.0659)	(0.1020)	(0.1037)
lntechnology	-0.3175***	-0.3928	-0.0574	-0.1898***	-0.1842***	-0.2129***
	(0.0720)	(0.3097)	(0.2435)	(0.0277)	(0.0438)	(0.0402)
lnproperty	-0.3660**	-1.7631**	-1.0586*	0.0741	0.4027***	0.2628**
	(0.1824)	(0.7072)	(0.6207)	(0.0715)	(0.1037)	(0.1084)

续表

变量	Factor1			Factor2		
	(1)	(2)	(3)	(4)	(5)	(6)
Constant	-4.5672***	-4.3171	-0.3513	-2.4137***	-1.7026***	-1.6414***
	(0.5912)	(3.2631)	(3.3402)	(0.2014)	(0.5385)	(0.5382)
Observations	231	69	69	404	209	211
R^2	0.1295	0.3366	0.1029	0.0519	0.1433	0.1050

注：Standard errors in parentheses, *** p<0.01, ** p<0.05, * p<0.1.

二　异质性分析

本部分主要讨论数字经济发展对行业竞争程度的影响。首先，将国有企业行业竞争、私营企业行业竞争、外资企业行业竞争、中大型企业行业竞争纳入分析框架，实证结果如表9-5所示。研究发现，数字经济发展能够显著提升国有企业行业竞争、私营企业行业竞争与中大型企业行业竞争程度，对外企行业竞争程度无显著影响。

表9-5　　数字经济对不同行业竞争程度的影响

变量	(1)	(2)	(3)	(4)
	lncompetition1	lncompetition2	lncompetition3	lncompetition4
lndigitizaion	0.0235**	0.0181*	0.0310	0.0339**
	(0.0094)	(0.0109)	(0.0293)	(0.0157)
lnfinance	-0.0353	-0.0172	-0.0104	-0.1028*
	(0.0687)	(0.0686)	(0.0766)	(0.0602)
lnfdi	-0.0025	0.0300	-0.0240	0.0159
	(0.0549)	(0.0274)	(0.0377)	(0.0308)
lnexport	-0.0430	-0.0322	-0.2164***	-0.0234
	(0.0344)	(0.0391)	(0.0548)	(0.0339)
lntechnology	-0.0491**	0.0453**	-0.0386	-0.0019
	(0.0198)	(0.0219)	(0.0240)	(0.0175)
lnproperty	0.2023***	-0.0073	0.0532	0.0286
	(0.0736)	(0.0529)	(0.0598)	(0.0403)

续表

变量	(1)	(2)	(3)	(4)
	lncompetition1	lncompetition2	lncompetition3	lncompetition4
Constant	0.1509	0.3645**	-0.2576	0.1289
	(0.1727)	(0.1598)	(0.1596)	(0.1056)
Observations	418	418	418	418
R^2	0.815	0.830	0.973	0.905

注：Standard errors in parentheses, *** p<0.01, ** p<0.05, * p<0.1.

其次，将数字经济划分为人工智能、区块链、云计算、大数据与数字技术应用纳入分析框架，实证结果如表9-6所示。研究发现，只有云计算能够显著提升行业竞争程度，其余技术对行业竞争无显著影响。

表9-6　　不同类型数字经济对行业竞争程度的影响

变量	(1)	(2)	(3)	(4)	(5)
	lncompetition1	lncompetition2	lncompetition3	lncompetition4	lncompetition5
lndigitizaion1	-0.0043				
	(0.0067)				
lndigitizaion2		0.0165			
		(0.0106)			
lndigitizaion3			0.0188**		
			(0.0079)		
lndigitizaion4				0.0077	
				(0.0074)	
lndigitizaion5					0.0097
					(0.0063)
lnfinance	-0.1395**	-0.0604	-0.1346***	-0.1187**	-0.1443***
	(0.0538)	(0.0827)	(0.0467)	(0.0471)	(0.0478)
lnfdi	0.0402	0.0583	0.0251	0.0372	0.0710***
	(0.0268)	(0.0669)	(0.0225)	(0.0229)	(0.0230)
lnexport	-0.0047	0.0224	0.0272	-0.0056	-0.0636**
	(0.0468)	(0.1077)	(0.0308)	(0.0341)	(0.0274)

续表

变量	(1)	(2)	(3)	(4)	(5)
	lncompetition1	lncompetition2	lncompetition3	lncompetition4	lncompetition5
lntechnology	0.0708***	0.1304***	0.0645***	0.0737***	0.0284*
	(0.0182)	(0.0420)	(0.0171)	(0.0167)	(0.0147)
lnproperty	0.3202***	0.2637	0.1457***	0.1831**	0.1101**
	(0.0890)	(0.1638)	(0.0441)	(0.0722)	(0.0492)
Constant	0.8157***	1.1833***	0.6235***	0.6462***	0.2684**
	(0.1494)	(0.2512)	(0.1073)	(0.1268)	(0.1179)
Observations	280	118	316	307	418
R^2	0.875	0.923	0.873	0.881	0.842

注：Standard errors in parentheses, *** $p<0.01$, ** $p<0.05$, * $p<0.1$.

最后，本部分探讨不同类型数字经济对不同类型企业行业竞争程度的影响，结果如表9－7—表9－10所示。研究发现，大数据与数字技术应用能够显著提升国有企业行业竞争程度；人工智能降低私营企业行业竞争程度，区块链提升私营企业行业竞争程度；数字技术应用提升外资企业与大中型企业行业竞争程度。

表9－7　　不同类型数字经济对国有企业行业竞争程度的影响

变量	(1)	(2)	(3)	(4)	(5)
	lncompetition1	lncompetition2	lncompetition3	lncompetition4	lncompetition5
lndigitizaion1	0.0046				
	(0.0080)				
lndigitizaion2		0.0131			
		(0.0083)			
lndigitizaion3			0.0105		
			(0.0108)		
lndigitizaion4				0.0147*	
				(0.0086)	
lndigitizaion5					0.0165*
					(0.0092)

续表

变量	(1)	(2)	(3)	(4)	(5)
	lncompetition1	lncompetition2	lncompetition3	lncompetition4	lncompetition5
lnfinance	-0.0692	-0.0156	0.0052	0.0250	-0.0416
	(0.0761)	(0.1152)	(0.0750)	(0.0739)	(0.0689)
lnfdi	-0.0479	0.0988	-0.0382	-0.0601	-0.0019
	(0.0378)	(0.0653)	(0.0616)	(0.0468)	(0.0554)
lnexport	-0.0583	0.1386	0.0291	0.0038	-0.0423
	(0.0520)	(0.1126)	(0.0412)	(0.0385)	(0.0345)
lntechnology	0.0125	0.0654	-0.0042	0.0103	-0.0507**
	(0.0190)	(0.0418)	(0.0222)	(0.0172)	(0.0198)
lnproperty	0.3740***	0.2044	0.2086***	0.3939***	0.2048***
	(0.1091)	(0.2397)	(0.0483)	(0.0899)	(0.0740)
Constant	0.5808***	0.9805**	0.4303***	0.6899***	0.1533
	(0.1771)	(0.3761)	(0.1392)	(0.1564)	(0.1742)
Observations	280	118	316	307	418
R^2	0.863	0.929	0.871	0.874	0.814

注：Standard errors in parentheses, *** $p < 0.01$, ** $p < 0.05$, * $p < 0.1$.

表9-8　　不同类型数字经济对私营企业行业竞争程度的影响

变量	(1)	(2)	(3)	(4)	(5)
	lncompetition1	lncompetition2	lncompetition3	lncompetition4	lncompetition5
lndigitizaion1	-0.0227**				
	(0.0110)				
lndigitizaion2		0.0262*			
		(0.0150)			
lndigitizaion3			0.0171		
			(0.0143)		
lndigitizaion4				0.0134	
				(0.0098)	
lndigitizaion5					0.0088
					(0.0112)

续表

变量	(1)	(2)	(3)	(4)	(5)
	lncompetition1	lncompetition2	lncompetition3	lncompetition4	lncompetition5
lnfinance	-0.0152	-0.0156	0.0052	0.0250	-0.0416
	(0.0884)	(0.1152)	(0.0750)	(0.0739)	(0.0689)
lnfdi	0.0266	0.1076	-0.0137	0.1104	-0.0236
	(0.0351)	(0.1521)	(0.0888)	(0.0827)	(0.0686)
lnexport	0.0493	0.1902 **	-0.0008	0.0025	0.0306
	(0.0661)	(0.0914)	(0.0376)	(0.0358)	(0.0275)
lntechnology	0.1165 ***	0.0135	-0.0153	0.0030	-0.0321
	(0.0272)	(0.1596)	(0.0568)	(0.0553)	(0.0390)
lnproperty	0.0961	0.2559 ***	0.1080 ***	0.1023 ***	0.0436 **
	(0.1438)	(0.0773)	(0.0324)	(0.0295)	(0.0219)
Constant	0.8807 ***	-0.0055	-0.0202	0.1169	-0.0033
	(0.2497)	(0.3278)	(0.0508)	(0.1095)	(0.0532)
Observations	280	118	316	307	418
R^2	0.852	0.844	0.852	0.850	0.829

注：Standard errors in parentheses，*** p<0.01，** p<0.05，* p<0.1.

表9-9　　不同类型数字经济对外资企业行业竞争程度的影响

变量	(1)	(2)	(3)	(4)	(5)
	lncompetition1	lncompetition2	lncompetition3	lncompetition4	lncompetition5
lndigitizaion1	-0.0099				
	(0.0091)				
lndigitizaion2		0.0005			
		(0.0101)			
lndigitizaion3			-0.0077		
			(0.0128)		
lndigitizaion4				-0.0077	
				(0.0207)	
lndigitizaion5					0.0614 **
					(0.0279)

续表

变量	(1)	(2)	(3)	(4)	(5)
	lncompetition1	lncompetition2	lncompetition3	lncompetition4	lncompetition5
lnfinance	-0.0216	-0.1171	-0.0391	-0.0309	-0.0037
	(0.0684)	(0.0968)	(0.0813)	(0.0808)	(0.0778)
lnfdi	-0.0102	0.0955	-0.0546	-0.0157	-0.0242
	(0.0319)	(0.0639)	(0.0467)	(0.0368)	(0.0387)
lnexport	-0.1276*	0.2411	-0.1334**	-0.1594***	-0.2119***
	(0.0677)	(0.2043)	(0.0591)	(0.0579)	(0.0529)
lntechnology	0.0210	0.0021	0.0263	-0.0031	-0.0363
	(0.0262)	(0.0369)	(0.0330)	(0.0306)	(0.0237)
lnproperty	0.1296*	-0.0296	0.0171	0.1797	0.0372
	(0.0744)	(0.2202)	(0.0377)	(0.1309)	(0.0548)
Constant	0.4469***	1.0690***	0.2245	0.2977	-0.2172
	(0.1692)	(0.2503)	(0.1723)	(0.1985)	(0.1552)
Observations	280	118	316	307	418
R^2	0.992	0.995	0.987	0.986	0.974

注：Standard errors in parentheses, *** p<0.01, ** p<0.05, * p<0.1.

表9-10　不同类型数字经济对大中型企业行业竞争程度的影响

变量	(1)	(2)	(3)	(4)	(5)
	lncompetition1	lncompetition2	lncompetition3	lncompetition4	lncompetition5
lndigitizaion1	0.0021				
	(0.0071)				
lndigitizaion2		0.0070			
		(0.0094)			
lndigitizaion3			-0.0015		
			(0.0082)		
lndigitizaion4				-0.0012	
				(0.0078)	
lndigitizaion5					0.0352**
					(0.0144)

续表

变量	(1)	(2)	(3)	(4)	(5)
	lncompetition1	lncompetition2	lncompetition3	lncompetition4	lncompetition5
lnfinance	-0.0101	0.1912	0.0478	-0.0252	-0.1077*
	(0.0724)	(0.1153)	(0.0699)	(0.0647)	(0.0600)
lnfdi	-0.0010	0.0123	-0.0078	-0.0086	0.0165
	(0.0258)	(0.0494)	(0.0228)	(0.0236)	(0.0307)
lnexport	0.0034	-0.0891	0.0469	-0.0038	-0.0215
	(0.0485)	(0.1060)	(0.0375)	(0.0317)	(0.0335)
lntechnology	-0.0039	0.0488	0.0123	0.0260*	-0.0029
	(0.0176)	(0.0407)	(0.0169)	(0.0146)	(0.0173)
lnproperty	0.2091***	0.2588	0.1110***	0.2554***	0.0268
	(0.0781)	(0.2567)	(0.0355)	(0.0638)	(0.0398)
Constant	0.2964**	0.5415	0.2436**	0.4830***	0.1431
	(0.1267)	(0.3852)	(0.0983)	(0.1016)	(0.1061)
Observations	280	118	316	307	418
R^2	0.932	0.949	0.930	0.938	0.905

注：Standard errors in parentheses, *** p<0.01, ** p<0.05, * p<0.1.

第六节 结论与政策建议

为了系统分析数字经济对行业竞争的影响，本研究在梳理数字经济影响行业竞争内在逻辑的基础上，探讨数字经济通过缓解市场分割促进行业竞争的作用机制，研究发现：第一，数字经济对行业竞争具有显著正向的促进作用，其中数字产业化对行业竞争无显著影响，产业数字化对行业竞争具有显著的正向效应。第二，数字经济和产业数字化能够显著缓解市场分割程度，但是数字产业化无显著影响。第三，数字经济发展能够显著提升国有企业行业竞争、私营企业行业竞争与中大型企业行业竞争程度，对外企行业竞争程度无显著影响；只有云计算能够显著提升行业竞争程度；大数据与数字技术应用能够显著提升国有企业行业竞争程度；人工智能降低私营企业行业竞争，区块链提升私营企业行业竞争程度；数字技术应用提升外资企业与大中型企业行业竞争程度。

根据研究结论，数字经济的快速发展意味着要素市场、产品市场信息大范围快速流动，推动了数字平台的构建，缓解了市场分割程度，有利于促进行业竞争，促进产业组织的良性互动。该研究结论的证实，对于丰富数字经济背景下产业组织的发展具有重要意义。基于研究结论，提出如下政策建议。第一，加强数字平台监管，防止数字经济垄断阻碍数字经济发展。在数字经济发展背景下，为营造公平竞争环境，谨防已取得市场支配地位的平台企业滥用支配地位，进行不正当竞争，提高市场进入壁垒，损害各方利益，从而阻碍数字经济发展。数字经济发展初期坚持较为宽松的执法政策，一旦数字经济出现强垄断势力，应加强数字平台监管，维护市场公平竞争。政府应鼓励各类平台企业参与竞争，尤其是处于初创阶段的企业和新兴平台企业。第二，推动数字经济革新，发挥数字技术在当前经济社会发展中的日益重要的角色。推进新型基础设施建设，夯实数字经济发展，提高市场经济运行效率，平滑区域间数字鸿沟，促进数字经济与传统经济融合发展，实现数字化、融合化与绿色化发展，帮助市场主体重构组织架构。在数字技术革新领域，要重点围绕产学研协同发展，打通数字技术研发设计、技术标准制定、专利申请与转化、市场推广等各个领域，缩短技术研发到投产时间，简化专利转化步骤，推动数字技术在经济社会发展过程中的应用。第三，依托数字经济发展，推动构建数据要素全国统一大市场。在数字经济条件下，数字孤岛、数据鸿沟、数据壁垒现象凸显，如不加以管制，很有可能形成新时期的新市场分割现象。相较于传统行业的市场分割，数字经济所造成的市场分割对市场竞争的恶劣影响更甚。因此，首先要统一各行业、各地区数据交易的规则与标准，加快构建数据要素交易市场，其次要对数据要素交易市场进行顶层设计，统筹协调各地区、各部门、各行业之间的要素管理、交易权限，确保有资质的微观主体能够及时获取相关所需数据。最后要对数据要素交易中心进行合理监管，制定相关法律保证数据能在不同部门间安全流动、打破数据反垄断，降低数据要素进入壁垒，最终构建数据要素全国统一大市场。

参考文献

[1] 中国信息通信研究院：《中国数字经济发展报告（2022 年）》，中国信息通信研究院，2022 年。

[2] 习近平：《高举中国特色社会主义伟大旗帜　为全面建设社会主义现代化国家而团结奋斗——在中国共产党第二十次全国代表大会上的报告》，《人民日报》2022 年 10 月 26 日第 1 版。

[3]《二十国集团数字经济发展与合作倡议》（2016 年 9 月 29 日），2022 年 9 月 1 日，中国网信网（http：//www. cac. gov. cn/2016 －09/29/c_11 19648520. htm）。

[4] Bukht R. ，Heeks R. ，*Defining*，*Conceptualising and Measuring the Digital Economy*，University of Manchester，2017.

[5] 中国信息通信研究院：《中国数字经济发展白皮书（2020 年）》，中国信息通信研究院，2020 年。

[6]《数字经济及其核心产业统计分类（2021）》（2021 年 5 月 27 日），2022 年 9 月 1 日，统计局（http：//www. stats. gov. cn/tjsj/tjbz/20210 6/t20210603_ 1818134. html）。

[7] Stephen，D. ，Oliner，et al. ，"The Resurgence of Growth in the Late l990s：Is Information Technology the Story?"，*The Journal of Economic Perspectives*，Vol. 14，No. 4，2000.

[8] Mark Armstrong，"Competition in Two-Sided Markets"，*The RAND Journal of Economics*，Vol. 37，No. 3，2006.

[9] 韩先锋、宋文飞、李勃昕：《互联网能成为中国区域创新效率提升的新动能吗》，《中国工业经济》2019 年第 7 期。

[10] 孙杰：《从数字经济到数字贸易：内涵、特征、规则与影响》，《国际经贸探索》2020 年第 5 期。

[11] 邬爱其、刘一蕙、宋迪：《跨境数字平台参与、国际化增值行为与企业国际竞争优势》，《管理世界》2021 年第 9 期。

[12] Constantinides P. ，Henfridsson O. ，Parker G. G. ，"Platforms and Infrastructures in the Digital Age"，*Information Systems Research*，Vol. 29，No. 2，2018.

[13] OECD, Rethinking Antitrust Tools for Multi-Sided Platforms 2018, https://www.oecd.org/competition/rethinking-antitrust-tools-for-multi-sided-platforms.htm, 2018-4-6.

[14] 熊鸿儒:《数字经济时代反垄断规制的主要挑战与国际经验》,《经济纵横》2019年第7期。

[15] 唐要家:《数字平台的经济属性与监管政策体系研究》,《经济纵横》2021年第4期。

[16] 孙晋:《数字平台的反垄断监管》,《中国社会科学》2021年第5期。

[17] 王世强:《数字经济中的反垄断:企业行为与政府监管》,《经济学家》2021年第4期。

[18] 苏治、荆文君、孙宝文:《分层式垄断竞争:互联网行业市场结构特征研究——基于互联网平台类企业的分析》,《管理世界》2018年第4期。

[19] 黄赜琳、姚婷婷:《市场分割与地区生产率:作用机制与经验证据》,《财经研究》2020年第1期。

[20] 侯世英、宋良荣:《数字经济、市场整合与企业创新绩效》,《当代财经》2021年第6期。

[21] 赵新宇、蔡佳怡、刘星:《数字经济对国内市场整合的作用——基于中国省际面板数据的实证检验》,《学术交流》2022年第7期。

[22] 余文涛、吴士炜:《互联网平台经济与正在缓解的市场扭曲》,《财贸经济》2020年第5期。

[23] 张杰、周晓艳、李勇:《要素市场扭曲抑制了中国企业R&D?》,《经济研究》2011年第8期。

[24] 林伯强、杜克锐:《要素市场扭曲对能源效率的影响》,《经济研究》2013年第9期。

第二篇

产业融合与经济体系优化升级

第十章

新型工业化进程中产业融合的内涵、趋势与作用

第一节　引言

“融合”概念的使用可追溯至20世纪60年代，Rosenberg（1963）使用“融合”（Convergence）一词来解释同一项技术向不同产业扩散的现象，并将其定义为“技术融合”。一般来说，融合可以被描述为两个或多个可识别的项目向其联合或一致性的移动，或不同的技术、设备或行业的合并形成一个统一的整体（Curran and Leker，2011；Curran et al.，2010）。20世纪70年代，通信技术的革新（光缆、无线通信、宇宙卫星等的利用及普及）与信息处理技术的变革，推动了通信、邮政、广播、报刊等传媒间的相互合作，产业融合发展的趋势初见端倪。20世纪90年代以来，信息技术的快速发展导致传统产业不断出现颠覆性变革，产业融合不仅是一种新的技术范式，也是一种新的商业模式，更是一种新的增长动力，学者围绕产业融合的内涵与类型、过程与动力、作用及影响、发展的新趋势与特征和制造业服务化等方面开展了越来越深入的研究，对这些文献进行综述是进一步研究中国产业融合问题的基础。

第二节　产业融合的内涵与类型

一　产业融合的内涵

产业融合用于描述两个或多个行业边界的模糊（Broering，2005；

Choi and Valikangas，2001)，且至少应包括技术和产品两个层面（Duysters and Hagedoorn，1998)。Thielmann（2000）认为融合是公司与其外部环境的互动过程，这导致了以前分离的市场之间产生了结构性联系。Bröring（2005）也主张这一概念，并将融合的特征描述为两个以前分开行业的重叠，开始生产类似的产品。Hacklin 等（2009）与 Kim 等（2015）指出产业融合是科学知识、技术、市场和价值链的合并。Curran 和 Leker（2011）认为，有四个主要的融合点，即科学（知识)、技术、市场和产业，换而言之，融合是指科学（知识)、技术、市场和产业的两个或两个以上不同领域或部门之间的界限变得模糊的现象，这种现象导致聚合实体之间的互换性和连通性增加，这可以在合作、许可、专利申请和出版等活动中看到。Geum 等（2016）认为，产业融合是一个受到多种因素影响的过程：技术、政治、社会企业整合以及价值生成。但 Golembiewski 等（2015）在研究德国农业领域的沼气技术的案例时发现，在能源价值链中出现了一个新的工业子部门，而不是模糊的边界。Shim 等（2016）从更为宏观和长期的视角来看待产业融合问题，认为产业融合可以从技术部门的异质性（部门吸收异质技术的能力程度）和持久性（积累技术使用的连续性）两个角度来理解。

国内学者对于产业融合内涵的探讨一定程度上借鉴和拓展了国外学者的研究。周振华（2003）较早对数字技术背景下的产业融合现象和本质进行系统研究，指出产业融合是以数字融合为基础，在适应产业发展过程中发生的产业边界收缩、模糊甚至消失的现象。朱瑞博（2003）基于模块理论、何立胜（2006）从技术创新角度、胡金星（2007）基于系统自组织理论，对于产业融合的内涵进行探讨。更多国内学者从产业视角探讨产业融合的内涵，马健（2002)、厉无畏和王慧敏（2002)、汪芳和潘毛毛（2015）指出，产业融合是不同产业或者同一产业内部不同细分行业，通过相互渗透与交叉逐步形成新产业的动态过程，其特征是在这个动态过程中出现新的产业或者新的增长点，或者是产业边界的模糊甚至重新划分产业边界。张来武（2018）指出，产业融合是产业发展的内在规律，从狭义的角度讲，产业融合就是为了适应技术变革而出现的产业边界的收缩或消失；广义的产业融合是一个由技术进步或放松管制引发的、创造性破坏的产业动态发展过程。

二　产业融合的类型

一些学者对产业融合的形式与类型进行了探讨。厉无畏和王慧敏（2002）认为产业融合主要有三种方式：高新技术的渗透融合、产业间的延伸融合和产业内部的重组融合。胡汉辉和邢华（2003）与上述学者观点类似，按照技术发展方向将产业融合分为产业渗透、产业交叉和产业重组三种形式。Hacklin 等（2005）从技术创新程度角度，将产业融合划分为应用融合、横向融合和潜在融合三种类型。当现有两种或多种技术重新组合时，应用融合就发生了，其目的是在渐进式融合过程中实现技术突破；当现有技术与新技术进行合并时，横向融合就发生了，其目的是应对不断出现的新市场需求；当不同的新技术进行整合时，潜在融合就发生了，其目的是引发技术之间的碰撞，从而为消费者提供新产品或新服务。Hacklin 等（2010）、Karvonen 和 Kässi（2013）提出，产业融合是指创新发生在产业之间已建立的明确界限的交叉点上的现象，这种现象产生的技术和产品不仅会在各自行业中产生新的应用（供给侧），而且还会增强客户体验（需求侧）。这就是说，导致融合的创新不仅可以出现在技术或市场层面，还可以出现在企业生产产品和服务并将其交付给消费者的一系列价值链中。考虑产品特质，Lee 等（2010）提出了功能融合和制度融合的概念，即将基于产品的替代性与互补性融合称为功能融合，而将同时生产或销售两个关联性产业产品的企业行为看作是制度融合。

从结果看，融合会导致形成一个新的行业板块（Katz，1996），这个新的板块要么会取代之前的行业板块，形成一个替代性的行业板块（即 1 + 1 = 1），要么会在之前板块的交叉点上进行补充，形成一个补充性的行业板块（即 1 + 1 = 3）（Broering，2005；Christensen，2011；Karvonen and Kaessi，2011），而这其实对应的是融合的两种类型：替代性融合和互补性融合（Stieglitz，2004）。智能手机是替代融合的突出例子，信息通信技术的发展催生了苹果（Apple）的 iPhone 或三星（Samsung）的 Galaxy 智能手机等产品，传统的消费电子产品、电脑和照相机、手机和便携式电脑等通信设备的功能现在都融合在智能手机中。然而，大多数情况下的融合是互补的性质，如营养食品和功能食品行业（Curran et al.，2010；Bröring and Leker，2007），营养食品和功能食品既没有取代对营养的需求，也没有取代对全面药物的需求。

三 总结

近年来，学者不断拓展对产业融合内涵和形式的认识，产业融合理论方面的研究主要集中于拓展产业融合的内涵和外延，揭示产业融合发展的过程和内在动力以及制造业服务化的内在机制等方面。总体来看，关于产业融合当前主要存在两种观点：第一种观点认为产业融合是科学学科与技术领域的融合所产生的认识论、方法论和启发式问题，这是更为接近科学融合的视角；第二种观点强调技术管理和工业应用发展的重要性，认为融合技术代表了不同领域的认知能力和技术能力之间的协同作用所产生的新技术选择，在这一视角下，大多数技术融合的例子集中在科技创新部分。Stezano（2021）通过对大量相关研究文献的分析指出，上述两种观点虽然相互矛盾，但本质上是融合一般化概念的两个组成部分，致力于促进技术融合的政策议程应该首先从概念层面开始区分。

尽管多年来对融合的兴趣和该术语的使用频率持续增加，但对于确定这一术语的明确定义，还没有进行充分的讨论（Curran and Leker，2011；Preschitschek et al.，2013；Sick and Bröring，2021），融合的定义取决于研究者的兴趣、研究领域或选择的研究视角。Sick 和 Bröring（2021）从技术与创新管理（TIM）的视角对融合的相关研究进行了系统和批判性的分析，他们指出，融合研究主要存在以下问题：虽然融合的研究文献数量激增，但体系松散，存在理论探讨滞后于实践的问题；各研究采用的定义缺乏一致性，且多数研究是面向内部的，即关注融合的驱动因素与模式，其结果是，关于融合的研究在某种程度上独立于其理论基础而展开；关于融合的过程，主要包含科学、技术、市场、行业和知识融合，技术融合已得到了充分的研究，而其他几个领域的研究则较少。

相关原因归结如下：第一，关于融合的研究在过去的 20 年里刚获得动力，在过去的十多年受到广泛关注，因此，相关的文献总体较少（Preschitschek et al.，2013）。第二，大多数研究集中于某特定领域，作者们对于融合的理解有很大的不同（Katz，1996）。例如，一些作者将融合局限于信息技术、消费电子和电信（ICT）行业，将融合视为电信、计算机和媒体之间边界的模糊（Borés et al.，2003；Fransmann，2000），他们都狭义地定义了融合，仅指 ICT 行业的发展。也有一些研究将“融合”等同于“技术融合”，虽然在许多情况下技术融合和产业融合可能密切相关，但它们绝不是可互换的（Nystroem，2008）。还有一些学者聚焦于媒体融合（Jenkins，2006；胡正荣，2015）、旅游产业融合（杨颖，2008；李任，2022；赵嫚、王如忠，2022）等问题。第三，在融合背景下很难定义一个行业本身是什么，这导致了现有的文献仍然没有一个连贯的框架来评估从科学、技术到市场再到整个行业的完整融合过程（Sick et al.，2019）。这是因为，如果没有对不同产业（非融合产业）的事前状态的直接定义，不同产业的融合就无法评估。

第三节　产业融合的过程与驱动因素

一　产业融合的过程

产业融合主要通过两个过程发生：科学或知识融合（供给方融合）和市场或应用融合（需求方融合）（Pennings and Puranam，2001；Kim et al.，2015；Cho et al.，2015）。供给方融合的重点是技术进步，是不同产业使用相同或相似的知识、技术来生产产品和服务，与 Mowery 和 Rosenberg（1979）提出的技术驱动融合一致，技术发展使公司能够向市场提供新的或改进的产品。从科学和技术的角度来看，随着科学或知识融合的增加，以前不同的科学学科或知识领域之间偶然的共同进化影响也会加强（Cho et al.，2015；Curran and Leker，2011；Hacklin et al.，2009）。这种现象不仅发生在基础学科领域，也发生在应用学科和技术领域，并最终导致了技术融合（Cho et al.，2015；Curran and Leker，2011；Hacklin et al.，2009；Meyer，2000；Murray，2002）。技术融合是通过将现有技术重新组合成具有新功能或改进效率的新技术而产生的，具有潜在的范围经济，如“技术捆绑”或“合并”（Cho et al.，2015；Hacklin，2007；Kodama，1992；Pennings and Puranam，2001；Teece，1996）。因此，既定的技术范式将被新的技术范式取代，一个产业现有的价值链将被打破，导致产业边界的模糊化，即产业融合。

需求方融合的重点是市场需求的变化和商业模式的创新，在相同的产品或服务市场上相互竞争或互补（Heo and Lee，2019）。与 Howells

(1997) 关于市场驱动创新的讨论类似，客户结构和行为的变化可能导致需求驱动的产出侧融合，需求方面发生决定性变化的原因包括越来越多的人对用一笔交易满足多种需求的兴趣以及社会人口发展（Pennings and Puranam，2001）。企业在某些时候会通过提供具有技术先进性的产品从而过度服务于市场，由此也会超出消费者的需求（Christensen，1997）。当消费者不太可能在相应的市场上购买产品时，表明市场对产品类别的需求已经饱和（Kim and Lee，2009；Kim and Kim，2015）。而为了克服市场饱和，企业对其产品进行横向差异化，特别是通过将其他产业的新产品功能整合到本企业的产品中，以捕捉新的市场需求（Kim and Kim，2015）。换句话说，企业会扩大自身的市场边界，以克服现有产品的市场回报率递减。因此，曾经截然不同的各种产业的市场会逐渐交错，最终导致其对应的产业重叠。在融合产品进入市场后，企业需要其他产业关于新功能或特点的知识和能力来与之竞争（Bierly and Chakrabarti，1999；Bröring and Leker，2007），因此，为了克服这些挑战并获得其他产业的必要知识和能力，企业参与了跨产业的组织间动态调整，如撤资、联盟、合资、并购或许可（Curran and Leker，2011；Mowery et al.，1996）。

融合也可以描述为一个循序渐进的过程，如果将融合的概念建立在一个理想化的事件时间序列上看待，则应包含以下过程：科学领域的融合、技术融合、市场融合和产业融合（Curran and Leker，2011；Preschitschek et al.，2013）。科学融合将从跨学科引用、跨学科科研开始，最终发展为更紧密的研究合作（Bainbridge，2006）。在基础科学领域之间的距离逐渐缩小一段时间后，应用科学技术发展将紧随其后（Meyer，2000；Murray，2003），从而导致技术的融合，其特征是不同技术领域的重叠越来越多，并随后导致新的技术平台。然后，技术融合可能导致市场融合，其特征是新的产品—市场组合出现。这在科技驱动的行业尤其如此，例如电子或化工行业。然而，市场融合也可能在没有之前科技融合的步骤情况下发生，并可能由客户需求的变化触发。但大多数实证案例表明，市场融合正在强化之前的技术融合。一旦企业开始相互合并，新的行业（部门）的出现，产业融合完成了整体的融合过程。但事实上，对于产业融合的阶段是很难进行划分的，产业融合应被视为一个连续的阶段，而不是逐步的分类（Sick et al.，2019）。

二　产业融合的驱动因素

产业融合的驱动因素较多。Yoffie（1997）将政策管制、技术创新、管理创新和战略联盟等作为产业融合的动力。植草益（2001）认为，不同领域的产业由于技术领域的不断创新而具有可以相互替代的关系，产业融合与技术创新和相关政策放松与产业边界模糊有直接关系，可以为企业提供扩大规模、开拓市场、开发新产品的有利条件，帮助企业演化出更新、更好的格局。吴颖等（2004）在回顾了20世纪80年代以来产业融合理论的相关研究后指出，企业间竞争合作的压力、规制放松的支撑力、市场需求的推动力、技术创新和扩散的拉力是推动产业融合的主要因素。彭永涛等（2022）在对装备制造业与现代服务业融合的研究中发现，技术创新与扩散、政府政策与制度是实现融合的关键性因素，数字化技术和产业竞争强度、服务经济水平、政府政策与制度各因素间存在互补或替代关系。总体上说，融合的驱动因素可以分为四类：（1）技术变革和跨产业边界的技术扩散；（2）政治、法律和监管；（3）客户偏好变化；（4）社会变化。其中，技术变革与跨产业边界的技术扩散、政治、法律和监管常被视为供给方驱动因素，而客户偏好变化、社会变化则被归结为需求方驱动因素。

第一，技术变革和跨产业边界的技术扩散。技术创新和跨产业边界的技术扩散能够改变传统产业的边界，是产业融合产生的主要动力（Rosenberg，1963；Porter，1985；Bierly and Chakrabarti，1999；Bierly and Chakrabarti，2001）。在早期的融合研究中，Rosenberg（1963）以机床行业为例对技术融合进行了阐述，认为“机械的集体使用和金属加工中的分散动力源导致了各种加工过程的密切关系”。在现有的理论和定量分析中，技术融合似乎已经成为推动融合趋势的主力军（Hacklin et al.，2009；Pennings and Puranam，2001），对于像ICT行业这样的科技密集型行业来说尤其如此（Katz，1996；Nystroem，2009；Pennings and Puranam，2001），ICT等新技术驱动产业的出现，已经部分或完全取代了现有的产业结构，并因此建立了全新的产品、流程和商业模式（Sick et al.，2019）。此外，通用技术（根据定义，它意味着它们可以应用于完全不同的行业部门的各种产品）也是重要的驱动因素（Gambardella and Torrisi，

1998)，信息技术的快速发展，推动了价值链的一系列深刻变革，如自动驾驶技术就是技术驱动下融合性产品创新的典型案例。

第二，政治、法律和监管。产业融合的第二组原因包括监管以及放松管制、标准化、立法、政府资助和政府当局处理争议问题的方式等（Choi and Valikangas，2001；Choi et al.，2007；Nystroem，2007；Nystroem，2008；Yoffie，1997）。其中，放松管制是推动融合发展的重要因素。放松管制通常是政策制定者通过将可选择的技术或商业模式带入特定的细分市场降低新竞争的进入门槛，从而在市场中引入更多健康的竞争（Weaver，2007）。放松管制通常会导致人为障碍的消除（Dowling et al.，1998），从而为跨界别的竞争提供监管框架（Wirtz，2001）。代表性案例是信息通信技术行业和医疗旅游。在信息通信技术部门，一方面，由于过去电信部门的单一和寡头垄断，监管被认为仅仅是融合的障碍（Katz，1996）；另一方面，它也被认为是该领域融合的重要驱动力。例如，Nystroem（2007，2008）得出结论，监管也可能旨在促进融合发展，例如在互联网服务或多用途设备方面。医疗旅游是医疗和普通旅游发展融合的结果（Wernz et al.，2014），涉及不同层次的一系列参与者（Connell，2011），到国外接受医疗服务的一个关键因素是自己国家的监管结构限制了某些医疗服务的可获得性（Kasemsap，2015）。基于对电子信息业与制造业技术融合的研究，单元媛和罗威（2013）指出，在产业融合的事实面前如果不打破各部门的既得利益、继续采取传统的管制框架，就必将阻碍资源的自由流动，制约新技术的应用和新产品的开发，放松政府管制将为产业融合及产业结构升级提供宽松的宏观环境。

第三，客户偏好变化。导致融合的创新不仅可以发生在技术或市场层面，也可以发生在公司生产产品和服务并将其交付给消费者的一系列价值链上，全球市场和客户需求的不断变化是驱动融合的第三个因素。产业融合被产品特征和市场需求共同左右，不仅可以改变原本的竞合关系，而且造成产业边界的模糊化甚至产业被重新划分（马健，2002）。Katz（1996）认为，客户对一站式购物的需求和欲望在模糊行业边界方面发挥了至关重要的作用，导致了以前不同市场的融合。Pennings 和 Puranam（2001）指出，消费者群体之间日益增长的需求相似性是融合市场发展背后的主要催化剂，消费者对多功能设备的偏好以及相应企业的战略产品开发也进一步加速了市场融合，例如消费者对多功能产品的偏好体现在带有摄像功能的智能手机（Hacklin et al.，2013）。特别是，当购买力为综合功能创造了显著的市场需求，并表现出愿意接受新形式的需求满足时，边界可能会被打破（Dowling et al.，1998）。此外，如果所提供的产品或服务拥有相同的功能，满足相同的需求，客户就不再严格区分不同行业的产品。因此，融合并不仅仅依赖于技术的可行性，需求激励提供了一个额外的框架，促进了创新和兼容技术平台的协调采用，如果企业希望开发和生产多功能产品，与其他产业中企业的互动将变得越来越重要。

第四，社会变化。除了前面提到的融合的驱动力外，诸如人口变化（如老龄化社会）、政治态度变化（如对可持续性的认识）和全球化等社会发展也影响融合的发展。虽然管制的改变可以立即消除行业之间的一些关键障碍，但人口变化或全球化等社会发展主要造成需求日益相似，并产生间接影响。Geum 等（2016）基于案例—融合因子的矩阵分析显示，当产业融合由政策驱动时环境效应占有主导地位，实现环境的可持续性是这种融合的首要问题。许多产业融合的案例通常由政府和促进可持续发展的相关政策推动，发生于具有鲜明特点的行业，例如绿色汽车、环保纤维、环保轮胎、交通连接自行车、节能建筑等。

第四节　产业融合的作用

产业间的高速融合带来了产业边界的快速消失，无论是对于单个企业还是整个行业都会产生重要的影响。在微观方面可以提高一个企业的效率，宏观上可以改变一个行业甚至一个国家的产业结构和经济增长方式。

一　产业融合是产业转型与结构调整的重要手段

产业融合有助于加速现有产业结构的重组过程（Kim et al.，2015），是社会生产力进步和产业结构高度化的必然趋势。在产业融合基础上形成的新产业、新产品成为经济发展的新增长点，它加快了产业结构升级的步伐，也使企业获得更多的商机和市场，从而带动了整个经济的持续繁荣（厉无畏、王慧敏，2002）。产业融合导致市场、价值链甚至技术的共享，相关产业可能面临新的消费群体、其他产业的产业价值链的新部分，以及其他产业现有产品或技术的新功能价值（Hacklin，2007）。换句话说，产业融合会导致现有产业在市场上面临新的竞争格局，以及在价值链上面临新的竞争环境（Pennings and Puranam，2001）。此外，产业融合还会在各产业中引入互补性或替代性的产品，从而在其相应的市场中引起创造性破坏（Hacklin，2007；Lei，2000；Pennings and Puranam，2001），并最终导致一个全新的产业的出现（Hacklin，2007；OECD，1992，1996）。胡永佳（2007）认为产业融合会带来新的竞合关系的改变，有利于优化市场结构，促进产业结构的升级。单元媛和罗威（2013）以电子信息业与制造业技术融合为例，运用灰色关联系数法分析了技术融合与产业结构优化升级的关联关系，结果显示，技术融合对产业结构优化升级有较大影响，因此，政府应通过鼓励技术创新来促进产业融合、推动产业结构优化升级。依据信息产业和制造业间的耦联关系，陶长琪和周璇（2015）对中国产业结构优化升级的空间效应开展定量研究，并量化了产业融合对产业结构升级的影响，研究表明，对传统制造业的根本改变是产业融合的主要作用，也是经济增长和产业优化的关键驱动力，信息产业与传统产业的融合将加速产业结构优化升级的速度。焦勇和杨蕙馨（2017）运用2003—2014年中国大陆31个省际面板数据的OLS检验和2SLS检验研究了两化融合对产业结构变迁作用的内在机制，结果显示，两化融合耦合程度、两化融合增值能力、政府干预显著促进产业结构合理化与产业结构高级化发展进程；国际金融危机后，两化融合耦合程度和增值能力对产业结构高级化的影响力显著下降，与此同时，两化融合的耦合程度和增值能力对产业结构合理化的正向影响日趋增强；东中西部地区的回归结果表明，不同区域两化融合对产业结构高级化的影响具有显著的异质性，而两化融合对产业结构合理化的正向影响均得到验证。

二 产业融合是产业创新与经济增长的主要动力

随着产业融合在整个经济系统中越来越具有普遍性，它将导致产业发展基础、产业之间关联、产业结构演变、产业组织形态和产业区域布局等方面的根本变化，进而对整个经济与社会产生综合影响。陈柳钦（2007）总结出了产业融合的六大效应，即创新性优化效应、竞争性结构效应、组织性结构效应、竞争性能力效应、消费能力效应和区域效应。周振华（2003）指出，产业融合是产业发展及经济增长的新动力，主要表现在以下几个方面：产业融合导致了新产品与新服务的出现；开辟了新市场，使更多的新参与者进入，增强了竞争性和塑造了新的市场结构，促进了资源的整合；带来了就业增加和人力资本发展；并派生出信息产业发展的巨大增值机会。杨蕙馨等（2016）在协同演化的背景下，构建了包含两化融合因素的经济增长 R-C-K 模型，刻画了两化融合构成生产要素之一参与生产的均衡条件，研究结果显示，当两化融合匀速增长时，会带来社会总产出、总资本和总消费的稳步提升；当两化融合的动态变化发生跳跃时，经济系统稳态值发生跃迁，人均有效产出、人均有效资本和人均有效消费量上升到更高水平，而社会总产出、总资本和总消费量呈现加速上升趋势。王成东（2017）将产业融合因素引入区域产业研发效率评价体系之中，揭示了产业融合因素对内生投入因素和外生环境因素的调节机制，研究提出，促进产业融合发展，合理规划产业研发资源的投入规模和投入结构，提高研发从业人员素质和实现产业研发主体多元化有助于提高区域产业研发效率。赵玉林和裴承晨（2019）在研究中指出，中国制造业与信息业融合度低且存在波动下降趋势，制约了制造业转型升级，产业融合是技术创新驱动制造业转型升级的基本路径。赵晓军等（2021）探讨了地区间产业融合对于区域经济差异的影响，研究显示，地区间产业融合水平的提升有利于区域经济差异的缩小；因此，要积极深化社会主义市场经济体制改革，促进地区间市场和产业的一体化发展，并通过加快数字经济发展和基础设施建设等弱化地理因素对地区间产业融合的制约，进而提升地区间产业融合水平并优化其网络结构。"十四五"时期，面对国内经济增长方式转型与国际逆全球化涌动的双重压力，由简单投资活动到深度产业融合的积极拓展已经成为全面融入全球经济体系、建设世界强国的必然选择之一（李兰冰、刘秉镰，2020）。

三　产业融合是推动企业创新与发展的重要力量

产业融合的结果是促使新的行业部门产生，这种转变伴随着对商业环境的深远影响，也存在着对于融合的战略后果的巨大不确定性（Hacklin et al.，2013），对企业而言，产业融合是机遇也是威胁。产业融合导致了新兴部门的出现，为协同增效提供了广泛的机会（Bierly and Chakrabarti，1999）。新行业或部门的形成带来了新的商业和经济增长领域，这意味着有关公司在开拓新市场和吸引新客户方面有新的机会。对于技术融合以及融合相关业务的变化，如果企业能够及时认识技术领域的融合，则有助于创新企业对不断变化的价值链产生积极的影响，更有效地将企业的内外部能力连接起来。但与此同时，虽然这些新的行业部门为新的商业和经济增长领域提供了大量的机会，但它们往往也具有相当大的挑战，因为企业必须使用其传统专长框架之外的知识和技术。当它们不能再仅仅依靠它们的核心业务时，它们将经常缺乏必要的知识和经验来应对新领域的风险和不确定性。此外，由于产业融合导致市场、价值链甚至技术的共享，相关产业可能面临新的消费群体、其他产业价值链的新部分，以及其他产业现有产品或技术的新的功能价值。换句话说，产业融合可能引入了跨行业的互补或替代产品，导致现有产业在市场中面临新的竞争格局以及价值链中新的竞争对手（Pennings and Puranam，2001），这些竞争对手可能在新细分市场形成之前就已经在细分市场占据了强势地位（Bierly and Chakrabarti，1999）。Curran（2013）得出的结论是，技术发展使企业能够向市场提供新的或增强的产品，但会导致强调需求驱动融合的客户结构和客户行为发生变化。

随着社会价值的不断变化和社会经济问题变得越来越复杂，仅仅依靠单一的知识领域来寻找创新的解决方案被认为是不够的（Jeong and Lee，2015）。对于企业来说，未来增长和创新的关键在于正确理解和解释各种技术的融合、管理企业之间的合作，以及重新塑造管理层对融合市场的态度（Eselius et al.，2008，Nyström，2009）。对融合的预期将使企业能够形成战略联盟或获得已经处于早期阶段的新技术，并提前为新领域的挑战和陷阱做好准备（Zucker et al.，2002）。企业需要的不仅仅是发现微弱的信号，同时还要开发一个可靠的、稳健的预警系统（Kodama，1992）。企业管理者面临的问题是：如何在尽可能早的时间预见或至少察觉到行业边界的消失？如何选择仅仅是利用一个共同的技术平台或一个合并的市场，还是真正的产业融合案例？管理者和政策制定者需要理解新的挑战，理解通过融合价值主张、技术融合和市场融合来模糊部门之间的边界所产生的长期影响（Choi and Valikangas，2001）。成功和成熟的公司必须使用关于技术、市场环境和客户行为的新知识，同时面对在融合产业部门内具有显著竞争优势技术和/或市场知识的新的、强大的竞争对手。

第五节　产业融合的趋势

一　新一轮科技革命下的产业融合

以信息技术为核心的新技术革命，正以前所未有的力度冲击全球社会经济的发展，以始料不及的速度重塑人们的生活方式，给世界带来了一个全新的信息时代，新兴技术会不断促进关键生产要素的变迁，作为经济发展主体的产业在这些大变动中必然进行适应性调整和战略性整合。产业融合就是在这样的背景下伴随着新技术革命的步伐走来的，研究者发现，"传统技术革命推动下的技术发展和传统工业化生产方式导致了有明确产业边界的产业分立形态的长期存在"这一结论出现了显著的动摇，相互渗透发展成为当前产业发展的主旋律之一（厉无畏、王慧敏，2002）。在过去的几十年里，产业融合研究领域进步巨大，尤其是在高科技公司的战略和创新行为方面。新技术驱动型产业的出现，如ICT等新技术驱动产业的出现，已经部分或完全取代了现有的产业结构，并因此建立了确定的产品、流程和商业模式（Sick et al.，2019）。不同技术和产业之间的融合过程正在逐渐加速，主要发达国家和全球公司越来越将融合视为竞争优势的一个关键来源，为此，相关国家或地区均提出了相应的战略，如德国的工业4.0、美国的工业互联网、日本的"社会5.0"等。以德国的工业4.0为例，其所强调的价值链数字化、横向与纵向的融合以及"信息—物理"融合系统的广泛应用等内容，其本质就是强调技术与技术的融合、产业与产业的融合、技术与产业的融合。尽管产业融合最初发生在电信、广播电视和出版业部门，但以数字融合为核心，产业间相互结合发展新产业则是一种发展趋势（周振华，2003）。在互联网时代，产业融合的核心要素不再仅仅是技术或管理，文化作为创意的源泉将和技术和管理一起为产业融合注入新的活力（张来武，2018）。在这一轮新技术革命中，技术进步与传播的速度明显加快，技术应用的范围显著扩大，技术融合的程度不断加深，在产业层面上，这些特征则导致了产业融合发展的新趋势，新技术的广泛应用不仅会形成新的产业群体，同时还会产生与此相适应的产业组织形态，产业融合发展加快了产业创新和企业创新的步伐（厉无畏、王慧敏，2002）。

研究者对于新一轮科技革命下的产业融合问题进行了大量细致探索，对指导政府制定关于产业融合的促进政策和企业推进技术、产品、市场融合进程起到了重要作用。裴丹和江飞涛（2021）以电信网、广播电视网和互联网的“三网融合”为例，从产业融合与技术创新的角度出发构建一个完全信息的动态博弈模型，对行业总体创新效率进行分析，研究指出，国家与行业监管部门应以顶层设计的思路进行激励相容机制设计，协调好各方的利益目标，使多方利益主体形成合力，推进产业融合顺利实施。在数字经济时代，数字化转型已经成为制造业企业高质量发展的重要路径（赵宸宇等，2021）。数字经济已经成为高质量发展的引擎，在产业层面促进了产业组织模式和产业结构的变化，推动了新产业组织成长和产业融合，推动数字经济与实体经济深度融合，加快推进数字产业化、产业数字化，为经济高质量发展打造新引擎（任保平，2020）。罗仲伟和孟艳华（2020）在研究中指出，数字经济的重要特征之一就是跨越传统产业边界的融合与协同；数字智能正在颠覆人们对产业的认识，打破传统的产业分工，改变产业运行和演化的条件，产业间的渗透融合、整合融合和产业内的重组融合、交叉融合在打破传统产业的知识边界、技术边界、业务边界、市场边界、运作边界的同时，也在打破传统的区域边界；跨区域产业融合已经成为当今产业活动中最为重要的内容之一。可以预见，“十四五”时期及未来更长的时期，跨区域产业融合和产业协同必将成为区域产业发展的主题。陈堂和陈光（2021）从数字化转型的劳动力投入、资本投入、创新平台投入和环境投入几个维度探讨了数字化转型对产业融合发展的空间效应，研究发现，整体上中国产业融合度不高，具有较强的区域差异；产业融合发展和数字化转型的要素投入均具有显著的空间正相关关系和全域空间集聚特征；数字化转型的各投入要素对于产业融合发展均有正的空间促进作用，对邻近地区具有空间联动和空间外溢效应，其中环境投入具有阴影效应，资本投入具有标杆效应。随着网络信息技术向制造业融合渗透，制造业逐渐成为数字经济发展的核心领域。按照数字经济与制造业高质量发展的内涵和特征，两者能够深度融合并推动制造业实现质量变革、效率变革、动力变革（李英杰、韩平，2021）。在企业数字化转型过程中，技术本身无法自动转换为能力，技术与业务流程的深度融合才能变成制造业的核心能力（戴亦舒等，2018）。戴亦舒等（2018）以服务主导逻辑为理论基础，构建融合技术、能力和应用为一体的 CPS 架构，分析中国、德国和美国的制造业政策与报告，对比三个国家信息化与工业化融合战略布局的异同。研究发现，制造业正在向以用户为中心的制造服务化进行转变。在 CPS 能力体系的构建中，中国注重强化工业基础实力，德国强调制造业高度集成，美国侧重社会力量助力制造创新。考虑数字技术对于服务型制造创新发展的影响，李晓华（2021）指出，在向着全面建成社会主义现代化强国的第二个百年奋斗目标迈进的新征程上，中国应发挥制造业规模大、门类全、场景丰富、数字经济发达的优势，在强化制造技术、能力从而提供基于能力的服务的基础上，更好地发展基于数据的服务，并推动从制造服务化迈向服务产品化。赵放和刘一腾（2022）采用灰色关联分析法对中国数字经济与制造业融合程度的空间差异进行测度，研究发现，当前各地区的融合发展程度也存在着较大差异，北京、上海、广东数字经济与制造业已实现了高度融合，多数东中部地区实现了中度融合，大部分西部地区及东北地区仍处于低度融合阶段，综合数字经济发展水平及数字经济与制造业的融合程度，可以将中国分为四类地区：高发展高度融合、中发展中度融合、低发展中度融合、欠发展低度融合。

二 制造业与服务业的融合发展

进入 21 世纪，全球经济尤其是发达经济体呈现出从“工业型经济”向“服务型经济”转型的发展趋势，制造业企业为获取或提升自身竞争优势，逐步推动产业链从以制造为中心转向以服务为中心，以产业共生融合为特征的制造业服务化趋势逐渐显现（黄群慧、霍景东，2015）。Vandermerme 和 Rada（1988）将这种转变称之为制造业服务化（Manufacturing Servitization），制造业企业由提供实物产品或实物产品与附加服务，转向提供物品—服务“包”（Bundles）转变，即为制造业服务化。White

等（1999）指出，制造业服务化是制造商的角色由物品提供者向服务提供者转变，是一种动态的变化过程。Reiskin 等（1999）则把服务化定义为“企业从以生产物品为中心向以提供服务为中心的转变”。姚小远等（2014）指出，发达国家制造企业对生产性服务的依赖程度逐渐提高，制造业服务化趋势显著。制造业服务化模式的发展与服务业的发展密切相关，尤其是随着现代服务业的发展壮大，服务给制造业带来的增值越来越多，制造业越发表现出服务密集型特征。

从创新视角来看，服务化是一种组织能力和流程的创新以及商业模式的创新（Baines，2008；Visnjic et al.，2012）。现有文献研究发现，制造业服务化是制造商的角色由物品提供者向服务提供者的转变（Reiskin et al.，1999；White et al.，1999），不断将知识附加于有形产品，实现有形产品与无形服务相融合，实现制造业从价值链中低端向高附加值两端延伸的过程。倪鹏飞和肖宇（2019）指出，在工业领域，服务融合的主要表现形式是制造业的服务化和服务型制造；在与科技结合后，服务融合的表现形式主要集中于数字生活、健康养老、数字教育、智慧交通、数字文化和智慧旅游等领域。王素云和沈桂龙（2019）指出，制造业服务化的过程，同时也是服务的内容逐渐由简单向复杂、由价值链低端向高端发展的过程，信息与知识在价值创造中扮演着越来越重要的角色，并逐渐形成无形价值链。Lee 和 Lim（2021）在对工业 4.0 内涵的探讨中指出，多种能力的融合是工业4.0 中创新和社会进步的关键。在制造业与服务业的互动过程中，在一些情况下，经济向服务业转型会伴随着“去工业化”，而在另一些情况下，制造业会通过作为服务部门投入的买方而发挥越来越大的作用，进而保持其主导作用（Berardino and Onesti，2020）。

制造业与现代服务业的深度融合是全球经济增长和现代化产业发展的重要趋势，是推动制造业高质量发展的关键。在探讨制造业与服务业融合对产业与经济发展的影响方面，中国学者基于实践开展了大量研究，在融合程度的度量、研究方法的应用等方面做了大量有益探索，为该领域的发展作出了重要贡献。近年来，中国制造业与现代服务业融合程度不断加深、趋势不断增强，制造业服务化率稳步提升，许多行业企业探索形成了各具特色的融合发展模式，但融合发展范围不够广、程度不够深、水平不够高，与制造强国建设和经济高质量发展的要求还有差距。徐盈之和孙剑（2009）基于产业融合的理论，本研究首先对包括中国在内的主要国家制造业各行业与信息产业的融合度进行了比较分析，同时利用面板数据回归的方法分析了信息产业与制造业的融合对制造业产业绩效的影响。研究结果表明：中国信息产业与制造业的融合度低于大多数发达国家；制造业的产业绩效与该产业融合度呈明显的正相关，产业融合成为提高制造业绩效新的切入点；市场结构水平、所有权结构与产业融合对制造业绩效共同起推动作用；市场开放度虽然对制造业绩效也有着明显的促进作用，但并没有和产业融合表现出很好的协同性。本研究据此得到了若干推进信息化与工业化融合，走中国特色新型工业化道路的启示。谢康等（2012）在研究中构建了完全竞争和不完全竞争条件下的工业化与信息化融合模型，将随机前沿分析方法应用于工业化与信息化融合研究，并以2000—2009年中国31个省份面板数据探讨中国工业化与信息化融合质量，研究显示，融合具有周期大约为5年的间断平衡性，信息化带动工业化路径与两者融合的相关性高于工业化促进信息化路径，工业化和信息化对各自理想水平的偏离呈交替波动等三个主要特点。李晓钟等（2017）利用投入产出法估算了浙江及全国信息产业与制造业各个行业的融合度，构建基于SCP分析框架估算产业融合对产业绩效影响的模型，从横向和纵向两个层面比较分析浙江省信息产业与制造业各行业的融合度及产业融合对制造业各行业绩效的影响效应，研究显示，浙江省信息产业与制造业各行业的融合度总体趋于上升；产业融合度、国有企业占比和市场开放度与产业绩效呈正相关关系，但市场集中度与产业绩效呈负相关关系；从分阶段来看，2010—2012年阶段相比于2005—2007年阶段，产业融合度对产业绩效的正向作用更为明显。胡昭玲等（2017）的调查显示，发达国家的服务化水平普遍高于发展中国家，而且还呈现出国际区域差异：欧盟地区最高，基本超过50%，北美次之，东亚最低，部分发展中国家的服务化水平还不足40%。

发展现代服务业、促进先进制造业和现代服务业深度融合是新发展阶段中国推动产业转型升级和发展现代产业体系的重要举措。苏永伟（2020）在界定生产性服务业与制造业内涵的基础上，基于2005—2018年的省级面板数据，构建产业融合度测度模型，考察全国31个省份的生产性服务业与制造业的融合水平，结果表明，2006—2018 年，全国 31 个省份的生产性服务业与制造业的融合水平均有不同程度的提高；从省级层面看，2018 年，广东、江苏、重庆的生产性服务业与制造业融合指标数值排在前三位，均已达到高度融合的水平，而甘肃、黑龙江、辽宁排在最后三位，处在中低度或低度融合的水平；从四大区域板块来看，2018 年，东北地区的生产性服务业与制造业融合水平的指标数值普遍较低，而东部、中部、西部地区中，各省份之间差异较大。韩民春和袁瀚坤（2020）认为，成本效应、集聚效应和创新效应是生产性服务业与制造业融合促进制造业的升级的三条途径；随后，基于 2005—2014 年世界投入产出数据库（WIOD），测算出生产性服务业与制造业融合的具体指标，检验产业融合对制造业升级的影响，研究显示，生产性服务业与制造业的融合显著促进制造业升级，这一促进效果在发达国家更为明显，该结论在经过稳健性检验后依然成立；异质性分析结果表明，生产性服务业中的金融和通信服务业与制造业的融合对制造业升级影响最明显。

在促进制造业与服务业融合发展方面，美国再造制造业的核心政策之一就是解决制造业生产过程中的“中间投入”问题，即制造业的服务化，其亮点是政府出面协调建立了制造业服务化的基础公共设施；而欧盟是通过技术创新，有步骤地推动服务业与制造业深度融合；德国工业 4.0 最值得借鉴的政策是把融合创新作为解决传统行业物流界限日益模糊的有力抓手；中国的相关政策起步较晚，尚没有形成系统性的体系。郭凯明和黄静萍（2020）通过构建一个包含多部门嵌套的产业结构转型一般均衡模型，在理论上提出劳动生产率通过价格效应和收入效应产生集约边际影响和广延边际影响的经济机制，研究显示，不同产业的劳动生产率提高在其中产生了差异化影响，在不同国家中的影响也存在明显差别；为此，作者提出中国政府应以提高制造业劳动生产率为重点推动生产性服务业发展，并以加快新型基础设施建设为重点推动产业深度融合发展。李晓华（2021）指出，应考虑数字技术对于服务型制造创新发展的影响，在向着全面建成社会主义现代化强国的第二个百年奋斗目标迈进的新征程上，中国应发挥制造业规模大、门类全、场景丰富、数字经济发达的优势，在强化制造技术、能力从而提供基于能力的服务的基础上，更好地发展基于数据的服务，并推动从制造服务化迈向服务产品化。

经过理论分析与国际比较，于洋等（2021）指出，应通过稳步推进企业办社会职能分离，支持保护两业融合中的新业态新模式，建立健全有利于两业融合的统计体系等措施促进二者融合发展。彭永涛等（2022）基于技术—组织—环境（TOE）理论框架和运用模糊集定性比较分析法（fsQCA）探讨了装备制造业与现代服务业融合路径，研究表明，存在均衡发展型、服务主导型、制造主导型和政府驱动型四条高融合水平路径，其中均衡发展型路径在实现融合过程中作用最为明显。

参考文献

[1] 陈柳钦：《产业融合的发展动因、演进方式及其效应分析》，《西华大学学报》（哲学社会科学版）2007 年第 4 期。

[2] 陈堂、陈光：《数字化转型对产业融合发展的空间效应——基于省域空间面板数据》，《科技管理研究》2021 年第 4 期。

[3] 戴亦舒、叶丽莎、董小英、胡燕妮：《CPS 与未来制造业的发展：中德美政策与能力构建的比较研究》，《中国软科学》2018 年第 2 期。

[4] 单元媛、罗威：《产业融合对产业结构优化升级效应的实证研究——以电子信息业与制造业技术融合为例》，《企业经济》2013 年第 8 期。

[5] 郭凯明、黄静萍：《劳动生产率提高、产业融合深化与生产性服务业发展》，《财贸经济》2020 年第 11 期。

[6] 韩民春、袁瀚坤：《生产性服务业与制造业融合对制造业升级的影响研究——基于跨国面板的分析》，《经济问题探索》2020 年第 12 期。

[7] 何立胜：《产业融合与产业转型》，《河南师范大学学报》（哲学社会科学版）2006 年第 4 期。

[8] 胡汉辉、邢华：《产业融合理论以及对我国发展信息产业的启示》，《中国工业经济》2003 年第 2 期。

[9] 胡金星：《企业多元化战略与产业融合》，《中国科技产业》2007 年第 7 期。

[10] 胡永佳：《从分工角度看产业融合的实质》，《理论前沿》2007 年第 8 期。

［11］胡昭玲、夏秋、孙广宇：《制造业服务化、技术创新与产业结构转型升级——基于 WIOD 跨国面板数据的实证研究》，《国际贸易探索》2017 年第 12 期。

［12］胡正荣：《传统媒体与新兴媒体融合的关键与路径》，《新闻与写作》2015 年第 5 期。

［13］黄群慧、霍景东：《产业融合与制造业服务化：基于一体化解决方案的多案例研究》，《财贸经济》2015 年第 2 期。

［14］焦勇、杨蕙馨：《政府干预、两化融合与产业结构变迁——基于 2003#1#2014 年省际面板数据的分析》，《经济管理》2017 年第 6 期。

［15］李兰冰、刘秉镰：《“十四五”时期中国区域经济发展的重大问题展望》，《管理世界》2020 年第 5 期。

［16］李任：《深度融合与协同发展：文旅融合的理论逻辑与实践路径》，《理论月刊》2022 年第 1 期。

［17］李晓华：《数字技术推动下的服务型制造创新发展》，《改革》2021 年第 10 期。

［18］李晓钟、陈涵乐、张小蒂：《信息产业与制造业融合的绩效研究——基于浙江省的数据》，《中国软科学》2017 年第 1 期。

［19］李英杰、韩平：《数字经济下制造业高质量发展的机理和路径》，《宏观经济管理》2021 年第 5 期。

［20］厉无畏、王慧敏：《产业发展的趋势研判与理性思考》，《中国工业经济》2002 年第 4 期。

［21］罗仲伟、孟艳华：《“十四五”时期区域产业基础高级化和产业链现代化》，《区域经济评论》2020 年第 1 期。

［22］马健：《产业融合理论研究评述》，《经济学动态》2002 年第 5 期。

［23］倪鹏飞、肖宇：《服务业融合与高质量发展：表现形式、国际比较及政策建议》，《学习与探索》2019 年第 6 期。

［24］裴丹、江飞涛：《数字经济时代下的产业融合与创新效率——基于电信、电视和互联网“三网融合”的理论模型》，《经济纵横》2021 年第 7 期。

［25］彭永涛、侯彦超、罗建强、李丫丫：《基于 TOE 框架的装备制

造业与现代服务业融合组态研究》,《管理学报》2022 年第 3 期。

［26］任保平:《数字经济引领高质量发展的逻辑、机制与路径》,《西安财经大学学报》2020 年第 2 期。

［27］苏永伟:《生产性服务业与制造业融合水平测度研究——基于 2005—2018 年的省级面板数据》,《宏观经济研究》2020 年第 12 期。

［28］陶长琪、周璇:《产业融合下的产业结构优化升级效应分析——基于信息产业与制造业耦联的实证研究》,《产业经济研究》2015 年第 3 期。

［29］汪芳、潘毛毛:《产业融合、绩效提升与制造业成长——基于 1998—2011 年面板数据的实证》,《科学学研究》2015 年第 4 期。

［30］王成东:《区域产业融合与产业研发效率提升——基于 SFA 和中国 30 省市的实证研究》,《中国软科学》2017 年第 10 期。

［31］王素云、沈桂龙:《制造业服务化内涵重释:从价值增值到价值创造》,《学习与探索》2019 年第 10 期。

［32］吴颖、刘志迎、丰志培:《产业融合问题的理论研究动态》,《产业经济研究》2004 年第 4 期。

［33］谢康、肖静华、周先波、乌家培:《中国工业化与信息化融合质量:理论与实证》,《经济研究》2012 年第 1 期。

［34］徐盈之、孙剑:《信息产业与制造业的融合——基于绩效分析的研究》,《中国工业经济》2009 年第 7 期。

［35］杨蕙馨、焦勇、陈庆江:《两化融合与内生经济增长》,《经济管理》2016 年第 1 期。

［36］杨颖:《产业融合:旅游业发展趋势的新视角》,《旅游科学》2008 年第 4 期。

［37］姚小远、姚剑:《传统产业优化升级与制造业服务化发展模式思考》,《理论导刊》2014 年第 12 期。

［38］于洋、杨明月、肖宇:《生产性服务业与制造业融合发展:沿革、趋势与国际比较》,《国际贸易》2021 年第 1 期。

［39］张来武:《产业融合背景下六次产业的理论与实践》,《中国软科学》2018 年第 5 期。

［40］赵宸宇、王文春、李雪松:《数字化转型如何影响企业全要素

生产率》,《财贸经济》2021 年第 7 期。

[41] 赵放、刘一腾:《我国数字经济发展及其与制造业融合发展的空间差异研究》,《贵州社会科学》2022 年第 2 期。

[42] 赵嫚、王如忠:《中国文化产业和旅游产业融合发展动力机制与发展评价》,《生态经济》2022 年第 2 期。

[43] 赵晓军、王开元、赵佳雯:《地区间产业融合有利于缩小区域经济差异吗?——兼析中国地区间产业融合网络及其结构演变》,《西部论坛》2021 年第 5 期。

[44] 赵玉林、裴承晨:《技术创新、产业融合与制造业转型升级》,《科技进步与对策》2019 年第 11 期。

[45] 植草益:《信息通讯业的产业融合》,《中国工业经济》2001 年第 2 期。

[46] 周振华:《产业融合:产业发展及经济增长的新动力》,《中国工业经济》2003 年第 4 期。

[47] 朱瑞博:《价值模块整合与产业融合》,《中国工业经济》2003 年第 8 期。

[48] Bainbridge W. S. , "Transformative Concepts in Scientific Convergence", *Annals of the New York Academy of Sciences*, No. 1093, 2006.

[49] Baines T. , S. , And Ball P. , D. Cooper S. , et al. , "An Exploration of Policies and Practices Used to Showcase Production Facilities", *Proceedings of the Institution of Mechanical Engineers, Part B: Journal of Engineering Manufacture*, Vol. 222, No. 9, 2008.

[50] Berardino, C. D. and G. Onesti, "The Two-way Integration Between Manufacturing and Services", *The Service Industries Journal*, Vol. 40, No. 5 -6, 2020.

[51] Bierly P. E. , Chakrabarti A. K. , "Managing Through Industry Fusion", in K. Brockhoff, A. K. Chakrabarti, J. Hauschildt, eds. , *The Dynamics of Innovation: Strategic and Managerial Implications*, Springer, Berlin, Heidelberg, New York, 1999.

[52] Bierly, P. E. and Chakrabarti, A. K. , "Dynamic Knowledge Strategies and Industry Fusion", *International Journal of Manufacturing Technology*

and Management, Vol. 3, No. 1/2, 2001.

[53] Bore's, C., Saurina, C., and Torres, R., "Technological convergence: a strategic perspective", *Technovation*, Vol. 23, No. 1, 2003.

[54] Bröring, S., *The Front End of Innovation in Converging Industries: The Case of Nutraceuticals and Functional Foods*, DUV, Wiesbaden, Germany, 2005.

[55] Bröring, S., Leker, J., "Industry Convergence and Its Implications for the Front End of Innovation: A Problem of Absorptive Capacity", *Industry Convergence and Innovation*, Vol. 16, No. 2, 2007.

[56] Cho, Y., Kim, E., Kim, W., "Strategy Transformation under Technological Convergence: Evidence from the Printed Electronics Industry", *International Journal of Technology Management*, Vol. 674, No. 67, 2015.

[57] Choi, C., Kim, S., and Park, Y., "A Patent-based Cross Impact Analysis for Quantitative Estimation of Technological Impact: The Case of Information and Communication Technology", *Technological Forecasting and Social Change*, Vol. 74, No. 8, 2007.

[58] Choi, D., Valikangas, L., "Patterns of Strategy Innovation", *European Management Journal*, Vol. 19, No. 4, 2001.

[59] Christensen, C. M., *The Innovator's Dilemma: When New Technologies Cause Great Firms to Fail*, Harvard Business School Press, Boston, Mass, 1997.

[60] Christensen, J. F., "Industrial Evolution Through Complementary Convergence: The Case of IT Security", *Industrial and Corporate Change*, Vol. 20, No. 1, 2011.

[61] Connell, J., *Medical Tourism*, CAB International, London, UK. 2011.

[62] Curran, C. – S., Leker, J., "Patent Indicators for Monitoring Convergence-Examples from NFF and ICT", *Technological Forecasting and Social Change*, Vol. 78, No. 2, 2011.

[63] Curran, C. – S., *The Anticipation of Converging Industries: A Concept Applied to Nutraceuticals and Functional Foods*, Springer, London,

2013.

[64] Curran, C. – S., Broering, S., and Leker, J., "Anticipating Converging Industries Using Publicly Available Data", *Technological Forecasting and Social Change*, Vol. 77, No. 3, 2010.

[65] Curran, C. – S., Leker, J., "Patent Indicators for Monitoring Convergence—examples from NFF and ICT", *Technological Forecasting and Social Change*, Vol. 78, No. 2, 2011.

[66] Dowling, M., Lechner, C., Thielmann, B., "Convergence—innovation and Change of Market Structures between Television and Online Services", *Electron*, Vol. 8, No. 4, 1998.

[67] Duysters, G., Hagedoorn, J., "Technological Convergence in the IT Industry: The Role of Strategic Technology Alliances and Technological Competencies", *International Journal of the Economics of Business*, Vol. 5, No. 3, 1998.

[68] Eselius, L., Nimmagadda, M., Kambil, A., Hisey, R. T., Rhodes, J., "Managing Pathways to Convergence in the Life Sciences Industry. J. Bus", *Strateg*, Vol. 29, No. 2, 2008.

[69] F. Kodama, "Technology Fusion and the New R&D", *Harvard Business Review*, Vol. 70, No. 4, 1992.

[70] Fransmann, M., "Convergence, the Internet and Multimedia: Implications for the Evolution of Industries and Technologies", in Bohlin, E., Brodin, K., Lundgren, A., and Thorngren, B., eds., *Convergence in Communications and Beyond*, Elsevier Science, Amsterdam, 2000.

[71] Gambardella, A., Torrisi, S., "Does Technological Convergence Imply Convergence in Markets? Evidence from the Electronics Industry", *Research Policy*, Vol. 27, No. 5, 1998.

[72] Geum Y., Kim M., Lee, S., "How Industrial Convergence Happens: A Taxonomical Approach Based on Empirical Evidences", *Technological Forecasting and Social Change*, Vol. 107, 2016.

[73] Golembiewski, B., Sick, N., Bröring, S., 2015a., "Patterns of Convergence Within the Emerging Bioeconomy-The Case of the Agricultural

and Energy Sector", *International Journal of Innovation and Technology Management*, *Vol*. 12, 2015.

[74] Hacklin, F., *Management of Convergence in Innovation: Strategies and Capabilities for Value Creation Beyond Blurring Industry Boundaries*, Physica, Heidelberg, 2007.

[75] Hacklin, F., Battistini, B., Von Krogh, G., "Strategic Choices in Converging Industries", *MIT Sloan Management Review*, Vol. 55, No. 1, 2013.

[76] Hacklin, F., Marxt, C., Fahrni, F., "Coevolutionary Cycles of Convergence: An Extrapolation from The ICT Industry", *Technological Forecasting and Social Change*, Vol. 76, No. 6, 2009.

[77] Hacklin, F., Marxt, C., Fahrni, F., "An evolutionary perspective on convergence: inducing a stage model of inter-industry innovation", *International Journal of Technology Management*, Vol. 49, 2010.

[78] Hacklin, F., Raurich, V., Marxt, C., "Implications of Technological Convergence on Innovation Trajectories: The Case of ICT Industry", *International Journal of Technology Management*, Vol. 2, 2005.

[79] Heo, P. S., Lee, D. H., "Evolution Patterns and Network Structural Characteristics of Industry Convergence", *Structural Change and Economic Dynamics*, No. 51, 2019.

[80] Howells J., "Rethinking the Market-technology Relationship for Innovation, Res", *Policy*, Vol. 25, 1997.

[81] Jenkins, H., *Convergence Culture — Where Old and New Media Collide*, New York University Press, 2006.

[82] Jeong, S., Lee, S., "What Drives Technology Convergence? Exploring the Influences of Technological and Resource Allocation Contexts", *J. Eng. Technol. Manag*, Vol. 36, 2015.

[83] Karvonen, M., Kaessi, T., "Patent Analysis for Analysing Technological Convergence", *Foresight*, Vol. 13, No. 5, 2011.

[84] Karvonen, M., Kässi, T., "Patent Citations as a Tool for Analysing the Early Stages of Convergence", *Technological Forecasting and Social*

Change, Vol. 80, No. 6, 2013.

[85] Kasemsap, K. , "The Role of Medical Tourism in Emerging Markets", in Cooper, M. , Vafadari, K. , Hieda, M. , eds. , *Current Issues and Emerging Trends in Medical Tourism*, IGI Global, USA, 2015.

[86] Katz, M. L. , "Remarks on the Economic Implications of Convergence", *Industrial and Corporate Change*, Vol. 5, No. 4, 1996.

[87] Kim N. , Lee H. , Kim W. , Lee H. , Suh J. H. , "Dynamic Patterns of Industry Convergence: Evidence from a Large Amount of Unstructured Data", *Research Policy*, Vol. 44, No. 9, 2015.

[88] Kim, W. , Kim, M. , Reference quality-based competitive market structure for innovation driven markets, 2015, Available at SSRN: http://ssrn. com/abstract =2519039.

[89] Kim, W. , Lee, J. , "Measuring the Role of Technology-push and Demand-pull in the Dynamic Development of Semiconductor Industry: The Case of the Global DRAM Market", *J. Appl. Econ*, Vol. 7, 2009.

[90] Kodama F. , "Technology Fusion and the New R&D", *Harvard Business Review*, Vol. 70, No. 4, 1992.

[91] Lee, C. And Lim, C. , "From Technological Development to Social Advance: A Review of Industry 4. 0 Through Machine Learning", *Technological Forecasting and Social Change*, Vol. 167, 2021.

[92] Lee, S. M. , Olson, D. L. , "Convergenomics: Strategic Innovation in the Convergence Era", *Service Business*, Vol. 4, 2010.

[93] Lei, D. T. , "Industry Evolution and Competence Development: The Imperatives of Technology Convergence", *Int. J. Technol Manage*, Vol. 19, 2000.

[94] Meyer M. , "Does Science Push Technology? Patents Citing Scientific Literature", *Research Policy*, Vol. 29, No. 3, 2000.

[95] Mowery D. C. , Rosenberg N. , "The Influence of Market Demand Upon Innovation: A Critical Review of Some Recent Empirical Studies", *Res. Policy*, Vol. 8, 1979.

[96] Mowery, D. C. , Oxley, J. E. , Silverman, B. S. , "Strategic Al-

liances and Interfirm Knowledge Transfer", *Strategic Manage Journal*, Vol. 17, 1996.

[97] Murray F., "Innovation as Co-evolution of Scientific and Technological Networks: Exploring Tissue Engineering", *Research Policy*, Vol. 31, No. 8 –9, 2002.

[98] Nystroem, A., "What is Convergence? Perceptions from the Finnish Telecommunications Sector", Paper Presented at the 18th European Regional ITS Conference, Istanbul, September 2 –4, 2007.

[99] Nystroem, A., *Understanding Change Processes in Business Networks: A Study of Convergence in Finnish Telecommunications* 1985 –2005, A° bo Akademi University Press, Turku, 2008.

[100] Nystroem, A., "Emerging Business Networks as a Result of Technological Convergence", *Journal of Business Market Management*, Vol. 3, No. 4, 2009.

[101] OECD, *Telecommunications and Broadcasting: Convergence or Collision?* Organisation for Economic Co-operation and Development (OECD), Paris, 1992.

[102] OECD, *Convergence Between Communications Technologies: Case Studies from North America and Western Europe*, Organisation for Economic Co-operation and Development (OECD), Paris, 1996.

[103] Pennings, J. M. And Puranam, *P. Market Convergence & firm Strategy: New Directions for Theory and Research*, ECIS Conference, The Future of Innovation Studies, Eindhoven, Netherlands, 2001.

[104] Porter A. L., Chubin D. E., "An Indicator of Cross-disciplinary Research", *Scientometrics*, Vol. 8, 1985.

[105] Preschitschek, N., Niemann, H., Leker, J., and G. Moehrle, M., "Anticipating Industry Convergence: Semantic Analyses vs IPC Co-classification Analyses of Patents", *Foresight*, Vol. 15, No. 6, 2013.

[106] Reiskin, E. D., White A. L., Kautfman, J., And Votta, T. J., "Servicizing The Chemical Supply Chain", *Journal of Industriai Ecology*, Vol. 3, No. 2 –3, 1999.

[107] Rosenberg, N., "Technological Change in the Machine Tool Industry, 1840 - 1910", *The Journal of Economic History*, Vol. 23, No. 4, 1963.

[108] Shim, W., O. J. Kwon, Y. H. Moon, K. H. Kim, "Understanding the Dynamic Convergence Phenomenon from the Perspective of Diversity and Persistence: A Cross-Sector Comparative Analysis Between the United States and South Korea", *PLoS ONE*, Vol. 11, No. 7, 2016.

[109] Sick N., Preschitschek N., Leker J., Bröring S., "A New Framework to Assess Industry Convergence in High Technology Environments", *Technovation*, Vol. 84 - 85, 2019.

[110] Sick, N., Preschitschek, N., Leker, L., Bröring, S., "A New Framework to Assess Industry Convergence in High Technology Environments", *Technovation*, Vol. 84 - 85, 2019.

[111] Song C. H., Elvers D., Leker J., "Anticipation of Converging Technology Areas — A Refined Approach for the Identification of Attractive Fields of Innovation", *Technological Forecasting and Social Change*, Vol. 116, 2017.

[112] Stezano, F. Approaches in The Concept of Convergence. A Critical Review of the Literature, *The European Journal of Social Science Research*, 2021.

[113] Stieglitz, N., *Strategie und Wettbewerb in Konvergierenden Märkten*, DUV, Wiesbaden, Germany, 2004.

[114] Tarjanne, P., "Convergence and Implicationsfor Users, Market Players Andregulators", in Bohlin, E., Brodin, K., Lundgren, A., Thorngren, B., eds., *Convergence in Communications and Beyond*, Elsevier, Amsterdam, Netherland, 2000.

[115] Teece, D. J., "Firm Organization Industrial Structure, and Technological Innovation", *J. Econ Behav Organiz*, Vol. 31, 1996.

[116] Vandermerwe, S. and Rada, J., "Servitization of Business: Adding Value by Adding Services", *European Management Journal*, Vol. 6, No. 4, 1988.

[117] Visnjic I., Neely A., Wiengarten F., "Another Performance

Paradox a Refined View on the Performance Impact of Servitization", *SSRN Electronic Journal*, Vol. 5, 2012.

[118] Weaver, B., *Industry Convergence: Driving Forces, Factors and Consequences*, 19th NFF conference, Bergen, Norway, 2007.

[119] Wernz, C., Wernz, P. T., Phusavat, K., "Service Convergence and Service Integration in Medical Tourism", Ind Manag Data Syst, Vol. 114, No. 7, 2014.

[120] White, A. L., Stoughton, M., And Feng, L., *Servicizing: The Quiet Transition to Extended Product Responsibility*, Boston: Tellus Institute, 1999. WTO. World Trade Report 2014, WTO Publishing, 2015.

[121] Wirtz, B. W., "Reconfiguration of Value Chains in Converging Media and Communications Markets", *Long Range Plan*, Vol. 34, No. 4, 2001.

[122] Yoffie, D. B., "CHESS and Competing in the Age of Digital Convergence", in Yoffie, D. B., ed., *Competing in the Age of Digital Convergence*, Harvard Business School Press, Boston, MA, 1997.

[123] Zucker L. G., Darby M. R., Armstrong J. S., "Commercializing Knowledge: University Science, Knowledge Capture, and Firm Performance in Biotechnology", *Management Science*, Vol. 48, No. 1, 2002.

第十一章

中国产业融合程度及其变化趋势研究

第一节　引言

20 世纪 90 年代以来产业融合成为产业发展的新趋势和重要趋势。不同于以往产业的技术革新仅发生在行业内部，20 世纪 70 年代以来产业的技术革新开始越出本行业边界，借鉴并引入其他行业的技术，最终也体现在本行业的新产品具有相应行业产品的功能，这也使得产业边界模糊。这种从技术融合开始，形成产品融合，最终到市场融合，从而导致产业边界模糊的现象就是产业融合。尤其 20 世纪 90 年代以来，随着 IT 技术的使用，这种趋势更加明显和普遍，最为典型的就是电信、广播电视和出版业边界的模糊，此外，食品行业与医药行业融合产生的营养保健品行业、电脑与电信行业融合产生的笔记本电脑也是典型的产业融合现象，这也很大程度上带来了生产端和消费端的效率提升。大量文献以这三个行业为例分析了产业融合现象和所产生的经济效率（Brring et al.，2006；Stieglitz，2007；黄群慧和霍景东，2015；Geum et al.，2016；Heo and Lee，2019），少数文献从吸收能力、联盟经验转移和开放创新这些角度研究了促进产业融合的策略（Brring and Leker，2007；Brring，2010；Brring，2013；Hus and Prescott，2017）。

中国从 2000 年以来进入产业融合快速发展时期，中国的产业融合主要是制造业与服务业和信息业的融合，即制造业服务化和制造业信息化。中国制造业经过 20 多年融合发展，融合的程度和趋势是怎样的？这其中的微观驱动力量又是什么？这不仅需要从整体上研究中国制造业与服务业和信息业的融合程度和融合趋势，还需要在细分的行业层面研究制造业各行业与服务业和信息业的融合程度和融合趋势。由于中国是一个人口地域大国，实行经济分权体制下的属地化管理模式（周黎安，2008），各地方政府推动本辖区的制造业发展。这就需要对中国产业融合问题的研究从中央分解到地方，研究各省制造业与服务业和信息业的融合程度和融合趋势。从全国依次分解到行业、省份层面研究制造业与服务业和信息业的融合程度和融合趋势，多维度呈现了中国产业融合的基本特征事实，也呈现出这其中的驱动力量，是比较全面深入认识中国产业融合现象的第一步，同时融合现象在行业间和省份间的差异也为研究中国产业融合的影响因素和影响效果提供了判断依据，是进一步深入研究中国产业融合问题的基础。

虽然关于中国产业融合有大量研究文献，但是这些文献主要是评估产业融合的效果（徐盈之、孙剑，2009；谢康等，2012；刘斌等，2016；陈丽娟、沈鸿，2017；杜运苏、彭冬冬，2018；沈国兵、袁征宇，2020），关于中国产业融合程度和变化趋势的基本特征事实研究，一方面比较少，另一方面还不够深入。谢康等（2012）、杨仁发（2018）仅列出一些年份制造业与信息业的融合数值和生产性服务业方面的数值。这些研究一方面使用的指标并不是对融合的一个较好度量，同时也缺少对这个问题的进一步分析。本研究则弥补现有研究不足，选取更合适的度量指标，在更长的时间跨度范围内，从不同维度对这个问题进行更全面深入的研究。

本研究余下部分的安排为：第二部分介绍本研究使用的指标和数据；第三部分依次分析中国制造业与服务业在全国、行业、省份、省份—行业层面的融合程度和融合趋势；第四部分依次分析中国制造业与信息业在全国、行业、省份、省份—行业层面的融合程度和融合趋势；第五部分总结了本研究的结论，结合研究发现分析了中国产业融合中存在的不足和解决对策，最后提出了本研究存在的不足和未来研究展望。

第二节 度量指标和数据

一 度量指标

（一）指标选取依据

结合产业融合的定义和本研究的研究问题，并参考现有文献，本研究选择从投入方面，从技术融合角度度量产业融合。产业融合是一个从技术融合开始，经过市场融合最终到产品融合，从而实现产业融合的一个过程。虽然技术融合只是实现产业融合的一个环节，并不能全面度量产业融合，但是技术融合是实现产业融合的开端，是一个重要环节，而且相比市场融合和产品融合，技术融合在度量上更具可行性。现有文献更多也是从技术融合角度度量产业融合，国外文献多使用企业层面的专利数据构建度量产业融合的指标（Karvonen and Kassi，2011；Kim et al.，2015；Kwon et al.，2019），国内文献多使用投入或产出占比度量产业融合（徐盈之、孙剑，2009；刘斌等，2016；陈丽娟、沈鸿，2017）。国外文献使用的这些度量指标适合在微观企业层面研究产业融合问题，不适合在宏观层面研究产业融合的宏观变动趋势。鉴于本研究的研究问题，结合产业融合的定义，本研究更多借鉴国内文献的度量方法，使用服务业投入和信息业投入占制造业总投入比重度量产业融合。一方面投入占比更接近产业融合的定义，另一方面投入占比是对产业融合的一个更直接的度量，所以本研究使用投入占比度量产业融合。

（二）制造业服务化指标

制造业服务化的度量指标（*serconvergence*），如公式（1）所示，是生产性服务业投入（*serinput*）占制造业总投入（*input*）的比重。公式（2）—（5）分别是行业、全国、省份—行业和省份的制造业服务化度量指标。下标 i 表示制造业各行业、t 表示年份、p 表示省份。

$$serconvergence = \frac{serinput}{input} \quad (1)$$

制造业各行业的服务化程度度量指标（$serconvergence_{it}$），如式（2）所示。$serconvergence_{it}$表示制造业 i 行业在 t 年与服务业的融合程度，它等于制造业 i 行业 t 年服务业投入（$serinput_{it}$）占制造业 i 行业 t 年总投入

（$input_{it}$）的比重。

$$serconvergence_{it} = \frac{serinput_{it}}{input_{it}} \tag{2}$$

中国制造业服务化程度度量指标（$serconvergence_t$），如式（3）所示。$serconvergence_t$表示 t 年中国制造业服务化融合程度，它等于 t 年中国制造业中服务业投入（$serinput_t$）占制造业总投入的比重（$input_t$）。制造业中的服务业投入（$serinput_t$）由制造业各行业的服务业投入加总获得，制造业总投入由制造业各行业投入加总获得。

$$serconvergence_t = \frac{serinput_t}{input_t} = \frac{\sum serinput_{it}}{\sum input_{it}} \tag{3}$$

各省份制造业各行业服务化程度度量指标（$serconvergence_{ipt}$），与式（2）制造业服务化程度度量指标类似，如式（4）所示，只是在省份内部计算制造业各行业的服务化程度。$serconvergence_{ipt}$表示 p 省份 t 年制造业 i 行业与服务业的融合程度，它等于 p 省份制造业 i 行业 t 年服务业投入（$serinput_{ipt}$）占 p 省份制造业 i 行业 t 年总投入（$input_{ipt}$）的比重。

$$serconvergence_{ipt} = \frac{serinput_{ipt}}{input_{ipt}} \tag{4}$$

各省制造业服务化程度度量指标（$serconvergence_{pt}$），与式（3）全国制造业服务化程度度量指标类似，如式（5）所示，由省份内部制造业各行业的服务业投入和总投入加总获得。$serconvergence_{pt}$表示 t 年 p 省制造业服务化融合程度，它等于 t 年 p 省制造业中服务业投入（$serinput_{pt}$）占制造业总投入的比重（$input_{pt}$）。p 省制造业中的服务业投入（$serinput_{pt}$）由 p 省制造业各行业的服务业投入加总获得，p 省制造业总投入由制造业各行业投入加总获得。

$$serconvergence_{pt} = \frac{serinput_{pt}}{input_{pt}} = \frac{\sum serinput_{ipt}}{\sum input_{ipt}} \tag{5}$$

（三）制造业信息化指标

制造业信息化的度量指标（*ITconvergence*），如公式（6）所示，是信息业投入（*ITinput*）占制造业总投入（*input*）的比重。类似式（2）—（5），式（7）—（10）依次表示制造业各行业的信息化程度、中国制造业的信息化程度、各省内部各行业的信息化程度和各省的信息化程度，计算过程与式（2）—（5）一样。

$$ITconvergence = \frac{ITinput}{input} \tag{6}$$

$$ITconvergence_{it} = \frac{ITinput_{it}}{input_{it}} \tag{7}$$

$$ITconvergence_{t} = \frac{ITinput_{t}}{input_{t}} = \frac{\sum ITinput_{it}}{\sum input_{it}} \tag{8}$$

$$ITconvergence_{ipt} = \frac{ITinput_{ipt}}{input_{ipt}} \tag{9}$$

$$ITconvergence_{t} = \frac{ITinput_{pt}}{input_{pt}} = \frac{\sum ITinput_{ipt}}{\sum input_{ipt}} \tag{10}$$

二 指标范围和数据来源

（一）指标范围界定

生产性服务业随着经济发展其种类日渐增多，在统计上表现为统计条目逐渐增多，本研究对不同年份生产性服务业的界定与统计标准保持一致。1987、1990、1995 年的生产性服务业包括：机械设备修理业、货运邮电业、金融保险业。1997 年的生产性服务业除了机械设备修理业、货物运输及仓储业、邮电业、金融保险业以外，增加了房地产业、科学研究事业和综合技术服务业。2002、2005、2007、2010、2012、2015、2017 和 2018 年的生产性服务业在 1997 年的基础上增加了信息传输、计算机服务和软件业，租赁和商务服务业这两项。如表 11 - 1 第（1）—（3）列所示。本研究将 2002 年以前的生产性服务业界定为“传统生产性服务业”，将 2002 年以来统计上新增加的生产性服务业项目界定为“新兴生产性服务业”。

信息业包括信息制造业和信息服务业两类，信息制造业指通信设备、计算机及其他电子设备制造业，信息服务业指信息传输、计算机服务和软件业。对信息服务业的统计从 2002 年开始，1987、1990、1995、1997 年的信息业只有信息制造业的统计数据。为了使不同年份的比较标准一致，本研究除了使各年份的信息业与统计标准一致以外，本研究也汇报了 2002 年以后剔除信息服务业的信息业结果。如表 11 - 1 第（4）—（5）列所示。

制造业使用2002年的国民经济行业分类标准，如表11－1第（6）列所示，包括：食品制造及烟草加工业，纺织业，纺织服装鞋帽皮革羽绒及其制品业，木材加工及家具制造业，造纸印刷和文教体育用品制造业，石油加工、炼焦及核燃料加工业，化学工业，非金属矿物制品业，金属冶炼和压延加工业，金属制品业，通用设备、专用设备制造业，交通运输设备制造业，电气、机械及器材制造业，通信设备、计算机和其他电子设备制造业，仪器仪表及文化办公用机械制造业和其他制造业。2002—2010年的制造业分类标准没有发生变化，2002年以前和2010年以后的制造业分类标准与2002年的分类标准有较小差异，为了保证制造业的统计口径一致，本研究对不同年份的制造业分别进行如下协调：（1）1987、1990、1995年的制造业统计包括"电力及蒸汽、热水生产和供应业"和"机械设备修理业"，本研究将这两项剔除，"石油加工、炼焦及核燃料加工业"分为"石油加工业"和"炼焦、煤气及煤制品业"两个行业，本研究将其合并为一个行业；（2）1997年的制造业统计包括"机械设备修理业"，本研究将其删除；（3）2012、2015、2017、2018年的制造业统计将"通用、专用设备制造业"分为"通用设备制造业"和"专用设备制造业"两个行业，本研究将其合并为一个行业。

表11－1　　　　各行业相应年份统计标准

生产性服务业			信息业		制造业
（1）	（2）	（3）	（4）	（5）	（6）
1987—1995	1997	2002—2018	1987—1997	2002—2018	2002—2010
机械设备修理业	机械设备修理业	交通运输、仓储和邮政	通信设备、计算机及其他电子设备制造业	通信设备、计算机及其他电子设备制造业	食品制造及烟草加工业
货运邮电业	货物运输及仓储业	信息传输、软件和信息技术服务		信息传输、计算机服务和软件业	纺织业
金融保险业	邮电业	金融			纺织服装鞋帽皮革羽绒及其制品业

续表

生产性服务业			信息业		制造业
(1)	(2)	(3)	(4)	(5)	(6)
1987—1995	1997	2002—2018	1987—1997	2002—2018	2002—2010
	金融保险业	房地产业			木材加工及家具制造业
	房地产业	租赁和商务服务			造纸印刷和文教体育用品制造业
	科学研究事业	科学研究和技术服务			石油加工、炼焦及核燃料加工业
	综合技术服务业				化学工业
					非金属矿物制品业
					金属冶炼和压延加工业
					金属制品业
					通用设备、专用设备制造业
					交通运输设备制造业
					电气、机械及器材制造业
					通信设备、计算机和其他电子设备制造业
					仪器仪表及文化办公用机械制造业
					其他制造业

（二）数据来源

制造业各行业的投入数据，包括各项生产性服务业，“通信设备、计算机及其他电子设备制造业”，“信息传输、计算机服务和软件业”的投入数据来源于1987、1990、1995、1997、2002、2007、2012、2017年和2018年的《中国投入产出表》和2008、2013年和2018年的《中国统计年鉴》。2008、2013年和2018年的《中国统计年鉴》公布了2005、2010、2015年中国各行业的投入产出数据。中国的投入产出表每隔5年调查和编制一次，分别在逢2、逢7年份调查和编制投入产出基准表，在当年出版《中国投入产出表》，逢0、逢5年份编制投入产出表延长表，在3年后，即逢3、逢8年份的《中国统计年鉴》中公布。所以本研究在全国和行业层面研究融合程度和变动趋势包括1987、1990、1995、1997、2002、2005、2007、2010、2012、2015、2017、2018这12个年份。

各省内制造业各行业的投入数据，包括各项生产性服务业，“通信设备、计算机及其他电子设备制造业”，“信息传输、计算机服务和软件业”的投入数据来源于2002、2007、2012年和2017年的《中国地区投入产出表》。所以本研究在省份和省份—行业层面研究融合程度和变动趋势包括2002、2007、2012、2017这四个年份。《中国地区投入产出表》包括除西藏以外中国大陆30个省份的统计数据，所以本研究的省份范围包括除西藏以外中国大陆30个省份。

第三节 制造业与服务业融合程度及其变化趋势

这部分使用式（2）—（5）构建的制造业服务化度量指标，依次在第一、二、三部分分别从全国、行业和省份层面研究制造业与服务业的融合程度及其变动趋势，即中国制造业与服务业的融合程度及其变动趋势、制造业各行业与服务业的融合程度及其变动趋势、各省制造业与服务业融合程度及其变动趋势。最后在前三部分研究基础上，在第四部分预判了制造业服务化的可能影响因素。下面依次介绍各部分的研究内容。

一 中国制造业与服务业融合程度及其变化趋势

这部分使用式（3）构建的生产性服务业投入占制造业总投入比重的度量指标研究了中国制造业与服务业的融合程度及其变化趋势。这部分首先通过图 11－1 从整体上分析了中国制造业与服务业的融合程度及其变化趋势，然后通过图 11－2 分析了中国制造业与各项生产性服务业的融合程度及其变化趋势。

图 11－1 描绘了 1987—2018 年间中国制造业与生产性服务业的融合程度及其变动趋势。如图 11－1 所示，中国生产性服务业投入占制造业总投入的比重由 1987 年的大约 3. 6% 上升至 2018 年的大约 7. 3%，总体呈波动上升趋势，这其中在 2015 年达到最大值 7. 8%。20 世纪 90 年代中期以前，中国制造业与服务业的融合程度经历了较大波动，从 1987 年开始到 1990 年，中国制造业与服务业融合程度经历了短暂的大幅上升之后，在 1990—1995 年又经历了短暂的大幅下降。从 1995 年开始，中国制造业与服务业的融合程度，除了在 2005—2007 年间有过短暂的明显下降以外，总体上呈明显平稳上升趋势，直到 2015 年达到最大值。那么生产性服务业中各项生产性服务业投入占比情况和变动趋势是怎样的？这之间是否存在差异？

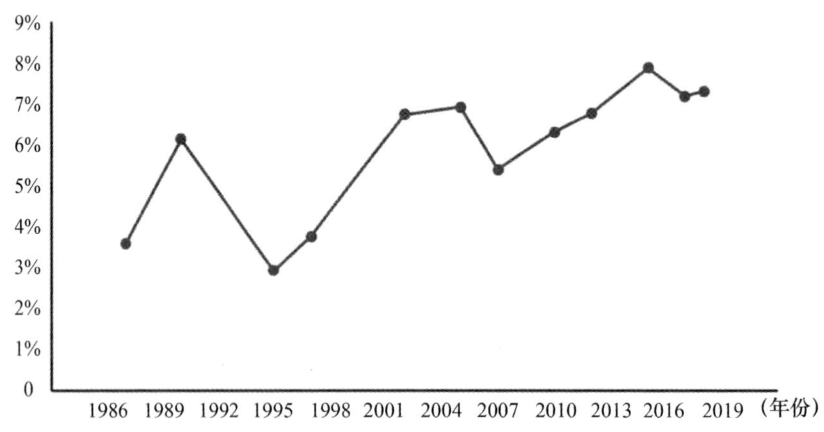

图 11－1 1987—2018 年中国制造业与服务业融合程度及其变动趋势

图 11－2 描绘了 1987—2018 年中国制造业与各项生产性服务业的融合程度及其变动趋势。在所有曲线中位置最高的这条黑线代表货运邮电业在制造业总投入中的占比及其变动趋势，从图 11－2 中可以看出，在各项生产性服务业中，货运邮电业的投入占比要远高于其他类型的生产性服务业，从 1987 年的大约 1.9%上升至 2018 年的大约 3.2%，这期间在 2005 年达到最大值大约 3.3%，总体呈现和图 11－1 的全国变动趋势相一致的波动上升趋势，也是在 20 世纪 90 年代中期以前经历了短暂的大幅上升和大幅下降之后，从 1995 年开始，除了在 2005—2007 年间经历了明显的下降以外，总体上呈明显上升趋势。

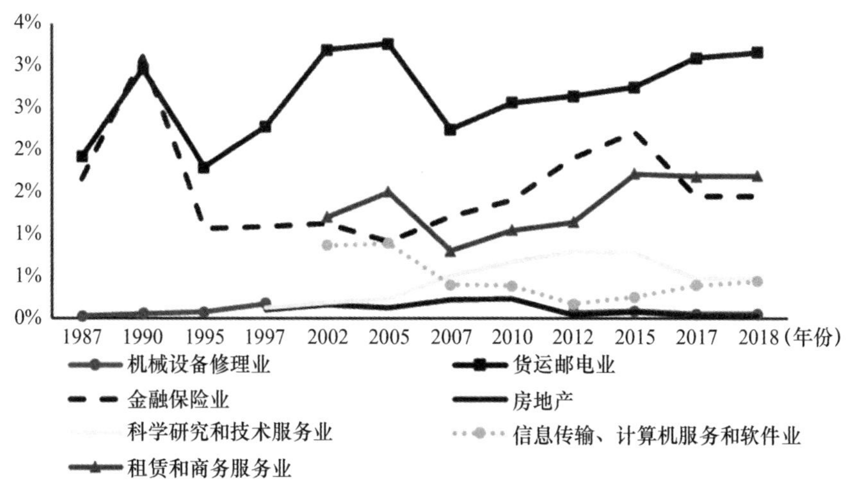

图 11－2　1987—2018 年中国制造业与各项生产性服务业融合程度及其变动趋势

其次图 11－2 中，在大多数时间里位置相对较高的是黑色虚线，它表示金融保险业在制造业总投中的占比及其变动趋势，它的占比和货运邮电业存在较大差距，它的变动趋势和货运邮电业占比的变动趋势以及图 11－1 中的全国总趋势基本一致，但是也存在两点不同。一方面金融保险业占制造业总投入的比重在经历 90 年代中期以前大幅度的波动之后不像货运邮电业和全国趋势快速上升并迅速超过 90 年代中期以前的最高水平，而是缓慢上升并没有超过之前的最高水平，平均是 1.412%，在 2015

年达到极大值2.21%，和最大值1990年的3.11%存在较大差距，只比90年代中期以前的极小值1995年的1.07%略高。另一方面不同于货运邮电业和全国趋势90年代中期以后是在2005—2007年经历了明显下降，金融保险业占制造业总比重是在2002—2005年有小幅下降。

接下来图11-2中位置低一点的是带三角符号的黑色实线，它表示租赁和商务服务业投入占制造业总投入的比重及其变动趋势，它是2002年以后才开始统计的一项新兴生产性服务业。它的变动趋势和全国趋势基本一致，在2005—2007年有一个明显下降趋势以后，总体上呈明显上升趋势，在2015年达到最大值1.71%。它只在个别年份2002—2005年和2017—2018年超过了传统生产性服务业金融保险业的投入占制造业总投入的比重，其余年份明显低于金融保险业的投入占制造业总投入的比重。

然后图11-2中位置再低一点的是两条灰线，灰色实线表示科学研究和技术服务业占制造业总投入的比重，灰色带圆点虚线表示信息传输、计算机服务和软件业，这两项都是新兴服务业，前者从1997年开始统计，后者从2002年开始统计。二者的占比都比较小、不足1%且变动趋势呈相反趋势，与图11-1的全国趋势不一致。信息传输、计算机服务和软件业投入占制造业总投入的比重在2005年达到最大值后开始呈明显下降趋势，虽然在2012年之后有所回升，但2018年的0.4364%与最大值2005年的0.8903%仍存在明显差距。与信息传输、计算机服务和软件业不同的是，科学研究和技术服务业占制造业总投入的比重一直呈明显上升趋势，虽然在期初与信息传输、计算机服务和软件业存在较大差距，但是从2007年开始超过信息传输、计算机服务和软件业，并与信息传输、计算机服务和软件业保持较大差距，虽然2015年后有明显下降，但是仍高于信息传输、计算机服务和软件业。

最后分别是房地产业和机械设备修理业投入占制造业总投入比重，这两项占比很多时候不足0.1%，可以忽略不考虑，而且机械设备修理业还缺少2002、2005、2007年和2010年4个年份的统计数据。

由上述分析可知，进入2000年以来，中国制造业服务化程度总体呈明显上升趋势，生产性服务业投入占制造业总投入的比重由2002年的6.74%上升到2015年的最大值7.88%，这期间虽然2007年降到最小值5.39%，但是平均值为6.81%。这其中的重要驱动力量依次是传统生产性服务业中的货运邮电业、金融保险业和新兴生产性服务业中的租赁和商务服务业。那么中国制造业服务化程度及其变动趋势是制造业各行业中的一种普遍趋势还是由少数几个行业驱动的趋势？也就是制造业各行业与服务业的融合程度和变动趋势是怎样的？这个问题将在接下来的第二部分研究。

二　制造业各行业与服务业融合程度及其变化趋势

这部分使用式（2）构建的制造业各行业的生产性服务业投入占总投入比重的度量指标，将第一部分的制造业细化到各个行业，研究制造业各行业与服务业的融合程度及其变动趋势。这部分首先通过表 11 –2 研究制造业各行业与服务业融合程度及其变动趋势的整体情况，然后通过表 11 –3 和图 11 –3 更精确、直观地呈现出制造业各行业服务化程度及其变动趋势以及与全国趋势和全国均值的差异。

表 11 –2　1987—2018 年制造业各行业与服务业融合程度描述性统计

年份	全国融合	均值	标准差	最大值	最大值行业	最小值	最小值行业
1987	3. 5998	3. 3865	0. 7191	5. 9162	食品制造及烟草加工业	2. 8208	造纸印刷及文教用品制造业
1990	6. 1336	4. 4014	1. 5116	8. 6801	石油加工、炼焦及核燃料加工业	3. 2152	服装皮革羽绒及其制品业
1995	2. 9379	3. 2201	1. 3489	7. 5091	石油加工、炼焦及核燃料加工业	1. 7823	食品制造及烟草加工业
1997	3. 7733	3. 9176	1. 4314	7. 3993	金属制品业	2. 0708	食品制造及烟草加工业
2002	6. 7405	7. 0010	1. 4776	11. 1886	非金属矿物制品业	4. 5110	纺织业
2005	6. 9224	7. 0118	1. 2648	8. 8010	木材加工及家具制造业	4. 5279	纺织业
2007	5. 3943	5. 3658	0. 9148	7. 4574	非金属矿物制品业	4. 0577	纺织业

续表

年份	全国融合	均值	标准差	最大值	最大值行业	最小值	最小值行业
2010	6.3128	6.1697	1.4227	8.6012	非金属矿物制品业	3.4554	石油加工、炼焦及核燃料加工业
2012	6.7716	6.7848	1.5614	8.5007	非金属矿物制品业	3.6217	纺织业
2015	7.8770	7.7665	1.9934	11.3730	非金属矿物制品业	3.4927	纺织业
2017	7.1809	6.8053	1.3193	8.4789	非金属矿物制品业	3.7600	其他制造产品和废品废料
2018	7.3032	6.9281	1.3794	8.6101	化学工业	3.5852	其他制造产品和废品废料

表11－2描述了制造业各行业与服务业融合程度的总体情况，列出了1987—2018年间相应年份各行业与服务业融合程度的均值、标准差、最大值、最小值以及最大、最小值的对应行业，并与图11－1的全国融合程度进行比较。从表11－2均值这列可以看出，各年制造业各行业与服务业融合程度的均值与全国融合程度都非常接近，且变化趋势也与全国融合程度一致，即在20世纪90年代中期以前经历了快速上升和快速下降之后，开始呈明显上升趋势，在2005—2007年经历明显下降后，在2015年达到最大值。这一定程度上说明了中国制造业与服务业的融合程度及其变化趋势代表了制造业各行业与服务业的一种普遍融合程度和变化趋势，而不是由少数行业驱动的特殊趋势。当然这仅是一个初步判断，更为准确的判断还需要借助标准差等其他统计量以及其他统计分析形式。下面先借助标准差来分析判断。

从表11－2标准差这列可以看出，各年的标准差的数值都比较小，这说明制造业各行业与服务业的融合程度都比较接近，不存在较大差异，这同时也说明中国制造业与服务业的融合程度代表了中国制造业各行业服务化程度的一种普遍现象，而不是由某几个少数行业驱动的特殊现象。从时间维度上看标准差虽然也发生了相应变化，但是变化量非常小，远小于均值的变化量，这初步可以说明中国制造业与服务业融合程度的变化趋势代表了制造业各行业服务化变化的一种普遍趋势，也就是制造业各行业的服务化基本呈现相同变化趋势。虽然标准差的变化量较小，但还是发生了一定变化，其变化趋势和均值的变化趋势基本一致，也就是在中国制造业服务化的整体变化趋势中，仍然存在一小部分不同于平均趋势的特殊驱动力量。那么这种较小的特殊力量来自哪个行业、呈现怎样的变化趋势？这个问题一定程度可以先结合最大、最小值的变化进行初步判断。

如表 11－2 所示，从 20 世纪 90 年代中期（1995 年）至 2002 年，制造业各行业服务化均值呈明显上升趋势，标准差也有较小幅度上升，这可能说明融合程度最高的行业服务化上升幅度更大，从最大值和最小值两列对比可以看到，从 1995 年到 2002 年间融合程度最高的行业服务化上升幅度大于融合程度最低行业的上升幅度。2002—2007 年，制造业服务化的均值较大幅度下降，标准差也较大幅度下降，这是因为融合程度最高的行业服务化大幅下降还是因为融合程度最高的行业服务化下降幅度大于融合程度最低行业的下降幅度。由表 11－2 可以看出，2002—2007 年，最大值的数值明显下降，而最小值列的数值基本没发生显著变化，这说明 2002—2007 年的融合程度下降，较多由融合程度最高行业的服务化程度下降影响的。2007—2015 年均值上升的同时，标准差也有所上升，2015—2018 年均值下降的同时，标准差也有所下降，类似于 1995—2002 年和 2002—2007 年，这主要由融合程度最大行业的服务化程度较大幅度上升或下降决定的，融合程度最小行业的服务化程度基本没有发生较大变化。也就是在中国制造业与服务业融合变化过程中，融合度最大行业的服务化程度往往会有相比更大的上升或下降幅度。

表 11－2 分析了制造业各行业与服务业的总体融合程度和变化趋势。由表 11－2 的分析可知，中国制造业各行业与服务业的融合程度都比较接近，行业间基本不存在较大差异，而融合程度的变动趋势也基本一致，只是融合程度最大行业的服务化程度往往会有相对更大幅度的上升或下降。但是总体分析也可能会掩盖一些相反力量的作用，从而影响对结论的准确判断。为了进一步验证上述判断的准确性，就需要具体对比分析制造业各行业与服务业的融合程度和变动趋势。表 11－3 和图 11－3 分别更精确、直观地呈现出制造业各行业与服务业的融合程度和变动趋势。

接下来就通过对表 11－3 和图 11－3 的分析来进一步验证表 11－2 的判断。

表 11－3 列出了 1987—2018 年之间相应年份制造业各行业与服务业的融合程度以及全国均值和全国融合程度。由表 11－3 可以看出，食品和烟草制造业与服务业的融合程度从 1995 年开始明显低于全国均值和全国融合程度，纺织业与服务业的融合程度一直明显低于全国均值和全国融合程度，其余的除了石油、炼焦和核燃料加工业从 2002 年开始明显低于全国均值和全国融合程度，非金属矿物制品业从 2002 年开始明显高于全国均值和全国融合程度以外，其余制造业行业与服务业融合程度从 2002 年开始基本与全国均值和全国融合程度非常接近。为了更直观地展现制造业各行业与服务业的融合程度及其变化趋势以及与全国融合程度和全国均值的差异，本研究接下来使用图 11－3 展现表 11－3 所描绘的现象。

表 11－3　1987—2018 年制造业各行业与服务业融合程度（%）

行业＼年份	1987	1990	1995	1997	2002	2005	2007	2010	2012	2015	2017	2018
全国融合程度	3.60	6.13	2.94	3.77	6.74	6.92	5.39	6.31	6.77	7.88	7.18	730
全国均值	3.39	4.41	3.22	3.92	7.00	7.01	5.37	6.17	6.78	7.77	6.81	6.93
食品和烟草	5.92	7.40	1.78	2.07	5.96	5.89	5.63	6.36	5.95	5.11	6.52	6.60
纺织业	3.19	3.33	2.27	2.37	4.51	4.53	4.06	4.35	3.62	3.49	5.75	5.78
纺织服装	2.84	3.22	1.96	2.12	7.62	8.31	6.25	7.45	4.95	4.79	8.15	8.51
木材加工及家具制造业	3.09	3.69	3.88	4.07	8.38	8.80	6.09	7.09	6.46	7.38	6.03	6.28
造纸印刷和文教体育用品制造业	2.82	3.53	2.42	3.24	6.53	7.33	5.14	6.23	7.15	8.83	7.00	7.11
石油、炼焦产品和核燃料加工业	3.82	8.68	7.51	4.29	6.55	4.77	4.32	3.46	3.72	6.84	4.52	4.76
化学工业	3.09	3.56	2.63	3.83	6.74	6.96	5.99	7.23	7.40	8.85	8.36	8.61
非金属制品业	3.50	4.80	4.08	5.80	11.2	8.68	7.46	8.60	8.50	11.4	8.48	8.02
金属冶炼和压延加工业	3.07	4.71	3.91	5.43	6.31	5.77	4.77	4.98	6.31	8.41	6.56	6.32
金属制品业	3.22	4.27	3.55	7.40	8.11	7.85	4.06	4.85	8.13	9.20	7.05	7.10

续表

行业＼年份	1987	1990	1995	1997	2002	2005	2007	2010	2012	2015	2017	2018
通用设备、专用设备制造业	3.34	4.16	3.32	4.37	7.29	7.42	5.16	6.39	8.45	9.56	8.27	8.60
交通运输设备制造业	3.25	3.99	2.43	3.37	5.95	6.82	4.67	5.69	7.57	7.80	7.13	7.63
电气机械和器材制造业	3.32	3.78	2.83	3.53	7.75	8.12	5.74	7.24	6.99	7.62	7.02	7.19
通信设备、计算机和其他电子设备制造业	2.98	3.29	2.37	2.42	5.80	7.18	6.14	7.91	7.87	8.12	7.31	7.61
仪器仪表制造业	3.38	3.40	3.15	4.34	6.60	7.01	4.92	6.30	8.47	9.52	6.98	7.16
其他制造业	3.35	4.01	3.43	4.03	6.73	6.75	5.47	4.59	7.02	7.36	3.76	3.59

图 11－3 描绘了 1987—2018 年制造业各行业与服务业的融合程度及其变化趋势，以及与全国均值和全国融合程度的差异。如图 11－3 所示，每个方格表示一个制造业行业与服务业的融合程度及其变化趋势以及与全国均值和全国融合程度的差异，图中的黑色实线表示制造业行业的情况，黑色虚线是全国融合程度的情况，黑色点线是全国均值情况。由图 11－3 可以看出，全国均值和全国融合程度非常接近，基本相交在一起，除了少数情况外，多数情况下黑色实线在 20 世纪 90 年代中期以前低于虚线和点线，1995 年以来开始与虚线和点线重合，或是略微偏离虚线或点线。这说明大多数制造业行业与服务业的融合程度从 90 年代中期开始上升，并逐渐达到全国均值或全国融合程度，并与全国均值和全国融合程度保持比较一致的变化趋势。

少数特殊行业是：食品制造业及烟草加工业，纺织业，石油加工、炼焦及核燃料加工业和非金属矿物制品业。这其中除了纺织业一直低于全国均值和全国融合程度以外，食品制造业及烟草加工业和石油加工、炼焦及核燃料加工业的变化趋势与全国其他制造业行业服务化程度从低于全国均值和全国融合程度到逐渐接近或达到、超过全国均值和全国融合程度的变化趋势相反，它们是从明显高于全国均值到 1995 年之后开始明显低于全国均值和全国融合程度。虽然非金属制造业与全国多数制造业行业的变化趋势一致，但是非金属制造业行业服务化程度上升最大，明显高于全国均值和全国融合程度，多数时候是制造业与服务业融合程度最高的一个行业，也是变化趋势中变化幅度最大的一个行业。

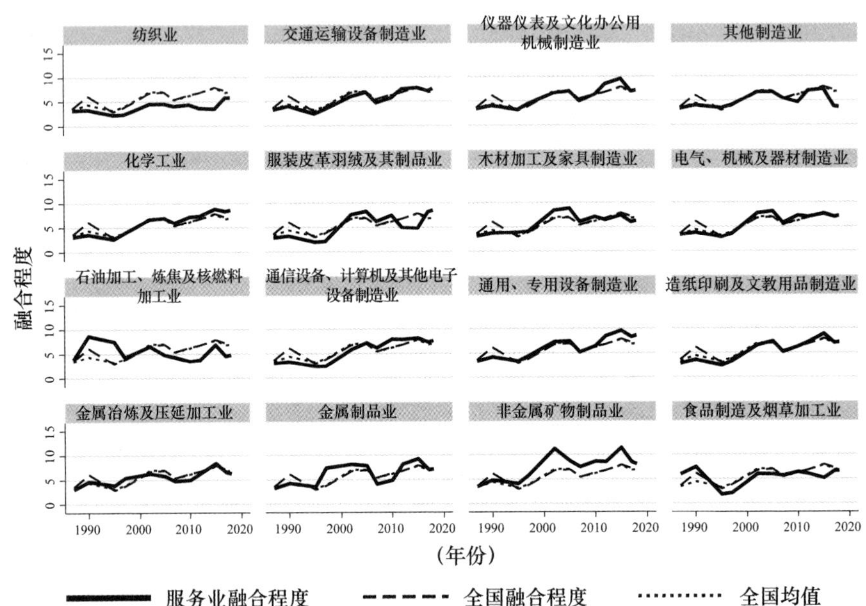

图 11-3 1987—2018 年中国制造业各行业与服务业融合程度及其变动趋势

从图 11-3 中还可以发现的一个现象就是，随着经济发展，制造业服务化程度较高的行业，也就是生产性服务业投入占比高于全国均值和全国融合程度的往往是重工业或高技术行业，这些行业具体是：化学工业，通信设备、计算机及其他电子设备制造业，通用、专用设备制造业，仪器仪表及文化办公用机械制造业；相反服务化程度较低的行业，也就是生产性服务业投入占制造业总投入比重等于或略低于全国均值和全国融合程度的往往是轻工业，具体有：服装业、木材加工及家具制造业。

总之，表 11-3 和图 11-3 对制造业各行业与服务业融合程度的具体研究支持了表 11-2 的预判，也就是第一部分中的中国制造业与服务业融合程度及其变化趋势代表了中国制造业各行业与服务业的整体融合程度和变化趋势，是一种普遍现象而不是由少数几个行业驱动的现象。在这种普遍现象下，制造业各行业的服务化程度和变化趋势也存在一些差异，具体有两方面：一方面是非金属制造业的变化幅度明显大于其他行业的变化幅度，也就是在制造业服务化程度的变化幅度中非金属制造业的驱动作用略大一些；另一方面是随着经济发展，重工业行业和高新技术产业的服务化程度要明显高于轻工业行业。因为中国是一个地区间发展差异很大的大国，除了行业维度外，地区也是一个重要的研究维度，也就是中国制造业服务化程度和变化趋势代表了各地区制造业服务化程度和变化趋势的普遍规律还是仅代表少数地区的融合程度和变化趋势？即中国各地区制造业与服务业的融合程度和变化趋势是怎样的？地区间又存在怎样的差异？本研究在这部分从行业维度研究了中国制造业服务化程度和变化趋势后，将在接下来的第三部分从地区维度研究这个问题。

三　各省制造业与服务业融合程度及其变化趋势

这部分使用式（4）构建的指标研究了各省制造业与服务业的融合程度及其变化趋势，并进一步研究了各省制造业与各项生产性服务业的融合程度及其变化趋势。图 11 -4 直观地展现各省制造业与服务业的融合程度和变化趋势以及与全国融合程度和变化趋势的差异，表 11 -4、表 11 -5描述了各省制造业与服务业的整体融合程度和变化趋势。在进一步研究各省制造业与各项生产性服务业融合问题方面，类似图 11 -4、表 11 -4、表 11 -5，图 11 -5 直观地展现了各省制造业与各项生产性服务业的融合程度及其变化趋势，表 11 -4、表 11 -5 描述了各省制造业与各项生产性服务业的整体融合程度和变化趋势。在省份层面研究这个问题时，各省制造业行业的投入数据来自《中国地区投入产出表》，目前这个统计年鉴只有 2002、2007、2012、2017 这四个年份，所以这部分研究的时间跨度是 2002—2017 年。

图 11 -4 展示了 2002—2017 年中国大陆除西藏以外 30 个省份各省制造业与服务业的融合程度和变化趋势以及与全国融合程度和变化趋势的差异。图 11 -4 中有 30 个方格，一个方格是描述一个省份制造业服务化程度和变化趋势的坐标系，每一个坐标系中有一条实线和一条虚线，实线表示相应省份制造业与服务业的融合程度和变化趋势，虚线表示中国

制造业与服务业的融合程度和变化趋势。从图 11－4 中可以看到，实线和虚线有明显的偏离，偏离的幅度在各省之间也存在明显差异，同时很多省份实线的变化趋势不仅和虚线的变化趋势存在明显差异，而且很多省份之间实线的变化趋势也存在明显差异，这说明各省制造业与服务业的融合程度存在较大差异，同时很多省份制造业与服务业的融合程度在时间维度上也存在较大变化。那么，这些差异是否存在着一些特征和规律呢？

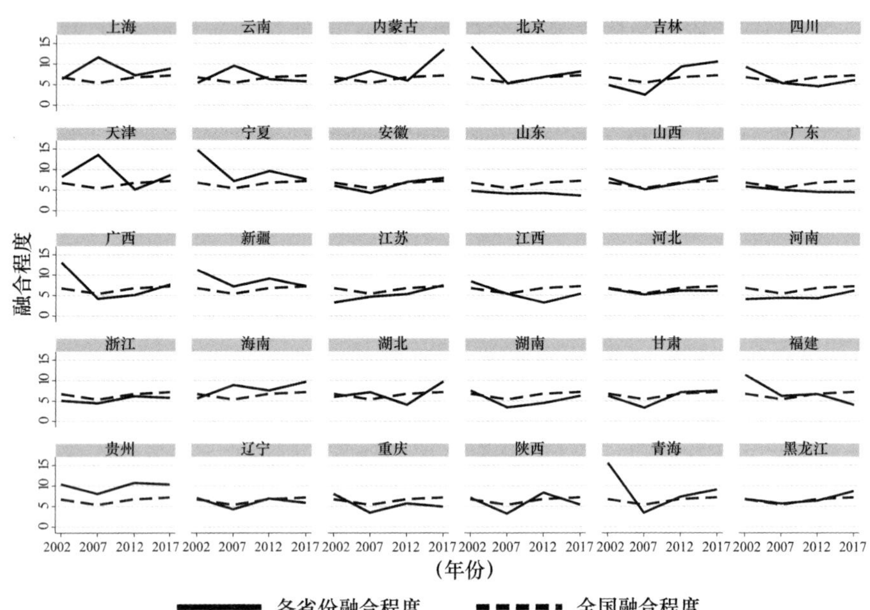

图 11－4　2002—2017 年中国 30 个省份制造业与服务业融合程度及其变化趋势

如图 11－4 所示，首先实线明显高于虚线，也就是制造业服务化程度比较高的省份是一些经济相对落后的省份，大多数位于西部地区，有贵州、宁夏、新疆、内蒙古、青海、海南。其次实线明显低于虚线或是与虚线基本重合的省份，也就是制造业服务化程度比较低的省份相反则是一些经济比较发达的省份或是经济处于全国中间水平的省份，这些省份基本位于东部和中部地区，有江苏、浙江、广东、河南、山东、安徽、湖南、重庆、辽宁、黑龙江、河北，而且这些省份的制造业服务化程度也比较稳定，在时间维度上变化比较平稳，有的省份与全国趋势基本一致。然后实线在时间维度上变化比较大，也就是制造业服务化程度波动比较大的省份往往是经济最发达的省份和经济最落后的省份，而这些省份往往也是制造业服务化程度最高或相对较高的省份。上海、天津、云南的制造业服务化在 2007 年大幅上升之后在 2012 年又大幅下降，到 2017 年又明显上升，吉林和陕西则在这些年份中呈相反变化趋势，北京、福建、广西、宁夏、新疆、江西、青海的制造业服务化在 2007 年明显下降。最后很多省份的制造业服务化变化发生在 2007 年，除了一些省份的大幅上升或下降以外，制造业服务化变化比较平稳的一些省份的服务化程度的小幅上升或下降也是发生在 2007 年。这些从图 11 –4 中判断出的规律，还需要有翔实的数据支撑并从总体趋势上获得验证，本研究接下来通过表 11 –4、表 11 –5 对各省制造业服务化程度总体的描述性分析来研究各省制造业服务化程度的总体特征并进一步验证从图 11 –4 中判断出的规律。

表 11 –4　　2002—2017 年中国 30 个省份制造业与服务业融合程度描述性统计（%）

年份	均值	方差	最大值	最大值地区	最小值	最小值地区
2002	7. 878866	3. 244314	15. 59926	青海	3. 262521	江苏
2007	5. 800815	2. 583957	13. 55296	天津	2. 458215	吉林
2012	6. 389094	1. 80715	10. 76522	贵州	3. 197493	江西
2017	7. 352149	2. 207932	13. 55295	内蒙古	3. 538235	山东

表 11 –4 描述了 2002—2017 年中国 30 个省份制造业与服务业融合程度及其变化趋势的总体情况，列出了相应年份各省制造业与服务业融合程度的均值、方差、最大值和最小值。由表 11 –4 可以看出，各省制造业与服务业融合程度的均值在 2002—2007 年有较大幅度下降，2007 年降到最低点后开始明显上升，这与图 11 –1 的全国趋势一致，也与图 11 –4 看到的大部分省份的制造业与服务业融合程度在 2002—2007 年间有不同幅度的下降是一致的。这说明中国制造业与服务业融合程度的变化趋势代表了各省份的普遍变化趋势。

再来看方差，表 11 -4 中省份间制造业与服务业融合程度的方差明显大于表 11 -2 中制造业各行业与服务业融合程度的方差，这说明省份间的制造业与服务业融合程度存在较大差异，这与图 11 -4 看到的现象是一致的，各省份制造业与服务业的融合程度与全国制造业与服务业的融合程度有明显偏离，且各省份的偏离幅度也有明显不同，这说明中国制造业与服务业融合程度并不代表中国各省份制造业与服务业融合的一种普遍程度，各省份的制造业与服务业融合程度则存在较大差异。这也符合直觉，因为中国地区间的发展差异一直都比较大。

从图 11 -4 的分析可知，制造业与服务业融合程度较小的地区，融合程度的变化幅度则相对比较稳定，而融合程度最大和较大的地区，融合程度的变化幅度也比较大，这说明均值或全国趋势的变化更多是由融合程度最高或较高地区的融合程度变化驱动的。这一点也可以通过表 11 -4 的最大值和最小值得到验证，如表 11 -4 所示，最大值的变化趋势和方差的变化趋势一致，且变化幅度较大，而最小值的变化趋势虽然和方差的变化趋势一致，但是变化幅度非常小。表 11 -4 的最大值地区和最小值地区也可以更准确地验证图 11 -4 的发现，即制造业服务化程度最高的地区往往是经济最发达和经济最落后的省份，而制造业服务化程度最大的地区往往是经济相对发达或是处于全国中间水平的省份。

除了将 30 个省份作为一个整体来研究以外，中国东部、中部、西部这三大区域之间也存在较大差异，这三大区域内部以及三大区域之间的融合程度和变化趋势是怎样的？接下来，本研究通过表 11 -5 研究三大区域内部以及三大区域之间制造业与服务业的融合程度和变化趋势。

表 11 -5 列出了 2002—2017 年中国东部、中部、西部三大区域内部各省份制造业与服务业融合程度的均值和方差，并与全国融合程度进行比较。从表 11 -5 中可以看出，在三大区域之间，融合程度最高的地区是西部、其次是东部，融合程度最低的地区是中部，西部地区的平均融合程度高于全国融合程度，东部地区的平均融合程度与全国融合程度最为接近，中部地区的平均融合程度多数情况下低于全国融合程度。从变化趋势上看，西部地区和中部地区的平均融合程度呈上升趋势，中部地区从低于全国融合程度到高出全国融合程度，而东部地区的平均融合程度总体呈下降趋势，从高于全国融合程度到低于全国融合程度。

表 11 -5　2002—2017 年中国三大区域制造业与服务业融合程度描述性统计（%）

年份	东部均值	东部方差	中部均值	中部方差	西部均值	西部方差	全国融合程度
2002	7. 1152	3. 1378	6. 4278	1. 5063	9. 6978	3. 6228	6. 7405
2007	6. 6462	3. 2585	4. 7164	1. 4418	5. 7441	2. 3578	5. 3943
2012	6. 0574	1. 1454	5. 6579	2. 0071	7. 2525	1. 9925	6. 7716
2017	6. 5908	2. 1081	7. 8702	1. 8408	7. 7368	2. 5113	7. 1809

从方差来看内部差异，西部地区的内部差异始终都比较大，这说明西部地区较高的平均融合程度主要由融合程度最高的省份决定的；而中部地区的内部差异始终都比较小，这与图 11 -4 所反映的经济相对发达或是处于全国中间位置的省份略低于全国融合程度的现象是一致的；东部地区的内部差异开始下降，这说明早期东部地区较高的均值是由融合程度最高省份的融合程度决定的，随着融合程度最高省份的融合程度下降，东部地区呈现均值和方差的相同变动趋势。

以上是对各省制造业与服务业融合程度的分析和研究，那么各省制造业与各项生产性服务业的融合程度和变化趋势以及总体情况是怎样的？本研究接下来通过图 11 -5、表 11 -6、表 11 -7 直观、精确地研究这些问题。

图 11 -5 描述了各省制造业与各项生产性服务业的融合程度，每个坐标系中有多条折线分别代表各省制造业与各项生产性服务业的融合程度和变化趋势。黑色实线代表各省制造业与交通运输、仓储和邮政业的融合程度，灰色虚线代表各省制造业与金融保险业的融合程度，黑色正方形竖杠虚线代表各省制造业与租赁和商务服务业的融合程度和变化趋势，黑色长方形竖杠虚线代表各省制造业与信息传输、计算机服务和软件业的融合程度，灰色实线和灰色长方形竖杠虚线分别代表各省制造业与房地产业和金属制品、机械和设备修理服务业的融合程度和变化趋势。

从图 11 -5 中可以明显看出，大多数省份黑色实线明显高于其他折线，接下来是灰色虚线和黑色正方形竖杠虚线，这说明在各省的制造业投入中交通运输、仓储和邮政业的投入占比要明显高于其他类型的生产性服务业，然后金融保险业和租赁商务服务业也是相对比较重要的生产性服务业投入，其次是新兴生产性服务业中的信息传输、计算机服务和软件业和综合技术服务业，最后是房地产业和金属制品、机械和设备修理服务业，房地产业和金属制品、机械和设备修理业这两项的投入占比非常小可以忽略不计。这和图11－2展现的全国趋势是一致的，也就是在中国制造业服务化过程中传统生产性服务业中的交通运输、仓储和邮政业和金融保险业和新兴生产性服务业中的租赁和商务服务业是重要投入，交通运输、仓储和邮政业的重要性明显高于其他两项。但是这在省份间也有小的差异：对于经济最发达的北京、上海很多时候新兴服务业中的租赁和商务服务业占比超过了传统服务业中的交通运输、仓储和邮政业的投入占比，对于上海还有新兴服务业中的信息传输、计算机服务和软件业，对于北京还有综合技术服务业，也在一些时候的投入占比超过了交通运输、仓储和邮政业的投入占比；广东的租赁和商务服务业投入占比虽然没有超过传统生产性服务业中的交通运输、仓储和邮政业的占比，但是超过了传统服务业中的金融保险业的投入占比，天津的租赁和商务服务业投入占比和金融保险业的投入占比基本持平；一些经济较落后的省份，甘肃和山西的金融保险业占比很多时候超过了交通、仓储和邮政业的投入占比；新兴服务业中的信息传输、计算机服务和软件业、综合技术服务业和房地产业在少数省份有较大波动，信息传输、计算机服务和软件业的投入占比在上海经历了大幅上升和下降，在广西经历了大幅下降，综合技术服务业的投入占比在北京经历了大幅下降，房地产业的投入占比在湖北经历了大幅上升和下降。

与图11－2中的全国趋势还有几点不同的是：这三项相对重要的生产性服务业的重要程度和省内的相对重要程度和变化趋势和变化幅度在不同省份之间存在较大差异，从图11－5中可以看到，不同类型曲线的位置和相对位置以及变化趋势和变化幅度在省份间存在较大差异，往往是一些经济比较落后的省份的黑色实线的位置明显高于其他省份的黑色实线位置，同时高于省内其他类型折线的位置，例如，新疆、江西、贵州、黑龙江、内蒙古、宁夏、福建，这说明交通运输、仓储和邮政业的重要性不仅在省份间体现出对经济相对落后地区更重要，在省内各项生产性服务业之间也体现出对经济落后地区的重要性；而经济相对发达省份的各类型折线位置基本比较接近，这说明各项生产性服务业的相对重要性在经济发达的省份内部比较接近，没有太大差异；而各条折线的变化幅度和变化趋势在省份间和省份内部千差万别，并没有从图 11－5 中看出统一的规律。那么这能否通过对 30 个省份总体特征和趋势的研究发现呢？此外，一些其他特征规律也需要通过对总体的研究得到进一步验证。接下来就通过表 11－6、表 11－7 对总体特征的研究来进一步验证和拓展发现图 11－5 中存在的特征规律。

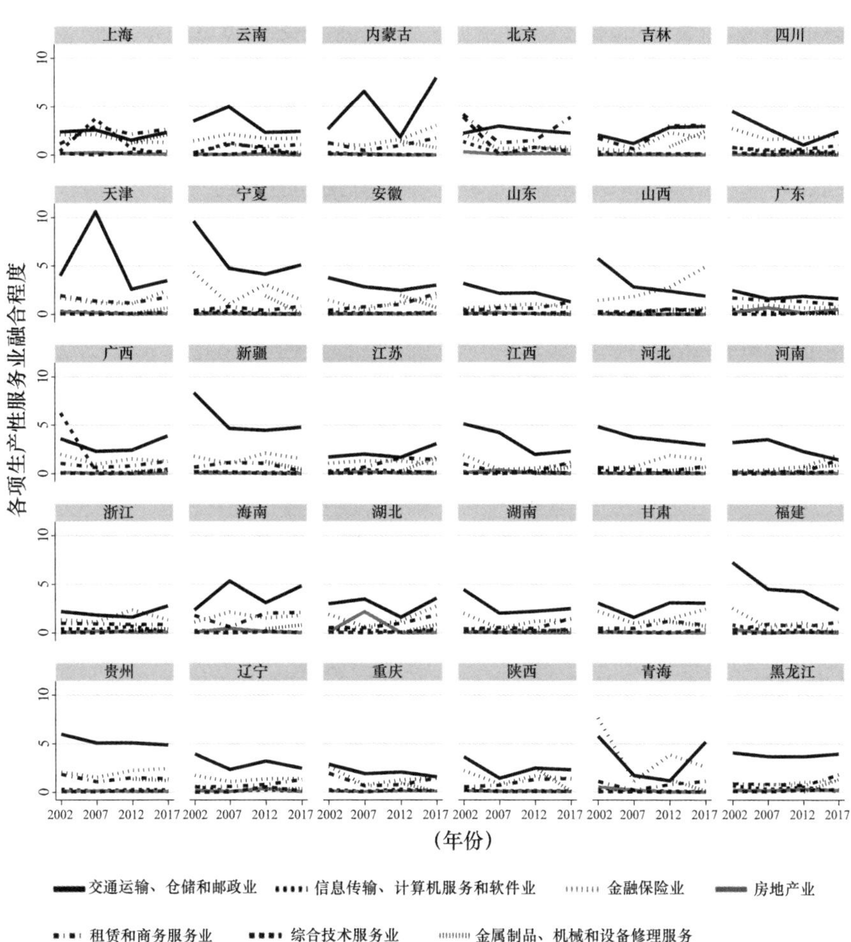

图 11－5　2002—2017 年中国 30 个省份制造业与各项生产性服务业融合程度及其变化趋势

表11－6描述了相应年份30个省份制造业与各项生产性服务业融合程度的均值。可以看出制造业与交通运输、仓储和邮政业的融合程度明显高于其他生产性服务业，余下的从高到低依次为金融保险业，租赁和商务服务业，信息传输、计算机服务和软件业，综合技术服务业，这和图11－2、图11－5呈现的规律一致。制造业与各项生产性服务业融合程度在时间维度上的变化趋势比较一致，都是在2007年经历大幅下降后开始明显上升，这和图11－2呈现的全国变动趋势一致，从图11－5中可以看出，这种变化趋势并不代表各省的一种普遍变化趋势，各省的变化趋势则存在很大差异。那么这些规律在区域间是否存在差异？接下来本研究通过表11－7来研究。

表11－6　2002—2017年中国30个省份制造业与各项生产性服务业融合程度均值

年份	交通运输、仓储和邮政业	金融保险业	租赁和商务服务业	信息传输、计算机服务和软件业	综合技术服务业	房地产业	金属制品、机械和设备修理服务
2002	4.0562	1.8900	0.9873	0.5917	0.2222	0.1314	
2007	3.3794	1.0437	0.7899	0.3402	0.0409	0.2068	
2012	2.5919	1.6042	1.0231	0.2456	0.1612	0.0828	0.6803
2017	3.1623	1.7060	1.4664	0.1355	0.1680	0.0598	0.6543

表11－7描绘了相应年份三大区域内部各省制造业与各项生产性服务业融合程度的均值。如表11－7所示，从三大区域内部均值来看，各项生产性服务业投入占制造业总投入比重的大小和图11－2的全国趋势、图11－5的各省趋势和表11－6的总体趋势一致，都是交通运输、仓储和邮政业占比最高，余下依次是金融保险业占比、租赁和商务服务业占比。在区域间，传统生产性服务业中的交通运输、仓储和邮政业以及金融保险业在西部地区和中部地区的均值往往高于在东部地区的均值，新兴生产性服务业租赁和商务服务业的均值在东部地区明显高于在中部地区和西部地区。各区域的各项生产性服务业投入占总投入比重的均值的变化趋势基本与图11－2的全国趋势和表11－6的总体趋势一致。

表11－7　　2002—2017年中国三大区域制造业与各项生产性服务业融合程度均值

年份	交通运输、仓储和邮政业			金融保险业		
	东部	中部	西部	东部	中部	西部
2002	3.3259	3.9351	4.8747	1.4341	1.3269	2.7554
2007	3.6150	2.9790	3.4350	1.1597	0.6692	1.2000
2012	2.5488	2.4366	2.7479	1.3205	1.4013	2.0354
2017	2.6856	2.7105	3.9674	1.1983	2.0759	1.9447
年份	租赁和商务服务业			信息传输、计算机服务和软件业		
	东部	中部	西部	东部	中部	西部
2002	1.2492	0.6833	0.9464	0.5302	0.3191	0.8516
2007	1.0860	0.4910	0.7110	0.5421	0.1766	0.2574
2012	1.1895	0.9027	0.9442	0.2773	0.2430	0.2159
2017	1.6603	1.6592	1.1322	0.0697	0.2038	0.1515
年份	综合技术服务业			房地产业		
	东部	中部	西部	东部	中部	西部
2002	0.4165	0.0749	0.1351	0.1594	0.0885	0.1345
2007	0.0256	0.0338	0.0613	0.2177	0.3668	0.0794
2012	0.2439	0.1133	0.1132	0.1231	0.0635	0.0567
2017	0.1947	0.1959	0.1209	0.0928	0.0475	0.0357

图11－5呈现的各省制造业与服务业融合程度的规律得到对表11－6、表11－7总体特征分析的支持。此外，通过对前面分析可知，2000年以来，中国制造业服务化程度整体呈上升趋势，重工业行业和高新技术产业的服务化程度会更高，经济发达和经济落后地区的服务化程度更高而且变动幅度也更大。那么总体趋势以及在行业和省份维度间的差异是不是说明制造业服务化程度与经济发展水平有比较大的关系呢？制造业服务化程度与经济发展水平是不是呈正相关关系？这其中会不会存在二次型的非线性关系？因为制造业与不同类型生产性服务业的融合程度和变化趋势在省份间也存在较大差异，尤其是经济发达和经济落后省份之间存在明显差异，所以这种相关关系是否在不同类型生产性服务业之间也存在差异？本研究接下来将在后一部分研究这个问题。

四 制造业服务化的可能影响因素

这部分使用人均 GDP 度量经济发展水平，使用相关系数和散点图研究制造业服务化程度与经济发展水平之间的相关关系。表 11 -8 列出了相应年份制造业服务化程度与人均 GDP 的相关系数，图 11 -6、图 11 -7、图 11 -8 使用散点图直观展现制造业服务化程度与人均 GDP 的相关关系以及制造业与各项生产性服务业融合程度与人均 GDP 的关系。各省相应年份人均 GDP 数据来源于相应年份的《中国统计年鉴》。接下来看具体结果。

表 11 -8 2002—2017 年中国 30 个省份制造业服务化程度与人均 GDP 相关关系

融合度 / 人均 GDP	全样本	2002	2007	2012	2017
全样本	0.0184				
2002		-0.0223			
2007			0.3926		
2012				-0.1271	
2017					-0.0162

表 11 -8 列出了 2002—2017 年各省制造业服务化程度与人均 GDP 的相关关系，首先是四个年份全样本的相关系数，然后依次是各年的相关系数。从表 11 -8 中可以看出，全样本呈正相关关系，四个年份中除了 2007 年呈正相关关系以外，其余的 2002、2012、2017 三个年份都呈负相关关系，由于 2007 年的正相关关系更强，驱动了全样本呈正相关关系。接下来由图 11 -6、图 11 -7 直观地看这一点。

图 11 -6 展现了 2002—2017 年中国各省制造业与服务业融合程度的散点图和拟合线，（a）图展示的是线性相关关系，（b）图展示的是非线性相关关系。从（a）图中可以看出，这种正相关关系非常弱，拟合直线几乎是水平直线，拟合方程的 R^2 几乎为 0，这和表 11 -8 中全样本非常小的相关系数值一致。再来看图（b）中的二次型关系，图（b）中呈稍微

明显的 U 型关系，也就是随着人均 GDP 上升制造业与服务业的融合程度下降，当降到最小值后，随着人均 GDP 的上升制造业与服务业的融合程度开始上升，这可能是由第三部分中省份间的制造业服务化程度差异驱动的。接下来通过图 11 -7 看逐年的情况。

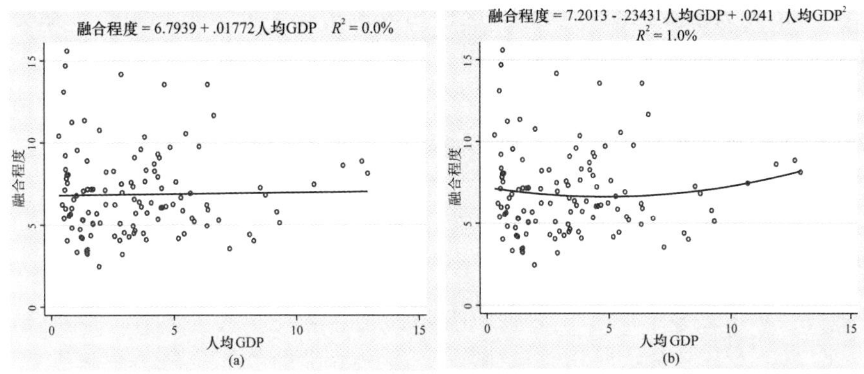

图 11 -6　2002—2017 年中国 30 个省份制造业服务化程度与人均 GDP 关系

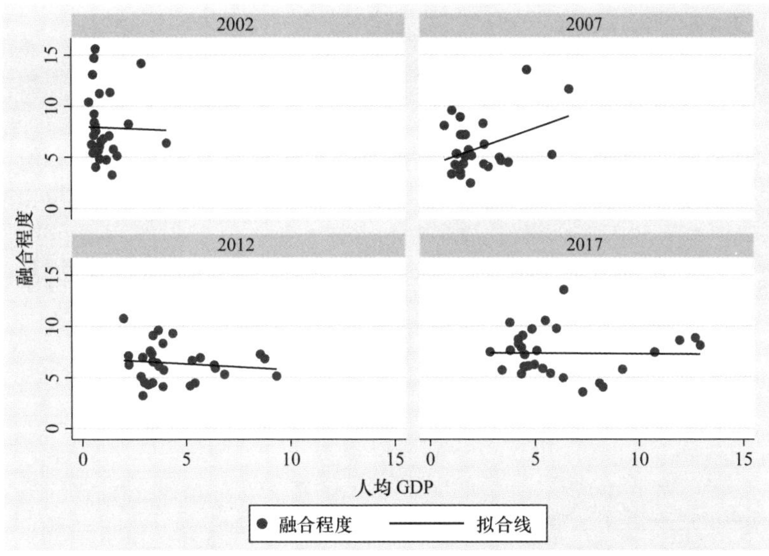

图 11 -7　部分年份中国 30 个省份制造业服务化程度与人均 GDP 关系

图 11 - 7 展现了 2002、2007、2012、2017 年四个年份中各省人均 GDP 与制造业服务化程度的散点图和拟合线，每一个坐标系代表一个年份。从图 11 - 7 中可以看出，2007 年呈现出明显的正相关关系以外，2002、2012、2017 的负相关关系都非常弱，拟合直线近乎是水平直线，这和表 11 - 8 中呈现的 2007 年较大的相关系数值，2002、2012、2017 年非常小的相关系数值是一致的。这种相关关系在不同类型的生产性服务业中是否存在差异？接下来通过图 11 - 8 分析这个问题。

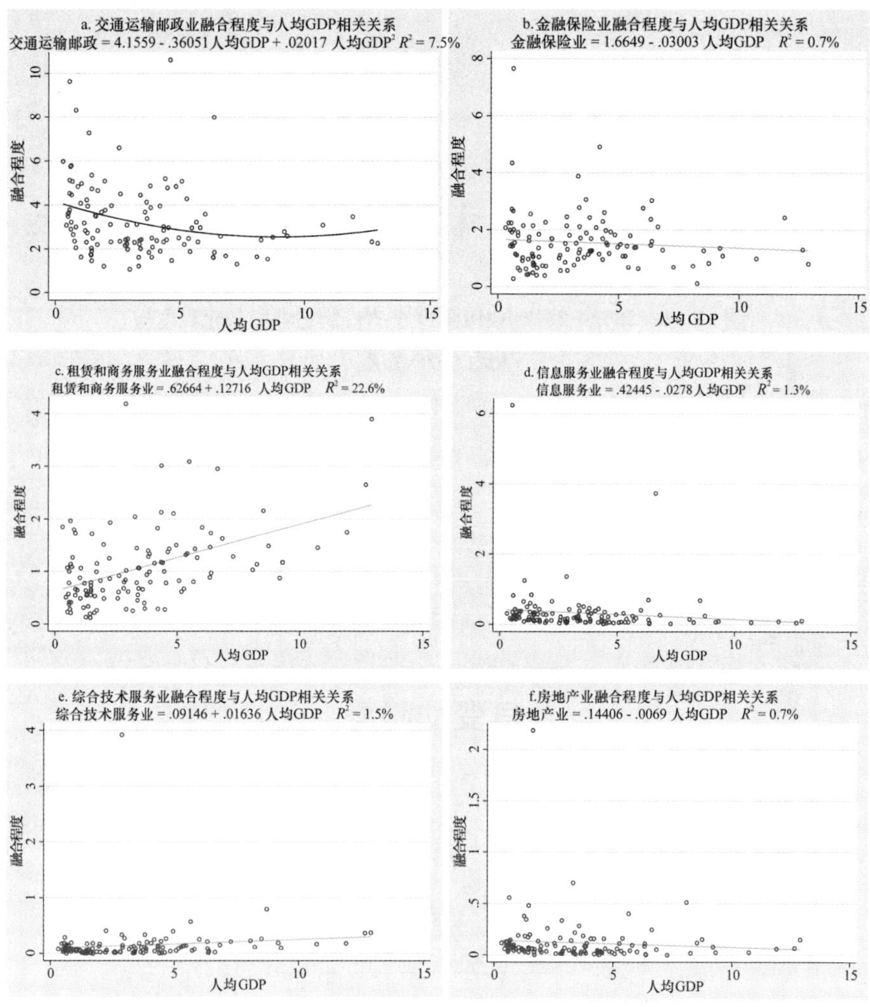

图 11 - 8 中国 30 个省份制造业与各项生产性服务业融合程度与人均 GDP 关系

图 11－8 展现了 2002—2017 年各省制造业与各项生产性服务业融合程度与人均 GDP 的相关关系，每个坐标系代表一种类型的生产性服务业。每个坐标系中拟合线的方向、斜率都存在明显的差异，这说明制造业与各项生产性服务业融合程度与人均 GDP 的相关关系存在明显不同。a 图显示制造业与交通、仓储和邮政业的融合程度与人均 GDP 呈 U 型关系，b 图显示制造业与金融保险业的融合程度与人均 GDP 呈负相关关系，c 图显示制造业与租赁和商务服务业的融合程度与人均 GDP 呈较强的正相关关系，d 图显示制造业与信息服务业的融合程度与人均 GDP 呈微弱的负相关关系，e 图显示制造业与综合技术服务业的融合程度与人均 GDP 呈微弱的正相关关系。可以看出在影响比较大的几个服务业中，呈正相关关系的基本都是新兴生产性服务业，而传统生产性服务业呈负相关关系或是 U 型关系。这些规律和第三部分呈现出的制造业服务化程度在省份间的差异是一致的。

这部分对中国制造业与服务业融合程度的研究，发现中国制造业与服务业融合呈现以下趋势：以交通运输和金融这些传统服务业为主，新兴的租赁服务业主要集中在少数经济发达的省份，信息技术服务业和综合技术服务业占比较小且未见明显上升趋势。服务化程度与经济发展程度呈倒 U 型关系，经济发展水平越高的地区，交通越便利、融资约束越小，生产性服务业投入越低，相反经济越落后的地区，越远离经济中心，融资约束越大，生产性服务业投入越高。

第四节　制造业与信息业融合程度及其变动趋势

这部分使用式（7）—（10）构建的制造业与服务业融合程度的度量指标，使用第三节研究中国制造业与服务业融合程度和变化趋势的思路，研究了中国制造业与信息业融合程度和变化趋势。类似上一节，这一节的第一部分研究中国制造业与信息业的融合程度和变化趋势，第二部分在行业层面研究了制造业各行业与信息业的融合程度和变化趋势，第三部分在省份层面研究了各省制造业与信息业的融合程度和变化趋势，第四部分在前三部分的研究基础上预判了制造业信息化的影响因素。那么中国制造业与信息业的融合程度和变化趋势是怎样的？和上一节中制造业与服务业的融合程度和变化趋势差异大吗？这一节将进行具体研究。

一 中国制造业与信息业融合程度及其变动趋势

这部分使用式（8）构建的中国制造业与信息业融合程度度量指标研究了中国制造业与信息业融合程度和变化趋势。图 11－9 描绘了 1987—2018 年中国制造业与信息业的融合程度及变化趋势。因为中国信息业在 2002 年之前只有信息制造业投入的统计数据，从 2002 年开始有信息服务业的统计数据，所以这一节在研究制造业与信息业融合问题时，关于信息业的界定标准既与统计标准保持一致，为了在时间维度上保持前后统计标准一致，也汇报了从 2002 年开始在信息业投入中剔除信息服务业投入的结果。图 11－9 中折点为黑色方块的折线描绘了 1987—2018 年之间制造业与信息业的融合程度和变化趋势，折点为圆点的折线描绘了从 2002 年后信息业投入中剔除信息服务业投入数据的结果，由图 11－9 可以看出这两条折线的走势基本一致，而且差距非常小，尤其从 2005 年后这两条折线近乎重合。这说明中国制造业与信息业的融合主要是与信息制造业的融合，信息服务业的投入在制造业总投入中的占比非常小。从图11－9中可以看出，中国制造业与信息业的融合程度总体呈明显上升趋势，在 2002 年有个大幅度上升后到 2007 年达到极大值，在 2007—2012 年有个小幅度下降后，又开始呈明显上升趋势。这似乎有点顺经济周期。这种趋势代表制造业各行业的一种普遍趋势还是由制造业中的信息制造业驱动的？本研究接下来在图 11－10 中展现了剔除信息制造业后的制造业与信息业的融合程度和变化趋势，同样折点为圆点的折线是 2002 年信息业剔除信息服务业的结果。

图 11－10 描绘了 1987—2018 年剔除信息制造业后的制造业与信息业的融合程度和变化趋势。图 11－10 和图 11－9 对比可以明显发现，剔除信息制造业后，制造业与信息业的融合程度和趋势发生了较大变化，制造业信息化程度在 2002 年有个大幅度上升后到 2012 年一直呈明显下降趋势，从 2012 年开始缓慢上升。进一步在 2002 年的数据中剔除信息服务业的投入数据，可以发现 2002 年的大幅度上升主要由信息服务业的投入大幅上升驱动的，仅在信息业的投入数据中包含信息制造业的投入数据可以

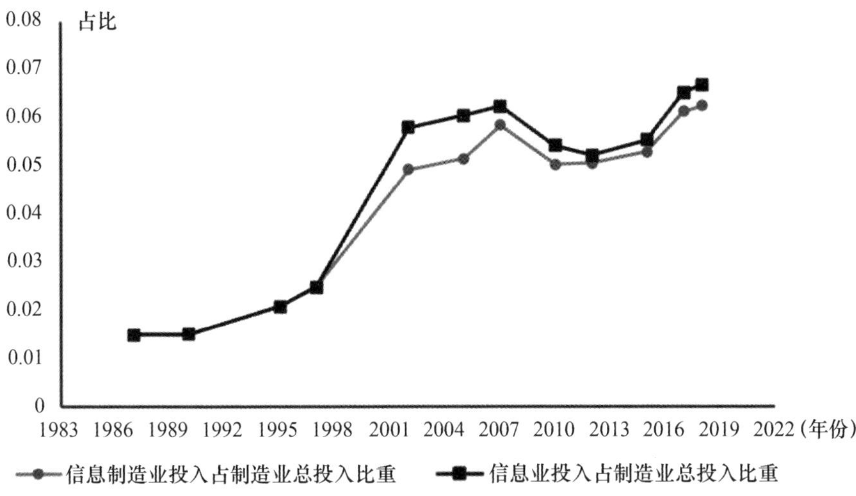

图 11－9　1987—2018 年中国信息业与制造业融合趋势

注：1987、1990、1995、1997、2002、2007、2012、2017、2018 年的投入产出数据来源于相应年份的《中国投入产出表》，2005、2010 年的投入产出数据分别来自《中国统计年鉴—2008》《中国统计年鉴—2013》。信息业投入包括信息制造业投入和信息服务业投入两部分。下图同。

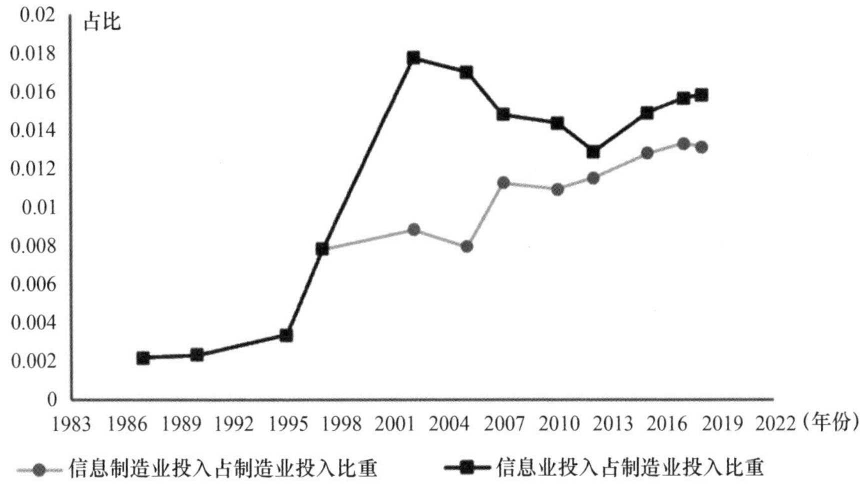

图 11－10　1987—2018 年中国制造业与信息业（不包含信息产业）融合趋势

注：与图 11－9 不同，本图描绘的信息业与制造业的融合趋势为排除信息制造业的融合趋势。

发现，除信息制造业以外的其他制造业与信息业的融合程度从1997年开始总体呈现平稳上升趋势。

图11－9和图11－10的结果是不是说明中国制造业信息化主要是由信息制造业驱动的？除信息制造业以外的其他制造业信息化程度总体呈平稳上升趋势？这就需要从行业层面对制造业各行业的信息化程度和变化趋势进行研究，接下来第二部分进行了这项工作。

二 制造业各行业与信息业融合程度及其变化趋势

这一部分分别研究了制造业各行业信息化的总体情况和具体情况，表11－9、表11－10研究了制造业各行业信息化的总体特征，表11－11、图11－11具体展现了制造业各行业与信息业的融合程度和变化趋势。

表11－9是1987—2018年制造业各行业与信息业融合程度的描述性统计，包含均值、方差、最大值和最小值。由表11－9可以看出，方差比较大，这说明制造业各行业之间的信息化程度存在较大差异，进一步发现最大值远大于均值，而且一直都是通信设备、计算机和其他电子设备制造业，那么制造业各行业间的信息化差异是不是主要来自这个行业？接下来表11－10描绘了剔除信息制造业后的制造业各行业信息化的总体特征。

表11－9 1987—2018年制造业各行业与信息业融合程度描述性统计分析

年份	融合程度最大值	融合程度最大值行业	融合程度最小值	融合程度最小值行业	融合程度均值	融合程度方差
1987	0.410038	通信设备、计算机和其他电子设备	0	食品制造业	0.032301	0.102443
1990	0.407104	通信设备、计算机和其他电子设备	0	食品制造业	0.032602	0.101978
1995	0.390215	通信设备、计算机和其他电子设备	0.00013	纺织服装鞋帽皮革羽绒及其制品业	0.034806	0.098661

续表

年份	融合程度最大值	融合程度最大值行业	融合程度最小值	融合程度最小值行业	融合程度均值	融合程度方差
1997	0.367385	通信设备、计算机和其他电子设备	0.000567	食品和烟草	0.037769	0.094052
2002	0.459706	通信设备、计算机和其他电子设备	0.004995	食品和烟草	0.055805	0.117858
2005	0.444131	通信设备、计算机和其他电子设备	0.003904	石油、炼焦产品和核燃料加工业	0.052844	0.113578
2007	0.531826	通信设备、计算机和其他电子设备	0.002266	食品和烟草	0.059546	0.141162
2010	0.492629	通信设备、计算机和其他电子设备	0.002149	食品和烟草	0.054915	0.130122
2012	0.506874	通信设备、计算机和其他电子设备	0.00098	金属冶炼和压延加工业	0.053819	0.130075
2015	0.50707	通信设备、计算机和其他电子设备	0.001138	食品和烟草	0.055211	0.129487
2017	0.537826	通信设备、计算机和其他电子设备	0.000539	石油、炼焦产品和核燃料加工业	0.057002	0.136815
2018	0.540435	通信设备、计算机和其他电子设备	0.000525	石油、炼焦产品和核燃料加工业	0.05724	0.137402

表11－10是不包含信息制造业后的制造业各行业信息化的总体特征。由表11－10可以看出剔除信息制造业后，均值、方差和最大值都有明显大幅度下降，最大值与均值的差距也大幅度下降，这说明通信设备、计算机和其他电子设备制造业的信息化程度应该是制造业各行业信息化程度中的一个异常值，那么除信息制造业以外的制造业各行业信息化程度是不是一个比较平均的状态，仅凭表11－10的分析还不够，还需要进一步具体看各行业的信息化程度和变化趋势。

表 11－10 1987—2018 年制造业（不包含信息业）各行业与信息业融合度描述性统计

年份	融合程度最大值	融合程度最大值行业	最小值	融合程度均值（不含信息制造业）	融合程度方差（不含信息制造业）
1987	0.076285	仪器仪表	0	0.007119	0.01931
1990	0.084342	仪器仪表	0	0.007158	0.020732
1995	0.112442	仪器仪表	0.00013	0.011112	0.028378
1997	0.13362	仪器仪表	0.000567	0.015795	0.034639
2002	0.202996	仪器仪表	0.004995	0.028879	0.04953
2005	0.190364	仪器仪表	0.003904	0.026758	0.046434
2007	0.259717	仪器仪表	0.002266	0.028061	0.065999
2010	0.233622	仪器仪表	0.002149	0.025734	0.059527
2012	0.192821	仪器仪表	0.00098	0.023616	0.049893
2015	0.189465	仪器仪表	0.001138	0.025087	0.049073
2017	0.18693	仪器仪表	0.000539	0.024947	0.049403
2018	0.187549	仪器仪表	0.000525	0.025028	0.049386

表 11－11 列出了 1987—2018 年制造业各行业与信息业的融合程度，除了信息制造业（通信设备、计算机和其他电子设备制造业）和仪器仪表业以外，其他行业与信息业融合程度的数值都非常接近。接下来通过图 11－11 直观地展现这一点。

图 11－11 描绘了 1987—2018 年制造业各行业与信息业的融合程度和变化趋势，并与全国均值和信息制造业信息化程度的对比。每一个坐标系描绘一个制造业行业的信息化程度和变化趋势，每一个坐标系中共有 4 条折线，黑色正方形折线表示相应制造业行业的信息化程度和变化趋势，黑色实线表示信息制造业的信息化程度和变化趋势，灰色实线表示制造业各行业与信息业融合程度的全国均值，灰色虚线表示剔除信息制造业后的制造业各行业与信息业融合程度的全国均值。由图 11－11 可以看到，除了仪器仪表业，电气机械和器材制造业，通用、专用设备制造业以外，余下行业都是黑色正方形折线远低于黑色实线，位于灰色实线和虚线的下方，也就是说多数行业的信息化程度都远低于信息制造业的信息化程度，

表 11－11　　1987—2018 年制造业各行业与信息业融合度

行业＼年份	1987	1990	1995	1997	2002	2005	2007	2010	2012	2015	2017	2018
食品制造和烟草加工业	0	0	0. 000431	0. 000566	0. 004995	0. 004588	0. 002266	0. 002149	0. 001067	0. 001138	0. 002744	0. 003059
纺织业	0	0	0. 000291	0. 00076	0. 007563	0. 007307	0. 002762	0. 002326	0. 001167	0. 001518	0. 002141	0. 002454
纺织服装鞋帽皮革羽绒及其制品业	0	0	0. 00013	0. 000986	0. 013989	0. 013071	0. 005287	0. 005503	0. 002297	0. 002894	0. 003648	0. 004206
木材加工及家具制造业	0. 000443	0. 000441	0. 000754	0. 001919	0. 010952	0. 011196	0. 003674	0. 004029	0. 002242	0. 003347	0. 00231	0. 0027
造纸印刷和文教体育用品制造业	0. 001534	0. 001441	0. 003095	0. 009735	0. 014074	0. 013142	0. 012381	0. 011194	0. 005993	0. 007638	0. 008863	0. 009311
石油、炼焦产品和核燃料加工业	0. 000308	0. 000636	0. 001428	0. 001877	0. 006634	0. 003904	0. 004216	0. 0032	0. 001548	0. 004035	0. 000539	0. 000524
化学工业	0. 00046	0. 00038	0. 000731	0. 002496	0. 010286	0. 009715	0. 003896	0. 003836	0. 002253	0. 003146	0. 004141	0. 004471
非金属矿物制品业	0. 000733	0. 000744	0. 000833	0. 002127	0. 013104	0. 011649	0. 002582	0. 002627	0. 002627	0. 004648	0. 002933	0. 003116
金属冶炼和压延加工业	0. 001081	0. 001296	0. 002116	0. 003009	0. 007615	0. 006883	0. 009193	0. 008248	0. 000979	0. 001704	0. 001573	0. 001628

续表

行业＼年份	1987	1990	1995	1997	2002	2005	2007	2010	2012	2015	2017	2018
金属制品制造业	0. 001667	0. 001884	0. 004325	0. 004675	0. 024727	0. 023551	0. 003581	0. 00388	0. 00331	0. 00533	0. 003975	0. 004253
通用设备、专用设备制造业	0. 005821	0. 006147	0. 008279	0. 01827	0. 032764	0. 02921	0. 026212	0. 023837	0. 048501	0. 053423	0. 055199	0. 053468
交通运输设备制造业	0. 005958	0. 005941	0. 006867	0. 007072	0. 017012	0. 016909	0. 013067	0. 012796	0. 017662	0. 021055	0. 021554	0. 022022
电气机械和器材制造业	0. 008005	0. 007637	0. 015555	0. 046303	0. 048859	0. 043436	0. 063801	0. 062397	0. 054868	0. 058949	0. 069501	0. 069209
通信设备、计算机和其他电子设备制造业	0. 410038	0. 407104	0. 390215	0. 367385	0. 459706	0. 444131	0. 531826	0. 492629	0. 506874	0. 50707	0. 537826	0. 540435
仪器仪表制造业	0. 076285	0. 084342	0. 112442	0. 13362	0. 202996	0. 190364	0. 259717	0. 233622	0. 192821	0. 189465	0. 18693	0. 187549
其他制造业	0. 004481	0. 003644	0. 009407	0. 003505	0. 017607	0. 016444	0. 008276	0. 006368	0. 016898	0. 018017	0. 00815	0. 007441

也低于全国均值和不包含信息制造业的全国均值。而电气机械和器材制造业的信息化程度也仅与全国均值持平，通用、专用设备制造业的信息化水平仅与不包含信息制造业的全国均值持平或略高出一点，但是也没有高出包含信息制造业的全国均值。只有仪器仪表业明显高出全国均值。

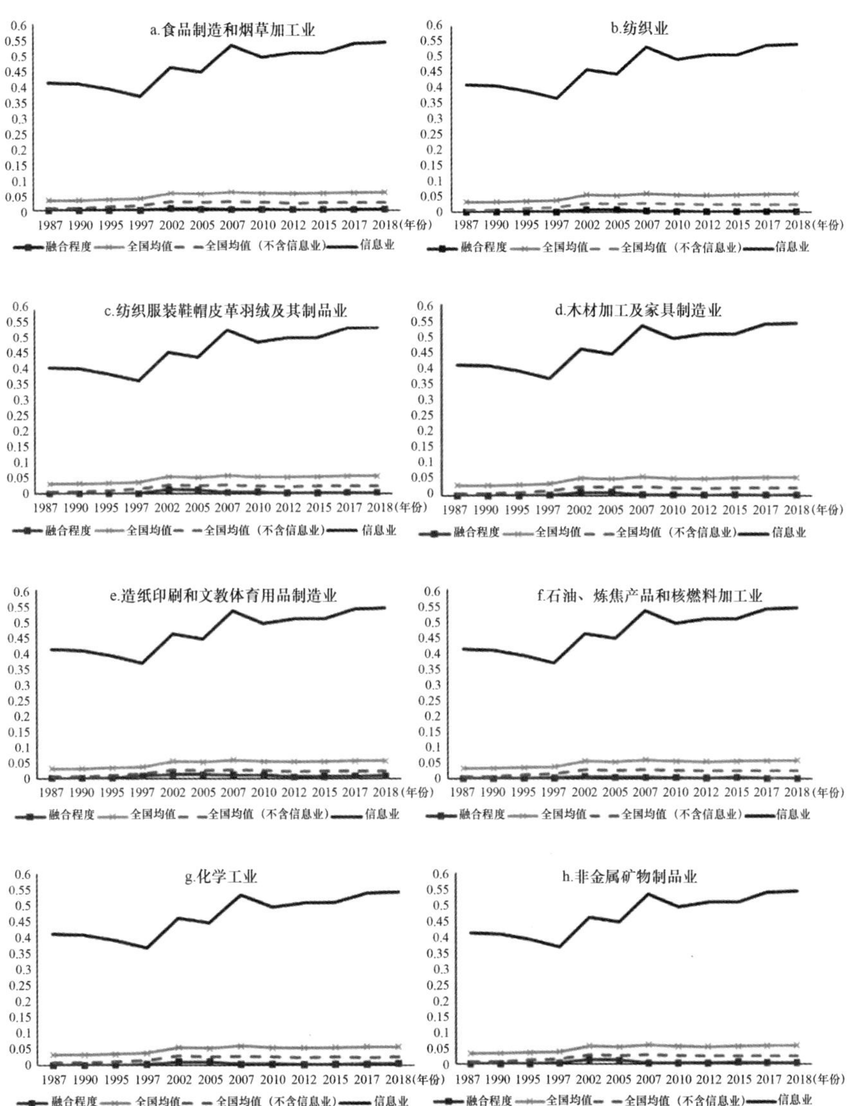

图 11-11　1987—2018 年制造业各行业信息化融合程度和变化趋势

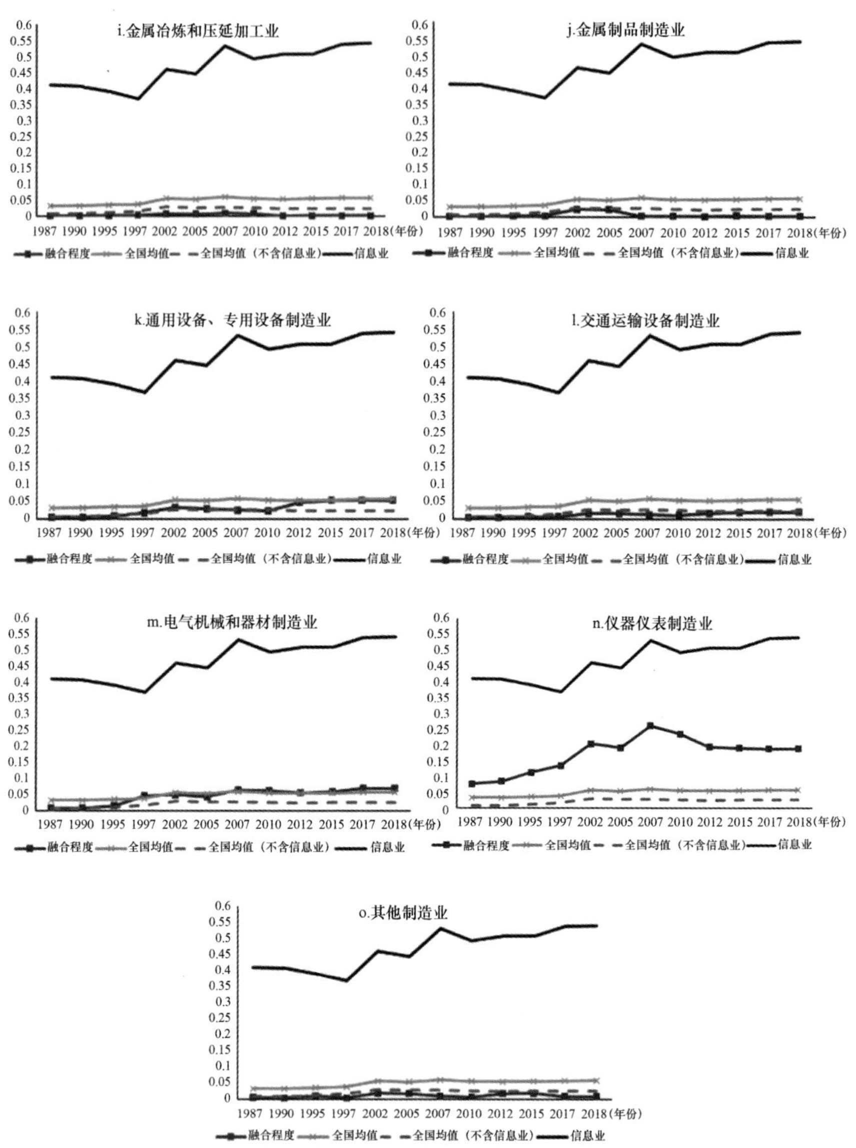

图 11 - 11　1987—2018 年制造业各行业信息化融合程度和变化趋势（续）

不同于中国制造业服务化是各行业的普遍趋势，中国制造业信息化是仅由少数行业驱动的趋势。中国地区间发展差异非常大，那么地区间的制造业信息化又是怎样的？接下来将在第三部分研究。

三　各省制造业与信息业融合程度及其变化趋势

这部分研究了各省制造业与信息业融合程度的总体特征和具体情况，表 11－12、表 11－13 研究了总体特征，图 11－12 研究了具体情况，表 11－14、表 11－15 和图 11－12 研究了不包含信息制造业的情况。

表 11－12 描述了 2002—2017 年中国各省份制造业信息化程度的总体特征。由表 11－12 可知，方差非常大，也就是省份间的差异非常大，进一步看最大、最小值，制造业信息化最高的地区都是经济发达地区为北京或广东，最小值地区为经济落后的西部地区为新疆或青海，制造业信息化程度最高地区的融合程度远大于最小值地区的融合程度和全国平均程度。

表 11－12　　2002—2017 年中国 30 个省份制造业信息化融合程度描述性统计

年份	均值	方差	最大值	最大值地区	最小值	最小值地区
2002	0.036082	0.049032	0.194592	北京	0.002844	新疆
2007	0.035539	0.053958	0.185808	北京	0.001953	新疆
2012	0.039176	0.046693	0.192355	广东	0.001651	青海
2017	0.042167	0.043902	0.177237	广东	0.00309	青海

表 11－13　　2002—2017 年中国三大区域制造业信息化融合程度描述性统计

年份	东部地区均值	东部地区方差	中部地区均值	中部地区方差	西部地区均值	西部地区方差
2002	0.070872	0.066911	0.01106	0.003684	0.019491	0.0187177
2007	0.079156	0.071179	0.009709	0.0049876	0.010707	0.0073973
2012	0.072522	0.059462	0.018469	0.0108447	0.02089	0.0277618
2017	0.062313	0.053655	0.030339	0.016752	0.030622	0.042534

进一步通过表 11－13 看三大区域内部情况，可知东部地区的制造业信息化程度远高于中部地区和西部地区，中部地区和西部地区的信息化

程度比较接近，再进一步看方差，可知东部地区的方差也远高于中部地区和西部地区的方差，这说明东部地区较高的信息化程度可能是由少数地区较高的信息化程度驱动的。

进一步通过图 11－12 看每个省份的具体情况，可知表示制造业与信息业融合程度的黑色实线高于表示全国融合程度的虚线和表示全国均值的点线的只有上海、北京、天津、广东、江苏，而且北京、上海、广东高出的幅度非常大，剩下的省份除了四川、重庆、福建在部分时间高于全国均值和全国融合程度以外，其余省份的制造业信息化程度都低于全国均值和全国融合程度。这说明中国的制造业信息化程度很大程度上是由经济最发达的几个省份的制造业信息化程度驱动的。那么这几个省份的制造业信息化程度是不是由信息制造业驱动的呢？接下来观察剔除信息制造业的研究结果。

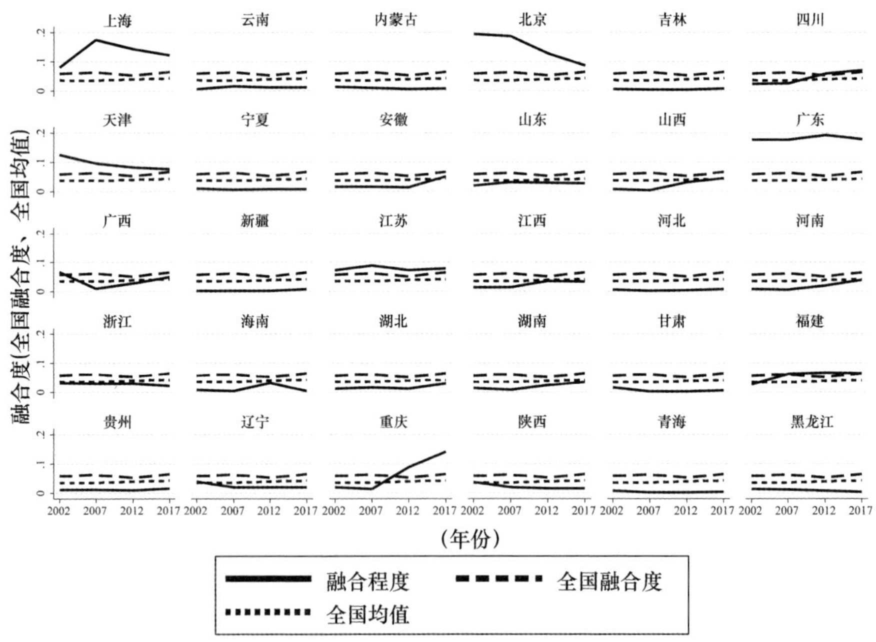

图 11－12 2002—2017 年中国 30 个省份制造业与信息业融合程度变动趋势

表 11－14 描述了剔除信息制造业后各省制造业与信息业融合程度的整体情况。可以看到均值和方差都有较大幅度下降，最大值和最小值和均值的差距也明显缩小。

表 11－14　2002—2017 年中国 30 个省份制造业（不含信息制造业）信息化融合程度描述性统计

年份	均值	方差	最大值	最大值地区	最小值	最小值地区
2002	1.1943	1.2219	6.5027	广西	0.2829	新疆
2007	0.8554	0.7527	3.7666	上海	0.1087	内蒙古
2012	0.9809	0.6926	3.4346	广东	0.1220	内蒙古
2017	0.8575	0.5251	1.9245	上海	0.1258	内蒙古

进一步通过表 11－15 看分区域的情况，东部地区的均值仍然高于中部地区和西部地区，中部地区和西部地区的均值仍然比较接近，但是高出的幅度已经明显下降，东部地区的方差比中部和西部地区的方差高出的幅度也明显下降。

表 11－15　2002—2017 年中国三大区域制造业（不含信息业）信息化融合程度描述性统计

年份	东部地区均值	东部地区方差	中部地区均值	中部地区方差	西部地区均值	西部地区方差
2002	1.5726	0.8368	0.6427	0.1432	1.2170（0.6885）	1.7927（0.3950）
2007	1.3527	0.9879	0.5605	0.2877	0.5725	0.4231
2012	1.4704	0.8270	0.7822	0.3992	0.6360	0.4117
2017	1.1334	0.5846	0.8265	0.4370	0.6041	0.4113

注：括号中的数值为剔除异常值广西后的均值和方差。

进一步看图 11－13 呈现的每个省份的具体情况，可知上海、广东制造业信息化高出全国融合程度的幅度已经明显下降，而北京、天津、江苏的制造业信息化程度基本和全国信息业融合程度持平。而其他省份的制造业信息化程度都低于全国均值，且较为接近。这说明中国制造业信息化程度主要是由经济最发达的几个省份的信息制造业发展驱动的，其余省份的制造业信息化水平都较为接近。

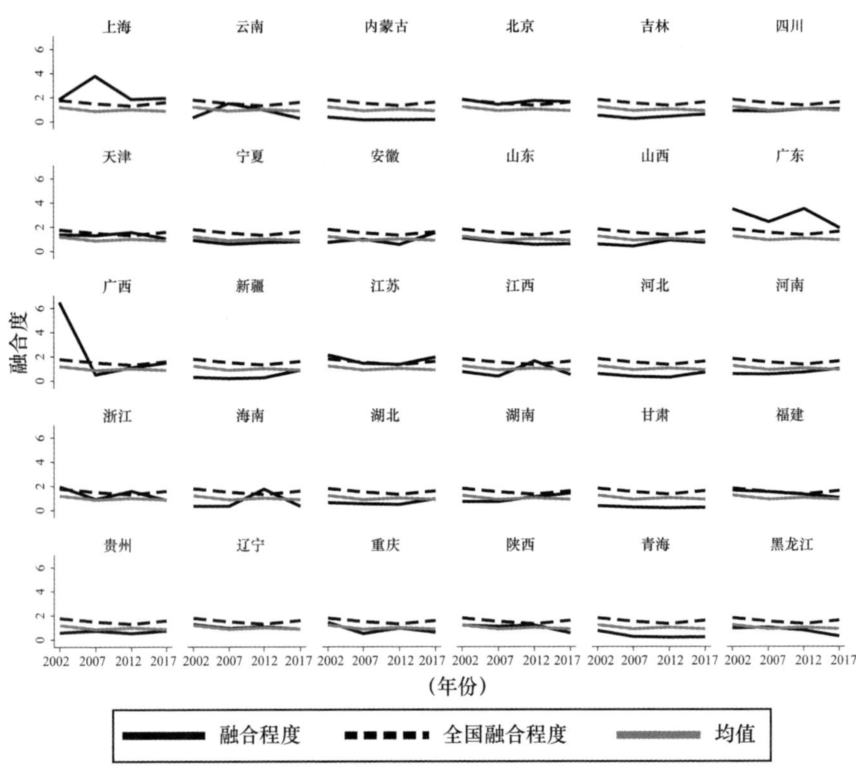

图 11－13 中国 30 个省份 2002—2017 年制造业（不含信息业）信息化融合程度

四 制造业信息化的可能影响因素

由以上分析可知，信息制造业和制造业信息化程度比较高的省份都是经济最发达的省份，那么制造业信息化是否与经济发展水平存在显著的相关关系，接下来这部分将分析这个问题。

图 11－14 描述了中国 30 个省份 2002—2017 年人均 GDP 与信息化程度的散点图和拟合直线，可以看到信息化程度与人均 GDP 呈显著的正相关关系。

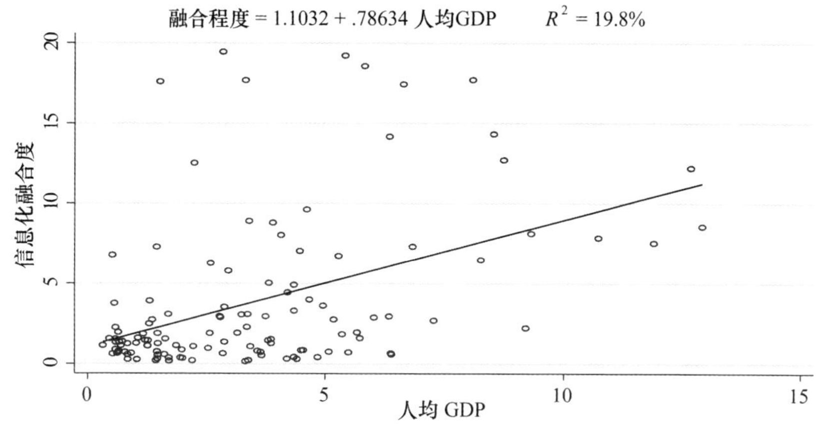

图 11－14　中国 30 个省份信息化融合程度与人均 GDP 关系

进一步看图 11－15 逐年的情况，不论哪一个年份，信息化与人均 GDP 都呈显著的正相关关系。

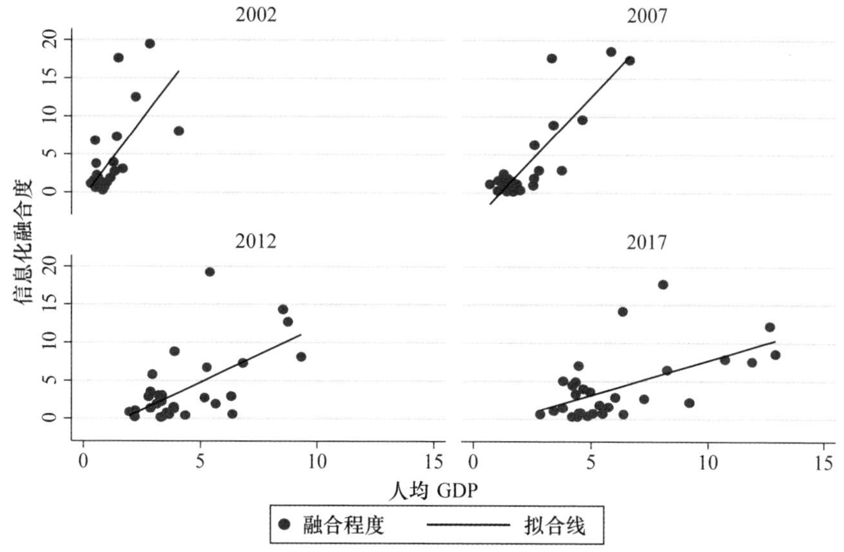

图 11－15　2002—2017 相应年份中国 30 个省份信息化融合程度与人均 GDP 关系

图 11－16 描述了剔除信息制造业的制造业信息化与人均 GDP 的相关关系，这种正相关关系有所减弱，而且有微弱的非线性关系。

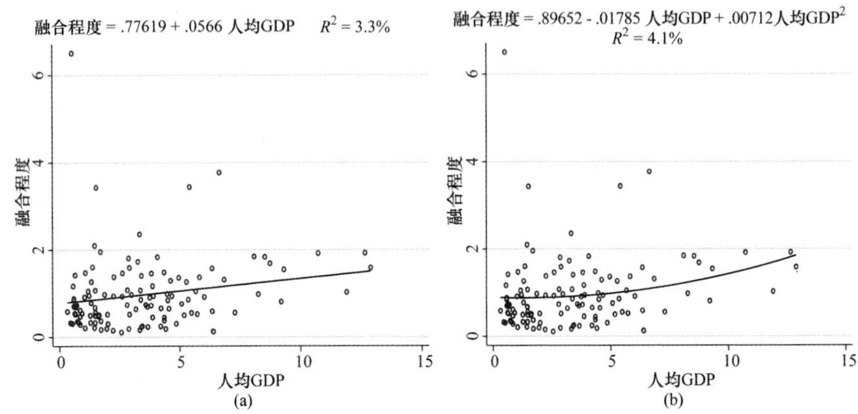

图 11－16 中国 30 个省份制造业（不含信息业）信息化融合程度与人均 GDP 关系

图 11－17 描绘了各省份不包含信息制造业的各年制造业信息化程度与人均 GDP 的相关关系，左边是线性关系，右边是非线性关系，主要呈正相关关系，只是与包含信息制造业的相比有所减弱，而且有微弱的非线性关系。

这部分研究了中国制造业与信息业的融合程度和变化趋势，首先在全国层面进行了研究，然后在行业、省份层面进行研究，并进一步预判制造业信息化的影响因素。发现中国制造业信息化程度总体呈上升趋势，但是这主要是由少数经济发达省份的信息制造业发展驱动的，全国其他地区以及信息业以外的其他制造业的信息化程度都非常低，低于全国平均水平。

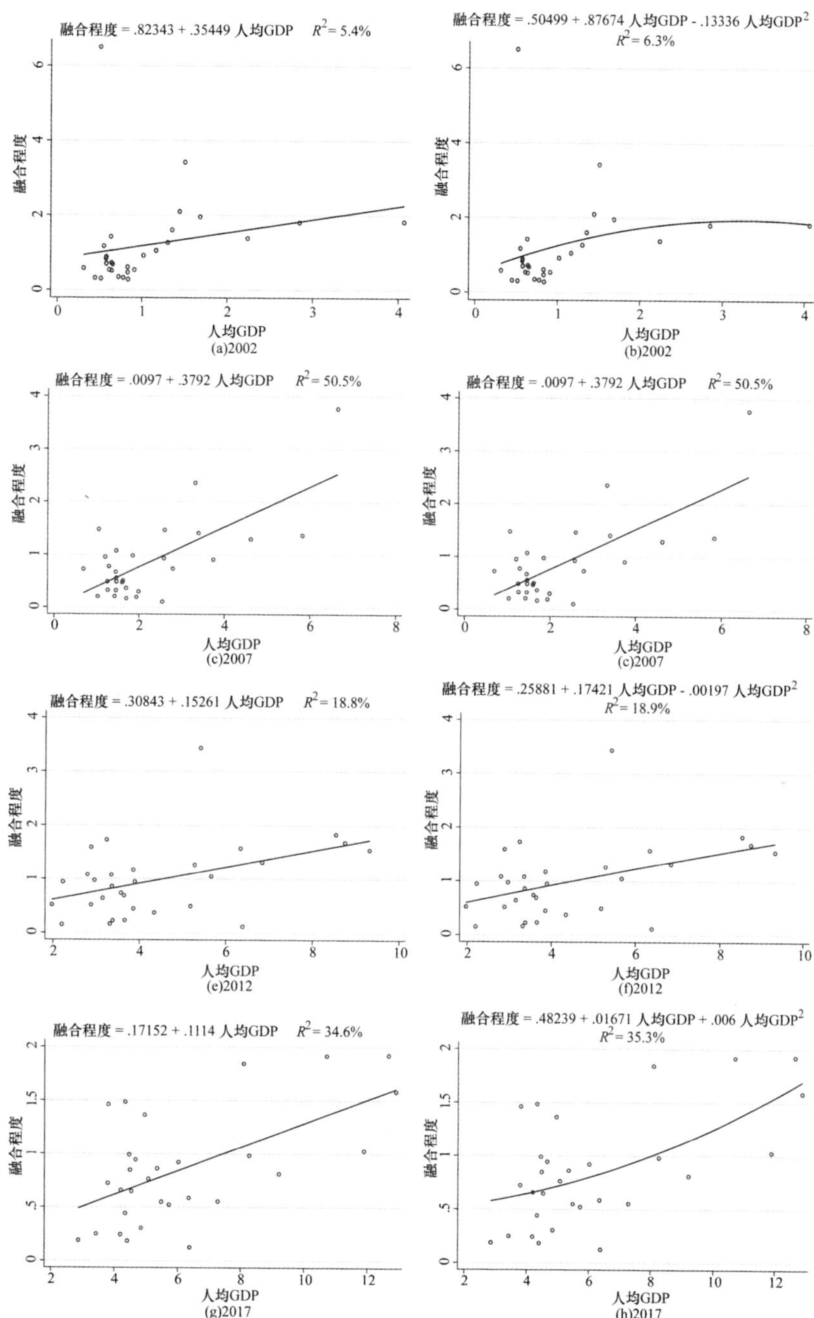

图 11－17　中国 30 个省份相应年份制造业（不含信息业）信息化融合程度与人均 GDP 关系

第五节 研究结论、启示及不足和未来展望

一 研究结论

本研究对中国制造业与服务业和信息业融合程度的研究发现，中国制造业服务化程度和变化趋势与中国制造业信息化程度和变化趋势存在明显不同的特征规律。

首先通过对中国制造业与服务业融合程度和变动趋势的研究，通过在行业和省份层面研究制造业各行业与服务业融合程度和变化趋势、各省制造业与服务业融合程度和变化趋势发现，进入2000年以来，中国制造业与服务业融合程度整体呈上升趋势，这其中主要来自传统生产性服务业的交通运输、仓储和邮政业以及金融保险业和新兴生产性服务业的租赁和商务服务业投入占制造业总投入比重的上升；在行业层面，制造业各行业与服务业融合程度和变化趋势与全国融合程度和变化趋势都比较接近，其中轻工业行业与服务业融合程度相对较低且呈下降趋势，这其中多数情况下纺织业与服务业的融合程度最低，重工业行业和高新技术产业与服务业融合程度相对较高且呈上升趋势，这其中非金属制品业与服务业融合程度最高；省份间制造业与服务业融合程度和变化趋势的差异较大，通常经济发达和经济落后省份的制造业与服务业融合程度比较高且变化幅度较大，而经济相对发达或处于中间位置的省份制造业与服务业的融合程度比较低且变化趋势比较平稳；在影响较大的几个类型生产性服务业中，传统生产性服务业与人均GDP呈U型或负相关关系，而新兴生产性服务业通常与人均GDP呈正相关关系。中国产业融合中，除了制造业与服务业融合以外，另一大融合是制造业与信息业融合，那么中国制造业与信息业的融合程度和变化趋势是怎样的？在第四部分沿用这部分分析中国制造业与服务业融合程度和变化趋势的思路分析中国制造业与信息业的融合趋势和变化规律。

而中国的制造业信息化虽然总体上也呈上升趋势，但是这种趋势并不是代表制造业各行业信息化的一种普遍趋势，而是由少数经济发达地区的信息制造业发展驱动的趋势，其他地区和其他制造业行业的信息化

水平普遍偏低，都低于全国平均水平和全国融合度。

二　中国产业融合中存在的不足和对策建议

通过以上研究发现中国制造业与服务业和信息业的融合也存在一些不足，这部分将指出这些不足，并提出相应的对策建议。

（一）研究不足

中国制造业与服务业和信息业的融合也存在以下两方面不足：一方面是新兴生产性服务业投入占比较低，信息技术软件服务业和综合技术服务业不论是在行业维度的分析还是在省份维度的分析，投入占制造业总投入的比例都非常低，而且信息技术服务业投入占比则呈下降趋势；另一方面是中国制造业各行业的信息化程度、中国各省的制造业信息化程度普遍较低，明显低于全国平均水平和全国融合程度。

（二）对策建议

对于新兴生产性服务业投入占比较低的现象和信息业投入占比较低的现象，政府要制定相应产业政策降低信息技术软件服务业、综合技术服务业和信息制造业的成本，同时克服制造业与服务业和信息业融合过程中的其他障碍，推动制造业与服务业和信息业的融合。

三　研究不足和未来展望

虽然本研究对中国产业融合的程度和趋势进行了比较全面、深入的研究，也得出一些比较丰富的结论和启示，对于认识和研究中国产业融合问题也具有重要借鉴意义，但是本研究仍然存在以下 4 个方面不足。

（一）微观企业层面有待研究

虽然本研究从全国、行业、省份、省份—行业多个维度分析了中国产业融合的程度和趋势，一定程度上也在发现这其中的驱动力量并得出丰富的结论，但是本研究从宏观到中观层面展开研究后，没有进一步在微观企业层面展开研究。对中国产业融合程度和趋势的研究，尤其是这其中驱动力量的研究，需要在微观企业层面展开研究，而且中国企业在所有制等许多方面存在的差异或许能为这个问题的研究提供更丰富和更多有价值的研究发现。由于受制于企业层面投入产出数据的可得性，目前暂未有研究在企业层面对这个问题展开研究。未来本研究将考虑使用全国税收调查数据库，从企业的营业税和增值税中推算出企业的各项投入、产出，从而在企业层面研究中国制造业与服务业和信息业的融合程度和趋势。

（二）跨国比较有待研究

虽然本研究从全国、行业、省份多个维度研究了中国制造业与服务业和信息业的融合程度和变化趋势，但是对中国制造业与服务业和信息业融合程度更准确的认识还需要进行跨国比较。这部分会在后续研究中进行。

（三）产业融合的度量指标有待完善

产业融合的度量一直是产业融合问题实证研究中的难点，如何比较准确度量产业融合一直是实证研究中的难点。虽然本研究选取了一个比较好的度量指标，但是这个指标还不能比较全面地度量产业融合。未来本研究会在这方面继续努力。

（四）产业融合的经济影响有待研究

虽然本研究对中国产业融合程度和趋势进行了比较全面的分析，但是本研究仍然存在一些问题有待研究。首先，本研究未来会使用全国税收调查数据库推算出企业层面的投入产出数据，在企业层面研究这个问题。其次，本研究未来会使用产出的服务化和专利分析等其他度量指标研究这个问题。最后，本研究未来会对产业融合的影响因素和经济效果进行比较深入的研究。

参考文献

［1］陈丽娴、沈鸿：《制造业服务化如何影响企业绩效和要素结构——基于上市公司数据的 PSM-DID 实证分析》，《经济学动态》2017 年第 5 期。

［2］杜运苏、彭冬冬：《制造业服务化与全球增加值贸易网络地位提升——基于 2000—2014 年世界投入产出表》，《财贸经济》2018 年第 2 期。

［3］黄群慧、霍景东：《产业融合与制造业服务化：基于一体化解决方案的多案例研究》，《财贸经济》2015 年第 2 期。

［4］刘斌、魏倩、吕越、祝坤福：《制造业服务化与价值链升级》，

《经济研究》2016 年第 3 期。

［5］沈国兵、袁征宇：《企业互联网化对中国企业创新及出口的影响》，《经济研究》2020 年第 1 期。

［6］谢康、肖静华、周先波、乌家培：《中国工业化与信息化融合质量：理论与实证》，《经济研究》2012 年第 1 期。

［7］徐盈之、孙剑：《信息产业与制造业的融合——基于绩效分析的研究》，《中国工业经济》2009 年第 7 期。

［8］杨仁发：《产业融合：中国生产性服务业与制造业竞争力研究》，北京大学出版社 2018 年版。

［9］周黎安：《转型中的地方政府：官员激励与治理》，格致出版社 2008 年版。

［10］Brring, S., "The Role of Open Innovation in the Industry Convergence between Foods and Pharmaceuticals", *Open Innovation in the Food and Beverage Industry*, Vol. 50, No. 12, 2013.

［11］Brring, S., "Developing Innovation Strategies for Convergence-is 'Open Innovation' Imperative?", *International Journal of Technology Management*, Vol. 49, No. 1/2/3, 2010.

［12］Bröring S. and Leker J., "Industry Convergence and Its Implications for the Front End of Innovation: A Problem of Absorptive Capacity", *Creativity and Innovation Management*, Vol. 16, No. 2, 2007.

［13］Brring, S., Cloutier, L. M., and Leker, J., "The Front end of Innovation in an Era of Industry Convergence: Evidence from Nutraceuticals and Functional Foods", *R&D Management*, Vol. 36, No. 5, 2006.

［14］Geum Y., Kim M. S., and Lee S., "How Industrial Convergence Happens: A Taxonomical Approach Based on Empirical Evidences", *Technological Forecasting & Social Change*, Vol. 107, 2016.

［15］Heo P. S., Lee D. H., "Evolution Patterns and Network Structural Characteristics of Industry Convergence", *Structural Change and Economic Dynamics*, Vol. 51, 2019.

［16］Hsu S. T. and Prescott J. E., "The Alliane Experience Transfer Effect: The Case of Industry Convergence in the Telecommunications", *British*

Journal of Management, Vol. 28, 2017.

[17] Karvonen M., Kassi T., "Patent Analysis for Analysing Technological Convergence", *Foresight*, Vol. 13, No. 5, 2011.

[18] Kim N., Lee H., Kim W., et al., "Dynamic Patterns of Industry Convergence: Evidence from a Large Amount of Unstructured Data", *Research Policy*, Vol. 44, No. 9, 2015.

[19] Kwon O., An Y., Kim M., et al., "Anticipating Technology-driven Industry Convergence: Evidence from Large-scale Patent Analysis", *Technology Analysis and Strategic Management*, No. 4, 2019.

[20] Stieglitz N., *Digital Dynamics and Types of Industry Convergence: The Evolution of the Handheld Computers Market*, Social Science Electronic Publishing, 2007.

第十二章

中国产业融合对经济效率和经济结构影响研究

第一节 引言

由上一章的研究可知，中国制造业与服务业和信息业的融合在省份和行业间存在显著差异，与服务业和信息业融合程度高的制造业往往是资本和技术密集型行业并位于经济发达省份，尤其是与信息业和新兴生产性服务业这种先进行业融合的制造业基本只分布于中国少数几个经济最发达的省份。上一章预判是不是经济发展水平影响着产业融合，是不是较高的经济发展水平促进了产业融合，那么反过来这些省份非常高的经济发展水平是不是也有产业融合的作用？是不是产业融合提高了这些地区的经济效率、提升了这些地区的经济结构？

服务要素的投入一方面能够通过高质量要素的投入或者互补要素的投入来提高效率，另一方面能够通过促进专业化分工、降低交易成本来提高效率，同时服务要素的投入能够通过知识密集化来影响产业结构；产出的服务化则可能通过差异化产品的提供和需求端信息的及时反馈来提高效率（顾乃华等，2006；黄群慧、霍景东，2015；杨仁发，2018；赵林度等，2021）。此外如果一国因制度等因素造成服务要素成本过高或者服务要素的投入总体处于低端或低层次，制造业服务化则可能降低效率或对经济结构产生不利影响（刘维刚、倪红福，2018；彭继宗、郭克莎，2022）。信息业则是促进制造业服务化的重要技术手段，制造业与信息业的融合能够通过降低搜寻成本、降低追踪成本、降低复制成本等来促进制造业与服务业的融合发展（Goldfarb and Tucker，2019；徐佳宾、孙晓谛，2022），从而提高效率。如果制度性因素造成信息业成本过高则可能不利于制造业与服务业的融合发展，同时技术扩散存在的延迟效应也可能导致制造业信息化对经济效率和经济结构无法产生相应的正向影响（Solow，1987）。所以制造业与服务业和信息业的融合对经济效率和经济结构的影响则需要相应的经验证据。

已有评估制造业服务化程度和制造业信息化程度效果的研究文献，主要从企业层面研究制造业服务化程度和制造业信息化程度对企业出口行为的影响（刘斌等，2016。许和连等，2017。杜运苏、彭冬冬，2018。刘维刚、倪红福，2018。王思语、郑乐凯，2018；2019。沈国兵、袁征宇，2020a；2020b；2020c。袁征宇等，2020），对经济效率和经济结构研究的文献则比较少。相比于企业的出口行为，制造业服务化程度和制造业信息化程度对经济效率和经济结构的影响或许是一个更值得关注的问题，这方面只有少数文献有所涉及（徐盈之、孙剑，2009；谢康等，2012；陈丽娴、沈鸿，2017；彭继宗、郭克莎，2022）。一方面是这些文献并没有得出一致结论，另一方面是这些文献也存在一些不足：首先核心解释变量的度量指标并不是融合的一个比较好的度量，同时使用国际投入产出表也会存在较大误差；其次核心被解释变量在企业层面选取的绩效指标并不是对效率的一个准确度量，使用一、二、三产业度量经济结构并不十分准确；最后这其中存在的内生性问题并没有较好克服。本研究则尽可能克服现有研究存在的这些不足，对核心解释变量产业融合和核心被解释变量经济效率和经济结构选取尽可能准确的度量指标，使用《中国投入产出表》和《中国地区投入产出表》，尽可能缓解由互为因果所产生的内生性问题，对中国产业融合对经济效率和经济结构的影响在行业和省份层面进行了更为全面、深入的研究。

本研究余下部分安排：第二部分呈现了制造业服务化和制造业信息化与经济效率和经济结构之间的相关关系；第三部分介绍本研究的实证研究设计，包括本研究的度量指标、数据来源和计量模型设定；第四部分报告并分析制造业服务化对经济效率和经济结构影响的实证结果；第五部分报告并分析制造业信息化对经济效率和经济结构影响的实证结果；第六部分是本研究的研究结论、启示和不足以及未来展望。

第二节　基本特征事实

在研究制造业服务化和制造业信息化对经济效率和经济结构影响之前，先来看制造业服务化和制造业信息化与经济效率和经济结构之间存在怎样的相关关系。这节先分析制造业服务化和制造业信息化与经济效率和经济结构关系的基本特征事实。制造业服务化使用生产性服务业投入占制造业总投入的比重度量，制造业信息化使用信息业投入占制造业总投入的比重度量，经济效率使用全要素生产率和利润率度量，经济结构使用高技术产业就业人数占城镇总就业人数比重度量和生产性服务业就业人数占城镇总就业人数比重度量，接下来的第三节详细介绍了度量指标和数据来源。这节第一部分分析制造业服务化与经济效率和经济结构关系的基本特征事实，第二部分分析制造业信息化与经济效率和经济结构关系的基本特征事实。鉴于制造业服务化和制造业信息化对经济效率和经济结构产生的影响可能存在滞后性，也为了排除经济效率和经济结构对制造业服务化和制造业信息化可能产生的影响，这节在分析制造业服务化和制造业信息化与经济效率和经济结构关系时将经济效率和经济结构超前一期，也就是看了当期的制造业服务化程度和信息化程度对第 2 期经济效率和经济结构的影响。同时鉴于中国制造业与服务业和信息业的融合是从 2000 年以后进入快速融合发展，这节对基本特征事实的分析也选择从 2002 年开始。

一　制造业服务化与经济效率和经济结构关系的基本特征事实

这部分呈现了制造业服务化与经济效率和经济结构关系的基本特征事实，图 12－1、图 12－2 分别呈现了制造业服务化与行业经济效率和各省经济效率关系的特征事实，图 12－3 呈现了制造业服务化与各省经济结构关系的特征事实。

图 12－1 呈现了 2002—2018 年中国制造业各行业服务化程度与行业效率的相关关系，图 12－1a 图是制造业各行业服务化程度与行业全要素生产率关系的散点图和拟合线，图 12－1b 图是制造业各行业服务化程度与行业利润率关系的散点图和拟合线。a 图和 b 图的拟合线都向上倾斜，

这说明制造业服务化程度与行业全要素生产率和行业利润率呈正相关关系，也就是制造业行业服务化程度的上升会带来行业全要素生产率和利润率的上升。只是 b 图的拟合线比 a 图的拟合线明显陡峭，也就是 b 图拟合线的斜率比 a 图拟合线的斜率大，这说明制造业行业服务化程度上升对利润率的影响更大，能够带来利润率更大幅度的上升。这是在行业维度分析，在省份维度呢，也就是各省制造业服务化程度与各省经济效率是怎样的关系？这个看图 12－2 的结果。

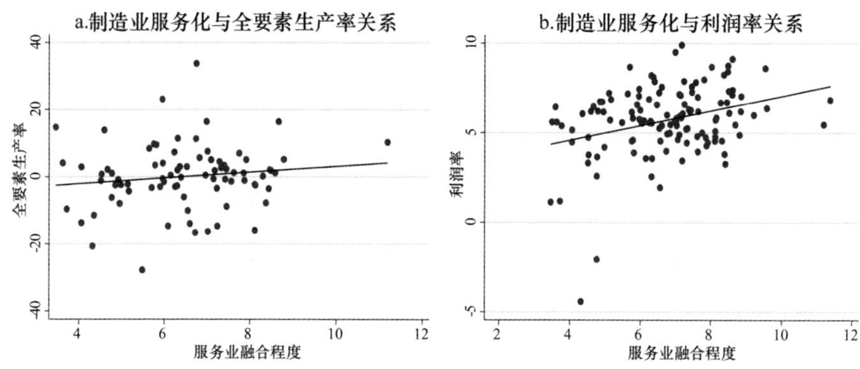

图 12－1　2002—2018 年中国制造业各行业服务化程度与经济效率关系

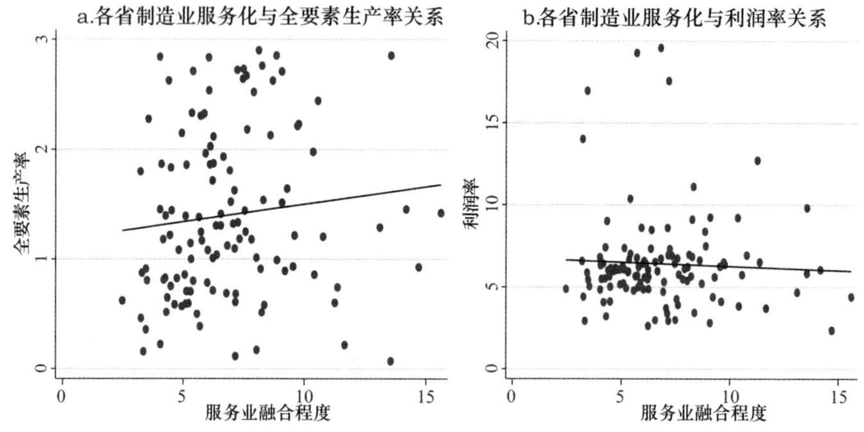

图 12－2　2002—2017 年中国各省制造业服务化程度与经济效率关系

图 12－2 呈现了 2002—2017 年中国各省制造业服务化程度与各省经

济效率的相关关系，图 12－2 左边的 a 图是各省制造业服务化程度与各省全要素生产率关系的散点图和拟合线，图 12－2 右边的 b 图是各省制造业服务化程度与各省利润率关系的散点图和拟合线。图 12－2 与图 12－1 不同的是，两条拟合线向相反的方向倾斜。图 12－2 中 a 图的结果与图 12－1一致，拟合线向上倾斜，即平均来看，各省制造业服务化程度上升会带来各省全要素生产率的上升；而 b 图的结果则与图 12－1 相反，b 图的拟合线则向下倾斜，即平均来看，各省制造业服务化程度上升会带来各省利润率的下降，虽然拟合线比较平缓，斜率比较小，也就是利润率下降的幅度比较小。各省制造业服务化程度除了影响各省的经济效率，可能对各省的经济结构也会产生影响，那么各省制造业服务化程度与各省经济结构存在怎样的关系呢？这个看图 12－3 的结果。

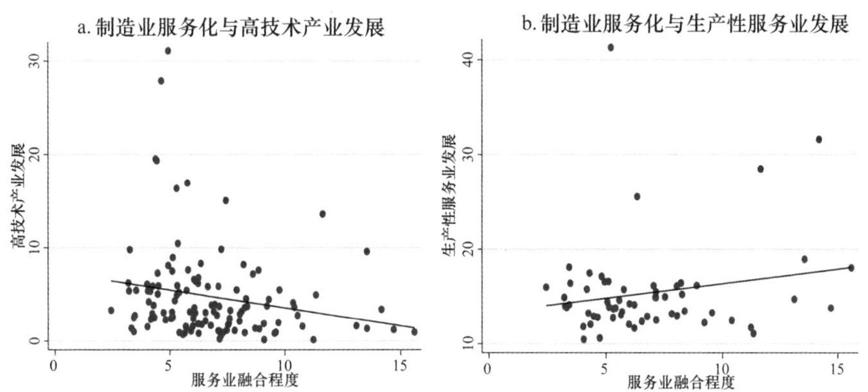

图 12－3　2002—2017 年中国各省制造业服务化与经济结构关系

图 12－3 呈现了 2002—2017 年中国各省制造业服务化程度与各省经济结构的相关关系，图 12－3 左边的 a 图呈现了各省制造业服务化程度与各省高技术产业发展状况的散点图和拟合线，图 12－3 右边的 b 图呈现了各省制造业服务化程度与各省生产性服务业发展状况的散点图和拟合线。图 12－3 中同样也是两条拟合线呈相反的倾斜方向，a 图的拟合线呈现向下倾斜，也就是平均来看，各省制造业服务化程度的提高会不利于高技术产业的发展，b 图的拟合线呈现向上倾斜，也就是平均来看，各省制造业服务化程度的提高能够促进生产性服务业的发展，两条拟合线的斜率

绝对值比较接近，也就是各省制造业服务化程度的变化对高技术产业和生产性服务业的影响幅度比较接近。

这部分从行业、省份维度分析了制造业服务化与经济效率和经济结构的关系，那么在行业和省份维度上制造业服务化与经济效率和经济结构存在怎样的关系？接下来的第二部分将分析这个问题。

二 制造业信息化与经济效率和经济结构关系的基本特征事实

这部分呈现制造业信息化程度与经济效率和经济结构关系的基本特征事实，与第一部分描述制造业服务化程度影响经济效率和经济结构基本特征事实不同的是，这部分进一步呈现了排除信息制造业后的制造业信息化程度影响经济效率和经济结构的特征事实，因为由上一章可知中国制造业信息化程度主要是由信息制造业驱动的，而其他制造业的信息化程度明显低于全国均值和全国水平。图 12 -4、图 12 -5 呈现了中国制造业各行业信息化程度与行业效率关系的特征事实，图 12 -6、图12 -7 呈现了中国各省制造业信息化程度与各省经济效率关系的特征事实，图 12 -8、图 12 -9 呈现了中国各省制造业信息化程度与各省经济结构关系的特征事实。

图 12 -4 呈现了 2002—2018 年中国制造业各行业信息化程度与各行业经济效率的相关关系，图 12 -4a 图是制造业各行业信息化程度与行业全要素生产率关系的散点图和拟合线，图 12 -4b 图是制造业各行业信息化程度与行业利润率关系的散点图和拟合线。虽然 a 图和 b 图的拟合线都比较平缓，但是能看出两条拟合线向不同的方向倾斜，a 图的拟合线向上方倾斜，这说明制造业行业的信息化程度上升会带来行业全要素生产率上升，只是上升的幅度比较小，b 图的拟合线向下方倾斜，这说明制造业行业的信息化程度上升会带来行业利润率下降，只是下降的幅度比较小。那排除信息制造业后这种相关关系是否依然成立？图12 -5呈现了排除信息制造业后的制造业各行业信息化程度与行业全要素生产率和行业利润率的相关关系。图 12 -5 中的两条拟合线和图 12 -4 中的两条拟合线在斜率和方向上都有较大变化。图 12 -5a 中的拟合线和 x 轴几乎平行，这说明排除信息制造业后，制造业各行业的信息化程度对行业全要素生产率几乎没有影响。图 12 -5b 中的拟合线相比图 12 -4b 中的拟合线倾斜方向

发生了相反方向的变化而且更加陡峭，这说明排除信息制造业后，制造业行业的信息化程度上升对行业的利润率是正向影响且影响更大，行业信息化程度上升会引起行业利润率较大幅度上升。那省份维度看到的是怎样的情况？接下来看图 12 -6、图 12 -7 呈现的特征事实。

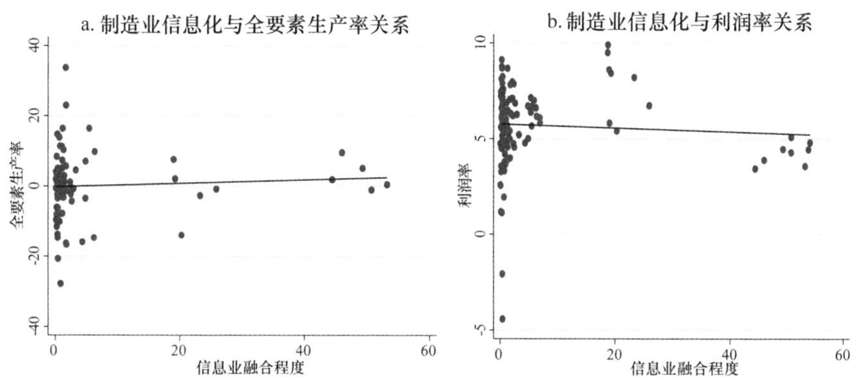

图 12 -4　2002—2018 年中国制造业各行业信息化程度与经济效率关系

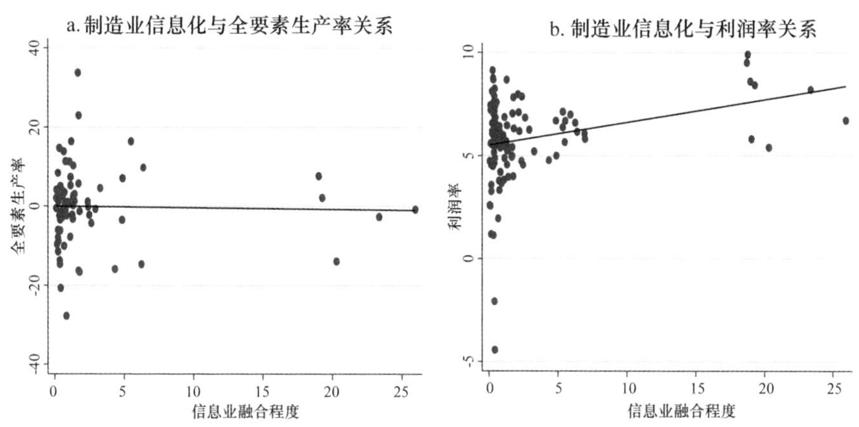

图 12 -5　2002—2018 年中国制造业各行业（不含信息制造业）信息化程度与经济效率关系

图 12 -6 描述了 2002—2017 年中国各省制造业信息化程度与各省经济效率的相关关系，图 12 -6a 图是各省制造业信息化程度与各省全要素生产率关系的散点图和拟合线，图 12 -6b 图是各省制造业信息化

程度与各省利润率关系的散点图和拟合线。从图 12－6 中可以看出，省份维度呈现的制造业信息化与效率的相关关系和图 12－4 行业维度比较一致，拟合线都比较平缓且倾斜方向也比较一致，图 12－6a 中拟合线向上倾斜，各省制造业信息化程度与各省全要素生产率呈正相关关系，图 12－6b 中拟合线向下倾斜，各省制造业信息化程度与各省利润率呈负相关关系。进一步排除信息制造业后，各省制造业信息化程度与效率的相关关系如图 12－7 所示，和图 12－5 中行业维度类似同样发生了较大变化，但是变化的方面却存在较大差异。图 12－7 中拟合线都变得更加陡峭，也就是制造业信息化变化对效率的影响幅度更大，图 12－7a 中的拟合线相比图 12－6a 中的拟合线倾斜方向发生相反方向的变化，也就是排除信息制造业后，平均而言，各省制造业信息化程度上升会引起各省全要素生产率下降，图 12－7b 中拟合线相比图 12－6b 中的拟合线倾斜方向没有发生变化，只是斜率绝对值变得更大，也就是各省制造业信息化程度上升，会引起各省利润率更大幅度下降。那么各省制造业信息化程度与各省经济结构之间又是怎样的关系呢？接下来图 12－8、图 12－9 呈现了相应特征事实。

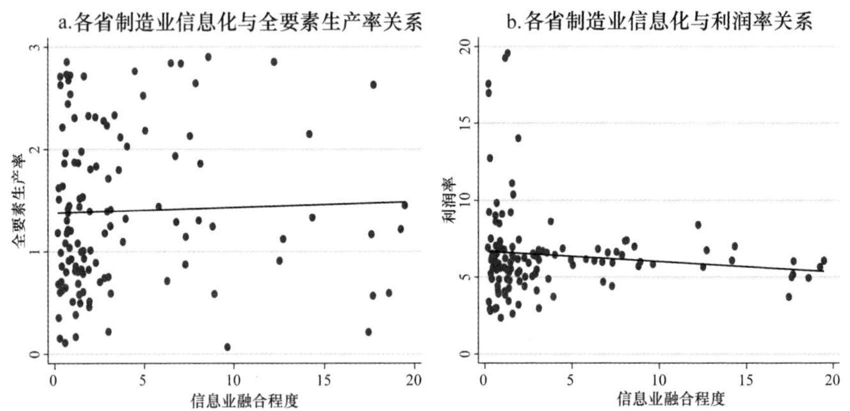

图 12－6　2002—2017 年中国各省制造业信息化程度与经济效率关系

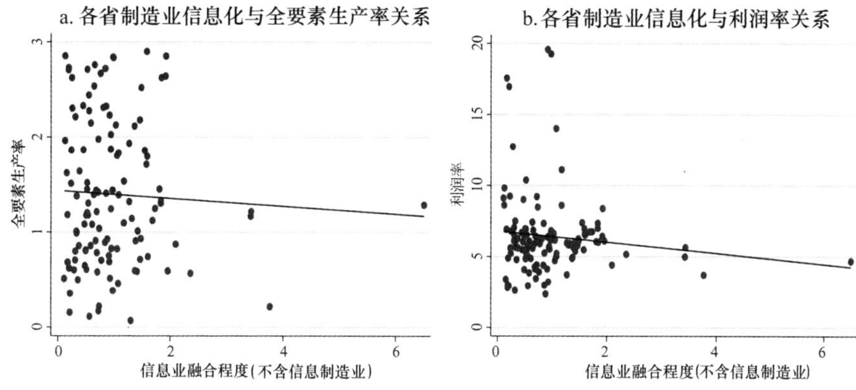

图 12－7 2002—2017 年中国各省制造业（不含信息业）信息化程度与经济效率关系

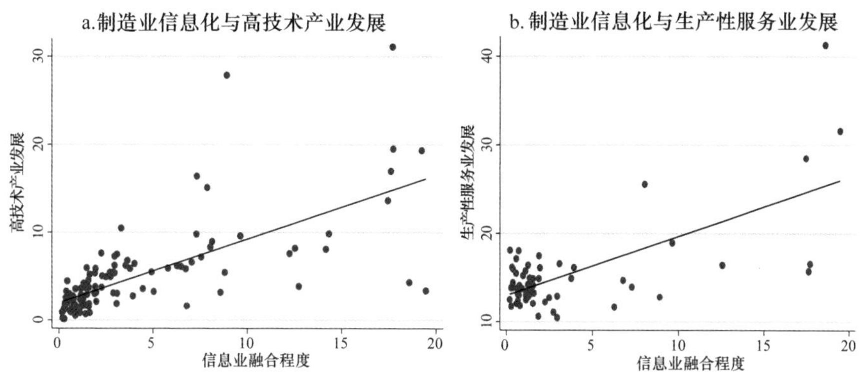

图 12－8 2002—2017 年中国各省制造业信息化与经济结构关系

图 12－8 呈现了 2002—2017 年中国各省制造业信息化程度与经济结构的相关关系，a 图描述了各省制造业信息化程度与高技术产业发展的相关关系，b 图描述了各省制造业信息化程度与生产性服务业发展的相关关系，a 图、b 图的拟合线都呈向上倾斜，斜率基本一致，这说明各省制造业信息化程度上升能够引起高技术产业和生产性服务业的快速发展。不同于图 12－5、图 12－7，排除信息制造业后，如图 12－9 所示，图 12－8 呈现的趋势基本没有发生变化，拟合线的倾斜方向都没有发生变化，只是图 12－9b 中的拟合线斜率略微下降，这说明即使排除信息制造业后，

各省制造业信息化程度上升仍然会引起高技术产业和生产性服务业发展。

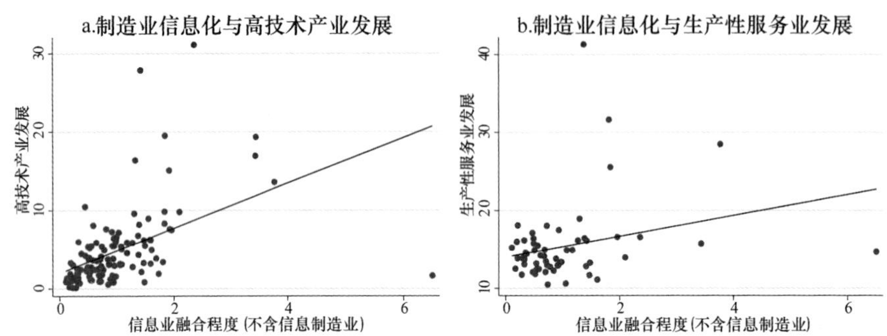

图 12－9　2002—2017 年中国各省制造业（不含信息制造业）信息化与经济结构关系

类似对制造业服务化程度影响效果的分析，这部分对制造业信息化程度影响效果的分析也可以发现制造业信息化程度的变化能够引起经济效率和经济结构的变化。

这些基本特征事实可以发现制造业服务化程度和制造业信息化程度的变动会引起经济效率和经济结构的变动，但是这些基本特征事实一方面看的是短期效果，长期是否也是这样就不得而知，另一方面这些基本特征事实并没有控制其他影响因素，那么制造业服务化和信息化与经济效率和经济结构的关系仅是相关关系，而不是因果关系，制造业服务化程度和信息化程度变化引起经济效率和经济结构变动是制造业服务化程度和信息化程度变化导致了经济效率和经济结构变动还是由其他因素驱动，这就需要更严格的计量检验。此外，一些特征事实发现制造业服务化程度和信息化程度与经济效率和经济结构之间没有明显关系，这其中会不会受到异质性因素影响，因为中国的行业间和地区间都存在较大差异，这也需要严格的计量检验。因此制造业与服务业和信息业的融合程度对经济效率和经济结构的影响还需要严格的计量检验。接下来的第三、四节就依次介绍本研究的实证研究设计和实证结果。

第三节　实证设计

关于制造业与服务业和信息业融合对经济效率和经济结构的影响在上述基本特征事实做出初步判断后，还需要更严格的计量检验。本节介绍本研究的实证研究设计，包括实证检验中使用的数据、指标和模型：第一部分介绍实证检验中使用的核心解释变量和被解释变量的度量指标和数据来源；第二部分介绍实证检验中使用的计量模型。

一　度量指标和数据来源

这部分依次介绍本研究的核心解释变量产业融合和核心被解释变量经济效率和经济结构的度量指标和数据来源。

（一）产业融合

制造业与服务业融合程度的度量指标使用服务业投入占制造业总投入的比重度量。下标 i 表示制造业各行业、t 表示年份、p 表示省份。式（1）度量了中国制造业各行业的服务化程度（$serconvergence_{it}$），它等于制造业 i 行业 t 年服务业投入（$serinput_{it}$）占制造业 i 行业 t 年总投入（$input_{it}$）的比重。式（2）度量了中国各省制造业各行业的服务化程度（$serconvergence_{ipt}$），它等于 p 省份制造业 i 行业 t 年服务业投入（$serinput_{ipt}$）占 p 省份制造业 i 行业 t 年总投入（$input_{ipt}$）的比重。式（3）度量了各省制造业与服务业的融合程度（$serconvergence_{pt}$），它等于各省制造业的服务业总投入（$serinput_{pt}$）占制造业总投入（$input_{pt}$）的比重。

$$serconvergence_{it} = \frac{serinput_{it}}{input_{it}} \tag{1}$$

$$serconvergence_{ipt} = \frac{serinput_{ipt}}{input_{ipt}} \tag{2}$$

$$serconvergence_{pt} = \frac{serinput_{pt}}{input_{pt}} = \frac{\sum serinput_{ipt}}{\sum input_{ipt}} \tag{3}$$

另一种从产出端度量制造业与服务业融合程度的指标使用服务产品的收入占主营业务收入的比重度量。服务产品的收入数据来自 2007—2016 年的中国税收调查数据库（以下简称税调数据库），税调数据库比较全面地提供了企业各项税收的纳税额和计征收入信息以及其他主要财务和产出等信息。因为2011年以前企业提供的服务产品需要缴纳营业税，2012年开始的“营改增”改革，部分服务产品开始缴纳增值税，服务产品的增值税率主要是6%和3%这两档，本研究就利用税调数据库提供的企业计征营业税的收入和6%、3%销项税率的纳税额推算出企业提供的服务产品收入，将其加总到省份—行业层面就得到各省制造业各行业的服务产品收入，然后利用数据库中的主营业务收入数据，采取相同的加总方式，计算出各省制造业各行业的营业收入，二者的比值就是服务产品收入占主营业务收入的比重，即制造业产出服务化程度。具体如式（4）所示，2011年以前，t 年 p 省 i 行业的产出服务化程度（$outserconvergence_{ipt}$）等于 t 年 p 省 i 行业的计征营业税的收入（$revtax_{ipt}$）占 t 年 p 省 i 行业的主营业务收入（$revenue_{ipt}$）的比重，t 年 p 省 i 行业的计征营业税的收入（$revtax_{ipt}$）是由 t 年 p 省 i 行业中各企业的计征营业税收入（$revtax_{iptq}$）加总获得，同样 t 年 p 省 i 行业的主营业务收入（$revenue_{ipt}$）是由 t 年 p 省 i 行业中各企业的主营业务收入（$revenue_{iptq}$）加总获得。由于2012年开始进行“营改增”改革，企业提供的服务产品部分开始征收增值税，因此2012年之后，如式（5）所示，t 年 p 省 i 行业的产出服务化程度（$outserconvergence_{ipt}$）中服务产品的收入除了计征营业税的收入还包括6%和3%销项税率的纳税收入。然后，如式（6）、式（7）所示，本研究将省份—行业层面的产出服务化程度（$outserconvergence_{ipt}$）分别在省份内部和行业内部进行加总取平均值得到 t 年各省的产出服务化程度（$outserconvergence_{tp}$）和 t 年各行业的产出服务化程度。

$$outserconvergence_{ipt} = \frac{revtax_{ipt}}{revenue_{ipt}} = \frac{\sum revtax_{iptq}}{\sum revenue_{iptq}} \tag{4}$$

$$outserconvergence_{ipt} = \frac{revtax_{ipt} + VAT3\%_{ipt} + VAT6\%_{ipt}}{revenue_{ipt}} = \frac{\sum revtax_{iptq} + \sum^{VAT3\%_{iptq}}/3\% + \sum^{VAT6\%_{iptq}}/6\%}{\sum revenue_{iptq}} \tag{5}$$

$$outserconvergence_{tp} = \frac{\sum outserconvergence_{ipt}}{\sum i} \tag{6}$$

$$outserconvergence_{it} = \frac{\sum outserconvergence_{ipt}}{\sum p} \tag{7}$$

制造业与信息业融合程度的度量指标使用信息业投入占制造业总投入的比重度量。式（8）、式（9）、式（10）分别表示相应年份中国制造业各行业的信息化程度、各省的制造业各行业的信息化程度和各省的制造业信息化程度，具体计算过程类似式（1）—（3）中制造业服务化程度的计算过程。

$$ITconvergence_{it} = \frac{ITinput_{it}}{input_{it}} \tag{8}$$

$$ITconvergence_{ipt} = \frac{ITinput_{ipt}}{input_{ipt}} \tag{9}$$

$$ITconvergence_{pt} = \frac{ITinput_{pt}}{input_{pt}} = \frac{\sum ITinput_{ipt}}{\sum input_{ipt}} \tag{10}$$

中国制造业各行业的服务业、信息业的投入数据和总投入数据来源于1987、1990、1995、1997、2002、2007、2012、2017和2018年的《中国投入产出表》和2008、2013年和2018年的《中国统计年鉴》。各省制造业各行业的服务业、信息业投入数据和总投入数据来源于2002、2007、2012、2017年的《中国地区投入产出表》。指标的选取依据和更具体的边界可参考上一章。

（二）经济效率

中国制造业各行业效率的度量指标是行业的全要素生产率（TFP_{it}）和利润率（$Prorat_{it}$）。1987—2015年中国制造业各行业的全要素生产率（TFP_{it}）数据来源于研究报告。中国制造业各行业的利润率（$Prorat_{it}$）的计算过程如式（11）所示，是t年i行业的利润总额（Profit_ it）占销售收入或营业收入（$Revenue_{it}$）的比重，2002—2020年中国制造业各行业的利润总额和销售收入或营业收入数据来源于历年《中国工业统计年鉴》①。

$$Prorat_{it} = \frac{Profit_{it}}{Revenue_{it}} \tag{11}$$

中国各省份的效率度量指标是各省的全要素生产率（TFP_{tp}）和利润

① 《中国工业统计年鉴》2002、2003年统计的是产品销售收入，2005—2016年统计的是主营业务收入，2019、2020年统计的是营业收入，所以本研究在计算行业利润率时，2002、2003年使用的是产品销售收入，2005—2016年使用的是主营业务收入，2019、2020年使用的是营业收入。

率（$Prorat_{tp}$）。2002—2019 年中国各省全要素生产率（TFP_{tp}）数据来源于马克数据网。中国各省份效率的度量指标是 t 年 p 省的利润率（$Prorat_{tp}$），如式（12）所示，是 t 年 p 省的利润总额（$Prorat_{tp}$）占 t 年 p 省销售收入或主营业务收入或营业收入（$Revenue_{tp}$）的比重，2002—2019 年各省的利润总额和销售收入或主营业务收入或营业收入数据来源于历年《中国统计年鉴》①。

$$Prorat_{tp} = \frac{Profit_{tp}}{Revenue_{tp}} \tag{12}$$

（三）经济结构

各省经济结构是看各省的高技术产业和生产性服务业的发展状况，具体度量指标如式（13）、式（14）所示。t 年 p 省高技术产业发展状况，如式（13）所示，是 t 年 p 省高技术产业就业人数（$HTempl_{pt}$）占城镇总就业人数（$Cityempl_{pt}$）的比重。t 年 p 省生产性服务业发展状况，如式（14）所示，是 t 年 p 省生产性服务业就业人数（$PSempl_{pt}$）占城镇总就业人数（$Cityempl_{pt}$）的比重。

$$HT_{pt} = \frac{HTempl_{pt}}{Cityempl_{pt}} \tag{13}$$

$$PS_{pt} = \frac{PSempl_{pt}}{Cityempl_{pt}} \tag{14}$$

二 计量模型

这部分依次介绍本研究实证检验制造业服务化和制造业信息化对经济效率和经济结构影响的计量模型。

（一）制造业服务化影响效果的计量模型

本研究使用模型（15）—（25）实证检验制造业服务化对经济效率和经济结构的影响。模型（15）、模型（16）实证检验制造业服务化对行业效率的影响。模型（15）实证检验制造业各行业的服务化程度对行业全要素生产率的影响，方程右边是解释变量 t 年 i 行业的制造业服务化程

---

① 《中国统计年鉴》2002—2004 年统计的是产品销售收入，2007—2017 年统计的是主营业务收入，2018、2019 年统计的是营业收入，所以本研究在计算省份利润率时，2002—2004 年使用的是产品销售收入，2007—2017 年使用的是主营业务收入，2018、2019 年使用的是营业收入。

度（$serconvergence_{it}$），方程左边是被解释变量 i 行业 t 年以及之后年份的全要素生产率（TFP_{it+j}），为了排除行业和年份中的其他因素通过影响制造业服务化程度而对全要素生产率产生影响，方程右边进一步控制了行业固定效应（μ_i）和年份固定效应（η_t），ε_{it}是随机误差项。鉴于制造业服务化程度和全要素生产率之间可能存在的互为因果关系，为缓解由全要素生产率影响制造业服务化所产生的内生性问题，本研究将全要素生产率超前一期，即本研究不仅看制造业服务化程度对当期全要素生产率的影响，也看了制造业服务化程度对下一期全要素生产率的影响。此外也鉴于有些经济影响存在滞后性，可能在长期中才能显现结果，本研究也检验了制造业服务化程度对全要素生产率的长期影响，j 表示 0、1、2，检验了制造业服务化程度对当期全要素生产率、第 2 期全要素生产率和第 3 期全要素生产率的影响。本研究关注核心系数α_2的正负、大小和显著性以及变化。类似模型（15），模型（16）检验了制造业服务化程度（$serconvergence_{it}$）对行业利润率（$Prorat_{it+j}$）的影响，为了排除其他因素影响，模型中同样控制了行业固定效应（μ_i）和年份固定效应（η_t）。为了缓解内生性，也为了检验长期效果，模型同样检验了 t 年 i 行业的制造业服务化程度（$serconvergence_{it}$）对 i 行业的当期利润率（$Prorat_{it}$）、第 2 期利润率（$Prorat_{it+1}$）和第 3 期利润率（$Prorat_{it+3}$）的影响。本研究同样关注核心系数β_2的正负、大小和显著性以及变化。

$$TFP_{it+j} = \alpha_1 + \alpha_2 serconvergence_{it} + \mu_i + \eta_t + \varepsilon_{it} \tag{15}$$

$$Prorat_{it+j} = \beta_1 + \beta_2 serconvergence_{it} + \mu_i + \eta_t + \varepsilon_{it} \tag{16}$$

模型（17）、模型（18）检验了各省制造业服务化程度对各省经济效率的影响。模型（17）检验了 t 年 p 省制造业服务化程度（$serconvergence_{pt}$）对 p 省 t 年以及之后年份全要素生产率的影响（TFP_{pt+j}），模型（18）检验了 t 年 p 省制造业服务化程度（$serconvergence_{pt}$）对 p 省 t 年以及之后年份利润率（$Prorat_{pt+j}$）的影响。类似模型（15）、模型（16），为了排除其他因素影响，模型（17）、模型（18）都分别控制了省份固定效应（δ_p）和年份固定效应（η_t），为缓解由互为因果可能产生的内生性问题，也为了检验长期效果，模型（17）、模型(18）分别检验了 t 年 p 省制造业服务化程度（$serconvergence_{pt}$）对当期、第 2 期和第 3 期的全要素生产率（TFP_{pt}、

TFP_{pt+1}、TFP_{pt+2}）和利润率（$Prorat_{pt}$、$Prorat_{pt+1}$、$Prorat_{pt+2}$）的影响。同样本研究关注核心系数γ_2、θ_2的正负、大小和显著性以及变化。

$$TFP_{pt+j} = \gamma_1 + \gamma_2 serconvergence_{pt} + \delta_p + \eta_t + \varepsilon_{it} \quad (17)$$

$$Prorat_{pt+j} = \theta_1 + \theta_2 serconvergence_{pt} + \delta_p + \eta_t + \varepsilon_{it} \quad (18)$$

模型（19）—（23）检验了制造业产出服务化对当期和第 2 期的经济效率影响，模型（19）检验了各省制造业各行业产出服务化程度对当期和第 2 期的行业利润率的影响，方程中控制了省份固定效应、行业固定效应和时间固定效应。方程（20）、方程（21）类似方程（17）、方程（18）从产出角度检验了各省制造业服务化程度对各省当期和第 2 期全要素生产率和利润率的影响，方程（22）、方程（23）类似方程（15）、方程（16）从产出角度检验了各行业制造业服务化程度对各行业当期和第 2 期全要素生产率和利润率的影响。同样本研究关注核心系数θ''_2、γ'_2、θ'_2、α'_2、β'_2的正负、大小和显著性。

$$Prorat_{ipt+j} = \theta''_1 + \theta''_2 outserconvergence_{ipt} + \delta_p + \eta_t + \mu_i + \varepsilon_{it} \quad (19)$$

$$TFP_{pt+j} = \gamma'_1 + \gamma'_2 outserconvergence_{pt} + \delta_p + \eta_t + \varepsilon_{it} \quad (20)$$

$$Prorat_{pt+j} = \theta'_1 + \theta'_2 outserconvergence_{pt} + \delta_p + \eta_t + \varepsilon_{it} \quad (21)$$

$$TFP_{it+j} = \alpha'_1 + \alpha'_2 outserconvergence_{it} + \mu_i + \eta_t + \varepsilon_{it} \quad (22)$$

$$Prorat_{it+j} = \beta'_1 + \beta'_2 outserconvergence_{it} + \mu_i + \eta_t + \varepsilon_{it} \quad (23)$$

模型（24）、模型（25）检验了各省制造业服务化程度对各省经济结构的影响。模型（24）检验了 t 年 p 省制造业服务化程度（$serconvergence_{pt}$）对 p 省 t 年以及之后年份高技术产业的影响（HT_{pt+j}），模型（25）检验了 t 年 p 省制造业服务化程度（$serconvergence_{pt}$）对 p 省 t 年以及之后年份生产性服务业（PS_{pt+j}）的影响。类似模型（17）、模型（18），为了排除其他因素影响，模型（24）、模型（25）都分别控制了省份固定效应（δ_p）和年份固定效应（η_t），为缓解由互为因果可能产生的内生性问题，也为了检验长期效果，模型（24）、模型（25）分别检验了 t 年 p 省制造业服务化程度（$serconvergence_{pt}$）对当期、第 2 期和第 3 期的高技术产业（HT_{pt}、HT_{pt+1}、HT_{pt+2}）和生产性服务业（PS_{pt}、PS_{pt+1}、PS_{pt+2}）的影响。同样本研究关注核心系数π_2、ρ_2的正负、大小和显著性以及变化。

$$HT_{pt+j} = \pi_1 + \pi_2 serconvergence_{pt} + \delta_p + \eta_t + \varepsilon_{it} \quad (24)$$

$$PS_{pt+j} = \rho_1 + \rho_2 serconvergence_{pt} + \delta_p + \eta_t + \varepsilon_{it} \quad (25)$$

（二）制造业信息化影响效果的计量模型

类似模型（15）—（18）和（24）、（25）实证检验制造业服务化影响效果的计量模型，这部分使用模型（26）—（31）实证检验制造业信息化对经济效率和经济结构的影响，模型（26）—（31）与模型（15）—（18）和（24）、（25）的唯一区别是将模型（15）—（18）和（24）、（25）中的核心解释变量制造业服务化程度（$serconvergence_{...}$）换成了对应维度上的制造业信息化程度（$ITconvergence_{...}$）。

模型（26）、模型（27）检验了制造业各行业信息化程度对行业效率的影响。模型（26）检验了 t 年 i 行业制造业信息化程度（$serconvergence_{it}$）对 i 行业 t 年以及之后年份全要素生产率的影响（TFP_{it+j}），模型（27）检验了 t 年 i 行业制造业信息化程度（$ITconvergence_{it}$）对 i 行业 t 年以及之后年份利润率（$Prorat_{it+j}$）的影响。模型（27）、模型（27）都分别控制了行业固定效应（μ_i）和年份固定效应（η_t），分别检验了 t 年 i 行业制造业信息化程度（$serconvergence_{it}$）对当期、第2期和第3期的全要素生产率（TFP_{it}、TFP_{it+1}、TFP_{it+2}）和利润率（$Prorat_{it}$、$Prorat_{it+1}$、$Prorat_{it+2}$）的影响，本研究关注核心系数α'_2、β''_2的正负、大小和显著性以及变化。

$$TFP_{it+j} = \alpha'_1 + \alpha'_2 ITconvergence_{it} + \mu_i + \eta_t + \varepsilon_{it} \quad (26)$$

$$Prorat_{it+j} = \beta'_1 + \beta'_2 ITconvergence_{it} + \mu_i + \eta_t + \varepsilon_{it} \quad (27)$$

模型（28）、模型（29）检验了各省制造业信息化程度对各省经济效率的影响。模型（28）检验了 t 年 p 省制造业信息化程度（$ITconvergence_{pt}$）对 p 省 t 年以及之后年份全要素生产率的影响（TFP_{pt+j}），模型（29）检验了 t 年 p 省制造业信息化程度（$ITconvergence_{pt}$）对 p 省 t 年以及之后年份利润率（$Prorat_{pt+j}$）的影响。模型（28）、模型（29）都分别控制了省份固定效应（δ_p）和年份固定效应（η_t），分别检验了 t 年 p 省制造业信息化程度（$ITconvergence_{pt}$）对当期、第2期和第3期的全要素生产率（TFP_{pt}、TFP_{pt+1}、TFP_{pt+2}）和利润率（$Prorat_{pt}$、$Prorat_{pt+1}$、$Prorat_{pt+2}$）的影响，本研究关注核心系数γ'_2、θ'_2的正负、大小和显著性以及变化。

$$TFP_{pt+j} = \gamma'_1 + \gamma'_2 ITconvergence_{pt} + \delta_p + \eta_t + \varepsilon_{it} \quad (28)$$

$$Prorat_{pt+j} = \theta'_1 + \theta'_2 ITconvergence_{pt} + \delta_p + \eta_t + \varepsilon_{it} \quad (29)$$

模型（30）、模型（31）检验了各省制造业信息化程度对各省经济结构的影响。模型（30）检验了 t 年 p 省制造业信息化程度（$ITconvergence_{pt}$）对 p 省 t 年以及之后年份高技术产业的影响（HT_{pt+j}），模型（31）检验了 t 年 p 省制造业信息化程度（$ITconvergence_{pt}$）对 p 省 t 年以及之后年份生产性服务业（PS_{pt+j}）的影响。模型（30）、模型（31）都分别控制了省份固定效应（δ_p）和年份固定效应（η_t），分别检验了 t 年 p 省制造业信息化程度（$ITconvergence_{pt}$）对当期、第 2 期和第 3 期的高技术产业（HT_{pt}、HT_{pt+1}、HT_{pt+2}）和生产性服务业（PS_{pt}、PS_{pt+1}、PS_{pt+2}）的影响，本研究关注核心系数π'_2、ρ'_2的正负、大小和显著性以及变化。

$$HT_{pt+j} = \pi'_1 + \pi'_2 ITconvergence_{pt}\delta_p + \eta_t + \varepsilon_{it} \tag{30}$$

$$PS_{pt+j} = \rho'_1 + \rho'_2 ITconvergence_{pt}\delta_p + \eta_t + \varepsilon_{it} \tag{31}$$

第四节 制造业服务化对经济效率和经济结构影响的实证结果

这节将报告并分析模型（15）—（25）制造业服务化对经济效率和经济结构影响的实证结果。第一部分报告并分析模型（15）—（18）制造业投入服务化对经济效率影响的实证结果，第二部分报告并分析模型（19）—（23）制造业产出服务化对经济效率影响的实证结果，第三部分报告并分析模型（24）、模型（25）制造业投入服务化对经济结构影响的实证结果。鉴于中国行业之间和地区之间存在较大的异质性，本研究也将行业分为高技术行业、中技术行业和低技术行业，将省份按三大区域划分为东部地区、中部地区和西部地区对上述模型进行分组回归，检验实证结果的异质性。

一 投入服务化对经济效率影响结果

这部分将分析并报告模型（15）—（18）制造业服务化程度对经济效率影响的实证结果，第（一）部分报告模型（15）、模型（16）制造业各行业服务化程度对行业全要素生产率和行业利润率影响的实证结果，并对模型按照高技术行业、中技术行业和低技术行业进行分组回归检验实证结果的异质性。第（二）部分报告模型（17）、模型（18）中国各省制造业服务化程度对各省全要素生产率和各省利润率影响的实证结果，并对模型按照东部、中部、西部地区进行分组回归检验实证结果的异质性。

（一）行业效率

表12－1报告了模型（15）制造业各行业服务化程度对行业全要素生产率影响的实证结果，第（1）—（3）列、第（4）—（6）列、第（7）—（9）列，每组依次报告了制造业行业服务化程度对行业全要素生产率的当期影响、第2期影响和第3期影响；第（1）—（3）列是未加任何控制变量的回归结果，第（4）—（6）列是加入行业固定效应的回归结果，第（7）—（9）列是进一步加入年份固定效应的回归结果。从表12－1可以看到，第一栏制造业服务化的系数都为负，受限于样本量一定程度上会降低系数的显著性，但是第（7）—（9）列进行更严格的控制之后系数值的绝对值和显著性都明显上升，而且制造业服务化程度对当期全要素生产率影响的系数t值都超过了1，这一定程度上可以说明制造业各行业服务化程度对行业全要素生产率是负的影响。表12－1的实证结果包括2000年以前的实证结果，因为中国制造业与服务业和信息业的融合主要是进入2000年以来，而且2000年以前中国经济也经历了比较大和比较多的改革，那么2000年以来制造业各行业服务化对全要素生产率的影响会不会与2000年之前有所不同？接下来的表12－2汇报了2002年以来中国制造业各行业服务化程度对行业全要素生产率影响的实证结果。

表12－1　1987—2015年中国制造业服务化对行业全要素生产率影响

	(1)	(2)	(3)	(4)	(5)	(6)	(7)	(8)	(9)
	TFP	TFP_{t+1}	TFP_{t+2}	TPF	TFP_{t+1}	TFP_{t+2}	TFP	TFP_{t+1}	TFP_{t+2}
服务化	-0.914	-0.458	-0.454	-1.019	-0.479	-0.443	-1.566	-0.290	-1.406*
(α_2)	(0.605)	(0.520)	(0.535)	(0.642)	(0.554)	(0.567)	(1.107)	(0.893)	(0.832)
行业固定效应				是	是	是	是	是	是
年份固定效应							是	是	是

续表

	(1)	(2)	(3)	(4)	(5)	(6)	(7)	(8)	(9)
	TFP	TFP_{t+1}	TFP_{t+2}	*TPF*	TFP_{t+1}	TFP_{t+2}	*TFP*	TFP_{t+1}	TFP_{t+2}
常数项	8.180**	4.073	5.481*	5.885	6.841	1.629	2.525	0.553	-8.840*
	(3.561)	(2.913)	(2.997)	(6.035)	(4.994)	(5.118)	(7.181)	(5.687)	(5.297)
Adj_R²	0.008	-0.002	-0.002	0.022	-0.010	-0.002	0.010	0.052	0.223
N	160	144	144	160	144	144	160	144	144

注：括号内为标准误，***、**、*分别表示1%、5%、10%的显著性水平。下表同。

表12-2　2002—2015年中国制造业服务化对行业全要素生产率影响

	(1)	(2)	(3)	(4)	(5)	(6)	(7)	(8)	(9)
	TFP	TFP_{t+1}	TFP_{t+2}	*TPF*	TFP_{t+1}	TFP_{t+2}	*TFP*	TFP_{t+1}	TFP_{t+2}
服务化	-0.695	0.864	0.009	-0.945	0.735	1.351	-0.765	-1.285	2.000
(α_2)	(0.962)	(0.733)	(0.899)	(1.143)	(1.133)	(1.179)	(1.487)	(1.440)	(1.513)
行业固定效应				是	是	是	是	是	是
年份固定效应							是	是	是
常数项	7.098	-5.488	2.436	11.745	-1.977	-9.651	16.979	12.756	-17.324
	(6.617)	(4.860)	(5.957)	(8.512)	(8.104)	(8.435)	(10.947)	(10.559)	(11.092)
Adj_R²	-0.005	0.005	-0.013	0.264	-0.106	0.188	0.275	-0.060	0.207
N	96	80	80	96	80	80	96	80	80

不同于表12-1汇报了1987—2015年的实证结果，表12-2仅汇报了2000年以来制造业各行业服务化程度影响行业全要素生产率的实证结果。如表12-2所示，不同于表12-1，表12-2第一栏的系数在长期则为正，尤其是进行更加严格的控制之后，系数值和显著性明显上升，第（6）列和第（9）列系数的t值已经超过1，而且长期效果能一定程度缓解行业全要素生产率影响行业服务化程度所产生的内生性，这一定程度上可以说明，平均而言，中国制造业行业服务化程度上升，长期中能够提高行业全要素生产率。这也符合现实，制造业增加服务要素投入后经济效果的产生需要一定时间，所以短期中对生产率产生负向影响，长期中对生产率产生正向影响。中国制造业行业之间存在比较大的异质性，

这种效果在不同类型行业之间是否存在差异？本研究借鉴研究报告，将中国制造业行业划分为低技术行业、中技术行业和高技术行业[①]，对模型（11）按低技术行业、中技术行业和高技术行业进行分组回归检验，检验表12－2的实证结果在不同技术类型行业间是否存在差异，回归结果如表12－3所示。

表12－3汇报了对模型（15）按低技术行业、中技术行业和高技术行业进行分组回归的结果，表12－3第（1）—（3）列依次是低技术行业中行业服务化程度对行业当期全要素生产率、第2期全要素生产率和第3期全要素生产率的影响，第（4）—（6）列依次是中技术行业中行业服务化程度对行业当期全要素生产率、第2期全要素生产率和第3期全要素生产率的影响，第（7）—（9）列依次是高技术行业中行业服务化程度对行业当期全要素生产率、第2期全要素生产率和第3期全要素生产率的影响，回归结果全部控制了行业固定效应和年份固定效应。由表12－3可以看出，制造业各行业服务化程度对行业全要素生产率的短期和长期影响在不同技术类型行业间存在明显差异。对于高技术行业，不论短期还是长期，核心系数α_2都为正，从短期到长期系数α_2的值和显著性都在变大和增强。对于低技术行业，核心系数α_2，在短期为负，长期为正，且系数值和显著性也明显增大和增强。对于中技术行业，服务化程度对全要素生产率的影响可能主要在短期，对当期影响的系数t值近乎接近显著，此后系数值和显著性都明显变小和减弱。分组回归后有限的样本量更少，这也会较大程度上影响系数的显著性。但是一些系数的t值已经处在显著性的边缘，而且从一些系数值和显著性的变化趋势上也可以初步判断出与表12－2比较一致的结论，即平均来看制造业各行业服务化程度上升能够提升行业全要素生产率，只是在低技术行业中这种效果存在于长期，在中技术行业中这种效果存在于短期，在高技术行业中这种效果从短期到长期逐步增强。这是从全要素生产率角度分析制造业服务

① 低技术行业包括食品制造及烟草加工业，纺织业，服装皮革羽绒及制品业，木材加工及家具制造业，造纸与印刷业，非金属矿物制品业，其他制造业；中技术行业包括石油加工、炼焦和核燃料加工业，电气设备制造业，化学工业，通用和专用设备制造业，金属冶炼和压延加工业，金属制品业；高技术行业包括电子通信设备制造业，仪器仪表及文化、办公用机械制造业和交通运输设备制造业。

化对行业效率的影响，那么从利润率角度是怎样的结果呢？接下来的表12-4、表12-5汇报了模型（16）制造业行业服务化程度对行业利润率的影响结果。

表12-3 2002—2015年中国制造业不同技术类型行业服务化对行业全要素生产率影响

	低技术行业			中技术行业			高技术行业		
	(1)	(2)	(3)	(4)	(5)	(6)	(7)	(8)	(9)
	TFP	TFP_{t+1}	TFP_{t+2}	*TPF*	TFP_{t+1}	TFP_{t+2}	*TFP*	TFP_{t+1}	TFP_{t+2}
服务化	-1.006	-0.442	4.237	3.238	-4.102*	0.340	0.895	1.275	1.343
(α_2)	(1.912)	(2.692)	(2.822)	(1.965)	(2.273)	(2.243)	(9.715)	(5.614)	(4.357)
行业固定效应	是	是	是	是	是	是	是	是	是
年份固定效应	是	是	是	是	是	是	是	是	是
常数项	11.137	4.365	-33.673	-9.423	20.341	12.202	31.650	1.938	-7.810
	(13.642)	(18.970)	(19.888)	(11.597)	(13.255)	(13.078)	(56.247)	(32.458)	(25.188)
Adj_R²	0.282	-0.038	0.249	0.258	0.037	0.363	0.078	-0.458	0.137
N	42	35	35	36	30	30	18	15	15

表12-4报告了模型（16）中国制造业各行业服务化程度对行业利润率的影响，类似于表12-1、表12-2，第（1）—（3）列是未加任何控制的回归结果，第（4）—（6）列是放入行业固定效应的回归结果，第（7）—（9）列是进一步加入年份固定效应的回归结果。第（1）—（3）列显示核心系数β_2显著为正，这可能是由其他因素驱动的，进一步加入行业固定效应后，系数的正负和显著性则发生了较大变化，第（4）—（6）列显示制造业行业服务化程度对当期行业利润率影响为负，系数的t值处于显著性边缘，到第二期系数值和显著性明显降低，第三期系数值则变为正，第（7）—（9）列进一步控制年份固定效应后，系数值和显著性并没有发生实质性变化，这说明平均而言制造业各行业服务化程度上升降低了行业利润率，长期中这种影响逐渐减弱或可能发生相反方向的变化。这是有可能的，因为制造业服务化短期中可能表现为投

入增加，对效率的改进、对经济结果的影响可能存在滞后性，可能长期中才反映到利润率的上升。表12－4的结果在不同技术类型的行业间是否存在差异呢，表12－5报告了相应结果。

表12－4　2002—2015年中国制造业服务化对行业利润率影响

	(1)	(2)	(3)	(4)	(5)	(6)	(7)	(8)	(9)
	Prorat	$Prorat_{t+1}$	$Prorat_{t+2}$	*Prorat*	$Prorat_{t+1}$	$Prorat_{t+2}$	*Prorat*	$Prorat_{t+1}$	$Prorat_{t+2}$
服务化	0.251**	0.412***	0.436***	－0.154	－0.007	0.062	－0.137	－0.085	0.049
(β_2)	(0.101)	(0.106)	(0.097)	(0.102)	(0.101)	(0.072)	(0.085)	(0.103)	(0.087)
行业固定效应				是	是	是	是	是	是
年份固定效应							是	是	是
常数项	4.11***	2.934***	3.187***	8.08***	7.18***	7.21***	6.46***	6.72***	6.67***
	(0.697)	(0.733)	(0.666)	(0.762)	(0.755)	(0.541)	(0.643)	(0.784)	(0.662)
Adj_R²	0.039	0.099	0.148	0.489	0.574	0.754	0.769	0.710	0.775
N	127	128	112	127	128	112	127	128	112

表12－5　2002—2015年中国制造业不同技术类型行业服务化对行业利润率影响

	低技术行业			中技术行业			高技术行业		
	(1)	(2)	(3)	(4)	(5)	(6)	(7)	(8)	(9)
	Prorat	$Prorat_{t+1}$	$Prorat_{t+2}$	*Prorat*	$Prorat_{t+1}$	$Prorat_{t+2}$	*Prorat*	$Prorat_{t+1}$	$Prorat_{t+2}$
服务化	－0.164**	－0.114*	－0.079	0.027	－0.295	0.318	－0.456	－0.642*	－0.716*
(β_2)	(0.071)	(0.063)	(0.060)	(0.246)	(0.328)	(0.246)	(0.342)	(0.389)	(0.418)
行业固定效应	是	是	是	是	是	是	是	是	是
年份固定效应	是	是	是	是	是	是	是	是	是
常数项	6.31***	6.39***	7.40***	0.889	2.557	0.782	8.36***	9.815***	10.6***
	(0.548)	(0.485)	(0.461)	(1.417)	(1.892)	(1.288)	(2.032)	(2.311)	(2.830)
Adj_R²	0.847	0.860	0.824	0.699	0.607	0.754	0.837	0.799	0.798
N	55	56	49	48	48	42	24	24	21

表 12－5 是对模型（16）按低技术行业、中技术行业和高技术行业分组回归后的结果。如表 12－5 所示，表 12－4 的结果与中技术行业结果比较一致，只有在中技术行业中制造业服务化提高了行业利润率，尤其是长期系数β_2的 t 值超过了 1；低技术行业中制造业服务化程度降低了行业利润率，但是这种效果长期中呈下降趋势，到第 3 期系数值的绝对值明显降低而且不显著；而高技术行业中制造业行业服务化程度上升也降低了行业利润率，但是这种效果长期呈现增强趋势，从短期到长期系数值的绝对值逐渐增大且显著性也越来越强。

由以上分析可知，进入 2000 年以来，中国制造业各行业服务化程度上升能够提高行业效率，那么从省份维度来看，中国各省制造业服务化程度对各省经济效率产生怎样的影响？接下来第（二）部分分析这个问题。

（二）省份效率

这部分报告并分析了模型（17）、模型（18）中国各省制造业服务化程度对各省经济效率影响的实证结果，表 12－6、表 12－7 报告了各省制造业服务化程度对各省全要素生产率影响的实证结果，表 12－8、表 12－9报告了各省制造业服务化程度对各省利润率影响的实证结果。

表 12－6 2002—2017 年中国各省制造业服务化对全要素生产率影响

	(1)	(2)	(3)	(4)	(5)	(6)	(7)	(8)	(9)
	TFP	TFP_{t+1}	TFP_{t+2}	*TPF*	TFP_{t+1}	TFP_{t+2}	*TFP*	TFP_{t+1}	TFP_{t+2}
服务化	－0.013	0.032	0.07***	－0.021	0.055	0.09***	0.011	0.002	－0.013
（γ_2）	(0.029)	(0.027)	(0.022)	(0.041)	(0.037)	(0.029)	(0.013)	(0.014)	(0.012)
省份固定效应				是	是	是	是	是	是
年份固定效应							是	是	是
常数项	1.65***	1.18***	0.86***	1.95***	1.045*	0.309	0.608***	1.123***	1.89***
	(0.215)	(0.196)	(0.160)	(0.591)	(0.535)	(0.426)	(0.194)	(0.202)	(0.181)
Adj_R²	－0.007	0.004	0.067	－0.297	－0.268	－0.128	0.887	0.853	0.834
N	120	120	120	120	120	120	120	120	120

表 12－6 汇报了方程（17）中国各省制造业服务化程度对各省全要

素生产率影响的实证结果。第（1）—（3）列是未加任何控制的回归结果，第（4）—（6）列是放入省份固定效应的回归结果，第（7）—（9）列是进一步放入年份固定效应的回归结果。可以看出各省制造业服务化程度对各省全要素生产率的影响短期是负向影响，长期是正向影响，放入省份固定效应后系数值的大小和显著性都在增强。年份固定效应的放入可能吸收掉了某些因素导致系数符号反转和显著性下降。由于中国地区间发展差异比较大，这种效果在三大区域间是否存在差异，接下来的表 12－7 汇报了按三大区域分组回归的结果。

表 12－7 汇报了对模型（17）按东部、中部、西部三大区域分组回归的结果。整体上看，三大区域中，各省制造业服务化水平长期中都对全要素生产率产生正向影响，这种效果在中部和西部地区尤为明显。那各省制造业服务化水平对各省利润率产生怎样的影响？接下来的表 12－8、表 12－9 报告了相应结果。

表 12－7　2002—2017 年中国三大区域制造业服务化对全要素生产率影响

	东部			中部			西部		
	(1)	(2)	(3)	(4)	(5)	(6)	(7)	(8)	(9)
	TFP	TFP_{t+1}	TFP_{t+2}	*TPF*	TFP_{t+1}	TFP_{t+2}	*TFP*	TFP_{t+1}	TFP_{t+2}
服务化	－0.062	－0.046	0.003	0.060	0.174**	0.142**	－0.029	0.066	0.12***
(γ_2)	(0.077)	(0.071)	(0.061)	(0.100)	(0.067)	(0.061)	(0.054)	(0.054)	(0.038)
省份固定效应	是	是	是	是	是	是	是	是	是
年份固定效应									
常数项	2.30***	1.911**	1.050	1.021	0.344	0.178	1.973***	0.906	0.529
	(0.817)	(0.758)	(0.643)	(0.866)	(0.581)	(0.529)	(0.632)	(0.641)	(0.444)
Adj_R²	－0.282	－0.286	－0.240	－0.298	－0.015	－0.075	－0.294	－0.254	0.026
N	44	44	44	32	32	32	44	44	44

表 12－8 报告了模型（18）各省制造业服务化程度对各省利润率影响的实证结果，由表 12－8 可以看出，平均而言，各省制造业服务化程度对各省利润率在短期中是负向影响，长期中这种负向影响逐渐减弱并变

为正向影响。第（4）—（6）列可以看出各省制造业服务化程度对各省利润率的负向影响逐渐减弱，第（7）—（9）列进一步控制年份固定效应后，这种负向影响逐渐减弱，到第3期变为了正向影响。那么这种效果在三大区域间是否存在差异？表12-9报告了相应实证结果。

表12-8 2002—2017年中国各省制造业服务化对利润率影响

	(1)	(2)	(3)	(4)	(5)	(6)	(7)	(8)	(9)
	Prorat	$Prorat_{t+1}$	$Prorat_{t+2}$	*Prorat*	$Prorat_{t+1}$	$Prorat_{t+2}$	*Prorat*	$Prorat_{t+1}$	$Prorat_{t+2}$
服务化	-0.111	-0.051	0.033	-0.36***	-0.20**	-0.002	-0.191*	-0.152	0.024
(θ_2)	(0.107)	(0.102)	(0.125)	(0.103)	(0.095)	(0.148)	(0.101)	(0.104)	(0.159)
省份固定效应				是	是	是	是	是	是
年份固定效应							是	是	是
常数项	7.51***	6.768***	6.05***	10.369***	7.86***	6.81***	7.45***	7.18***	7.13***
	(0.784)	(0.749)	(0.915)	(1.482)	(1.378)	(2.134)	(1.499)	(1.532)	(2.349)
Adj_R^2	0.001	-0.006	-0.008	0.390	0.418	0.065	0.492	0.415	0.079
N	120	120	120	120	120	120	120	120	120

表12-9 2002—2017年中国三大区域制造业服务化对利润率影响

	东部			中部			西部		
	(1)	(2)	(3)	(4)	(5)	(6)	(7)	(8)	(9)
	Prorat	$Prorat_{t+1}$	$Prorat_{t+2}$	*Prorat*	$Prorat_{t+1}$	$Prorat_{t+2}$	*Prorat*	$Prorat_{t+1}$	$Prorat_{t+2}$
服务化	-0.131	-0.031	-0.117*	-0.479*	-0.229	-0.155	-0.442**	-0.276*	0.120
(θ_2)	(0.085)	(0.076)	(0.069)	(0.266)	(0.279)	(0.280)	(0.179)	(0.155)	(0.305)
省份固定效应	是	是	是	是	是	是	是	是	是
年份固定效应									
常数项	8.40***	6.44***	7.79***	8.88***	6.98***	5.718**	12.68***	10.38***	6.711*
	[0.906]	[0.808]	[0.729]	[2.296]	[2.403]	[2.418]	[2.112]	[1.828]	[3.590]
Adj_R^2	0.292	0.191	0.483	0.431	0.354	0.156	0.374	0.472	0.020
N	44	44	44	32	32	32	44	44	44

表 12 -9 报告了对模型（18）按东部、中部、西部分组回归的结果，由表 12 -9 可以看出，表 12 -8 的结果主要存在于中部和西部，在中部地区，平均而言，各省制造业服务化程度上升对各省利润率的负向影响逐渐减弱，在西部地区在第三期变为了正向影响，而在东部地区各省制造业服务化程度对各省利润率的负向影响在长期中则呈加强趋势。

这部分从投入角度分析了制造业服务化对经济效率的影响，那么从产出角度制造业服务化对经济效率又有怎样的影响，接下来的第二部分分析这个问题。

二　产出服务化对效率影响结果

鉴于 2011 年国民经济行业分类标准进行了较大调整和 2012 年开始的“营改增”改革，为确保统计口径一致，本研究从产出角度将 2007—2012 年的中国税收调查数据库划分为 2007—2011 年和 2012—2016 年两个时间段分别检验模型（19）。

表 12 - 10 报告了 2007—2011 年模型（19）的检验结果。第（1）（2）列分别汇报了制造业产出服务化对当期利润率和下一期利润率的影响；第（3）（4）列分别是将第（1）（2）列的标准误聚类到省份的实证结果。由表 12 - 10 可知，制造业产出服务化对下一期利润率的影响显著为正，虽然第（4）列将标准误聚类到省份后，可能 2008—2011 年样本量的较大损失导致了系数的不显著，但是系数值仍然接近显著。2008—2011 年之间中国税收调查数据库中的计征营业税的收入存在大量缺失值，2008 年几乎占总样本的 50%，因此从企业加总到省份—行业层面的产出服务化存在较大缺失。

表 12 - 10　2007—2011 年制造业产出服务化对利润率影响——省份—行业层面

	（1）	（2）	（3）	（4）
	利润率$_t$	利润率$_{t+1}$	利润率$_t$	利润率$_{t+1}$
产出服务化$_t$	-0.0358	0.2356*	-0.0358	0.2356
	（0.0561）	（0.1263）	（0.0471）	（0.1478）
省份固定效应	是	是	是	是

续表

	(1)	(2)	(3)	(4)
	利润率$_t$	利润率$_{t+1}$	利润率$_t$	利润率$_{t+1}$
行业固定效应	是	是	是	是
年份固定效应	是	是	是	是
聚类标准误	—	—	省份	省份
常数项	4.3664***	7.5753***	4.3664***	7.5753***
	(0.9619)	(2.3960)	(0.4135)	(1.4000)
Adj_R^2	0.220	0.404	0.220	0.404
N	1271	139	1271	139

表12－11、表12－12报告了对模型（19）分东部、中部、西部回归的实证结果，表12－11是没有聚类的回归结果，表12－12是将标准误聚类到省的回归结果。由表12－11、表12－12可知，表12－10中制造业产出服务化提高下一期利润率的结果出现在东部地区，在中部和西部地区则没有影响。

表12－11 分区域制造业产出服务化对利润率影响——省份—行业层面未聚类标准误

	(1)	(2)	(3)	(4)	(5)	(6)
	东部		中部		西部	
	利润率$_t$	利润率$_{t+1}$	利润率$_t$	利润率$_{t+1}$	利润率$_t$	利润率$_{t+1}$
产出服务化$_t$	0.0616	0.4132*	0.0565	0.1144	－0.0814	0.0332
	(0.1595)	(0.2272)	(0.0773)	(1.4087)	(0.0813)	(0.1789)
省份固定效应	是	是	是	是	是	是
行业固定效应	是	是	是	是	是	是
年份固定效应	是	是	是	是	是	是
聚类标准误	—	—	—	—	—	—
常数项	3.3459**	4.6329	3.8824***	8.1450*	5.1878***	6.3394*
	(1.3872)	(5.3373)	(0.9594)	(3.7863)	(1.3450)	(3.3079)
Adj_R^2	0.217	0.409	0.424	0.593	0.196	0.293
N	477	56	339	33	455	50

表 12-12　　分区域制造业产出服务化对利润率影响——省份—行业层面未聚类标准误

	(1)	(2)	(3)	(4)	(5)	(6)
	东部		中部		西部	
	利润率$_t$	利润率$_{t+1}$	利润率$_t$	利润率$_{t+1}$	利润率$_t$	利润率$_{t+1}$
产出服务化$_t$	0.0616	0.4132 *	0.0565	0.1144	-0.0814	0.0332
	(0.1165)	(0.2196)	(0.0411)	(1.4532)	(0.0494)	(0.1182)
省份固定效应	是	是	是	是	是	是
行业固定效应	是	是	是	是	是	是
年份固定效应	是	是	是	是	是	是
聚类标准误	是	是	是	是	是	是
常数项	3.3459 ***	4.6329 ***	3.8824 ***	8.1450 **	5.1878 ***	6.3394 ***
	(0.5285)	(0.3346)	(0.6351)	(3.4238)	(0.6836)	(1.9667)
Adj_R^2	0.217	0.409	0.424	0.593	0.196	0.293
N	477	56	339	33	455	50

表 12-13　　2012—2016 年制造业产出服务化对利润率影响——省份—行业层面

	(1)	(2)	(3)	(4)
	利润率$_t$	利润率$_{t+1}$	利润率$_t$	利润率$_{t+1}$
产出服务化$_t$	0.0431 **	0.0390 **	0.0431	0.0390 **
	(0.0180)	(0.0191)	(0.0285)	(0.0166)
省份固定效应	是	是	是	是
行业固定效应	是	是	是	是
年份固定效应	是	是	是	是
聚类标准误	—	—	省份	省份
常数项	5.5429 ***	5.7244 ***	5.5429 ***	5.7244 ***
	(0.5542)	(0.5830)	(0.3765)	(0.3982)
Adj_R^2	0.210	0.225	0.210	0.225
N	4559	3630	4559	3630

表 12 - 13 报告了 2012—2016 年模型（19）的检验结果，得出了和表 12 - 1 中 2007—2011 年基本一致的结果，制造业产出服务化提高了利润率。同样表 12 - 14、12 - 15 是对表 12 - 13 结果的分区域检验，不同于表 12 - 11、12 - 12 中报告的 2007—2011 年的分区域结果，表 12 - 14、表 12 - 15 发现 2012—2016 年制造业产出服务化提高利润率的结果出现在中部地区，在东部地区和西部地区则没有显著的影响。

表 12 - 14　　分区域制造业产出服务化对利润率影响——省份—行业层面未聚类标准误

	(1)	(2)	(3)	(4)	(5)	(6)
	东部		中部		西部	
	利润率$_t$	利润率$_{t+1}$	利润率$_t$	利润率$_{t+1}$	利润率$_t$	利润率$_{t+1}$
产出服务化$_t$	-0.0169	0.0568	0.1140***	0.0764***	0.0285	0.0213
	(0.0380)	(0.0500)	(0.0256)	(0.0278)	(0.0284)	(0.0272)
省份固定效应	是	是	是	是	是	是
行业固定效应	是	是	是	是	是	是
年份固定效应	是	是	是	是	是	是
聚类标准误	—	—	—	—	—	—
常数项	4.1339***	3.9575***	4.0931***	4.1628***	6.0796***	6.1834***
	(0.6898)	(0.7987)	(0.5544)	(0.5985)	(0.9342)	(0.9033)
Adj_R^2	0.225	0.212	0.421	0.416	0.226	0.277
N	1689	1348	1237	989	1633	1293

表 12 - 15　　分区域制造业产出服务化对利润率影响——省份—行业层面标准误聚类到省

	(1)	(2)	(3)	(4)	(5)	(6)
	东部		中部		西部	
	利润率$_t$	利润率$_{t+1}$	利润率$_t$	利润率$_{t+1}$	利润率$_t$	利润率$_{t+1}$
产出服务化$_t$	-0.0169	0.0568	0.1140**	0.0764*	0.0285	0.0213
	(0.0429)	(0.0519)	(0.0345)	(0.0347)	(0.0385)	(0.0222)
省份固定效应	是	是	是	是	是	是
行业固定效应	是	是	是	是	是	是

续表

	(1)	(2)	(3)	(4)	(5)	(6)
	东部		中部		西部	
	利润率$_t$	利润率$_{t+1}$	利润率$_t$	利润率$_{t+1}$	利润率$_t$	利润率$_{t+1}$
年份固定效应	是	是	是	是	是	是
聚类标准误	是	是	是	是	是	是
常数项	4.1339***	3.9575***	4.0931***	4.1628***	6.0796***	6.1834***
	(0.6692)	(0.5940)	(0.4637)	(0.4730)	(0.4730)	(0.5338)
Adj_R^2	0.225	0.212	0.421	0.416	0.226	0.277
N	1689	1348	1237	989	1633	1293

本研究接下来将各省制造业各行业服务化程度加总到省份和行业，实证检验模型（20）、模型（21），即从产出角度各省制造业服务化程度对各省全要素生产率和利润率的影响，以及模型（22）、模型（23），即从产出角度制造业各行业服务化程度对各行业全要素生产率和利润率的影响。鉴于2007—2011年的样本存在较大缺失，本研究将省份—行业层面数据加总到省份和行业时仅使用了2012—2016年的样本。

表12－16报告了模型（20）各省制造业产出服务化对各省全要素生产率影响的结果，由表12－16可知，和省份—行业层面看到的结果一致，各省制造业产出服务化提高了各省的全要素生产率，表12－17、表12－18分区域回归结果和省份—行业层面也一致，各省制造业服务化提高各省全要素生产率的结果出现在中部地区，在东部地区和西部地区则没有显著的影响。

表12－16　　各省制造业产出服务化对全要素生产率影响结果

	(1)	(2)	(3)	(4)
	TFP_t	TFP_{t+1}	TFP_t	TFP_{t+1}
产出服务化$_t$	0.0177	0.0576*	0.0177	0.0576*
	(0.0290)	(0.0310)	(0.0384)	(0.0339)
省份固定效应	是	是	是	是
年份固定效应	是	是	是	是

续表

	(1)	(2)	(3)	(4)
	TFP_t	TFP_{t+1}	TFP_t	TFP_{t+1}
聚类标准误	—	—	省份	省份
常数项	1.2076***	1.0836***	1.2076***	1.0836***
	(0.1465)	(0.1582)	(0.1262)	(0.1309)
Adj_R^2	0.214	0.262	0.214	0.262
N	150	120	150	120

表12-17 分区域各省制造业服务化对全要素生产率影响结果——未聚类标准误

	(1)	(2)	(3)	(4)	(5)	(6)
	东部		中部		西部	
	TFP_t	TFP_{t+1}	TFP_t	TFP_{t+1}	TFP_t	TFP_{t+1}
产出服务化$_t$	-0.0133	0.0807	-0.0212	0.0901**	0.0362	0.0493
	(0.0636)	(0.0819)	(0.0498)	(0.0432)	(0.0487)	(0.0507)
省份固定效应	是	是	是	是	是	是
年份固定效应	是	是	是	是	是	是
聚类标准误	—	—	—	—	—	—
常数项	1.3127***	1.0204***	1.3653***	1.1220***	1.0576***	1.0978***
	(0.2429)	(0.3189)	(0.1413)	(0.1259)	(0.1816)	(0.1939)
Adj_R^2	-0.066	-0.084	0.067	0.348	0.193	0.196
N	55	44	40	32	55	44

表12-18 分区域各省制造业服务化对全要素生产率影响结果——聚类标准误

	(1)	(2)	(3)	(4)	(5)	(6)
	东部		中部		西部	
	TFP_t	TFP_{t+1}	TFP_t	TFP_{t+1}	TFP_t	TFP_{t+1}
产出服务化$_t$	-0.0133	0.0807	-0.0212	0.0901***	0.0362	0.0493
	(0.0595)	(0.0781)	(0.0556)	(0.0254)	(0.0561)	(0.0500)
省份固定效应	是	是	是	是	是	是

续表

	(1)	(2)	(3)	(4)	(5)	(6)
	东部		中部		西部	
	TFP_t	TFP_{t+1}	TFP_t	TFP_{t+1}	TFP_t	TFP_{t+1}
年份固定效应	是	是	是	是	是	是
聚类标准误	是	是	是	是	是	是
常数项	1.3127***	1.0204***	1.3653***	1.1220***	1.0576***	1.0978***
	(0.2265)	(0.3081)	(0.1712)	(0.0723)	(0.0856)	(0.1295)
Adj_R^2	-0.066	-0.084	0.067	0.348	0.193	0.196
N	55	44	40	32	55	44

表12-19报告了模型（21）各省制造业产出服务化对各省利润率的影响，从表12-19以及表12-20、表12-21分区域的回归结果可知，各省制造业产业服务化对当期和下一期的利润率没有显著影响。这一方面可能各省制造业产出服务化对各省的利润率确实没有显著影响，另一方面可能是因为从省份—行业加总到省份后样本量有限和异质性因素作用的影响。

表12-19　　　　各省制造业产出服务化对利润率影响结果

	(1)	(2)	(3)	(4)
	利润率$_t$	利润率$_{t+1}$	利润率$_t$	利润率$_{t+1}$
产出服务化$_t$	-0.1687	-0.1383	-0.1687	-0.1383
	(0.1090)	(0.1097)	(0.2336)	(0.1409)
省份固定效应	是	是	是	是
年份固定效应	是	是	是	是
聚类标准误	—	—	省份	省份
常数项	7.7797***	7.7589***	7.7797***	7.7589***
	(0.5500)	(0.5602)	(0.9360)	(0.5413)
Adj_R^2	0.839	0.874	0.839	0.874
N	150	120	150	120

表 12-20 分区域各省制造业服务化对利润率影响结果——未聚类标准误

	(1)	(2)	(3)	(4)	(5)	(6)
	东部		中部		西部	
	利润率$_t$	利润率$_{t+1}$	利润率$_t$	利润率$_{t+1}$	利润率$_t$	利润率$_{t+1}$
产出服务化$_t$	0.1618	0.1186	-0.1132	-0.1249	-0.3150*	-0.1994
	(0.2053)	(0.2492)	(0.1550)	(0.1534)	(0.1785)	(0.1764)
省份固定效应	是	是	是	是	是	是
年份固定效应	是	是	是	是	是	是
聚类标准误	—	—	—	—	—	—
常数项	6.1527***	6.5330***	1.7678***	1.2743***	6.0868***	5.4456***
	(0.7837)	(0.9706)	(0.4402)	(0.4470)	(0.6663)	(0.6741)
Adj_R^2	0.606	0.690	0.943	0.955	0.835	0.857
N	55	44	40	32	55	44

表 12-21 分区域各省制造业服务化对利润率影响结果——聚类标准误

	(1)	(2)	(3)	(4)	(5)	(6)
	东部		中部		西部	
	利润率$_t$	利润率$_{t+1}$	利润率$_t$	利润率$_{t+1}$	利润率$_t$	利润率$_{t+1}$
产出服务化$_t$	0.1618	0.1186	-0.1132	-0.1249	-0.3150	-0.1994
	(0.1414)	(0.3722)	(0.1206)	(0.1991)	(0.3349)	(0.1961)
省份固定效应	是	是	是	是	是	是
年份固定效应	是	是	是	是	是	是
聚类标准误	是	是	是	是	是	是
常数项	6.1527***	6.5330***	1.7678***	1.2743*	6.0868***	5.4456***
	(0.5426)	(1.3676)	(0.3043)	(0.5573)	(0.9845)	(0.4509)
Adj_R^2	0.606	0.690	0.943	0.955	0.835	0.857
N	55	44	40	32	55	44

表 12 - 22 报告了模型（22）各行业产出服务化对行业全要素生产率的影响结果，由表 12 - 22 可知，行业的产出服务化对全要素生产率的影响存在于当期，提高了当期的全要素生产率。表 12 - 23、表 12 - 24 是将行业分为低技术行业、中技术行业和高技术行业后的分组回归结果，由表 12 - 24 可知，行业的产出服务化提高了中技术行业的当期全要素生产率，降低了低技术行业的全要素生产率。行业的产出服务化对全要素生产率的影响应该不仅仅存在于当期，在这个问题的研究中，本研究所获得的数据在行业维度和时间维度上的减少，制约了本研究对长期效果的研究。一方面本研究目前能够获得的行业全要素生产率数据是比二位码更粗的行业，在研究行业产出服务化对全要素生产率的影响时，本研究是将国民经济行业分类二位码行业的产出服务化程度平均在更粗的行业上，更粗的行业势必造成样本量的损失，尤其在研究长期问题时样本量将损失更多，而且更粗的行业中也存在更多异质性因素的干扰；另一方面本研究能够获得的行业全要素生产率数据截至 2015 年，在这个问题的研究中，本研究的样本区间仅覆盖 2012—2015 年，这势必不利于长期问题的研究。

表 12 - 22　　各行业产出服务化对行业全要素生产率影响结果

	(1)	(2)	(3)	(4)
	TFP_t	TFP_{t+1}	TFP_t	TFP_{t+1}
产出服务化$_t$	1.8261	-3.4191	1.8261*	-3.4191
	(2.0302)	(2.4862)	(0.9944)	(5.2012)
行业固定效应	是	是	是	是
年份固定效应	是	是	是	是
聚类标准误	—	—	行业	行业
常数项	-2.7092	-2.2952	-2.7092	-2.2952
	(5.0181)	(5.7367)	(2.1307)	(2.6475)
Adj_R^2	-0.068	-0.210	-0.068	-0.210
N	76	57	76	57

表 12 - 23 分行业类型各行业服务化对全要素生产率影响结果——未聚类标准误

	(1)	(2)	(3)	(4)	(5)	(6)
	高技术行业		中技术行业		低技术行业	
	TFP_t	TFP_{t+1}	TFP_t	TFP_{t+1}	TFP_t	TFP_{t+1}
产出服务化$_t$	-0.5108	-0.8842	2.0265	-3.3828	-10.1762	1.1832
	(1.8251)	(4.0801)	(3.0938)	(3.5151)	(7.0343)	(12.5131)
行业固定效应	是	是	是	是	是	是
年份固定效应	是	是	是	是	是	是
聚类标准误	—	—	—	—	—	—
常数项	4.2135	2.4105	-4.2878	3.1223	4.8814	-3.2995
	(5.6561)	(11.7329)	(7.1323)	(8.2600)	(5.2911)	(7.2214)
Adj_R^2	-0.070	-0.270	-0.009	-0.258	-0.140	-0.486
N	12	9	40	30	24	18

表 12 - 24 分行业类型各行业服务化对全要素生产率影响结果——聚类标准误

	(1)	(2)	(3)	(4)	(5)	(6)
	高技术行业		中技术行业		低技术行业	
	TFP_t	TFP_{t+1}	TFP_t	TFP_{t+1}	TFP_t	TFP_{t+1}
产出服务化$_t$	-0.5108	-0.8842	2.0265*	-3.3828	-10.1762**	1.1832
	(1.4971)	(4.9710)	(0.9815)	(6.2887)	(2.6860)	(5.4080)
行业固定效应	是	是	是	是	是	是
年份固定效应	是	是	是	是	是	是
聚类标准误	行业	行业	行业	行业	行业	行业
常数项	4.2135	2.4105	-4.2878	3.1223	4.8814	-3.2995
	(5.0957)	(15.3836)	(2.7360)	(8.0979)	(3.1339)	(1.7120)
Adj_R^2	-0.070	-0.270	-0.009	-0.258	-0.140	-0.486
N	12	9	40	30	24	18

表 12 - 25 报告了模型（23）各行业产出服务化对行业利润率的影响，由表 12 - 25 可知产出服务化对利润率没有显著影响，通过表12 - 26、

表 12－27 的分组回归检验，发现对于高、中、低技术行业，制造业服务化对行业利润率几乎都没有显著影响。这与本研究在省份层面的研究发现几乎一致，可能制造业服务化对效率的影响确实没有通过利润率这个指标体现出来，也可能是因为对利润率的影响在短期中还没有显现出来。

表 12－25　　　　各行业产出服务化对利润率影响结果

	(1)	(2)	(3)	(4)
	利润率$_t$	利润率$_{t+1}$	利润率$_t$	利润率$_{t+1}$
产出服务化$_t$	－0.0300	－0.0656	－0.0300	－0.0656
	(0.0718)	(0.0843)	(0.0370)	(0.0550)
行业固定效应	是	是	是	是
年份固定效应	是	是	是	是
聚类标准误	—	—	行业	行业
常数项	5.7551 ***	5.6244 ***	5.7551 ***	5.6244 ***
	(0.2949)	(0.3410)	(0.0998)	(0.1023)
Adj_R^2	0.933	0.923	0.933	0.923
N	155	124	155	124

表 12－26　　　分行业类型各行业服务化对利润率影响结果——未聚类标准误

	(1)	(2)	(3)	(4)	(5)	(6)
	高技术行业		中技术行业		低技术行业	
	利润率$_t$	利润率$_{t+1}$	利润率$_t$	利润率$_{t+1}$	利润率$_t$	利润率$_{t+1}$
产出服务化$_t$	－0.0736	－0.0368	0.0138	－0.1367	－0.1141	0.2058
	(0.0671)	(0.0711)	(0.1163)	(0.1390)	(0.1309)	(0.1732)
行业固定效应	是	是	是	是	是	是
年份固定效应	是	是	是	是	是	是
聚类标准误	—	—	—	—	—	—
常数项	5.8559 ***	5.8155 ***	8.1687 ***	8.3111 ***	6.0030 ***	5.7503 ***
	(0.1748)	(0.1922)	(0.4898)	(0.5490)	(0.1897)	(0.2117)
Adj_R^2	0.989	0.988	0.812	0.780	0.981	0.979
N	30	24	75	60	50	40

表 12 – 27 分行业类型各行业服务化对利润率影响结果——聚类标准误

	(1)	(2)	(3)	(4)	(5)	(6)
	高技术行业		中技术行业		低技术行业	
	利润率$_t$	利润率$_{t+1}$	利润率$_t$	利润率$_{t+1}$	利润率$_t$	利润率$_{t+1}$
产出服务化$_t$	-0.0736	-0.0368	0.0138	-0.1367*	-0.1141	0.2058
	(0.0654)	(0.0663)	(0.0732)	(0.0770)	(0.0923)	(0.1504)
行业固定效应	是	是	是	是	是	是
年份固定效应	是	是	是	是	是	是
聚类标准误	是	是	是	是	是	是
常数项	5.8559***	5.8155***	8.1687***	8.3111***	6.0030***	5.7503***
	(0.0642)	(0.1614)	(0.3017)	(0.2081)	(0.1052)	(0.1358)
Adj_R^2	0.989	0.988	0.812	0.780	0.981	0.979
N	30	24	75	60	50	40

通过以上的实证检验，本研究发现，从产出角度度量制造业服务化程度，实证检验制造业服务化对经济效率的影响，与从投入角度度量制造业服务化程度，实证检验制造业服务化对经济效率的影响，得出了基本一致的结论，即制造业服务化能够提高经济效率。这种效果主要存在于对全要素生产率的影响，对利润率的影响并不显著，但是在分区域和分技术类型行业的异质性检验中，从产出角度度量制造业服务化程度和从投入角度度量制造业服务化程度的结果存在一些差异，包括对经济效率影响的小部分结果也存在差异，这种差异的产生是合理的。一方面投入的服务化和产出的服务化作用经济效率的机制存在差异，这会造成实证结果存在一定差异；另一方面投入服务化和产出服务化的研究时间范围存在差异，不同时间段的效果也可能存在差异；最后就是投入服务化和产出服务化来源于两种不同的数据，投入服务化的度量使用“投入产出表”，产出服务化的度量使用中国税收调查数据库，样本量的有限和数据的缺失等数据上的差异也可能影响实证结果。

三 投入服务化对经济结构影响结果

这部分报告并分析了模型（24）、模型（25）各省制造业服务化程度对各省经济结构影响的实证结果，第（一）部分报告了模型（24）各省制造业服务化程度对各省高技术产业发展影响的实证结果，第（二）部分报告了模型（25）各省制造业服务化程度对各省生产性服务业发展影响的实证结果。

（一）高技术产业

表 12－28 报告了模型（24）各省制造业服务化程度对各省高技术产业发展影响的实证结果。第（1）—（3）列是未加入任何控制的实证结果，系数π_2显著为负且在时间趋势上没有显著变化；加入省份固定效应后，第（4）—（6）列系数π_2变得不显著；进一步控制时间固定效应后，第（7）—（9）列系数π_2变为正，受制于有限的样本量会降低系数的显著性，但是当期和第 2 期系数π_2的 t 值都超过了 1，从时间维度上看系数π_2的大小和显著性都明显降低，也就是各省制造业服务化程度对高技术产业发展的促进作用主要在当期和第 2 期，长期中这种作用逐渐消失。在区域间这种效果是否存在差异，接下来的表 12－29 汇报了这种效果在区域间的异质性。

表 12－28　2002—2017 年中国各省制造业服务化对高技术产业发展影响

	(1)	(2)	(3)	(4)	(5)	(6)	(7)	(8)	(9)
	HI	HI_{t+1}	HI_{t+2}	HI	HI_{t+1}	HI_{t+2}	HI	HI_{t+1}	HI_{t+2}
服务化	－0.349	－0.39**	－0.360*	－0.060	－0.000	－0.048	0.219	0.107	0.064
(π_2)	(0.217)	(0.171)	(0.205)	(0.172)	(0.096)	(0.093)	(0.161)	(0.097)	(0.097)
省份固定效应				是	是	是	是	是	是
年份固定效应							是	是	是
常数项	6.73***	7.41***	7.20***	4.217	3.70***	4.17***	－0.528	1.464	2.400
	(1.570)	(1.257)	(1.482)	(2.530)	(1.388)	(1.368)	(2.403)	(1.439)	(1.449)
Adj_R^2	0.017	0.033	0.023	0.611	0.799	0.873	0.716	0.824	0.885
N	90	120	90	90	120	90	90	120	90

表 12－29 报告了对模型（24）按东部、中部、西部地区分组回归的结果，由表 12－29 可以看出表 12－28 各省制造业服务化程度在短期内促

进高技术产业发展的作用存在于东部地区，东部地区系数π_2为正，第（1）—（3）列可以看出，从短期到长期系数π_2的大小和显著性逐渐降低；而各省制造业服务化程度对高技术产业的发展在中部和西部地区的影响则为负，这种效果在长期中逐渐减弱。

表12-29 2002—2017年中国三大区域制造业服务化对高技术产业发展影响

	东部			中部			西部		
	(1)	(2)	(3)	(4)	(5)	(6)	(7)	(8)	(9)
	HI	HI_{t+1}	HI_{t+2}	HI	HI_{t+1}	HI_{t+2}	HI	HI_{t+1}	HI_{t+2}
服务化	0.366	0.110	0.052	0.016	-0.213	-0.042	-0.109	-0.094	-0.086
(π_2)	(0.399)	(0.230)	(0.229)	(0.113)	(0.141)	(0.116)	(0.082)	(0.067)	(0.067)
省份固定效应	是	是	是	是	是	是	是	是	是
年份固定效应	是	是	是	是	是	是	是	是	是
常数项	-3.703	1.028	2.514	0.745	2.405*	1.136	1.253	1.597*	1.457*
	(4.621)	(2.623)	(2.649)	(0.971)	(1.210)	(0.998)	(0.935)	(0.866)	(0.766)
Adj_R²	0.692	0.826	0.878	0.794	0.715	0.770	0.742	0.790	0.813
N	33	44	33	24	32	24	33	44	33

平均而言，各省制造业服务化程度在短期内促进了东部地区的高技术产业发展，降低了中部和西部地区的高技术产业发展，那么对生产性服务业发展产生了怎样的影响呢？接下来的第（二）部分分析这个问题。

（二）生产性服务业

这部分报告并分析了模型（25）各省制造业服务化程度对各省生产性服务业发展的影响，表12-30报告了相应的实证结果。从表12-30中可以看出，加入省份固定效应后，第（4）—（6）列的系数显著为负，进一步加入年份固定效应后，第（7）—（9）列的系数值仍然为负，显著性降低，从短期到长期系数值的大小和显著性都逐渐降低，这说明，平均而言，各省制造业服务化程度降低了各省生产性服务业发展而且这种效果主要存在于短期，长期中这种效果逐渐减弱。这种效果在区域间是否存在差异，接下来表12-31报告了相应的实证结果。

表 12－30　　2002—2017 年中国各省制造业服务化对生产性服务业发展影响

	(1)	(2)	(3)	(4)	(5)	(6)	(7)	(8)	(9)
	PS	PS_{t+1}	PS_{t+2}	PS	PS_{t+1}	PS_{t+2}	PS	PS_{t+1}	PS_{t+2}
服务化	－0.167	0.308	0.339	－0.8***	－0.139	－0.140*	－0.254	－0.073	－0.059
ρ_2	(0.206)	(0.210)	(0.215)	(0.268)	(0.087)	(0.081)	(0.218)	(0.096)	(0.086)
省份固定效应				是	是	是	是	是	是
年份固定效应							是	是	是
常数项	13.6***	13.3***	13.3***	32.8***	37.8***	38.6***	25.1***	36.8***	37.4***
	(1.545)	(1.575)	(1.612)	(4.236)	(1.382)	(1.278)	(3.388)	(1.499)	(1.341)
Adj_R^2	－0.006	0.019	0.024	0.060	0.906	0.924	0.510	0.910	0.932
N	60	60	60	60	60	60	60	60	60

表 12－31　　2002—2017 年中国三大区域制造业服务化对生产性服务业发展影响

	东部			中部			西部		
	(1)	(2)	(3)	(4)	(5)	(6)	(7)	(8)	(9)
	PS	PS_{t+1}	PS_{t+2}	PS	PS_{t+1}	PS_{t+2}	PS	PS_{t+1}	PS_{t+2}
服务化	－0.622	－0.261	－0.268	－0.144	0.170	0.325*	－0.27***	－0.053	－0.010
ρ_2	(0.549)	(0.243)	(0.199)	(0.174)	(0.187)	(0.167)	(0.056)	(0.041)	(0.062)
省份固定效应	是	是	是	是	是	是	是	是	是
年份固定效应	是	是	是	是	是	是	是	是	是
常数项	27.5***	38.3***	39.0***	11.2***	12.4***	11.2***	12.9***	15.2***	14.9***
	(6.703)	(2.965)	(2.429)	(1.339)	(1.446)	(1.291)	(0.661)	(0.483)	(0.727)
Adj_R^2	0.479	0.909	0.942	0.933	0.815	0.861	0.959	0.940	0.889
N	22	22	22	16	16	16	22	22	22

表 12－31 报告了对模型（25）按东部、中部、西部地区分组回归的实证结果。由表 12－31 可以看出，平均而言，各省制造业服务化程度在东部地区和西部地区降低了生产性服务业的发展，长期中这种效果呈减弱趋势或消失，在东部地区长期中这种效果减弱；在西部地区长期中这

种效果好似消失；在中部地区，平均来看，各省制造业服务化程度长期中促进了各省生产性服务业发展。

这部分从行业和省份维度研究制造业服务化对经济效率和经济结构的影响，整体上发现，制造业服务化程度长期中提高了效率，对经济结构的影响主要存在于短期，短期中促进了高技术产业的发展，降低了生产性服务业的发展，这些效果在不同技术类型的行业间和不同区域间存在一定差异。那么制造业信息化对经济效率和经济结构产生了怎样的影响？接下来的第五节研究这个问题。

第五节 制造业信息化对经济效率和经济结构影响的实证结果

类似上一节，这节将依次报告并分析模型（26）—（31）制造业信息化对经济效率和经济结构影响的实证结果，第一部分报告并分析模型（26）—（29）制造业信息化对经济效率影响的实证结果，第二部分报告并分析模型（30）、模型（31）制造业信息化对经济结构影响的实证结果，并进一步检验结果在不同技术类型行业之间和三大区域之间的异质性。由上一章分析可知，制造业信息化主要由信息制造业的发展驱动，这节在分析制造业信息化的经济影响时检验了排除信息业后的制造业信息化的经济影响。

一 经济效率

这部分将报告并分析模型（26）—（29）制造业信息化程度对经济效率影响的实证结果，第1部分报告并分析模型（26）、模型（27）中国制造业各行业信息化程度对各行业全要素生产率和利润率影响的实证结果，第2部分报告并分析模型（28）、模型（29）中国各省制造业信息化程度对各省全要素生产率和利润率影响的实证结果。

（一）行业效率

这部分报告并分析模型（26）、模型（27）中国制造业各行业信息化程度对行业全要素生产率和利润率影响的实证结果。

表12－32报告了模型（26）1987—2015年中国制造业各行业信息化程度对行业全要素生产率影响的实证结果，由表12－32可以看出各行业

制造业信息化程度对行业全要素生产率的影响短期中为正向影响，长期则为负向影响，这个结果在施加更严格的控制后则更为显著，从第(7)—(9)列可以看出，系数值的绝对值逐渐增大而且显著性逐渐变强。因为制造业与服务业和信息业的融合主要从2000年以后开始，接下来表12-33报告了2000年以后的实证结果。

表12-32　1987—2015年中国制造业信息化对行业全要素生产率影响

	(1)	(2)	(3)	(4)	(5)	(6)	(7)	(8)	(9)
	TFP	TFP_{t+1}	TFP_{t+2}	*TPF*	TFP_{t+1}	TFP_{t+2}	*TFP*	TFP_{t+1}	TFP_{t+2}
信息化	0.37***	0.036	-0.037	0.183	-0.826*	-1.02**	0.338	-0.509	-1.18**
	(0.108)	(0.090)	(0.093)	(0.591)	(0.464)	(0.472)	(0.680)	(0.519)	(0.479)
行业固定效应				是	是	是	是	是	是
年份固定效应							是	是	是
常数项	1.428	1.506	3.27***	0.550	4.487	-0.498	-1.880	-1.027	-15***
	(1.330)	(1.098)	(1.130)	(5.066)	(4.036)	(4.111)	(6.416)	(4.856)	(4.480)
Adj_R²	0.062	-0.006	-0.006	0.005	0.009	0.029	-0.003	0.059	0.243
N	160	144	144	160	144	144	160	144	144

表12-33　2002—2015年中国制造业信息化对行业全要素生产率影响

	(1)	(2)	(3)	(4)	(5)	(6)	(7)	(8)	(9)
	TFP	TFP_{t+1}	TFP_{t+2}	*TPF*	TFP_{t+1}	TFP_{t+2}	*TFP*	TFP_{t+1}	TFP_{t+2}
信息化	0.37***	0.049	-0.146	-3.4***	0.137	-0.697	-3.88***	0.542	-0.623
	(0.120)	(0.087)	(0.105)	(1.138)	(0.984)	(1.028)	(1.122)	(0.985)	(1.043)
行业固定效应				是	是	是	是	是	是
年份固定效应							是	是	是
常数项	0.393	-0.171	3.300**	7.154	2.363	-1.389	13.511**	4.225	-4.124
	(1.627)	(1.174)	(1.411)	(5.077)	(4.505)	(4.705)	(5.633)	(4.938)	(5.226)
Adj_R²	0.082	-0.009	0.012	0.332	-0.113	0.177	0.373	-0.069	0.188
N	96	80	80	96	80	80	96	80	80

表12－33报告了模型（26）2002—2015年中国制造业各行业信息化程度对行业全要素生产率影响的实证结果，由表12－33可以看出制造业各行业信息化程度对行业全要素生产率的影响主要在短期，短期中降低了行业的全要素生产率，长期中则没有显著影响。这种效果在不同技术类型的行业间是否存在差异，表12－34汇报了表12－33的结果在低技术行业、中技术行业和高技术行业之间的差异。

表12－34对模型（26）按低技术行业、中技术行业和高技术行业进行分组回归，由表12－34可知，在低技术行业中，制造业各行业信息化程度上升短期中降低了行业的全要素生产率，长期中提高了行业的全要素生产率；对于中技术行业和高技术行业，行业的信息化程度在短期中降低了行业的全要素生产率，长期中则没有显著影响。那么制造业信息化程度对行业的利润率又会产生怎样的影响？接下来的表12－35、12－36报告了相应的实证结果。

表12－34　2002—2015年中国制造业不同技术类型行业信息化对行业全要素生产率影响

	低技术行业			中技术行业			高技术行业		
	(1)	(2)	(3)	(4)	(5)	(6)	(7)	(8)	(9)
	TFP	TFP_{t+1}	TFP_{t+2}	*TPF*	TFP_{t+1}	TFP_{t+2}	*TFP*	TFP_{t+1}	TFP_{t+2}
信息化	-8.097	1.155	11.447	-2.290	1.389	-1.271	-2.438	0.288	0.737
	(7.559)	(9.061)	(9.662)	(2.089)	(2.667)	(2.433)	(2.720)	(1.517)	(1.151)
行业固定效应	是	是	是	是	是	是	是	是	是
年份固定效应	是	是	是	是	是	是	是	是	是
常数项	10.496	0.578	-13.694	9.553*	-2.684	14.9***	37.554**	9.081	-0.397
	(7.879)	(8.966)	(9.560)	(4.906)	(5.695)	(5.194)	(12.799)	(6.576)	(4.988)
Adj_R^2	0.302	-0.038	0.223	0.214	-0.113	0.372	0.152	-0.462	0.173
N	42	35	35	36	30	30	18	15	15

表12－35报告了模型（27）制造业行业信息化程度对行业利润率影响的实证结果，由表12－35可以看出，在进行严格的控制之后，行业信

息化程度对行业利润率的影响短期中为负，长期中则不显著。接下来的表 12－36 为按行业技术类型分组回归的结果。

表 12－35　　2002—2015 年中国制造业信息化对行业利润率影响

	(1)	(2)	(3)	(4)	(5)	(6)	(7)	(8)	(9)
	Prorat	$Prorat_{t+1}$	$Prorat_{t+2}$	*Prorat*	$Prorat_{t+1}$	$Prorat_{t+2}$	*Prorat*	$Prorat_{t+1}$	$Prorat_{t+2}$
信息化	－0. 010	－0. 010	－0. 006	－0. 092	－0. 095	－0. 033	－0. 119*	－0. 102	－0. 056
	(0. 013)	(0. 014)	(0. 013)	(0. 098)	(0. 096)	(0. 071)	(0. 066)	(0. 081)	(0. 069)
行业固定效应				是	是	是	是	是	是
年份固定效应							是	是	是
常数项	5. 85***	5. 760***	6. 139***	7. 18***	7. 16***	7. 59***	5. 63***	6. 22***	6. 97***
	(0. 175)	(0. 190)	(0. 179)	(0. 458)	(0. 450)	(0. 326)	(0. 369)	(0. 446)	(0. 364)
Adj_R^2	－0. 003	－0. 004	－0. 007	0. 482	0. 578	0. 752	0. 770	0. 712	0. 775
N	127	128	112	127	128	112	127	128	112

表 12－36　　2002—2015 年中国制造业不同技术类型行业信息化对行业利润率影响

	低技术行业			中技术行业			高技术行业		
	(1)	(2)	(3)	(4)	(5)	(6)	(7)	(8)	(9)
	Prorat	$Prorat_{t+1}$	$Prorat_{t+2}$	*Prorat*	$Prorat_{t+1}$	$Prorat_{t+2}$	*Prorat*	$Prorat_{t+1}$	$Prorat_{t+2}$
信息化	－0. 317	－0. 417	0. 094	－0. 050	－0. 122	0. 027	－0. 19**	－0. 179*	－0. 136
	(0. 369)	(0. 316)	(0. 307)	(0. 225)	(0. 303)	(0. 228)	(0. 068)	(0. 089)	(0. 107)
行业固定效应	是	是	是	是	是	是	是	是	是
年份固定效应	是	是	是	是	是	是	是	是	是
常数项	5. 482***	5. 97***	6. 80***	1. 054*	1. 066	2. 29***	5. 77***	6. 153***	5. 73***
	(0. 415)	(0. 349)	(0. 327)	(0. 597)	(0. 806)	(0. 552)	(0. 420)	(0. 543)	(0. 620)
Adj_R^2	0. 830	0. 855	0. 816	0. 699	0. 599	0. 740	0. 884	0. 815	0. 778
N	55	56	49	48	48	42	24	24	21

表 12－36 是对模型（27）按低技术行业、中技术行业和高技术行业

分组回归的结果，由表 12－36 可知，行业的制造业信息化程度对低技术行业和中技术行业的利润率没有显著影响，对高技术行业则降低了行业的利润率，但是这种影响长期中呈减弱趋势。

表 12－32 至表 12－36 报告的制造业行业信息化程度对行业效率影响的结果并没有排除信息制造业的影响，接下来表 12－37 至表 12－41 报告了排除信息制造业后的制造业行业信息化程度对行业效率影响的实证结果。

表 12－37 报告了模型（26）1987—2015 年中国制造业排除信息业后的行业信息化程度对行业全要素生产率影响的实证结果，由表 12－37 可以看出行业信息化程度短期中提高了行业的全要素生产率，长期中则降低了行业的全要素生产率，尤其在施加严格的控制之后，这个结果更加明显，系数值更大、更显著。进入 2000 年之后的结果又是怎样的？表 12－38汇报了 2000 年以来的实证结果。

表 12－37　1987—2015 年中国制造业信息化（不含信息制造业）对行业全要素生产率影响

	(1)	(2)	(3)	(4)	(5)	(6)	(7)	(8)	(9)
	TFP	TFP_{t+1}	TFP_{t+2}	TPF	TFP_{t+1}	TFP_{t+2}	TFP	TFP_{t+1}	TFP_{t+2}
信息化	0.77***	－0.126	－0.356	1.210	－1.25**	－1.098*	1.516*	－1.087*	－1.39**
	(0.285)	(0.242)	(0.248)	(0.753)	(0.589)	(0.606)	(0.856)	(0.649)	(0.609)
行业固定效应				是	是	是	是	是	是
年份固定效应							是	是	是
常数项	0.722	1.740	3.71***	0.373	4.563	－0.485	－1.590	－2.228	－15***
	(1.381)	(1.161)	(1.188)	(5.029)	(4.056)	(4.174)	(6.420)	(4.906)	(4.602)
Adj_R^2	0.041	－0.005	0.008	－0.019	0.022	0.024	－0.016	0.085	0.241
N	150	135	135	150	135	135	150	135	135

表 12－38 报告了模型（26）2002—2015 年排除信息业后的中国制造业行业信息化程度对行业全要素生产率影响的实证结果，由表 12－38 可知进行严格的控制后，排除信息制造业后，制造业行业信息化程度短期

中降低了行业的全要素生产率，长期中则没有显著影响。这种效果在不同技术类型行业间有哪些差异？表 12－39 报告了相应的实证结果，因为信息制造业属于高技术行业，异质性结果主要看高技术行业有哪些变化。

表 12－38　2002—2015 年中国制造业信息化（不含信息制造业）对行业全要素生产率影响

	(1)	(2)	(3)	(4)	(5)	(6)	(7)	(8)	(9)
	TFP	TFP_{t+1}	TFP_{t+2}	*TPF*	TFP_{t+1}	TFP_{t+2}	*TFP*	TFP_{t+1}	TFP_{t+2}
信息化	0.97***	－0.040	－0.51**	－2.218	0.840	－1.237	－3.068**	0.873	－1.086
	(0.284)	(0.214)	(0.253)	(1.559)	(1.400)	(1.457)	(1.525)	(1.413)	(1.472)
行业固定效应				是	是	是	是	是	是
年份固定效应							是	是	是
常数项	－0.900	0.002	4.05***	6.846	2.151	－1.226	14.070**	3.661	－4.000
	(1.655)	(1.270)	(1.501)	(5.166)	(4.625)	(4.813)	(5.745)	(5.161)	(5.376)
Adj_R^2	0.107	－0.013	0.040	0.277	－0.113	0.183	0.338	－0.080	0.206
N	90	75	75	90	75	75	90	75	75

表 12－39　2002—2015 年中国制造业（不含信息制造业）不同技术类型行业信息化对行业全要素生产率影响

	低技术行业			中技术行业			高技术行业		
	(1)	(2)	(3)	(4)	(5)	(6)	(7)	(8)	(9)
	TFP	TFP_{t+1}	TFP_{t+2}	*TPF*	TFP_{t+1}	TFP_{t+2}	*TFP*	TFP_{t+1}	TFP_{t+2}
信息化	－8.097	1.155	11.447	－2.290	1.389	－1.271	－3.552	0.645	－0.415
	(7.559)	(9.061)	(9.662)	(2.089)	(2.667)	(2.433)	(3.782)	(3.034)	(1.701)
行业固定效应	是	是	是	是	是	是	是	是	是
年份固定效应	是	是	是	是	是	是	是	是	是
常数项	10.496	0.578	－13.694	9.553*	－2.684	14.9***	52.517**	7.299	－1.513
	(7.879)	(8.966)	(9.560)	(4.906)	(5.695)	(5.194)	(15.165)	(11.084)	(6.213)
Adj_R^2	0.302	－0.038	0.223	0.214	－0.113	0.372	0.336	－1.118	0.299
N	42	35	35	36	30	30	12	10	10

表 12 - 39 报告了排除信息制造业后对模型（26）按低技术行业、中技术行业和高技术行业进行分组回归的结果，因为信息制造业属于高技术行业，低技术行业和中技术行业的回归结果并不受影响，高技术行业组的回归结果会受影响。由表 12 - 39 可知，排除信息制造业，行业制造业信息化程度对高技术行业的全要素生产率仍然没有影响。

表 12 - 40 报告了排除信息制造业后制造业行业信息化程度对行业利润率影响的实证结果，由表 12 - 40 第（7）—（9）列可知，进行严格控制后，制造业行业信息化程度降低了行业利润率，这种影响在长期和短期都存在，短期和长期中的系数值大小和显著性基本没有发生变化。在分组检验中，排除信息制造业后在高技术产业组中的影响是否发生变化，表 12 - 41 报告了相应的实证结果。

表 12 - 40　2002—2015 年中国制造业（不含信息制造业）信息化对行业利润率影响

	(1)	(2)	(3)	(4)	(5)	(6)	(7)	(8)	(9)
	Prorat	$Prorat_{t+1}$	$Prorat_{t+2}$	*Prorat*	$Prorat_{t+1}$	$Prorat_{t+2}$	*Prorat*	$Prorat_{t+1}$	$Prorat_{t+2}$
信息化	0.01***	0.110***	0.136***	-0.28**	-0.28**	-0.143	-0.139	-0.166	-0.135
	(0.031)	(0.034)	(0.030)	(0.142)	(0.139)	(0.098)	(0.097)	(0.119)	(0.096)
行业固定效应				是	是	是	是	是	是
年份固定效应							是	是	是
常数项	5.64***	5.514***	5.853***	7.24***	7.21***	7.62***	5.59***	6.24***	7.05***
	(0.181)	(0.195)	(0.174)	(0.463)	(0.456)	(0.328)	(0.385)	(0.467)	(0.375)
Adj_R^2	0.065	0.074	0.157	0.484	0.578	0.751	0.766	0.703	0.769
N	119	120	105	119	120	105	119	120	105

表 12 - 41 报告排除信息制造业后按低技术行业、中技术行业和高技术行业对模型（27）进行分组回归的实证结果，主要是高技术行业组排除信息制造业后的回归结果有哪些变化。由表 12 - 41 可知，制造业信息

化程度降低了高技术行业的利润率但是显著性明显降低，这说明高技术行业降低行业利润率的作用在信息制造业中更强。

表 12－41　　2002—2015 年中国制造业（不含信息制造业）不同技术类型行业信息化对行业利润率影响

	低技术行业			中技术行业			高技术行业		
	(1)	(2)	(3)	(4)	(5)	(6)	(7)	(8)	(9)
	Prorat	$Prorat_{t+1}$	$Prorat_{t+2}$	*Prorat*	$Prorat_{t+1}$	$Prorat_{t+2}$	*Prorat*	$Prorat_{t+1}$	$Prorat_{t+2}$
信息化	－0.317	－0.417	0.094	－0.050	－0.122	0.027	－0.169	－0.262	－0.292
	(0.369)	(0.316)	(0.307)	(0.225)	(0.303)	(0.228)	(0.135)	(0.197)	(0.224)
行业固定效应	是	是	是	是	是	是	是	是	是
年份固定效应	是	是	是	是	是	是	是	是	是
常数项	5.482***	5.97***	6.80***	1.054*	1.066	2.29***	5.45***	6.252***	5.96***
	(0.415)	(0.349)	(0.327)	(0.597)	(0.806)	(0.552)	(0.610)	(0.890)	(0.973)
Adj_R^2	0.830	0.855	0.816	0.699	0.599	0.740	0.762	0.414	0.204
N	55	56	49	48	48	42	16	16	14

以上是对制造业行业信息化程度对行业效率影响的分析，那么各省制造业信息化程度对各省效率产生了怎样影响？接下来第（二）部分分析这个问题。

（二）省份效率

这部分报告并分析模型（28）、模型（29）各省制造业信息化程度对各省经济效率影响的实证结果。

表 12－42 报告了模型（28）各省制造业信息化程度对各省全要素生产率影响的实证结果。由表 12－42 可以看出，进行严格控制后，系数γ'_2的 t 值都小于 1，这说明各省的制造业信息化程度似乎对各省的全要素生产率并没有影响。这种效果在地区间是否存在差异呢？表 12－43 报告了分组回归的结果。

表 12-42　2002—2017 年中国各省制造业信息化对全要素生产率影响

	(1)	(2)	(3)	(4)	(5)	(6)	(7)	(8)	(9)
	TFP	TFP_{t+1}	TFP_{t+2}	*TPF*	TFP_{t+1}	TFP_{t+2}	*TFP*	TFP_{t+1}	TFP_{t+2}
服务化	0.013	0.006	0.010	0.074	0.037	0.022	0.013	-0.026	0.011
(γ'_2)	(0.016)	(0.015)	(0.012)	(0.050)	(0.046)	(0.038)	(0.015)	(0.015)	(0.014)
省份固定效应				是	是	是	是	是	是
年份固定效应							是	是	是
常数项	1.51***	1.38***	1.28***	0.678	0.969	0.746	0.529**	1.515***	1.60***
	(0.098)	(0.090)	(0.075)	(0.876)	(0.807)	(0.668)	(0.265)	(0.272)	(0.248)
Adj_R²	-0.003	-0.007	-0.003	-0.269	-0.290	-0.239	0.887	0.857	0.833
N	120	120	120	120	120	120	120	120	120

表 12-43 报告了对模型（28）按东部、中部、西部进行分组回归的结果，由表 12-43 可以看出，系数γ'_2的 t 值几乎都小于 1，这说明不论在东部、中部还是西部地区，平均来看，省份的制造业信息化程度似乎对省份的全要素生产率没有影响。那么对省份的利润率是否存在影响？表 12-44、表 12-45 报告了相应的实证结果。

表 12-43　2002—2017 年中国三大区域制造业信息化对全要素生产率影响

	东部			中部			西部		
	(1)	(2)	(3)	(4)	(5)	(6)	(7)	(8)	(9)
	TFP	TFP_{t+1}	TFP_{t+2}	*TPF*	TFP_{t+1}	TFP_{t+2}	*TFP*	TFP_{t+1}	TFP_{t+2}
服务化	-0.001	-0.011	0.017	0.001	-0.074	0.027	0.011	-0.034	-0.007
(γ'_2)	(0.023)	(0.025)	(0.024)	(0.061)	(0.066)	(0.059)	(0.022)	(0.025)	(0.022)
省份固定效应	是	是	是	是	是	是	是	是	是
年份固定效应	是	是	是	是	是	是	是	是	是
常数项	0.686*	1.36***	1.59***	0.201	1.27***	1.80***	0.841***	1.064***	2.13***
	(0.369)	(0.408)	(0.397)	(0.177)	(0.191)	(0.170)	(0.145)	(0.165)	(0.141)
Adj_R²	0.895	0.849	0.809	0.919	0.836	0.835	0.895	0.871	0.848
N	44	44	44	32	32	32	44	44	44

表 12－44 报告了模型（29）各省制造业信息化程度对各省利润率影响的实证结果，可以看出在进行严格控制之后，系数 θ'_2 的 t 值远小于 1，这似乎也说明，平均来看，省份的制造业信息化程度对省份的利润率没有影响。这种效果在地区间是否存在差异？表 12－45 报告了相应的实证结果。

表 12－44　2002—2017 年中国各省制造业信息化对利润率影响

	(1)	(2)	(3)	(4)	(5)	(6)	(7)	(8)	(9)
	$Prorat$	$Prorat_{t+1}$	$Prorat_{t+2}$	$Prorat$	$Prorat_{t+1}$	$Prorat_{t+2}$	$Prorat$	$Prorat_{t+1}$	$Prorat_{t+2}$
服务化	-0.064	-0.067	0.008	-0.071	-0.056	0.017	-0.068	-0.044	0.077
(θ'_2)	(0.058)	(0.055)	(0.068)	(0.134)	(0.120)	(0.182)	(0.119)	(0.120)	(0.182)
省份固定效应				是	是	是	是	是	是
年份固定效应							是	是	是
常数项	6.99***	6.676***	6.25***	8.336***	7.00***	6.533**	6.60***	6.37***	6.247*
	(0.356)	(0.339)	(0.416)	(2.361)	(2.108)	(3.194)	(2.086)	(2.117)	(3.206)
Adj_R^2	0.002	0.004	-0.008	0.308	0.392	0.065	0.473	0.401	0.080
N	120	120	120	120	120	120	120	120	120

表 12－45 报告了对模型（29）按东部、中部、西部分组回归的结果。由表 12－45 可以看出省份的制造业信息化程度对省份利润率的影响在区域间存在差异，在东部地区，平均来看，省份的制造业信息化程度降低了省份的利润率，这种效果长期呈减弱趋势；在中部地区，平均来看，省份的制造业信息化程度提高了省份的利润率，这种效果长期也是呈减弱趋势；在西部地区，平均来看，省份的制造业信息化程度对省份的利润率也呈正向影响，长期呈减弱趋势，但是这种影响的大小和显著性低于中部地区。

表 12－45 2002—2017 年中国三大区域制造业信息化对利润率影响

	东部			中部			西部		
	(1)	(2)	(3)	(4)	(5)	(6)	(7)	(8)	(9)
	$Prorat$	$Prorat_{t+1}$	$Prorat_{t+2}$	$Prorat$	$Prorat_{t+1}$	$Prorat_{t+2}$	$Prorat$	$Prorat_{t+1}$	$Prorat_{t+2}$
服务化	－0.23***	－0.17**	－0.133*	1.68***	1.619**	1.335*	0.203	0.150	0.397
(θ'_2)	(0.064)	(0.065)	(0.072)	(0.554)	(0.595)	(0.649)	(0.203)	(0.222)	(0.435)
省份固定效应	是	是	是	是	是	是	是	是	是
年份固定效应	是	是	是	是	是	是	是	是	是
常数项	9.802***	8.52***	8.57***	2.046	3.126*	3.339*	5.9***	6.742***	8.63***
	(1.048)	(1.064)	(1.177)	(1.602)	(1.719)	(1.876)	(1.321)	(1.448)	(2.838)
Adj_R^2	0.618	0.434	0.457	0.586	0.506	0.241	0.621	0.487	0.054
N	44	44	44	32	32	32	44	44	44

以上对省份制造业信息化程度对省份经济效率的影响的分析并没有排除信息制造业，排除信息制造业后的结果是否会存在差异？表 12－46 至表12－49是排除信息制造业后的实证结果。

表 12－46 2002—2017 年中国各省制造业信息化（不含信息制造业）对全要素生产率影响

	(1)	(2)	(3)	(4)	(5)	(6)	(7)	(8)	(9)
	TFP	TFP_{t+1}	TFP_{t+2}	TPF	TFP_{t+1}	TFP_{t+2}	TFP	TFP_{t+1}	TFP_{t+2}
服务化	－0.047	－0.041	0.094	－0.137	－0.102	0.100	0.086*	－0.010	－0.036
	(0.091)	(0.084)	(0.070)	(0.157)	(0.143)	(0.118)	(0.047)	(0.050)	(0.045)
省份固定效应				是	是	是	是	是	是
年份固定效应							是	是	是
常数项	1.61***	1.44***	1.23***	1.99***	1.68***	0.915**	0.557***	1.157***	1.83***
	(0.117)	(0.107)	(0.090)	(0.537)	(0.492)	(0.405)	(0.169)	(0.179)	(0.161)
Adj_R^2	－0.006	－0.006	0.007	－0.289	－0.292	－0.234	0.890	0.853	0.833
N	120	120	120	120	120	120	120	120	120

表 12－46 报告了排除信息制造业后模型（28）各省制造业信息化程度对各省全要素生产率的影响。由表 12－46 可知，排除信息制造业后，短期中各省制造业信息化程度提高了各省全要素生产率，长期中没有影响。这种效果在区域间是否存在差异？表 12－47 报告了相应的实证结果。

表 12－47 报告了排除信息制造业后对模型（28）按东部、中部、西部分组回归的结果。由表 12－47 可知，排除信息制造业后，在东部地区，平均来看，各省制造业信息化程度短期中提高了省份的全要素生产率，长期中则降低了省份的全要素生产率，长期中这种趋势逐渐减弱；对于中部地区，平均来看，省份的制造业信息化程度长期中降低了省份的全要素生产率，这种效果相比东部地区要弱；在西部地区，排除信息制造业后省份的制造业信息化程度似乎对省份的全要素生产率没有影响。那么排除信息制造业后省份的制造业信息化程度对利润率是怎样的影响？接下来的表 12－48、表 12－49 报告了相应的实证结果。

表 12－47　2002—2017 年中国三大区域制造业信息化（不含信息制造业）对全要素生产率影响

	东部			中部			西部		
	(1)	(2)	(3)	(4)	(5)	(6)	(7)	(8)	(9)
	TFP	TFP_{t+1}	TFP_{t+2}	TPF	TFP_{t+1}	TFP_{t+2}	TFP	TFP_{t+1}	TFP_{t+2}
服务化	0.201**	-0.199*	-0.042	0.050	-0.216	-0.177	0.003	0.090	-0.019
	(0.096)	(0.108)	(0.112)	(0.170)	(0.183)	(0.159)	(0.054)	(0.061)	(0.052)
省份固定效应	是	是	是	是	是	是	是	是	是
年份固定效应	是	是	是	是	是	是	是	是	是
常数项	0.311	1.55***	1.92***	0.176	1.28***	1.93***	0.848***	0.979***	2.14***
	(0.226)	(0.255)	(0.262)	(0.177)	(0.190)	(0.165)	(0.148)	(0.168)	(0.144)
Adj_R^2	0.908	0.864	0.807	0.919	0.837	0.843	0.895	0.872	0.848
N	44	44	44	32	32	32	44	44	44

表 12－48 报告了排除信息制造业后对模型（29）的回归结果，由表 12－48 可知在进行严格控制之后，平均来看，省份的制造业信息化程度

似乎对利润率没有影响。这种效果在区域间是否存在差异，表 12 - 49 报告了相应的实证结果。

表 12 - 48 2002—2017 年中国各省制造业信息化（不含信息制造业）对利润率影响

	(1)	(2)	(3)	(4)	(5)	(6)	(7)	(8)	(9)
	Prorat	$Prorat_{t+1}$	$Prorat_{t+2}$	*Prorat*	$Prorat_{t+1}$	$Prorat_{t+2}$	*Prorat*	$Prorat_{t+1}$	$Prorat_{t+2}$
服务化	-0.568*	-0.390	0.123	-0.513	-0.148	0.200	-0.102	-0.004	0.071
	(0.330)	(0.316)	(0.389)	(0.417)	(0.374)	(0.567)	(0.379)	(0.384)	(0.582)
省份固定效应				是	是	是	是	是	是
年份固定效应							是	是	是
常数项	7.30***	6.799***	6.16***	8.110***	6.41***	6.47***	5.79***	5.73***	7.24***
	(0.423)	(0.405)	(0.498)	(1.427)	(1.283)	(1.943)	(1.354)	(1.373)	(2.080)
Adj_R^2	0.016	0.004	-0.008	0.317	0.391	0.066	0.472	0.400	0.078
N	120	120	120	120	120	120	120	120	120

表 12 - 49 2002—2017 年中国三大区域制造业信息化（不含信息制造业）对利润率影响

	东部			中部			西部		
	(1)	(2)	(3)	(4)	(5)	(6)	(7)	(8)	(9)
	Prorat	$Prorat_{t+1}$	$Prorat_{t+2}$	*Prorat*	$Prorat_{t+1}$	$Prorat_{t+2}$	*Prorat*	$Prorat_{t+1}$	$Prorat_{t+2}$
服务化	-0.090	-0.609*	-0.88***	3.792**	3.995**	3.499*	-0.041	0.109	-0.006
	(0.352)	(0.310)	(0.307)	(1.657)	(1.717)	(1.825)	(0.498)	(0.541)	(1.067)
省份固定效应	是	是	是	是	是	是	是	是	是
年份固定效应	是	是	是	是	是	是	是	是	是
常数项	6.54***	7.11***	8.199***	2.522	3.396*	3.450*	6.06***	6.80***	8.96***
	(0.827)	(0.729)	(0.720)	(1.725)	(1.787)	(1.900)	(1.370)	(1.487)	(2.935)
Adj_R^2	0.448	0.384	0.528	0.521	0.467	0.223	0.608	0.480	0.026
N	44	44	44	32	32	32	44	44	44

表 12 -49 报告了排除信息制造业后对模型（29）按区域分组回归的实证结果。由表 12 -49 可知，排除信息制造业后，东部地区平均来看，省份的制造业信息化程度长期中降低了省份的利润率，这种效果长期中呈加强趋势；对中部地区则提高了省份的利润率，长期中这种趋势有微小的减缓趋势；在西部地区似乎没有影响。

以上第（一）部分对制造业信息化程度对经济效率影响的研究发现，不论是在行业维度还是省份维度，不论是长短期的结果还是分区域的结果，几乎没有发现制造业信息化程度对经济效率较强的正向影响。原因可能有以下几方面：首先是技术扩散的延迟效应，许多对信息技术的研究都发现，信息技术的使用在相当长的一段时间里没有促进生产率的提高（Morrison and Berndt，1991；Loveman，1993；Oliner and Sichel，1994），这可能是由于技术的扩散存在延迟效应，新技术的引入到产生效果需要一定时间，因为企业需要时间调整与新技术相匹配的组织结构、进行与新技术相匹配的互补投资等（Pilat，2004）；其次，一些研究发现中国服务业全要素生产率在 2008 年以后出现大幅下降（江飞涛、张钟文，2022），可能是中国服务业全要素生产率的下降导致制造业信息化没有发挥出提高效率的作用；最后，可能是中国制造业各行业的信息要素投入并不充分导致信息要素没有产生相应的经济效果，上一章的研究发现，中国制造业各行业的信息化程度差异非常大，主要是信息制造业驱动了中国制造业的信息化，然后除了仪器仪表行业的信息化程度高于全国均值和全国融合水平以外，制造业其他行业的信息化程度几乎都远低于全国均值和全国融合水平。那么制造业信息化程度对经济结构有怎样的影响？接下来的第二部分将分析这个问题。

二　经济结构

这部分将依次报告并分析模型（30）、（31）各省制造业信息化程度对各省经济结构影响的实证结果，第（一）部分报告并分析模型（30）省份制造业信息化程度对省份高技术产业发展影响的实证结果，第（二）部分报告并分析模型（31）省份制造业信息化程度对省份生产性服务业发展影响的实证结果。

（一）高技术产业

这部分报告并分析了模型（30）省份制造业信息化程度对省份高技术产业发展影响的实证结果。由表 12－50 可知，各省制造业信息化程度上升促进了各省的高技术产业发展，长期中这种效果呈减弱趋势，施加更严格的控制后这种效果仍然存在，只是系数值的大小和显著性有所降低。这种效果在区域间是否存在差异，表 12－51 报告了按区域分组回归的实证结果。

表 12－50　2002—2017 年中国各省制造业信息化对高技术产业发展影响

	(1)	(2)	(3)	(4)	(5)	(6)	(7)	(8)	(9)
	HI	HI_{t+1}	HI_{t+2}	HI	HI_{t+1}	HI_{t+2}	HI	HI_{t+1}	HI_{t+2}
信息化	0.73***	0.72***	0.75***	0.480*	0.41***	0.208	0.413*	0.393***	0.209
	(0.094)	(0.068)	(0.083)	(0.257)	(0.110)	(0.141)	(0.224)	(0.104)	(0.135)
省份固定效应				是	是	是	是	是	是
年份固定效应							是	是	是
常数项	1.70***	2.00***	2.02***	－4.426	－2.366	0.233	－5.306	－3.244*	－0.484
	(0.576)	(0.418)	(0.511)	(4.772)	(1.932)	(2.612)	(4.165)	(1.834)	(2.501)
Adj_R^2	0.400	0.483	0.475	0.632	0.826	0.877	0.724	0.847	0.889
N	90	120	90	90	120	90	90	120	90

表 12－51　2002—2017 年中国三大区域制造业信息化对高技术产业发展影响

	东部			中部			西部		
	(1)	(2)	(3)	(4)	(5)	(6)	(7)	(8)	(9)
	HI	HI_{t+1}	HI_{t+2}	HI	HI_{t+1}	HI_{t+2}	HI	HI_{t+1}	HI_{t+2}
信息化	0.350	0.143	－0.026	0.305	0.553**	0.319	0.300**	0.350***	0.29***
	(0.448)	(0.230)	(0.256)	(0.300)	(0.252)	(0.309)	(0.113)	(0.051)	(0.086)
省份固定效应	是	是	是	是	是	是	是	是	是
年份固定效应	是	是	是	是	是	是	是	是	是

续表

	东部			中部			西部		
	(1)	(2)	(3)	(4)	(5)	(6)	(7)	(8)	(9)
	HI	HI_{t+1}	HI_{t+2}	*HI*	HI_{t+1}	HI_{t+2}	*HI*	HI_{t+1}	HI_{t+2}
常数项	-6.120	-0.094	3.420	0.506	0.040	0.456	-0.068	0.333	0.353
	(7.949)	(3.750)	(4.536)	(0.603)	(0.729)	(0.622)	(0.559)	(0.334)	(0.426)
Adj_R^2	0.689	0.827	0.877	0.809	0.744	0.785	0.794	0.914	0.871
N	33	44	33	24	32	24	33	44	33

表 12－51 报告了对模型（30）按东部、中部、西部分组回归的实证结果，由表 12－51 可知，省份制造业信息化程度促进省份高技术产业发展的实证结果存在于中国的中部和西部地区，这种效果在西部地区更强，中部地区相对西部地区要弱一些，在东部地区制造业信息化程度似乎对高技术产业的发展并没有影响。接下来表 12－52、表 12－53 报告了排除信息制造业后的实证结果。

表 12－52　2002—2017 年中国各省制造业（不含信息业）信息化对高技术产业发展影响

	(1)	(2)	(3)	(4)	(5)	(6)	(7)	(8)	(9)
	HI	HI_{t+1}	HI_{t+2}	*HI*	HI_{t+1}	HI_{t+2}	*HI*	HI_{t+1}	HI_{t+2}
信息化	2.59***	2.88***	2.89***	-0.524	-0.214	-0.325	-0.030	0.123	-0.110
(π'_2)	(0.593)	(0.476)	(0.537)	(0.633)	(0.368)	(0.342)	(0.568)	(0.358)	(0.338)
省份固定效应				是	是	是	是	是	是
年份固定效应							是	是	是
常数项	1.774**	1.97***	1.866**	4.544**	4.04***	4.28***	1.704	2.268*	3.231**
	(0.808)	(0.611)	(0.732)	(2.268)	(1.262)	(1.226)	(2.091)	(1.282)	(1.244)
Adj_R^2	0.169	0.230	0.240	0.615	0.800	0.874	0.707	0.822	0.884
N	90	120	90	90	120	90	90	120	90

表 12－52 报告了排除信息制造业后对模型（30）的回归结果，由表 12－52 可知，在施加严格的控制之后，系数 π'_2 变得不显著，也就

是排除信息制造业后，各省制造业信息化程度对高技术产业的发展没有影响。这个结果在区域间存在差异吗？表 12－53 报告了区域间的异质性。

表 12－53 报告了排除信息制造业后对模型（30）按东部、中部和西部地区分组回归的结果，可以看出排除信息制造业后，不论在东部、中部还是西部地区，平均来看，各省的制造业信息化程度对各省的高技术产业发展并没有影响，那么表 12－53 中看到的在中部和西部地区省份制造业信息化程度促进高技术产业发展的结果主要是由信息制造业发展驱动的。

表 12－53 2002—2017 年中国三大区域制造业（不含信息业）信息化对高技术产业发展影响

	东部			中部			西部		
	(1)	(2)	(3)	(4)	(5)	(6)	(7)	(8)	(9)
	HI	HI_{t+1}	HI_{t+2}	HI	HI_{t+1}	HI_{t+2}	HI	HI_{t+1}	HI_{t+2}
信息化	-1.110	-0.461	-0.490	0.648	0.478	-0.062	-0.119	-0.156	-0.212
	(1.885)	(1.052)	(1.063)	(0.741)	(0.773)	(0.787)	(0.220)	(0.198)	(0.175)
省份固定效应	是	是	是	是	是	是	是	是	是
年份固定效应	是	是	是	是	是	是	是	是	是
常数项	1.600	2.857	3.842	0.495	0.616	0.866	0.375	0.718	0.833
	(4.312)	(2.471)	(2.431)	(0.650)	(0.804)	(0.690)	(0.642)	(0.544)	(0.509)
Adj_R^2	0.684	0.826	0.879	0.805	0.689	0.768	0.722	0.780	0.812
N	33	44	33	24	32	24	33	44	33

这部分分析了省份制造业信息化程度对高技术产业发展的影响，那么各省制造业信息化程度对各省生产性服务业发展会产生怎样的影响？接下来的第（二）部分分析了这个问题。

（二）生产性服务业

这部分报告并分析了模型（31）各省制造业信息化程度对各省生产性服务业发展的影响。

表 12－54 报告了模型（31）各省制造业信息化程度对各省生产性服务业发展的影响，由表 12－54 可知，进行更严格的控制后，只有短期中系数 ρ'_2 的 t 值超过了 1，这说明短期中，平均来看，各省制造业信息化可能促进了生产性服务业的发展，长期中可能对生产性服务业的发展没有影响。这种效果在区域间是否存在差异？表 12－55 报告了模型（31）在区域间的异质性。

表 12－54　2002—2017 年中国各省制造业信息化对生产性服务业发展影响

	(1)	(2)	(3)	(4)	(5)	(6)	(7)	(8)	(9)
	PS	PS_{t+1}	PS_{t+2}	PS	PS_{t+1}	PS_{t+2}	PS	PS_{t+1}	PS_{t+2}
信息化	0.40***	0.67***	0.68***	0.347	0.009	0.076	0.406	0.017	0.086
(ρ'_2)	(0.114)	(0.095)	(0.098)	(0.600)	(0.181)	(0.168)	(0.386)	(0.172)	(0.152)
省份固定效应				是	是	是	是	是	是
年份固定效应							是	是	是
常数项	11.1***	13.0***	13.2***	18.678	36.3***	35.8***	14.669*	35.7***	35.1***
	(0.705)	(0.590)	(0.609)	(12.025)	(3.624)	(3.365)	(7.751)	(3.447)	(3.062)
Adj_R²	0.163	0.450	0.445	−0.197	0.898	0.916	0.506	0.908	0.931
N	60	60	60	60	60	60	60	60	60

表 12－55　2002—2017 年中国三大区域制造业信息化对生产性服务业发展影响

	东部			中部			西部		
	(1)	(2)	(3)	(4)	(5)	(6)	(7)	(8)	(9)
	PS	PS_{t+1}	PS_{t+2}	PS	PS_{t+1}	PS_{t+2}	PS	PS_{t+1}	PS_{t+2}
信息化	0.358	−0.058	0.072	0.133	1.339	2.026*	−0.177	−0.095	−0.171
	(0.748)	(0.332)	(0.281)	(1.214)	(1.208)	(1.150)	(0.273)	(0.114)	(0.154)
省份固定效应	是	是	是	是	是	是	是	是	是
年份固定效应	是	是	是	是	是	是	是	是	是

续表

	东部			中部			西部		
	(1)	(2)	(3)	(4)	(5)	(6)	(7)	(8)	(9)
	PS	PS_{t+1}	PS_{t+2}	*PS*	PS_{t+1}	PS_{t+2}	*PS*	PS_{t+1}	PS_{t+2}
常数项	14.656	36.7***	35.0***	10.0***	12.9***	12.3***	10.8***	14.9***	15.1***
	(14.513)	(6.450)	(5.442)	(0.847)	(0.843)	(0.802)	(0.907)	(0.381)	(0.513)
Adj_R^2	0.419	0.897	0.930	0.926	0.825	0.851	0.864	0.935	0.902
N	22	22	22	16	16	16	22	22	22

表12－55报告了模型（31）按东部、中部、西部分组回归的实证结果。由表12－55可以看出，在东部地区，省份的制造业信息化程度似乎对生产性服务业发展没有影响；在中部地区，长期中促进了生产性服务业的发展；在西部地区，长期中似乎降低了生产性服务业的发展。排除信息制造业后结果是否会发生变化？表12－56、表12－57报告了排除信息制造业后的实证结果。

表12－56　2002—2017年中国各省制造业（不含信息业）信息化对生产性服务业发展影响

	(1)	(2)	(3)	(4)	(5)	(6)	(7)	(8)	(9)
	PS	PS_{t+1}	PS_{t+2}	*PS*	PS_{t+1}	PS_{t+2}	*PS*	PS_{t+1}	PS_{t+2}
信息化	0.397	1.338**	1.304**	－0.941	－0.076	－0.131	0.349	0.111	0.082
	(0.626)	(0.624)	(0.643)	(1.104)	(0.335)	(0.311)	(0.754)	(0.330)	(0.295)
省份固定效应				是	是	是	是	是	是
年份固定效应							是	是	是
常数项	12.1***	14.0***	14.3***	26.8***	36.6***	37.4***	21.8***	35.86***	36.6***
	(0.901)	(0.898)	(0.925)	(4.141)	(1.255)	(1.167)	(2.834)	(1.239)	(1.107)
Adj_R^2	－0.010	0.058	0.050	－0.181	0.898	0.916	0.490	0.909	0.931
N	60	60	60	60	60	60	60	60	60

表12－56报告了排除信息制造业后模型（31）的实证结果，由表12－56可知，施加更严格的控制后，系数的显著性更加降低，似乎平均

来看各省的制造业信息化程度对各省的生产性服务业发展没有影响。这个结果在区域间存在差异吗？表 12 -57 报告了区域间的异质性结果。

表 12 -57 报告了排除信息制造业后对模型（31）按东部、中部和西部地区分组回归的结果，由表 12 -57 可知，排除信息制造业后系数的显著性明显降低，在东部、中部、西部各区域，省份的制造业信息化程度似乎对各省的生产性服务业发展没有显著影响。

表 12 -57　2002—2017 年中国三大区域制造业（不含信息业）信息化对生产性服务业发展影响

	东部			中部			西部		
	(1)	(2)	(3)	(4)	(5)	(6)	(7)	(8)	(9)
	PS	PS_{t+1}	PS_{t+2}	PS	PS_{t+1}	PS_{t+2}	PS	PS_{t+1}	PS_{t+2}
信息化	2.861	1.250	1.195	-1.314	1.575	1.304	-0.144	-0.143	-0.136
	(3.003)	(1.321)	(1.101)	(1.542)	(1.661)	(1.828)	(0.260)	(0.102)	(0.149)
省份固定效应	是	是	是	是	是	是	是	是	是
年份固定效应	是	是	是	是	是	是	是	是	是
常数项	16.45**	33.5***	34.4***	10.8***	12.9***	12.9***	10.61***	14.79***	14.9***
	(6.465)	(2.844)	(2.371)	(0.874)	(0.941)	(1.035)	(0.809)	(0.318)	(0.464)
Adj_R^2	0.459	0.906	0.938	0.934	0.817	0.791	0.862	0.942	0.898
N	22	22	22	16	16	16	22	22	22

这部分对制造业信息化程度对经济效率和经济结构影响的分析发现，不同于制造业服务化长期中提高了经济效率，短期中促进了高技术产业发展，而制造业信息化程度更多是降低了经济效率。

第六节　研究结论、启示及不足和未来展望

这部分在对本研究的研究发现总结的基础上提出研究启示并提出本研究的不足和未来展望。

一 研究结论

本研究使用双向固定效应模型在行业层面和省份层面研究制造业服务化和制造业信息化对经济效率和经济结构的影响发现：制造业投入服务化程度上升长期中提高了行业的全要素生产率和利润率以及省份的利润率，但是这种效果主要存在于低技术行业和经济相对落后的中西部地区，对于高技术行业和发达的东部地区则降低了经济效率；制造业产出服务化对经济效率的影响和制造业投入服务化的结论比较一致，虽然在异质性和有些指标上存在一些差异，这些差异可能是由于投入服务化和产出服务化的影响机制存在差异或者是数据上的差异造成的，但是这些差异并不影响基本结论的一致；制造业投入服务化对于经济结构的影响短期内促进了东部地区的高技术产业发展，降低了东部和西部地区的生产性服务业发展，促进了中部地区的生产性服务业发展；制造业信息化只在少数方面产生了经济效率，而且经济效率主要存在于低技术行业和经济相对落后的中西部地区，制造业信息化程度反而降低了高技术行业的利润率和东部省份的利润率，制造业信息化程度促进高技术产业发展的效果也主要存在于中西部地区且这主要是由信息制造业的发展驱动的，制造业信息化对生产服务业发展似乎没有显著的影响。

二 启示

本研究从不同维度发现制造业服务化和制造业信息化提高了经济效率，而这种效果主要存在于低技术行业和经济相对落后的中西部地区，这对于中国促进产业结构升级和平衡区域经济发展具有一定启示，对于低技术行业和经济相对落后的地区可以通过促进制造业服务化和信息化来提高效率。

三 不足和未来展望

虽然本研究从不同维度论证制造业服务化和信息化对经济效率和经济结构的影响，但是本研究选取的度量指标都是宏观指标，未来会在企业层面使用专利分析来研究这个问题，未来也会通过尝试寻找工具变量的方法来克服双向因果关系。

参考文献

[1] 陈丽娴、沈鸿:《制造业服务化如何影响企业绩效和要素结构——基于上市公司数据的 PSM-DID 实证分析》,《经济学动态》2017 年第 5 期。

[2] 杜运苏、彭冬冬:《制造业服务化与全球增加值贸易网络地位提升——基于 2000—2014 年世界投入产出表》,《财贸经济》2018 年第 2 期。

[3] 顾乃华、毕斗斗、任旺兵:《生产性服务业与制造业互动发展:文献综述》,《经济学家》2006 年第 6 期。

[4] 黄群慧、霍景东:《产业融合与制造业服务化:基于一体化解决方案的多案例研究》,《财贸经济》2015 年第 2 期。

[5] 江飞涛、张钟文:《中国制造业增长中的结构变迁与效率演进——对中国去工业化问题的进一步研究》,工作论文,2022 年。

[6] 刘维刚、倪红福:《制造业投入服务化与企业技术进步:效应及作用机制》,《财贸经济》2018 年第 8 期。

[6] 刘斌、魏倩、吕越、祝坤福:《制造业服务化与价值链升级》,《经济研究》2016 年第 3 期。

[7] 彭继宗、郭克莎:《制造业投入服务化与服务投入结构优化对制造业生产率的影响》,《经济评论》2022 年第 2 期。

[8] 沈国兵、袁征宇:《企业互联网化对中国企业创新及出口的影响》,《经济研究》2020a 年第 1 期。

[9] 沈国兵、袁征宇:《互联网化对中国企业出口国内增加值提升的影响》,《财贸经济》2020b 年第 7 期。

[10] 沈国兵、袁征宇:《互联网化、创新保护与中国企业出口产品质量提升》,《世界经济》2020c 年第 11 期。

[11] 王思语、郑乐凯:《制造业出口服务化与价值链提升——基于出口复杂度的视角》,《国际贸易问题》2018 年第 5 期。

[12] 王思语、郑乐凯:《制造业服务化是否促进了出口产品升级——基于出口产品质量和出口技术复杂度双重视角》,《国际贸易问题》2019 年第 11 期。

[13] 谢康、肖静华、周先波、乌家培：《中国工业化与信息化融合质量：理论与实证》，《经济研究》2012 年第 1 期。

[14] 许和连、成丽红、孙天阳：《制造业投入服务化对企业出口国内附加值的提升效应——基于中国制造业微观企业的经验研究》，《中国工业经济》2017 年第 10 期。

[15] 徐佳宾、孙晓谛：《互联网与服务型制造：理论探索与中国经验》，《科学学与科学技术管理》2022 年第 2 期。

[16] 徐盈之、孙剑：《信息产业与制造业的融合——基于绩效分析的研究》，《中国工业经济》2009 年第 7 期。

[17] 杨仁发：《产业融合：中国生产性服务业与制造业竞争力研究》，北京大学出版社 2018 年版。

[18] 袁征宇、王思语、郑乐凯：《制造业投入服务化与中国企业出口产品质量》，《国际贸易问题》2020 年第 10 期。

[19] 赵林度、刘丽萍、任雪杰、邱华清：《"全产业链脉动"：制造业服务化》，科学出版社 2021 年版。

[20] Goldfarb, A. and Tucker, C., "Digital Economics", *Journal of Economic Literature*, Vol. 57, No. 1, 2019.

[21] Loveman, Gary W., "An Assessment of the Productivity Impact of Information Technologies", in Thomas J. Allen and Michael S. Scott Morton, eds., *Information Technology and the Corporation of the* 1990*s*: *Research Studies*, edited by. Oxford: Oxford University Press, 1993.

[22] Morrison, C. J. and Berndt, E. R., "Assessing the Productivity of Information Technology Equipment in U. S. Manufacturing Industries", *NBER Working Paper*, No. 3582, 1991.

[23] Oliner, S. D. and Sichel, D. E., "Computers and Output Growth Revisited: How Big is the Puzzle?", *Brookings Papers on Economic Activity*, 1994.

[24] Pilat, D., "The ICT Productivity Paradox: Insights From Micro Data", *OECD Economic Studies*, Vol. 38, 2004.

[25] Solow, R. M., *We'd Better Watch Out*, New York Times Book Review, 1987.

第十三章

促进产业深度融合发展的政策研究

20 世纪 90 年代以来，信息技术的快速发展导致传统产业不断出现颠覆性变革，产业融合不仅成为一种新的技术范式或一种新的商业模式，更是成为新型工业化与经济高质量发展的重要动力。当下兴起的以数字技术为核心的新一轮科技革命和产业变革，正处于第五次技术革命浪潮的拓展期和第六次技术革命浪潮导入期之间的范式转换关键阶段，以大数据、云计算、人工智能、物联网等数字技术的发展，为产业之间深度融合发展注入了新的动力，制造业与服务业的融合不仅仅是之前制造业价值链分解细化从而催生的服务外包产业简单组合，更多的是在创新驱动下新消费、新业态、新模式等领域的深层次融合。[①] 因此，《中华人民共和国国民经济和社会发展第十四个五年规划纲要》中明确提出要“促进先进制造业和现代服务业深度融合”。

第一节　中国促进产业深度融合发展相关政策的发展历程

一　工业化与信息化深度融合背景下促进产业融合发展相关政策

进入 21 世纪，中国尤为重视信息产业发展与信息化，并把工业化与信息化紧密结合起来，将工业化与信息化的深度融合作为新型工业化的重要特征。2000 年，党的十五届五中全会明确提出：“以信息化带动工业化，发挥后发优势，实现社会生产力的跨越式发展。”2001 年，《中华人

① 石晓鹏：《加快先进制造业和现代服务业融合发展》，《唯实》2021 年第 6 期。

民共和国国民经济和社会发展第十个五年计划纲要》明确提出，要“以信息化带动工业化”，以电子信息、计算机、网络等技术的应用以及通过电子商务的发展，来推动产业研发、设计及工艺技术水平提升，推动营销、运输和服务方式的变革，并促进信息产品与传统产业的应用，加快企业生产、经营管理的信息化进程。2002 年党的十六大明确提出：“优先发展信息产业，在经济和社会领域广泛应用信息技术”，“以信息化带动工业化，以工业化促进信息化”，走出一条新型工业化路子。

2006 年，《国民经济和社会发展第十一个五年规划纲要》发布，其中第十六章“积极推进信息化”，将以“坚持以信息化带动工业化，以工业化促进信息化，提高经济社会信息化水平”作为总体思路，并明确提出“以信息化改造制造业，推进生产设备数字化、生产过程智能化和企业管理信息化，促进制造业研发设计、生产制造、物流库存和市场营销变革。提高机电装备信息化水平，实现精准、高效生产。推广集散控制、现场总线控制、敏捷制造等技术，强化生产过程的在线监测、预警和控制”。2006 年，中共中央办公厅和国务院办公厅又印发了《2006—2020 国家信息化发展战略》（以下简称《信息化发展战略》），为中长期国家信息化发展提供战略指导。《信息化发展战略》指出，信息化与经济全球化相互交织正在重塑全球经济竞争格局以及世界政治、经济、社会、文化和军事发展的新格局，实施信息化战略成为各国的共同选择。《信息化发展战略》明确将“坚持以信息化带动工业化、以工业化促进信息化”作为指导思想和战略方针，将“广泛应用信息技术，改造和提升传统产业，发展信息服务业，推动经济结构战略性调整”作为战略目标之一，并将“利用信息技术改造和提升传统产业”和“加快服务业信息化”作为重点战略的内容。

2008 年发布的《国民经济和社会发展信息化“十一五”规划》中进一步提出，要推进信息化与工业化融合，并主要从以下几个方面着手：第一，着力推动能源、原材料、装备制造、轻工、纺织等传统产业以及生物、新材料、航空航天等高技术产业的信息化改造与应用。第二，加快企业信息化进程，大力开发和利用智能生产工具，推进研发和设计协同化、生产设备数字化、生产过程智能化和企业管理信息化，推广集散控制、现场总线控制、柔性制造、敏捷制造和网络化制造等技术，强化生产过程的在线监测、预警和控制，实现精准高效生产，提升企业生产经营管理水平。第三，利用信息化手段，充分挖掘利用各种潜在的信息资源，加强对高能耗、高物耗、高污染行业的监督管理，改进监测、预警手段和控制方法，促进节约能源、降低物耗、控制污染、保护环境。

进入“十二五”之后，中国更为积极地推进信息化与工业化的深度融合。这不只体现在《中华人民共和国国民经济和社会发展第十二个五年规划纲要》（以下简称《十二五规划》）上，还体现在 2011 年 12 月国务院印发的《工业转型升级规划（2011—2015 年）》中。2011 年发布的《十二五规划》中明确指出，“推动信息化和工业化深度融合”，“推动研发设计、生产流通、企业管理等环节信息化改造升级”。需要进一步指出的是，《十二五规划》中还明确提出“促进生产性服务业与先进制造业融合，推动生产性服务业加速发展”。《工业转型升级规划（2011—2015 年）》由工业和信息化部联合国家发展改革委、科技部等部门共同编制，其中明确提出把推进工业化和信息化的深度融合作为工业转型升级的重要支撑，要深化信息技术的集成应用，加快向“服务型制造”的转变，以及制造业向数字化、网络化、智能化和服务化的转变。《工业转型升级规划（2011—2015 年）》将提高工业信息化水平作为一项重要任务，并力图从以下三个方面推进，一是加快发展支撑信息化发展的产品和技术，重点是工业控制、嵌入式系统、工业软件和应用电子等领域的相关支撑技术与产品；二是全面提高企业信息化水平，深化信息技术在企业研发设计、生产装备与生产控制、原材料采购与库存管理、供应链与客户管理等全流程的应用；三是创新信息化推进机制，建设一批面向工业行业的信息化服务平台、信息化促进中心、面向重点行业的国家级数据中心等。

2015 年发布的《中国制造 2025》亦将“推进信息化与工业化深度融合”作为制造强国战略的战略任务之一，并进一步提出“加快推动新一代信息技术与制造技术融合发展，把智能制造作为两化深度融合的主攻方向”；具体而言，就是要“着力发展智能装备和智能产品，推进生产过程智能化，培育新型生产方式，全面提升企业研发、生产、管理和服务的智能化水平”。2017 年 10 月，党的十九大报告提出“加快建设制造强国，加快发展先进制造业，推动互联网、大数据、人工智能和实体经济深度融合”。2017年11月，国务院出台《国务院关于深化“互联网+先进制造业”发展工业互联网的指导意见》，该指导意见指出工业互联网作为新一代信息技术与制造业深度融合的产物，对未来工业发展产生全方位、深层次、革命性影响，加快建设和发展工业互联网，推动互联网、大数据、人工智能和实体经济深度融合，是推进制造强国和网络强国建设的重要基础，对于“发展先进制造业，支持传统产业优化升级，具有重要意义”。

2021年，《中华人民共和国国民经济和社会发展第十四个五年规划和2035年远景目标纲要》（以下简称《十四五规划》）发布。《十四五规划》用第五篇“加快数字化发展，建设数字中国”共四章内容，来阐述对“十四五”时期及未来十五年数字化及数字经济的发展规划与远景目标。《十四五规划》明确提出，推动产业数字化转型，加快数据赋能全产业链协同转型，深化研发设计、生产制造、经营管理、市场服务等环节的数字化应用等。2021年12月，工业和信息化部正式印发了《“十四五”信息化和工业化深度融合发展规划》，全面部署“十四五”时期工业化与信息化深度融合发展的重点工作，加速信息化与工业化深度融合以及制造业数字化转型的步伐。该规划紧密结合“十四五”时期数字产业与制造业高质量发展的内在要求，以智能制造为主攻方向，以数字化转型为主要抓手，推动工业互联网创新发展，并设立了五项重点工程，即制造业数字化转型行动、两化融合标准引领行动、工业互联网平台推广工程、系统解决方案能力提升行动、产业链供应链数字化升级行动。

二 促进制造业与服务业深度融合的相关政策

制造业服务化和服务型制造是制造业与服务业融合的高级表现形式，中国高度重视制造业服务化与服务型制造的发展，出台了一系列相应支持政策。2013年5月，《国务院关于印发“十二五”国家资助创新能力建设规划的通知》中明确提出，培育和发展网络制造等现代制造模式，促进“生产型制造”向“服务型制造”转变。2015年5月，《中国制造2025》发布，将“积极发展服务型制造和生产性服务业”作为制造强国战略的战略任务与重点之一，并明确提出，“促进生产型制造向服务型制造转变”，“推动发展服务型制造”，要“研究制定促进服务型制造发展的指导意见，实施服务型制造行动计划”。

2016 年，工业化和信息化部、国家发展改革委、中国工程院联合发布《发展服务型制造专项行动指南》（以下简称《行动指南》），作为落实《中国制造 2025》的一项重要措施。《行动指南》，明确提出“制造与服务全方位、宽领域、深层次融合。基本实现与制造强国战略进程相适应的服务型制造发展格局”，要进一步增强创新设计的引领作用，进一步提高协同融合发展水平，进一步拓展网络化服务支撑能力。并提出了设计服务提升行动、制造效能提升行动、客户价值提升行动与服务模式创新行动四项行动，并从强化组织保障、加强政策引导、完善平台支撑、开展示范推广、深化国际合作与加快人才培养方面提出支持保障政策。

2020 年 6 月，工业和信息化部等 15 个部门联合发布《关于进一步促进服务型制造发展的指导意见》，重点提出从以下几个方面推动服务型制造的创新发展，即工业设计服务、定制化服务、供应链管理、检验检测认证服务、全生命周期管理、总集成总承包、节能环保服务、生产性金融服务及其他创新模式。该指导意见还进一步指出从提升信息技术应用能力，完善服务规范标准，提升人才素质能力、健全公共服务体系，加强组织领导，开展示范推广、强化政策引导、深化改革创新等方面着手支持服务型制造发展。根据服务业制造联盟与服务型制造研究院（2021 年）的研究，截至 2021 年 8 月，全国共有 25 个省级政府部门先后印发了服务型制造相关政策 99 项，22 个省级政府部门开展了区域示范遴选工作。

先进制造业与现代服务业深度融合发展是制造业与服务业融合发展的最为重要的发展方向，增强制造业核心竞争力、培育现代产业体系、实现高质量发展的重要途径。2019 年 11 月，国家发展改革委等 15 个部门联合发布《关于推动先进制造业与现代服务业深度融合发展的实施意见》，明确提出要培育先进制造业和现代服务业深度融合发展的以下十种新业态新模式：推进建设智能工厂，加快工业互联网创新应用，推广柔性化定制，发展共享生产平台，提升总集成总承包水平，加强全生命周期管理，优化供应链管理，发展服务衍生制造，发展工业文化旅游，培育其他新业态新模式。

该实施意见还明确提出了探索重点行业重点领域融合发展的新路径：

原材料企业向产品和专业服务解决方案提供商转型，消费品工业注重差异化、品质化、绿色化消费需求，进而向服务化方向升级；推动装备制造企业向系统集成和整体解决方案提供商转型；加快汽车由传统出行工具向智能移动空间升级；大力发展“互联网+”，深化制造业服务业和互联网融合发展；鼓励物流、快递企业融入制造业采购、生产、仓储、分销、配送等环节，加强物流资源配置共享；推动研发设计服务与制造业融合发展、互促共进；推进新能源生产服务与设备制造协同发展；推动智能设备产业创新发展，逐步实现设备智能化、生活智慧化；坚持金融服务实体经济，创新产品和服务，有效防范风险，规范产融结合；发挥多元化融合发展主体作用，并从优化发展环境、强化用地保障、加大金融支持、加强人力资源保障与开展两业融合试点等方面予以支持。

2021 年 3 月，《中华人民共和国国民经济和社会发展第十四个五年规划和 2035 年远景目标纲要》中，亦提出要“促进先进制造业和现代服务业深度融合”，“构建实体经济、科技创新、现代金融、人力资源协同发展的现代产业体系”。

第二节 近年来产业深度融合发展及相关政策面临的挑战

一 产业融合发展中存在的主要问题

近年来，中国的产业融合发展取得了较大成效，但在发展中仍存在以下问题。

第一，融合发展程度偏低、层次有待提高，融合发展的效果有待提升。首先，中国制造业与服务业融合程度依然偏低，制造业企业利润构成中服务增加值所占的比例相对较低。二是两业融合的领域也相对偏少。近年来，中国装备制造、家电等行业的龙头、骨干企业在融合发展上初见成效，但大量中小企业进展有限，装备制造、家电等行业之外的其他行业两业融合发展也相对滞后。从层次上看，一些制造业龙头企业已经开展设计、采购、建造、系统集成等总承包业务，但提供优质、高效整体解决方案的能力还不强，存在核心技术缺乏、品牌影响力弱、难以适应新的客户需求和市场形势变化、服务增值带来的营业收入占比不高等问题。[①] 三是产业融合的效果还不是很突出。从前述两章的研究结果来看，制造业与服务业融合、工业信息化对于效率、创新的影响有限，两者的协同效应未充分发挥出来。

第二，现代服务业发展滞后，影响制造业与服务业融合的深度与广度。高质量发展的服务业是制造业与服务业融合的重要基础，尤其是研发设计、信息技术、金融、物流、检验检测认证和品牌管理等现代生产性服务业的高质量发展，是先进制造业与现代服务业深度融合发展的重要支撑。[②] 当前，中国服务业尤其是现代服务业发展还面临管制过多等方面的体制机制障碍，服务业尤其是研发设计、信息服务等生产性服务业发展不充分，不利于先进制造业与现代服务业融合发展的深化与拓展。

第三，重视“硬”装备的发展，“软”系统方面则有所忽视。中国在发展先进制造、先进装备及先进产品时，重视发展重大复杂装备或产品领域的突破，但是长期低估了信息要素、数据要素、软件在制造业智能化、服务化中的核心地位。对数据要素的重视不够，不仅是中国高端装备产业发展相对滞后的原因之一，也是影响中国高端装备产品品质（如产品稳定性）提升与制造业服务化发展的重要制约因素，更为重要的是不符合制造业智能化的发展趋势。此外，高效能运算中心、行业工程数据库、先进信息基础设施等建设不足，也是制约数字技术与制造业深度融合、先进制造业与服务业深度融合的重要因素。

第四，制造业企业服务化转型意识和能力均有待加强。制造业企业在向服务化转型或发展服务型制造时，需要企业在发展战略、经营理念、生产与运营模式等方面进行调整甚至是重塑，一些企业主动求变的意愿相对不足，对市场变化、技术变革的了解和反应均不及时。与此同时向服务化转型的调整需要相应大量资金的投入，流程再造、技术与装备的升级、产品研发与设计等都需要在短期内投入大量资金，也面临由此带来的诸多风险。一些服务型制造模式在发展过程中需要企业具备较高的资源整合能力、技术能力、研发设计能力，比如总集成总承包模式就需要有较高的核心产品制造技术能力、具有较强的上下游资源或市场整合

① 洪群联：《推动先进制造业现代服务业深度融合》，《经济日报》2022 年 6 月 14 日。

② 夏杰长、肖宇：《促进制造业与服务业高效融合》，《经济日报》2022 年 1 月 4 日。

能力；供应链管理在资金投入、技术等方面要求较高，中小企业应用面临较大困难（中银研究，2021）。

二 相关政策中存在的不足与面临的挑战

第一，支持制造业与服务业深度融合发展的外部环境有待优化。一是存在体制机制方面的障碍。制造业企业在拓展服务业务时可能面临一些隐性壁垒，比如装备企业较难获得工程和设备总承包资质。服务业的用电、用水、用气价格与一般工业不同价，制造业企业拓展服务业务在适用优惠政策和能源资源使用上存在差别化，在使用自有工业用地发展服务业务时存在障碍，面临土地用途和权利类型变更问题。二是相关信息、数据等基础设施有待完善。供应链管理、产品全生命周期管理、信息增值等多种服务型制造模式的发展都依赖信息网络的搭建，需要建立完整的信息采集系统和数据库，这就对所在地区或园区的信息基础设施提出较高要求。近年来，中国尤其是东部地区信息基础设施发展非常迅速，但仍与两业深度融合的要求有相当距离。① 三是两业融合发展的产业生态体系尚未形成。先进制造业与现代服务业的深度融合发展，其发展既取决于企业核心技术能力、企业信息化水平与数据应用能力，同时也有赖于研发设计、信息服务、咨询、金融等相关生产性服务业发展，同时需要高素质复合型人才。

第二，支撑服务业与制造业深度融合发展的相关科技公共服务体系有待加强。随着新一代信息技术的发展，制造业企业的生产经营方式正面临革命性的变革，制造业与服务业深度融合发展不仅需要模式创新的引领，还需要理论方法、基础技术、共性技术与关键技术的突破。当前，制造服务系统或制造业与服务业深度融合发展的相关设计理论与技术体系尚未确立，与之相应的公共技术服务体系也尚未建立，这极大制约了两业深度融合及服务型制造的发展。

第三，大数据技术与实体经济深度融合发展、数字技术推动制造业服务化方面面临的体制机制上的障碍。一是数据要素的产权安排仍需进一步明确。数据要素的配置涉及的社会关系、权利内容等都更为复杂多

---

① 中银研究：《我国服务型制造发展新趋势、问题与建议》，《中银研究报告》，2021 年。

样。目前，利用大数据发展实体经济新业态普遍面临数据要素所有权和剩余索取权归属模糊的问题，抑制了制造新业态发展投资的激励。二是基础设施的供给方式不清晰。大数据与实体经济深度融合依赖于技术基础设施和制度基础设施的配套升级，但是基础设施投资不仅规模大，而且存在外部性问题，难以依赖于市场机制解决。三是企业投资的可收益性不确定。目前，企业对利用大数据促进实体发展的积极性也在增强，但普遍认为投资规模太大、周期太长、风险高，导致投资回报低，影响企业的综合盈利水平，特别是广大中小企业利用大数据促进制造业转型升级的激励不足。

第四，中国近年来加快推动数字技术与制造业的融合发展，进而推动制造业的升级与发展，但这些政策存在一些问题亟待解决。推动制造业企业数字化、智能化的过程中，存在实施方案与产业（企业）现实需求之间的脱节问题。当前，在推动制造业及制造业企业数字化、智能化时，过于注重上“云”，上“平台”，上示范“无人车间”“灯塔车间”，但对于这些技术是否与企业的现实能力相匹配、能否促进企业核心能力的提升，则考虑不足。对于信息技术、智能制造技术在特定产业具体场景的应用性技术开发，相关部门的关注与支持也相对不足。

此外，推动产业融合发展为传统产业政策带来挑战。传统产业政策模式往往着眼于选择特定产业或行业、特定技术路线及特定产品进行偏向性的支持，而促进制造业与服务业深度融合发展、服务型制造发展涉及所有制造业相关行业与生产性服务行业，传统的选择性产业政策模式不再适应产业融合发展的需要。

第三节　对策与建议

为制造业与服务业深度融合发展创造良好外部环境。一是破除阻碍两业深度融合发展的体制机制障碍。在金融、电信、运输等生产性服务行业均存在不同程度的准入管制与行政性垄断，这一方面破坏了市场竞争导致产品质量低及低效率等问题，不利于制造业采用更多更高质量的中间服务投入；另一方面也为制造企业产出的服务化带来实质性障碍。因此，在这些行业应放宽准入，建立公平、规范的行业准入制度，打破行业垄断。二是加快建设全国统一大市场，深化要素的市场化改革，提升要素资源的流动性，破除地区与区域之间市场壁垒，降低制造业与服务业融合的要素流动成本。三是优化营商环境。先进制造业与研发、设计、技术服务、品牌运营等现代生产性服务业的深度融合，需要对知识产权进行有效保护，需要更加诚信的市场体系和放松管制来降低交易成本，这就需要深化"放管服"改革加强法治政府、社会诚信体系建设，强化知识产权的保护。四是加大对先进制造业与现代服务业融合的政策支持。推动制定有利于制造业与服务业深度的融合财政、税收、土地、金融、教育等系列优惠政策，努力实现精准支持，解决产业融合发展中的各种困难。五是对于新业态实施包容审慎性监管。依托人工智能等新一代信息技术应用的快速发展，新模式、新业态不断涌现，这些新模式新业态不断重构传统产业的产业链与价值链，为现有监管体系带来新的挑战，监管部门需及时建立包容审慎监管规则，出台两业融合负面清单，划定刚性底线、制定柔性边界、厘清监管责任，引导新业态健康可持续发展。

大力培育有利于制造业与服务业深度融合的产业生态。一是要加快制造业与服务业深度融合相关公共科技服务平台建设，为产业融合提供相关共性技术的研发与扩散，为中小微制造企业的服务化发展或发展服务型制造提供研发设计、技术服务、管理咨询等服务。二是建立和完善制造业与服务业深度融合发展的协作平台，积极建设两业融合发展园区，促进先进制造业与现代服务业相关上下游企业之间的合作与协同。三是促进产业融合发展相关金融、法律、会计、咨询等服务业的发展，推动这些企业提高服务水平、创新服务手段，降低企业融合发展成本。四是为先进制造业和现代服务业深度融合发展创造良好的数字生态。数字经济与数字技术是推动两业深度融合的重要推动力，应积极推动两业融合相关信息数据库建设与信息共享，为产业融合提供信息数据支持、应用支持和标准支持。五是建立先进制造业与现代服务业深度融合发展所需的多层次人才培养体系。在高校建立相关服务型制造相关专业，并调整相关课程设计，培养既懂技术又懂管理，既懂制造又懂服务，既懂产品又懂运营的复合型人才。

鼓励和支持制造业企业发展服务型制造。大力支持制造业企业围绕服务型制造加大技术创新投入与探索发展新模式、新业态的力度，重构生产运营流程与环节，提供专业化、系统化、集成化的系统解决方案，支持制造企业在供应链管理、检验检测、设备运营监控、专业维护维修等领域提供总集成、总承包服务。[①] 加强工业互联网、数据中心、云计算等新型基础设施建设，并尽快制定和完善相关技术标准和服务规范，支持制造业企业提升信息化与数字化水平，鼓励和支持制造业企业加快信息化、数字化、智能化建设，鼓励制造业企业与软件企业、信息服务与数字服务企业、互联网企业加强协同合作。

加强数据产权与安全相关基础制度的建设。数据要素已是推动制造业与数字技术深度融合、先进制造业与现代生产性服务业深度融合的重要生产要素。加强数据产权立法、数据安全及数据安全监管相关制度体系，是制造业与数字技术、制造业与生产性服务业深度融合的重要基础。一是加强数据产权立法。需要加快建立并不断完善符合中国国情和经济产业发展需要、与国际接轨、切实可行的数据产权制度，并在立法中进一步明晰数据财产收益权及数据的利用规则，解决好隐私权、个人信息权益、企业数据权益等合法权利以及数据安全保护的问题。以便于鼓励发展有利于降低数据要素开发风险的新型服务业（如数据股权、数据保险、数据租赁、数据估值等）。二是重视制度基础的建设。核心的领域包括：智能制造相关数据的标准化体系建设，降低企业收集、分析和应用数据的成本，提高新业态发展的商业价值；构建起类似于金融信息监管体系的数据安全监管体系，提高全社会的数据安全系数，降低企业投资数据安全的成本，提高企业和用户之间的信息交换效率。加强技术和制度基础设施建设应作为发展智能制造的优先行动。三是支持制造业企业数据收集、开发、利用框架体系的开发设计。借鉴德国“工业数据空间”（Industrial Data Space）解决方案，开发基于标准通信接口、实现安全数据共享的虚拟架构，它允许用户通过决定谁有权访问以及识别出于什么目的的访问，来对其专有数据的控制进行监控和维护。

加强制造业行业共性技术平台建设，以此推动行业数字化、制造业

---

① 谢巧生：《如何推动先进制造业与现代服务业深度融合》，《人民日报》2019 年 10 月 14 日。

服务化相关同行技术研究。加强行业共性技术研发平台建设，改革治理和运营机制，建立跨领域合作研发机制，助推行业关键领域数字化共性技术的研究开发。应借鉴德国的弗劳恩霍夫应用研究促进协会、韩国的科学技术研究院和中国台湾的台湾工业技术研究院的成功经验，建设具有较强公共性、具有较为完善治理与运营机制的工业技术研究院或制造业创新中心，研究院（或创新中心）应采取“公私合作”的运营模式，通过专业委员会和管理社会化减少政府的行政干预，保证研究院的高效运营和专业管理。研究院（或创新中心）的机构设置按照产业发展需求而不是学科体系设置，尤其是要考虑产业发展中制造技术与数字技术的越来越广泛、深入的交叉与融合趋势，组建由制造技术、数字技术多学科人才共同组成的研究队伍，并建立有效的多学科人才协调攻关机制，着力推动行业数字化过程共性技术的研究开发。设立专项资金助推制造技术与数字技术深度融合发展。专项资金以制造业数字化技术、制造与数字融合创新技术的研究开发项目为资助对象，专项资金应更多投入到工业技术研究院（制造业创新中心），重点支持工业技术研究院、制造企业、设备供应商及数字技术服务商围绕制造技术与数字技术融合创新相关研究，这种专项资金的投入方式能有效规避 WTO 补贴与反补贴规则的相关约束。针对中小制造企业数字化能力弱的现实情况，还应设立中小型制造企业数字化研发与投资扶持基金。

助推制造业企业数字化、制造业企业服务化过程中的管理变革。制造企业的数字化转型不仅是制造技术与数字技术融合创新的过程，以及生产工艺与生产流程不断发生变革的过程，同时它还是深入到企业生产经营管理每个环节进而推动管理变革的过程。更为重要的是，如果企业管理模式不能有效变革从而适应数字化的需求，那么将严重制约制造企业的数字化能力与数字化过程。因而，助推企业顺应数字化发展所需要的管理变革应成为重要的政策工具选项。一是积极支持制造业数字化进程中的重要管理理论与实践问题的研究。可设立专门的制造业企业数字化发展管理研究与咨询委员会，委员会由技术专家、管理专家、学者及企业管理者等共同组成，并设立专项资金，主要就制造业数字化过程中的相关管理理论、出现的管理问题、管理模式变迁、最佳管理实践的展开研究，并对最佳管理实践进行总结与推介。二是借鉴日本中小企业评价系统与政府认证的咨询师制度，帮助企业提升数字化能力，提升企业在数字化进程中的市场意识、技术水平与管理水平。可借鉴该制度，组织、认证专门的、具备丰富企业数字化经验、现代工艺知识以及数字化背景下丰富管理经验的专家队伍，为中小制造业企业提供数字化技术服务，数字化进程中相关质量管理、现场管理、创新管理、流程优化等方面的咨询与培训，让企业能够更快速获得先进适用数字化技术及相应的管理咨询服务，逐步解决制造业中小企业数字化过程中的现实管理问题。

建立部际协调机制。建立先进制造业与现代服务业深度融合发展部际协调小组，部际协调小组由工业和信息化部、国家发展改革委、科技部、网信办、财政部等部门主要领导人组成，跨部门协调政策的制定、实施、评估与调整。建立两业融合统计体系。要加大对两业融合经济现象的统计理论的研究，充分应用统计方法、新理念、新方法与统计数据，全面认识两业融合发展的特征、现状与趋势，构建两业融合发展的统计方法与评价检测体系，为准确把握两业融合发展的现状、特点、趋势并进而分析发展中的不足提供科学支撑。

第 三 篇

新型工业化与产业链现代化水平

第十四章

产业链现代化的影响因素与时代性

第一节　研究综述

无论是新型工业化还是产业链现代化都是极具现实意义的研究课题，从某种程度上看，是中国推进工业化和应对快速变化的国内条件和国际环境对学术研究提出的急迫要求。针对现实问题，中国共产党和中国政府顺应时代变化要求，战略规划和具体的政策措施既有连续性，又能抓住当时的主要矛盾。因此，虽然产业链现代化提出的时间并不长，但其渊源主要包括产业链现代化、产业结构的调整优化和现代产业体系的构建，这三者也是从不同角度和突出不同重点，指导了中国产业发展和升级的方向，在学术研究上，三者之间也有密切联系。

一　关于产业链的研究综述

产业链的概念发源于国外学界，其思想起源可追溯到 17 世纪中期至 19 世纪末 20 世纪初的劳动分工理论。1958 年，Hirschman 系统解释了产业前向联系与后向联系，为产业链概念的形成奠定了最初的理论基础。随后兴起的新产业组织理论对产业链进行了较为深入的研究，揭示了产业链上厂商实施的纵向控制与扩张市场实力的策略行为（Wlliamson，1985；Nathan，2001）。目前，国外的研究文献较少提及“产业链”这一概念（李想等，2008），这是因为国外学者没有将产业链作为一种单独的经济组织层次，而是将它严格地分解到企业和产业这两个层次中，因而没有将产业链视为独立的对象进行系统研究，研究重心聚焦于产业链的具体表现形式（邵昶、李健，2007；程宏伟等，2008）。国外学者更多研究“供应链”问题，这是在经济全球化、信息技术高速发展和企业之间竞争范围和要求复杂化的基础上，立足于企业的可持续发展，侧重将企业之间的价值链作为新技术经济条件下新兴的生产组织方式来分析产业链现象，主要解决产业链中企业的纵向整合或者企业之间跨组织的资源组合问题。在国外对产业链的研究中，价值链理论是对产业链展开研究的主要视角，这是因为产业链是一种建立在价值链理论基础之上的相关企业集合的新型空间组织形式，在此基础上还有较多学者从全球价值链与价值链升级角度进行细化研究。

Porter（1985）最早提出价值链理论，认为“企业的内部后勤、生产运作、外部后勤、市场和销售、服务五项基本活动和采购、技术开发、人力资源、企业基础设施四项支持性活动相互联系构成企业的价值创造过程，实现企业的价值创造，这一价值创造过程就是企业的价值链”。相比 Porter 将价值链仅限于垂直一体化的经营活动，同时期的 Kogut 从国家比较优势与企业竞争能力维度突破了这一局限，他指出国家比较优势决定了价值链各环节的空间配置，企业的竞争能力决定了企业应该投入的价值链环节，二者都可以保证自身的竞争优势。Kaplinsky（2000）进一步丰富了价值链理论，通过加入公司—公司维度将价值链细化为产业间价值链与产业内价值链。相比 Porter 的价值链观点，上述理论更能反映价值链的垂直分利与全球空间再配置的联系。在提出“全球价值链”之前，Gereffi 和 Korzeniewicz（1994）提出了“全球商品链”概念，指链上参与者从某个国家内部扩展至全球的各类企业或机构，进而实现资源的全球性优化配置。为了突出价值在生产网络中的创造与传递，Gereffi 将“全球价值链”定义为表示国家生产网络的治理结构与网络内企业之间的价值分布。联合国工业发展组织在其报告中指出，全球价值链是指在全球范围内为实现商品或服务价值而连接生产、回收处理等过程的全球性跨企业网络组织，具体涉及商品或服务的设计、开发、生产制造、营销、销售、消费、售后服务以及最终循环利用等各种增值活动。

在有针对性地研究产业链的现代化问题之前，国内学者已经围绕产业链的相关问题展开了大量研究，具有影响力的研究成果主要集中在2000—2010 年期间。关于产业链内涵的研究，国内先后出现关联论（龚勤林，2004）、联盟论（蒋国俊等，2004）、过程论（芮明杰等，2006）

等。其中，关联论是学术界得到普遍认可的观点，即认为产业链是各产业部门之间的一种复杂链式关联关系。关于产业链的相关理论研究还包括产业链类型、产业链稳定机制和产业链整合理论等。

2019 年，“产业链现代化”一词首次被提出，国内学者产业链研究的重点开始转向产业链的“现代化”。关于产业链现代化的定义，学术界在理论层面开展了较为广泛的研究讨论，具体表现为从主体和结构两个层面进行的研究。从主体层面看，产业链应向更高创新能力、更高价值、更高效率、更可持续的方向发展。从结构层面看，产业链应当向更加公平、更加安全、更加协调的方向发展。盛朝讯（2019）对产业链现代化内涵做了界定，指出产业链现代化的实质是产业链总体水平的现代化；刘志彪（2019）从产业经济学的角度分析了产业链现代化的内涵，指出产业链现代化包括关键技术自主可控、产业链具有强大韧性、创造价值能力更强、各要素协同发展。罗仲伟和孟艳华（2020）认为产业链现代化实质是通过科技创新提高产业的附加值、控制力和竞争力，是产业现代化的延伸；片飞等（2022）认为产业链现代化是将先进科学技术、现代组织管理模式和经营理念应用于产品生产和服务的全过程，使产业链各环节的技术水平和运营效率处于领先水平。黄群慧和倪红福（2020）从价值链的角度对产业链现代化的内涵作出了说明，认为产业链现代化就是中国实现在全球价值链升级的过程。郑江淮等（2022）基于苏粤产业链网络的案例研究，将产业链现代化的机制概括为：产业链“中心—外围”联动机制、产业链外部联系机制、产业链创新推动机制、产业链节点间集聚与分散机制。关于如何促进产业链现代化水平的提升，学者们的观点主要集中在：首先是适应高质量发展的要求，提升技术创新能力、推动产业向高附加值环节升级，同时，注重公平公正，维持系统的协调顺畅运行；其次，应适应新技术发展趋势，提高智能化、绿色化发展水平；最后，应适应国际环境变化，提高产业链抗风险能力，增强产业链韧性，保障产业链的安全可靠。

从中国经济发展新阶段的角度看，学者们对产业链现代化的阶段性特征进行了多维度的论述，形成了丰富的研究成果。黄群慧等（2020）认为产业链现代化的主要阶段性特征是服务于经济高质量发展的要求，基础能力高级化是其显著阶段性特征。张其仔（2022）从“制造强国”

的战略层面着眼，指出产业链现代化的主要任务是突破“卡脖子”问题，因此创新水平高级化是其主要阶段性特征。张虎等（2022）将产业链现代化总结为“借助新一轮的科技变革和产业革命，掌握关键技术，推动产业基础高级化，增强产业链控制力，提高产业高质量发展水平”，提出产业链现代化的阶段性特征主要有六点，分别是发展基础更优、数字化水平更高、创新能力更强、链条韧性更好、协同更加高效与产业发展可持续。片飞等（2022）以重大技术装备行业为研究对象，在总结了主要发达国家推动重大技术装备产业链现代化的国际发展趋势，指出产业链现代化的阶段性特征主要有四点：区域化、本土化的产业布局；多元化、纵向化的供应链趋势；智能化、资本化的产业链趋势以及绿色化的产业链趋势。

总体上说，国内对产业链现代化相关问题的研究尚处于起步阶段，学者们从产业链、价值链、供应链安全等不同角度对产业链现代化的内涵作出了说明，目前学术界尚未就产业链现代化的内涵达成一致意见。研究认为，准确把握产业链现代化的内涵还必须对供应链、价值链以及产业链等相关概念有清晰的认知。供应链是围绕核心企业，以服务终端消费者为目的，通过原材料采购、设计生产、销售等环节和流程将供应商、制造商和零售商所连接起来的复杂网络结构（宋华、杨雨东，2022）；价值链最开始是指公司内部生产、销售、运输和售后等活动所构成的价值创造的行为链条，后面逐渐外延到全球价值链和产业价值链等概念（张辉，2004）；而产业链是指不同行业之间通过技术经济所连接起来的网络结构。从一定程度上而言，供应链和价值链形成的过程就是产业链的形成过程，但产业链的分析视角相比供应链和价值链更加宏观，产业链不只是强调企业层面的联系，更多的反映的是产业之间的关联关系，强调产业生态的发展，因此产业现代化是产业链现代化的重要组成部分。

二 关于产业结构的研究综述

虽然产业链现代化的概念在“十四五”规划中才正式提出，但早在“十一五”规划就提出要推进产业结构优化升级；“十二五”规划充分强调了提高产业核心竞争力；“十三五”规划则进一步强调了支持全产业链协同创新和联合攻关。可以看出，产业链现代化的内涵应从多个角度和维度出发进行界定，从国家战略和政策制定的角度，产业链现代化的渊源之一就是产业结构的调整与升级。关于产业结构的演变规律有众多的经典研究，本章节的综述更加关注从中国视角，或者关注中国特殊情况的研究，以及数字化变革引发产业结构演变规律变化的最新研究。

改革开放以来，产业结构变迁是驱动中国经济增长的重要引擎（严成樑，2016）。国内学者从发展战略（林毅夫等，2013）、资源配置扭曲（盖庆恩等，2013）、财政支出（严成樑，2016；渠慎宁等，2018）、基础设施投资与人工智能（郭凯明，2019）以及服务业供给抑制（徐朝阳、张斌，2020）等多种研究视角探究影响中国产业结构转型的因素，部分研究使用多部门一般均衡模型构建理论模型与实证分析检验产业结构转型影响因素（刘超等，2021）。其中，郭凯明等（2017）在鲍莫尔、恩格尔、劳动力市场摩擦效应基础上引入国际贸易、要素密集度差异和投资效应，核算分解了六种效应对中国改革开放以来产业结构转型的影响。随着中国经济进入由高速增长向高质量发展迈进的新时代，转换发展方式、调整产业结构成为实现高质量发展的关键动能，关于产业结构优化升级的相关研究成为学界重点关注的研究课题。产业结构升级就是经济增长方式的转变与经济发展模式的转轨，产业结构升级包括产业结构的高级化和产业结构的合理化（肖维泽等，2022）。早在 20 世纪 90 年代，周振华（1990）就指出产业结构的高级化与合理化，学者们关于高级化与合理化的研究也逐渐深入细化。苏东水（2010）认为产业结构的高级化是指从较低水平状态向高水平状态的动态演进。林毅夫（2013）认为产业结构的合理化则体现为产业间的客观均衡比例和协调程度。

“十四五”发展规划提出以数字经济作为中国经济增长的新引擎，如何借助数字经济促进中国产业结构优化成为学界的热门研究课题，近年来也产生大量有影响力的研究成果，这些成果集中于数字经济与数字化如何影响产业结构升级、数字消费如何影响产业结构演变两个方面。关于信息化、数字化对产业结构升级的影响，可归纳为“创造效应”和“破坏效应”。“创造效应”首先体现在对简单劳动和传统资本的替代，进而提高了行业的全要素生产率（Jorgenson，2001；邵文波等，2017；唐文进等，2019），实现了产业结构的优化升级（费洪平，2017），同时还体现在对大数据、云计算及电子商务等战略性新兴产业的创造推动上（谢康等，2021）。史丹（2022）认为数字技术催生了数字经济并促进其以较快的速度发展，开辟了继农业经济、工业经济之后新的经济形态。虽然数字经济处于发展的初期阶段，但充分显示了不同于工业经济发展阶段的特点和趋势。也有学者持相反观点，认为数字化对产业结构升级产生了“破坏效应”（Acemoglu et al.，2014；Graetz et al.，2018）。这是因为人工智能对人类工作的取代使长期的技术性失业和无就业增长成为可能（Susskind，2017；Lagrandeur，2017），这一趋势会阻碍产业结构的合理化进程。此外，数字技术带来的过度信息化也可能会导致生产要素错配，使劳动和资本过度流向信息通信等高技术行业，从而导致产业结构的短期畸形化（朱琪、刘红英，2020）。学者们也重点关注了数字经济与产业结构二者之间的联系。陈小辉等（2020）发现，数字经济对产业结构的优化水平有显著的正向作用，且这种作用还具有边际递增的特征。沈运红和黄桁（2020）区分了数字经济的维度，将其划分为数字技术创新科研水平、数字化产业发展水平及数字基础建设水平，通过实证研究发现数字技术创新成果投入应用的时间滞后性最小，因此该维度对制造业产业结构升级的作用最大。陈晓东等（2021）区分了产业数字化与数字产业化，并经过模型检验发现产业数字化对产业结构升级的促进效果更加显著，同时也指出数字产业化对于促进产业结构升级的基础作用。李媛媛和叶舜（2021）发现，数字经济促进流通产业结构高级化，并且促进效果存在速度转变和结构转变的非线性特征。关于新型消费模式的影响效应，已有研究从理论上探讨了新型消费模式的民生改善效应、就业提升效应及对经济社会高质量发展的影响。同时，学者们还关注到了新型消费模式对产业结构升级的影响。裴长洪等（2020）从新旧动能转化视角论述了信息消费为结构调整提供了强大动力。郑英隆等（2022）通过研究发现，线上消费蓬勃发展能提高产业资源的配置效率。何凌云等（2022）采用国务院于2013年发布的《关于促进信息消费扩大内需的若干意见》这一政策文件，通过检验发现信息消费试点能显著提升城市产业结构合理化和高级化水平，助推产业结构升级。并发现该政策促进了中、西部地区的产业结构高级化，但在东部地区效应不明显。

三　关于现代产业体系的研究综述

现代产业体系这一概念最早出现在党的十七大报告中，该报告针对中国经济结构存在的突出问题，提出要发展现代产业体系。现代产业体系的内涵与特征在“十二五”规划、党的十八大报告、“十三五”规划中不断深化与发展。2020年党的十九届五中全会强调“中国应当加快发展现代产业体系，推进产业基础高级化、产业链现代化，提高经济发展质量和效益，实现经济体系优化升级”。由此可见，构建现代产业体系是深入贯彻以习近平同志为核心的党中央对于中国经济发展做出的重大战略部署，是推进产业链现代化的重要战略选择。现代产业体系是现代化经济体系的核心，当前学术界对于现代产业体系的研究集中在内涵与特征的概念界定以及实践路径等方面。

在概念界定方面，有关现代产业体系的研究可以以党的十九大为时间节点进行划分，党的十九大之前学者们主要从结构优化、产业融合与集群发展的视角对现代产业体系进行解读。刘钊（2011）认为产业创新驱动是现代产业体系的核心，以产业集群作为载体，融合了新型工业、现代服务业和现代农业等，构建起协调发展的产业网络。詹懿（2012）指出在产业机构高级化的发展过程中，现代产业体系可以发挥引领作用，可以进一步推动区域间的合理产业分工与优势互补，形成具有较强自我发展与协调能力的产业系统。周权雄等（2013）认为现代产业体系的基础是技术与制度创新，继而打造出竞争力强、链条完整的区别于传统产业的产业体系。党的十九大之后，随着全球治理新格局的形成与新发展理念的提出，更多学者在国际竞争格局下从开放经济视角出发对现代产业体系进行了新的界定。赵宵伟等（2021）将现代产业体系界定为合理配置高端全球资源，以服务经济为引领，协调创新要素、协同创新链条，实现产业链细分环节的科学布局。芮明杰（2021）定义了产业体系，指出产业体系既是全社会所有产品投入产出相互关联的体系，也是所有产品供给流通与消费的一体化体系，还是国民经济发展的核心。在此基础上，基于“国内国际双循环”战略，认为现代产业体系本质上是低碳环保、数字智能化、互联网平台化的投入产出体系，是互联网、大数据、智能技术与实体产业的融合，并以互联网平台为基础的大规模、智能化、定制生产方式为主导的体系。有部分学者探究了现代产业体系的内涵特征，认为现代产业体系具备不断自我革新、与时俱进的动态性、协同发展的系统性、绿色集约的生态性、全球资源配置的开放性以及信息化智能化的高技术性等特征（陈曦，2020；郝全洪，2021）。

在现代产业体系的构建路径方面，当前研究主要从两个角度进行探索。一是在多重协同视角下的现代产业体系建设路径。黄浩森等（2018）指出现代产业体系是发达国家在国际竞争中占据竞争优势地位的核心能力，通过对现代产业体系国际竞争力形成机理的分析，构建出包含现实竞争力、创新竞争力和潜在竞争力等维度的现代产业体系竞争力评价指标，经过对国内主要城市与全球主要国家的实证检验，从价值链优化、创新链增强与生态链促进的角度提出了建设中国现代产业体系的实践路径。刘如等（2020）基于三重螺旋理论，构建了现代产业体系的战略框架并分析了中国产业体系遭受的战略性威胁、系统性威胁、动态性威胁与变革性威胁，提出通过产业相关利益人、产业创新政策和产业安全三个因素不断互动、实践与演化，螺旋推动中国现代产业体系的构建。二是根据党的十九大报告中关于产业体系的建设要求提出现代产业体系的构建路径。刘志彪（2018）根据党的十九大报告的要求，指出现代产业体系的根本特征是实现实体经济、科技创新、现代金融与人力资源的协同发展，认为中国现代产业体系的建设应当依托内需全面构建三次产业分工、推进制造业实现向上攀升以及构建由我主导的新型全球价值链。盛潮迅（2019）认为构建现代产业体系首先要遵循“稳、转、新、集”的方针，参照实体经济、科技创新、现代金融与人力资源协同的发展要求，从体制机制、要素培育、企业主体和产业发展四个层面构建现代产业体系，倒逼企业加速转型升级，促进产业和要素资源配置更加协同，加快构建“创新引领、要素协同、链条完整、竞争力强”的现代产业体系，实现从现行产业体系到现代产业体系跃升。此外，还有学者注意到数字技术对实体经济的赋能有可能成为推动整体产业体系深度变革的强势动能，从数字化创新引领产业体系变革的角度出发探讨了数字经济与实体经济深度融合的现实路径。谢康等（2022）面向国家重大需求的洞察视角构建支撑数字经济理论内涵的证据链，探讨了数字经济与建设现代产业体系的融合可能。郭凯明以人工智能为研究样本，他认为引领新一轮科技革命与产业变革的战略性技术有促进产业体系与结构升级的现实可能，提出应当健全企业破产保护制度，完善市场出清机制，做好区域间的产业转移和承接工作，避免产业结构快速转型过程中加剧部分产业的产能过剩问题。

对现代产业体系的定量研究较少，已有文献集中于对现代产业体系的测度与评价指标体系。邵汉华等（2019）基于省级面板数据，构建实体经济—科技创新—现代金融—人力资源四位协同指标体系，对中国现代产业体系进行了系统性测度，研究发现中国总体现代产业体系四位协同度呈上升趋势并且在东中西地区间存在显著的区域差异，而中国现代产业体系四位协同度的区域相对差距与绝对差距都出现了扩大倾向。范合君等（2021）基于现代产业体系的战略定位与内涵特征，从发展环境、支撑体系、农业现代化、工业现代化、服务业现代化、产业可持续发展6个维度建立起包含41项指标的现代产业体系评价指标，对中国省域层面数据进行检验分析，发现中国现代产业体系建设总体向好，但中西部与东部现实差距较大，未能发挥协同区域发展的协同优势。

四　关于产业链安全的研究综述

随着国际分工的深化，越来越多商品的生产由全球供应链组成，这一方面能发挥不同区域的比较优势，提高生产效率；但另一方面，供应链关联也可能导致风险传播和扩散，这种基于微观主体之间的供应链关联在一定条件下会导致微观冲击转化为宏观经济波动（Acemoglu 等，2012），其中，全球供应链网络的中心节点对国际风险传播具有重要的推动作用（Frohm and Gunnella，2021），导致产业链上国家的经济发展受到较大负面冲击（Carvalho et al.，2021）。可见，在由跨国公司主导的以效率为导向的全球产业链下，外部冲击可以沿着产业链跨越国界传导，使得风险在全球传播，例如 Boehm 等（2019）利用日本 2011 年地震作为外生冲击，发现外部冲击可以经由生产网络跨越国界传导，其影响本国的强度取决于本国投入品和外国投入品的替代弹性；当本国投入品和外国投入品的互补性非常强时，全球供应链断裂很可能导致相关企业受到严重的影响，Fang 等（2020）使用中国企业招聘数据，发现不仅国内新冠疫情形势对本地劳动力市场造成负面影响，同时国外新冠疫情由于全球价值链的关联也会对中国区域劳动力市场产生显著的负面影响；Bonadio 等（2021）也发现封城政策带来的劳动力供给冲击具有跨国传播效应；此外 Devereux 等（2020）、Di Giovanni and Hale（2021）研究发现财政政策、货币政策在全球供应链中同样具有跨国传导效应。全球供应链网络的中心节点对国际风险传播具有重要的作用，由于供应链可以传播风险，因此供应链上具有紧密关联的国家可能在经济发展上也有一定的联动性，Huo 等（2019）研究了全球生产网络链接以及全球 GDP 增长的联动关系，将生产网络导致 GDP 联动的效应分解为冲击传播和冲击关联，发现冲击关联更能解释全球 GDP 的联动，且全球生产网络结构和贸易网络结构对世界各国 GDP 的联动具有重要影响。在近期逆全球化趋势和新冠疫情冲击的背景下，全球供应链中断对经济体带来的负面影响越发值得关注，Duan 等（2020）估算表明新冠疫情将使得运输业、旅游业、零售业和娱乐业等相关行业产出下降 18% 以上，疫情带来的产业链断裂风险将沿着产业链向上下游扩散，并加快全球产业链布局变化，世界性的产出下降势必对中国制造业上游投入和下游供给造成负面影响（邓世专、林桂军，2020)，并成为中国 2020 年产能下降的重要原因（高翔等，2021)。

从现有研究可以看出，在跨国公司主导下的以效率为导向的全球产业链布局体系，存在风险跨国传播风险，这在此次新冠疫情下显得尤为突出，为了应对全球产业链断链的风险，越来越多企业倾向于将供应链和生产活动转移到国内，但是这必然会损害生产效率（Grossman et al.，2021)。研究发现，对供应链进行多样化补贴，维护产业链稳定优于简单的促进外包或供应链回流。因而如何在兼顾效率下，提升产业安全性成为一个重要问题（Shih，2020)。本研究主要工作是基于产业关联和“三链”综合视角，综合评估中国产业链安全性，分析中国不同行业产业链风险特征，并在此基础上，提出提升中国产业安全性的具体实现路径，以期从提升产业链安全性角度为中国经济安全和可持续发展提供有益启示。

第二节 产业链发展水平的影响因素

根据国内外已有研究成果，产业链现代化水平的提升一般包括工艺升级、产品升级、功能升级和链条升级，若从全球价值链的角度，产业链现代化还表现为融入价值链、后向关联升级与终端市场升级等。产业链现代化的具体路径受不同因素制约表现出不同的驱动力结构，结合中国所处发展阶段与时代要求，“十四五”时期，提升产业链供应链现代化水平有三大方向：一是提升创新能力、提升附加值、提升可持续发展能力，顺应经济高质量发展要求；二是增强产业链韧性、提升产业链安全可控、提高产业链抗冲击能力，适应国际环境不稳定性增强的要求；三是提升技术能力、提升数字化赋能，以适应新一轮科技革命的要求。根据上述升级路径与发展方向，影响产业链现代化水平提升的影响因素包括最终需求、要素供给、产业布局与全球产业分工地位。

一　市场需求大小和结构

中国拥有超大的国内市场规模，以及全球最完整和规模最大的工业生产体系，丰富的要素市场既可以灵活参与全球供应，也能面向国内提供高质量的商品与服务，全球最有潜力的消费市场既可以吸纳具有全球竞争力的商品服务，也能为国内经济生产提供强大的需求动力。需求规模是推动产业链创新发展的关键因素，Aceoglu 等人的研究表明，需求规模越大，该地区的激进式创新的潜在数量就越多，则更多具有应用价值的创新成果能够进入市场，从而更好推动产业链供应链现代化水平提升。从需求规模对创新成本的影响来看，需求规模越大则潜在获利空间越大，对创新的补偿效应越强，能够为各类创新活动提供更多经济激励。同样，需求规模驱动获利空间的扩大，会引诱更多经营主体进入市场，增强市场竞争，激烈的市场竞争驱动市场主体通过创新抢占优势地位。从国际竞争维度来看，需求规模对产业链现代化影响存在本土市场效应和进口替代效应，即国内有大量需求的产品具有潜在比较优势，从而有利于扩大出口；国内需求规模越大，越能够将封闭市场的生产成本降至具有国际竞争力的水平，从而有利于实施进口替代战略。

二　要素供给规模和质量

要素禀赋结构与生产结构存在一种累计因果关系，生产结构符合要素禀赋结构决定的比较优势，则生产结构的竞争力最强，能够创造最大的经济剩余，积累的边际收益也更高。要素禀赋结构的升级能够推动生产结构升级，生产结构升级又能反过来促进要素禀赋结构转变，由此循环往复不断推动结构变迁，推动经济发展。新科技革命和产业变革背景下，产业发展的要素结构发生变化，在各种要素构成中，相比物质资本，技术进步与人力资本起到更超前、更重要的作用。技术进步对于产业链现代化水平提升具有特殊的作用，关键领域的技术供给会改变要素禀赋结构，改变要素禀赋结构与生产结构之间的相互作用关系。例如，新一代 ICT 技术可以通过降低贸易成本、合理配置资源、优化创新要素流通并促进技术创新等方式提升一国参与全球产业分工地位，增强释放一国参与全球产业分工的潜能。中国在大数据、云计算、物联网与人工智能等新兴技术领域处于全球领先水平，这些 ICT 技术能够有效推动生产型服务业在全球的分工，使服务型产业链与商品型产业链联系更加紧密，为中国参与全球服务型产业链创造了新的空间和条件，也为中国提升商品型（以制造业为主）在全球价值链的位势提供支撑。

三 产业布局的合理性

产业链具备产业组织形式与空间组织形式的双重特征，产业链在空间上的直接表现为区域间的产业分工，从空间视角看，区域产业布局是产业链的空间投影，因此提升产业链现代化水平包含区域产业布局优化，产业链现代化水平高地在空间上由产业布局的合理性和科学性决定。区域产业布局对产业链现代化的具体影响表现为：一是作为实现产业链运作生产的载体，空间区域产业体系既涉及城市群、都市圈内部的区域经济组织建构，也涉及产业集群的链条培育与产业内协同塑造。二是“补链强链”作为提升产业链现代化水平的重要环节，创新体系在其中发挥必不可少的作用。区域创新体系可以使“补链强链”嵌入知识与其他创新要素，从而更好发挥创新主体与企业主体交互的溢出效应与规模效应，加速创新要素的流动与降低创新成本，构建风险更低、试错成本更小、交流互动更加紧密的知识传播网络。三是产业转移承接作为产业链升级过程中应对双向挤压竞争的重要方式，当前中国已初步形成东部发达、中西部欠发达的梯度势差的区域经济格局，这种客观现实既是高质量发展的挑战，也为应对来自全球价值链上下两端的双向挤压提供了基础条件。由于差异化的要素禀赋结构与发展水平，在东部发达地区失去比较优势的产业与生产活动可以向中西部欠发达地区转移，既为东部发达地区释放了发展空间，中西部又可以通过承接转移产业创造经济价值与就业岗位，促进区域经济发展。在这种区域的产业转移承接过程中，区域内的供应链价值链受产业链主导进行梯度分工影响，逐渐形成稳定的区域产业生态。

四　全球分工的参与度

全球产业分工是推动一国产业链现代化的重要力量，通过参与其中实现专业化分工有利于增加区域财富与生产力水平。但专业化分工受市场规模的限制，而嵌入全球分工可以突破国内市场容量的限制，扩大市场需求规模，发挥规模经济效益，进一步细化与深化专业分工。对于发展中国家而言，参与全球产业分工还可收获除经济效益之外的学习收益与技术溢出效应，通过逆向工程提升本国技术水平进而促进本国在全球产业链价值链中的升级。在新科技革命和产业变革背景下，创新是提升产业链现代化水平的核心要素之一，创新链同时也是针对知识创新增值过程的各个创新实体之间的链条式关联关系和时空分布形态，因此，产业链的现代化离不开创新链的现代化。当前，从全球产业分工体系看，在供给侧与需求侧中国创新密集型产业链对外依存度都较大，创新密集型产业链的强对外依赖性反过来又阻碍了要素禀赋结构的升级，进而导致产业结构与要素禀赋结构在低水平上形成均衡，提升面临较大阻力。因此，中国产业链现代化水平的提升必须有全球化的视野，不仅要继续利用好国家市场保持较高的制造业规模和比重，同时还要通过更加深入地参与全球价值链，扩大对外投资规模，构建具有影响力的跨境产能合作和产业分工新体系。

第三节　新时期产业链现代化的内涵与特征

产业链现代化是一个相对和动态的概念。新时期产业链现代化的内涵是在发达国家经验扬弃基础上，结合中国自身特殊国情、发展阶段和面临国际新环境，对产业链发展意义的更新认识、对产业链升级方向的更新指导。“相对”是指符合工业化客观规律，但区别于发达国家的发展路径，更要满足新工业革命下技术进步市场变化需求，应对国内和国际环境变化的挑战。“动态”是指特定历史时期下最先进生产能力与最适应生产关系的组合，是一个永无止境的过程，也是一个持续升级的目标。

当前，全球化进程之变、世界经济格局之变与全球治理体系之变使得中国当前正面临世界百年未有之大变局，兼之全球贸易保护主义“抬头”与科技革命的突破性进展，在此历史浪潮中确保中国经济安全与产业自主可控成为重要战略目标。中国尚未将第一制造业大国的优势转化为制造业强国优势，部分核心环节和关键技术受制于人与产业基础能力不足导致产业安全问题日益突出。在此现实背景下，提升产业链现代化水平是确保国家经济安全，构建以国内大循环为主体、国内国际双循环相互促进的新发展格局的必然要求。鉴于实现产业链现代化的重大意义，党的十九届五中全会明确提出“推进产业基础高级化、产业链现代化”的要求，强调要“提升产业链供应链现代化水平”。因此，提升产业链现代化水平是中国“十四五”时期加快发展现代产业体系与推动经济体系深度变革的重要抓手，是中国进行现代化国家建设的重要内容。

一 新时期产业链现代化的内涵

新时期中国产业链现代化在技术基础、国情特征和国际主张等方面与老牌发达国家和中国传统的产业发展目标有借鉴和继承，但也存在明显的区别。如表14－1所示，技术基础方面：欧美等老牌发达国家主要是利用两次工业革命构建了产业链体系并保持在产业链技术上的全球领先。由于存在巨大的发展差距，为了更好发挥后发优势，中国在很长历史发展时期采取跟随发达国家的政策，但与很多发展中国家不同的是，无论技术来源是苏联还是美日欧，都坚持了自主的技术研发并把握技术路线的发展方向。在新时期，产业链现代化在技术的表现不仅是补齐在传统工业化发展阶段遗留的短板，更要在新科技革命和产业变革中构建引领全球的能力。国情特征方面：老牌发达国家在构建工业产业链的同时，造成了对农业和普通市民的巨大伤害，贫富差距、垄断等问题困扰至今。

中国传统工业化强调重工业优先发展，虽然加速了工业产业链的构建，奠定了更好的产业链基础，但是也造成区域和产业发展不均衡，人民群众获益较少。新时期现代化的产业链突出表现为产业发展与人的发展相匹配，满足日益增长和升级的国内需求，让各个地区的人民群众都能充分享受工业创造的巨大财富和成果。国际主张方面：老牌发达国家依靠殖民侵略和不公平的贸易制度规则，掠夺全球资源要素和市场资源，即便现在，发达国家也在采取各种手段限制发展中国家的发展，极力保持在全球产业链和产业分工中的主导地位。中国工业化起步强调自力更生，在改革开放之后大力引进外资，国内产业链表现出很强的国家化特征。新时期，中国无论引进外资还是进行对外投资都面临严峻的逆全球化挑战，中国需要努力构建区别于之前的国际分工新格局和新模式，推动人类命运共同体发展，打破发达国家的主导下的不公平和不合理，让更多发展中国家参与国际分工并获得发展红利。

表 14－1　新时期产业链现代化与发达国家产业链、中国传统产业链的区别

	老牌发达国家的产业链	中国传统的产业链	新时期的产业链现代化
技术基础	爆发了第一次工业革命和第二次工业革命	在不同阶段跟随不同国家的技术发展，但始终强调对技术路线的独立把握	补齐传统工业化阶段短板，增强产业链的安全性和可控性，具备对新科技革命和产业变革的引领能力
国情特征	牺牲农民和普通市民利益，造成贫富分化	集中力量发展重工业，一定程度上造成区域和产业发展不均衡，人民群众生活水平提升缓慢	满足日益增长和升级国内需求，让全体中国人民充分享受工业化成果
国际主张	殖民侵略，低价掠夺全球要素资源	从被迫自力更生到改革开放，利用外资，引进先进技术和管理，国内产业链表现出国际化的特征	应对新的逆全球化挑战，加大对外投资，致力于构建新的全球分工体系，推动人类命运共同体的实现

新时期产业链现代化的内涵包含和继承上一阶段创新驱动、节能减排、提质增效、扩大内需、区域协调、提升人力资源等高质量发展内容，但也具有新的、鲜明的时代内容。当前，工业发展的要素条件和环境要求发生巨大变化，以数字化为代表，新科技革命和产业变革对工业的技术、工艺、组织方式和营利模式产生巨大影响，推动工业产业链现代化必然要将中国工业的技术水平、工艺水平、效率效益水平、环境友好水平推向世界前沿。同时，国际产业分工、贸易格局正在发生重大调整，中国必然同时面临来自发达国家高端封锁、发展中国家中低端替代的双重压力。加之新冠疫情影响远超预期，推动全球价值链回缩，美国必定会采取更加综合的“组合拳”，诱导和胁迫更多“盟友”对抗中国，中国产业链安全面临前所未有的挑战。因此，必须对产业链现代化赋予新的内涵，新时期产业链现代化内涵的时代性突出表现为“高级化”和“安全化”，前者是目标，后者是保障。

新时期产业链现代化的目标是“高级化”，表现为产业链的各个方面的全球领先。首先是工业生产技术的全球领先和新技术应用的全球领先，工业体系的数字化水平不仅领先，还要率先形成新模式新业态。其次是产业体系的完备和产业关联度强，在已有产业体系优势基础上，加强产业链的补短和补漏，以及在新兴产业、未来产业的超前布局和率先发展上形成领先优势。再次是要素配置和使用效率的国际领先，传统生产要素的转化率达到国际一流，数据要素的价值挖掘能力同样实现国际领先。最后是绿色化的全球领先，能源使用和排放水平、清洁能源使用比例达到世界一流，并且构建完善的绿色产业体系。

新时期产业链现代化的保障是“安全化”。一方面是要素供给的安全，包括国内工业劳动供给不出现大的滑坡，能源和原材料产业维持安全的规模和实现更科学布局，资本市场对实体经济部门的有力投资等；国际上战略性矿产资源和能源、关键工业中间品和材料、核心技术等。另一方面是市场安全，国内工业品消费不出现大的波动并保持持续增长，继续维持在重点国际市场的市场占有率，并在新兴经济体开辟新的市场。

二　产业链现代化的阶段性特征

党的十八大以来，中国的产业链供应链现代化取得了明显进展，主要体现为产业链创新与科技创新进入新阶段，供应链与产业链自主可控能力均得到稳步推进，同时产业链也在加速向数字化与低碳化转型，应对不稳定外部环境风险的抗冲击机制初步形成。但是，当下及未来较长时期内中国产业链现代化建设仍存在一系列问题：一是工业基础能力较为薄弱，部分核心技术领域存在“卡脖子”短板，高端技术受制于人的局面在短时间内难以突破，影响了产业链安全可控；二是产业附加值较低，全球产业分工地位处于中低端环节，盈利能力有限；三是传统要素禀赋优势逐渐丧失，新一轮增长动能尚未成形。产业链现代化必须立足并适应未来中国经济高质量发展的新阶段，必须服务于国家发展战略全局，顺应时代发展的需要。从中国经济发展新阶段与面临的新挑战来看，新时期中国产业链现代化的阶段性特征主要包括：产业发展基础的安全可控、产业要素供给的高度协同、产业结构的持续优化升级、创新驱动产业发展能力增强和全球分工地位的显著提升。

（一）产业发展基础的安全可控

从狭义和具体的角度，产业发展的基础主要表现为基础零部件（元器件）、基础工艺、基础材料和技术基础“四基”的夯实与升级。总体上看，中国工业体系完备，但工业四基均对外依赖较强。在国际环境比较有利的时候，产业发展基础薄弱的问题不容易暴露出来，而在国际环境发生变化时，基础薄弱就造成产业链出现断点和风险点，表现出各种“卡脖子”问题。此外，在信息技术引领的新一轮科技革命和产业变革中，工业“四基”的内容被扩充，芯片、工业软件、先进控制、操作系统、算法等方面正在形成新的国家间差距，中国要夯实发展基础同时面临传统领域“补课”和新兴领域“加速跑”的压力。从广义和抽象的角度，产业发展的基础能力还包括国家或区域对产业转型升级提供的综合性保障能力，包括政府对产业发展的规划能力、产业管理的治理能力、企业管理水平等。与发达国家比较，中国产业发展的“软”条件还存在很大差距，对产业发展未来趋势的准确把握能力还不足，特别是在国际市场开拓、国际产业布局和产能合作中表现出经验不足、考虑不周、执行不力等问题。产业发展基础的安全可控是产业链现代化的基础保障，与发达国家差距的缩小是新时期产业链现代化重要的特征。

（二）产业要素供给的高度协同

各要素协同发展是打造现代产业体系的必要条件，产业链现代化的健康发展也离不开各主体和要素的高效协同。要素协同需要实现产业经济、科技创新、现代金融和人力资源之间的高度协调，需要在发展新阶段实现产业要素、技术要素、资金要素和人才要素等各类型要素间的有机融合和配合。在新时期，促进各类生产要素协同互动、高效配置，要进一步释放市场在资源配置中的决定性作用，更好发挥政府作用与制定产业发展支持政策，促进各种资源要素自由流动。由产业间协同与企业协同构成产业链协同，由产业经济、科技创新、现代金融和人力资源高度协调提升产业链现代化水平，重点面向产业经济在发展过程中面临的缺技术、缺资金和缺人才等现实问题，强调科技创新、现代金融、人力资本等高端要素优化配置到产业经济进行有效组合和协同发力，强化各类资源整合，实现优势互补，从而提升产业链组织整体的运作效率，推动经济高质量发展。

（三）产业结构持续优化升级

产业结构在数值上是产业间的比重关系，但反映了产业发展的质量和产业间关系的合理程度和产业整体发展水平的高低，因此产业结构优化的判断标准是合理化程度和高级化水平。在新时期，产业结构的充分合理化和高级化首先表现为投入和产出的高度耦合，不同产业发展充分协调和协同，要素资源的有效和充分利用，无论是单个产业还是整个产业体系都良性运转，不会出现明显的产能过剩或短缺问题。其次，产业结构还需要表现出由简单到复杂、低级到高级的演进趋势，在产品层面由以初级和简单加工产品为主转变为最终产品和高加工程度产品为主；在要素投入上由普通资源能源和低端劳动力为主转变为资本、技术、人才等高端要素投入为主。产业结构的充分合理化和高级化是中国进入新发展阶段的客观要求，也是产业链高级化的具体表现。

（四）创新驱动产业发展能力增强

新中国成立以来，中国一直坚定独立自主的技术发展路线，即便在最困难的时期也没有放弃对技术研发的高投入。目前，中国已经基本完成从技术引进大国向知识产权创造大国的过渡，创新基础能力与创新水平实现显著提升，多项技术创新指标在全国领先甚至位居第一。但是，高质量发明专利不足，部分核心技术领域与关键领域的“卡脖子”问题依旧突出，某些基础零部件与基础技术的对外依存度居高不下，原创技术与高水平战略技术供给难以自足，核心技术与产业环节受制于人。面对严峻的国际形势和突发公共事件的挑战，科技创新体系化呈现出整体性、结构性和有机关联性要求，需要技术体系化和组织体系化的持续推进与互动，有效应对风险和不确定性。在明确技术创新、知识创新、国防科技创新、区域创新和科技中介服务等功能的基础上，还要逐渐形成包括政府、企业、高校、科研机构、社会中介服务机构和个人等的创新行为主体，以及创新资源和创新环境在内的布局，这需要全面强化科技创新体系化能力，从而形成对核心技术突破的有效支撑，从而真正实现从要素投入驱动向创新驱动的发展转轨。在新时期高质量发展的要求下，提高产业自主创新能力，实现创新作为发展的核心动力是产业链现代化的重要特征。

（五）全球分工地位显著提升

过去较长时间，中国凭借大规模劳动供给与低成本生产要素参与全球产业分工，但随着人口红利与成本优势的逐渐消失，在低附加值环节受到来自东盟国家为代表的其他发展中国家的竞争，传统的参与全球产业分工方式受到巨大挑战。当今世界正经历着新一轮大变革大调整，国际经济政治秩序深度调整，不确定不稳定因素明显增多，对此，必须通过向产业链更高价值环节攀升加以应对。同时，要做稳扩大国内大循环，需要扩大支撑市场规模的收入基础，切实提高居民的可支配收入水平，进一步释放消费需求潜力，这同样需要依靠国内企业创造更高附加价值的方式来实现。因此获得更高的全球产业分工地位，不仅是新时期经济发展的必然要求，也是满足人民对美好生活需要的必然要求，同时还是产业链现代化的重要标志。

参考文献

[1] 陈曦：《构建协同发展现代产业体系的国际经验与启示》，《宏观

经济管理》2020 年第 6 期。

[2] 陈小辉、张红伟、吴永超：《数字经济如何影响产业结构水平?》,《证券市场导报》2020 年第 7 期。

[3] 陈晓东、杨晓霞:《数字经济发展对产业结构升级的影响——基于灰关联熵与耗散结构理论的研究》,《改革》2021 年第 3 期。

[4] 程宏伟、冯茜颖、张永海：《资本与知识驱动的产业链整合研究——以攀钢钒钛产业链为例》,《中国工业经济》2008 年第 3 期。

[5] 邓世专、林桂军:《新冠疫情全球蔓延对亚洲工厂的影响研究》,《国际贸易问题》2020 年第 7 期。

[6] 范合君、何思锦：《现代产业体系的评价体系构建及其测度》,《改革》2021 年第 8 期。

[7] 费洪平:《当前我国产业转型升级的方向及路径》,《宏观经济研究》2017 年第 2 期。

[8] 盖庆恩、朱喜、史清华:《劳动力市场扭曲、结构转变和中国劳动生产率》,《经济研究》2013 年第 5 期。

[9] 高翔、徐然、祝坤福、张瑜、杨翠红:《全球生产网络视角下重大突发事件的经济影响研究》,《国际贸易问题》2021 年第 7 期。

[10] 龚勤林:《论产业链构建与城乡统筹发展》,《经济学家》2004 年第 3 期。

[11] 郭凯明、杭静、颜色：《中国改革开放以来产业结构转型的影响因素》,《经济研究》2017 年第 3 期。

[12] 郭凯明：《人工智能发展、产业结构转型升级与劳动收入份额变动》,《管理世界》2019 年第 7 期。

[13] 国际货币基金组织:《世界经济展望》2019 年第 10 期。

[14] 国际货币基金组织:《世界经济展望》2021 年第 4 期。

[15] 郝全洪：《推进协同发展的现代产业体系建设的思考与建议——基于管理动力系统理论的视角》,《学术研究》2021 年第 1 期。

[16] 何凌云、张元梦：《新型消费如何促进产业结构升级——基于信息消费试点的准自然实验》,《广东财经大学学报》2022 年第 5 期。

[17] 赫希曼:《经济发展战略》,经济科学出版社 1958 年版。

[18] 黄浩森、杨会改:《区域现代产业体系国际竞争力评价》,《商

业经济研究》2018 年第 14 期。

［19］黄群慧、倪红福：《基于价值链理论的产业基础能力与产业链水平提升研究》，《经济体制改革》2020 年第 5 期。

［20］蒋国俊、蒋明新：《产业链理论及其稳定机制研究》，《重庆大学学报》（社会科学版）2004 年第 1 期。

［21］李想、芮明杰：《模块化分工条件下的网络状产业链研究综述》，《外国经济与管理》2008 年第 8 期。

［22］李媛媛、叶舜：《数字经济对流通产业结构高级化的影响研究——基于 STR 模型非线性效应的实证分析》，《价格理论与实践》2021 年第 6 期。

［23］联合国工业发展组织：《工业发展报告》，中国财政科学出版社 2002 年版。

［24］林毅夫、陈斌开：《发展战略、产业结构与收入分配》，《经济学（季刊)》2013 年第 4 期。

［25］刘超、孙晓华、罗润东：《相对价格效应，还是收入效应——论中国产业结构调整的驱动因素》，《中国经济问题》2021 年第 3 期。

［26］刘如、陈志：《大国竞争时代现代产业体系的三重螺旋战略框架研究》，《中国科技论坛》2020 年第 8 期。

［27］刘钊：《现代产业体系的内涵与特征》，《山东社会科学》2011 年第 5 期。

［28］刘志彪：《产业链现代化的产业经济学分析》，《经济学家》2019 年第 12 期。

［29］刘志彪：《建设实体经济与要素投入协同发展的产业体系》，《天津社会科学》2018 年第 2 期。

［30］罗仲伟、孟艳华：《“十四五”时期区域产业基础高级化和产业链现代化》，《区域经济评论》2020 年第 1 期。

［31］裴长洪、倪江飞：《习近平新旧动能转换重要论述的若干经济学分析》，《经济学动态》2020 年第 5 期。

［32］片飞、王茜、张挺：《加快重大技术装备产业链现代化发展》，《宏观经济管理》2022 年第 9 期。

［33］渠慎宁、李鹏飞、吕铁：《“两驾马车”驱动延缓了中国产业结

构转型？——基于多部门经济增长模型的需求侧核算分析》，《管理世界》2018 年第 1 期。

[34] 芮明杰、刘明宇：《产业链整合理论述评》，《产业经济研究》2006 年第 3 期。

[35] 芮明杰：《双循环核心：建立有强大国际竞争力的现代产业体系》，《上海经济》2021 年第 1 期。

[36] 邵昶、李健：《产业链“波粒二象性”研究——论产业链的特性、结构及其整合》，《中国工业经济》2007 年第 9 期。

[37] 邵汉华、刘克冲、齐荣：《中国现代产业体系四位协同的地区差异及动态演进》，《地理科学》2019 年第 7 期。

[38] 邵文波、盛丹：《信息化与中国企业就业吸纳下降之谜》，《经济研究》2017 年第 6 期。

[39] 沈运红、黄桁：《数字经济水平对制造业产业结构优化升级的影响研究——基于浙江省 2008 - 2017 年面板数据》，《科技管理研究》2020 年第 3 期。

[40] 史丹：《数字经济条件下产业发展趋势的演变》，《中国工业经济》2022 年第 11 期。

[41] 史丹：《把握发展趋势以工业现代化推进强国建设》，《现代企业》2022 年第 9 期。

[42] 史丹：《我国工业稳定发展的长期态势不会变》，《财经界》2022 年第 15 期。

[43] 盛朝迅：《构建现代产业体系的思路与方略》，《宏观经济管理》2019 年第 1 期。

[44] 盛朝迅：《推进我国产业链现代化的思路与方略》，《改革》2019 年第 10 期。

[45] 宋华、杨雨东：《中国产业链供应链现代化的内涵与发展路径探析》，《中国人民大学学报》2022 年第 1 期。

[46] 苏东水：《产业经济学》，高等教育出版社 2010 年版。

[47] 唐文进、李爽、陶云清：《数字普惠金融发展与产业结构升级——来自 283 个城市的经验证据》，《广东财经大学学报》2019 年第 6 期。

［48］肖维泽、王景景、赵昕东：《产业结构、就业结构与城乡收入差距》，《宏观经济研究》2022 年第 9 期。

［49］谢康、廖雪华、肖静华：《效率与公平不完全相悖：信息化与工业化融合视角》，《经济研究》2021 年第 2 期。

［50］谢康、肖静华：《面向国家需求的数字经济新问题、新特征与新规律》，《改革》2022 年第 1 期。

［51］徐朝阳、张斌：《经济结构转型期的内需扩展：基于服务业供给抑制的视角》，《中国社会科学》2020 年第 1 期。

［52］严成樑：《产业结构变迁、经济增长与区域发展差距》，《社会科学文摘》2016 年第 11 期。

［53］詹懿：《中国现代产业体系：症结及其治理》，《财经问题研究》2012 年第 12 期。

［54］张虎、张毅、韩爱华：《我国产业链现代化的测度研究》，《统计研究》2022 年第 11 期。

［55］张辉：《全球价值链理论与我国产业发展研究》，《中国工业经济》2004 年第 5 期。

［56］张其仔、周麟：《协同推进城市群建设与产业链供应链现代化水平提升》，《中山大学学报》（社会科学版）2022 年第 1 期。

［57］张其仔：《产业链供应链现代化新进展、新挑战、新路径》，《山东大学学报（哲学社会科学版）》2022 年第 1 期。

［58］赵霄伟、杨白冰：《顶级“全球城市”构建现代产业体系的国际经验及启示》，《经济学家》2021 年第 2 期。

［59］郑江淮、孙冬卿、段继红：《我国产业链现代化路径及其区域性发展思路——苏粤产业链网络演变的启示》，《东南学术》2022 年第 6 期。

［60］郑英隆、李新家：《新型消费的经济理论问题研究——基于消费互联网与产业互联网对接视角》，《广东财经大学学报》2022 年第 2 期。

［61］中国社会科学院工业经济研究所课题组、史丹：《工业稳增长：国际经验、现实挑战与政策导向》，《中国工业经济》2022 年第 2 期。

［62］周权雄、罗莉娅：《现代产业体系的构建模式、路径与对策》，

《探求》2013 年第 4 期。

[63] 周振华：《产业结构演进的一般动因分析》，《财经科学》1990 年第 3 期。

[64] 朱琪、刘红英：《人工智能技术变革的收入分配效应研究：前沿进展与综述》，《中国人口科学》2020 年第 2 期。

[65] Acemoglu D., Carvalho V. M., Ozdaglar A., et al, "The network origins of aggregate fluctuations", *Econometrica*, Vol. 80, No. 5, 2012.

[66] Acemoglu D., Autor D., Dorn D., "Return of the Solow Paradox? IT, Productivity, and Employment in US Manufacturing", *American Economic Review*, Vol. 104, No. 5, 2014.

[67] Boehm C. E., Flaaen A., Pandalai – Nayar N., "Input linkages and the transmission of shocks: firm – level evidence from the 2011 Tōhoku earthquake", *Review of Economics and Statistics*, Vol. 101, No. 1, 2019.

[68] Bonadio B., Huo Z., Levcgenko A. A., et al, "Global supply chains in the pandemic", *Journal of International Economics*, Vol. 133, No. 11, 2021.

[69] Carvalho V. M., Nirei M., Saito Y. U., et al, "Supply chain disruptions: evidence from the great east Japan earthquake", *The Quarterly Journal of Economics*, Vol. 136, No. 2, 2021.

[70] Devereux M., Gente K., Yu C., "Production Networks and International Fiscal Spillovers", *AMSE Working Papers*, 2020.

[71] Di Giovanni J., Hale G., "Stock Market Spillovers via the Global Production Network: Transmission of US Monetary Policy", *NBER Working Papers*, No. 28827, 2021.

[72] Duan H., Wang S., Yang C., "Coronavirus: Limit Short – Term Economic Damage", *Nature*, Vol. 578, No. 7796, 2020.

[73] Fang H., Ge H., Huang H., et al, "Pandemics, Global Supply Chains, and Local Labor Demand: Evidence from 100 Million Posted Jobs in China", PIER Working Paper, 2020.

[74] Frohm E., Gunnella V., "Spillovers in Global Production Net-

works", *Review of International Economics*, Vol. 29, No. 3, 2021.

[75] Gereffi G., Humphrey J., Sturgeon T., "The Governance of Global Value Chains", *Review of International Political Economy*, Vol. 12, No. 1, 2005.

[76] Gereffi G., Korzeniewicz M., "Commodity Chains and Global Capitalism", Westport, Connecticut: Praeger, 1994.

[77] Graetz G., Michaels G., "Robots at Work", *Review of Economics and Statistics*, Vol. 100, No. 5, 2018.

[78] Grossman G. M., Helpman E., Lhuillier H., "Supply Chain Resilience: Should Policy Promote Diversification or Reshoring?", CEPR Discussion Papers, No. 16588, 2021.

[79] Hummels D., Ishij J., YI K. M., "The Nature and Growth of Vertical Specialization in World Trade", *Journal of International Economics*, Vol. 54, No. 1, 2001.

[80] Huo Z., Levchenko A. A., Pandalai – nayar N., "International Co – Movement in the Global Production Network", CEPR Discussion Paper, No. DP13796, 2019.

[81] Jorgenson D. W., "Information Technology and the US Economy", *American Economic Review*, Vol. 91, No. 1, 2001.

[82] Kaplinsky R., "Globalization and Unequalisation: What Can Be Learned from Value Chain Analysis?", *Journal of Development Studies*, Vol. 37, No. 2, 2000.

[83] Kogut B., "Designing Global Strategies: Comparative and Competitive Value – Added Chains", *Sloan Management Review*, Vol. 26, No. 4, 1985.

[84] Lagrandeur K., Hughes J., "Intelligent Technology, and the Transformation of Human Work", London: Palgrave Macmillan, 2017.

[85] Nathan Rosenberg, "General Purpose Technology at Work: The Corliss Steam Engine in the late 19th Century US", *Working Paper*, 2001.

[86] Porter, Michael, *Competitive Advantage*, New York: The Free Press, 1985.

[87] Shih W. C. , "Global Supply Chains in a Post – Pandemic World", *Harvard Business Review*, Vol. 98, No. 5, 2020.

[88] Susskind D. , "A Model of Technological Unemployment", Mandaluyong City: Asian Development Bank, Economics Series Working Papers, 2017.

[89] Williamson O. E. , *The Economic Institutions of Capitalism: Firms, Markets, Relational Contracting*, New York: The Free Press, 1985.

第十五章

制造业产业链现代化水平研究

“加快发展现代产业体系，推动经济体系优化升级”是党的十九届五中全会中提出的“十四五”时期经济社会发展的重点任务，为了实现这一目标，其中又明确提出要“提升产业链供应链现代化水平”。制造业是中国经济社会发展的支柱，尤其是改革开放以来，依托全球化的市场红利，中国成为发达国家制造业国际产业转移的最重要承接地，“中国制造”成为助推中国成为世界第二大经济体的重要力量，中国制造业的发展也推动世界经济版图和产业布局的深度调整。从制造业的视角来看，通过稳固制造业的核心地位，保持制造业比重基本稳定，调整产业结构，巩固壮大实体经济根基，可以有效促进产业基础高级化、产业链现代化，提高经济质量效益和核心竞争力。

第一节　新时期制造业产业链现代化的评价体系

根据前文对新时期产业链现代化内涵与特征的分析结果，结合制造业的发展现状、短板优势，以及未来发展趋势，研究认为对制造业产业链现代化水平的评价和描述有强大、融合、高级、开放、独立、智能、绿色、稳定八大方面，评价体系也围绕这八个方面进行指标设计和测算。

一　强大的价值创造能力和带动效应

强大的制造业产业链是指产业链具有强大的产值创造能力，对整体经济具有较强的带动作用，能有效促进经济高速增长。制造业是最主要的物质生产部门，为居民生活、各行业的经济活动提供其他任何行业都无法替代的物质产品。没有强大的制造业体系，经济活动缺乏运行的物质基础，中国就会在综合国力的竞争中处于受制于人地位。通过几十年持续不断地推进工业化，中国已经建成了门类齐全、独立完整的制造业生产体系，拥有世界上最为复杂完整的各类制造产业链条，是全世界制造业规模第一的大国。当前，中国拥有 41 个工业大类、207 个工业中类、666 个工业小类，是全球唯一拥有联合国产业分类中所列全部工业门类的国家，其中，家电、制鞋、棉纺、化纤、服装等产能占全球 50% 以上，全球 500 种主要工业品中，中国有 220 种产品产量位居全球第一，形成了超大规模和完整体系为核心的独特优势。国内产业间比较来看，制造业在中国经济中的地位举足轻重。在 2021 年中国企业 500 强排行榜中，制造业企业数量多达 249 家，占据半壁江山，并且制造业企业普遍正朝着高精尖的方向发展，制造强国已经成为中国重要的发展战略。2021 年中国工业增加值 37. 3 亿元，其中制造业增加值 31. 4 万亿元，占 GDP 的比重达到 27. 4%，占全球比重近 30%，连续 12 年保持世界第一制造大国地位。总之，制造业一直在中国的经济增长中起到发动机的作用，同时作为“世界工厂”也为全世界人民提供了重要的物质保障，“强大”是制造业产业链现代化的首要特征。

二 制造业发展与服务业发展和城镇化的融合

融合的制造业产业链的包含多重含义：一是产业链上下游和生产制造环节等衔接紧密，表现为高度的协同性；二是产业间的相互融合，表现为服务型制造的发展；三是城镇化和工业化的融合，产业链现代化带动全面的现代化。首先，中国制造业产业布局既有产业集群特征，也有区域集聚的特点，从而在经济技术联系和空间布局上形成了密切的链式形态，又由于制造业产业链细分领域众多、链条长、带动性广，因而产业链上下游和生产环节之间的协同性的提高对于生产效率具有重要作用。其次，在数字技术革命、产业变革和消费升级的背景下，不同产业间的关联合作也在逐步提升，最明显的特征就是服务型制造的发展。借助于数字化、网络化、智能化技术，企业可以及时动态地与客户形成互动，科学统筹设计、研发、生产、销售、服务，满足消费者个性化、定制化、分散化的需求，显著提高制造和服务水平，这种新业态和模式即“服务型制造”。在制造业注重服务化的同时，服务业中的研发设计、技术服务、信息服务等行业也逐渐崛起。据统计，中国生产性服务业占 GDP 的比重已经达到 30% 左右，并且还在持续增长。在发达国家，生产性服务业增加值占整个服务业的比重能达到 70% 左右，说明服务业和制造业的深度融合、相辅相成是必然的发展趋势。最后，制造业因其吸纳就业和技术扩散作用强等特点，能够充分带动“一二三产业融合”，是启动落后地区经济发展的重要产业部门。从工业化的一般规律看，一个经济欠发达地区在工业化初期开始经济起飞的阶段，通常也是制造业比重迅速提高的阶段，结合本地条件选择发展适合本地需求的制造业是中国许多地区摆脱落后、加快经济发展的成功经验。中国一直是通过工业化来带动城市化，制造业产业布局和发展规划也包含了与地方的资源环境、社会生活、文化背景的和谐相容，能产生全面的社会发展效应，从而实现全面的现代化。

三　占据全球价值链的中高端环节

高级的制造业产业链是要在全球价值链中占有较高的位势并对制造业的全球分工形成较强主导力，要培育有高级生产要素，突破全球产业链“微笑曲线”的低端锁定，增强中国制造的中高端制造业领域的竞争力。20 世纪 90 年代以来，由于廉价的生产要素吸引了国际产业转移，中国制造大部分以来料组装加工、模仿跟随为主，缺乏相应的技术和装备，生产的产品技术含量低、附加值低，长期停留在低端制造的阶段，同时出现产能过剩等问题。进入 21 世纪后，国内电子信息产业、装备制造业、环保等产业开始发展，高新技术企业不断增长。随着产业分工持续深化，国际竞争表面上看是产品或者企业之间的竞争，实质上是产业链和产业生态体系的竞争。近年来，中国逐渐从“制造大国”向“制造强国”转变。在制造业细分行业中，高技术制造业、装备制造业的比重进一步快速增长，2020 年中国高技术制造业占规模以上工业增加值比重达到 15.1%，比 2012 年的 9.4% 增长了 5.7%。具体来看，光伏、新能源汽车、家电、智能手机等重点产业跻身世界前列，通信设备、高铁等领域的一批高端品牌走向全球。应该说，制造业产业链高级化已经是中国新型工业化的主要趋势，通过大力发展高技术产业和先进制造业，工业和信息化加速融合，制造业智能化水平持续提升，发展服务型制造等手段，传统产业已经从依靠要素投入的规模扩张转向依靠创新驱动、布局优化、结构调整来实现产业升级和高质量发展。中国制造对全球产业链的影响力正持续攀升，从国际分工价值链的中低端向中高端迈进。

四 深度参与和主导国际产业分工

开放的制造业产业链是指中国始终坚持开放合作、共赢发展，加强与全球产业链供应链的深度融合，努力推进比较优势不断提升、产业分工不断完善、合作共赢不断增强的发展模式。改革开放以来，中国从“引进来”到“走出去”，从加入世界贸易组织到共建“一带一路”，从建立自由贸易试验区到建立自由贸易港，从开创性举办中国国际进口博览会到签署《区域全面经济伙伴关系协定》（RCEP），再到2020年底中欧达成高标准规则的《中欧全面投资协定》，中国对外开放水平达到前所未有的高度。根据海关总署数据，中国的进出口总额从2001年的4.2万亿元增长到2020年的32万亿元，20年间增长了6.6倍，贸易顺差从2001年的1865亿元增长到2020年的3.7万亿元，20年间增长了近19倍。2021年，虽然受新冠疫情的严重影响，中国的全球进出口贸易总额依然创新高，达到39.1万亿元，同比增长21.4%。过去几十年来，中国通过不断深入地参与国际分工，优化产业的海外布局，培养了一批世界级的企业。2022年，清华大学全球产业研究院发布了《世界级企业100排行榜》，从产品卓越、品牌显著、创新领先、治理现代化四个角度，综合考虑其他市场化的变量，选出了100家世界级一流企业，中国占据15家，占比15%，分布在9个产业中，稳居世界第二。在全球一体化的趋势下，跨国投资、贸易、金融以及全球产业链、供应链已经把世界各国经济紧密联系在一起，只有积极参与国际分工合作和竞争，才能发挥优势、取长补短。在国际形势日趋复杂和全球逆流的背景下，“开放”是中国当前新发展理念的五大核心要素之一，只有开放才能使得不同国家相互受益，共同繁荣，持久发展。

五　产业链高水平的自主可控

独立的制造业产业链是指要关注产业链的安全问题，降低产业对外依存度，解决产业链中的“卡脖子”短板问题，从而掌握全球产业链中的话语权。在全球产业分工体系中，中国制造业具有全球最完整的产业链条，制造业规模居全球首位，是全世界唯一拥有全部工业门类的国家。然而，中国产业链的加工制造能力虽强，却无法忽视中国制造业的核心零部件、基础元器件、先进生产设备、关键基础材料、高端研发和市场营销等环节还存在明显的短板，容易被西方发达国家“卡脖子”的问题。2018 年以来，美国制定《国家量子倡议法（2018）》《美国人工智能发展倡议（2019）》《出口管制改革法案（2018）》等法案和计划，针对中国在 AI 技术、AI 芯片、机器人、量子计算、脑机接口、先进材料等 14 类新兴和基础技术领域限制出口和技术合作。中美贸易摩擦全面爆发并步步升级，其更本质目的是在制造业中高端产业竞争中遏制中国制造的发展速度，充分揭示了中国制造业产业链独立性和安全性的紧迫性。2019 年，中国工程院对 26 类制造业产业的安全性评估结果显示，中国制造业产业链 60% 安全可控，但部分产业对国外依赖程度依然很大，其中 6 类产业自主可控，占比 23%；10 类产业安全可控，占比 38.5%；2 类产业对外依赖度高，占比 0.77%；8 类产业对外依赖度极高，占比 30.8%。评估报告还显示，中国制造业部分产业链存在严重的“卡脖子”短板，包括集成电路产业的光刻机、通信装备产业的高端芯片、轨道交通装备产业的轴承和运行控制系统、电力装备产业的燃气轮机热部件，以及飞机、汽车等行业的设计和仿真软件等，这些产业基础能力弱，部分领域核心技术受制于人，存在隐患。因此，补齐制造业基础领域的薄弱环节，提高产业链的安全性、独立性，这是实现制造业产业链现代化必须着力攻克的重大难题。

六　数字时代制造业的转型与升级

智能的制造业产业链是指将数据作为一种新型要素投入生产中，利用数字化改造，提升产业链的智能化程度。数字经济的蓬勃发展赋予生产要素、生产力和生产关系新的内涵和活力，不仅在生产力方面推动了劳动工具数字化，而且在生产关系层面构建了以数字经济为基础的共享合作生产关系，促进了组织平台化、资源共享化和公共服务均等化，催生出共享经济等新业态、新模式，改变了传统的商品交换方式，提升了资源优化配置水平。利用数字技术将分散或孤立的设备、产品、生产者、企业等以产业链、价值链等方式连接起来，形成联动发展，就能够推动制造业的智能化。制造业的智能化，不仅要注重制造环节的智能化，更要注重研发、生产、供应、销售、服务等制造业全链条串联起来的全面智能化。随着以智能化为载体，制造业生产方式和企业形态的根本性变革，制造业可能呈现更加贴近市场生产的模式。近年来，世界主要国家均高度重视智能制造的发展，纷纷出台战略规划，采取各种举措打造竞争新优势，重塑数智化时代的国际新格局。德国在 2013 年就推出了《德国工业 4.0 战略计划》，2016 年进一步发布《数字化战略 2025》，2019 年又出台了《德国工业战略 2030》，多项举措均着力在制造业领域推进数字化和人工智能。美国是智能制造的重要发源地之一，早在 2005 年美国国家标准与技术研究所就提出了“聪明加工系统研究计划”，2009 年提出《重振美国制造业政策框架》支持高技术研发，2011 年开始实施“先进制造伙伴计划”发展先进机器人技术，之后几年内陆续发布《先进制造业战略计划（2012）》《工业互联网：打破智慧与机器的边界（2012）》《智能制造 2017—2018 路线图》《先进制造业美国领导力战略（2018）》《人工智能战略：2019 年更新版》等。近年来，智能制造也是中国强国战略的主攻方向，中国先后出台了《中国制造 2025》《积极推进“互联网 +”行动指导意见》《关于深化制造业与互联网融合发展的指导意见》《智能制造发展规划（2016—2020）》《关于深化“互联网 + 先进制造业”发展工业互联网的指导意见》《中国智能制造“十三五”规划》《“十四五”智能制造发展规划》等重大战略文件，为智能制造发展提供了有力的制度基础和政策措施。智能制造在中国已经呈快速发展趋势，中国工业机器人约占到全球市场份额的三分之一，是全球第一大应用市场，在工业互联网、智能化交通基础设施、水电公共基础设施智能化等领域也已经取得较大成就。深入推进制造业数字化、智能化发展要求互联网、大数据、人工智能技术和制造业深度融合，进一步提高生产效率的同时，拓宽重工业，特别是钢铁、煤炭、石化等的数字化、智能化发展，同时进一步提升其他产业如轻工、医药、金属制品及精密仪器等行业的应用。

七 绿色低碳的制造业发展新路径

绿色的制造业产业链是指推动制造业绿色化转型，走上绿色、低碳、循环的发展路径，带动整个经济结构的低碳化。随着制造业发展与资源环境制约的矛盾日益突出，为实现资源能源的高效利用和生态环境保护，主要发达国家纷纷提出绿色化转型战略和理念，“绿色制造”等清洁生产过程日益普及，节能环保、新能源、再制造等产业快速发展，并成为发达国家重塑制造业竞争力的重要手段。在劳动力成本比较优势下降、更加严格的环境管制和新一轮工业革命涌动的形势下，新型工业化要求中国需要突破传统的工业化方式，沿着新一轮工业革命的方向，走低碳工业化道路，建立智能、绿色、低碳工业制造体系。2020 年，中国正式宣布将力争 2030 年前实现碳达峰、2060 年前实现碳中和，这是中国基于推动构建人类命运共同体的责任担当和实现可持续发展的内在要求做出的重大战略决策。坚定绿色发展理念不动摇是前提，技术创新是提高绿色生产力的关键，在工业领域，要紧紧抓住新工业革命有利时机，加快推广绿色技术装备，大力发展绿色制造产业，发展壮大节能环保服务业。工业部门是对资源进行转化的生产部门，开展资源的循环利用可以大大降低工业生产过程中产生的“三废”，变废为宝。发展循环经济，是推动工业绿色发展的有效途径。在企业层面，要从提高环境标准入手，促进企业改进生产工艺，优化生产流程，采用节能环保技术，淘汰落后技术与设备，降低排放总量。与此同时，要加快节能环保的投入，增强节能环保产品和服务的供给能力。产业结构与产业链分工中的地位对生态环境有着重要影响。优化产业结构和促进产业转型升级也是实现绿色发展的重要途径，但产业结构优化不是简单的“去工业化”，而要通过技术创新，提升生产效率，大力发展高附加值产业。

八 高度安全和强韧性的产业链

稳定的制造业产业链是指要增强产业链应对突发事件的风险应对能力，能根据市场的变化灵活、及时做出调整，在市场上出现危机时具有较强的韧性和抗冲击力。2020 年以来的新冠疫情全球大流行导致全球产业链中断、产业单一、应急能力缺失等韧性不足的风险集中暴露出来。新冠疫情暴发之初，对中国制造业运行造成了前所未有的短期破坏，制造业增速回撤幅度远超2003年非典和2008年国际金融危机，负面冲击通过产业链在行业和区域间交叉传导，最终造成全国范围的工业供应链网络、销售体系和物流体系瘫痪。2020年中开始，新冠疫情在全球范围内扩散，疫情给全球制造业产业链带来巨大风险，包括供应和生产中断、供应链成员企业的相互影响及资金链断裂、订单履行缺失和后期产能不足等。在随后两年中新冠疫情持续蔓延，从影响态势看，新冠疫情对中国制造业产业链的冲击很快从对产业的内部冲击转向对外部冲击为主，从对供给端的冲击转向供给端和需求端的双向冲击。本质上来说，产业链危机是近年来全球贸易和产业领域在疫情特殊情境下的集中暴发。新冠疫情的全球蔓延叠加贸易保护主义，从需求层面继续放大全球供应链系统的脆弱性，一些断裂的进出口渠道使得中国内部的制造业供应链结构面临更大的抗压挑战。在多重冲击压力下，中国的对外贸易依然保持快速增长的态势，2021年中国货物进出口总额为39.1万亿元，同比增长21.4%，2022年上半年中国货物进出口总额达到19.8万亿元，同比增长9.4%。中国作为制造业的第一大国，是全球产业链稳链保供的“中流砥柱”，在新冠疫情的三年中，中国各级政府克服疫情影响，尽力保障对外贸易发展，促进全球产业链供应链的稳定通畅，对推动世界经济复苏做出了重要贡献，也体现了中国制造业的产业链具有强大的韧性，暴露出的问题也意味着进一步加强产业链安全和增强产业链韧性的重大意义。

第二节 数据来源与指标体系构造

本章的主要数据来自亚洲发展银行多地区投入产出表（ADB Multi-Region Input-Output Tables/MRIO），该数据库包含了亚洲及太平洋地区19个国家的细分35个行业部门的投入产出原始数据，数据可得的时间期限为2000年、2007—2020年。

该数据对于本研究来说具备以下优点：首先，除了基本的分行业经济指标，还包括较为齐全的国内产业链关联、国际产业链关联的测算指标，还有房地产、数字经济、新冠疫情的影响等专题数据，方便选择相关指标衡量制造业产业链的智能化水平，新冠疫情冲击下的供应链稳定性，这是其他大部分跨国的投入产出数据表所不具备的。其次，此数据中国的相关行业数据相对完整，包含35个细分行业部门，涵盖三大产业，其中制造业的细分行业有14个，满足本研究对于制造业及部分细分行业的基本分析要求。相比较来看，经济合作与发展组织国家间投入产出表（OECD Inter-Country Input-Output Tables /ICIO）虽然有2010—2018年所有OECD国家的数据，但在所有年份中中国披露的仅有个别行业的税收数据。再次，此数据时间期限足够长且新，从跨期分析需求来看，既可以用2000、2010、2020这三个十年的数据来分析长期变化趋势，也可以用连续时间序列的数据分析行业的跨期变化趋势。对比学术界较为常用的世界投入产出数据（World Input-Output Data/WIOD），虽然国家较为齐全、数据质量较高，但时间期限只到2014年，无法体现近几年中国制造业发展演变，以及国际制造业产业格局的重要变革。

当然，本数据库也存在两方面不足。其一，根据本研究的研究设计，其中产业链现代化特征中的“绿色”，无法找到体现绿色低碳类的指标。因此课题组研究进一步通过资源集约的前沿生产效率替代绿色化的概念，通过《中国工业统计年鉴》和《中国统计年鉴》的相关行业数据进行生产效率的测算，并且解析了技术进步效率、技术进步差距等指标。另一个可能的解决方案是采用Eora全球供应链数据库中的多地区投入产出表（Multi-Region Input-Output Tables /MRIO）提取相关指标，这一数据库包含190个国家匹配环境和社会卫星核算账户的26个大类行业15909个细分部门的投入产出数据，并且，里面包含上千个绿色低碳化的指标可供选择，数据的完整时间跨期为1990—2021年，但此数据并非免费公开可得，在获取此数据的情况下可以进行更为详细的分析。其二，本数据库仅包含亚太地区19个经济体的投入产出数据，大部分指标无法进行全球范围内的国别比较，仅有房地产经济、新冠疫情的冲击专题的个别指标包含了欧美国家，却没有同指标的中国数据。针对此缺陷，本研究的处理方法是，主要围绕本国制造业及其细分行业，注重本国产业链特征的绝对值的跨期描述性统计分析，部分指标涉及其他国家的对比，比如新冠疫情冲击、智能化水平等采用了跨国跨地区的比较。

除了亚洲发展银行多地区投入产出表的数据，本书研究还进一步搜集了国际机器人协会、《中国统计年鉴》、《中国工业统计年鉴》、国际货币基金组织《世界经济展望》等相关数据作为相关补充。根据产业链现代化水平的八大特征，结合所有数据指标的可得性，本研究构造了产业链现代化水平的指标体系，表 15-1 详细列示了八大指标的指标定义，二级指标，及相应的指标计算方法。

表 15-1　　　　制造业产业链现代化水平的指标体系构造

指标名称	指标定义	二级指标	指标计算方法
强大的产业链	产业链对国内经济的带动作用	总产出（Gross Output）	对应部门的总销售额或者生产收入
		增加值（Value added）	部门的产出和中间投入之间的差异
		简单增加值乘数（Simple value-added multiplier）	各产业每增加 1 个单位的外生最终需求可以带来整体的经济的增加值，包含直接效应、间接效应、驱动效应，取值小于 1，值越大说明对总体经济增加值的驱动效应越强
		一类增加值乘数（Type I value-added multiplier）	简单增值乘数除以直接作用于本产业的直接价值增值，代表对其他产业部门的增加值的间接驱动效应
融合的产业链	产业链国内关联性	首轮效应（First-round effects）	各部门产出每单位的最终需求所需要的直接消耗的中间产品投入，也就是单位产出的中间产品消耗比例
		行业支持效应（Industrial support effects）	后续几轮整个经济体在此部门的每单位最终需求中所需要的间接中间投入的总和，不包括首轮投入
		生产驱动效应（Production-induced effects）	整个经济体对于各部门每单位的外生最终需求所需的间接中间投入总额，或简单地说，首轮效应和产业支持效应的总和
		总的后向关联（Total backward linkage）	所有投入供应部门为满足该部门产出的单位需求所需的生产总量
		总的前向关联（Total forward linkage）	由于一个部门的主要投入的单位变化而产生的所有投入购买部门可用的生产总量

续表

指标名称	指标定义	二级指标	指标计算方法
融合的产业链	产业链国内关联性	标准化的后向关联（Normalized backward linkage）	一个部门的总的后向关联除以一定经济和时期内所有部门的总的后向关联的算术平均值。取值大于1表示后向关联高于平均水平
		标准化的前向关联（Normalized forward linkage）	一个部门的总的前向关联除以一定经济和时期内所有部门的总的前向关联的算术平均值。取值大于1表示前向关联高于平均水平
		净后向关联（Net backward linkage）	一个部门后向关联的总水平乘以该部门最终需求与整个经济总产出的比率。该指数将总的后向关联与经济中某部门需求的相应规模相联系
		净前向关联（Net forward linkage）	一个部门前向关联的总水平乘以其增加值与整个经济总产出的比率。该指数将总的前向关联与该部门在经济中增加值的相应规模相联系
高级的产业链	国际上的比较优势和地位	传统显性比较优势/基于出口总额的比较优势（Traditional revealed comparative advantage（RCA based on gross exports））	比较一个经济体某产品的出口总额相对于整个经济体出口总额的份额，以及所有经济体某产品的出口相对于世界所有出口产品的份额。指数高于1表明这个经济体在出口某部门产品时具有显性比较优势，如果指数低于1，则表明其具有劣势
		新型显性比较优势/基于出口增加值的比较优势（New revealed comparative advantage（RCA based on value-added exports of origin sector））	比较一个经济体某产品的增加值出口相对于整个经济体的增加值出口的份额与所有经济体某产品的增加值出口相对于世界总增加值出口的份额。该指数高于1表明这个经济体在出口某部门产品方面具有显性比较优势，如果该指数低于1，则处于劣势
		全球价值链地位指数（GVC position index）	全球价值链（GVC）环节的前向生产长度与后向生产长度的比率。指数大于1，表明经济体和产业部门相对处于上游环节的位置

续表

指标名称	指标定义	二级指标	指标计算方法
开放的产业链	全球价值链的参与率	基于生产的全球价值链参与率（Production-based GVC participation rate）	某产品作为中间品投入的吸纳部分（DAVAX2）、再出口（REX）和对世界其他地区的反映出口（REF）三部分的总和除以该产品的总出口
		基于贸易的全球价值链参与率（Trade-based GVC participation rate）	某产品作为外国增加值（FVA）、再出口（REX）、反射（REF）和对世界其他地区的重复计算（PDC）出口四个部分的总和除以该产品的总出口，包括前向和后向价值链的参与
独立的产业链	对外依存度	贸易开放度（Trade openness）	一国经济中进出口总额与国内生产总值的比率
		出口产出比（Export-to-output ratio）	出口占产业部门总产出的比例
		进口投入比（Import-to-input ratio）	外国投入占产业部门总中间投入的比率
		自给率（self-sufficient ratio）	某行业的本地需求与该行业本地可供应产品之比
智能的产业链	数字化与工业机器人	整个经济对数字部门的增值贡献（Economy-wide value-added contribution to digital sectors）	数字国内生产总值（GDP）四项公式中的第一项，该部分是嵌入最终核心数字产品和服务生产的所有部门的附加值的总和
		数字部门的增值贡献（Value-added contribution from digital sectors）	数字国内生产总值（GDP）四项公式中的第二项，该部分是源于核心数字部门对最终商品和服务生产的增值的总和
		数字部门内部的增值贡献（Value-added contribution within digital sectors）	数字国内生产总值（GDP）四项公式中的第三项，该部分是嵌入最终核心数字产品和服务生产的核心数字部门的增值额。在数字GDP方程中，这部分被扣除一次，以避免重复计算

续表

指标名称	指标定义	二级指标	指标计算方法
智能的产业链	数字化与工业机器人	整个经济对数字部门非数字资产的增值贡献（Economy-wide value-added contribution to digital sectors'non-digital assets）	数字国内生产总值（GDP）四项公式中的最后一项，这部分是数字部门生产的非数字资产的固定资本形成总额中所包含的非数字部门的增值额
		数字 GDP（Digital gross domestic product）	经济中涉及生产和使用核心数字产品和服务的增值交易的总和。核心数字产品和服务被定义为具有生成、处理和/或存储数字化数据的主要功能的产品
		工业机器人安装密度（Density of industrial robot installations）	各产业部门中工业机器人的每万人安装数量
绿色的产业链	资源集约的最优生产效率水平	共同前沿指数（Meta-Frontier Malmquist Index，MML）	共同前沿指数（MML）代表工业潜在最优的生产效率水平，指数大于 1 表明决策单位第 t+1 期的工业生产效率水平比第 t 期更加接近生产效率前沿水平，即进步；指数小于 1 表明决策单位更加偏离生产效率前沿水平，即退步；指数等于 1 表明决策单位处于最佳效率水平
		技术效率变化指数（EC）	MML 分解为技术效率变化指数（ET）和技术进步指数（TC），EC 表示决策单位对组群当期前沿的“追赶”效应
		技术进步指数（TC）	MML 分解为技术效率变化指数（ET）和技术进步指数（TC），TC 反映组群当期前沿对组群跨期前沿的“追赶”效应
		技术差距比（Technology Gap Ratio，TGR）	衡量组群生产技术与全局生产技术之间的差距介于 0 和 1 之间，决策单位的技术差距比越小，则该组群前沿距离全局前沿越远，生产技术改进的潜力就越大；若决策单位的技术差距比等于 1，则表明该决策单位位于全局前沿之上，即处于最先进生产技术上

续表

指标名称	指标定义	二级指标	指标计算方法
稳定的产业链	新冠疫情冲击	新冠疫情冲击对 GDP 增速的影响	通过2020 年的实际 GDP 增速与年初预计增速的差值计算

资料来源：课题组总结整理。

第三节 制造业产业链现代化水平分析

一 规模性分析

制造业是中国经济增长的重要动力来源，尤其是加入世贸组织之后成为全球工厂，制造业总产出和增加值迅速提升。据统计，中国制造业总产出从2000 年的1.50 万亿美元增长至2020 年的19.51 万亿美元，20 年间增长了近12 倍，年均增速达到13.7%；制造业增加值从2020 年的0.39 万亿美元增长至2020 年的3.85 万亿美元，20 年间增长了9 倍，年均增速达到12.2%。如图 15 －1 所示，分行业来看，电气和光学设备，化工和化工产品，食品、饮料和烟草在总产出和增加值上位列前三，近20 年来的“阶梯式”的递增模式也印证了中国制造业整体的快速增长趋势。

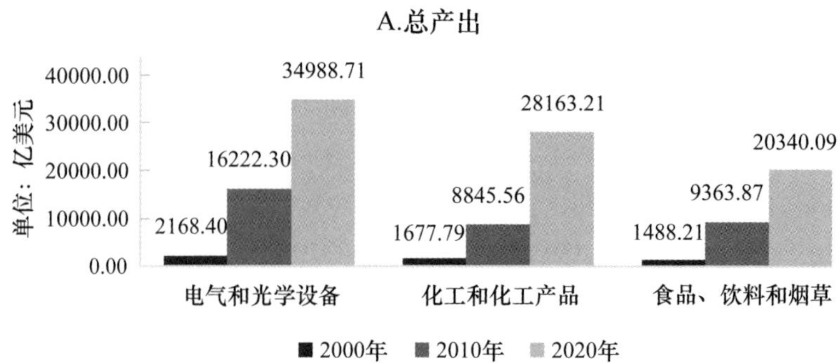

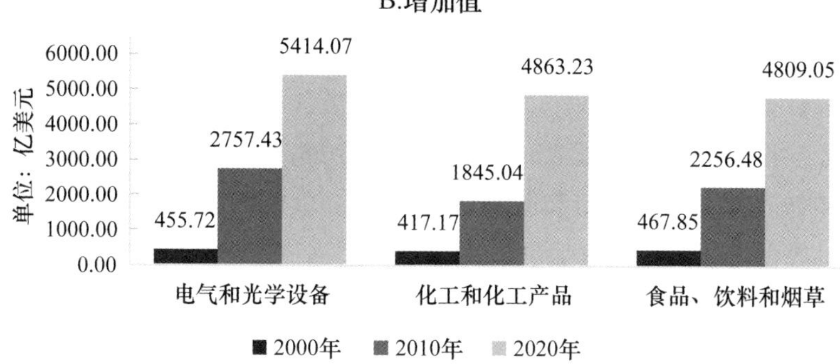

图 15－1　2000—2020 年中国制造业前三位行业的总产出与增加值

资料来源：根据亚洲发展银行多地区投入产出表（ADB-MRIO）测算。

作为最基本的物质生产部门，制造业对整体经济引擎作用可以通过乘数效应来体现。本书项目组选取了简单增加值乘数和一类增加值乘数两个指标。如图 15－2 所示，大部分制造业细分行业的简单增加值乘数在 0.9 左右，说明每增加 1 单位的本部门的最终需求，可以带动 0.9 个单位

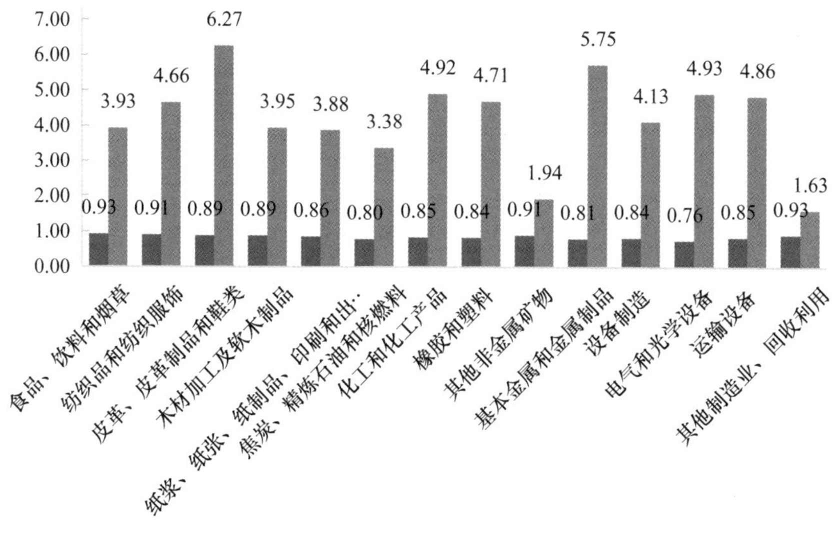

图 15－2　2020 年中国制造业细分行业增加值乘数

资料来源：根据亚洲发展银行多地区投入产出表（ADB-MRIO）测算。

的整体经济的增加值，对于经济具有良好的驱动效应。一类增加值乘数体现的是本部门对其他产业部门的带动作用，大部门行业部门的一类增加值乘数大于3，其中皮革、皮革制品与鞋类，基本金属和金属制品，电器和光学设备，化工和化工产品对其他行业部门的间接驱动乘数效应最大。例如皮革、皮革制品和鞋类，每增加1单位的本部门的最终需求，带动的其他行业的总体增加值是本行业的增加值的6.27倍。由此可见中国制造业是经济增长的重要动力引擎。

二 融合性分析

产业链的融合程度可以通过产业协同性和关联性来考察，本书项目组选取了各行业的生产驱动效应以及产业的各类前后向关联系数。

由前文增加值乘数效应可知，制造业对其他产业具有较强的带动作用，每单位最终需求能带动数倍于本部门的增加值。究其原因，是因为制造业的生产特征决定了其消耗中间投入产品较多，需要多轮的资源和生产资料的产业链和供应链上的投入利用，这种作用可以概括为“生产驱动效应”，其中可以进一步拆解为“首轮驱动效应”和“行业支持效应”。首轮驱动对应第一轮直接消耗的中间产品投入，行业支持效应对应的是后续几轮的间接中间投入，均以单位产出的中间产品消耗占比表示。如图15－3所示，从生产驱动效应的总体情况看，中国制造业大部分行业

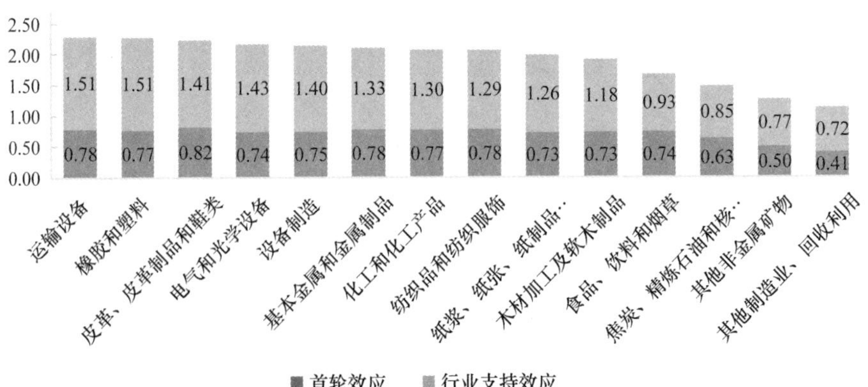

图15－3 2020年中国制造业细分行业生产驱动效应

资料来源：根据亚洲发展银行多地区投入产出表（ADB-MRIO）测算。

的首轮效应和行业支持效应的总和均大于2，其中生产驱动作用最强的是运输设备制造业，排前五的行业分别为运输设备，橡胶和塑料，皮革、皮革制品和鞋类，电气和光学设备，设备制造。

运输设备制造是制造业中技术水平最高端，复杂装备最密集，行业关联性最强，技术路线最多的部门之一，根据 ADB-MRIO 数据的统计分类，其进一步细分产业应包含汽车、铁路、船舶、航空航天等。近 20 年来，中国高端装备制造业发展速度较快，航空装备、卫星制造及应用、轨道交通设备、海洋工程装备等“大国重器”部门均取得了骄人成绩，高铁行业、新能源汽车行业在全球崭露头角，已经成为中国制造强国的名片。这些行业的快速发展及取得的成就，必然需要完整成熟的前后端产业链的支持，分行业的统计中运输设备的首轮效应和行业支持效应均处于国内最高水平。图 15－4 展示了运输设备行业跨期的生产驱动效应，跨期来看，2000 年运输设备的首轮效应和行业支持效应分别为 0.71 和 1.51，还处于较低水平，从 2009 年开始行业支持效应迅速提升，至 2016 年达到近 20 年来的最高点 1.67，2017 年以来虽然有所下降，但依然保持在 1.5 以上，充分印证了运输设备产业链具有良好的融合协同作用，有效促进了技术进步和行业大发展。

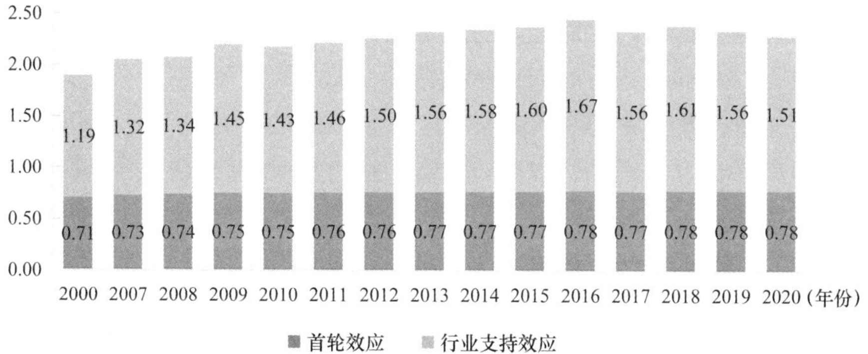

图 15－4　2000—2020 年中国运输设备制造业生产驱动效应

资料来源：根据亚洲发展银行多地区投入产出表（ADB-MRIO）测算。

本研究进一步选取了总的后向/前向关联，标准化的后向/前向关联，以及净的后向/前向关联六大指标来考察产业关联性。其中，总的后向/前向关联测算的是所有投入供应部门为满足该部门产出的单位需求所需的生产总量，由于一个部门的主要投入的单位变化而产生的所有投入购买部门可用的生产总量；标准化的后向/前向关联将总的关联除以一定经济和时期内所有部门的总的后向/前向关联的算术平均值，通过与1的比较可以看本部门的关联度是否高于平均水平，方便不同产业部门的横向比较判断产业关联性的大小。净的后向/前向关联是将总的关联水平与该产业部门在经济中增加值的相应规模相联系，从而判断该产业部门净的产值增加值贡献强弱。

图15－5为中国制造业细分行业的标准化前后向关联，由图可知：第一，中国制造业除了其他非金属矿物和回收利用的其他制造业，其标准化后向关联系数均大于1，说明后向产业关联高于全国平均行业水平，石

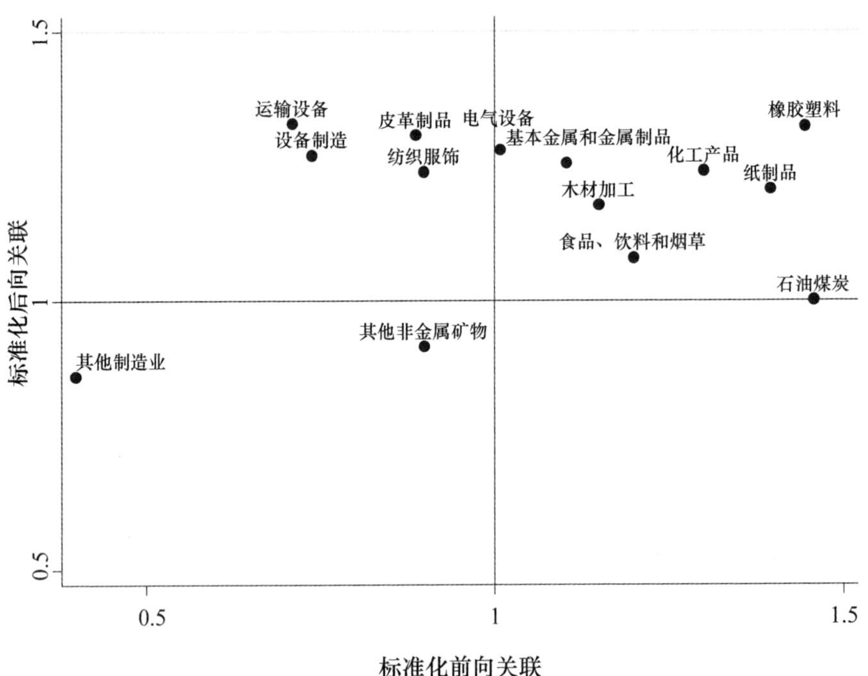

图15－5 中国制造业细分行业的标准化前向关联和后向关联

资料来源：根据亚洲发展银行多地区投入产出表（ADB-MRIO）测算。

油煤炭行业的标准化后向关联系数刚好为1，等于全国平均行业水平。第二，从标准化前向关联系数来看，纺织服饰、皮革制品、运输设备、设备制造等系数小于1，说明这些行业主要是后向关联，前向关联的生产总量较平均水平低。第三，对于资源投入密集型的行业，如石油煤炭、橡胶塑料、化工产品、木材加工、食品饮料烟草等行业，前向关联的系数则远高于1，说明产业链主要依赖于前向的生产原料投入生产环节。

图15－6为中国制造业细分行业的净前后向关联，由图可知：第一，净前向关联系数基本全部小于1，说明结合各自行业的增加值与整体经济总产出的比率之后制造业大部分行业的前向产业带动贡献作用并不大，产值的增值主要还是集中在后向产业链。第二，从净后向产业关联系数来看，资源密集型行业的净后向产业关联系数最低，净后向产业关联系数最高的是运输设备、设备制造，这与图15－4的各行业的生产驱动效应

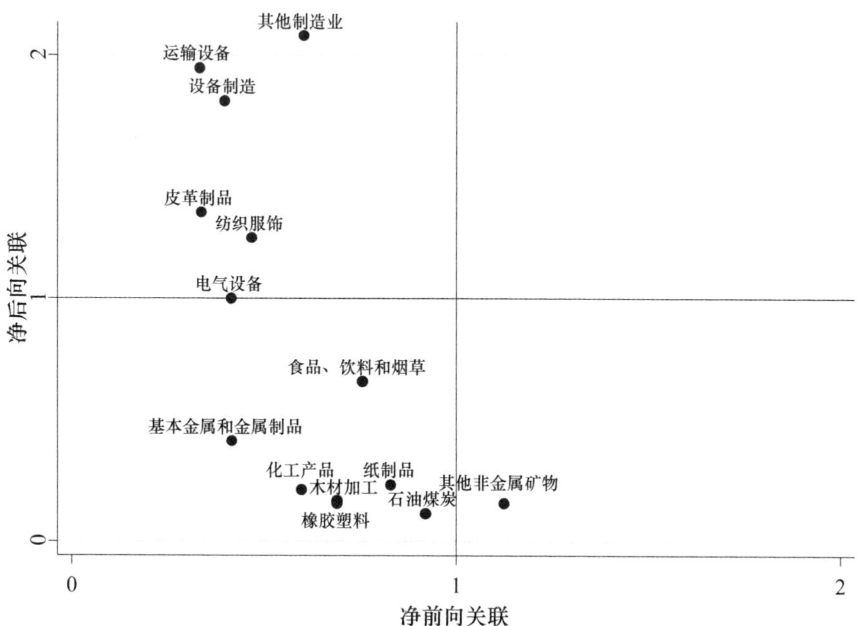

图15－6　中国制造业细分行业的净前向关联和后向关联

资料来源：根据亚洲发展银行多地区投入产出表（ADB-MRIO）测算。

相呼应，说明制造业的产业协同及驱动作用主要集中在产业链后端，并且装备制造业具有较强的生产驱动效应。当然，资源密集型的产业，如石油煤炭、橡胶塑料、化工、纸制品、基础金属和金属制品等，虽然净的前向和后向关联系数均不高，但其为经济发展提供了基础原材料，是其他产业部门发展的基础，起到了最基本的物质保障作用，也在产业链中起到不可或缺的作用。

三 高端性分析

国际的产业竞争与贸易往来是基于各国的要素资源禀赋形成比较优势，进而在自由市场上实现商品流通的结果，正是因为比较优势的存在，才导致在全球范围内形成各个行业的产业链分工体系。传统的显性比较优势是基于出口总额来测算，比较一个经济体某产品的出口总额相对于整个经济体出口总额的份额，以及所有经济体某产品的出口相对于世界所有出口产品的份额，指数大于 1 表明这个经济体在出口某部门产品时具有显性比较优势，指数小于 1，则表明其具有劣势。新型的显性比较优势是基于出口增加值来测算，指标含义类似，也是与 1 进行比较反映比较优势或者劣势。

图 15 –7 绘制了中国制造业细分行业在国际产业链中的两种方法测度的比较优势，时间跨度为 2000—2020 年。由图可知，首先，无论是基于出口总额的传统显性比较优势还是基于出口增加值的新型显性比较优势，在国际产业链中中国最具比较优势的两个产业为纺织品和纺织服饰，皮革、皮革制品和鞋类。虽然跨期来看，这两个行业的比较优势均出现平稳下降趋势，但相对于其他产业仍然处于遥遥领先的地位，可见在中国制造业参与国际竞争的环境下，劳动密集型的服装行业依然是中国最具比较优势的行业，只是比较优势地位在逐年下降。其次，中国的电气和光学设备也具有明显比较优势，从出口总额比较来看，仅次于服装行业，从 2007 年以来国际比较优势地位比较平稳，但是 2019、2020 年这两年有较为明显的下降趋势。回顾中国电子信息制造业的发展，经过多年的赶超式发展，中国电子信息产业已经涌现出了一批具有国际竞争力的电子信息制造企业。全球贸易信息系统（GTA）数据显示，2020 年中国电子信息制造业出口达 6946. 93 亿美元，在同行业全球出口榜单中高居首位，

全球市场占有率连续 12 年位居第一，市场份额从 2019 年的 28.1% 上升至 2020 年的 28.6%。然而，电子信息制造领域正在经历重新排位的竞争。近三年新冠疫情助长了贸易保护主义思潮，促使一些国家重新审视产业布局与开放政策。2020 年以来，欧洲、美国、日本、韩国纷纷出台国家战略及扶持政策，加大在半导体、人工智能、数字经济等信息技术相关领域布局。据全球贸易信息系统（GTA）统计，2020 年中国电子信息制造业外贸竞争力综合得分 103.48，较 2019 年下滑 0.12。从图15－8的出口增加值的比较优势来看，中国电子信息业确实只排在制造业细分行业的中段位置，并且近年来有明显下滑趋势，说明中国电子信息产业从增加值来看比较优势并不强，还存在关键技术受制于人、关键零部件依靠进口等问题，值得引起重视。最后，近年来中国非金属矿物行业的比较优势地位越来越突出，尤其是近十年非金属矿物已经成为中国出口创汇的重要行业部门。中国是世界上非金属矿物资源最丰富的国家之一，石墨、滑石、硅灰石等资源储量大，满足当前许多发达国家对于新材料发展的需求，在未来需要更好地制定非金属矿的出口战略，保障非金属矿产品出口的可持续发展。

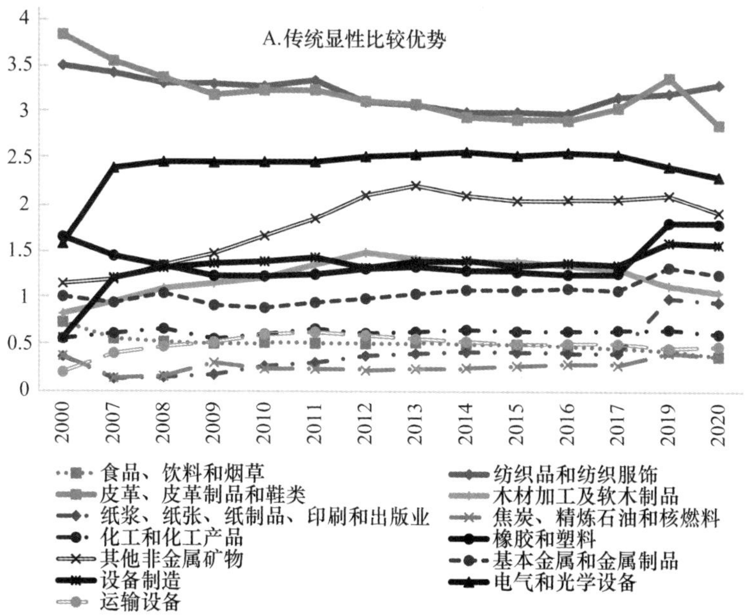

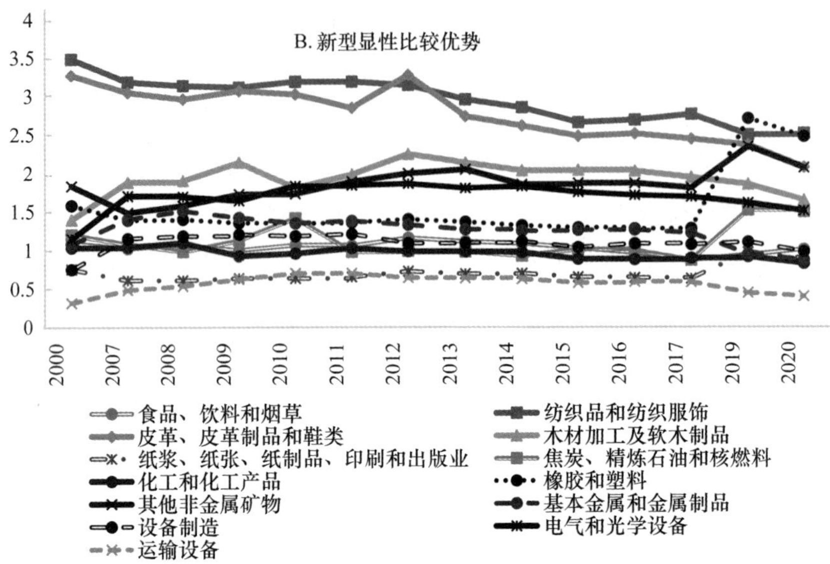

图 15-7 中国制造业细分行业国际产业链中的比较优势

注：为了保证数据的相对平稳，去掉了数值异常波动较大的 2018 年，删除了资源回收利用的其他制造业。

资料来源：根据亚洲发展银行多地区投入产出表（ADB-MRIO）测算。

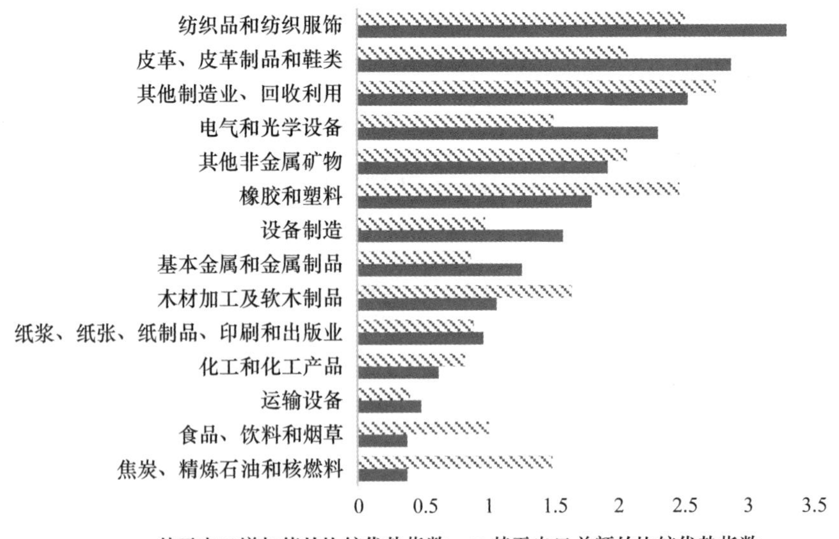

图 15-8 2020 年中国制造业细分行业的比较优势指数

资料来源：根据亚洲发展银行多地区投入产出表（ADB-MRIO）测算。

基于2020年的最新贸易数据对中国不同制造业行业进行比较优势指数的排名，如图15－8所示，基于出口总额的比较优势指数排名前五的行业分别为纺织品和纺织服饰，皮革、皮革制品和鞋类，其他制造业、回收利用，电气和光学设备，其他非金属矿物。基于出口增加值的比较优势指数排名前五的行业分别为其他制造业、回收利用，橡胶和塑料，纺织品和纺织服饰，皮革、皮革制品和鞋类，其他非金属矿物。

进一步，用全球价值链地位指数测算中国制造业各行业在国际产业链中的上下游地位，指数大于1表明经济体和产业部门相对处于上游环节的位置。如图15－9所示，其中焦炭、精炼石油和核燃料，食品、饮料和烟草，化工和化工产品，橡胶和塑料大于1，处于全球价值链的上游环节，纸浆、纸张、纸制品、印刷和出版业刚好等于1，处于全球价值链的中游环节，其他细分行业均处于偏下游环节。说明中国部分原材料生产部门的精细加工能力还有待增强。

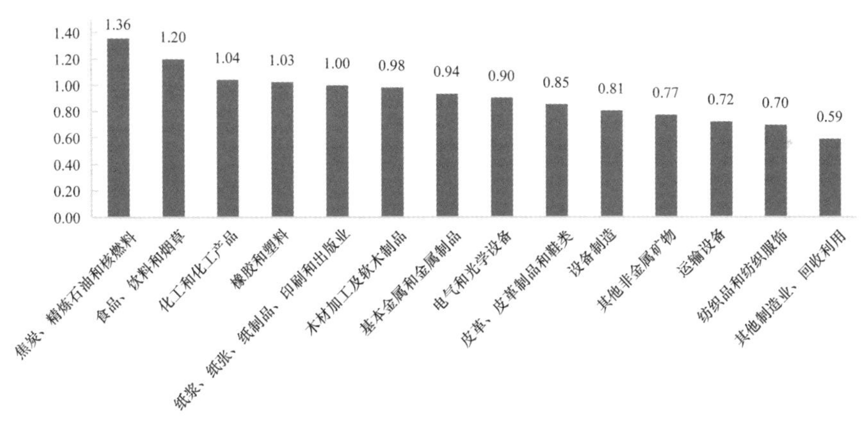

图15－9　2020年中国制造业细分行业全球价值链地位指数

资料来源：根据亚洲发展银行多地区投入产出表（ADB-MRIO）测算。

四　开放性分析

通过全球价值链的参与率来衡量中国制造业产业链的开放程度，图15－10展示了中国制造业总体的全球价值链参与率跨期变化，图15－11展示了中国制造业细分行业基于生产和贸易的全球价值链参与率的跨期变化。

根据图 15－10 所示，从本行业产品作为中间投入品纳入他国生产角度来看全球价值链的参与，2000 年的中国制造的全球生产参与率为 10.8%，2007 年增长至 16.0%，2009 年受国际经济金融危机影响，全球价值链的生产参与率有明显断崖式下滑，随后 2010—2015 年中国制造业基于生产的全球价值链参与率上升至 13%—14%，2016 年又开始呈缓慢的下滑趋势，2020 年基于生产的全球价值链参与率为 11.9%。同样，从贸易角度来看制造业整体在全球价值链的参与率，2000 年全球贸易参与率为 29.4%，2007 年增长至 34.5%，2009 年受金融危机影响断崖式下降，随后很快触底反弹，在 2011 年贸易参与率达到较高的 34.2%，但随后几年国际贸易环境发生变化，贸易保护主义兴起，中国经济增长也进入新常态，基于贸易的全球价值链参与率逐年下降，到 2016 年下降到 29.4%，最新的 2020 年数据显示参与率约为 30.2%。总体来看，中国制造业在全球价值链中具有重要的地位，连续多年贸易量全球领先，国际价值链的参与率呈现跨期阶段性特征。近年来国际贸易环境日趋复杂，中国制造业在国际上的分工地位也发生了明显变化，中高端产业的竞争日趋激烈，随着国内产业结构的调整，在全球价值链的参与上面临较大挑战，无论是生产还是贸易均呈现下降趋势。

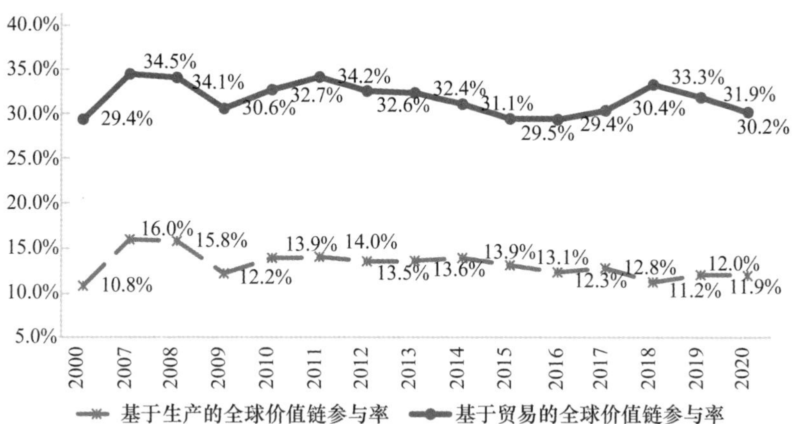

图 15－10 2000—2020 年中国制造业总体全球价值链参与率

注：根据各细分行业参与率算术平均计算，未考虑各行业的出口规模权重。

资料来源：根据亚洲发展银行多地区投入产出表（ADB-MRIO）测算。

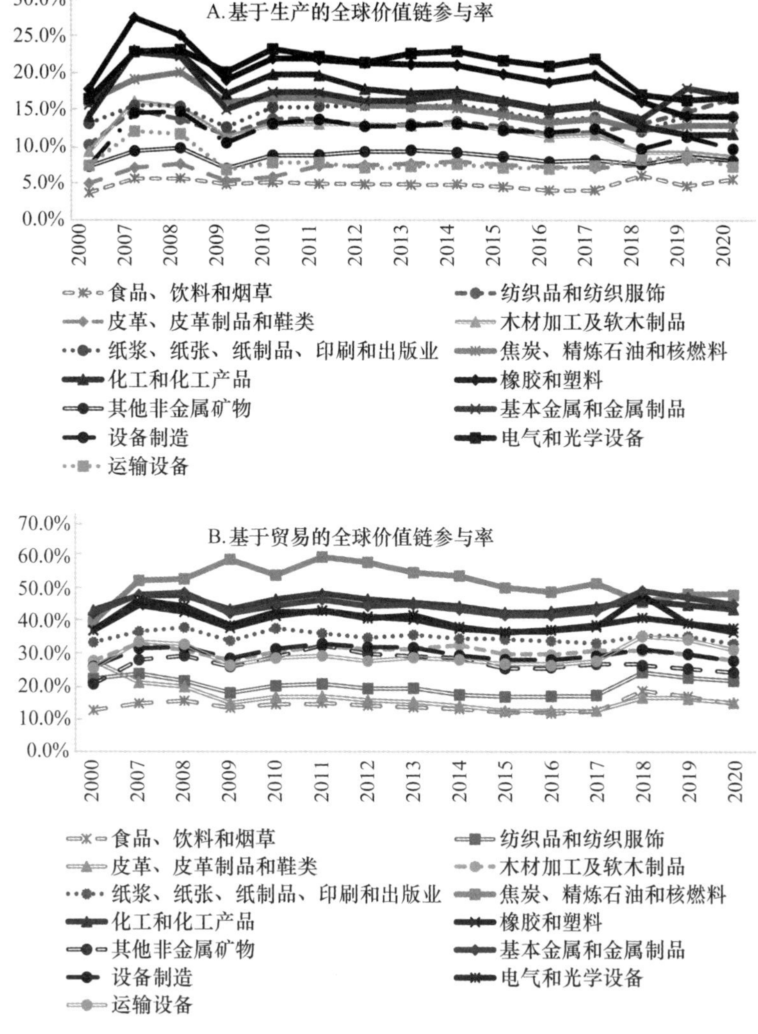

图 15－11　2000—2020 年中国制造业细分行业全球价值链参与率

资料来源：根据亚洲发展银行多地区投入产出表（ADB-MRIO）测算。

图 15－11 进一步展示了细分行业的跨期变化，从生产角度来看，电子信息产业长期以来一直处于行业领先地位，但是自 2018 年以来有明显下降趋势，这可能与中美贸易摩擦导致的产业链供应链的本土化趋势和多元化布局有关。相对应地，近几年来基本金属和金属制品，纺织品和纺织服饰的全球价值链参与率明显提高，说明中国制造业还是以劳动力比较优势为基础。跨期来看，大部分制造业细分行业的全球价值链参与

率在2014年以后开始平稳下滑，说明中国参与国际产业链供应链的形势愈加不乐观已经是制造业面临的总体问题。从贸易角度来看，虽然总体参与率较高，相对于生产下降趋势并没有明显下滑，但行业异质性也比较明显。焦炭、精炼石油和核燃料的全球价值参与率最高，其次是基本金属和金属制品，纸浆、纸张、纸制品、印刷和出版业，电气和光学设备，橡胶和塑料。近几年有明显增长趋势的为运输设备行业，与中国高铁出海、新能源汽车产业在海外的市场拓展相吻合。

五 可控性分析

产业链的独立性是指对外依存度较低。本书项目组首先采用国际贸易的进出口总额相对于国内生产程度的比率来衡量各国的贸易开放度。如图15－12所示，从亚太地区横向进行比较来看，中国虽然国际贸易总额巨大，但是由于本身的大国效应，总体国内经济对于国际贸易的依赖程度并不是很高，贸易开放度在亚太地区排在较末的水平，这说明中国整体产业经济的独立性和稳定性是相对较强的。相比较来看，亚太地区的新加坡、越南等对外依存度就非常高，国内产业链主要依靠进出口贸易，是完全的外向型的经济。

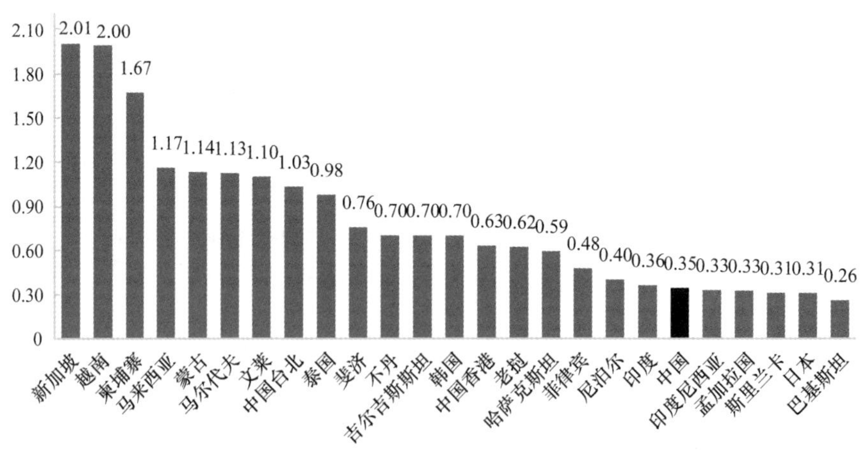

图15－12 2020年亚太地区贸易开放度

注：贸易开放度为进出口总额与国内生产总值的比率。

资料来源：根据亚洲发展银行多地区投入产出表（ADB-MRIO）测算。

进一步地，通过出口产出比和进口投入比来分别代表经济的出口导向和进口导向，跨国比较绘制靶状图，由图 15－13 可见，中国的无论是出口导向还是进口导向均不高，出口产出比略大于进口投入比，整体国际贸易处于顺差地位。亚太地区大部分国家的出口产出比均大于进口投入比，说明整体都是世界工厂地位，尤其是新加坡、越南、柬埔寨等东南亚国家。

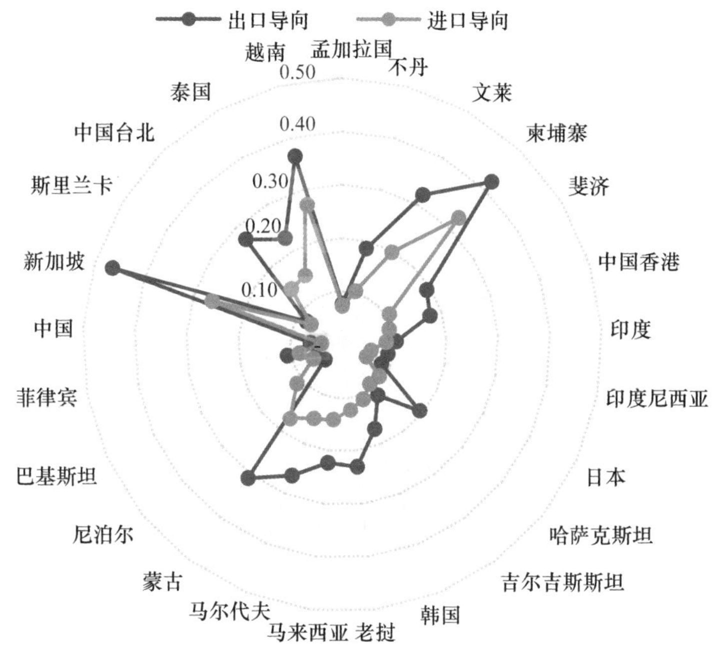

图 15－13　2020 年亚太地区国际贸易对外依存特征

注：出口导向和进口导向是根据出口、中间产品进口和总产出计算的整个经济体的出口产出比和进口投入比。

资料来源：根据亚洲发展银行多地区投入产出表（ADB-MRIO）测算。

国内分行业比较出口产出比和进口投入比，如图 15－14 所示，在中国制造业细分产业中，出口产出比较高的产业包括纺织品和纺织服饰，皮革、皮革制品和鞋类，电气和光学设备，设备制造，说明这些行业是出口主导型的行业，为中国创造了大量的贸易顺差和外汇储备。进口投入比最高的行业是焦炭、精炼石油和核燃料，说明传统能源，尤其是石油大量依赖于进口，存在较大的进口依赖，对外依存度较高。总体来看，大部分制造业的出口导向和进口导向均不高，基本处于相对独立安全的产业状态。

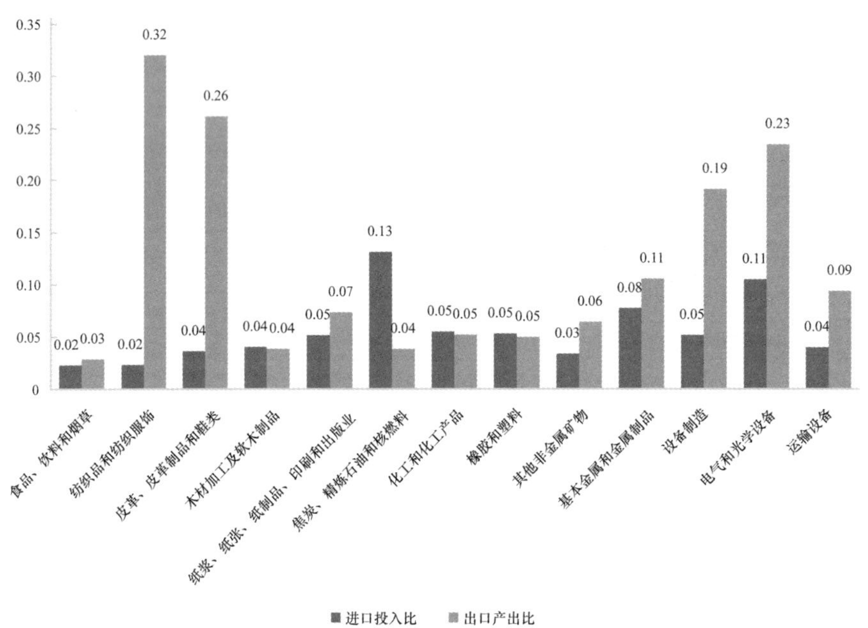

图 15－14 中国制造业细分行业进口投入比和出口产出比

资料来源：根据亚洲发展银行多地区投入产出表（ADB-MRIO）测算。

最后，用本地的需求与行业本地可供给产品测算各行业的自给率，中国制造业大部分细分行业自给率超过 1，尤其是纺织品和纺织服饰，皮革、皮革制品和鞋类自给率最高，说明这些行业不仅满足本国的需求，也向国际市场大量出口，中国的大部分制造业都是名副其实的“世界工厂”（见图 15－15）。不过从跨期趋势来看，电子信息制造业的自给率从 2018 年以来有明显的下降趋势，这也与前文中图 15－7 全球价值链中电子信息制造业比较优势的逐渐下滑，图 15－11 中全球价值链参与率的下降相互印证，说明电子信息制造在国际产业链、价值链和供应链中的问题需要引起关注和重视。

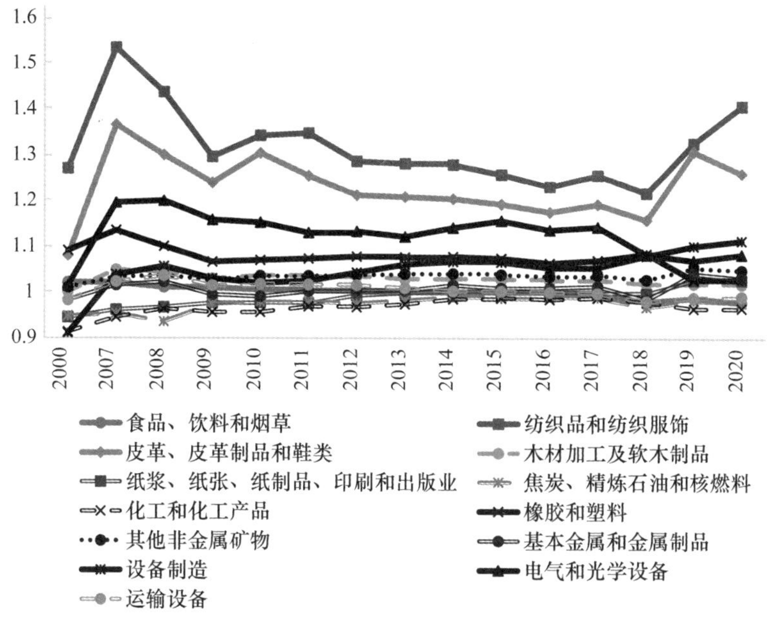

图 15－15　2000—2020 年中国制造业细分行业自给率

资料来源：根据亚洲发展银行多地区投入产出表（ADB-MRIO）测算。

六　智能化分析

产业链的智能化依赖于整体经济体系的数字化水平，即数字 GDP 的规模。本书项目组拟通过在整个宏观经济中剥离出的数字经济相关产业部门的增加值产出数据，分别构造四个增加值相关变量：整个经济对数字部门的增值贡献、数字部门的增值贡献、数字部门内部的增值贡献、整个经济对数字部门非数字资产的增值贡献，第（1）、（2）、（4）项相加，减去第（3）项，即得到数字 GDP 的测算值。

表 15－2 展示了 2000—2020 年中国数字 GDP 的具体测算方法和相关指标数值，图 15－16 展示了中国数字 GDP 的跨期变化。可知，2000 年中国数字 GDP 的总规模约为 5731.59 亿美元，2020 年达到 48359.50 亿美元，20 年间增长了 8 倍以上。如果数字 GDP 占中国总体 GDP 的比重已经超过 30%，说明数字经济在国民经济中的支撑作用已经非常明显，抓住数字化的浪潮对整体经济体系的改造是实现产业链智能化升级的必然趋势。

表 15 - 2 2000—2020 年历年中国数字 GDP 的测算 （单位：亿美元）

年份	整个经济对数字部门的增值贡献	数字部门的增值贡献	数字部门内部的增值贡献	整个经济对数字部门非数字资产的增值贡献	数字 GDP
	(1)	(2)	(3)	(4)	(5) = (1) + (2) - (3) + (4)
2000	2998. 56	3128. 34	1252. 87	857. 56	5731. 59
2007	9279. 73	9918. 28	4214. 10	2572. 53	17556. 43
2010	11212. 62	12716. 10	4877. 48	4242. 14	23293. 38
2013	14004. 84	17350. 37	6361. 82	5465. 07	30458. 45
2016	17833. 77	24200. 19	8295. 73	7381. 37	41119. 60
2019	17033. 39	24132. 60	6667. 12	8636. 73	43135. 61
2020	18620. 19	25854. 58	7276. 32	11161. 05	48359. 50

资料来源：根据亚洲发展银行多地区投入产出表（ADB-MRIO）测算。

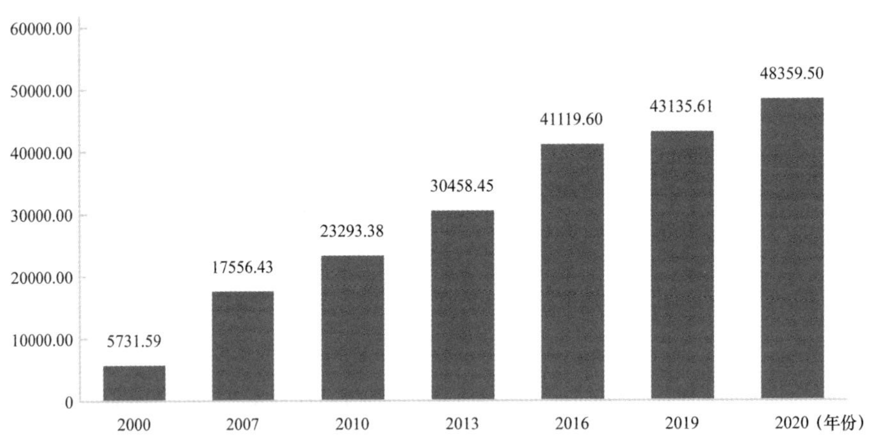

图 15 - 16 2000—2020 年中国数字 GDP 规模（单位：亿美元）

资料来源：根据亚洲发展银行多地区投入产出表（ADB-MRIO）测算。

制造业的智能化水平可以用分行业的工业机器人的安装密度来衡量。表 15 - 3 展示了各国 2000—2019 年四大类工业行业的平均工业机器人使用情况，工业机器人平均使用最多的国家为日本，平均每万雇佣工人对应使用202.46台机器人，其次为韩国、德国、法国、美国和英国。中国工业机器人的安装量并不高，仅为8.28台/万人。印度则更低，为1.62台/万人。说明中国与发达国家在智能智造水平上还有较大差距。分行业来看，工业机器人使用最多的行业为装备工业，平均每万雇佣工人对应184.89台机器人。其次为原材料工业和电子信息制造业。消费品工业使用工业机器人的数量最少，仅为17.64台/万人。而中国在各行业的工业机器人使用情况除了高于印度外，均低于日本、韩国、德国等其他发达国家。

表15－3　　各国2000—2019年不同行业工业机器人使用情况

（单位：台/万人）

国家	消费品工业	原材料工业	装备工业	电子信息制造业	国家平均
中国	1.83	11.63	20.71	1.95	8.28
法国	27.78	65.42	212.73	7.66	66.12
德国	44.15	124.53	277.12	17.76	103.18
印度	0.06	2.15	5.16	0.1	1.62
日本	35.54	259.09	325.25	212.01	202.46
韩国	9.19	62.1	293.92	204.92	123.21
英国	9.1	31.79	140.96	6.97	38.11
美国	13.46	47.88	203.24	13.88	56.67
行业平均	17.64	75.57	184.89	58.16	74.96

资料来源：根据国际机器人协会数据测算。

图15－17展示了不同国家工业机器人使用情况，日本的工业机器人使用水平一直相对较高，韩国在2008年后快速发展，德国、美国、英国和法国的工业机器人使用呈稳健上升趋势。中国的工业机器人使用在2012年后加速发展，从2012年的4.18台/万人上升至2019年的45.98台/万人，8年间增长10倍，智能智造水平提升显著。

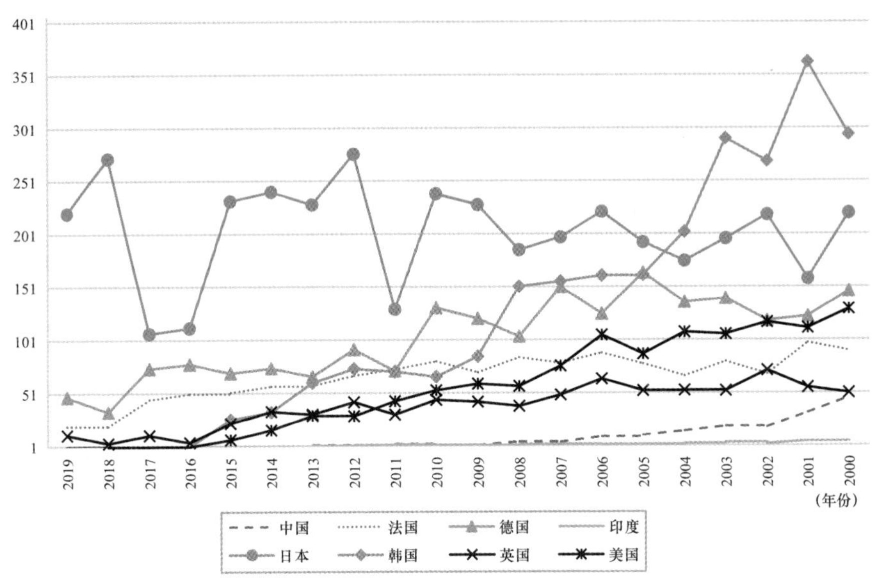

图 15－17 各国 2000—2019 年工业机器人使用情况（单位：台/万人）

资料来源：根据国际机器人协会数据测算。

国内制造业细分行业比较来看，如表 15－4 所示，2012 年以来中国工业机器人安装数量大幅增长。每万名劳动力拥有工业机器人数量较多的行业包括交通运输制造业（主要为汽车制造业）、电子信息制造业（主要为半导体等）、橡胶和塑料制品业、金属制品业。从采掘业看，矿采选业的每万名劳动力工业机器人拥有量在所有行业中较低，不足 1 台，数字化水平有待进一步提升。从消费品工业看，食品制造业、木材加工及家具制造业每万名劳动力拥有工业机器人数量分别为 37. 6 台、15. 5 台，处于所有行业中下游位置。从原材料工业看，橡胶和塑料制品业工业机器人安装数较多，每万名劳动力拥有工业机器人数量为 166. 6 台，数字化程度较高。从装备工业看，汽车制造业安装工业机器人数量较多，该行业的自动化水平高。电力、燃气、水生产和供应业工业机器人安装量较低，每万名劳动力拥有工业机器人数量仅为 3. 2 台，数字化程度有待进一步提升。

表 15-4　2012—2019 年中国制造业各行业工业机器人安装密度

（单位：台/万人）

行业＼年份	2012	2013	2014	2015	2016	2017	2018	2019
采掘业	0	0.01	0.01	0.02	0.04	0.04	0.1	0.13
食品制造业	3.25	5.85	9.53	13.42	17.97	23.07	30.12	37.61
纺织业	0.01	0.01	0.18	0.28	0.42	0.72	0.94	1.07
木材加工及家具制造业	0.02	0.14	0.32	1.54	3.75	6.82	11.15	15.54
造纸和纸制品业	0.58	0.82	0.91	1.72	2.47	3.3	5.83	7.72
医药制造业	0.53	0.59	1.08	1.9	4.36	7.81	8.74	9.74
橡胶和塑料制品业	55.08	67.28	83.27	106.88	127.8	149.25	160.57	166.63
非金属矿物制品业	0.8	1.57	2.46	3.73	6.16	8.8	11.53	14.13
黑色金属冶炼和压延加工业	1.43	2.25	3.31	5.02	6.94	9.46	10.99	11.99
金属制品业	15.42	20.45	36.76	54.07	72.55	103.79	135.1	171.47
计算机、通信和其他电子设备制造业	16.72	17.68	32.68	34.96	68.32	137.55	159.59	176.02
仪器仪表制造业	0.44	0.49	0.83	1.74	5.61	7.45	9.21	12.41
汽车制造业	103.43	149	216.7	294.21	376.58	512.56	637.5	739.39
电力、燃气、水生产和供应业	0.02	0.13	0.25	0.65	0.85	0.91	1.79	3.24

资料来源：根据国际机器人协会数据测算。

七　绿色化分析

囿于绿色化低碳化的分行业数据可得性的限制，绿色化的发展指标通过资源集约的最优生产效率水平进行测算，分为共同前沿指数、技术效率变化指数、技术进步指数、技术差距比。指数与 1 进行比较，当大于 1 这说明技术进步，等于 1 则表明处于最佳效率，小于 1 说明还存在差距。

如表 15-5 所示，总体来看，中国制造业几大行业的共同前沿指数、技术效率变化指数、技术进步指数均大于 1，说明资源集约的生产效率一直处于进步的状态。其中，电子信息制造业的发展最快，共同前沿指数为 1.24，表明该行业绿色发展水平效率提升最快。电力、燃气、水供应业，采掘业位居其后，分别为 1.19、1.15，表明二者的绿色发展水平也在以较快速度提升。相比而言，中国的原材料工业和消费品工业绿色发展水平相对不高。技术差距比的测算结果显示，各行业技术差距值均低于1，说明还未达到最优生产效率。其中电子信息制造业的技术差距比为0.99，接近于最先进的生产技术，绿色化水平最高。但采掘业，电力、燃气、水供应业的技术差距比分别为0.52和0.42，距离最集约绿色的生产技术还存在较大差距，说明绿色化的潜力还有待大力提升。

表15-5 中国制造业大类行业绿色化发展状况

行业	共同前沿指数	技术效率变化指数	技术进步指数	技术差距比
采掘业	1.15	1.04	1.10	0.52
消费品工业	1.09	1.01	1.08	0.88
原材料工业	1.07	1.01	1.06	0.74
装备工业	1.10	1.02	1.08	0.81
电子信息制造业	1.24	1.02	1.22	0.99
电力、燃气、水供应业	1.19	1.05	1.21	0.42

资料来源：通过历年《中国统计年鉴》《中国工业统计年鉴》相关行业数据测算。

八 稳定性分析

本书项目组研究通过新冠疫情对GDP增速的冲击来测算产业链的稳定性，为了更为客观科学地测算突发性的短期冲击对产业链的影响。利用新冠疫情在2019年末暴发的突发性，模拟自然实验，将疫情未发生时（2019年10月）预测的2020年各国的GDP增长率，与2020年末疫情冲击下实际的GDP增长率进行增速差距比较，即可以较为准确地测算突发性冲击对产业链稳定性的考验。本节的GDP增速影响的数据来自2020年国际货币基金组织《世界经济展望》预测的增长率，预测时间为2019年10月，以及国际货币基金组织《世界经济展望》的实际增长率，报告时间为2021年4月。进一步地，与采用ADB-MRIO数据库测算的国际价值链的参与率相结合，在亚太地区进行国别比较，得到图15-18。

如图15-18所示，以中国为例，2019年10月国际货币基金组织的《世界经济展望》中预计中国GDP增速为5.8%，在疫情冲击下，2020年实际 GDP 增速为2.3%，新冠疫情冲击下的影响为 -3.5%。印度2020 年预计 GDP 增速和实际 GDP 增速分别为 7.0% 和 -8.0%，冲击影响为 -15%。日本 2020 年预计 GDP 增速和实际 GDP 增速分别为 0.5% 和 -4.8%，冲击影响为 -5.3%。韩国 2020 年预计 GDP 增速和实际 GDP 增速分别为2.2% 和 -1.0%，冲击影响为 -3.2%。相对应的，结合与以贸易为基础的国际价值链参与率，中国、印度、日本、韩国的参与率分别为0.34、0.36、0.36、0.51。将亚太主要国家和地区的新冠疫情冲击影响和国际价值链参与率合并考察，并且添加拟合曲线，可知，新冠疫情冲击影响和国际价值链参与率呈 U 型曲线关系，国际价值链参与率最低和最高的两端，受疫情负面冲击影响均比较小，而国际价值链参与率处于中等水平的国家，受疫情负面冲击的影响均比较大。

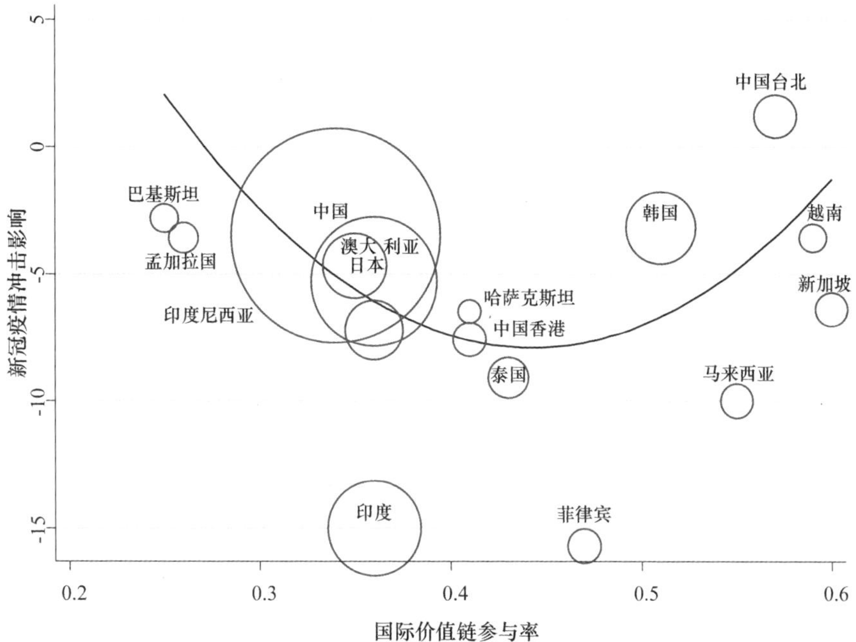

图 15 - 18　国际价值链的参与率与新冠疫情对经济增长的冲击

注：国际价值链参与率根据亚洲开发银行多区域投入产出数据库计算得出。新冠疫情冲击的影响用2020 年的实际 GDP 增速与年初预计增速的差值计算，其中各国 GDP 增速分别来自2021 年国际货币基金组织《世界经济展望》（2019 年 10 月）预测的增长率，国际货币基金组织《世界经济展望》（2021 年 4 月）的实际增长率。圆圈大小代表 2020 年名义 GDP 的金额大小。拟合曲线以名义 GDP 为权重。

全球分工的产业链和供应链的网络状特征决定了风险的传播方式。若未参与国际产业链分工体系，则不会受到疫情对全球产业链供应链的冲击，若国家经济深度融入国际产业链分工体系，如中国台北、越南、新加坡，由于其具有广泛多元化的产业链关系布局，更易于在全球范围内调配资源，可以在一定程度上抵消疫情对经济的冲击，而处在国际价值链参与度中段的国家，尤其是产业结构单一化，部分中间投入对外依存度高，产品自给率较差的国家，则在疫情冲击下将造成前所未有的破坏，如印度和菲律宾。

新冠疫情全球大流行对制造业供应链产生了巨大扰动。一般来说，制造业供应链的采购、生产、销售、服务等业务环节较多，网状链条更长、更复杂。制造业供应链网络的复杂性使得其链条企业更容易受到断链风险的波及。新冠疫情暴发之初，对中国制造业运行造成了前所未有的短期破坏，制造业增速回撤幅度远超2003年非典和2008年国际金融危机，负面冲击通过供应链、产业链在行业和区域间交叉传导，最终造成全国范围的工业供应链网络、销售体系和物流体系瘫痪。2020年1—2月，中国41个大类工业行业中有39个行业增加值同比负增长，31个省区市工业增加值全部负增长。2020年中开始，新冠疫情在全球范围内扩散，疫情对全球制造业供应链带来的风险具体包括：供应和生产中断、供应链成员企业的相互影响及资金链断裂、订单履行缺失和后期产能不足等。从影响态势看，新冠疫情对中国制造业供应链的冲击很快从对产业的内部冲击转向对外部冲击为主，从对供给端的冲击转向供给端和需求端的双向冲击。新冠疫情的全球蔓延又进一步从需求层面继续放大全球供应链系统的脆弱性，一些断裂的进出口渠道也使中国内部的制造业供应链结构面临更大的抗压挑战。不过，从最终影响的国别比较来看，新冠疫情造成全球性的经济大衰退，美国和欧盟经济下降幅度达到3.4%和6.0%，新兴经济体的影响相对较小。中国总体上受新冠疫情冲击的影响并没有很大，在全世界范围内相比也是影响最小的国家，在疫情期间始终保持经济的正向增长，为全球经济的稳定和复苏提供了稳定的物质保障，也充分体现了中国产业链的稳定性，具有很强的抗风险冲击的韧性。

第四节　制造业产业链现代化水平的总体评价

根据以上分析，本书项目组按照八大特征指标对制造业产业链现代化水平按照强、一般、弱三个水平进行评价，星级越高则说明水平越高（见表 15 -6）。

表 15 -6　　中国制造业产业链现代化水平特征指标星级评价

特征指标	强大	融合	高级	开放	独立	智能	绿色	稳定
整体评价	强	一般	弱	弱	强	一般	一般	强

资料来源：课题组总结整理。

研究表明：第一，制造业产业链是较为“强大”的。长期以来中国制造规模庞大，对中国整体经济起到重要的引擎动力作用，这也是新兴发展中国家的重要特征，制造业的细分产业部门对整体经济增加值都有较强的乘数效应。第二，中国制造业的“融合”程度较高。从产业链前后端的关联来看，制造业总体的协同性较高，产生了较好的生产驱动效应，但是从制造业与其他产业的融合来看，生产性服务业的发展还有待加强。第三，制造业产业链还不够“高级”。在国际产业链的分工体系中，中国制造具有比较优势的产业依然是纺织服饰、皮革制品等劳动密集型的低端制造业，并且其比较优势地位正在逐渐下滑。虽然电子信息制造从出口总额来看具有较高比较优势，但是从增加值来看比较优势并不突出，且近几年随着该产业竞争加剧，发达国家重新调整产业政策开始着重发展本国电子信息产业的加速发展，中国电子信息制造的全球价值链参与率、比较优势均有下滑趋势。第四，制造业产业链的“开放”度不足。从贸易额来看，中国制造业的全球价值链参与率超过 30%，但是从作为中间投入品的生产来看，中国制造业的全球价值链参与率目前仅有 12% 左右，相比于十年前有明显下滑。制造业的分工需要寻求更加开放和密切的国际合作，这在当前贸易保护主义盛行，疫情冲击下的供应链危机下，重新树立中国对外开放的国际形象至关重要。第五，制造业产业链的“独立”性较高。中国制造一直保持着较强的自给率，进出口总额占国内生产总值的比例并不高，整体来说保持着较为独立自主的状态。第六，制造业产业链的“智能”水平较高。虽然从数字经济的整体规模来看，中国目前约三分之一的国内生产总值与数字产业部门相关，从现有的大数据规模，新基建的蓬勃发展来看，中国确实为数字化时代的发展奠定了很强的基础设施条件，但是从目前数字化对智能制造的贡献度来看，中国制造的智能化水平与发达国家还有明显差距，智能制造的发展不仅需要数据加持，还需要工业软件、工业机床等基础工业制造能力的应用提升，而这方面中国制造还较为薄弱。第七，制造业产业链的“绿色”化水平较高。中国制造业在低碳环保方面已经有了长足的进步，未来在碳达峰碳中和的进程中还需要进一步加大力度，完善制造业的绿色化转型升级。第八，制造业产业链的“稳定”程度较高。从新冠疫情的冲击来看，中国制造业总体在应对风险冲击上表现出超强的韧性，这与中国特有的市场环境，政府干预调控，产业政策支持等息息相关，较强的产业链稳定性也为经济的稳增长作出了突出贡献。综上所述，课题组认为，中国制造业产业链足够强大、独立、稳定，在融合、智能、绿色方面需要进一步加强，在国际产业链中的高级性、开放性上还有较大欠缺，需要着力关注。

第十六章

统筹产业链发展与安全研究

随着贸易保护主义抬头和新冠疫情的不断演进，提升产业链安全性成为维护一国经济安全和国家安全的重中之重。本研究基于中国细分行业的贸易数据，从产业关联视角和“三链”综合视角对中国产业链安全性进行综合评估，研究发现：第一，中国出口风险明显高于进口风险，进口风险主要集中于高技术制造业；第二，中国高技术制造业产业链安全性有待提升，其典型特征是：从双边价值链角度，中国高技术制造业对德国和美国的进口依赖较大；从全球价值链角度，中国高技术制造业的国际竞争力较弱；从区域价值链角度，亚太地区高技术制造业的区域价值链构建尚不完善。最后，本研究从产业链的发展结构、发展目标和环境目标三方面综合提出提升中国产业链安全性的主要路径。

第一节　产业链安全问题的提出

20 世纪八九十年代以来，随着信息技术的广泛应用和多边主义浪潮兴起，国际贸易成本不断下降，跨国公司以效率为导向，在全球配置资源，以中间品贸易为载体的全球价值链和双边价值链逐步形成；在多哈回合谈判受阻之后，区域化不断发展，当前世界已经形成东亚、北美和欧洲三大区域价值链中心。在全球价值链、多边价值链和区域价值链“三链”叠加发展下，各国的产业关联更加密切，特别是中间品贸易迅猛发展，近年来，中间品贸易占全球商品贸易的比重一直维持在 70% 以上。改革开放以来，在全球化浪潮下，中国发挥劳动力比较优势，深度参与全球分工和区域合作，在全球产业链中扮演着越来越重要的作用，同时中国积极参与区域价值链构建，随着《区域全面经济伙伴关系协定》（RCEP）实施，中国与亚太区域各国家和地区的经贸联系将会更加密切。到2020年，中国货物贸易出口占世界比重为14.74%，进口占世界比重达到10.86%，成为名副其实的贸易大国，特别是中间产品进口比重较高，使得产业链安全性成为影响中国经济安全和国家安全的一个重要因素。

中国政府很早就注意到产业链安全的重要性，2017年10月，国务院印发《关于积极推进供应链创新与应用的指导意见》，明确将供应链安全上升为国家战略；新冠疫情的发生进一步加剧了全球产业链断链风险，2020年4月，习近平总书记在中央财经委员会议上强调，为保障中国产业安全和国家安全，要着力打造自主可控、安全可靠的产业链供应链；2021年8月，中央政治局会议要求强化科技创新和产业链供应链韧性；2021年10月，中共中央、国务院印发《国家标准化发展纲要》，提出要“增强产业链供应链稳定性和产业综合竞争力”“实施标准化助力重点产业稳链工程，促进产业链上下游标准有效衔接，提升产业链供应链现代化水平”；2022年，党的二十大报告强调要“提升国际循环质量和水平，加快建设现代化经济体系，着力提高全要素生产率，着力提升产业链供应链韧性和安全水平”。在百年未有之大变局下，20世纪八九十年代以来形成的以效率为导向的全球产业链布局面临严峻挑战，而新冠疫情将这一问题进一步放大，各国产业链布局必须要在效率导向和安全导向之间进行权衡，增强产业安全性成为维护经济安全和国家安全的重要方面，准确评估中国产业安全性，并提炼中国提升产业安全性的实现路径对于应对当前世界经济多变的形势具有重要意义。基于此背景，本章从产业关联视角和“三链”综合视角对中国产业链安全性进行综合评估，从而明晰中国产业链安全的总体水平和典型特征，分析不同行业的产业链安全的痛点和堵点，并在此基础上提出提升中国产业链安全的主要路径。

第二节　基于产业关联视角的中国产业链安全性评估

本节主要从国别层面，以中国同主要贸易伙伴的产业链关联为切入点，分析中国与主要贸易伙伴的产业关联程度及其典型特征，并从总体集中度、单一市场集中度和区内自给率角度对中国产业链安全性进行评估。依据2020年中国主要贸易伙伴，确定的国别层面分析对象包括东盟、日本、韩国、德国、法国、英国和美国。从三个维度加以分析：一是宏观维度，主要考察中国与主要贸易伙伴的总体产业关联程度；二是中观维度，分别考察HS编码下22个大类，中国与主要贸易伙伴的产业关联程度；三是微观维度，由于高技术制造业（第16—18类）既是创新密集型行业，也是事关一国经济发展的制高点与关键，对一国经济安全影响重大，因此对高技术制造业各章分别加以考察。

一　中国在全球产业链的关联性分析

（一）与主要贸易伙伴的整体产业关联度及其特征

图16－1是2011—2020年间，中国与主要贸易伙伴整体出口关联程度，从图中可以看出两点特征性事实：一是整体层面，在2011—2020年间，中国主要出口贸易伙伴排名并没有变化，中国与美国和东盟两个市场的出口关联度比较高，日本和韩国是中国的第三和第四大出口国，欧洲区域，中国与德国出口关联度最高，此后是英国和法国；其中，中国与美国的出口关联度一直高于其他国家（地区），在2018年中美经贸摩擦之前，中国与美国的出口关联度在19%左右，在2018年后，虽然受到经贸摩擦影响，但仍然维持在17%左右，还是明显高于中国与其他国家的出口关联。二是从变动趋势看，在亚太区域内，中国与日本的出口关联程度呈现缓慢下降趋势，而与东盟的出口关联程度呈现明显上升趋势，对于韩国的出口关联程度相对比较稳定，在欧洲区域，中国与德国、法国和英国的出口关联程度相对比较稳定，在美洲区域，中国与美国的出口关联受到2018年经贸摩擦的影响较大，在2018年之前，中国与美国的出口关联程度呈现缓慢上升趋势，2018年经贸摩擦使得中国与美国的出口关联程度有较大幅度下降。从国家层面看，中国与美国的出口关联程度过高是潜在威胁中国产业链安全性的重要因素。

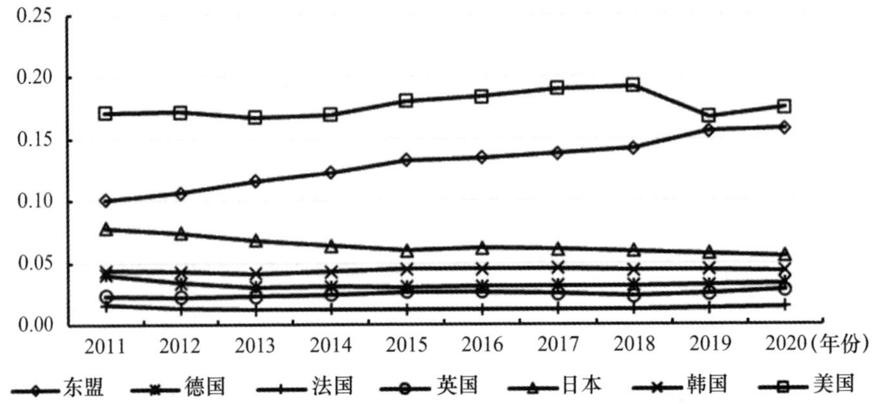

图 16－1 中国与主要贸易伙伴总体出口关联程度（2011—2020 年）

数据来源：笔者根据 UN Comtrade 数据整理。

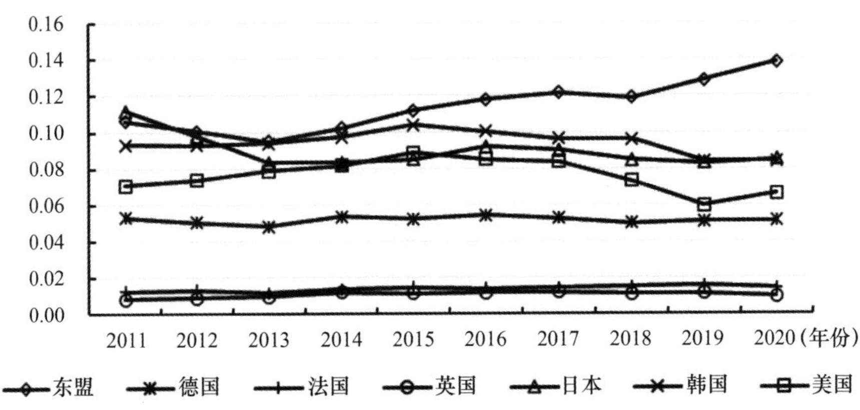

图 16－2 中国与主要贸易伙伴总体进口关联程度（2011—2020 年）

数据来源：笔者根据 UN Comtrade 数据整理。

图 16－2 是 2011—2020 年中国与主要贸易伙伴整体进口关联程度，从图中可以看出两点特征性事实：一是总体层面，不同于中国主要出口贸易伙伴排名相对固定，进口国排名变化较大，日本从 2011 年的第一大进口来源国降为第二大进口国，与排名第三的韩国差距非常小，东盟则在 2012 年之后成为中国第一大进口来源地，目前，中国与东盟的进口关联程度最高，其次是韩国和日本，中国与美国的进口关联度排在第四，在欧洲区域，中国与德国的进口关联程度要明显高于与法国和英国的进

口关联，同中国与各国（地区）的出口关联相比（如图 16－1 所示），中国主要进口贸易伙伴和主要出口贸易伙伴排名比较一致，但美国排名差异较大，美国是中国第一大出口贸易伙伴，但只是中国第四大进口贸易伙伴，中国与美国的出口关联明显高于进口关联是中美经贸关系的重要变数和不稳定因素。二是从变动趋势看，近年来，东盟是中国第一大的进口来源地，并且中国与东盟的进口关联程度一直呈现出比较明显的上升趋势，而中国与韩国、日本和美国的进口关联程度近几年都在不同程度上呈现出一定的下降趋势，欧洲方面，中国与德国、法国和英国的进口关联程度变化不大，相对比较稳定。中国与美国的进口关联在 2011—2015 年有比较明显的上升趋势，并一度成为中国第三大进口来源地，但是在 2016—2019 年间，中国与美国的进口关联出现了比较明显的下滑，2020 年虽然有一些恢复，但是到 2020 年，中国与美国的进口关联程度要低于 2011 年水平。

（二）各产业大类进出口关联程度及其特征①

表 16－1 是 2020 年中国与主要贸易伙伴分大类产业的出口关联程度，从图中可以得出以下典型事实：一是总体层面，中国与美国和东盟在大

① 其中，1 为“活动物；动物产品”，包括第 1—5 章；2 为“植物产品”包括第 6—14 章；3 位“动、植物油、脂及其分解产品；精制的食用油脂；动、植物蜡”，包括第 15 章；4 为“食品；饮料、酒及醋；烟草、烟草及烟草代用品的制品”，包括第 16—24 章；5 为“矿产品”，包括第 25—27 章；6 为“化学工业及其相关工业的产品”，包括第 28—38 章；7 为“塑料及其制品；橡胶及其制品”，包括第 39—40 章；8 为“生皮、皮革、毛皮及其制品；鞍具及挽具；旅游用品、手提包及类似容器；动物肠线（蚕胶丝除外）制品”，包括第 41—43 章；9 为“木及木制品；木炭；软木及软木制品；稻草、秸秆、针茅或其他编结材料制品；篮筐及柳条编织品”，包括第 44—46 章；10 为“木浆及其他纤维状纤维素浆；回收（废碎）纸或纸板；纸、纸板及其制品”，包括第 47—49 章；11 为“纺织原料及纺织制品”，包括第 50—63 章；12 为“帽、伞、杖、鞭及其零件；已加工的羽毛及其制品；人造花；人发制品”，包括第 64—67 章；13 为“石料、石膏、水泥、石棉、云母及类似材料的制品；陶瓷产品；玻璃及其制品”，包括第 68—70 章；14 为“天然或养殖珍珠、宝石或半宝石、贵金属、包贵金属及其制品；仿首饰；硬币”，包括第 71 章；15 为“贱金属及其制品”，包括第 72—83 章；16 为“机器、机械器具、电气设备及其零件；录音机及放声机、电视图像、声音的录制和重放设备及其零件、附件”，包括第 84—85 章；17 为“车辆、航空器、船舶及有关运输设备”，包括第 86—89 章；18 为“光学、照相、电影、计量、检验、疗或外科用仪器及设备、精密仪器及设备；钟表；乐器；上述物品的零件、附件”，包括第 90—92 章；19 为“武器、弹药及其零件、附件”，包括第 93 章；20 为“杂项制品”，包括第 94—96 章；21 为“艺术品、收藏品及古物”，包括第 97 章；22 为“特殊交易品及未分类商品”，包括第 98 章。

类产业层面的出口关联度更高，在 22 个大类中，中国对美国出口关联度超过 10% 的大类行业有 16 个，超过 20% 的行业有 6 个，对东盟出口关联超过 10% 的行业有 19 个，超过 20% 的行业有 7 个。此外，对日本出口关联超过 10% 的行业有 2 个，对其他国家没有出口关联超过 10% 的行业，说明从大类产业层面看，中国出口关联的地域相对集中主要体现在对东盟和美国，而其中尤以美国最甚，对美国出口市场的依赖是影响中国产业链安全性的潜在威胁。二是从行业层面看，部分行业的出口市场风险较大，出口关联度最高的行业是 19 类，其对美国的出口关联程度达到 64.1%，此外，第 1 类、2 类、4 类、6 类、7 类、9 类、10 类、11 类、12 类、13 类、20 类和 22 类对所列主要国家（地区）出口关联也都超过 50%，其中，第 2 类和第 5 类对东盟的出口关联度分别达到 38.3% 和 33.5%，这些行业的出口关联地域相对集中，对单一市场的出口关联都在 1/3 以上，产业链潜在风险较大。

表 16－1　2020 年中国与主要贸易伙伴分大类产业的出口关联程度

	东盟	德国	法国	英国	日本	韩国	美国
第 1 类	0. 167	0. 046	0. 014	0. 030	0. 140	0. 094	0. 093
第 2 类	0. 339	0. 018	0. 005	0. 009	0. 080	0. 048	0. 057
第 3 类	0. 187	0. 038	0. 004	0. 045	0. 024	0. 038	0. 064
第 4 类	0. 180	0. 018	0. 005	0. 014	0. 169	0. 065	0. 107
第 5 类	0. 330	0. 003	0. 002	0. 010	0. 062	0. 055	0. 013
第 6 类	0. 213	0. 031	0. 013	0. 023	0. 055	0. 071	0. 116
第 7 类	0. 174	0. 025	0. 013	0. 038	0. 050	0. 034	0. 206
第 8 类	0. 123	0. 036	0. 022	0. 036	0. 076	0. 054	0. 152
第 9 类	0. 161	0. 039	0. 018	0. 055	0. 084	0. 029	0. 216
第 10 类	0. 218	0. 019	0. 013	0. 039	0. 056	0. 028	0. 170
第 11 类	0. 139	0. 041	0. 029	0. 042	0. 074	0. 031	0. 180
第 12 类	0. 123	0. 038	0. 017	0. 036	0. 045	0. 029	0. 234
第 13 类	0. 215	0. 024	0. 010	0. 026	0. 034	0. 078	0. 131
第 14 类	0. 036	0. 006	0. 010	0. 010	0. 008	0. 011	0. 077
第 15 类	0. 205	0. 028	0. 011	0. 021	0. 046	0. 055	0. 131
第 16 类	0. 146	0. 034	0. 011	0. 022	0. 051	0. 044	0. 180

续表

	东盟	德国	法国	英国	日本	韩国	美国
第 17 类	0. 142	0. 038	0. 020	0. 022	0. 042	0. 028	0. 155
第 18 类	0. 131	0. 045	0. 012	0. 023	0. 054	0. 041	0. 140
第 19 类	0. 012	0. 033	0. 024	0. 026	0. 017	0. 002	0. 641
第 20 类	0. 119	0. 038	0. 019	0. 051	0. 051	0. 033	0. 286
第 21 类	0. 042	0. 027	0. 053	0. 034	0. 003	0. 013	0. 099
第 22 类	0. 212	0. 024	0. 034	0. 048	0. 039	0. 027	0. 230

表 16 －2 是 2020 年中国与主要贸易伙伴分大类产业的进口关联程度，从中可以看出以下特征：一是总体上看，中国与亚太地区各国的进口关联程度明显高于域外国家，其中，中国对东盟的进口关联程度最大，进口关联超过 10% 的行业包括 13 个，超过 20% 的行业有 5 个，超过 50% 的行业有 2 个；与日本进口关联超 10% 的行业有 8 个，超 20% 的行业有 1 个，与韩国进口关联超 10% 的行业有 5 个，超 20% 的行业有 1 个；域外国家中，中国与德国的进口关联超 10% 的行业有 3 个，与法国进口关联超 10% 的行业有 1 个，与美国进口关联超 10% 的行业有 6 个，超 20% 的行业有 1 个。二是分行业看，中国对这些主要贸易伙伴进口关联最高的行业是第 17 类和 22 类，其中第 17 类对美国和德国的进口关联度很高，产业风险很大，第 22 类则是对东盟的进口关联度过高，也存在较大风险；此外，第 3 类、6 类、7 类、12 类、13 类、16 类、18 类、20 类和 22 类的进口关联也都超过 50%，其中，第 12 类和第 22 类对东盟的进口关联都超过 50%，第 3 类对东盟进口依赖也接近 50%，此外，第 17 类和第 19 类对德国的进口关联也都超过 30%，这些行业的进口关联地域相对集中，受到供应链断链的风险较大。

表 16 －2　2020 年中国与主要贸易伙伴分大类产业的进口关联程度

	东盟	德国	法国	英国	日本	韩国	美国
第 1 类	0. 062	0. 041	0. 021	0. 010	0. 005	0. 003	0. 087
第 2 类	0. 146	0. 001	0. 016	0. 000	0. 002	0. 001	0. 205
第 3 类	0. 236	0. 003	0. 007	0. 001	0. 001	0. 001	0. 012

续表

	东盟	德国	法国	英国	日本	韩国	美国
第 4 类	0.107	0.038	0.083	0.014	0.030	0.034	0.076
第 5 类	0.069	0.001	0.000	0.005	0.003	0.019	0.024
第 6 类	0.090	0.101	0.058	0.027	0.136	0.113	0.119
第 7 类	0.230	0.046	0.010	0.007	0.131	0.139	0.083
第 8 类	0.148	0.007	0.154	0.006	0.005	0.030	0.069
第 9 类	0.138	0.076	0.011	0.000	0.009	0.000	0.072
第 10 类	0.081	0.020	0.009	0.012	0.044	0.020	0.133
第 11 类	0.236	0.020	0.023	0.012	0.075	0.054	0.076
第 12 类	0.529	0.002	0.002	0.002	0.010	0.010	0.025
第 13 类	0.053	0.072	0.012	0.009	0.175	0.235	0.118
第 14 类	0.126	0.041	0.032	0.016	0.063	0.008	0.023
第 15 类	0.120	0.040	0.006	0.008	0.118	0.079	0.031
第 16 类	0.196	0.047	0.008	0.005	0.112	0.143	0.051
第 17 类	0.034	0.302	0.039	0.046	0.196	0.017	0.158
第 18 类	0.097	0.107	0.012	0.017	0.160	0.110	0.116
第 19 类	0.000	0.312	0.001	0.000	0.002	0.000	0.028
第 20 类	0.104	0.088	0.024	0.018	0.227	0.024	0.064
第 21 类	0.002	0.054	0.091	0.025	0.051	0.005	0.068
第 22 类	0.662	0.008	0.002	0.010	0.035	0.022	0.066

（三）高技术制造业的产业关联性程度及其特征①

高技术制造业（第 16—18 类）既是创新密集行业，也是事关国民经济发展的关键和国际竞争的制高点，因此分章详细加以考察，表 16 – 3 是 2020 年中国与主要贸易伙伴高技术制造业细分行业的出口关联程度，从中可以看出以下特征事实：一是总体层面，不同于大类产业层面中国与

① 其中，84 为“核反应堆、锅炉、机器、机械器具及其零件”，85 为“电机、电气设备及其零件；录音机及放声机、电视图像、声音的录制和重放设备及其零件、附件”，86 为“铁道及电车道机车、车辆及其零件；铁道及电车道轨道固定装置及其零件、附件；各种机械（包括电动机械）交通信号设备”，87 为“车辆及其零件、附件，但铁道及电车道车辆除外”；88 为“航空器、航天器及其零件”，89 为“船舶及浮动结构体”，90 为“光学、照相、电影、计量、检验、医疗或外科用仪器及设备、精密仪器及设备；上述物品的零件、附件”。

主要贸易伙伴的高集中度特征，在高技术制造业，中国与主要贸易伙伴的出口关联分布较为分散，只有第 84 章、88 章的出口关联程度超过 50%，与其他行业相比，高技术制造业的出口关联相对合理。二是单一市场集中度看，对单一市场出口关联程度最高的是第 89 章，其对东盟的出口关联度达到 26.3%，此外第 84 章和 86 章对美国单一市场的出口关联度也超过 20%，其他各章对单一市场的出口关联度都相对较低，说明总体上中国出口相对分散，但是部分行业对美国市场的依赖较大。

表 16－3　2020 年中国与主要贸易伙伴高技术制造业的出口关联性

	东盟	德国	法国	英国	日本	韩国	美国
第 84 章	0.125	0.043	0.014	0.025	0.061	0.033	0.216
第 85 章	0.159	0.029	0.009	0.021	0.046	0.051	0.157
第 86 章	0.085	0.055	0.019	0.028	0.015	0.023	0.247
第 87 章	0.116	0.040	0.015	0.022	0.052	0.029	0.184
第 88 章	0.119	0.065	0.065	0.044	0.055	0.012	0.188
第 89 章	0.263	0.020	0.031	0.018	0.017	0.026	0.008
第 90 章	0.132	0.044	0.012	0.022	0.053	0.042	0.137

表 16－4 是 2020 年中国与主要贸易伙伴高技术制造业细分行业的进口关联程度，可以看出特征：一是总体集中度层面看，相对于出口而言，中国与主要贸易伙伴在高技术制造业的进口关联度明显更高，除了第 89 章，其他细分各章与主要贸易伙伴的进口关联都超过 50%，其中，第 87 章、88 章进口关联度都超过 70%，第 88 章的进口关联甚至超过 95%，该行业对德国、法国和美国的进口关联都超过 25%，说明进口的关联程度更加集中，作为一国经济发展的制高点和关键，高技术制造业存在比较突出的“卡脖子”问题，是中国产业链安全的最大风险。二是从单一市场集中度看，中国对单一市场进口关联最高的是第 86 章对德国的进口关联，达到 37.6%，其次是第 88 章对德国的进口关联，达到 33%，第 87 章对德国的进口关联也超过 30%，总体上，中国高技术制造业与德国的进口关联过高，是潜在的风险所在；此外，中国与美国的进口关联比较高的行业是第 87 章、88 章和 90 章，考虑到美国与中国整体的进口关联较低，

但是这几个行业占比却较高，说明中国与美国的进口产业关联主要集中在高技术制造业，这些行业极易出现“卡脖子”问题，潜在风险较大。

表 16－4 2020 年中国与主要贸易伙伴高技术制造业的进口关联性

	东盟	德国	法国	英国	日本	韩国	美国
第 84 章	0. 143	0. 115	0. 019	0. 014	0. 191	0. 112	0. 088
第 85 章	0. 214	0. 024	0. 005	0. 002	0. 085	0. 154	0. 038
第 86 章	0. 007	0. 376	0. 012	0. 010	0. 125	0. 006	0. 027
第 87 章	0. 037	0. 306	0. 008	0. 051	0. 224	0. 018	0. 147
第 88 章	0. 005	0. 330	0. 296	0. 019	0. 003	0. 004	0. 288
第 89 章	0. 071	0. 002	0. 002	0. 002	0. 141	0. 038	0. 005
第 90 章	0. 099	0. 111	0. 013	0. 018	0. 163	0. 115	0. 121

二 产业关联视角下中国产业链面临的主要风险

为了客观评价中国产业链风险，设定以下准则：一是总体关联集中度，主要考察中国进、出口层面对于主要贸易伙伴的总体关联程度，由于全球价值链跨国传播风险，无论是进口端，还是出口端，总体关联集中度越高，产业链面临的风险越高。二是单一市场集中度，主要考察中国进、出口层面对某个单一市场的关联程度，不论是进口端或出口端，单一市场集中度越高，产业链潜在风险更高。三是区内自给率，所谓区内指的是在地理上与中国比较接近的亚太地区，由于亚太地区的地理距离和文化距离接近，由此形成的区内产业关联不容易受到外部因素影响，同样的产业链关联程度，其产业链断链风险要明显小于与欧美等国的产业链断链风险，因此区内自给率越高产业链韧性越强。其中，东盟、日本和韩国是区内国家。基于以上原则的分析，可以归纳出中国产业链潜在风险的三个特征。

（一）总体层面的出口风险高于进口风险

图 16－3 是根据以上三个判断准则，得出的中国与主要贸易伙伴的进口和出口总体集中度、区内自给率和单一市场集中度，从图中可以得出以下特征性事实：一是就总体集中度来讲，出口集中度要高于进口集中度，特别是在 2018 年以后，中国的进口集中度有明显下降趋势，在 2020 年，中国与主要贸易伙伴的出口关联度达到 50. 7%，而进口关联度只有

44.9%，因此从总体关联集中度看，进口风险要小于出口风险。二是从区内自给率看，出口的区内自给率在2011—2020年间有一定程度的增加，2020年达到25.6%；进口方面，在2014年以后，也呈现出明显的上升趋势，到2020年达到30.7%，可见进口区内自给率要明显高于出口区内自给率，从这一角度看，也是出口风险高于进口风险。三是从单一市场集中度看，在2011—2020年间，中国出口最集中的国家一直是美国，而进口最集中的国家和地区在2011年是日本，此后一直是东盟，并且从集中程度看，出口单一市场集中度要明显高于进口单一市场集中度，因此从单一市场集中度看，也是出口风险高于进口风险。因此，不论是从总体集中度、区内自给率还是单一市场集中度看，中国出口风险都明显要高于进口风险，中国产业链更易受到外部市场需求冲击影响。

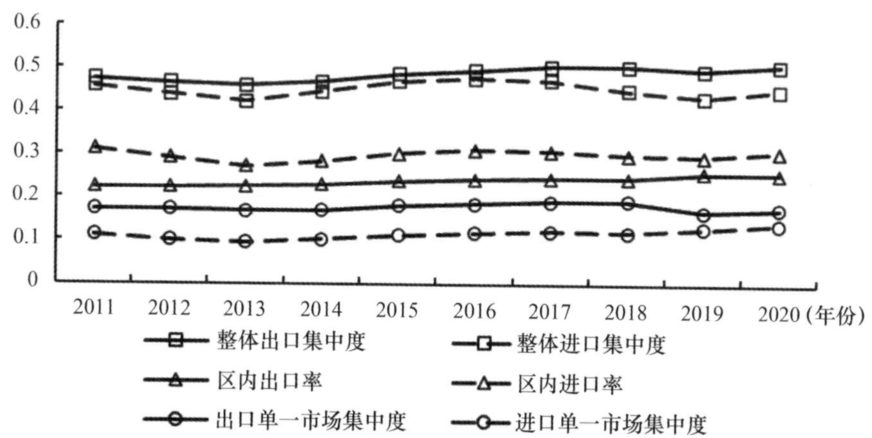

图16－3　2011—2020年中国进出口产业关联的整体特征和风险判断

数据来源：笔者根据UN Comtrade数据整理。

（二）高技术制造业进口风险高于出口风险，其他行业出口风险高于进口风险①

为了进一步判断行业层面风险，设定如下判定依据：一是分项风险判断。总体集中度以50%为界，高于50%面临的风险较大，反之风险较

① 农业（第1—4类）；采矿业（第5类）；基础制造业（第6—15类、第19—22类）；高技术制造业（第16—18类）。

小；区内自给率以25%为界，高于25%时面临的风险较低，反之较高；单一市场集中度以20%为界，高于20%风险较高，反之风险较低。二是综合风险判断，在具体判定各分项风险之后，如果三个指标风险都低，则综合判定该端综合风险为低，如果有一个风险高，另外两个风险低，综合判定该端风险较低，如果有两个风险较高，一个风险低，则综合判定该端风险较高，如果三个分项风险都较高，则综合判定该端风险高。表16－5是根据以上原则确定的中国大类行业层面的产业链风险情况，主要有以下特征事实：一是总体层面，整体出口风险高的大类行业共有3个，分别是第12类、第19类和第20类，风险较高的大类行业总共有8个，风险较低的大类行业总共有10个，风险低的行业有1个；整体进口风险高的行业有1个，为第17类“车辆、航空器、船舶及有关运输设备”，风险较高的行业共有8个，风险较低的大类行业有12个，风险低的行业有1个，出口端高风险行业要明显多于进口端高风险行业，因此从行业层面看，出口端风险要高于进口端风险。二是从行业分布看，农业（第1—4类）、采矿业（第5类）、基础制造业（第6—15类、第19—22类），有11个行业都面临高或者较高的出口风险，而进口端只有8个行业面临较高风险，因此在这些低技术行业，出口端风险要明显强于进口端风险，而在高技术制造业（第16—18类），出口端都是低风险，而第17类面临的进口风险等级为高，可见高技术制造业进口端风险要明显多于出口端风险。三是从行业综合风险看，第2类、第7类、第12类、第13类、第19类、第20类和第22类的进口端和出口端风险都在较高以上，综合的产业链风险较高；第1类、第4类、第5类、第8类、第14类、第15类、第16类、第18类和第21类进口端风险和出口端风险都在较低以下，综合的产业链风险较低。

表16－5　　中国大类行业层面的产业链风险情况

	出口层面分析			进口层面分析			产业链风险	
	总体集中	区内自给	单一市场	总体集中	区内自给	单一市场	出口端	进口端
第1类	0.584	0.401	0.167	0.228	0.069	0.087	较低	较低
第2类	0.556	0.468	0.339	0.372	0.150	0.205	较高	较高

续表

	出口层面分析			进口层面分析			产业链风险	
	总体集中	区内自给	单一市场	总体集中	区内自给	单一市场	出口端	进口端
第 3 类	0. 400	0. 250	0. 187	0. 261	0. 238	0. 236	低	较高
第 4 类	0. 558	0. 414	0. 180	0. 382	0. 171	0. 107	较低	较低
第 5 类	0. 475	0. 447	0. 330	0. 121	0. 091	0. 069	较低	较低
第 6 类	0. 522	0. 339	0. 213	0. 644	0. 339	0. 136	较高	较低
第 7 类	0. 539	0. 257	0. 206	0. 646	0. 500	0. 230	较高	较高
第 8 类	0. 500	0. 253	0. 152	0. 419	0. 183	0. 154	较低	较低
第 9 类	0. 602	0. 274	0. 216	0. 306	0. 147	0. 138	较高	较低
第 10 类	0. 543	0. 302	0. 218	0. 319	0. 144	0. 133	较高	较低
第 11 类	0. 536	0. 245	0. 180	0. 496	0. 365	0. 236	较高	较低
第 12 类	0. 522	0. 197	0. 234	0. 580	0. 549	0. 529	高	较高
第 13 类	0. 518	0. 327	0. 215	0. 674	0. 463	0. 235	较高	较高
第 14 类	0. 157	0. 054	0. 077	0. 309	0. 197	0. 126	较低	较低
第 15 类	0. 496	0. 305	0. 205	0. 402	0. 317	0. 120	较低	低
第 16 类	0. 490	0. 242	0. 180	0. 563	0. 451	0. 196	较低	较低
第 17 类	0. 446	0. 211	0. 155	0. 792	0. 247	0. 302	较低	高
第 18 类	0. 446	0. 226	0. 140	0. 620	0. 368	0. 160	较低	较低
第 19 类	0. 756	0. 032	0. 641	0. 343	0. 002	0. 312	高	较高
第 20 类	0. 597	0. 203	0. 286	0. 549	0. 354	0. 227	高	较高
第 21 类	0. 271	0. 059	0. 099	0. 295	0. 057	0. 091	较低	较低
第 22 类	0. 614	0. 277	0. 230	0. 804	0. 718	0. 662	较高	较高

（三）高技术制造业进口端风险集中呈现，“卡脖子”问题突出

表 16－6 是中国高技术制造业的产业链风险情况，主要有以下特征：一是整体上，高技术制造业的进口端风险要显著强于出口端风险，这 7 个细分行业中，进口端风险为高或者较高的行业有 5 个，出口端风险较高的行业有 3 个，没有风险高的行业。二是从具体行业看，部分行业的“卡脖子”风险很大，第 86 章“铁道及电车道机车、车辆及其零件；铁道及电车道轨道固定装置及其零件、附件；各种机械（包括电动机械）交通信号设备”、第 87 章“车辆及其零件、附件，但铁道及

电车道车辆除外”和第 88 章“航空器、航天器及其零件”这 3 个高端制造业的进口端风险都高，主要体现在总体进口关联度高，区内自给率低，对于单一国家集中度高，特别是第 88 章，进口主要集中在德国、法国和美国，占比超过 90%，风险很大，“卡脖子”问题严重；此外第 84 章“核反应堆、锅炉、机器、机械器具及其零件”和第 85 章“电机、电气设备及其零件；录音机及放声机、电视图像、声音的录制和重放设备及其零件、附件”进口端风险较高，这两个行业对美国的进口依赖较高，“卡脖子”问题同样严重。三是从综合进出口端风险来看，第 84 章、86 章和 88 章产业的进口端和出口端都面临高或者较高风险，行业整体发展面临的风险较高，可见中国高技术制造业面临的产业风险要明显高于其他行业。

表 16－6　　中国高技术制造业的产业链风险情况

	出口层面分析			进口层面分析			产业链风险	
	总体集中	区内自给	单一市场	总体集中	区内自给	单一市场	出口端	进口端
第 84 章	0.517	0.446	0.216	0.681	0.219	0.191	较高	较高
第 85 章	0.472	0.453	0.159	0.522	0.256	0.214	低	较高
第 86 章	0.472	0.139	0.247	0.563	0.124	0.376	较高	高
第 87 章	0.458	0.279	0.184	0.791	0.196	0.306	低	高
第 88 章	0.548	0.012	0.188	0.945	0.186	0.330	较高	高
第 89 章	0.382	0.250	0.263	0.262	0.306	0.141	较低	低
第 90 章	0.443	0.377	0.137	0.640	0.228	0.163	低	较

第三节　基于“三链”综合视角的中国产业链安全性评估

本部分将进一步从双边价值链、全球价值链和区域价值链“三链”视角，进一步分析中国产业链安全性及其潜在风险。主要分析中国、美国、德国、日本和韩国五国的产业链安全性。

一　双边价值链层面的风险识别

双边价值链关联指的是两个经济体间进行价值链贸易的紧密程度。由于高技术制造业在一国经济中的重要地位以及涉及的产业链更长和更复杂，因此本部分主要关注中国与主要贸易伙伴在高技术制造业的双边价值链关联情况（如图16－4所示），并且在高技术制造业领域，中国主要贸易伙伴集中在美国、德国、日本和韩国，从中可以得出以下特征性事实：一是总体上，中国与主要贸易伙伴的双边价值链关联存在不平衡性，总体而言，进口关联程度要明显高于出口关联程度，说明中国在高技术制造业存在比较突出的"卡脖子"风险。二是具体国别层面，中国与美国的双边价值链在高技术制造业总量上相对均衡，但产业分布上并不均衡，总体表现是"出口关联大于进口关联，进口关联集中度较高"，中国对美国84—88章产业的出口关联都超过15%，而对第87、88和90章产业的进口关联也都超过10%，特别是第88章产业，这使得前部分产业容易受到美国市场出口需求影响，后部分产业容易受到美国进口因素影响。中国与德国、日本和韩国在高技术制造业的双边价值链总量上失衡严重，总体表现是"出口关联度较低，而进口关联度较高"，中国对德国7个主要创新密集型产业的出口关联度都在7%以下，但是中国对德国进口关联有5个在10%以上，并且第86章、第87章和第88章产业的进口关联都超过30%，这使得中国相关产业发展非常容易受到进口因素影响。中国与日本的双边价值链也呈现类似情况，7个创新密集型行业中国的出口关联都在7%以下，但是有5个行业的进口关联在10%以上，第84章、第87章和第90章产业的进口关联也都超过15%，这说明中国产业发展对日本市场的进口依赖也比较大。中国与韩国的双边价值链也是进口关联高于出口关联，第84章、第85章和第90章的进口关联也都超过10%。因此从双边价值链看，中国与美国总量均衡，但行业分布不均，而与德国、日本和韩国则总量失衡严重，进口关联大大高于出口关联，说明生产端的风险在高技术制造业较为突出，这些行业发展极易出现"卡脖子"问题。

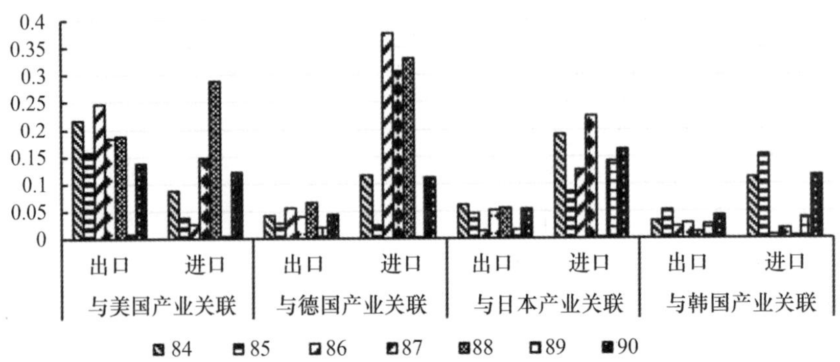

图 16－4 中国与主要贸易伙伴在高技术制造业的双边价值链关联情况

数据来源：笔者根据 UN Comtrade 数据整理。

二 全球价值链层面的市场竞争力比较

下面，进一步比较中国、日本、韩国、德国和美国各产业的国际竞争力，本研究采用各国出口占世界该产业总出口比重衡量，从各国的出口市场竞争力看，中国的出口国际竞争力分布并不均衡，第 8 类、第 11 类、第 12 类、第 13 类、第 16 类和第 20 类，这几个大类行业中国的出口在全球占比都超过 15%，其中第 20 类占比更是超过 35%；而第 1—5 类、第 14 类、第 17 类、第 19 类、第 21 类占比都不到 5%，说明整体上中国产业的国际竞争力分布并不均衡，基础制造业（第 6—15 类、第 19—22 类）的国际竞争力较强，但是农业（第 1—4 类）、采矿业（第 5 类）、高技术制造业（第 16—18 类）的国际竞争力较弱，特别是创新密集程度较高的第 17 类和 18 类，中国整体的国际竞争力并不高。从其他国家的国际竞争力看，德国各行业的国际竞争力分布较为均衡，并且在整个国家竞争力分布中，创新密集型行业竞争力处于最高水平；日本、韩国和美国的整体竞争力分布呈现出一定的不均衡性，但总体上，这三国在高技术制造业（第 16—18 类）都呈现出更强的国际竞争力，而日本和韩国在农业、采矿业的国际竞争力相对较弱一些，美国的农业和采矿业则同样具有相对较高的国际竞争力，但是基础制造业的国际竞争力较弱（见图 16－5）。

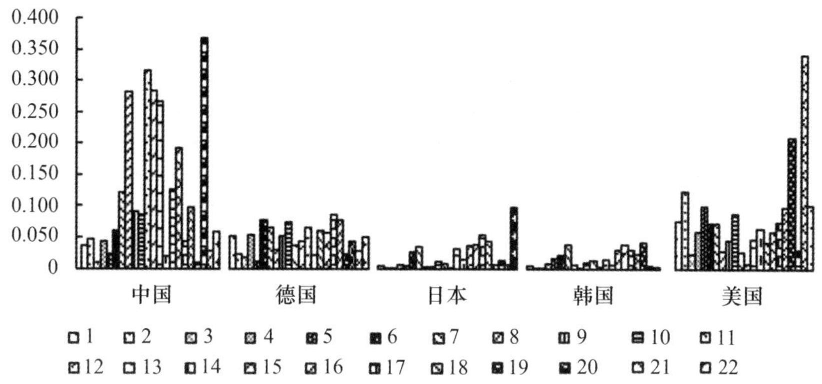

图 16 -5 各国大类行业层面出口比较优势分布与比较

数据来源：笔者根据 UN Comtrade 数据整理。

三 区域价值链层面的潜在风险评估

区域化正在成为新一轮全球化的重要特征，地域上接近的国家间构成的区域价值链相对于跨区域的全球价值链能够省去较多的国际运输风险和政治风险，具有更好的韧性，受到外部冲击时，不容易导致产业链断链，由此带来产业风险较低。下面进一步比较中国、日本、韩国、德国和美国在区域价值链层面的潜在风险。具体分为区内出口率和区内进口率，区内出口率是指区内出口占总出口的比重，区内进口率是指区内进口占总进口的比重。在确定区域价值链方面，中国与日本、韩国和东盟构成亚太区域价值链；美国与加拿大和墨西哥构成北美区域价值链；德国则与欧盟和英国构成欧洲区域价值链。图 16 -6 是各国大类行业层面的区内出口率信息，从中可以看出：一是总体上看，德国的区内出口率最高，其次是韩国和日本，区内出口率较高，再其次是美国，中国的区内出口率最低，说明从区内出口率看，中国面临的产业链整体风险要稍高一些。二是从行业层面看，中国在初级产品（农业和采矿业）的区内出口率要高于后面的基础制造业行业，而区内出口率最低的是高技术制造业。从其他国家看，也都呈现出类似特征，初级产品的区内出口率要高于基础制造业，而第 16—18 类高技术制造业的区内出口率都比较低，说明高技术制造业更加强调区域之间的全球价值链合作，各区域之间的生产都受到彼此的影响，因此各国的相关产业区内出口率都较低。

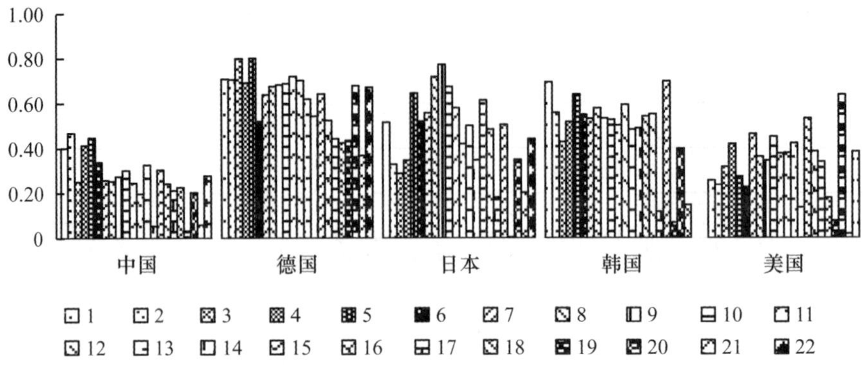

图 16－6 各国大类行业层面的区内出口率

数据来源：笔者根据 UN Comtrade 数据整理。

图 16－7 是各国大类行业层面的区内进口率情况，可以看出：一是总体层面，德国的区内进口率最高，所有行业的区内进口率都在 35% 以上，其次是日本和韩国，整体区内进口率较高，但是行业差异明显，中国的区内进口率要高于美国的区内进口率，美国的区内进口率在所列国家中最低；二是行业层面，中国的初级产品（农业和采矿业）的区内进口率较低，而基础制造业的区内进口率较高，但是部分高技术制造业（比如第 18 类）非常低，并且从中国、日本和韩国的情况看，中日韩三国的区内进口率都较低，亚太地区的高技术制造业的区域价值链并不完备。

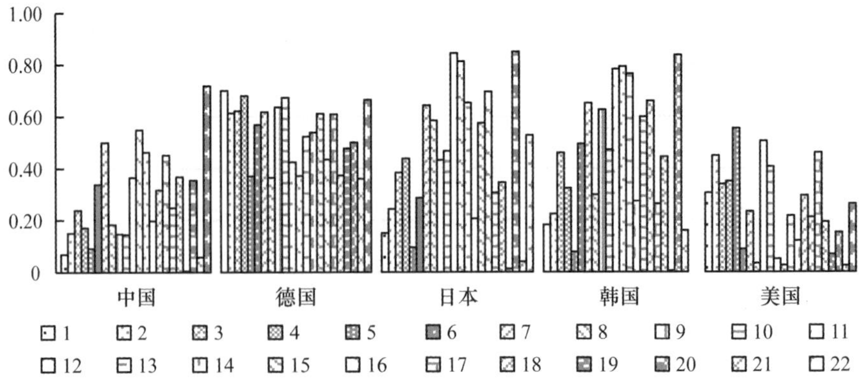

图 16－7 各国大类行业层面的区内进口率

数据来源：笔者根据 UN Comtrade 数据整理。

从各国的区内出口率和区内进口率看，西欧的区域价值链构建相对完整，德国不论是区内出口率还是区内进口率都最高，并且产业层面没有明显短板，几乎所有行业的区内出口率和区内进口率都维持在一个高水平，说明西欧的区域价值链相对比较完整，北美由于加拿大和墨西哥在经济规模上与美国差距明显，因此美国处于强势地位使得北美区域价值链最不完整，美国大量产品的进口需要区域外实现；相比较而言，东亚的区域价值链构建处于中间水平，部分行业的区域价值链比较完整，特别是基础制造业的区域价值链较为完整，但是初级产品和高技术制造业的区域价值链仍然有比较大的缺陷。

综上可见，从双边价值链、全球价值链和区域价值链的角度看，中国的产业链风险主要集中在高技术制造业。从双边价值链角度看，中国高技术制造业对德国和美国的进口依赖较大，因此风险程度很高；从全球价值链角度看，中国高技术制造业的国际竞争力较低；从区域价值链角度看，高技术制造业的亚太区域价值链构建尚不完善。此外，初级产品（农业、采矿业）也存在一定风险，虽然中国这些行业在全球价值链中整体竞争力尚可，但是这些行业区域价值链并不完善，存在大进大出的现象，存在一定风险。

第四节　提升中国产业链安全的战略选择

前文基于产业关联视角的分析表明，中国出口风险明显高于进口风险，进口风险主要集中于高技术制造业；基于“三链”综合视角分析也表明中国高技术制造业产业链安全性较差，其典型特征是：从双边价值链角度，中国高技术制造业对德国和美国的进口依赖较大；从全球价值链角度，中国高技术制造业的国际竞争力较弱；从区域价值链角度，亚太地区高技术制造业的区域价值链构建尚不完善。鉴于中国产业链安全的总体状况和典型特征，笔者认为应从产业链的发展结构、发展目标和环境目标三方面综合提升中国产业链安全性。

一　基于产业链发展结构的战略选择

在产业链发展结构层面，一要释放大国市场规模优势，以强大内循环补齐短板；二要构建全面开放新格局，以制度型开放强化内外市场联动。具体而言：（1）打破地区市场分割，构建全国统一大市场，加快数字化建设，推动线上线下融合发展，使生产、分配、流通、消费各环节更加畅通，提高国内大市场运行效率，以此发挥大市场的规模效应和集聚效应，扩大高端电子产品、新能源汽车等工业制成品，优质机械设备、半导体芯片等资本品和中间品转向区内市场。（2）引导市场新需求，培育新业态新模式，加快5G网络、数据中心等新型基础设施建设，结合中国在新一代信息技术硬件和软件建设方面优势，加快推进信息基础设施、融合基础设施和创新基础设施的共商共建共享，抓紧布局数字经济、生命健康、新材料等战略性新兴产业，着力壮大区内经济新增长点、形成高质量发展新动能。（3）充分利用WTO的多边贸易体系框架，加强与各国的经贸往来，积极开拓外部市场，巩固与以德国为代表的欧洲国家的产业链合作，降低对美国市场过度依赖，弥补美国需求“断崖式”下跌引致的市场缺口，以分散化实现产业链备份化，从而提升整体的产业链韧性。（4）加快推进制度型开放新模式，深化主动扩大进口战略，提升进口贸易自由化和便利化，以国际眼光和世界标准为商品和要素流动提供便利性，全方位提升国际营商环境，以制度创新新高地，吸引全球产品进入中国，促进中国进口产品向着更高水平更高质量迈进，继续积极参与全球价值链建设，不断拓宽中间品和核心设备进口范围，并增强服务业对外开放力度，激发市场潜在需求，倒逼区内企业实施产品和服务升级。

二 基于产业链发展目标的战略选择

在产业链发展目标层面，一要强化自主创新，推进关键核心技术自主可控，突破“卡脖子”问题，二要积极开展创新合作，构建更加牢固可靠的区域创新链。具体而言：（1）积极布局科技前沿，目前世界主要国家均将5G、数据网络、人工智能等基础设施建设和产业化应用作为增长新动能，2021年全球经济呈现出“触底反弹式”增长，需求端迸发叠加供给端创新将对产业链形成广泛影响，因此，要根据疫情发展尽快布局新一代信息技术、健康医疗、智能制造等新兴产业，逆势而上占据全球价值链新增长点的高端环节，以自主创新实现产业链自主可控。(2)以头部企业高质量发展作为产业链提升的“关键少数”，鼓励和引导创新密集型行业中头部企业加大自主研发力度，提高关键零部件等中间产品自给率，推动引进吸收再创新模式向主要依靠自主创新模式动态转换，提升全球创新链地位，支持头部企业与中小企业实施产业链协同发展，延长国内价值链和国内创新链长度，发挥中央企业原始创新和技术积累优势，推动混合所有制改革，形成“技术 + 市场 + 运营”协同发展新模式。(3)优化中小企业扶持政策，形成若干具有世界影响力的产业链集聚区。综合采用财政和税收政策鼓励和引导中小企业发展，促进中小企业实施工艺创新和产业升级，推动外向型中小企业由外需为主转为内需和外需并重，落实民营企业高质量发展政策，支持民营企业深耕实体经济，培育各类行业“隐形冠军”，多渠道解决融资难融资贵问题，破除竞争性领域显性和隐性壁垒，坚持“竞争中性”的市场竞争原则。(4)强化区域创新合作，推进亚太地区资源整合，优化产业发展，充分发挥中日韩在各行业的优势，整合区内资源，实现产业一体、创新协同的区域优势，加强中日韩产业链各领域头部企业的战略合作，如推动韩国、日本半导体及其相关产业龙头企业合作，发挥日本在插电混动、纯电动等新能源汽车核心领域技术优势，韩国在工业设计和中国产业链配套能力等比较优势，通过区内资源的有机整合共享，进一步提升头部企业市场实力和“归核化”经营水平，构建起东亚区域创新链。

三　基于产业链环境目标的战略选择

从产业链环境目标看，中国要充分发挥亚太地区各国的比较优势和上下游产业链协同效应，构筑更为牢固的区域价值链闭环。具体而言：(1)深化东盟与中日韩(10 +3)领导人会议、“区域全面经济伙伴关系协定”(RCEP)等区域价值链合作框架职能，优化与东盟国家在劳动密集型、区域生产型等行业产能合作，加快构建中日韩 + 东盟高水平区域价值链，形成上游高端研发、中游智能制造、下游高端营销服务等新型区域产业链和供应链竞合组织，不断赋予 RCEP 新的时代内涵，分阶段、分领域逐步实现“零关税、零壁垒、零补贴”的更高水平自由贸易区，拓宽合作领域，推进产业链区域化发展。(2)加快中日韩自贸区谈判，强化化工、机械和设备、计算机和电子、汽车、运输设备、电力机械等创新密集型行业产业链、创新链关联，补齐代表性创新密集型行业短板，在航空航天、光学影像和医疗器械等区域创新链薄弱环节开展创新合作，统筹发挥中国超大规模市场优势、产业链齐全优势和日韩创新链上游研发能力优势，共商共建共享更高水平的区域价值链和创新链。（3）优化“一带一路”建设与日韩贸易投资战略协同，发挥“一带一路”建设“共商共建共享”优势，兼顾向西开放与向东开放，推动构建中日韩＋蒙俄、中日韩＋新亚欧大陆桥、中日韩＋中亚西亚、中日韩＋中南半岛、中日韩＋巴基斯坦、中日韩＋孟中印缅等六大经济走廊“升级版”，促进产业链核心关节与边缘环节全方位、多维度、宽领域合作，强化中国生产制造核心的地位，促进日韩在优势产业中扩大经济腹地，共同推动亚洲区域价值链双向环流内部化，提升产业链供应链抗风险能力。加快实现亚洲基础设施投资银行和亚洲开发银行战略合作，促进中国和日本、韩国资本市场多边开放，强化金融资本对实体经济，特别是产业链和供应链薄弱环节的支持力度。

第十七章

产业链现代化水平面临的问题与政策建议

着力提升产业链现代化水平已经成为中国在加快构建新发展格局，着力推动高质量发展，推动经济实现质的有效提升和量的合理增长的关键环节，特别是在全球发展局势面临多重不确定性因素影响的大背景下。然而，当前中国在产业链现代化水平提升方面仍面临一些可能制约发展的关键问题，这突出地表现在五个方面：发展中国家与发达国家的“两端挤压”；产业链现代化水平提升的内生动力不足；产业运行不畅遏制产业链现代化水平提升；区域发展不平衡不充分问题依然突出；绿色制造与绿色产业链建设仍存在技术瓶颈。

第一节　发展中国家与发达国家的“两端挤压”

发达国家“再工业化”和“对华脱钩”叠加冲击显著。一方面，中国的经济崛起与全球产业链价值链攀升在一定程度上加剧了以美国为首的西方发达国家对于中国在产业链供应链上的“脱钩”意愿，其在近年来尝试通过发动“贸易战”、建立印太联盟等多种方式试图制约中国高精尖产业发展，并基于此对中国发动围绕工业经济的“贸易战”，试图阻止“全球化”和“多边主义”的进程，这在一定程度上使得中国的产业链存在“断链”风险，导致中国产业链供应链在全球生产网络中承受的压力与日俱增。举例来说：美国近年来的财年国防授权法案均提出加大对外国控股公司的限制条件，特别是提高了“新兴和基础技术”的出口管制，其对华出口封锁涉及了5G、微处理器技术、先进计算技术、3D打印和生物技术等多个领域。2022年2月美众议院通过的《美国竞争法案》则旨在打造一个以美国为核心，日、英、澳等盟友为支点的，可以全面掌控的全球供应链体系，提出总投资达到2570亿美元的科技创新与供应链改善战略（包括投资芯片制造业、改善关键商品供应链、核心技术创新投入等），特别是在数字技术、人工智能、航空航天与清洁能源等领域，并明确上述领域的供应链对中国关闭。

整体来看，发达国家对中国关键核心技术领域的“卡脖子”，极大地冲击了中国“以市场换技术”的发展策略。回顾中国现代产业体系的发展过程，改革开放以来，制造业持续高位的投资比重为经济增长奇迹的出现奠定了坚实基础，也为中国企业吸纳并引入全世界的科技成果提供了广阔窗口，而这也是中国深度参与并融入全球价值链合作的必要条件。与此同时，这种叠加冲击的溢出效应也在重构全球产业链。如：近年来，中国相当数量的跨国公司向外流失迁徙，特别是在新冠疫情的持续影响下，其中劳动密集型产业企业主要流向南亚、东南亚等地，而技术、资本含量较高的生产环节则向欧美日韩等发达经济体流失，并存在一定的母国回流。更令人担忧的是，这一产业转移趋势可能会伴随“逆全球化”思潮和后疫情时代的不确定性而持续一段时间。置身全球坐标系考虑，中国无疑是“受害者”，无论贸易封锁、“对华脱钩”，还是“真金白银”跨国公司的转移和流失，对中国产业链现代化水平提升以及全球价值链区位都会造成较大危害。

发展中国家成本优势和全球产业链东移的叠加冲击显著。全球产业链东移有可能引发中国产业替代的问题。一直以来，超大规模劳动力优势使得中国在全球产业链分工中迅速占据一席之地。然而，伴随着老龄化趋势的不断加剧，人口红利优势持续下降，且年轻人“进厂”意愿迅速降低，这使得部分产业环节缺位，特别是以越南、印尼为代表的诸多东南亚、南亚甚至非洲发展中国家的劳动成本优势正在吸引大量劳动密集型产业的全球范围转移，在与中国“产业西迁”的竞争中表现出一定的优势。根据联合国经济和社会事务部发布的2019年《世界人口展望》报告预测：2020年东南亚11国（东盟10国及东帝汶）的年龄中位数是

30.2 岁，比世界的 30.9 岁还要低 0.7 岁。东盟国家中除了新加坡和泰国，其余 8 国的年龄中位数都比中国年轻 6 岁以上，老挝甚至比中国年轻 14 岁。而在 2022 年第一季度，越南 GDP 达到 921.75 亿美元，同比增长 5.03%，高于“世界工厂”中国（4.8%）与东盟唯一发达国家新加坡（3.4%）。2022 年 1—4 月，越南进出口总额达 2424.3 亿美元，同比增长 15.9%（净增 332 亿美元）。

进一步地，伴随着劳动力、上游原材料等各类成本的上涨，中国长期以来具有规模优势的劳动密集型产业正在加速向上述提到的新型工业化国家转移。数据显示，2015—2019 年东盟的外商直接投资从 1186.7 亿美元增长到 1820.3 亿美元，增幅为 53%，而同期中国的外商直接投资从 1262.7 亿美元增长到 1381 亿美元，增幅仅为 9%。此外，中国近年来对东盟的投资也加速上升，2020 年，中国对东盟全行业直接投资增幅达到了 52.1%。毫无疑问，近年来无论中美贸易战、“逆全球化”思潮，还是新冠疫情，均加剧了产业特别是劳动密集型产业全球化梯度转移趋势，部分中间产品的生产线甚至从中国整体转移到其他国家，而美国从中国进口的部分份额也在逐渐被其他国家替代。中国幅员辽阔，生产力发展不平衡，中西部地区发展工业、加快经济发展的需求非常迫切，承接东部地区劳动密集型产业转移是重要的发展路径。然而，新兴工业化国家劳动密集型产业的快速发展使得中国国内产业梯度转移受到冲击，欠发达的中西部地区依靠国内“雁阵模式”实现工业化的进程受到一定程度的影响。

第二节　产业链现代化水平提升的内生动力不足

推进产业链现代化是构建“双循环”新发展格局的重要一环，然而客观来讲，当前中国仍存在制约产业链现代化水平提升的一系列内生动力问题。

一是工业发展面临的需求收缩、供给冲击、预期转弱三重压力显著增强，对产业链现代化水平提升形成较大制约。一方面，从需求看，工业企业当前面临的需求不足问题较为突出。根据 2022 年 1 月中国物流与采购联合会、国家统计局服务业调查中心的调查，认为“需求不足是最突出困难”的企业超过了被调查企业的37%。中国制造业PMI指数显示，自2021年5月起新出口订单指数一直处于荣枯线之下，2021年9月起新订单指数始终低于荣枯线，且2022年1月又出现回落，表明需求收缩对工业企业生产的制约增强。另一方面，从供给看，海外疫情反复对原料产地、加工地、航运业等关键环节造成不同程度的冲击，原材料供应地如拉美、非洲、中东等地区，受制于疫苗和防疫政策等影响，生产恢复缓慢，国际大宗商品价格涨幅虽然有所回落，但仍然处于较高水平。国际运输网络仍有较多梗阻，全球货运运力趋紧局面仍在加剧，2021年12月全球集装箱班轮准班率创下历史新低，运价水平较疫情前出现暴涨。很多发达国家开始将供应链向内收缩，中国产业链供应链发生断点堵点风险可能加大，“缺芯”“缺柜”“缺工”等问题依然突出，对工业企业生产和出口造成持续冲击。

二是工业增长趋缓态势再次出现。受到近年来工业增长总体放缓趋势的影响，叠加多个短期因素的冲击，从2021年下半年开始，工业增速趋缓并走低，行业经济效益出现停滞甚至下降，工业投资和出口继续保持较快增长面临巨大挑战。一方面，从增长趋势看，根据国家统计局数据，从2021年9月起，工业月度增加值同比增长缓慢，即使12月增速已经有所回升，但仍然只有4.3%，明显低于2000年和2019年同期增速。2021年规模以上工业企业营业收入累计值增速、利润总额累计值增速均呈现逐月放缓趋势，且自10月起亏损企业数量、亏损企业亏损总额累计值均出现同比上升。另一方面，从出口看，2021年出口增长强劲对工业增长形成有力支撑，但随着海外供需缺口收敛、中国替代效应减弱，加之2021年规模以上工业企业实现出口交货值同比增长的高基数，2022年工业出口形势较为严峻，出口景气或面临拐点，出口稳增长的困难和压力加大，对工业增长的支撑作用可能减弱。进一步地，分行业看，由于大宗商品价格持续上涨，加之价格传导机制不畅，2021年行业经济效益分化加剧，部分下游行业经济效益不佳对工业企业生产积极性造成消极影响。农副食品加工业、食品制造业、烟草制品业、纺织业、皮革毛皮羽毛及其制品和制鞋业、家具制造业、汽车制造业等下游行业的利润总额出现同比下降或增长低于5%，与上游行业利润总额暴增形成鲜明对比。

三是原始创新能力总体不足，关键核心技术面临“卡脖子”风险。尽管近年来中国科技创新能力稳步提升，但技术水平与发达国家相比仍然存在较大差距，“0 到 1”的创新能力偏弱，关键核心技术受制于人的局面还没有得到根本性改变。在中美之间大国竞争全面升级的背景下，许多关键核心技术和产品的供应链面临不断增大的断供风险，对工业发展形成巨大挑战。一方面，基础研究经费占比较低，重大原创性成果较少。根据世界银行数据，2021 年，中国研发投入强度已经接近 OECD 国家疫情前的平均水平，但基础研究经费占研发经费的比重仍然只有 6.1%，与发达国家普遍处于 15%—20% 的水平相差甚远，这使得中国的基础科学研究和原始创新仍然落后于发达国家。特别是，中国企业的基础研究投入非常少，在国家基础研究经费中的占比低于 5%，与发达国家普遍在 20% 以上的水平存在明显差距，对企业可持续竞争力提升形成制约。另一方面，关键核心技术自主可控水平低，大量产业基础短板亟须攻克。尽管近年来中国工业加快了补短板、填空白的步伐，但关键核心技术自给率还比较低，许多重要产业对外依存度高，高端芯片、核心工业软件、核心算法等许多关键核心技术严重依赖国外进口。在逆全球化回潮的国际环境中，“工业四基”技术水平弱、自主可控程度低严重威胁到产业安全和经济安全，工业领域的补短板、填空白仍将是未来一段时间内的重要任务。

第三节　产业运行不畅遏制产业链现代化水平提升

自疫情发生以来，得益于中国所采取的疫情控制措施，加快了复工复产的进度，使得制造业企稳向好，质量和效益明显提升。据相关数据统计，2021 年，制造业产能利用率为 77.8%，相较于 2019 年提高了 0.7 个百分点，比 2020 年更是高出了 3 个百分点。自 2016 年以来，该数值也达到了近五年的最高水平。2020 年第二季度以来，中国出口占全球份额快速提升，到 2021 年，对外出口总额达到了 33639.6 亿美元，相较于 2020 年同期增长了 29.9%，增速更是比 2020 年提高了 26.3 个百分点。

在这一过程中，制造业无疑是中流砥柱，尤以下游消费品制造业为甚。与此同时，中国高技术制造业也保持了较高的增速，基本恢复到了疫情前的水平。2021 年，中国通用设备制造业工业增加值增速达到了 12.40%，是 2019—2021 年三年来的最高水平。专用设备制造业近两年平均增速为 9.40%，电气机械及器材制造业和计算机、通信和其他电子设备制造业近两年平均增速更是突破 10 个百分点（见表 17 – 1）。

表 17 – 1　部分高技术制造业工业增加值增速　（单位：%）

行业	2019 年	2020 年	2021 年	两年平均增速
通用设备制造业	4.30	5.10	12.40	8.69
专用设备制造业	6.90	6.30	12.60	9.40
汽车制造业	1.80	6.60	5.50	6.05
铁路、船舶、航空航天和其他运输设备制造业	7.40	–0.030	8.40	3.96
电气机械及器材制造业	10.70	8.90	16.80	12.87
计算机、通信和其他电子设备制造业	9.30	7.70	15.70	11.63

注：根据国家统计局网站整理。

然而，虽然当前中国制造业发展有许多积极因素，但要素质量低、效率不足等因素导致的产业运行不畅现象也值得进一步关注。

一是制造业恢复势头不够稳固，且行业间恢复程度分化严重。2020 年以来，疫情影响以及产业链供应链中断等多重因素导致的全球大宗商品涨价对中国生产资料价格上涨影响明显，铜、铁矿、银等金属上涨幅度较大，加重了下游制造业企业成本负担，并对制造业下游企业的利润造成挤压，带来了“上游热、下游冷”的局面。而中国对大宗原材料缺乏国际定价权，这也进一步加剧了国际大宗产品价格上涨对中国制造业的影响。与此同时，尽管从制造业投资数据变化情况来看，2021 年中国制造业投资较之于 2020 年增长 13.5%，但是从更长的周期来看，制造业投资的增速仍在持续下降，且近年来制造业投资的动力相对疲弱，制造业投资的恢复势头依旧不够稳固。此外，中国不同规模、类型企业运行的分化态势也十分明显，特别是在新冠疫情的冲击下，小微企业经营困难局面较突出，外资企业发展较慢甚至局部性收缩。

二是中国面临制造业比重下降过快的风险，对巩固产业发展基本盘造成一定的冲击。虽然中国制造业比重在世界各国中依旧位列第一，但近年来，部分制造业产业链的部分环节出现了向外转移的苗头，根据世界银行公布的数据，中国制造业比重由2011年的32.06%下降至2021年的27.40%，降速过快将对制造业投资造成不利影响。考虑到中国制造业整体技术实力较弱，传统产业占比较高、高技术与新兴产业占比还比较低，在全球产业链价值链分工中主要处于中低端环节，话语权较弱，若这种势头持续，则会对产业链现代化水平提升造成显著不利影响，进而直接影响中国经济高质量发展。同时，由于生产制造日益提高的环保、安全、劳工等标准造成企业成本增加等多种原因，制造业利润较薄、利润率较低，对社会资本的吸引力偏弱，相当程度上妨碍产业链供应链的持续健康发展。

第四节　区域发展不平衡不充分问题依然突出

党的十八大以来，以习近平同志为核心的党中央深入实施区域协调发展战略，合理高效调整完善区域政策体系，并将区域产业链现代化水平提升和重大生产力布局优化置于中心位置。党的二十大报告明确提出："优化重大生产力布局，构建优势互补、高质量发展的区域经济布局和国土空间体系。"然而，从产业层面来看，当前区域发展不平衡不充分现象仍然突出，这体现在如下几个方面。

一是产业发展南北分异持续加大。2010年以来，中西部经济加速上行，依托成渝、长江中游等城市群以及部分中心城市的带动作用，在全国区域经济与重大生产力版图上的分量不断提升，在一定程度上缩小了东西部的相对差距，并促成了中国经济的菱形构架支撑。然而，现阶段中国产业发展的区域不平衡不充分依然明显，尤以不断扩大的南北分异为甚。目前，长三角、珠三角等地区已初步走上高质量发展轨道，一些北方省份增长放缓，全国经济重心进一步南移。在南方，以珠三角、长三角领衔，以江苏、浙江、广东、上海与福建为主要阵地的沿海开放区域在数字经济、生物医药、电子信息等高技术产业发展上一直较北方

（除北京外）保持优势，且在近年来的产业转型提质进展良好。以成都、重庆、武汉、合肥等地为中心的内陆城市也充分借力西部大开发与中部崛起等重大区域战略，加速推动新兴产业发展与重点产业产业链供应链落位，实现逆势路径突破。相比而言，北方产业结构整体偏重，更加依赖能源、钢铁与石化等资源型产业，特别是黑龙江、吉林、辽宁、内蒙古、山西等地，不仅经济增速下滑明显，产业转型也举步维艰，东北地区甚至出现整体塌陷，即便是经济体量最大且相对发达的山东，研究与试验发展（R&D）人员全时当量在 2020 年也仅为江苏、浙江与广东的 55.0%、67.3%与 40.4%，这显然会抑制生产力发展水平的提升。

二是区域间产业同质化严重，产能过剩与协作低效。产业有序竞合是在区域层面优化重大生产力布局的基本前提，然而现阶段，区域间产业同质化竞争仍广泛存在。首先，一些城市群、省份在区域产业组织方面尚未构建有效的统筹调配机制，这导致区域产业治理存在失位，地市之间仍处于“浅表合作”阶段，条块分割、各成体系现象普遍。同时，部分区域内部的产业结构相似系数偏高，产业定位、聚焦细分领域及招商引资趋向同质化，如在京津冀，13 座城市中分别有 13 座、12 座、7 座城市将新一代信息技术、生物医药与新能源汽车列为“十四五”时期的重点发展产业，有 9 座城市则要构建氢能全产业链供应链体系，且发展目标多定位于区域性乃至全国性产业中心。例如，以贵州省 2018 年出台的《产业转移指导目录》为例，在优先承接发展的产业中，无论电子信息、汽车还是航空航天，每一个细分行业均对应多个承接城市（见表 17－2），不同城市的资源禀赋、技术创新能力与产业基础各异，在承接产业转移过程中，它们是否能够通过有序、有效、良性竞争来获取高质量转移资源，后发地市能否有能力承接高质量转移资源，这难以预料。其次，中国产业布局的核心载体——开发区存在较为明显的产业过度同质化现象，且出现“战略性新兴产业热”趋势。以省级开发区为例，基于《中国开发区审核公告目录（2018 年版）》测算可知，以高端装备制造、新一代信息技术与汽车制造为首位主导产业的省级开发区，其毗邻 3 个开发区中存在相同首位产业开发区的概率分别高达 58.4%、45.1%、34.5%。若无良好的统筹调配机制，这种高同质化布局导向将在一定程度上导致产能过剩与协作低效，制约产业链现代化水平提升。

表 17-2　　贵州省电子信息细分行业承接地势地市

优先承接发展产业（电子信息）细分行业	承接地市
大数据采集、存储、加工及分析、交换交易、运营服务	贵阳市、贵安新区、六盘水市、安顺市、黔西南州
工业领域的大数据服务及解决方案、行业大数据系统安全可靠软件	贵阳市、贵安新区、六盘水市、黔西南州
基于大数据的智能制造、智慧物流、智慧健康、智慧农业等	贵阳市、贵安新区、遵义市、六盘水市、黔西南州
人工智能软件、系统、平台，智能可穿戴、虚拟现实设备、智能无人飞行器等产品	贵阳市、贵安新区、遵义市、安顺市
计算机整机及零部件、计算机外围设备、工控计算机及系统、信息安全产品	贵阳市、贵安新区、遵义市、安顺市

三是部分制造业重镇原始创新能力下降，存在低端多样化风险。坚持创新驱动发展，夯实实体经济根基是中国经济稳增长的关键支撑，也是提升城市与区域重大生产力能级的核心动力。然而，相当一部分制造业重镇虽然在不断提升自身的生产制造规模，但原始创新能力与在高技术领域的竞争优势缺失，特别是一些东部沿海地区城市也位列其中，如泉州、金华、烟台等。这些城市在“十三五”时期积极拓展自身的产业领域，部分城市具备规模比较优势的行业类型（到三位数代码）甚至超过 100 类，但它们的原始创新能力与高精尖领域制造能力却并未提升，甚至出现下降。诚然，这在一定程度上会提升城市主导产业规模，但长期来看并不利于自主创新能力的“质变”，甚至会造成具备复杂知识生产能力的创新主体与人才流失。与此同时，随着区域纵向分工成为生产力布局的新趋势，部分制造业重镇开始出现研发与制造过度分离的“苗头”，如鞍钢集团已将鞍钢研究院从鞍山搬至北京，长城汽车、石药集团作为保定、石家庄的头号企业，均计划将研发中心整体向北京、上海转移。对标欧盟，与实施“精明专业化”（Smart Specialization）政策之后，格勒诺布尔、鲁汶、埃因霍温等传统制造业重镇在特定高精尖技术领域的专业化创新优势日趋加强相比，中国的许多制造业重镇已经开始出现低端多样化风险。

四是要素配置与产业链现代化水平提升不匹配问题凸显，特别是在土地供需匹配层面。一方面，出于区域均衡发展目的，国家自 2003 年开始实行工业用地指标差异化配置策略，在逐步加大中西部地区工业用地供给力度的同时，有意识地削减东部，特别是东南沿海地区的土地配置规模。然而，诸多学者发现中西部地区的土地利用效益较低，甚至有 30% 以上的国家级开发区存在亏损，工业用地低效、闲置现象屡见不鲜。反观东部，特别是东南沿海地区，其土地利用效益相对较高，重大项目鳞次栉比，但土地供需却普遍面临“僧多粥少”的困境。部分东部优势地区面临土地指标“不够用”、大项目“落不下”困境。以厦门翔安区与杭州临平区为例，作为国家级开发区所在地，也是城市外圈层新区，两地均面临头部企业引入时的土地制约，一旦企业用地要求超过 150 亩，则无法提供整块工业用地。另一方面，出让年限与腾退机制不健全也制约着产业链现代化水平提升。具体来说，就法定最高出让年限而言，1990 年颁布的《城镇国有土地使用权出让和转让暂行条例》规定工业用地最高出让年限为 50 年，并沿用至今。然而，诸多学者发现工业企业的平均寿命介于 10—20 年，且企业规模与寿命呈现显著正相关，相当一部分中小企业寿命甚至不足 5 年。供需两端的周期错配不仅不利于工业用地的高效利用与长效管控，也阻碍了大批低效、闲置土地的流转处置。就低效、闲置工业用地的腾退机制而言，现阶段，两类用地腾退难现象普遍，部分地区虽已开展认定工作，并尝试通过征收土地闲置税、协议有偿收回等多种办法推动腾退工作，但实际效果并不明显。

第五节　绿色制造与绿色产业链建设仍存在技术瓶颈和制度障碍

长期以来，“高投入、高消耗、高污染、低质量、低效益、低产出”和“先污染，后治理”为特征的增长模式主导中国工业发展，资源浪费、环境恶化、结构失衡等矛盾和问题十分突出。党的十八大以来，以习近平同志为核心的党中央大力推进生态文明建设为中国工业实现高质量发展、加快由制造大国迈向制造强国明确了目标方向和推进方略。近年来，中国节能减排、工业绿色转型取得了积极进展，但总体来看，构建绿色制造和绿色产业链的内在动力和外部条件仍面临制约，亟待突破技术瓶颈和制度障碍。

一是产能过剩严重制约绿色制造和绿色产业链建设。产能过剩是中国经济发展的“顽疾”，导致这一问题既有体制机制原因，也在很大程度上是中国解决粗放发展方式的必然结果。产能过剩问题虽经多轮治理取得了一定成效，但受宏观经济形势以及国内外供求关系变化的影响，中国产能过剩矛盾始终未能得到根治。目前，中国很多工业产品已在国际市场中占有较高份额，钢铁、建材、造船等传统行业产能大量过剩；氮肥、电石、氯碱、甲醇等一度热销的化工产品因产大于需而销售困难；铜、铝、铅、锌冶炼等有色金属行业生产形势低迷；而在外需下滑冲击下，多晶硅、风电设备等战略性新兴产业也出现阶段性产能过剩，战略性新兴领域的贸易摩擦压力陡增。各行业的过剩产能不仅形成了大规模的沉淀成本，而且挤占新型绿色产能的投资和市场空间，严重制约绿色制造发展。

二是尚未形成群体性绿色技术突破。与发达国家相比，现阶段中国绿色制造和绿色产业链的整体技术水平和应用条件存在较大差距，绿色技术特别是绿色设计和软件方面的技术仍是制约绿色制造最突出的短板，集中表现为绿色制造技术研发创新活动分布零散，平台式、体系化、集成化技术创新不足，这种研发状况直接制约了绿色制造技术的产业化应用，阻碍绿色产业体系的整体发育。由于绿色产品研发应用与消费理念、生活方式密切相关，中国经济社会的现代化水平决定了现阶段绿色创新活动缺乏引领生产消费方式变革的先导性、革命性意识和能力，人才储备不足也是导致绿色创新整体水平不高的重要原因。

三是工业发展与生态环境保护在一些环节仍然存在较大冲突。以长江经济带为例，近年来，长江经济带生态环境保护工作持续加大力度，2019 年搬改关转化工企业近千家，优良水质同比增长超过 3 个百分点，生态环境呈现明显好转趋势。然而，既往“欠账”过多、生态功能退化严重、沿江产业路径依赖、产业转移协作污染外溢等问题依旧普遍，发展与保护之间仍然存在较大冲突。具体来看，11 个省市在 2013—2017 年的废水排放量由 3010946 万吨增至 3103783 万吨，占全国废水排放总量比由 43.3% 增至 44.2%，化学含氧量、氨氮、总氮、总磷等主要污染物排放量则出现大幅上涨，占全国排放总量比分别由36.5%、43.2%、32.4%与32.8%增至48.4%、47.7%、46.9%与49.6%，绝大多数长江沿线湖泊存在严重富营养化现象，洞庭湖水质则在2017年恶化为劣V类，且直至今日也尚未好转。显然，沿江产业废水排放难辞其咎，长江经济带内30%的环境风险企业位于饮用水源地5公里范围内，部分地区甚至有超过半数的重化工产能沿江布局，化工环江，化工围城等现象亟待解决（见图17-1）。与此同时，当前跨区域产业转移协作中的生态环境问题同样较为严重，污染产业向长江中上游转移风险隐患正在加剧。部分中、上游地市在承接劳动密集型、资源加工型产业转移时，为了片面追求经济增长，仍偏好走以环境污染为代价的“老路”。

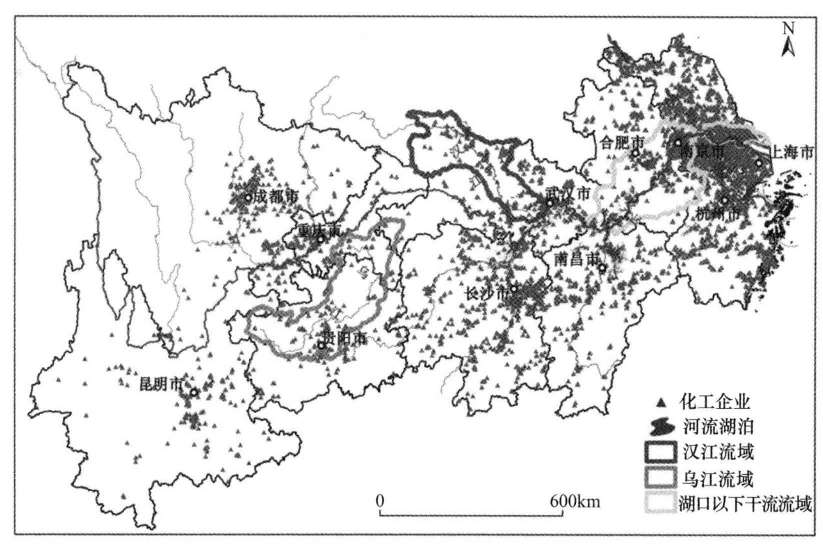

图17-1 长江经济带化工企业空间分布情况

资料来源：赵玉婷、李亚飞、董林艳、姚懿函、李小敏、孙启宏：《长江经济带典型流域重化产业环境风险及对策》，《环境科学研究》2020年第5期。

四是政策协调性不足，操作性不强。一方面，绿色产业链市场化政策与产业发展目标存在一定的不匹配。如：税收、金融等方面的政策对行业深入市场化改革有所影响。在税收方面，2015年增值税新政实行后，环保行业缴纳增值税及附加累计约占污水、垃圾、危废处理费收入的

4%—7%，造成利润率本就不高的环保企业盈利大幅下降；环保行业细分程度高，税收优惠政策的相关技术产品目录等没有及时更新，新型创新性环保技术产品无法获得支持。另一方面，部分绿色产业链市场化政策之间也存在重复和冲突问题。例如，碳减排交易体系与节能和可再生能源等政策在目标设定和管制范围等方面存在较为严重的重叠和交叉现象，政策执行不可避免地存在冲突之处，这不仅增加了实施成本，还会削弱政策实施效果。

第六节　促进产业链现代化水平提升的政策建议

根据产业链现代化发展和升级的普遍规律，以及新时期中国产业链现代化“高级化”“安全化”两个突出要求，促进产业链现代化水平提升的政策制定和实施需要新的理论体系，并在创新驱动、数字化、绿色化、两化融合等领域构建产业链新模式、形成新竞争力，充分发展内需和促进区域协调释放中国大国优势，并且升级对外产业合作构筑安全可控全球产业链。

一　加强产业链现代化研究，构建中国特色产业链现代化理论体系

从发达国家经验看，智库在产业发展趋势预判、产业国际竞争态势分析、产业转型升级方向把握等方面发挥了重要作用，作为理论研究与产业政策实际操作之间的桥梁，智库发挥了重要的作用。要打造中国特色的现代化产业链，就必须同时构建中国特色产业链现代化理论体系，用以指导具体的产业战略、计划和政策，国内智库机构应当承担将经济学理论、发达国家经验与中国特殊国情世情相结合的工作，加强相关问题研究，夯实具有影响力和操作性的中国特色产业链现代化理论基础。

（一）加强产业链安全评估研究，细化产业安全预警机制

支持国内智库机构开展持续性研究，清晰、准确掌握重点产业、支柱产业、新兴产业的国内和全球产业链布局情况，引导各智库机构的差异化分工，形成长期发布的、具有影响力的重点行业产业链安全评估报告，指导企业的强链、补链、延链、融链投资方向和研发重点。对战争、

恐怖袭击、疾病流行、自然灾害等非经济冲击保持长期监控，对冲击可能造成的对全球、区域产业链的冲击有预判和预案，既做到对冲击的提前预警，也要有应对具体冲击的政策和措施准备。跟踪主要技术路线发展情况，深入分析不同技术路线的关键技术供给、产业化前景和市场前景，引导和指导国内研发机构参与不同技术路线的国际研发合作项目，作为经济大国和产业大国，应当在主要技术路线上都有相应研发和产业化布局，以防止某条技术路线中断造成全国范围的产业链风险。

（二）加强要素资源相关研究，准确把握要素供需情况

一方面，进一步深化对国内要素资源现状的摸底工作。传统战略性矿产资源和影响未来产业发展的关键核心资源要作为重点组织相关课题、组建相关机构或组织，结合技术进步、产业升级、国际分工、要素资源全球贸易的情况和发展趋势，对不同要素资源在不同区域的供需情况和未来变化有预测性的判断，从而对国家战略储备和企业的转型升级方向给予理论指导。加强对人口老龄化、劳动力素质提高、机器换人等问题的研究，结合中国实际情况研究老龄化社会和人口总量、劳动人口下降情况下，劳动力供给和需求的变化。另一方面，加强对全球要素资源布局的研究。加强对重要能源资源国家和地区经济发展、产业发展、政治运动、军事活动、外交活动的跟踪和研究，为中国企业在这些地区的投资提供基础参考资料，也对这些国家和地区可能存在的风险有所预判。加强对全球技术、人才、品牌、专利、标准、数据等要素资源布局和发展的研究，为中国产业全球布局提供指导意见，同时也把握与发达国家在高端要素差距的真实情况。

（三）加强产业全球布局的研究，保障产业“走出去”安全

适应数字经济发展趋势，结合中国产业结构特征，按照构建人类命运共同体的原则，加强对新兴对外投资、国际产能合作关系、模式的研究，逐步构建出具有时代特色和中国特色的新型产业全球布局理论框架。加强“一带一路”共建国家，特别是人口众多、产业发展基础较好发展中国家的国情研究，详细掌握这些国家或地区的产业链状况、国内需求状况，以及政策和法规情况，为中国加大对“一带一路”共建国家直接投资力度、构建区域经济走廊服务。借鉴美、日、韩等国家经验，支持和鼓励官办智库机构在境外设置分支机构，加强与其他国家学术研究和

智库研究的联系，举办多方参与的国际会议、组织国际招标课题，更好掌握主要经济体、高增长经济体和重点对外投资国家的产业、市场、政策信息，并做好归纳总结，为中国的全球产能布局提供支撑。

（四）加强产业政策研究和评估，提高政策实施效果

针对全国性和地方性的产业发展政策，形成可以通用的产业政策考核办法、机制和手段，对效果不好的产业政策要及时修正和纠偏，同时根据政策评估结果，在体制上保证政策的长期有效性，减少任期行为对产业政策的影响。统筹和在一定程度上规制各地方产业发展政策，杜绝不顾地方要素资源禀赋特征、经济发展水平和区域定位，过于冒进的产业政策，减少政策不当造成的资源浪费。加强对主要贸易国家和对外投资东道国的政策跟踪，加强双边和多边在产业发展战略、规划、政策上的沟通，找到共同利益，形成跨国构建现代产业链，确保产业链供应链安全的工作机制和操作模式。

二　加强技术创新能力建设，依靠创新驱动产业链现代化

从工业化的发展历史看，技术进步一直是推动产业升级、实现主导产业更替以及产业链形成和变化最根本、最长期的动因。当前，新科技革命和产业变革深入推进，技术进步是引起产业链重构，以及各个国家、地区、企业在产业分工中地位和角色变化最重要的原因，对于中国而言，加强自主的技术创新则是稳定产业链安全，促进产业链现代化，增强全球产业链影响力最根本的途径。

（一）建设一批世界领先创新基础设施，增强基础研发力量

发挥中国超大经济规模优势，建设一批世界领先创新基础设施，在前沿领域开展多技术路线的创新活动，降低技术路线不确定性风险。制定出台基础研究十年规划，争取用10—20年时间彻底改变中国缺乏工业原始技术创新成果的局面。推动科研院所体制改革，重组全国重点实验室，改革科研成果评价标准，组织一批超长期的重大基础研发项目，积极发挥大学、科研机构基础研发对工业企业应用创新的支撑作用。通过体制机制改革、激励民营企业的技术创新活动、引导民间资本投资技术创新等措施，使得更多主体参与创新基础设施建设和运行、重大基础研发项目，继续发挥中国在动员资金、要素上的优势，激活创新基础设施

的利用率，破解民营企业技术创新发展困境。

（二）依托重大科技项目，努力实现关键核心自主可控

增强企业创新主体地位，鼓励企业联合组建研发中心、工程实验室和实施产业化应用工程项目，培育工业企业技术创新内生动力，在工业绿色化转型和数字化转型过程中实现技术能力的不断跃升。依托重大科技项目，在材料、半导体、机械装备、生物医药等领域形成若干全球领先的产业化集成应用平台，着力缩小工业技术短板领域与世界领先国家的差距并形成赶超能力，部分“卡脖子”领域率先实现自主可控。进一步加强高铁、核电、航天、工程机械、纺织服装优势领域的技术研发投入，形成可以和发达国家对抗的优势领域。在前沿和热点领域组织和参与国际技术研发和产业应用合作项目，积极改善与发达国家技术交易关系。

（三）不断挖掘新增长潜力产业，夯实先进技术产业化基础

大力培育和发展云计算、量子通信和计算、石墨烯材料、元宇宙、6G网络通信、物联网、智能网联汽车、无人机、超级高铁系统、商业航天、合成生物、脑科学等新兴产业，加大政府采购支持力度，促进商业应用场景落地，力争在全球率先形成产业链供应链体系，抢占未来产业发展先机。积极探索和尝试更符合新兴产业发展需求的商业模式，在新城区、新园区规划建设中着力打造产业融合等业态创新的硬件基础和服务体系，加速产业孕育过程，形成经济效益反哺技术研发的良性互动。

（四）建设世界级技术交易市场，推动科技成果落地

打破行业限制和地区限制，建设跨行业部门和跨区域的全国性技术交易平台和载体，形成技术研发与产业、产业之间、地区之间的对接机制，促进中国越来越丰富的科技研发资源与完善产业资源的融合、促进技术资源密集地区与产业资源密集地区的共同发展。融合发展技术交易市场、金融资本市场、人才交易市场、劳动力市场、公共产品采购市场，形成技术转移、技术转化、技术产业化和商业化的完善体系，提供一系列完整解决方案，推动技术研发成果产业化商业化的速度，提高成功率。建设若干世界一流技术交易市场，拓宽高技术产业融资渠道，打造世界一流研发成果产业化、商业化应用载体和渠道，结合中国科技资源优势和技术集成能力优势，吸引全球最新、最先进技术研发成果在中国实现

产业转化，同步提升中国工业技术创新能力和技术成果产业化能力。

三　加快推进产业链的数字化转型

新科技革命和产业变革中，为了破解产业发展长期存在的瓶颈，各国都在积极采取行动，期待成为数字化、智能化时代产业新模式、新标准、新业态的发现者和引导者，抢占未来发展战略制高点。中国无论是数字产业发展还是产业数字化都具有突出优势，中国企业在商业模式创新方面大胆、超前，中国制造业非常有机会最早开始和完成数字化、智能化改造。要坚持制造业为主实体经济部门的数字化发展方向，将制造业作为下一阶段产业数字化的重要领域，使得国内外的先进数字技术都能够在“中国机会”中找到发展和成熟的空间，在数字变革中实现制造业从大到强的跃迁。

（一）建设完善制造业新一代信息技术基础设施

加快推动制造业以信息传输为核心的数字化、网络化信息基础设施，向集融合感知、传输、存储、计算、处理于一身的智能化信息基础设施转变。优化升级重点制造业园区网络基础设施，完善物联网基础设施，加快天地一体化信息网络建设，提高低时延、高通量的传输能力。依托云平台、创新平台或安全平台，加快制定和不断完善制造业数字化、智能化行业标准，推动智能制造国家标准上升成为国际标准，提高中国在国际标准中的话语权。统筹利用大数据基础设施，强化数据安全与隐私保护，为人工智能研发和在制造业的广泛应用提供海量数据支撑。建立有效机制，准确评估人工智能发展带来的伦理道德、法律问题及社会影响，并开展相关前瞻性研究。

（二）推进制造业数字技术应用场景开发

全面实施制造业数字化改造，推动制造业产业链从材料、零部件、整机、成套装备到生产线的智能改造。推进智能化、数字化技术在重点行业研发设计、生产制造、物流仓储、经营管理、售后服务等关键环节的深度应用。大力发展智能制造系统解决方案供应商，支持产业创新联盟、生产装备制造企业向系统解决方案供应商转变，培育一批国际知名的系统集成企业。鼓励互联网企业利用“云服务”为制造业企业提供个性化解决方案。鼓励生产企业与装备制造商、软件供应商、智能制造系统解决方案供应商联合，形成可复制、可推广的经验与模式。加快重点突破，开展数字化车间、智能工厂的集成创新与应用示范。发挥大中型企业智能化改造示范作用，抓住技术成熟、见效快的项目先行示范和突破，及时总结经验，做好推广应用，促进大批企业智能化转型升级。促进中小企业智能化改造，引导有基础、有条件的中小企业推进生产线自动化改造，开展管理信息化和数字化升级试点应用。完善示范项目管理机制，设立评价和淘汰制度，让示范项目具有真正引领作用。

（三）提升实体经济利用数据要素的规模和水平

高度重视数据要素的使用和价值转换，不能因为害怕信息泄露就拒绝数据的公开和交易，也不能将信息社会暴露出来的各种问题都归咎于数据的使用。对于政府部门而言，要促进各部门间数据的打通和向社会公开，建立完善政府数据发展协调机制，稳步推动公共数据资源开放。尽快推动数据确权立法，加强数据产权保护，打击数据盗用等违法行为，建设线上线下数据市场促进数据产权的交易。综合权衡利弊，研究和执行合理的数据使用规则，奠定数据作为生产要素的制度基础。注重信息安全和保护隐私，鼓励数据信息公开、共享和交易的同时，个人和私有数据严格受到法律保护，严厉打击数据信息的非法收集、储存和交易。加强补短，完善数据创新链、产业链。国家层面支持数据信息共性关键技术研究，产业层面重点发展基础统计分析、风险感知和预测等竞争力偏弱的领域。

四 积极推动产业链中制造业服务业相互融合

中国制造业和服务业各有优势和短板，两者的深度融合对促进生产要素的合理配置，提高产业链安全性和现代化水平有积极作用。制造业的优势是成熟、稳定的生产模式和雄厚的资本、技术、人才积累，国内外大多数研究认为制造业比服务业有更高的全要素生产率，这说明在价值创造上，制造业整体要比服务业具有更高效率和效益，发达国家普遍在产业结构由第二产业主导向第三产业主导的转型过程中，利用制造业反哺服务业不断提高发展质量和水平。服务业（特别是新兴服务业）的优势是高成长预期，对人才、资本的吸引力明显大于制造业，制造业与服务业的融合发展有助于制造业借助新型服务业态，稳定对要素资源的吸引力，同时也推动现代服务业、生产性服务业的比重，优化服务业结构。

（一）提升服务业服务工业能力，推进制造业服务化模式创新

自上而下高度重视制造业与服务业深度融合发展，破除体制机制障碍。扭转传统思维模式，加大对制造业与服务业融合的政策支持和引导，以打破行业管理壁垒为突破口逐步消除行业间要素流动的体制障碍。互联网等具有优势的服务企业要调整战略重心由“2C”转向“2B”，满足制造业转型升级对高端服务要素的需求。制造企业要重塑价值链重心，提升产业分工协作水平，促进要素资源在不同业务部门的优化整合。提高工业化和信息化的融合程度和深度，组织课题研究，实施相关政策促进信息技术广泛渗透于产品设计、客户定制、集成制造、市场营销、供应链管理、质量管理、测试认证、金融服务等环节，贯穿制造、服务提供的整个过程。

（二）促进先进制造产业链与现代服务产业链的互动补短

先进制造业和现代服务业是制造业与服务业深度融合创新实践的触发点，重点支持高端装备制造、电子信息制造、新能源汽车、生物医药等先进制造业，与软件和信息服务业、金融业、科技研发和科技服务业等现代服务业间的深度融合，促进在传统产业分类边界间形成新的业态，推动高端、新兴要素在制造业与服务业间的流动，探索更多跨行业共享要素资源的新模式，创新融合制造实物产品与服务产品的整套解决方案，形成新的价值链和产品生命周期。

（三）推行跨行业的管理、规划和政策实施

推动政府体制创新，逐步打破行业分类管理，特别是制造业与服务业分属不同行业管理部门的局限，形成跨行业进行管理、规划和政策设计的工作机制。利用新区、新城建设，构建制造业与服务业深度融合和要素共享的新模式、新业态的载体。在雄安新区、各地新建城区、产业区规划设计中，充分体现制造业与服务业深度融合、集聚发展的理念，制造业园区要有服务业和服务平台的支撑，并配套制造业服务化发展的各种硬件和软件。同时，新区建设中的公共产品采购要为制造业与服务业融合提供市场，例如在无人驾驶、共享汽车、精准医疗等领域，先行先试新技术和新业态。新区引进和培育企业要贯彻制造业与服务业融合

发展的思想，支持产业链上、下游企业集聚发展，鼓励制造企业与服务企业间的协作。支持中小制造企业加快走“专、精、特、新”发展道路，以及专业中小型生产型服务企业的发展。

五 强化中高端人才供给，优化产业就业结构

“人”是产业发展最重要、最关键的投入要素，是决定产业链安全和现代水平，以及突破产业链各种矛盾问题的关键；“人”也是最特殊的生产要素，产业的发展必须和人的发展相互促进、相互匹配。随着中国工业化进程的推进，中国劳动力供给和结构发生深刻变化：一方面，中国已经不再是一个劳动力无限供给的国家，即便城镇化水平还有很大提高空间，但新增城镇劳动力不可能延续低技能、低工资的传统劳动力转移路径，劳动力供给不足的困境将持续存在且不断增强；另一方面，产业转型升级对劳动力素质提出更高要求，技术进步淘汰中低端劳动岗位的同时对高端人才的需求增加。经过近十年的调整，制造业等行业部门已经适应劳动力总量供给下降、成本不断上升，这不再是产业发展不可调节的矛盾，制约产业链安全和阻碍现代化升级的主要问题是中高端人才的供给不足。

（一）积极推进就业存量调整优化

高度重视由技术进步造成的结构性失业和岗位需求结构的变化，尽快研究人工智能、大数据等新技术发展和服务型制造等新业态发展的就业影响清单，厘清新技术、新业态在不同发展阶段对哪些行业的就业岗位是促进的，哪些是减少的，就业政策要重点关注这些行业和岗位，提前对劳动者的转岗、再培训做出安排。对于产业结构比较单一，且主导产业、支柱产业出现发展减速的地区，要扶持符合当地劳动力供给特征的新兴产业的培育和引进，尽量避免在产业结构转型中出现大规模的结构性失业问题，维持区域范围内产业结构与劳动力供给结构之间的高度匹配。

（二）推进教育改革，完善培训体系，提高新增就业质量

围绕产业转型升级和数字产业化、产业数字化新要求，教育的内容上增加人工智能等相关课程，增设人工智能相关专业，这不仅仅针对高等教育，在初等教育、中等教育和职业教育上都要有所调整和变革，在

培养专业人才的同时，使得各种专业学生适应人工智能社会，掌握与机器人、计算机合作工作的基本技能。教育的目标由知识的传授转变为能力的培养。知识的学习固然重要，但仅仅掌握知识不能适应未来智能化社会的挑战。相比较，创造能力、创新能力、创意能力是机器难以具备的，这些能力的培养应该成为教育改革的重要目标。教育的重点环节由课堂教育延伸到职业培训。新技术在各个领域的应用需要大量复合型人才，具体到每一种应用场景，课堂教育都难以提供相应的教学和实践，需要专业化、定制化、细分化的职业教育来满足复合型人才培养的需求。改革学校教育适应制造业最新就业需求的同时，借鉴德国、日本等工业强国的经验，提倡终身学习，重视职业教育，不断提升人力资本水平，使劳动者不断适应新科技变化，实现“高工资”下的“高竞争力”。

（三）加强实体经济部门就业形式创新

大量研究表明，制造业等部门固化的就业方式与互联网背景下年轻人才追求自由灵活就业愿望相违背，这是造成制造业等实体经济部门人才吸引力下降的重要原因之一。要通过技术进步和制度变革，在不断提高实体经济就业福利待遇的同时，大胆创新非全日制就业、临时就业、自营就业、远程就业、自由就业、兼职就业等新的就业方式。这些新的就业模式创新可以先在非流程类的制造业部门和科研、营销、财务、人力资源等非生产现场岗位率先试点示范，再逐步推广到实体经济更多行业和岗位。

（四）切实保障“机器换人”中的劳动者权益

依靠技术进步，以更先进、更聪明的机器替代中低端就业岗位是破解劳动力供给不足的根本途径，但在这一过程中要切实处理好人与机器关系和保护劳动者权益。满足人机协作的需要，一方面加强人机交互和人机协作相关技术研发，重点突破自然语言识别、VR/AR/MR/XR 等可视化技术，加快这些新技术的示范应用；另一方面加强人机协作的制度建设，例如人机协同标准的统一、人机协同平台建设等等。重视人工智能等技术在产业应用可能造成的伦理道德和收入分配公平问题，研究制定相关法规，规定人工智能使用的范围和权限。探索建立人工智能补偿就业相关制度，例如对采用人工智能减少就业岗位的企业征收“人工智能税”，同时直接补贴下岗劳动者的再就业培训。

六 扩大对外开放，构筑安全可控全球产业链

扩大对外开放，充分利用境外要素资源和市场，构建对外投资新格局不仅能够破除当前国内产业发展瓶颈和桎梏，还能在全球范围构建更加夯实的产业链体系。中国已经到了能够也必须依靠扩大对外开放、加强对外投资来实现进一步发展的阶段，面对当前“逆全球化”浪潮，更应该坚定信心，努力构建满足人类命运共同体原则的、符合大多数国家利益的，中国能够深入参与和积极影响的国际产能合作和产业布局新规则、新秩序、新局面。

（一）全方位构建“以我为主”战略要素全球供给保障体系

以制造业产能合作为基础，推动零部件、高端装备、技术标准、品牌和服务、管理模式、企业文化“走出去”，带动产业体系在跨越国境的更大区域范围实现更优布局，充分利用境外资源的同时协助发展中国家构建现代产业体系，同时促进中国先进的产业管理模式和经验“走出去”，扩大中国“软实力”影响力。推动基础设施互联互通，促进人员、资金、商贸和数字信息畅通。继续发展公路、铁路、航空、水运等交通网络共同组成的“丝路经济带”和“丝路城市群”，完善区域现代化综合交通体系。鼓励商业银行开展对外存贷款业务，境外资产托管、人民币投资和交易业务，增强国内金融业对制造业对外投资的支持力度。鼓励国内大型互联网企业面向重点对外投资合作国家和地区建立协同制造赋能平台与产业链集成服务平台，促进跨境数字信息流通和数据资源整合。着重在农产品和农化产品、电子信息元器件、关键矿产资源和能源、战略性新材料等领域增强对全球要素、技术渠道的影响力和控制力，积极构建中国主导或有影响力的重要物资、产品全球采购、销售网络，保障中国产业安全，有效避免类似近期出现的 BCI 组织借“人权”之名遏制中国棉花产业的情况。

（二）将东盟作为突破口，培育“亚洲制造”体系

在“一带一路”总体框架下，可以考虑将东盟作为构建制造业对外投资新格局的突破口和示范区，率先在该地区形成符合新科技革命和产业变革潮流、满足“命运共同体”原则的新型国际产能合作关系。顺应新科技革命和产业变革的发展趋势和国际分工、贸易环境的变化，充分

发挥中国在数字技术、产业和应用上的优势，以数据信息为纽带，以数字经济与“智能＋制造”发展为契机，重点围绕电力、纺织、家电、电子信息制造、机械装备等中国具有产业链优势且能够发挥东盟国家劳动力比较优势的产业，促进数字化跨境制造网络形成，打造面向“一带一路”共建国家信息网络互联互通、产业链供应链相互融合的模板。针对当前东盟市场对中国产品认知存在较大偏差，日本、韩国品牌和产品占有更大市场份额的现象，工信部、商务部、外交部、文化和旅游部须重视面向东盟的宣传工作，通过文化交流、商业广告、会议会展、人员互访等多种渠道让东盟消费者认可“中国品牌”的高性价比。政府相关部门、研究机构、国有大型企业不断完善针对东盟整体和分国别的投资指南，特别是梳理相关法律法规文本，为中国进一步加大对东盟国家的投资提供参考。拓宽制造业投资领域，对东盟的投资不能仅仅看到低要素成本，或者受中美贸易摩擦影响利用东盟作为生产基地规避关税壁垒，更要看到东盟人口众多且高速工业化下巨大的市场潜力，在继续巩固对东盟投资传统优势产业基础上，以服装、家电、食品、信息产品、汽车为重点，扩大针对东盟当地消费需求的制造业投资规模。

（三）推进国内外要素、市场的双循环，增强产业韧性

加强与主要投资国的政治互信和政策互动，不断提高中国政府和企业在国际组织中的话语权，承担更多国际治理事务，扩大中国经济和社会主张的影响力和认可度。加强与主要发达国家和发展中国家在经济战略、产业规划和区域产业链构建等方面的沟通和协同，推进重点产业、重点项目和主要技术领域的跨国合作。促进国内外相关组织的互动和融合，积极参与和组建以促进区域产业协同发展和产业竞争力共同提升为目标的国际组织，广泛吸纳有实力、有意愿、有项目的国内外企业参与，在同一平台上同时促进国内外产业转型升级。“十四五”时期重点推进RCEP相关制度建设，推动与东盟产业层面联盟组织的发展，结合东盟国家产业发展需求和技术需求，培育产业技术骨干，夯实双方产业深度合作基础。通过对外投资增强国内制造业韧性，借助国际物资调配和国际产能合作降低冲击的影响。与周边和主要贸易国家共同建立紧急情况下跨国物资的快速通关体制和运输通道，增强特殊时期国际物资调配和国际产能合作能力。同时，在“一带一路”共建国家的产业投资、基础设

施建设、产能布局规划要充分考虑非经济冲击出现的可能性，保障在冲击发生后物资的正常流通，以及全球各地生产基地间的产能调配。

（四）促进中小和民营企业“走出去”

以大企业为龙头，带动中小制造企业“走出去”，逐步实现单一产能走出去向产业体系走出去的转变。已经在境外投资和布局产能的大型龙头企业要带动国内与之有配套和链条关系的中小企业的对外投资行为。在一些由中国大型企业主导的境外产业园区，推广“以大带小”“以点带面”的对外投资帮扶模式，形成以中资企业为主的产业集聚效应，构建中资企业主导的产业集群。依托对外工程合作，建设中小企业和民营企业对外投资载体和通道。在对外铁路、公路、港口、机场、输油管道、电厂和电网、通信网络等重大基础设施建设中，充分考虑配套建设物流园区、工业园区，与东道国共建经济技术开发区、自由贸易区，形成中国中小企业和民营企业对外投资平台和载体。产业区、商业区、地标建筑的对外工程承包中，鼓励建设单位以投资方或经营方的身份参与招商工作，为中国企业（特别是中小企业和民营企业）的对外投资提供渠道和帮助。借鉴日本经验，在重大对外投标项目中，组建包含大型企业和中小企业的联合投标体，为中小企业和民营企业参与境外重大项目创造条件。积极发挥中小企业和民营企业对外投资合作在整合全球高端优质要素上的作用。随着中国产业发展水平和技术能力的不断提高，技术引进的难度越来越大。在大额并购审查趋紧的国际环境下，仍然能够通过民营企业和中小企业小规模的跨国并购整合技术、人才、品牌和销售渠道等优质资源，在一定程度上缓解“卡脖子”约束。

七 优化产业链布局，促进区域经济平衡协调发展

区域发展的不平衡、不协调是中国经济长期存在的问题，对产业链的安全性、合理性和高级化也产生制约。近年来，区域发展出现较为明显的“南北分化”现象，南方经济发展速度明显快于北方，这有南北产业结构、发展方式、制度环境长期演化和积累的原因，也在一定程度上暴露出产业链在不同区域布局的不合理。因此，区域经济平衡协调发展不仅是要缩小区域间的发展差距，更是要根据各地区自身特色科学选择重点发展的产业和产业环节，形成区域间产业链供应链的深度黏性和韧

性，提升国内重点产业的产业链安全，推动产业链的现代化。

（一）依托城市圈建设形成新增长极

随着技术进步和分工细化，单一城市难以具备构建完整产业链的全部资源和条件，而在地理上相对接近、文化相对统一，交通和产业关联度较高的城市圈必然成为未来区域经济发展和区域产业链构建最重要的载体。在进一步依托省会城市和中心城市集聚高端要素资源培育西部和北方新发展动力的同时，提升省会和中心城市辐射能力。引导地方政府以城市圈为载体联合招商引资，改进城市之间产业发展的税收分成和政绩考核，合理布局产业链。在城市圈层面深化“放管服”改革，破解行政区划对要素流动的制约，着力消除公共服务、基础设施、教育医疗、社会保险差距，改善中小城市和乡镇人居环境，协同城市转型与地方要素优势挖掘，形成若干新兴产业走廊和世界级高新产业集聚地，在西部和北方形成城市圈建设和发展态势。进一步提升长三角、珠三角城市群工业经济协同发展水平，推进京津冀协同发展上新台阶，在成渝双城经济圈、武汉城市圈、长株潭都市圈等中西部城市圈打造跨行政区产业分工新体系，发挥中心城市在技术、人才、消费市场上的优势和非中心城市劳动力和资源能源优势，促进要素资源在城市圈范围的流通，推动城市圈范围的产业链供应链重构，依靠产业的合理布局促进区域经济平衡协调发展。

（二）树立产业分工协作的新产业转移观

逐步改变发达地区与欠发达地区之间传统的产业梯度转移模式，树立突出区域平衡发展的新型产业优化布局观，强调各区域功能化、特色化的产业发展定位和政策，中西部地区根据自身资源禀赋特点孕育从研发到制造、服务的完善的产业体系，而不仅仅是承接东部地区腾退的低端加工组装环节。推进东部发达地区对中西部欠发达地区的高端要素输入，以共同富裕为目标，缩小东中西部地区产业发展的代级差。在建设全国统一市场时充分考虑欠发达地区产业发展的具体诉求，将统一市场的建设和跨区域的产业链体系构建进行通盘考虑，促进区域经济的协调，激发欠发达地区的发展活力。创新和改革区域产业协作体制机制：在西部和北方推广产业园“托管”模式，由发达地区经营管理欠发达地区产业园，一方面促进产业链和供应链的整体转移，另一方面引入先进市场化理念，倒逼欠发达地区营商环境改善；利用信息技术和手段，构建虚拟产业集群，充分借助东部和全球高端发展要素发展西部和北方新兴产业。

（三）构建跨区域产业链发展大通道

按照多极网络空间发展格局的构想，在北方重点规划构建环渤海、中原、关中三大国家增长极，发挥其组织和带动作用，打造引领北方经济增长的空间动力源。进一步加强沟通南北的发展通道建设，重点规划建设京广发展通道、京津—包昆发展通道、新—甘—宁发展通道，抓住实施黄河流域生态文明建设和高质量发展战略的机遇，启动陇海—兰新发展通道建设。以这些区域发展通道为载体，以产业体系转移的思路替代产能转移思路，通过承接产业链各环节的要素、资源，增强西部和北方先进制造业、现代服务业的构链、筑链、强链能力，不断增加内生增长动力。

（四）通过产业发展缩小城乡差距推动乡村振兴

进一步发挥产业在推动城乡基础设施和社会保障均等化中的作用，逐步实现产业结构的城乡协同和工业化水平的城乡同步。一方面要推进农业现代化，强化农业科技和装备支撑，提高农业良种化水平，健全动物防疫和农作物病虫害防治体系，建设智慧农业；另一方面要发展乡村产业，推动农村一二三产业融合发展，丰富乡村经济业态，拓展农民增收空间。缩小城乡基础设施和公共服务差距，均衡推进城乡“新基建”布局优化，强化县城综合公共服务能力，把乡镇建成服务农民的区域中心，显著改善农村人居环境。坚定不移贯彻新发展理念促进农村地区体制机制创新，在农村经营体制、农村金融体制、农村集体产权制度、乡村振兴与新型城镇化联动机制、农民增收长效机制等方面实现率先突破。将巩固拓展脱贫攻坚成果同乡村振兴有效衔接，保持帮扶政策总体稳定，健全防止返贫监测帮扶机制，做好脱贫人口稳岗就业。

八 不断释放内需市场潜能，强化消费对产业安全支撑

在主要贸易出口国家发展减速，出口市场受贸易保护影响的情况下，国内消费对于中国经济稳定增长的重要性凸显，促进国内消费同时也是增强人民群众享受工业化和经济发展带来红利、稳定中国产业链安全、

构建双循环新发展格局的必然路径。内需市场的释放，缩小与发达国家在国内消费上的发展差距对于稳定中国产业链安全，带动产业链现代化的作用不期将超过出口和投资，成为最重要的动能来源。

（一）培育宣传质量型新消费观

在增强节约意识、倡导合理消费基础上，培育“质量型”消费观，以消费带动优质中国制造发展和产业链的现代化。改善汽车、家装、健康等家庭重大消费市场环境，治理违法违规销售行为，在老百姓最关心的领域打造质量型消费的模板，并逐步推广到全部行业。鼓励渠道整合和利用数字经济的渠道创新，大力运用大数据、云计算、区块链等技术，加强产品和服务信息透明，完善和大力宣传国家标准体系，加强标准管理，让真正高质量的产品和服务能够被更多国内消费者享用。

（二）夯实内需增长的基础，加强消费权益保护

统筹推进经济发展和民生保障，加快基本养老保险实现全国统筹，兜住兜牢民生底线，推动房地产市场良性发展，筑牢工业品消费潜力释放的基础条件。在几大经济板块建设发展若干国际消费中心城市，打造世界级商圈，汇聚全球著名品牌和产品，发展工业产品销售新业态。进一步释放数字经济对消费的促进作用，扩大电商在四、五线城市和农村市场覆盖率，构建多层次区域性仓储配送体系，提高物流效率。切实加强消费者权益保护，实现出口产品、进口产品和国内销售产品消费权益保障对等，针对电子商务、跨境电子商务、团购等销售新业态，制定和完善相关消费权益保护规则。

（三）培育国内高端市场

降低消费税费，鼓励中高收入阶层对新能源汽车、智能家电、智能个人终端、健康食品等产品的消费，大力实施工业强品牌战略，培育国产奢侈品品牌和产品，推动中高端服装、饰品、家用电子产品、药品的进口替代。关注老龄化市场、个性化市场、年轻化市场、数字化市场，加大产品研发力度，力争在全球率先形成新兴产品和服务成熟消费市场。引导外销型工业企业的市场转型，鼓励互联网平台帮助外销型企业构建面向国内市场的品牌建设能力、渠道销售能力和售后服务能力。

参考文献

［1］陈曦：《构建协同发展现代产业体系的国际经验与启示》，《宏观经济管理》2020 年第 6 期。

［2］陈娴：《欧盟产业竞争政策中的美国因素》，硕士学位论文，华东师范大学，2020 年。

［3］陈小辉、张红伟、吴永超：《数字经济如何影响产业结构水平?》，《证券市场导报》2020 年第 7 期。

［4］陈晓东、杨晓霞：《数字经济发展对产业结构升级的影响——基于灰关联熵与耗散结构理论的研究》，《改革》2021 年第 3 期。

［5］程宏伟、冯茜颖、张永海：《资本与知识驱动的产业链整合研究——以攀钢钒钛产业链为例》，《中国工业经济》2008 年第 3 期。

［6］邓世专、林桂军：《新冠疫情全球蔓延对亚洲工厂的影响研究》，《国际贸易问题》2020 年第 7 期。

［7］范合君、何思锦：《现代产业体系的评价体系构建及其测度》，《改革》2021 年第 8 期。

［8］费洪平：《当前我国产业转型升级的方向及路径》，《宏观经济研究》2017 年第 2 期。

［9］盖庆恩、朱喜、史清华：《劳动力市场扭曲、结构转变和中国劳动生产率》，《经济研究》2013 年第 5 期。

［10］高翔、徐然、祝坤福、张瑜、杨翠红：《全球生产网络视角下重大突发事件的经济影响研究》，《国际贸易问题》2021 年第 7 期。

［11］龚勤林：《论产业链构建与城乡统筹发展》，《经济学家》2004 年第 3 期。

［12］郭凯明、杭静、颜色：《中国改革开放以来产业结构转型的影响因素》，《经济研究》2017 年第 3 期。

［13］郭凯明：《人工智能发展、产业结构转型升级与劳动收入份额变动》，《管理世界》2019 年第 7 期。

［14］国际货币基金组织：《世界经济展望》，2019 年 10 月。

［15］国际货币基金组织：《世界经济展望》，2021 年 4 月。

［16］郝全洪：《推进协同发展的现代产业体系建设的思考与建

议——基于管理动力系统理论的视角》,《学术研究》2021 年第 1 期。

［17］何凌云、张元梦:《新型消费如何促进产业结构升级——基于信息消费试点的准自然实验》,《广东财经大学学报》2022 年第 5 期。

［18］赫希曼:《经济发展战略》,经济科学出版社 1958 年版,第 76—82 页。

［19］黄浩森、杨会改:《区域现代产业体系国际竞争力评价》,《商业经济研究》2018 年第 14 期。

［20］黄群慧、倪红福:《基于价值链理论的产业基础能力与产业链水平提升研究》,《经济体制改革》2020 年第 5 期。

［21］蒋国俊、蒋明新:《产业链理论及其稳定机制研究》,《重庆大学学报》(社会科学版)2004 年第 1 期。

［22］李想、芮明杰:《模块化分工条件下的网络状产业链研究综述》,《外国经济与管理》2008 年第 8 期。

［23］李媛媛、叶舜:《数字经济对流通产业结构高级化的影响研究——基于 STR 模型非线性效应的实证分析》,《价格理论与实践》2021 年第 6 期。

［24］联合国工业发展组织:《工业发展报告 2002/2003》,中国财政经济出版社 2002 年版,第 56—67 页。

［25］林毅夫、陈斌开:《发展战略、产业结构与收入分配》,《经济学》(季刊)2013 年第 4 期。

［26］林毅夫:《新结构经济学》,北京大学出版社 2012 年版。

［27］刘超、孙晓华、罗润东:《相对价格效应,还是收入效应——论中国产业结构调整的驱动因素》,《中国经济问题》2021 年第 3 期。

［28］刘如、陈志:《大国竞争时代现代产业体系的三重螺旋战略框架研究》,《中国科技论坛》2020 年第 8 期。

［29］刘钊:《现代产业体系的内涵与特征》,《山东社会科学》2011 年第 5 期。

［30］刘志彪:《产业链现代化的产业经济学分析》,《经济学家》2019 年第 12 期。

［31］刘志彪:《建设实体经济与要素投入协同发展的产业体系》,《天津社会科学》2018 年第 2 期。

[32] 罗仲伟、孟艳华:《“十四五”时期区域产业基础高级化和产业链现代化》,《区域经济评论》2020 年第 1 期。

[33] 裴长洪、倪江飞:《习近平新旧动能转换重要论述的若干经济学分析》,《经济学动态》2020 年第 5 期。

[34] 片飞、王茜、张挺:《加快重大技术装备产业链现代化发展》,《宏观经济管理》2022 年第 9 期。

[35] 渠慎宁、李鹏飞、吕铁:《“两驾马车”驱动延缓了中国产业结构转型?——基于多部门经济增长模型的需求侧核算分析》,《管理世界》2018 年第 1 期。

[36] 芮明杰、刘明宇:《产业链整合理论述评》,《产业经济研究》2006 年第 3 期。

[37] 芮明杰:《双循环核心:建立有强大国际竞争力的现代产业体系》,《上海经济》2021 年第 1 期。

[38] 邵昶、李健:《产业链“波粒二象性”研究——论产业链的特性、结构及其整合》,《中国工业经济》2007 年第 9 期。

[39] 邵汉华、刘克冲、齐荣:《中国现代产业体系四位协同的地区差异及动态演进》,《地理科学》2019 年第 7 期。

[40] 邵文波、盛丹:《信息化与中国企业就业吸纳下降之谜》,《经济研究》2017 年第 6 期。

[41] 沈运红、黄桁:《数字经济水平对制造业产业结构优化升级的影响研究——基于浙江省 2008—2017 年面板数据》,《科技管理研究》2020 年第 3 期。

[42] 史丹:《数字经济条件下产业发展趋势的演变》,《中国工业经济》2022 年第 11 期。

[43] 史丹:《把握发展趋势以工业现代化推进强国建设》,《现代企业》2022 年第 9 期。

[44] 史丹:《我国工业稳定发展的长期态势不会变》,《财经界》2022 年第 15 期。

[45] 盛朝迅:《构建现代产业体系的思路与方略》,《宏观经济管理》2019 年第 1 期。

[46] 盛朝迅:《推进我国产业链现代化的思路与方略》,《改革》

2019 年第 10 期。

[47] 宋华、杨雨东：《中国产业链供应链现代化的内涵与发展路径探析》，《中国人民大学学报》2022 年第 1 期。

[48] 苏东水：《产业经济学》，高等教育出版社 2010 年版。

[49] 唐文进、李爽、陶云清：《数字普惠金融发展与产业结构升级——来自 283 个城市的经验证据》，《广东财经大学学报》2019 年第 6 期。

[50] 魏琪嘉：《当前制造业亟待解决和破解五大问题》，《宏观经济管理》2022 年第 3 期。

[51] 肖维泽、王景景、赵昕东：《产业结构、就业结构与城乡收入差距》，《宏观经济研究》2022 年第 9 期。

[52] 谢康、廖雪华、肖静华：《效率与公平不完全相悖：信息化与工业化融合视角》，《经济研究》2021 年第 2 期。

[53] 谢康、肖静华：《面向国家需求的数字经济新问题、新特征与新规律》，《改革》2022 年第 1 期。

[54] 徐朝阳、张斌：《经济结构转型期的内需扩展：基于服务业供给抑制的视角》，《中国社会科学》2020 年第 1 期。

[55] 严成樑：《产业结构变迁、经济增长与区域发展差距》，《社会科学文摘》2016 年第 11 期。

[56] 易宇、周观平：《全球产业链重构背景下中国制造业竞争优势分析》，《宏观经济研究》2021 年第 6 期。

[57] 詹懿：《中国现代产业体系：症结及其治理》，《财经问题研究》2012 年第 12 期。

[58] 张虎、张毅、韩爱华：《我国产业链现代化的测度研究》，《统计研究》2022 年第 11 期。

[59] 张辉：《全球价值链理论与我国产业发展研究》，《中国工业经济》2004 年第 5 期。

[60] 张其仔、周麟：《协同推进城市群建设与产业链供应链现代化水平提升》，《中山大学学报》（社会科学版）2022 年第 1 期。

[61] 张其仔：《产业链供应链现代化新进展、新挑战、新路径》，《山东大学学报》（哲学社会科学版）2022 年第 1 期。

［62］赵霄伟、杨白冰：《顶级“全球城市”构建现代产业体系的国际经验及启示》，《经济学家》2021 年第 2 期。

［63］郑江淮、孙冬卿、段继红：《我国产业链现代化路径及其区域性发展思路——苏粤产业链网络演变的启示》，《东南学术》2022 年第 6 期。

［64］郑英隆、李新家：《新型消费的经济理论问题研究——基于消费互联网与产业互联网对接视角》，《广东财经大学学报》2022 年第 2 期。

［65］中国社会科学院工业经济研究所课题组、史丹：《工业稳增长：国际经验、现实挑战与政策导向》，《中国工业经济》2022 年第 2 期。

［66］中国社会科学院工业经济研究所课题组：《“十四五”时期中国工业发展战略研究》，《中国工业经济》2020 年第 2 期。

［67］中国社会科学院工业经济研究所课题组：《提升产业链供应链现代化水平路径研究》，《中国工业经济》2021 年第 2 期。

［68］周江、胡静锋、宋彦、王晓煊：《基于李嘉图贸易模型的中美产业竞争理论与实证分析》，《宏观经济研究》2021 年第 1 期。

［69］周权雄、罗莉娅：《现代产业体系的构建模式、路径与对策》，《探求》2013 年第 4 期。

［70］周振华：《产业结构演进的一般动因分析》，《财经科学》1990 年第 3 期。

［71］朱琪、刘红英：《人工智能技术变革的收入分配效应研究：前沿进展与综述》，《中国人口科学》2020 年第 2 期。

［72］Acemoglu D.，A. J. Linn，“Market Size in Innovation：Theory and Evidence from the Pharmaceutical Industry”，*Quarterly Journal of Economics*，Vol. 119，No. 3，2004.

［73］Acemoglu D.，Carvalho V. M.，Ozdaglar A.，et al.，“The Network Origins of Aggregate Fluctuations”，*Econometrica*，Vol. 80，No. 5，2012.

［74］Acemoglu D.，Autor D.，Dorn D.，“Return of the Solow Paradox? IT，Productivity，and Employment in US Manufacturing”，*American Economic Review*，Vol. 104，No. 5，2014.

［75］Boehm C. E.，Flaaen A.，Pandalai-Nayar N.，“Input Linkages

and the Transmission of Shocks: Firm-level Evidence from the 2011 Tōhoku Earthquake", *Review of Economics and Statistics*, Vol. 101, No. 1, 2019.

[76] Bonadio B., Huo Z., Levcgenko A. A., et al., "Global Supply Chains in the Pandemic", *Journal of International Economics*, Vol. 133, No. 11, 2021.

[77] Carvalho V. M., Nirei M., Saito Y. U., et al., "Supply Chain Disruptions: Evidence from the Great East Japan Earthquake", *The Quarterly Journal of Economics*, Vol. 136, No. 2, 2021.

[78] Devereux M., Gente K., Yu C., "Production Networks and International Fiscal Spillovers", *AMSE Working Papers*, 2020.

[79] Di Giovanni J., Hale G., "Stock Market Spillovers Via the Global Production Network: Transmission of US Monetary Policy", *NBER Working Papers*, No. 28827, 2021.

[80] Duan H., Wang S., Yang C., "Coronavirus: Limit Short-term Economic Damage", *Nature*, Vol. 578, No. 7796, 2020.

[81] Fanf H., Ge H., Huang H., et al., "Pandemics, Global Supply Chains, and Local Labor Demand: Evidence from 100 Million Posted Jobs in China", *PIER Working Paper*, 2020.

[82] Frohm E., Gunnella V., "Spillovers in Global Production Networks", *Review of International Economics*, Vol. 29, No. 3, 2021.

[83] Gereffi G., Humphrey J., Sturgeon T., "The Governance of Global Value Chains", *Review of International Political Economy*, Vol. 12, No. 1, 2005.

[84] Gereffi G., Korzeniewicz M., *Commodity Chains and Global Capitalism*, Westport, Connecticut: Praeger, 1994.

[85] Graetz G., Michaels G., "Robots at Work", *Review of Economics and Statistics*, Vol. 100, No. 5, 2018.

[86] Grossman G. M., Helpman E., Lhuillier H., "Supply Chain Resilience: Should Policy Promote Diversification or Reshoring?", *CEPR Discussion Papers*, No. 16588, 2021.

[87] Hummels D., Ishij J., Yi K. M., "The Nature and Growth of

Vertical Specialization in World Trade", *Journal of International Economics*, Vol. 54, No. 1, 2001.

[88] Huo Z., Levchenko A. A., Pandalai-Nayar N., "International Co-movement in the Global Production Network", *CEPR Discussion Paper*, No. DP13796, 2019.

[89] Jorgenson D. W., "Information Technology and the US Economy", *American Economic Review*, Vol. 91, No. 1, 2001.

[90] Kaplinsky R., "Globalization and Unequalisation: What Can be Learned from Value Chain Analysis?", *Journal of Development Studies*, Vol. 37, No. 2, 2000.

[91] Kogut B., "Designing Global Strategies: Comparative and Competitive Value-added Chains", *Sloan Management Review*, Vol. 26, No. 4, 1985.

[92] Lagrandeur K., Hughes J., *Intelligent Technology, and the Transformation of Human Work*, London: Palgrave Macmillan, 2017.

[93] Nathan Rosenberg, "General Purpose Technology at Work: The Corliss Steam Engine in the late 19th Century US", *Working Paper*, 2001.

[94] Porter, Michael, *Competitive Advantage*, New York: The Free Press, 1985.

[95] Shih W. C., "Global Supply Chains in a Post-pandemic World", *Harvard Business Review*, Vol. 98, No. 5, 2020.

[96] Susskind D., "A Model of Technological Unemployment", in *Mandaluyong City: Asian Development Bank*, Economics Series Working Papers, 2017.

[97] Williamson O. E., "The Modern Corporation: Origins, Evolution, Attributes", *Journal of Economic Literature*, Vol. 19, No. 4, 1981.

[98] Williamson, O. E., *The Economic Institutions of Capitalism: Firms, Markets, Relational Contracting*, New York: The Free Press, 1985.

第四篇

新型工业化
与绿色低碳发展

第十八章

绿色低碳发展目标与实施进展

习近平总书记指出，中国既要实现第一个百年奋斗目标，又要乘势而上开启全面建设社会主义现代化国家新征程，向第二个百年奋斗目标进军，这意味着中国特色社会主义不仅进入了新时代，还迈入了建设社会主义现代化强国的新征程。在改革开放发展过程中，以高投资、高能耗和高排放为特征的中国工业化带来的 GDP 增长率，年均高达 11.5% 以上，工业对中国现代化发展贡献巨大。然而，随着经济新常态的到来，以往粗放式的工业增长模式已不具有可持续性。为了实现中国工业的可持续发展，只能转变工业发展方式，走新型工业化道路，不仅能实现工业的良性发展，还有助于生态环境保护。为此，要真正地实现节能减排与保护环境的目标，以及工业的集约发展根本问题是要实现工业绿色低碳发展，这是新型工业化的必由之路。

中国政府高度重视工业的绿色低碳发展。从 2012 年起，党的十八大报告就特别提出要推进绿色发展、循环发展与低碳发展，形成资源节约和环境保护的产业结构。2013 年 5 月，习近平总书记在十八届中央政治局第六次集体学习时讲话中指出，要牢固树立保护生态环境就是保护生产力，改善生态环境就是保护生产力理念。2014 年 10 月，党的十八届四中全会提出建立绿色发展、循环发展、低碳发展的生态文明法律制度。2015 年 10 月，党的十八届五中全会提出“创新、协调、绿色、开放、共享”五大新发展理念，针对绿色发展理念特别提出要建立绿色低碳发展产业。2017 年 11 月，党的十九大报告提出，构建绿色低碳循环发展的经济体系，构建绿色技术创新体系、构建清洁能源和安全高效的能源体系。2019 年 7 月，习近平总书记在致世界新能源汽车大会的贺信中指出，中国坚持走绿色、低碳、可持续发展的道路。2020 年 12 月，党的十九届五中全会提出 2035 年基本实现社会主义现代化的远景目标，并将“基本实现新型工业化、信息化、城镇化、农业现代化，建成现代化经济体系”作为目标之一，全面开启社会主义现代化强国建设新征程。与此同时，中国政府做出重大承诺，二氧化碳排放力争于 2030 年前达到峰值，努力争取 2060 年前实现碳中和。这是中国首次明确给出碳中和的时间表，也是中国首次向全世界郑重给出明确的减排目标。2021 年 12 月，工信部印发的《“十四五”工业绿色发展规划》提出要以实施工业领域碳达峰行动为引领，着力构建完善的绿色低碳技术体系和绿色制造支撑体系。2022 年 10 月，党的二十大报告中明确提出，推动绿色发展，促进人与自然和谐共生，加快发展方式绿色转型，积极稳妥推进碳达峰碳中和。事实上，“绿色低碳发展”既体现了生态环境保护的基本理念——“绿色”，又指明了实现新型工业化的主要路径——“低碳”。因此，要真正深刻地认识到绿色低碳发展对社会经济工作的支撑性作用，以及新的历史发展时期绿色发展面临的新形势，就必须用习近平生态文明思想指导中国绿色发展实践和创新。

因此，绿色低碳发展是当今时代科技革命和产业变革的方向，“十四五”时期乃至未来远景规划中，绿色低碳发展将迎来最重要的发展阶段，要从新型工业化实践中走出一条发展中大国实现环境保护和经济发展更加平衡、更加协同的可持续发展之路。在中国经济迈入新征程的背景下，探讨新型工业化过程中如何实现绿色低碳发展具有重要的意义。

第一节 绿色低碳发展的理论演进

面对严峻的气候问题，从高耗能、高污染的传统经济发展模式转变为低能耗、低污染为基础的低碳经济模式已成为全球共识和大势所趋。党的十九大提出的“绿色低碳循环经济体系”融合了习近平新时代中国特色社会主义经济思想和习近平生态文明思想，绿色化、低碳化成了当下转型发展的主旋律。绿色低碳发展既体现了生态文明的基本理念——“绿色”，也指明了实现美丽中国的主要路径——“低碳”。

绿色低碳发展是绿色发展和低碳发展的有机结合。绿色发展是在生态环境容量和资源承载能力的限制下，通过先进理念和合理机制，形成经济社会繁荣稳定与环境保护和谐统一的可持续发展范式。联合国等国际组织是绿色经济的倡导者。2002 年，联合国开发署在《2002 年中国人类发展报告：绿色发展，必选之路》中首次提出了绿色发展的概念。2008 年，联合国环境规划署再次发起“发展绿色经济”的倡议；2011 年，联合国环境规划署发布了《绿色经济报告》，阐明绿色经济是全球经济增长的新引擎。而中国也于 2011 年提出绿色发展的思想，并将其确立为“十二五”规划的主题思想。2015 年，党的十八届五中全会通过的“十三五”规划中，绿色发展与创新、协调、开放、共享发展共同构成了五大发展理念。2017 年，党的十九大明确指出要建立健全绿色低碳循环经济体系，促进中国经济社会发展全面绿色转型。绿色是大自然的底色，是环境的本色，是环保的象征。绿色发展问题既包含了人与自然的关系问题，又包含了人与社会的经济问题，是经济领域和政治领域共同面临的问题。低碳发展是指通过降低甚至不消费高碳能源，发展绿色金融和绿色建筑，开展绿色生活创建活动，减少温室气体排放以实现低能耗、低污染和低排放的发展模式。为应对气候变暖、能源危机等的威胁，2003 年英国首次提出了“低碳经济”的概念；2006 年发布的《气候变化的经济学：斯特恩报告》呼吁全球向低碳经济转型；2007 年美国参议院提出了《低碳经济法案》。随着低碳经济的提出，人们又相应提出了低碳发展的概念，低能耗、低污染、低效能的低碳发展模式在全球范围内取得了共识。中国作为能源消耗大国，积极应对全球气候问题，坚持资源节约和降碳减排的基本政策，2020 年明确作出了“2030 年实现碳达峰，2060 年实现碳中和”的庄严承诺。而“双碳”目标的实现必须将发展建立在能源高效利用和绿色低碳的基础上。

概括而言，绿色低碳发展是符合绿色低碳要求，呈现绿色低碳发展特征的可持续发展模式。绿色发展和低碳发展之间有千丝万缕的联系，但两者在内涵和侧重点上存在显著差异。绿色发展强调生态环境保护与改善，要求经济发展和生态环境保护从对立走向统一，实现人与自然和谐共存和持续发展。而低碳发展侧重于解决节能减排问题，摆脱过去高消耗、高排放、高污染的经济运行模式，强调经济发展与碳排放逐渐脱钩。绿色低碳发展要求同时满足绿色发展和低碳发展的内涵与要求，两者协调发展。绿色发展和低碳发展具有目标和手段的统一性，具有工具理性与价值理性的一致性。绿色发展包含低碳发展，绿色发展在一定程度上需要低碳发展作为支持，只有坚持低碳发展，才能真正实现绿色发展。

推进绿色低碳发展本质上是一场涉及发展观念、生产模式、生活方式的全方位变革，具体内容涉及生产体系、流通体系、消费体系、基础设施建设、技术创新体系、法律法规政策体系、金融体系等全方面、各领域的绿色低碳化。这些具体内容从不同的角度和结构体系阐述了绿色低碳发展的框架和要求，也揭示了建立健全绿色低碳循环发展体系的基本途径。构建绿色低碳循环发展体系也是实现碳达峰碳中和的关键举措，“双碳”目标本质上也是使经济发展与碳排放逐渐脱钩，从而实现绿色发展。加快绿色低碳发展的同时，也促进了产业结构调整，推动了能源高效利用和清洁能源的发展，加快了企业科技创新的步伐，为实现高质量经济发展提供了有力支撑。

绿色低碳发展与人类社会息息相关，个体、企业、国家都负有不可推卸的义务和责任。生态文明建设在中国特色社会主义建设中具有重要地位，党的十九大报告指出必须践行绿水青山就是金山银山的理念。政府在绿色低碳发展中应起到带头作用，制定可持续的绿色发展规划，为绿色低碳发展提供政策支持；企业作为社会经济的主体应勇于承担社会责任，响应绿色低碳发展号召，构建绿色工业制造体系，利用数字化技术精准把控各种污染物的排放，实现绿色生产；社会组织和公众则应从自身做起，在日常生活中有意识地节能降碳，养成绿色生活方式，实现绿色消费。中国绿色低碳发展构建了政府为主导、企业为主体、社会组织和公众共同参与的环境治理体系，形成自上而下和自下而上相统一的绿色低碳发展模式，将发展建立在资源高效利用、生态环境保护、有效控制温室气体排放的基础上，建立健全绿色低碳循环发展体系，确保“双碳”目标的实现。

第二节　中国绿色低碳发展路径探索与发展目标

一　中国绿色低碳发展路径的探索

改革开放以来，中国经济迅速发展，与之伴随的是传统粗放的发展模式带来的资源紧缺、生态环境恶化等问题。在积极应对全球气候变化的背景下，中国政府坚持资源节约和环境保护的基本政策，在产业结构调整、能源结构优化、提高能效等方面进行了积极探索与实践，加强了绿色低碳发展相关制度建设，建立健全了绿色低碳循环经济体系，努力走出了一条具有中国特色的绿色低碳发展之路。大致可以将中国绿色低碳发展路径的探索分为三个阶段，分别是节能减耗、增效减排、绿色低碳循环发展。

第一个阶段为1978—2000年，节约能源、减少消耗阶段。改革开放后，党中央将工作重点向经济建设转移，中国生产力大幅提升，能源资源的需求也日益增加，随之而来的是能源紧缺问题，能源紧缺成为制约中国经济发展的“瓶颈”。1979年，国务院指出，工业生产要按6%或更高的速度增长，能源不足问题变得更加紧迫。各地区、各部门将加强能源管理和节约能源工作提到了重要议事日程上，采取各项措施，在保证生产的情况下，降低能源消耗，从节能中增产。1980年“六五”计划指出，要大力降低物质能源消耗，尤其是能源消耗，使生产资料和消费资料的生产均衡协调，并加强能源等重点建设。1985年“七五”计划强调节约能源，进一步推动节能的技术改造，加快节能效益显著的新工艺、新材料、新技术、新设备的试验和推广。1992年发布的《关于出席联合国环境与发展大会的情况及有关对策的报告》中将“提高能源利用效率，改善能源结构”列为十大对策之一，并指出节约能源是履行气候公约、控制二氧化碳排放、减轻大气污染的最有效措施。1998年，《节约能源法》正式颁布实施，标志着中国节能工作正式走上法治化轨道。

第二个阶段为2001—2011年，提高能源利用效率、减少碳排放量阶段。进入21世纪后，中国经济规模持续扩大，“高投入、高消耗、高排放、低效率”的传统粗放型经济增长方式带来的资源和环境问题更加严峻。2001 年“十五”计划将主要污染物总量减少 10% 作为未来五年可持续发展的预期目标之一。2005 年“十一五”规划提出要实现从粗放型的增长方式向“低投入、低消耗、低排放、高效率”的资源节约型增长方式转变。2007 年党的十七大报告提出生态文明建设，基本形成节约能源资源和保护生态环境的产业结构、增长方式、消费模式。2011 年“十二五”规划中明确指出，与 2010 年相比，2015 年单位 GDP 能源消耗降低 16%，同时单位 GDP 二氧化碳排放降低 17%。

第三个阶段为 2012 年至今，绿色低碳循环发展阶段。党的十八大以来，中国生态文明建设战略部署不断深化，提出要推进绿色发展、循环发展、低碳发展，坚持节约资源和保护环境的基本国策。2015 年党的十八届五中全会提出了“创新、协调、绿色、开放、共享”五大发展理念，针对绿色发展，还提出建立绿色低碳循环发展产业体系和建设清洁低碳、安全高效的现代能源体系等相关措施。2016 年“十三五”规划明确提出单位 GDP 能源消耗降低 15%、单位 GDP 二氧化碳排放降低 18% 等目标。2017 年党的十九大将“坚持人与自然和谐共生”列入新时代坚持和发展中国特色社会主义的十四条基本方略，必须践行“绿水青山就是金山银山”的理念，并作出了建设美丽中国的战略部署。2018 年 5 月，习近平总书记在全国生态环境保护大会上强调，绿色发展是构建高质量经济体系的必然要求，是解决污染问题的根本之策。2020 年 9 月首次明确提出碳中和目标，作出了“2030 年实现碳达峰，2060 年实现碳中和”的庄严承诺，进一步彰显了中国坚定不移走绿色低碳发展道路的决心。2021 年 3 月“十四五”规划中强调加快发展方式绿色转型，全面提高资源利用效率，构建资源循环利用体系，发展绿色经济，并完善绿色发展的法律和政策体系。2022 年 10 月习近平总书记在党的二十大报告中指出要统筹产业结构调整、污染治理、生态保护、应对气候变化，协同推进降碳、减污、扩绿、增长，推进生态优先、节约集约、绿色低碳发展。

中国绿色低碳发展道路的探索着眼于当前推进绿色低碳发展过程中遇到的各种问题，针对性地加强绿色发展的制度创新，有效推动经济绿色转型和实现经济高质量发展，走出一条适合中国国情的绿色低碳发展道路。

二 中国绿色低碳发展的目标

“十四五”规划纲要明确了2021年至2025年经济社会发展主要目标和2035年远景目标，为中国绿色低碳发展指明了方向。绿色低碳发展要求立足新发展阶段进行全面系统性部署，坚持问题为导向，聚焦重点区域、行业、领域的绿色低碳转型，建立健全绿色低碳循环发展体系。

第一，推动工业绿色转型升级，构建绿色制造体系。工业作为能源消耗和污染排放的主要行业之一，在实现中国碳减排目标和绿色发展战略中扮演着重要角色。对于工业部门来说，绿色低碳转型不仅仅涉及产业内部结构的变化，还涉及新兴产业对传统产业的冲击和两者的融合。积极打造绿色工厂、绿色产品、绿色园区、绿色供应链，把绿色发展理念贯穿到工业经济全领域、工业生产全过程、企业管理各环节，显著提升工业生产节能环保低碳水平。

第二，持续推进产业结构优化，提升绿色产业比重。中国三次产业结构在调整中不断优化，从优先发展第二产业向大力发展第三产业演变。到2025年，中国工业创新发展能力大幅提升，高端化发展趋势逐渐显现，绿色发展水平迈上新台阶，第二产业比重将逐渐下降，同时随着产业转型升级，第三产业在国民经济中的主导地位进一步凸显。

第三，提高能源资源利用效率，优化能源结构。“十四五”规划提出，到2025年，非化石能源消费比重达到20%，单位GDP能源消耗降低13.5%，单位GDP二氧化碳排放降低18%。各部门必须加快淘汰落后产能，提高能源的利用效率，降低污染物的排放。同时，大力发展非化石能源，突破现有技术瓶颈，构建多元化能源体系，积极推动风电、光伏发电发展，因地制宜发展水能、地热能、海洋能、氢能、生物质能、光热发电。加快大容量储能技术研发推广，提升电网汇集和外送能力。研究预测到2060年碳中和情景下，风电和太阳能发电等新能源发电量占比将超过一半，成为电量供应的主体。

第四，提升产业创新能力，发展壮大战略性新兴产业。“十四五”时期，聚焦新能源、新材料、高端装备以及航空航天等战略性新兴产业，提升企业的创新能力，加快核心技术的创新应用，加快产业数字化转型。大力发展超低排放、资源循环利用、传统能源清洁高效利用等绿色低碳技术，加快绿色低碳创新技术的转移和转化。

第三节 绿色低碳发展水平测度

一 指标选取依据

绿色低碳发展是期许以最小的资源消耗、生态环境破坏来实现经济可持续发展的目标，发展过程中要兼顾环境效益、社会效益与经济效益。因此，本研究将绿色低碳发展的衡量指标划分为绿色低碳经济效益、绿色低碳环境效益、绿色低碳社会效益三个维度。接下来，将上述三个维度进一步地细分，具体来看：绿色低碳经济效益被划分为绿色技术创新、绿色产业和低碳产业，绿色技术创新为绿色低碳发展提供技术动力，绿色产业和低碳产业为经济发展注入绿色资本；绿色低碳环境效益被划分为绿色效益与低碳效益；绿色低碳社会效益被划分为绿色环境和社会福利。三级指标是从各个维度将中国绿色低碳发展的特征更具体化，以有效对中国各省区市绿色低碳发展水平进行测度。

具体来看：在绿色技术创新方面选择绿色专利累计量和人均绿色专利累积量来衡量，反映绿色低碳背后的动力支持；在绿色产业方面，选择高新技术服务业占第三产业比重、高新技术制造业占比（规模以上工业企业营业收入中高新技术制造业企业比重）和工业污染治理投资来衡量，前两个指标衡量某省市区为本地和其他地区实现绿色低碳发展提供相关产品和服务的能力，体现了该地区绿色低碳技术创新的产业化水平，第三个指标则反映某省市区生产体系向绿色低碳发展方向转变的积极程度；低碳产业选择工业终端劳均二氧化碳排放量和交通运输、仓储、邮电服务劳均碳排放量两个指标；发展效益是对经济体系绿色低碳发展水平的综合刻画。其中，绿色效益刻画了经济体系对生态环境质量的影响，主要选择了两个综合性较高且具有代表性的指标来衡量，分别是空气质量 AQI 和每百万人突发性环境事件数量；低碳效益刻画了经济体系与能源消耗和碳排放脱钩程度及其对气候变化的适应性，主要采用单位 GDP 能耗、单位 GDP 碳排放量、非化石能源发电量占发电量比重、人均二氧化碳排放量和人均生活消费二氧化碳排放量 5 个指标，这 5 个指标在很大程度上决定了一个省市区的单位 GDP 二氧化碳排放量，也充分体现了该省市区的能源利用水平和能源清洁化程度；绿色低碳社会效益反映绿色低碳发展经济体系作为一个经济体系所具备的发展特征和经济特征，选择人口平均预期寿命、居民人均可支配收入与生活垃圾无害化处理率3个代表性指标来反映；绿色环境建设是决定生活绿色低碳的重要因素，本研究选择森林覆盖率和城市人均绿地面积来衡量绿色环境。

二　测度方法及过程

已有针对指标体系测度的研究方法主要有两类，分别是定性赋权法和定量赋权法。其中，定性赋权法有层次分析法、环比评分法等，侧重于该领域专家的主观评估判断指标的重要程度。定量赋权法包括熵权法、因子分析法、神经网络法等，侧重于依据指标的自身数据特征来确定权重。本研究借鉴主流文献的做法（周小亮、吴武林，2018；张友国等，2020；孙博文、张友国，2022），使用改进型熵权法，即时空极差熵权法对各省区市绿色低碳发展进行测度。时空极差熵权法能够克服传统熵权法仅能利用指标特定时点信息的局限性，可以更好地利用指标时间和空间双重维度的信息量，具有更好的区分度。与此同时，各指标会随时间发生动态变化，时空极差熵权法可以动态捕捉指标的动态变化（张友国等，2020）。具体测度方法如下所示。

在本研究绿色低碳发展指标体系中，假设包括 k 个指标，测度对象有 n 个，时间跨度为 m，那么绿色低碳发展的指标体系为 x_i（$i=1, 2\cdots, k$），指标体系 x_i 在第 t 期的取值为 x_{ijt}（$j=1, 2\cdots, n$）。为了消除不同指标间数值量级与量纲的影响，将 x_{ijt}进行标准化，假设指标 x_{ijt}标准化以后为 x'_{ijt}，各个指标的信息熵为 E_i，各个指标的权重表示为 W_i。那么，时空极差熵权法的方程为：

$$x'_{ijt} = \frac{x_{ijt} - \min(x_{ijt})}{\max(x_{ijt}) - \min(x_{ijt})} \quad \text{如果 } x_i \text{ 为正向指标} \tag{1}$$

$$x'_{ijt} = \frac{\max(x_{ijt}) - x_{ijt}}{\max(x_{ijt}) - \min(x_{ijt})} \quad \text{如果 } x_i \text{ 为正向指标} \tag{2}$$

$$E_i = -\frac{\sum_j \sum_t p_{ijt} \ln(p_{ijt})}{\ln mn} \tag{3}$$

$$W_i = -\frac{1 - E_i}{k - \sum_i E_i} \tag{4}$$

$$p_{ijt} = -\frac{y_{ijt}}{\sum_j \sum_i tx'_{ijt}} \tag{5}$$

其中，在式（3）中，如果 $p_{ijt}=0$，则定义 $p_{ijt}\ln(p_{ijt})=0$。

接下来，为了更详细地阐述绿色低碳发展的测度过程，本研究以 j 省为例，假定 j 省在某时期 t 的绿色低碳发展水平 $G_{jt}=E_{jt}+P_{jt}+S_{jt}$，其中，$E_{jt}$、$P_{jt}$、$S_{jt}$ 分别表示绿色低碳发展经济效益、环境效益和社会效益。进一步地，以绿色低碳发展经济效益为例，假定绿色低碳发展经济效益为：$E_{jt}=T_{jt}+D_{jt}+B_{jt}$，$T_{jt}$ 表示绿色技术创新，D_{jt} 表示绿色产业，B_{jt} 表示低碳产业。其中，$T_{it}=\sum_j^2\sum_{i=1}x'_{ijt}W_i$，$D_{it}=\sum_j^5\sum_{i=3}x'_{ijt}W_i$，$W$ 表示不同维度或指标具有的权重。类似于上述绿色低碳发展经济效益的测度过程，依次可以测度出环境效益 P_{jt} 和社会效益 S_{jt} 的数值，并最终得到 j 省 t 时期的绿色低碳发展水平值。

三 数据来源与指标权重

本研究对绿色低碳发展测度的三级指标数据主要来源于国家统计局、《中国第三产业统计年鉴》、《中国能源统计年鉴》、wind 数据库、EPS 数据库等。考虑到数据的完整性与可得性，指标选取的区间是2013—2019 年。其中，借鉴张友国（2020）的做法，对高新技术服务业占第三产业比重进行测算。[①] 表 18－1 中最后 1 列给出了各个指标的具体权重，一些指标（工业终端劳均二氧化碳排放量、每百万人突发环境事件个数、人均二氧化碳排放、人口平均预期寿命、生活垃圾无害化处理率）权重较小，意味着这些指标在时间和空间上的差异性不大，但并不意味着它们对促进绿色低碳发展不重要。

① 根据国家统计局发布的《高技术产业（服务业）分类（2018）》，将其定义为信息传输、软件和信息技术服务业，科学研究与技术服务业以及水利、环境和公共设施管理业这三个产业的营业收入合计与第三产业营业收入的比值。此外，高技术制造业占比的构造也类似。

表 18－1　　绿色低碳发展测度指标体系

一级指标	二级指标	三级指标	功效	权重
绿色低碳发展经济效益	绿色技术创新	绿色专利累积量（件）	+	13.86%
		人均绿色专利累积量（件/万人）	+	11.52%
	绿色产业	高新技术制造业占比	+	6.08%
		高新技术服务业占第三产业比重	+	17.77%
		工业污染治理投资规模	+	8.98%
	低碳产业	工业终端劳均二氧化碳排放量	－	0.82%
		交通运输、仓储、邮电服务劳均碳排放	－	1.64%
绿色低碳发展环境效益	绿色效益	空气质量	+	3.27%
		每百万人突发环境事件个数	－	0.20%
	低碳效益	单位 GDP 能耗	－	2.26%
		单位 GDP 碳排放量	－	1.33%
		非化石能源发电量占发电量比重	+	10.01%
		人均二氧化碳排放	－	0.85%
		人均生活消费二氧化碳排放	－	1.85%
绿色低碳发展社会效益	绿色环境	森林覆盖率	+	9.05%
		城市人均绿地面积，单位：亩	+	2.61%
	社会福利	居民人均可支配收入，单位：万元	+	6.42%
		人均平均预期寿命	+	0.95%
		生活垃圾无公害处理率	+	0.52%

图 18－1 中给出了绿色低碳发展经济效益、环境效益和社会效益三个维度的不同权重，可以发现，在绿色低碳发展中，绿色低碳发展经济效益比例最大，达到 60.67%，环境效益和社会效益的指标权重相对较小，占比分别为 19.77% 和 19.55%，说明中国要提升绿色低碳发展水平，不仅只考虑绿色低碳发展的环境效益，要综合考虑绿色低碳发展过程中要面临的经济效益和社会效益。进一步看，在绿色低碳发展经济效益中，绿色技术创新、绿色产业和低碳产业的指标权重分别为 25.38%、32.83% 和 2.46%，表明绿色低碳经济效益更依赖于绿色技术创新程度和绿色产业发展规模。在绿色低碳发展经济效益方面，绿色效益和低碳效

益的指标权重分别为3.47%和16.3%，说明绿色低碳环境效益更依赖于低碳发展所带来的环境效益。在绿色低碳社会效益方面，绿色环境与社会福利的指标权重分别为11.66%和7.89%，虽然绿色环境对绿色低碳发展水平的影响要大于社会福利，但两者之间的差别并不是特别明显。

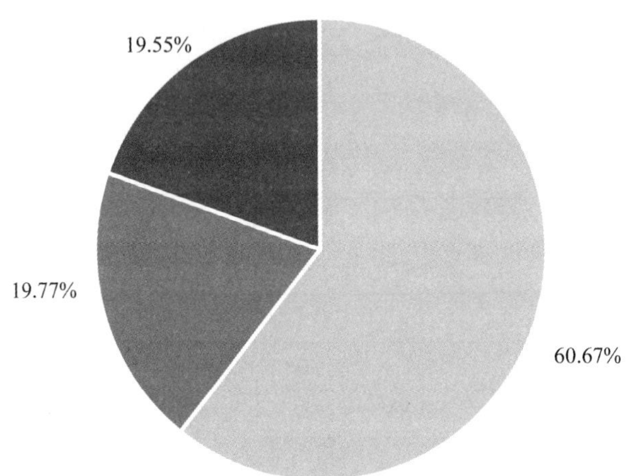

图18－1　绿色低碳发展各维度权重占比

图18－2中给出了绿色低碳发展测度指标体系中权重大于5%的指标，可以发现，高新技术服务业占第三产业比重、绿色专利累积量和人均绿色专利累积量3个指标占据的权重处于前3名，分别为17.77%、13.86%和11.52%，权重占比均超过了10%，表明促进绿色低碳发展必须重视高新技术产业和绿色创新能力。同时，非化石能源发电占比、森林覆盖率和工业污染治理水平3个指标的权重较为接近，分别是10.01%、9.05%和8.98%，说明促进绿色低碳发展要提高绿色电力占比，降低化石能源使用比重，同时，要提高工业污染治理水平与保护森林等自然生态环境。居民人均可支配收入和高新技术制造业占比分别为6.42%和6.08%，指标权重占比较为接近，说明绿色低碳发展不仅要发展先进制造业，也要注重提高居民收入。

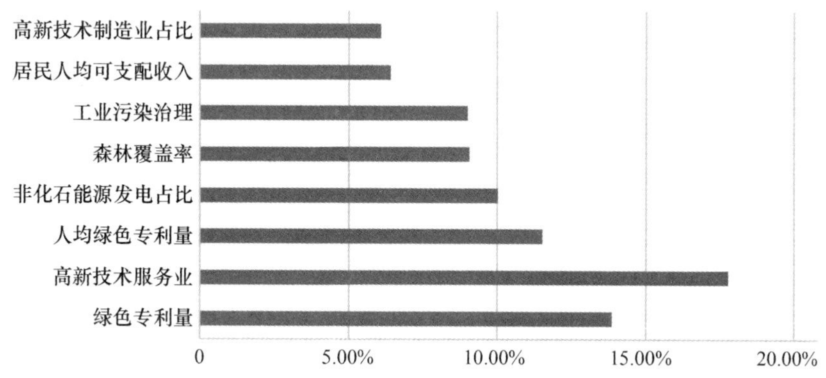

图18－2　绿色低碳发展指标权重大于5%的指标

第四节　绿色低碳发展测度结果分析

表18－2中给出了各省区市2013—2019年间绿色低碳发展的水平均值。由表18－2可知，绿色低碳发展水平处于前5的省市分别是北京、江苏、黑龙江、广东和山东。北京、江苏与广东等经济发达，绿色发展观念提出较早，因而，绿色低碳发展较好。黑龙江处于第3位，可能的原因是黑龙江本身具有丰富的森林和湿地资源，这些丰富的自然资源具有较高的碳汇能力，这是黑龙江在绿色低碳发展过程中具有的独特生态优势。处于后5位的省市区分别是河南、湖南、新疆、山西和宁夏，全部处于中西部地区，说明中西部地区绿色低碳发展水平要低于东部地区。

本研究借鉴已有文献的做法，按照明星型、平庸型和落后型三个等级对中国省际绿色低碳发展水平进行分类（史丹、孙光林，2022）。其中，明星型是绿色低碳发展水平高于或等于M＋0.5SD，平庸型是绿色低碳发展水平介于M－0.5SD和M＋0.5SD之间，落后型省区市的绿色低碳发展水平低于或等于M－0.5SD。根据测度结果的统计数据显示，中国省际层面绿色低碳发展水平的均值M为0.258，标准差SD为0.083，因此，明星型省区市的绿色低碳发展水平应该高于或等于0.2995，平庸型省区市的绿色低碳发展水平介于0.2165和0.2995之间，落后型省区市绿色低碳发展水平低于或等于0.2165。由表18－3可知，明星型省区市共计有9

个，其中，东部地区包括北京、江苏、广东、山东、浙江和上海 6 个省市，占比 66.67%。中部和西部地区各包括 1 个（黑龙江）和 2 个省市（四川和广西）。平庸型省市共计 10 个，东部、中部和西部地区分布较为均衡，东部地区包括天津、福建和河北 3 个省市，中部地区包括安徽、吉林和湖北 3 个省，西部地区包括云南、重庆、内蒙古和陕西 4 个省自治区。落后型省区市共计 11 个，其中，东部地区包括辽宁和海南 2 个省，中部地区包括江西、河南、湖南和山西 4 个省，西部地区包括甘肃、青海、新疆、宁夏和贵州 5 个省自治区，表明绿色低碳发展较为落后的省区市多集中在中西部地区。

表 18－2　　　　绿色低碳发展测度结果

排序	省区市	均值	排序	省区市	均值
1	北京	0.480	16	内蒙古	0.246
2	江苏	0.396	17	陕西	0.245
3	黑龙江	0.362	18	湖北	0.233
4	广东	0.362	19	河北	0.220
5	山东	0.359	20	江西	0.212
6	四川	0.339	21	甘肃	0.207
7	浙江	0.318	22	青海	0.206
8	上海	0.299	23	辽宁	0.198
9	广西	0.297	24	海南	0.198
10	安徽	0.279	25	贵州	0.197
11	云南	0.278	26	河南	0.192
12	天津	0.272	27	湖南	0.173
13	福建	0.256	28	新疆	0.166
14	重庆	0.250	29	山西	0.158
15	吉林	0.250	30	宁夏	0.138

表 18－3　　不同绿色低碳发展水平省区市的区域分布

水平	东部地区	中部地区	西部地区
明星型	北京、江苏、广东、山东、浙江、上海	黑龙江	四川、广西
平庸型	天津、福建、河北	安徽、吉林、湖北	云南、重庆、内蒙古、陕西
落后型	辽宁、海南	江西、河南、湖南、山西	甘肃、青海、新疆、宁夏、贵州

从时间变化趋势来看，2013 年至 2019 年，省级层面绿色低碳发展经济体系建设水平变化的态势大致可区分为如下七种形态，具体如表 18－4 所示：（1）持续上升的有云南、江西、湖南、黑龙江四个省份；（2）呈 W 型变化即“先降、后升、再降、又升”的省份是重庆；（3）呈M 型变化即“先升、后降、再升、又降”的有浙江、陕西、山东、宁夏、河北、贵州六个省份；（4）呈现 N 型变化趋势即“先升、后降、又升”的有新疆、天津、上海、青海、吉林、湖北、福建、北京八个省份；（5）呈现倒 N 型变化趋势即“先降、后升、又降”的有江苏、广东两个省份；（6）呈 V 型变化即“先降、后升”的省份是山西；（7）呈倒 V 型变化即“先升、后降”的是四川、河南、广西、安徽四个省份；（8）呈现先升、后降、又升、再降、再升的有内蒙古、辽宁、海南、甘肃四个省份。

表 18－4　　2013—2019 年省级层面绿色低碳发展指数变化态势

变化形态	持续上升	W 型	M 型	N 型	倒 N 型	V 型	倒 V 型	升降升降升
包含省份	云南、江西、湖南、黑龙江	重庆	浙江、陕西、山东、宁夏、河北、贵州	新疆、天津、上海、青海、吉林、湖北、福建、北京	江苏、广东	山西	四川、河南、广西、安徽	内蒙古、辽宁、海南、甘肃

参考文献

［1］周小亮、吴武林：《中国包容性绿色增长的测度及分析》，《数量经济技术经济研究》2018 年第 8 期。

［2］张友国、窦若愚、白羽洁：《中国绿色低碳循环发展经济体系建设水平测度》，《数量经济技术经济研究》2020 年第 8 期。

［3］孙博文、张友国：《中国绿色创新指数的分布动态演进与区域差异》，《数量经济技术经济研究》2022 年第 1 期。

［4］史丹、孙光林：《大数据发展对制造业企业全要素生产率的影响机理研究》，《财贸经济》2022 年第 9 期。

第十九章

数字经济与实体经济融合对绿色创新的影响机制

第一节　问题提出

当前，中国经济发展面临着严重的资源环境约束，能源消耗巨大，迫切需要转变发展模式，朝绿色化和低碳化方向演进。与此同时，以区块链与人工智能等数字技术为支撑的数字经济快速发展，正在引领新一轮的产业变革，赋能中国经济高质量发展。党的二十大报告指出，要"发展数字经济，促进数字经济与实体经济深度融合"。绿色创新对于中国经济绿色发展具有重要的现实意义，绿色创新具有显著的双重外部性特征，绿色创新不仅会通过技术溢出效应促进企业绿色转型升级，还会产生正外部性保护生态环境，改善居民的生活环境。因此，如何通过数字经济与实体经济融合促进绿色创新是中国当前学术与实务部门重点关注的问题之一。

《二十国集团数字经济发展与合作倡议》指出，"数字经济是以使用数字化的知识和信息作为关键生产要素、以现代信息网络作为重要载体、以信息通信技术（ICT）的有效使用作为效率提升和经济结构优化的重要推动力的一系列经济活动"。数字经济对重构实体经济要素结构、商业模式与创新体系均具有显著的促进作用。数字经济与实体经济融合是指随着大数据、云计算、人工智能与区块链等数字技术在实体经济部门的普及应用，使数字经济与实体经济相互作用形成良性循环。一方面，以数字技术推动实体经济数字化转型升级、促进实体经济效率提升、产品质量优化与技术创新。另一方面，实体经济又为数字经济发展奠定基础，形成新产业即数字经济产业。已有数字经济与实体经济关系的研究主要集中在以下两个方面：一是数字经济发展对实体经济的影响。姜松和孙玉鑫（2020）基于中国 290 个城市截面数据，发现数字经济对实体经济发展存在“挤出效应”和“促进效应”，数字经济对实体经济的“挤出效应”是边际递减的，当数字经济发展突破临界值后，数字经济对实体经济的影响会表现为“促进作用”。田秀娟和李睿（2022）基于熊彼特内生增长理论，发现数字技术与生产部门的融合会促进产业结构优化升级与实体经济数字化转型，推动高技术产业高质量发展。孙光林等（2023）发现数字经济有利于提升农业全要素生产率。江红莉等（2022）基于微观企业面板数据，实证发现数字经济发展能够提高企业实体投资，且这一影响主要是通过缓解企业融资约束与提高企业治理水平两条路径。二是对数字经济与实体经济融合展开讨论。比如，张帅等（2022）基于 2013—2019 中国省际面板数据，对数字经济与实体经济融合进行测度，发现中国数字经济与实体经济融合水平虽然呈现逐年递增趋势，但是，数字经济与实体经济融合水平仍然偏低，且区域间出现较大的不平衡性。

绿色创新是指为应对环境污染问题形成的新观点、新服务、新工艺与新管理制度等（Rennings，2000）。现有文献围绕绿色创新影响因素进行了深入研究，主要集中在以下两个方面：一是企业微观影响因素。如企业盈利能力、企业研发投入规模、企业环境治理费用支出、企业管理层环保意识与教育背景等均会对绿色创新产生显著影响（王锋正和陈方圆，2018；徐建中等，2017）。二是政府环境规则与制度背景等宏观影响因素。已有研究认为，环境规则会提升企业绿色创新水平，排污收费等制度压力会推动企业开展绿色创新（Li et al.，2017；李青原和肖泽华，2020；Zhang et al.，2022），绿色金融改革创新试验区政策也会对企业绿色创新产生促进作用（李戎、刘璐茜，2021）。近年来，随着数字经济在中国的快速发展，数字经济与绿色创新之间的关系也引起了一些学者的关注。宋德勇等（2022）发现重污染行业企业数字化转型可以通过提高企业的信息共享水平和知识整合能力来提升绿色创新水平。伦晓波和刘颜（2022）认为数字政府建设可以更好地激发数字经济潜力赋能绿色创新。然而，对于数字经济与实体经济融合如何影响绿色创新，却较少文献进行研究，深入探讨其内在机制的研究更加不足。

第二节　理论框架与研究假说

一　数字经济与实体经济融合对绿色创新的直接效应

绿色创新是实现可持续发展、推动能源转型、提升能源资源利用效率、减少污染物和温室气体排放的根本途径。数字经济与实体经济融合可以从多个方面提升绿色创新水平。第一，数字经济与实体经济融合可以提升企业创新效率。大数据与云计算可以帮助企业识别未来技术发展路径和市场需求，进而做出更优的创新决策，有助于将企业的绿色研发、生产与销售等各环节连接起来，提高企业的协同能力，尤其是消费者的参与可以显著地改善新产品开发的效率，降低产品创新的不确定性，从而降低绿色创新成本（史丹、孙光林，2022）。第二，数字经济与实体经济融合有利于降低不同经济部门间的信息不对称程度。由于企业与金融机构之间存在严重的信息不对称，企业在绿色创新过程中容易遭受融资约束困境，数字经济与实体经济融合更有利于金融机构获取信贷企业的相关信息，金融机构能更有效地分析企业的真实情况，有利于缓解企业的融资约束，进而提升企业绿色创新水平。第三，数字经济与实体经济融合更有利于催生出新产业、新业态与新模式，更好地发挥数据要素的作用，有助于打破原有生产要素的边界，降低了要素交易与匹配的成本，扩大要素流动的市场范围与空间，通过提升要素配置效率与缓解资本错配来促进绿色创新。因此，基于以上分析，本研究提出：

假说 1：数字经济与实体经济融合有利于促进绿色创新。

二　数字经济与实体经济融合推动绿色创新的影响机制

数字经济与实体经济融合能够通过提高企业研发投入规模，促进绿色创新。具体来看：首先，数字经济与实体经济融合可以发挥信息效应增大研发投入规模，促进绿色创新。绿色创新过程中会涉及企业内部和外部市场的信息传递，数字经济可以促进实体经济企业内部不同部门间的信息传递和整合效率，提高绿色创新过程中企业不同部门间的信息交流与融合效率，提高企业制造、管理与研发等各个环节信息的共享效率，从而产生互补性创新，增强企业进行绿色创新的信心，有利于提高企业研发投入规模，对绿色创新产生推动作用（宋德勇等，2022）。与此同时，企业绿色创新研发过程中有刻意隐瞒有关绿色创新项目信息的动机，不利于金融机构对信贷资金使用情况的监督，因此，难以保证资金被真正用到绿色创新研发项目中。但是，数字经济与实体经济融合通过发挥信息效应，有利于提高企业绿色创新项目的披露程度，降低信息不对称程度，以吸引外部投资者投资绿色项目的信心，从而增大对绿色研发投入的支持力度，提升绿色创新水平。

其次，数字经济与实体经济融合可以发挥要素融合效应增大研发投入规模，促进绿色创新。数据要素与劳动力、资本等传统要素之间有较强的融合性。一方面，数字经济是以大数据、区块链与人工智能等数字技术为核心，有利于增强生产要素的透明化和开放化程度，促进人力资本积累。因此，数字经济与实体经济融合有助于提升数据要素与劳动力要素的融合程度，提高研发人员数字素养，而拥有较高数字素养的技术人员会具有更好的创新意识与环保意识，有利于增强企业进行绿色创新的信心，从而增大企业研发投入规模促进绿色创新（肖远飞、姜瑶，2021）。另一方面，数字经济与实体经济融合能够增强数据要素与资本要素的融合程度，数字金融是数据要素与资本要素融合的重要体现。数字金融使传统金融机构在一定程度上得到了重塑，通过构建硬化软信息的算法和大数据仓库等对海量结构化和非结构化数据进行挖掘，提升资本配置效率，从而引导资本资源流入绿色创新领域，以增大研发投入规模，刺激绿色创新（Kong et al.，2022）。

最后，数字经济与实体经济融合可以发挥技术效应增大研发投入规模，促进绿色创新。企业绿色创新是一项较为复杂的知识活动，整体流程包括企业绿色生产、污染减排与绿色管理等不同领域的技术，单一企业很难仅仅依靠自身的力量从事绿色创新活动并取得突出的成效。数字经济与实体经济融合能够发挥数字技术优势，将不同领域的技术优势整合在一起，并对研发投入资金进行有效管理，促进企业绿色技术的创造与扩散，以增强企业、大学和科研机构等不同绿色创新主体跨领域的协同创新能力（张昕蔚，2019）。此外，数字技术可以通过发挥技术优势将绿色产品生产者和消费者连接起来，催生出新模式和新业态，从而引发绿色创新方式的革命性变革，以提高企业研发投入规模，促进绿色创新（史丹、孙光林，2022）。因此，基于以上理论分析，本研究提出：

假说2：数字经济与实体经济融合可以通过增大研发投入规模促进绿色创新。

企业绿色创新是一项长期、持续的风险投资行为。企业是否开展绿色创新活动需要根据绿色创新的收益和成本做出权衡，较大的技术市场交易规模与活跃度会增强企业管理层对绿色创新成果经济效益的良好预期，促进绿色创新。具体来看：首先，数字经济与实体经济融合能够降低技术市场交易成本与交易效率，增强技术市场交易活跃度。一方面，实物期权理论认为，企业创新可以被视为一项期权投资，企业进行创新就相当于购买一项期权，在企业进行研发过程中管理层会时刻关注创新价值的变化。然而，由于存在信息不对称外部投资者很难及时掌握企业绿色创新进展，并对绿色创新的实际价值进行有效估算。随着数字经济与实体经济的不断融合，实体经济企业可以利用数字技术媒介及时向技术交易市场外界传递绿色创新的实时信息，这有助于增大外部投资者与企业管理层对绿色创新期权的预期价值，从而提升企业开展绿色创新的意愿。另一方面，数字经济与实体经济融合有利于增大技术市场对绿色创新项目的筛选功能，即技术市场的反馈作用会进一步激励企业进行绿色创新。其次，较完善的技术市场制度有利于增强市场竞争，促进绿色创新。技术市场制度不完善会导致创新资源的过度使用和浪费，抑制企业绿色研发投入意愿，对企业绿色创新会造成不利影响（肖远飞、姜瑶，2021）。数字经济与实体经济融合使数字技术有效地为企业绿色专利交易平台服务，有利于加强技术市场的竞争程度，降低资本错配和市场扭曲导致的研发资源损失。同时，数字经济与实体经济融合有利于提高技术交易市场透明度，提高资本要素供给者和需求者之间的匹配效率，促进资本要素的合理流动，企业绿色创新能获得更多的资本支持，以增大企业研发投入规模促进绿色创新。因此，本研究提出：

假说3：数字经济与实体经济融合可以提高技术市场交易规模促进绿色创新。

第三节 数字经济与实体经济融合测度及现状分析

一 测度模型与指标选取

数字经济发展需要的数据资源来自实体经济，因此，实体经济为数字经济发展壮大奠定了基础，数字经济又为实体经济发展提供了动力源泉。为此，数字经济与实体经济融合是互为驱动，相互促进发展并形成良性循环，从而实现数字经济与实体经济协调与融合发展。事实上，融合与协调发展是两个或两个以上的子系统相互作用，彼此相互影响的现象。为此，本研究使用耦合度模型对数字经济与实体经济的融合程度进行测度（刘定惠、杨永春，2011；张虎、韩爱华，2019）。

值得注意的是，使用耦合评价模型对数字经济和实体经济融合程度进行测度需要先对子系统数字经济和实体经济进行测算。为此，本研究首先使用熵值法对数字经济和实体经济的发展程度进行测度，选取的指标体系如表 19－1 所示。在数字经济测度方面，2021 年国家统计局发布《数字经济及其核心产业统计分类（2021）》的相关内容，将数字经济的基本范围分为数字产品制造业、数字产品服务业、数字技术应用业、数据要素驱动业、数字化效率提升业五大类。为此，考虑到数据可得性，本研究将数字经济的二级维度分为数字基础设施、数字制造、数字产品服务、数字金融服务与数据要素驱动五类。在实体经济方面，本研究将实体经济分为农业、工业、建筑业、运输邮电业、批发零售业、住宿和餐饮业六类（刘晓欣、田恒，2020），具体三级指标如表 19－1 所示。

表 19－1　　数字经济与实体经济融合测度指标体系

数字经济	数字基础设施	长途光缆长度/国土面积
		互联网上网人数/总人数
		移动互联网用户（万户）、
		电话普及率（包括移动电话）（部/百人）
		移动电话交换机容量（万户）

续表

数字经济	数字制造	电子及通信设备制造业科学技术内部支出
		电子计算机及办公设备制造业科学技术内部支出
		技术市场技术流向地域（合同金额）
		地区技术引进经费支出
		地区技术改造经费支出
		高技术产品出口占总出口的比重
	数字产品服务	信息传输和软件业人员规模
		地区软件业务收入
		邮电业务总量
		电信业务总量
		信息服务业产值
		信息服务业从业人数
	数字金融服务	北京大学数字普惠金融指数
	数据要素驱动	企业拥有网站数（个）
		电子商务销售额（亿元）
		网站数（万个）
		移动互联网接入流量（万 GB）
实体经济	农业	农林牧渔业总产值绝对数
		农林牧渔业增加值
	工业	工业企业单位数
		主营业务收入
		企业总资产
		工业增加值
	建筑业	建筑业增加值
		建筑业企业单位数
		建筑业企业总资产
		建筑业总产值
	运输邮电业	公路里程
		交通运输、仓储和邮政增加值
		邮政业从业人员

续表

实体经济	批发零售业	批发和零售增加值
		批发业法人企业单位数
		批发业商业销售总额
		批发零售业城镇单位就业人员
	住宿和餐饮业	住宿和餐饮增加值
		住宿业法人企业单位数
		住宿业企业营业额
		住宿和餐饮业城镇单位就业人员

本研究构建的数字经济与实体经济融合水平测度方程如下：

$$C_{ds}^{t} = \frac{2\sqrt{u_d^t \times u_s^t}}{(u_d^t + u_s^t)} \tag{1}$$

其中，C_{ds}^{t}表示第 t 期数字经济与实体经济的融合水平，u_d^t 表示数字经济第 t 期的发展水平，u_s^t 表示实体经济第 t 期的发展水平。然而，如果个别省区市数字经济与实体经济都较低的情况下，式（1）会出现融合测度结果较高的伪结果，因此，在式（1）的基础上，本研究构建数字经济与实体经济的耦合度模型为：

$$D_{ds}^{t} = \sqrt{C_{ds}^{t} \times T_{ds}^{t}}, T_{ds}^{t} = \alpha u_d^t + \beta u_s^t \tag{2}$$

在式（2）中，D_{ds}^{t}表第 t 期数字经济和实体经济的融合度。T_{ds}^{t}表示数字经济和实体经济的综合水平，α 和 β 分别表示数字经济与实体经济的权重，$\alpha + \beta = 1$。本研究测度得到的数字经济与实体经济融合值 D 分布在 0—1 之间，数值越大，表示数字经济与实体经济的融合水平越高。通常按照以下分类划分融合度的层次（刘耀彬等，2005）：（1）当 $0 < D \leqslant 0.4$ 时，数字经济与实体经济为低度融合；（2）当 $0.4 < D \leqslant 0.5$ 时，数字经济与实体经济处于中度融合状态；（3）当 $0.5 < D \leqslant 0.8$ 时，数字经济与实体经济处于高度融合状态；（4）当 $0.8 < D \leqslant 1$ 时，数字经济与实体经济处于极度融合状态。

二 测度结果分析

本研究测度了中国各省份 2011—2020 年数字经济与实体经济融合水

平。为了便于比较，表 19－2 中给出了各省区市数字经济与实体经济融合水平在样本期的算术平均值。由表 19－2 可知，中国各省区市整体数字经济与实体经济融合水平较低，只有广东数字经济与实体经济处于高度融合状态，且中度融合水平也仅有 4 个省市区，分别为江苏、北京、浙江和山东，其他各省市区数字经济与实体经济融合均处于低度融合状态。具体来看：广东电子信息制造业规模连续 31 年位居全国第一，5G 基站超过 17 万座，数量位居全国第一。2021 年广东数字经济规模达 5.9 万亿元，连续 5 年位居全国第一，广州市和深圳市更是位居中国城市数字经济竞争力第一梯队。因此，良好的数字经济基础与实体经济发展优势使广东数字经济与实体经济融合处于全国首位。江苏、北京、浙江、山东数字经济与实体经济融合水平位列 2—5 名，其中，江苏是中国实体经济大省，制造业规模全国最大，江苏将数字经济融入制造业，正在实现制造业数字化与智能化的发展目标，数字经济逐步成为其核心产业，规模与占比都处于前列。北京在数字产业化和产业数字化方面均具有独特优势，北京依靠全国领先的数字传输、软件和信息技术优势在数字产业化方面处于核心地位，而北京产业数字化的优势主要体现在第三产业。浙江是中国数字经济产业发展较早的省份之一，在数字产业化、产业数字化与治理数字化领域发展态势强劲，数字经济与实体经济的融合不断提升。山东是中国实体经济大省，这为数字经济与实体经济融合发展提供了广阔舞台，不仅数字经济核心产业发展迅速，产业数字化赋能效应显著，制造业数字化收益也稳居全国前列。

图 19－1 给出了全国及各区域 2011—2020 年数字经济和实体经济融合发展趋势。由图 19－1 可知，全国数字经济和实体经济融合均值为 0.283，最低值出现在 2011 年为 0.215，最高点出现在 2020 年，数字经济和实体经济融合度为 0.346。从整体来看，全国数字经济和实体经济融合水平仍然处于较低水平，尚处在低度融合阶段。可能的原因是：一是中国当前数字经济和实体经济融合还处于初级应用层面，或是制造业等实体部门的产品周期初级阶段，数字技术赋能实体经济的效应还未发挥出来；二是数字关键核心技术缺失，存在较大短板，数字经济和实体经济融合面临着技术约束；三是一些实体企业管理层可能数字化转型意识淡薄，或缺乏资本和技术导致其缺乏融合的动力；四是数据要素监

管体系和标准规范制度不完善，数字经济产生的大量数据要素无法在实体经济部门和数字经济部门之间流动，抑制了数字经济和实体经济的深度融合。

表 19 - 2 数字经济与实体经济融合测度结果

排序	省区市	测度结果	融合程度	排序	省区市	测度结果	融合程度
1	广东	0.6042	高度融合	17	天津	0.2584	低度融合
2	江苏	0.4749	中度融合	18	黑龙江	0.2561	低度融合
3	北京	0.4238	中度融合	19	陕西	0.2452	低度融合
4	浙江	0.4237	中度融合	20	重庆	0.2446	低度融合
5	山东	0.4032	中度融合	21	江西	0.2415	低度融合
6	四川	0.3993	低度融合	22	广西	0.2174	低度融合
7	上海	0.3627	低度融合	23	山西	0.2141	低度融合
8	河南	0.3419	低度融合	24	吉林	0.2084	低度融合
9	福建	0.3299	低度融合	25	贵州	0.2007	低度融合
10	内蒙古	0.3044	低度融合	26	新疆	0.1894	低度融合
11	湖北	0.3027	低度融合	27	甘肃	0.1858	低度融合
12	辽宁	0.2861	低度融合	28	海南	0.1521	低度融合
13	湖南	0.2851	低度融合	29	宁夏	0.1419	低度融合
14	河北	0.2739	低度融合	30	西藏	0.1348	低度融合
15	云南	0.2730	低度融合	31	青海	0.1332	低度融合
16	安徽	0.2728	低度融合				

分区域①来看，东部地区、中部地区、西部地区和东北地区数字经济和实体经济融合均值分别为 0.371、0.276、0.222 和 0.250，东部地区数字经济和实体经济融合水平高于全国均值，中部地区数字经济和实体经济融合水平接近于全国均值，东北地区和西部地区融合水平低于全国均

① 东部地区包括山东、北京、海南、江苏、广东、上海、浙江、河北、福建、天津；中部地区包括安徽、江西、山西、湖南、湖北、河南；西部地区包括云南、四川、重庆、陕西、贵州、西藏、新疆、宁夏、甘肃、青海、内蒙古、广西；东北地区包括黑龙江、辽宁、吉林。

值。从各区域发展趋势对比来看，从高到低，依次为东部地区、中部地区、东北地区和西部地区，说明中国数字经济和实体经济融合呈现由东向西表现为由高到低的融合空间分布格局，这缘于中国东部、中部、东北和西部地区之间的数字化程度发展并不均衡，且先进制造业和现代服务业多集中在东部地区省市，中部地区和东北地区省市多是传统重工业基地，而西部省区市不仅数字化程度较差，且缺乏先进制造业和现代服务业等产业，因而，出现了东部地区数字经济和实体经济融合水平较高和西部地区最低的不均衡现象。

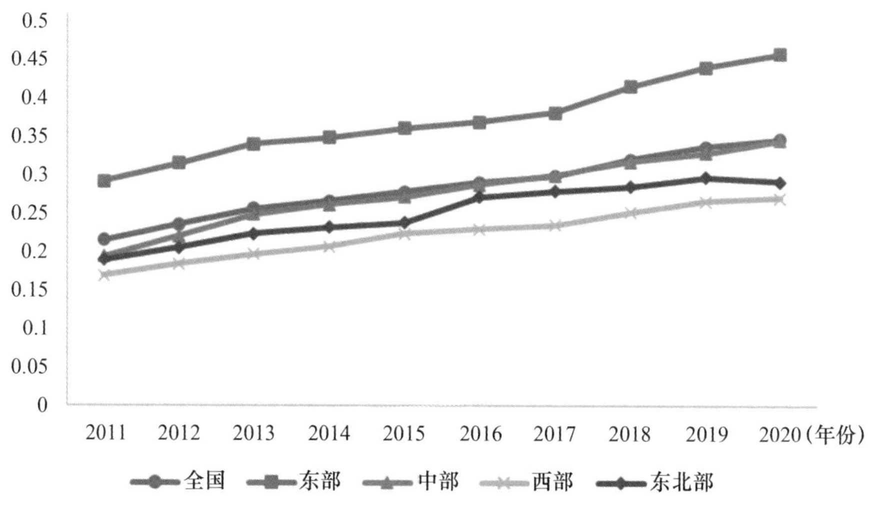

图 19－1　数字经济和实体经济融合水平发展趋势

由图 19－2 可知，整体来看，2012—2020 年间，中国数字经济和实体经济融合年均增长率为 5.47%，2012 年和 2013 年的增幅最大，增长率分别为 9.32% 和 8.69%，说明中国数字经济和实体经济融合发展逐年稳步增长，发展态势良好。对于为何 2012 年以后数字经济和实体经济融合增长率有明显的下降趋势，可能原因是数字经济和实体经济的融合遵守先易后难的进程，在融合初期，数字经济会优先和餐饮、住宿、交通等服务业融合，之后会逐步和工业和农业部门融合。但是，数字经济和工业及农业的融合难度要远高于服务业，因而，数字经济和实体经济的融合增长态势才会出现放缓的态势。

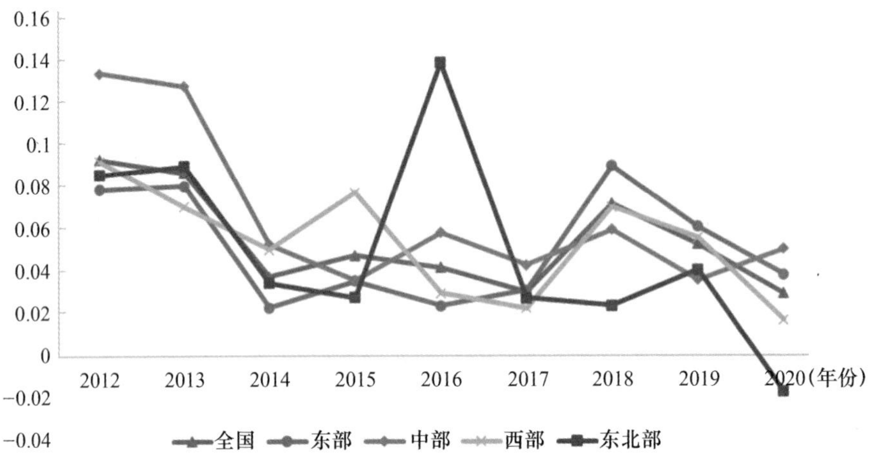

图 19－2 数字经济和实体经济融合年均增长率态势

分区域来看，在样本期内，东部地区、中部地区、东北地区和西部地区年均增长率分别为 5.14%、6.65%、5.02% 和 5.41%，说明中部地区数字经济和实体经济融合增长率最高，其他区域融合增长率介于 5%—5.5% 之间，并未出现较大差异。2015—2020 年，数字经济和实体经济融合增长率各区域之间增长趋势并不明显，各区域之间的增长差距也并不明显，可能原因是中国各区域数字经济和实体经济融合大多数省区市均处于融合初期，相互之间的发展差异还未显现出来。然而，东北地区数字经济和实体经济融合在 2020 年出现了负增长，可能的原因是数字产业、数字基础设施、人力资本和市场环境是数字经济和实体经济融合的重要驱动力。但是，近年来，东北三省数字基础设施发展较为薄弱，第二产业占比较高，新兴产业比重过低，产业数字化转型相对滞后，数字产业发展缓慢，导致短期内数字经济和实体经济融合出现了负增长趋势。

第四节 研究设计

一 变量说明

（一）被解释变量：绿色创新

已有研究通常使用绿色全要素生产率和绿色专利作为绿色创新的衡量指标。然而，由于绿色全要素生产率更突出绿色生产效率的高低，无法直接反映绿色创新水平。本研究借鉴主流文献的做法，使用绿色发明专利作为绿色创新的衡量指标，更能反映绿色创新水平的质量（艾永芳、孔涛，2021）。与此同时，本研究使用绿色实用新型专利作为绿色创新的另一个衡量指标，用于稳健性检验，以反映绿色创新的数量。

（二）核心解释变量：数字经济与实体经济融合

本研究使用熵值法和融合协调度模型对各省区市数字经济与实体经济融合水平进行测度，详细指标构建过程可参见本研究第二部分。

（三）机制变量

本研究选取的机制变量包括研发投入规模和技术市场交易规模（下文简称：技术市场）两个变量，其中，研发投入使用各省区市研发投入规模来衡量，技术市场使用技术市场成交额（亿元）来衡量。

（四）控制变量

为了对潜在影响绿色创新的因素加以控制，且考虑到变量间的潜在共线性，选择以下变量为控制变量：（1）电子商务，使用有电子商务企业占总企业的比重衡量，主要原因是电子商务是企业数字化转型程度的潜在表现，如果一个区域开展电子商务业务的企业比重越高，说明该区域企业的整体数字化水平越高。（2）城镇化，使用各省区市年末城市人口规模占总人口的比重来衡量。主要原因是提升城镇化水平会增强城市居民消费水平，会提高居民对绿色环境以及绿色产品的需求，这有利于从需求端倒逼企业开展绿色创新。（3）产业结构，使用第三产业产值与第二产业产值的比值来衡量，产业结构升级有利于促进清洁能源使用，逐渐往低能耗产业集聚，激发绿色创新活动。（4）污染治理，使用环境污染治理投资总额占财政支出的比重来衡量。如果一个区域提高环境污染治理占财政支出的比重，会相应降低政府的创新投入规模，这可能会对绿色创新活动造成不利影响（见表19－3）。

表19－3　变量描述性统计结果

变量类型	变量	样本数	均值	标准差	最小值	最大值
被解释变量	绿色创新	240	8.341	1.388	4.511	11.1661
核心变量	数实融合	240	0.298	0.116	0.114	0.766

续表

变量类型	变量	样本数	均值	标准差	最小值	最大值
机制变量	研发投入	240	14.424	1.351	11.083	17.034
机制变量	技术市场	240	4.814	1.969	-3.218	8.751
控制变量	电子商务	240	8.579	3.375	1.5	22.8
控制变量	城镇化	240	0.594	0.125	0.239	0.896
控制变量	产业结构	240	1.396	0.744	0.655	5.244
控制变量	污染治理	240	0.005	0.004	0.000	0.027

注：人均 GDP 数值较大，故对其进行取对数处理。

二 模型构建

（一）基准回归模型

本研究使用面板固定效应回归模型对数字经济与实体经济融合对绿色创新的影响进行实证检验，回归方程如下所示：

$$GD_{it} = \eta_0 + \eta_1 S_{it} + \eta_j Control_{it} + \delta_i + \varepsilon_{it} \tag{3}$$

其中，i 和 t 分别表示省区市和时间；DS_{it}表示 t 时期 i 省市自治区的数字经济与实体经济融合水平；GD_{it}表示 t 时期 i 省市自治区的绿色创新水平；$Control$ 表示控制变量向量；η_j 表示控制变量系数值向量；δ_i 表示未被观察到的省区市个体固定效应；ε_{it}表示随机扰动项；系数值 η_1 表示数字经济与实体经济融合对绿色创新的影响程度，如果该系数值大于 0，表示数字经济与实体经济融合有利于提升绿色创新水平。

（二）机制回归模型

为了实证检验数字经济与实体经济融合能否通过研发投入与技术市场促进绿色创新，本研究构建中介效应模型进行检验，回归方程如下所示：

$$media_{it} = \beta_0 + \beta_1 DS_{it} + \beta_j Control_{it} + \delta_i + \varepsilon_{it} \tag{4}$$

$$GD_{it} = \alpha_0 + \alpha_1 DS_{it} + \alpha_2 medot\alpha_{it} + \alpha_j Control_{it} + \delta_i + \varepsilon_{it} \tag{5}$$

其中，$media$ 表示机制变量，包括研发投入与技术市场，其他变量与符号含义与式（3）一致。如果系数值 η_1、β_1 和 α_1 在选定的置信水平上显著，表明研发投入和技术市场的中介效应显著，说明数字经济与实体经济融合可以通过研发投入和技术市场对绿色创新产生影响。

三　数据说明

在实证研究中，由于西藏地区绿色发明专利缺少，考虑到数据完整性，使用2013—2020年30个省市区面板数据进行研究。其中，本研究涉及指标来源于国家统计局网站、中国各期统计年鉴与各省区市统计年鉴。

第五节　实证结果分析

一　基准回归结果分析

本研究经过Hausman检验后发现使用面板固定效应模型进行估计更为科学。表19-4给出了基准模型的估计结果，第（1）列是未加入任何控制变量的回归结果，第（2）—（4）列是依次加入控制变量后的回归结果，在逐步回归的过程中，数字经济与实体经济融合对绿色创新的影响始终在1%的置信水平上显著为正，说明提高数字经济与实体经济的融合水平有利于促进绿色创新。数字经济与实体经济融合有利于对企业进行系统性的改造，不只是对企业绿色创新流程、组织结构和生产模式的简单升级，而是对全产业链的智能化与数字化协同升级，降低绿色创新企业内外部之间的信息不对称程度，有助于减少企业对绿色创新相关消息的隐瞒行为，从而提升整个绿色创新的信息透明度，提高企业绿色创新能力。与此同时，数字经济与实体经济的深度融合能够实现数据跨系统和跨行业的流动，形成丰富和规模庞大的数据要素，有利于促进企业开展绿色创新。此外，数字经济与实体经济融合是将企业内部不同部门、不同企业、不同行业，以及企业与消费者之间密切联系在一起，能有效降低企业绿色创新成本。因此，基本研究假说1得到验证。

表19-4　　基准模型回归结果

变量	（1）	（2）	（3）	（4）
数实融合	7.294***	4.534***	1.598***	1.592***
	（15.49）	（10.50）	（2.87）	（2.89）

续表

变量	(1)	(2)	(3)	(4)
电子商务		0.075*** (11.88)	0.053*** (7.51)	0.052*** (7.56)
城镇化			4.723*** (7.34)	3.971*** (5.64)
产业结构			0.164* (1.76)	0.161* (1.75)
污染治理				-12.878*** (-2.48)
常系数	6.160*** (43.40)	6.337*** (57.2)	4.361*** (15.79)	4.879*** (14.19)
样本数	240	240	240	240

注：括号内为基于稳健标准误计算的 t 值；***、**、* 分别表示 1%、5% 和 10% 的显著性水平。下表同，不再赘述。

二 机制回归结果分析

表 19-5 中给出了本研究机制回归结果。由表 19-5 中第（1）列可知，数字经济与实体经济融合对研发投入具有显著正向促进作用，且在 1% 的置信水平上显著，说明提高数字经济与实体经济融合有助于增大研发投入规模。由表 19-5 中第（2）列可知，数字经济与实体经济融合及研发投入对绿色创新都具有正向促进作用，且均在 1% 的置信水平上显著，说明研发投入的中介效应显著，表明数字经济与实体经济融合有助于增大研发投入规模，从而提高绿色创新水平。企业研发投入规模不足会表现为融资约束，而产生融资约束的根源是信息不对称，这不利于企业开展绿色创新。数字经济与实体经济融合将能够通过数字经济的技术优势降低金融机构与绿色创新企业之间，以及资本市场外部投资者与绿色创新企业之间的信息不对称程度，这有助于减少企业管理者对企业绿色创新项目相关信息的隐瞒行为，提高绿色创新市场的信息透明度，增强金融机构或外部投资者参与绿色研发项目的信心，以缓解绿色创新企业的融资约束，从而增大企业研发投入规模促进绿色创新。此外，数字经济与实体经济融合有利于增强企业内部不同部门之间绿色创新协同效

率，提高企业绿色创新资源的整合效率，从而提高研发投入规模促进绿色创新。因此，基本研究假说2得到验证。

由表19－5中第（3）列可知，数字经济与实体经济融合对技术市场具有显著正向促进作用，且在1%的置信水平上显著，说明数字经济与实体经济融合有助于增大技术市场交易规模。由表19－5中第（4）列可知，数字经济与实体经济融合及技术市场对绿色创新都具有正向促进作用，且均在1%的置信水平上显著，说明技术市场的中介效应显著，表明数字经济与实体经济融合有助于增大技术市场交易规模或交易活跃度，从而提高绿色创新水平。完善的技术市场交易机制可以提高绿色技术市场供给和需求之间的匹配度，提高要素配置效率，减少资源错配导致的损失和浪费。与此同时，数字经济与实体经济融合可以有效发挥数字平台经济模式的优势降低技术市场交易成本和提高市场活跃度，增强技术交易市场的竞争度，促进绿色创新生产要素的合理流动，减少技术市场扭曲导致的资源错配，促进企业绿色创新。因此，基本研究假说3得到验证。

表19－5　　机制回归结果

变量	(1)	(2)	(3)	(4)
	研发投入	绿色创新	技术市场	绿色创新
数实融合	3.902*** (10.30)	1.474*** (2.65)	11.051*** (7.78)	1.496*** (2.73)
研发投入		0.345*** (4.45)		
技术市场				0.105*** (4.06)
常系数	2.808*** (42.08)	2.236** (2.13)	3.629*** (3.80)	6.269*** (17.31)
其他变量	控制	控制	控制	控制
样本数	240	240	240	240

三 稳健性检验

为了检验数字经济与实体经济融合对绿色创新影响结果的稳健性，借鉴已有文献的做法，本研究使用以下两种方式进行稳健性检验（李成友等，2020）：首先，更换绿色创新的衡量指标。本研究进一步使用绿色新型实用专利获得数量作为绿色创新的衡量指标，回归结果如表 19 –6 中第（1）列所示，结果表明，在 1% 的置信水平上，数字经济与实体经济融合对绿色创新的影响仍然具有显著促进作用。其次，改变计量方法。在本研究实证过程中，可能存在反向因果关系与遗漏变量导致的内生性问题造成估计偏误。为了克服上述因素对回归结果的影响，本研究借鉴已有文献的做法，使用动态面板模型中的两步估计法进行回归（孙光林等，2023）。其中，第（2）列是使用动态面板回归差分 GMM 进行估计得到的结果，第（3）列是使用系统 GMM 进行估计得到的结果，回归结果均表明，在 1% 的置信水平上，数字经济与实体经济融合对绿色创新具有显著促进作用，再次表明本研究基准回归结果的稳健性。

表 19 –6　稳健性检验

变量	（1）	（2）	（3）
	面板固定效应模型	差分 GMM	系统 GMM
绿色创新滞后 1 期		0.286*** （10.53）	0.745*** （8.57）
数实融合	6.868*** （9.84）	2.169*** （5.69）	1.496*** （6.92）
常系数	9.171*** （15.64）	4.835*** （8.95）	2.838*** （6.36）
其他变量	控制	控制	控制
AR（2）		0.1509	0.7266
Sargan		0.1433	0.2589
样本数	240	240	240

四　区域异质效应

为了实证考察数字经济与实体经济融合对绿色创新影响的区域异质性。表 19－7 分别给出了东部、中部、西部和东北部地区子样本的回归结果，结果表明，在 1% 的置信水平上，数字经济与实体经济融合对东部和中部地区绿色创新具有显著促进作用，且对东部地区的影响要大于中部地区。然而，数字经济与实体经济融合对东北部地区和西部地区绿色创新的影响虽然为正，但回归结果并不显著。可能的原因是：一方面，数字经济与实体经济的融合并不是一蹴而就的，在不同产业之间存在先后次序，交通与餐饮等服务业会先于工业和农业进行融合，东部地区数字经济与实体经济的融合程度高于中部地区，而中部地区又高于东北部和西部地区，数字经济与实体经济融合程度越高，表明该区域企业的数字化程度越高，更能支持企业开展绿色创新活动。另一方面，数字产业、数字基础设施建设、人力资本与市场环境等是数字经济与实体经济融合对绿色创新发挥正向促进作用效果的重要因素，相对而言，东部和中部地区数字产业、人力资本与市场环境等外部条件更优，而东北部地区和西部地区数字产业发展和市场环境制度建设相对滞后，人才流失严重，这在一定程度上制约了数字经济与实体经济融合对绿色创新的作用。

表 19－7　　区域异质效应

变量	(1)	(2)	(3)	(4)
	东部地区	中部地区	西部地区	东北地区
数实融合	3.526***	3.301***	0.366	0.276
	(4.37)	(3.16)	(0.41)	(0.24)
其他变量	控制	控制	控制	控制

第六节　结论及政策建议

本研究基于中国 2011—2020 年省际面板数据，在测度数字经济与实体经济融合的基础上，在理论与实证双重层面考察了数字经济与实体经济融合对绿色创新的影响与作用机制。可以得到如下结论：首先，中国各省区市整体数字经济与实体经济融合水平较低，只有广东数字经济与实体经济处于高度融合状态，且中度融合水平仅有 4 个省市，分别为江苏、北京、浙江和山东，其他各省市区数字经济与实体经济融合均处于低度融合状态。其次，分区域来看，东部地区数字经济与实体经济融合水平高于全国均值，中部地区发展趋势与全国较为接近，东北部和西部地区数字经济与实体经济融合水平低于全国均值，排序依次是东部地区最高、中部地区次之，东北部地区和西部地区较低。最后，实证结论表明数字经济与实体经济融合对绿色创新具有显著正向影响，提高数字经济与实体经济融合水平有利于促进绿色创新。数字经济与实体经济融合可以通过增大研发支出和技术市场交易规模来促进绿色创新。此外，数字经济与实体经济融合对绿色创新的影响东部地区最高、中部地区次之，东北部地区和西部地区回归结果不显著。

根据本研究结论，可以得到如下政策启示：第一，进一步推进数字经济与实体经济融合发展。完善数据中心、光纤网络、5G 基站等数字基础设施建设，为产业数字化转型提供设施支撑；加强对企业数字化转型的政策引领，通过加大对企业数字化改造的技术、人才、资金支持力度，着力解决目前部分企业数字化转型的“不愿”“不敢”以及“不会”问题，提升企业数字化转型的积极性，引导企业生产设备数字化转型升级，提升节能增效水平。第二，绿色创新是实现绿色发展的关键，政策上要加强对企业绿色技术创新的激励机制，给予绿色创新企业一定的政策和资金支持，同时完善绿色技术创新成果奖励机制和知识产权保护机制；传统企业要积极与科研机构、高校进行合作推动绿色创新技术研发进程，培养自身绿色技术竞争优势，同时积极推动绿色技术从研发阶段转向高效应用阶段，将绿色技术和数字技术贯穿于生产、运输、销售的各个环节中，从中间环节提高生产效率，降低能耗水平和污染物排放水平。第三，健全绿色投融资机制，为绿色创新提供资金助力。引导各地金融机构积极研发符合当地特征的绿色债券、绿色信托、绿色租赁、绿色理财等差异化金融服务产品，进一步扩大绿色债券的发行规模和发行数量，为低碳产业、新能源产业绿色创新提供金融支持，发挥绿色金融对绿色创新的传导作用。第四，规范绿色技术市场制度建设，提高技术市场交易活跃度。要进一步完善以市场为导向的绿色技术创新体系，利用绿色技术转化市场机制推动各类创新主体竞相迸发，增强不同绿色创新主体之间的协同能力，以激发绿色技术创新市场活力，提高企业绿色创新能力。

参考文献

［1］艾永芳、孔涛：《区域大数据发展能促进企业绿色创新吗?》，《中南财经政法大学学报》2021 年第 6 期。

［2］江红莉、侯燕、蒋鹏程：《数字经济发展是促进还是抑制了企业实体投资——来自中国上市公司的经验证据》，《现代财经》（天津财经大学学报）2022 年第 5 期。

［3］姜松、孙玉鑫：《数字经济对实体经济影响效应的实证研究》，《科研管理》2020 年第 5 期。

［4］李成友、刘安然、袁洛琪、康传坤：《养老依赖、非农就业与中老年农户耕地租出——基于 CHARLS 三期面板数据分析》，《中国软科学》2020 年第 7 期。

［5］李青原、肖泽华：《异质性环境规制工具与企业绿色创新激励——来自上市企业绿色专利的证据》，《经济研究》2020 年第 9 期。

［6］李戎、刘璐茜：《绿色金融与企业绿色创新》，《武汉大学学报》（哲学社会科学版）2021 年第 6 期。

［7］刘定惠、杨永春：《区域经济—旅游—生态环境耦合协调度研究——以安徽省为例》，《长江流域资源与环境》2011 年第 7 期。

［8］刘晓欣、田恒：《中国经济从“脱实向虚”到“脱虚向实”——基于马克思主义政治经济学的分析视角》，《社会科学战线》2020 年第 8 期。

［9］刘耀彬、宋学锋：《城市化和生态环境耦合模式及其判别》，《地理科学》2005 年第 4 期。

［10］伦晓波、刘颜：《数字政府、数字经济与绿色技术创新》，《山西财经大学学报》2022 年第 4 期。

［11］史丹、孙光林：《大数据发展对制造业企业全要素生产率的影

响机理研究》，《财贸经济》2022 年第 9 期。

［12］宋德勇、朱文博、丁海：《企业数字化能否促进绿色技术创新？——基于重污染行业上市公司的考察》，《财经研究》2022 年第 4 期。

［13］孙光林、李婷、莫媛：《数字经济对中国农业全要素生产率的影响》，《经济与管理评论》2023 年第 1 期。

［14］田秀娟、李睿：《数字技术赋能实体经济转型发展——基于熊彼特内生增长理论的分析框架》，《管理世界》2022 年第 5 期。

［15］王锋正、陈方圆：《董事会治理、环境规制与绿色技术创新——基于我国重污染行业上市公司的实证检验》，《科学学研究》2018 年第 2 期。

［16］肖远飞、姜瑶：《数字经济对工业绿色生产效率的影响研究》，《现代管理科学》2021 年第 8 期。

［17］徐建中、贯君、林艳：《制度压力、高管环保意识与企业绿色创新实践——基于新制度主义理论和高阶理论视角》，《管理评论》2017 年第 9 期。

［18］张虎、韩爱华：《制造业与生产性服务业耦合能否促进空间协调——基于 285 个城市数据的检验》，《统计研究》2019 年第 1 期。

［19］张帅、吴珍玮、陆朝阳、张娜：《中国省域数字经济与实体经济融合的演变特征及驱动因素》，《经济地理》2022 年第 7 期。

［20］张昕蔚：《数字经济条件下的创新模式演化研究》，《经济学家》2019 年第 7 期。

［21］Rennings K.，“Redefining Innovation Economic Innovation Research and the Contribution from Ecological Economics”，*Ecological Economics*，Vol. 32，No. 2，2000.

［22］Kong T.，Sun R. J.，Sun G.，L.，and Song Y.，T.，“Effects of Digital Finance on Green Innovation considering Information Asymmetry：An Empirical Study Based on Chinese Listed Firms”，*Emerging Markets Finance and Trade*，Vol. 58，No. 15，2022.

［23］Li，D.，Y.，M. Zheng，C. C.，Cao，and Huang，M.，“The Impact of Legitimacy Pressure and Corporate Profitability on Green Innovation：

Evidence from China Top 100", *Journal of Cleaner Production*, Vol. 141, 2017.

[24] Zhang C., B., Zhou, and Tian X., "Political Connections and Green Innovation", *Journal of Business Research*, Vol. 146, 2022.

第二十章

数字经济、产业融合与绿色低碳发展

第一节　问题提出

在新一代信息技术革命的推动下，数字经济快速发展，成为拉动中国经济增长的新动能。2021 年，中国数字经济规模达 45.5 万亿元，占 GDP 比重为 39.8%。[①] 党的二十大报告指出“加快发展数字经济，促进数字经济与实体经济深度融合，打造有国际影响力的数字产业集群”，“资源环境约束趋紧、环境污染等问题突出”，“推动绿色发展、促进人与自然和谐共生”。然而，数字经济对绿色低碳发展的影响却是复杂的，一方面，数字经济打破了传统产业垂直一体化的空间分布状态，通过要素重组或生产环节重构冲破传统产业边界，形成“虚拟产业集聚”等产业融合新业态，对绿色低碳发展会产生积极效应（王如玉等，2018）；另一方面，与数字经济相关的一些基础设施是高耗能的，例如服务器，5G 基站等，这些设施正在成为重要的耗能设施，有可能增大温室气体排放量，对绿色低碳发展造成不利影响（陈晓红等，2021）。因此，数字经济与绿色低碳是中国当前经济发展的两个关键性问题，理论阐释与实证检验数字经济与绿色低碳发展之间的内在机理具有重要的学术价值与现实意义。

通过梳理已有研究文献，有以下几点发现：首先，已有研究只是片面分析数字经济与绿色低碳发展某一维度的关系。具体研究集中在以下三个方面：一是数字经济对碳排放与碳绩效等的影响。张争妍和李豫新

---

① 数据来源于《中国互联网发展报告（2022）》。

（2022）基于2013—2020年中国省际面板数据，实证发现数字经济与碳排放强度之间具有非线性的倒U型关系；Zhang等（2022）基于中国2011—2019年277个城市面板数据，发现数字经济发展提升了城市碳排放绩效，且数字经济主要通过降低能源消费强度和消费规模来抑制碳排放。二是数字经济对绿色生产率的影响（Wang et al.，2021）。王瑞荣和陈晓华（2022）认为数字经济发展有利于提升工业绿色全要素生产率；Li等（2021）认为数字经济有利于促进技术创新与提升绿色生产效率。三是数字经济对能效提升的影响。Wu等（2021）基于中国2011—2018年196个城市面板数据，实证发现互联网发展有助于节能与提高能源利用效率。李涛和沙玮华（2022）发现数字经济发展能有效提升能源效率，且数字经济对能效的推动作用呈东西中区域递减效应。其次，已有研究从理论方面阐述了数字经济对产业融合的影响，却较少文献从产业融合角度解释数字经济与绿色低碳发展之间的理论内涵。例如，陈冬梅等（2020）认为，数字技术能够有效降低企业间的空间距离，以物联网的形式促进产业数字化巩固产业协调能力，通过产业融合形成新的价值点。黄浩等（2020）认为，互联网企业可以借助独有的信息资源整合产业链业务。杨飞和范从来（2020）认为，从新模式与新业态角度来看，数字经济与传统产业的融合形成了共享经济与无人经济等。裴丹和江飞涛（2021）指出数字经济对创新的提升作用是通过产业融合引领的。

绿色低碳发展是生态文明理念的基本内涵，是践行新发展理念、实现生态文明的主要途径之一，随着中国数字经济的快速发展，如何借助数字经济促进绿色低碳发展成为当前政策层与学术界关注的热点问题。鉴于此，本书在构建数字经济、产业融合与绿色低碳发展理论分析框架的基础上，从直接效应、作用机制与异质效应等多个方面实证检验了数字经济、产业融合与绿色低碳发展之间的内在联系。

第二节 理论分析与研究假说

数字经济对绿色低碳发展的影响表现在直接效应与作用机制两个方面。在直接效应方面，数字经济主要通过数字产业化和产业数字化影响绿色低碳发展，作用机制主要通过效率改善、制造业与生产性服务业融合以及消耗电力对绿色低碳发展产生影响。

一 数字经济对绿色低碳发展的直接效应

数字产业化是数字经济的基础部分，包括计算机、通信、信息传输和软件信息技术服务业等，强调的是数字技术相关产业的内部融合。换言之，数字技术融合是推动数字产业内部融合的核心动力源泉，对绿色低碳发展会产生促进作用。具体来看：数字技术在降低数据信息处理成本，提高信息传递速度方面具有显著优势（许恒等，2020），有利于提升劳动、资本与能源等要素之间的协同效率，精确配置要素资源，减少能源消耗，促进绿色低碳发展（蔡跃洲、马文君，2021）。数字技术使企业创新打破了传统知识积累到应用的线性链条发展规律，不同阶段的创新边界变得模糊，不同产业链环节的创新主体合作与共享更加高效，企业服务与产品创新更加灵活多样，有利于提高企业创新的要素使用效率，减少资源错配，促进绿色低碳发展（Tang et al.，2021；陈晓红等，2022）。此外，数字技术可以对绿色低碳发展相关数据进行分析，挖掘不同行业企业绿色低碳发展的规律，以优化不同产业未来绿色低碳发展的路径，有助于相关部门更好地监管污染物以及碳排放，从而提升绿色低碳发展水平（陈晓东、杨晓霞，2021）。

产业数字化是指传统产业利用数字技术进行的数字化转型，是传统产业利用数据要素与数字技术带来的效率提升与产出增加（李腾等，2021）。产业数字化是传统产业利用数字技术进行产业融合的过程，这种融合渗透能够形成产业集聚效应与产业结构升级效应，有利于提升绿色低碳发展水平（郭美晨、杜传忠，2019）。事实上，产业链上下游企业的空间垂直分布是传统产业的核心形态，数字经济发展彻底打破了传统产业的空间形态与边界，提升了传统产业间的融合水平，能有效减少库存与产能过剩等导致的资源浪费以及要素错配，提高绿色低碳发展水平（Ren et al.，2021）。例如，区块链等数字技术拉近了传统产业间的空间距离，重构了生产环节，有助于不同产业的“跨界经营”，通过产业融合形成新的价值增长点（陈冬梅等，2020）。王如玉等（2018）基于数字技术与实体经济的融合提出产业“虚拟集聚”的概念，认为数字技术打破了传统产业对地理空间的依赖，在数字虚拟空间形成新的更为紧密的联系，是一种线上与线下产业虚拟集聚的新业态。王洪庆和郝雯雯（2022）认为产业集聚有利于提高绿色创新效率，提升绿色低碳发展水平。与此同时，数字经济通过产业融合效应促进产业结构升级，由此产生的新业态与新产品层出不穷，有利于提高产业附加值，改善传统高污染、高排放和高能耗的经济发展模式，促进绿色低碳发展（陈晓东、杨晓霞，2021）。因此，本章提出：

H1：数字经济有利于促进绿色低碳发展。

二　数字经济影响绿色低碳发展的理论机制

产业融合是技术与商业模式互动的结果。一方面，技术通常具有较强的渗透性与倍增性，可以无摩擦地渗透到传统产业中，提高传统产业生产效率。数字经济时代形成了以数字技术为载体的产业新模式，传统产业能借助数字技术促进自身转型升级，逐渐形成以数字技术扩散为主线的产业融合。另一方面，生产服务模式创新是数字经济促进产业融合的另一个重要途径。因此，选取效率改善，以及制造业与生产性服务业融合两个路径理论分析数字经济影响绿色低碳发展的作用机制。此外，数字经济自身需要消耗大量的电力，为此，还将电力消耗作为机制变量。

（一）两业融合在数字经济影响绿色低碳发展过程中的机制分析①

两业融合通常是指制造业与生产性服务业融合，两业融合是产业融合的重要表现，但是，中国制造业企业中开展服务性制造的比例只有27.9%，远低于欧美发达国家（赵宸宇等，2021）。促进绿色低碳发展必须使制造业突破“低端锁定”，大力发展服务型制造业。

数字经济发展有利于推动制造业与服务业融合。首先，数字经济提高了制造业精细化和精准化产业分工，有利于将制造业与服务业原本独立的价值链，部分或完全融合创造出新的价值链（Brondi et al.，2018）。一方面，数字经济通过两业融合能有效缩短生产迂回的链条，

---

① 《2019年全球数字化转型收益报告》显示，部署数字技术平台的企业能耗平均降幅为24%，能源消费成本平均降低28%。

提高产业间的交易效率，优化制造业与服务业不同产业间的配合度与协调度，制造业可以将专业化程度较低的生产性服务性业务转移给更高效的专业服务商，缓解产业要素错配，提升资源利用效率，促进绿色低碳发展（孙光林等，2021）。另一方面，数字经济时代市场需求信息丰富使传统制造业大规模与标准化生产向个性化与灵活化服务性生产模式转变，以满足消费者的个性化需求，有助于提高制造业产品生产与市场需求的匹配度，从而使传统制造业由高投入、高能耗和高污染发展模式向绿色低碳集约式发展模式转变（韩民春、袁瀚坤，2020）。其次，数字经济通过平台化协同等新模式提升两业融合水平，促进绿色低碳发展。数字经济平台化生态系统使制造业产业链由下游向上游扩张，制造业企业外围的市场营销与产品服务环节向内部研发设计与加工等环节扩张，提高了制造业对生产性服务的需求，在此基础上，通过制造业与服务业产业高级化与合理化推动生产性服务业高质量发展来降低碳与污染物排放（葛立宇等，2022）。制造业与生产性服务业融合可以将制造业更多资源投入技术创新和产品设计等专业领域，即在产业融合过程中减少制造业资源消耗、碳和污染物排放以获得更高的生产效率与经营效益，推动绿色低碳发展（韦庄禹，2022）。由此，基于以上理论分析，本章提出：

H2：数字经济可以通过提升两业融合水平促进绿色低碳发展。

（二）效率改善在数字经济影响绿色低碳发展过程中的机制分析

技术创新是产业融合的必然结果，又是绿色低碳发展的核心动力。数字经济是继农业经济、工业经济之后的新经济形态，数据要素与数字技术是数字经济的典型特征（陈晓红等，2022）。数字经济可以通过影响全要素生产率促进绿色低碳发展。具体来看，首先，数字技术是关联性较强的技术，能够无摩擦地渗透或扩散到其他产业中，倒逼传统生产关系向数字化生产关系转变，突破传统生产关系空间和时间的限制，降低传统产业的生产成本和改变原有产业的服务内容与形式，从而提高生产供给与需求之间的匹配效率，通过改善全要素生产率促进绿色低碳发展（荆文君、孙宝文，2019）。其次，人工智能、大数据与区块链技术等有利于传统产业技术升级，通过提高生产要素流动效率与降低交易成本提升全要素生产率。例如，在农业方面，数字经济有助于升级传统农业生产模式（温涛、陈一明，2020）。数字技术能够及时跟踪农业的生产流程，对农业生产过程中的农药和化肥等投入要素进行精准控制，有效降低农业资源损耗促进农业绿色低碳发展。就工业发展而言，数字经济有利于促进工业企业智能化与数字化改造，朝环保与节能方向发展（王文，2020）。此外，数字经济产生的数据要素具有易传播、高流动、可渗透与可复制等特征，使生产要素变得更加丰富，与资本和劳动传统要素具有较强的融合能力，有利于淘汰或替代低端价值链中污染和耗能较重的产业，降低资源消耗促进绿色低碳发展（史丹、孙光林，2022）。最后，数字经济消费市场对产品和服务的多样化需求被彻底激发出来，由此产生的范围经济和规模经济有利于提高全要素生产率（Hukal et al.，2020）。一方面，企业为了满足消费者多样化的市场需求，会主动通过技术创新尽可能为消费者提供多样化的产品与服务。另一方面，市场多样化的服务与产品需求也为中小企业生存提供了空间，有利于中小企业产品设计与商业模式创新。由此，基于以上理论分析，本章提出：

H3：数字经济可以通过提升全要素生产率促进绿色低碳发展。

（三）电力消耗在数字经济影响绿色低碳发展过程中的机制分析

数字经济是在数字技术的赋能下先形成数字产业，随着数字经济与工业等传统产业的不断融合，再通过促进传统产业的数字化转型来实现传统产业数字化。因此，数字经济在不同的发展阶段对电力消耗会表现出不同的特征。在数字经济发展初期，需要大力推进数字经济基础设施建设，电信设备、软件与信息服务等产业是数字基础设施建设的核心，属于高电力密集型产业。同时，数据的存储、传递和处理等过程都需要消耗大量的电能，仅数字经济相关产业数据中心的电力消耗总量就占据全球电力总耗能的3%，[①] 而中国2018年数据中心耗能相当于三峡大坝的全年发电量（洪竞科等，2021）。因此，在数字经济发展初期，电信产业和数据中心等高耗能基础设备的建设会增大电力消耗。

随着数字经济发展迈入成熟期，数字技术会被广泛应用于其他产业，

---

① 数据来源：《全球信息社会蓝皮书：全球信息社会发展报告（2021）》，https://www.pishu.cn/zxzx/xwdt/574296.shtml。

通过提高传统产业的信息化与智能化水平来提升能源利用效率，从而降低其他产业的电力消耗。换言之，数字经济发展促进了物联网、人工智能与云计算等数字技术的应用，有利于提高能源管理水平，节约能源将贯穿于产品设计、生产、使用与回收等整个产业链，从而降低能耗与改善能源要素配置效率，促进绿色低碳发展（陈晓红等，2021）。例如，人工智能可以对未来绿色低碳发展的不同情境进行智能分析，为实现电力的高效利用提供了可能，有助于降低电力消耗，促进绿色低碳发展。区块链技术的“去中心化、透明安全、不可篡改与信息可溯”等优势有助于更好地监管各产业链电力消耗，实现各产业链整体电力优化，提升企业绿色低碳发展水平（李少林、冯亚飞，2021）。因此，随着数字经济与其他产业的融合发展，数字经济对其他产业带来的边际溢出效应会超过自身新增的电力消耗，电力消耗规模将达到一个拐点。葛立宇等（2022）发现数字经济与碳排放之间具有倒 U 型的关系，数字经济发展初期会增大碳排放，数字经济发展迈入成熟期以后会降低碳排放。因此，基于以上理论分析，本章提出：

H4：数字经济可以通过电力消耗影响绿色低碳发展，这一过程中电力消耗会呈现出先增大后降低的倒 U 型特征。

第三节 研究设计

一 模型构建

本书旨在研究数字经济对绿色低碳发展的影响，为了验证基本研究假说 H1，构建的基准计量模型如下：

$$glc_{it} = \alpha_0 + \alpha_1 dige_{it} + \beta X_{it} + \lambda_i + \varepsilon_{it} \tag{1}$$

其中，glc_{it}表示 i 省区市 t 时期的绿色低碳发展水平；$dige_{it}$表示 i 省区市 t 时期的数字经济发展水平；β 表示控制变量系数值向量；X_{it}表示控制变量向量；λ_i 表示无法观测到的省区市个体固定效应；ε_{it}表示回归过程中存在的随机扰动项。α_1 系数值是重点关注的系数值，如果在置信水平上 $\alpha_1 > 0$，表示数字经济能促进绿色低碳发展。

方程（1）是为了检验数字经济对绿色低碳发展的直接影响，为了进一步实证考察数字经济对绿色低碳发展的作用机制，构建的机制回归模型如下：

$$media_{it} = \eta_0 + \eta 1 dige_{it} + \beta X_{it}\lambda_i + \varepsilon_{it} \tag{2}$$

$$glc_{it} = \gamma_0 + \gamma_1 dige_{it} + \gamma_2 media_{it} + \beta X_{it} + \lambda_i + \varepsilon_{it} \tag{3}$$

其中，*media* 表示机制变量，分别为两业融合、全要素生产率与电力消耗，其他符号与方程式（1）一致。在回归结果中，如果系数值 η_1、γ_1 和 γ_2 在置信水平上显著，说明数字经济可以通过机制变量对绿色低碳发展产生显著影响。

二　变量说明

（一）被解释变量：绿色低碳发展

具体构建过程及结果请参照本书绿色低碳发展指标构建与测度结果相关章节。

（二）核心解释变量：数字经济

在借鉴已有文献的基础上（如王军等，2021），根据本书的研究思路，从数字经济基础设施、数字产业化和产业数字化三个维度选择合适的指标，使用熵值法对省际数字经济发展水平进行测度，以综合反映数字经济发展的基础设施和数字产业融合度等。二级维度指标共选取 8 个，分别为反映数字经济发展的传统基础设施和新型数字基础设施，反映数字产业化的产业规模和产业种类，反映产业数字化的有农业数字化、工业数字化及服务业数字化。由于数字经济测度方法与绿色低碳发展一致，具体构成过程不再赘述。具体选取的指标如表 20－1 所示。

表 20－1　　数字经济测度指标体系

指标		变量	单位	属性
数字经济发展基础设施	传统基础设施	互联网宽带接入端口	万个	正向
		互联网接入用户数	万户	正向
		每千人拥有域名数	万个	正向
		每千人拥有网站数	万个	正向
	新型数字基础设施	数字产业固定资产投资总量	亿元	正向
		移动电话基站数	万个	正向

续表

指标		变量	单位	属性
数字产业化	产业规模	电信业务总量规模	亿元	正向
		软件产品收入总量	亿元	正向
		信息技术服务收入总量	亿元	正向
	产业种类	电子及通信设备制造业的企业数	个	正向
	产业创新	数字产业 R&D 人员	人	正向
		数字产业 R&D 内部经费投入	亿元	正向
产业数字化	农业	农村接入宽带数	万户	正向
		农产品电子商务额	亿元	正向
	工业	工业企业每百人使用计算机数	台	正向
		工业企业电子商务交易额	亿元	正向
	服务业	有电子商务交易活动企业比重	%	正向
		数字产业的劳动力就业人数	万人	正向

从表 20－2 的测度结果可以看出，中国数字经济发展水平在时空上具有显著的异质性。从整体上看，中国数字经济发展水平均值从 2013 年的 0.1167 增长至 2019 年的 0.2429，年均增长率达 13.3%，分省来看，各省区市也处于稳步增长的趋势。全国 31 个省市自治区中有 12 个数字经济发展水平高于全国平均水平，其中，除湖北、安徽和四川外，其余 9 个省市均位于东部地区。这表明东部地区在数字经济发展方面处于领先地位，这与中国区域经济增长水平相符。与此同时，全国有 18 个省市区数字经济发展水平低于全国平均水平。这意味着中国数字经济发展存在着两极分化的态势，绝大部分地区的数字经济发展水平还相对较低。数字经济发展最为突出的是广东、江苏和北京。首先，作为中国开放程度最高、经济活力最强的省市之一，广东制造业资源丰富，在软件开发领域，广东拥有庞大数量的独立软件开发商。统计数据显示，2017 年以来，广东数字经济总量连续三年位居全国第一，产业数字经济融合方面更是以 40% 的占比领跑全国。其次，北京作为首都，第三产业占比是全国最高的省区市之一，其中，信息相关产业占比较高，这是北京发展数字经济的先天优势，且北京正在全力推进建设全球数字经济标杆城市，其间发布的各项促进数字经济创新发展的行动纲要均围绕着基础设施建设、数

字产业化、数字贸易发展等进行，这有助于加快数字经济发展。对于江苏而言，江苏拥有坚实的制造业和实体经济基础，且信息通信基础设施等主要指标全国领先，在数字化、网络化与智能化等方面均取得了不错成绩，数字经济产业发展整体较好。

表 20－2　　数字经济测度结果

排序	省区市	均值	排序	省区市	均值
1	广东	0.560	16	贵州	0.138
2	江苏	0.426	17	海南	0.137
3	北京	0.403	18	江西	0.134
4	浙江	0.326	19	重庆	0.133
5	山东	0.288	20	天津	0.132
6	上海	0.257	21	云南	0.131
7	四川	0.247	22	黑龙江	0.114
8	福建	0.236	23	广西	0.114
9	湖南	0.194	24	吉林	0.109
10	安徽	0.191	25	内蒙古	0.103
11	河北	0.187	26	山西	0.099
12	湖北	0.186	27	甘肃	0.096
13	河南	0.185	28	新疆	0.089
14	陕西	0.171	29	青海	0.086
15	辽宁	0.165	30	宁夏	0.085

（三）机制变量

1. 两业融合

（1）测度方法

本书对制造业与生产性服务业融合的测度分两个阶段，在第一阶段先使用熵权法测度制造业与生产性服务业的综合发展水平。然后，再使用耦合协调模型对两业融合水平进行测度，将重点对耦合协调过程进行介绍。

耦合协调模式是指两个或以上不同系统之间相互协调或融合发展的程度。因此，构建制造业与生产性服务业融合水平测度方程如下：

$$C_{ds}^{t} = \frac{2\sqrt{u_{d}^{t} \times u_{s}^{t}}}{(u_{d}^{t} + U_{s}^{t})} \tag{4}$$

其中，C_{ds}^{t}表示第 t 期制造业与生产性服务业的融合水平，u_{d}^{t} 表示制造业第 t 期的综合发展水平，u_{s}^{t} 表示生产性服务业第 t 期的发展水平。如果个别省区市制造业与生产性服务业都较低的情况下式（4）会导致融合值测度较高的伪结果，因此，在式（4）的基础上，构建制造业与生产性服务业的耦合度模型为：

$$D_{ds}^{t}=\sqrt{C_{ds}^{t}\times T_{ds}^{t}},\ T_{ds}^{t}=\alpha u_{d}^{t}+\beta u_{s}^{t} \tag{5}$$

在式（5）中，D_{ds}^{t}表第 t 年制造业和生产性服务业的融合水平。通常按照以下分类划分融合度的层次（刘耀彬和宋学锋，2005）：①当 $0<D\leqslant 0.4$ 时，低度融合；②当 $0.4<D\leqslant 0.5$ 时，中度融合；③当 $0.5<D\leqslant 0.8$ 时，高度融合；④当 $0.8<D\leqslant 1$ 时，极度融合。

（2）指标构建

两业融合主要是基于制造业和生产性服务业在发展过程中产业规模上具有的适应性、产业结构上的配套性、空间区位上具有的协同性以及发展潜力上应有的匹配性，在产业规模、产业结构、区位优势和发展潜力四个方面构建制造业与生产性服务业产业融合的指标评价体系，具体可参见表 20－3。其中，在借鉴已有研究的基础上，对生产性服务业界定为以下七个行业：批发和零售业（零售业更多的属于生活性服务业，但数据难以剥离，故将该数据考虑在内），交通运输、仓储和邮政业，信息运输、软件和信息技术服务业，金融业，房地产业，租赁和商务服务业，科学研究和技术服务业（张虎、韩爱华，2019；李琳、赵桁，2021）。制造业则是根据《国民经济行业分类》中的分类标准，使用工业中除去采矿业，电力、燃气及水的生产和供应业以外的行业衡量。

表 20－3　两业融合测度指标体系

	一级指标	二级指标	计算方法
制造业	产业规模	就业人数	制造业就业人数
		固定资产投资额	制造业固定资产投资额
		产业产值	制造业工业产值

续表

	一级指标	二级指标	计算方法
制造业	产业结构	产值比例	制造业产值/第二产业总产值
		就业人数比例	制造业就业人数/第二产业就业人数
		固定资产比例	制造业固定资产投资额/第二产业固定资产投资额
	区位优势	区位商	（地区制造业产值/地区第二产业产值）/（全国制造业产值/全国第二产业产值）
	发展潜力	产值增长率	（制造业增加值 - 前一年制造业增加值）/前一年制造业增加值
		固定资产投资增长率	（当年固定资产投资额 - 前一年固定资产投资额）/前一年固定资产投资额
		就业人数增长率	（当年从业人员数 - 前一年从业人员数）/前一年从业人员数
生产性服务业	产业规模	就业人数	生产性服务业就业人数
		产业增加值	生产性服务业增加值
		固定资产投资额	生产性服务业固定资产投资额
	产业结构	增加值比例	生产性服务业增加值/第三产业增加值
		就业人数比例	生产性服务业就业人数/第三产业就业人数
		固定资产投资比重	生产性服务业固定资产投资额/第三产业固定资产投资额
	区位优势	区位商	（地区生产性服务业增加值/地区第三产业增加值）/（全国生产性服务业增加值/全国第三产业增加值）
	发展潜力	就业人数增长率	（当年从业人员数 - 前一年从业人员数）/前一年从业人员数
		增加值的增长率	（当年行业增加值 - 前一年行业增加值）/前一年行业增加值
		固定资产投资增长率	（当年固定资产投资额 - 前一年固定资产投资额）/前一年固定资产投资额

（3）测度结果分析

本书基于耦联评价模型对中国省际层面制造业与生产性服务业融合

水平（简称“两业”融合）进行测度，各省区市在样本期内的算术均值如表20－4所示。从整体来看，中国各省区市的两业融合水平并不高，只有广东高于0.5，根据融合状态划分，只有广东、江苏和北京三个省市处于中度融合状态，其他省区市均处于低度融合状态。从发展趋势上来看，在样本期内，各省区市两业融合水平呈现上升趋势。其中，两业融合水平排名前5名的省市分别是广东、江苏、北京、浙江和山东，均处于东部地区省市，表明制造业与生产性服务业产业融合水平排名靠前的省市都集中在京津冀、珠三角和长三角经济发达区域。而两业融合较低的5个省市区分别是山西、甘肃、新疆、青海和宁夏，除山西省位于中部地区以外，其余四个省区市均集中在西部欠发达地区，表明中国制造业与生产性服务业产业融合水平分布具有区域不平衡性。

表20－4　　制造业与生产性服务业融合测度结果

排序	省区市	均值	融合水平	排序	省区市	均值	融合水平
1	广东	0.560	中度融合	16	海南	0.138	低度融合
2	江苏	0.426	中度融合	17	贵州	0.138	低度融合
3	北京	0.403	中度融合	18	江西	0.134	低度融合
4	浙江	0.326	低度融合	19	重庆	0.133	低度融合
5	山东	0.288	低度融合	20	天津	0.132	低度融合
6	上海	0.257	低度融合	21	云南	0.131	低度融合
7	四川	0.247	低度融合	22	黑龙江	0.114	低度融合
8	福建	0.235	低度融合	23	广西	0.113	低度融合
9	湖南	0.194	低度融合	24	吉林	0.108	低度融合
10	安徽	0.191	低度融合	25	内蒙古	0.103	低度融合
11	河北	0.188	低度融合	26	山西	0.099	低度融合
12	湖北	0.186	低度融合	27	甘肃	0.096	低度融合
13	河南	0.185	低度融合	28	新疆	0.087	低度融合
14	陕西	0.171	低度融合	29	青海	0.086	低度融合
15	辽宁	0.165	低度融合	30	宁夏	0.085	低度融合

2. 全要素生产率

借鉴主流文献的做法，基于DEA模型的Malmquist指数方法测度省际层面全要素生产率。产出指标为省际层面地区生产总值，以 2013 年为基期利用 CPI 去除通货膨胀的影响。投入指标分为劳动力和资本要素投入，其中，劳动要素使用各省区市年末从业人数衡量，资本要素投入使用永续盘存法进行估算（单豪杰，2008）。

3. 电力消耗

使用各省区市电力消耗总量的对数值来衡量。

（四）控制变量

选取以下变量作为控制变量：政府支出（*gov*），使用一般公共预算支出占 GDP 比重衡量；城镇化水平（*city*），使用年末城镇人口占总人口的比重来衡量；国有经济占比（*sf*），使用国有企业经济规模占 GDP 的比重衡量；环境治理强度（*poll*），采用各省市环境污染治理支出规模占 GDP 的比重来衡量。

三　数据来源

本章数据来源于国家统计局官网、中国信息通信研究院以及工业和信息化相关研究报告、各省份历年统计年鉴《中国统计年鉴》《中国信息年鉴》《中国信息产业年鉴》《中国固定资产投资数据库》与 EPS 数据库。

第四节　实证结果分析

一　基准回归结果分析

对于采用何种回归方法，借鉴韩先锋等（2019）的做法，经 Hausman 检验以后，发现使用固定效应模型更为有效。同时，进一步采用聚类标准误，以使回归结果更加稳健。表 20－5 给出了数字经济对绿色低碳发展直接效应的回归结果，第（1）列是未加控制变量的回归结果，第（2）和（3）列分别是加入部分和全部控制变量的回归结果，结果表明，在第（1）、（2）和（3）列中，数字经济的系数值分别为 0. 269、0. 256 和 0. 258，均在 1% 的置信水平上显著为正，且逐步回归过程中，系数值大小未出现明显差异，说明数字经济对绿色低碳发展具有显著正向影响，提升数字经济发展水平有利于促进绿色低碳发展。究其原因，一方面，数字经济时代的典型特征是数据作为一种新的要素被纳入要素结构体系，数据要素与劳动、能源和资本等传统要素具有高度的融合性，数据要素能够发挥其倍增效应提高传统要素配置效率，促进绿色低碳发展。另一方面，数字技术是数字经济发展的基础，大数据与人工智能等数字技术能够改善消费者、生产者和监管者三方的信息不对称程度，能更有效地实现产品生产与需求的对接，优化资源配置，减少污染物排放。与此同时，数字经济能够降低能源消耗和改善能源结构以及二氧化碳排放（Zhang et al.，2022）。

表 20－5 中第（4）（5）（6）列分别是数字经济基础设施、数字产业化和产业数字化对绿色低碳发展的影响。结果表明，在 1% 的置信水平上，数字经济基础设施、数字产业化和产业数字化均对绿色低碳发展具有显著正向影响，表明数字经济对绿色低碳发展的促进作用是通过数字基础设施、数字产业化和产业数字化共同影响。究其原因，数字基础设施为数字产业化和产业数字化发挥绿色效应奠定了基础，数字基础设施对绿色低碳发展的促进效应主要通过支撑数字产业化和产业数字化来实现。数字产业是技术密集型产业，显著特征是高效率与低污染，数字产业化通过产业结构优化效应使传统劳动密集型和资本密集型产业朝更加高效与绿色的方向发展，有利于实现经济集约化和绿色化更高质量的发展目标。产业数字化主要通过产业融合效应促进绿色低碳发展。一方面，产业数字化打破了传统产业边界，产业渗透和融合催生出一系列新产业与新业态，为绿色低碳发展提供了契机。另一方面，产业数字化另一个新的经济现象是催生以需求为核心的匹配模式，消费者的需求信息被收集后反馈给生产企业，实现了企业与消费者的精准对接（戚聿东、肖旭，2020），这种新需求供给模式会推动传统产业持续优化，赋能绿色发展。

因此，综上所述，基本研究假说 H1 得到验证，经验证据验证了数字经济有利于促进绿色低碳发展的观点。

表 20－5　　基准实证回归结果

变量	（1）	（2）	（3）	（4）	（5）	（6）
dige	0.269*** （8.76）	0.256*** （8.40）	0.258*** （5.66）			

续表

变量	(1)	(2)	(3)	(4)	(5)	(6)
dige1				0. 889 *** (5. 03)		
dige2					0. 299 *** (3. 56)	
dige3						1. 335 *** (4. 21)
gov		-3. 794 *** (-3. 01)	-3. 316 ** (-2. 64)	-2. 559 ** (-2. 10)	-3. 307 ** (-2. 61)	-3. 012 *** (2. 71)
poll		0. 031 (1. 24)	0. 065 ** (2. 46)	0. 073 *** (2. 87)	0. 057 ** (2. 13)	0. 075 *** (2. 87)
sf			-0. 199 * (-1. 64)	-0. 197 * (-1. 68)	-0. 165 (-1. 34)	-0. 176 (-1. 46)
city			0. 007 ** (1. 98)	0. 007 ** (2. 10)	0. 007 * (1. 89)	0. 007 ** (2. 06)
cons	0. 207 *** (33. 84)	-0. 063 (-0. 46)	-0. 101 (-0. 61)	-0. 099 (-0. 65)	-0. 132 (-0. 81)	-0. 075 (-0. 46)
R^2	0. 548	0. 368	0. 315	0. 301	0. 315	0. 367
观测值	210	210	210	210	210	210

注：***、**、* 分别表示在 1%、5%、10% 的置信水平上显著；括号内数值为聚类标准误。下表同。

二　机制回归结果分析

（一）两业融合机制回归结果

由表 20 - 6 第（1）列可知，数字经济对两业融合具有显著正向影响，在 1% 的置信水平上显著为正，说明数字经济发展有利于促进制造业与生产性服务业融合。由表 20 - 6 第（2）列可知，数字经济与两业融合对绿色低碳发展均具有显著正向影响，说明两业融合的机制效应显著，数字经济可以通过提升制造业与生产性服务业融合水平促进绿色低碳发展。究其原因，数字经济拓展了数字技术在制造业领域的应用范围，制造业企业可以利用移动终端和社交软件等开展在线检测、系统集成与信息咨询等生产性服务业。与此同时，数字经济所包含的数据要素与制造业传统要素融合有利于其开展创新活动，通过技术创新提升制造业绿色生产效率，促进绿色低碳发展。

（二）全要素生产率机制回归结果

由表20－6第（3）列可知，数字经济对全要素生产率具有显著正向影响，在5%的置信水平上显著，说明数字经济发展有利于改善全要素生产率。由表20－6第（4）列可知，数字经济和全要素生产率对绿色低碳发展均具有显著正向影响，且均在1%的置信水平上显著为正，说明全要素生产率机制效应显著，数字经济可以通过提升全要素生产率促进绿色低碳发展。究其原因，数字经济能降低企业创新各环节信息不对称的程度，不仅能够打破信息壁垒对企业绿色创新的抑制作用，还可以使企业从市场及时获取消费者对低碳产品的需求信息，这有利于提升企业绿色创新能力，改善全要素生产率。与此同时，数字经济也有利于降低企业与金融机构间的信息不对称程度，缓解企业遭受的融资约束，企业能够获取更多的资本支持，有助于激励企业进行创新以提升全要素生产率，促进绿色低碳发展。

表20－6　两业融合与全要素生产率机制回归结果

变量	(1)	(2)	(3)	(4)
	两业融合	绿色低碳发展	*TFP*	绿色低碳发展
dige	0.148*** (3.10)	0.156*** (2.97)	0.248** (2.12)	0.155*** (3.22)
rh		0.176* (1.85)		
TFP				0.132*** (3.47)
cons	0.767*** (4.86)	−0.280* (−1.74)	0.387 (1.00)	−0.152 (−0.96)
其他变量	控制	控制	控制	控制
观测值	210	210	210	210

（三）电力消耗机制回归结果

表 20－7 第（1）和（2）列给出了电力消耗的机制效应回归结果。由表 20－7 第（1）列可知，在 1% 的置信水平上，数字经济对电力消耗的非线性影响是显著的，数字经济对电力消耗的影响呈现先增大后减小的倒 U 型特征。由表 20－7 第（2）列可知，数字经济对绿色低碳发展具有正向显著影响，电力消耗对绿色低碳发展具有显著负向影响，说明电力消耗的机制效应显著。为了进一步探讨当前数字经济对电力消耗的影响处于什么阶段，利用数字经济一次项进行回归，回归结果如表 20－7 第（3）列所示，在 1% 的置信水平上，数字经济对电力消耗具有显著正向影响。为了检验回归结果的稳健性，表 20－7 第（4）列给出了数字经济滞后一期回归结果，在 1% 的置信水平上，数字经济对电力消耗仍然显著为正。事实上，数字经济与电力消耗的线性和非线性回归结果并不矛盾，当前大多数省区市数字经济发展仍然处于较低水平，因此，数字经济对电力消耗的影响表现为平均为正。究其原因，中国数字经济规模虽然位居全球第二，但不到美国的 40%，数字经济与其他产业的融合度还相对较低。中国信通院发布的《全球数字经济新图景（2020）》显示，2019 年中国农业、工业和服务业中数字经济的渗透率依次为 8.2%、19.5% 和 37.8%，而德国上述产业的渗透率依次为 23.1%、45.3% 和 60.4%，而英国依次为 27.5%、32% 和 58.1%。与发达国家相比，中国数字经济发展还处于追赶阶段，因此，数字经济对电力消耗的影响会表现为正。

进一步引入清洁能源占比（eb）进行分析。由表 20－7 第（5）列可知，数字经济系数值为 0.197，在 1% 的置信水平上显著，说明数字经济发展能够提升清洁电力占比。由表 20－7 中第（6）列可知，数字经济与清洁电力占比对绿色低碳发展均具有显著正向影响，说明清洁电力占比的机制效应显著，数字经济发展可以通过提高清洁能源占比促进绿色低碳发展。这一结论表明，虽然数字经济发展提升电力消耗规模对绿色低碳发展会造成不利影响，但是，数字经济发展又会改善电力结构，提高清洁电力占比促进绿色低碳发展。

表 20－7 电力消耗机制回归结果

变量	(1)	(2)	(3)	(4)	(5)	(6)
	电力消费	绿色低碳发展	电力消费	电力消费	清洁电力占比	绿色低碳
dige	2.579*** (10.6)	0.119*** (2.74)	1.296*** (11.31)		0.197*** (3.52)	0.203*** (6.08)
$dige_{t-1}$				1.284*** (10.36)		
dige ∗ dige	－1.884*** (－5.50)					
lndl		－0.062** (－2.08)				
eb						0.150*** (3.47)
cons	0.248 (1.30)	－0.425 (－1.19)	7.269*** (11.64)	7.209*** (91.34)	0.303*** (10.99)	0.235*** (11.47)
其他变量	控制	控制	控制	控制	控制	控制
观测值	210	210	210	210	210	210

三 区域异质性效应分析

由表 20－8 第（1）（2）（3）列结果可知，数字经济对东部地区、中部地区和西部地区绿色低碳发展影响的系数值分别为 0.228、0.216 和 0.235，均显著为正，且分别在 1%、10% 和 5% 的置信水平上显著，但从影响效果来看，数字经济对西部绿色低碳发展的促进作用稍大于东部和中部。可能原因是：虽然数字经济绿色发展效应显著，但数字经济对绿色低碳发展产生影响会受到一些因素的制约，导致在不同区域之间数字经济的绿色效应发挥作用并不是匀速与无差别的。相对而言，西部地区数字经济发展水平相对更低，相比于东部和中部，数字经济与其他产业融合还处于更初级的阶段，对绿色低碳的作用更大。与此同时，东部地区省市服务业较为发达，使东部地区能够更好地享受到产业融合的数字红利，而中部地区各省以农业和重工业等一、二产业为主，产业数字化融合相对较慢，因此，数字经济对东部地区绿色低碳发展的促进作用大于中部地区。

表 20－8　　异质效应回归结果

变量	(1)	(2)	(3)
	东部地区	中部地区	西部地区
dige	0.228***	0.216*	0.235**
	(3.02)	(1.92)	(2.39)
cons	－0.313	0.022	－0.191
	(－1.19)	(0.04)	(－0.94)
其他变量	控制	控制	控制

四　内生性讨论

在实证研究过程中可能会存在遗漏变量与双向因果关系导致的内生性问题，将对此进行处理。首先，关于遗漏变量导致的内生性问题，在回归过程中加入了城镇化水平、政府支出、国有经济占比和污染治理强度等变量加以控制，且使用豪斯曼检验确定应当使用固定效应模型。其次，关于双向因果关系导致的内生性问题。一方面，借鉴郭家堂和骆品亮（2016）的做法，使用数字经济滞后一期进行回归，结果如表 20－9 第（1）列所示，结果表明，数字经济滞后一期的系数值仍然在 1% 的置信水平上显著为正。另一方面，对面板数据而言，由于潜在存在自相关和异方差，使用 GMM 进行估计会比两阶段最小二乘法（2SLS）更加有效（林伯强、杜之利，2018）。因此，借鉴许捷和柏培文（2017）、韩先锋等（2019）等的做法，使用动态面板回归中 GMM 两步估计法进行回归，使结果更加可靠（马勇、陈雨露，2017）。回归结果如表 20－9 第（2）和（3）列所示，结果表明，AR（2）统计量和 Sargan 统计量均在 10% 的水平上拒绝原假设，说明动态面板的回归结果是有效的。其中，第（2）列是使用动态面板回归中差分 GMM 两步估计法进行估计的结果，第（3）列是使用动态面板系统 GMM 两步估计法进行估计的结果，回归结果表明，无论使用何种估计方法，数字经济的系数值仍然在 1% 的置信水平上显著为正，这与基准回归结果一致，再次说明回归结果的稳健性。

表 20－9 内生性讨论

变量	(1)	(2)	(3)
$gdvp_{t-1}$		0.564*** (10.19)	0.675*** (11.84)
dige		0.237*** (6.20)	0.296*** (7.20)
$dige_{t-1}$	0.207*** (4.92)		
cons	－0.078 (－0.51)	0.148*** (6.33)	0.209*** (7.59)
其他变量	控制	控制	控制
AR（1）		0.004	0.020
AR（2）		0.141	0.177
Sargan		0.108	0.255

五 稳健性检验

为了进一步验证数字经济对绿色低碳发展影响结果的稳健性，尝试以下方式进行稳健性检验。首先，改变计量回归方法。由表 20－10 第（1）列可知，在固定时间和省域的基础上，使用 OLS 方法进行回归，结果表明，数字经济对绿色低碳发展的影响在 1% 的置信水平上显著为正。在表 20－10 中第（2）列中，使用静态面板模型中的随机效应进行估计，结果表明，在 1% 的置信水平上，数字经济对绿色低碳的影响仍然显著为正。其次，剔除可能的异常值进行回归。表 20－10 第（3）列和第（4）列分别是剔除数字经济和绿色低碳的异常值进行回归，以降低异常值与非随机性对回归结果导致的不利影响，结果表明，数字经济对绿色低碳发展的促进作用仍然在 1% 的置信水平上显著为正，再次表明回归结果的稳健性。

表 20 - 10　　稳健性估计结果

变量	(1)	(2)	(3)	(4)
	OLS	RE	RE	FE
dige	0.093***	0.160***	0.157***	0.248***
	(2.68)	(2.81)	(2.98)	(5.35)
cons	0.211***	-0.278*	-0.256	0.065
	(4.51)	(-1.72)	(1.58)	(0.63)
其他变量	控制	控制	控制	控制

第五节　小结与政策启示

基于中国 2013—2019 年 30 个省市区（暂未获得西藏自治区的数据，后同）面板数据，在测度省际绿色低碳发展的基础上，从直接效应、作用机制与异质效应三个方面实证检验了数字经济对绿色低碳发展的影响。得到的主要研究结论如下：提升数字经济发展水平有利于促进绿色低碳发展，数字经济可以成为绿色低碳发展的重要动力源泉；数字经济可以通过提升制造业与生产性服务业融合水平促进绿色低碳发展；全要素生产率的机制效应显著，数字经济可以通过改善全要素生产率促进绿色低碳发展；电力消耗的机制效应显著，电力消耗在这一过程中呈现出先增大后减小的倒 U 型关系。然而，由于中国数字经济对其他产业的渗透与融合尚处于初级阶段，数字经济对电力消耗的影响仍然表现为正。

研究结论有以下两点政策启示：

第一，推进数字经济发展与落实“双碳”目标并不相悖。数字经济的高耗能性随着产业融合发展会逐步被其正向作用取代。要想最大可能地减轻数字经济增长带来的电力消耗压力，尤其是二氧化碳排放的压力，可以对超算中心、5G 基站等高耗电设备进行系统优化，鼓励拥有这些设备的企业尽可能采购绿电，同时将数字技术广泛应用于工业、交通、生活等领域，提高能源资源利用效率，以降低二氧化碳与污染物排放。

第二，进一步完善体制机制，放松行业管制，为产业融合发展创造良好的市场环境。一方面，产业融合是数字经济条件下产业演变的重要趋势之一，产业融合发展涉及工商、税务、经营范围等多个部门，对于跨界发展的企业，除了限制性行业，政府部门要给予大力支持和便利条件。另一方面，要尽快完善数据确权、碳排放交易、绿证、碳标签等制度，通过制度创新，促进数字经济和绿色低碳发展。此外，随着数字技术与企业绿色创新融合程度的加深，会提高绿色创新高素质人才的需求，需要加强绿色人才队伍建设，以吸纳更多高质量创新型人才进入企业绿色创新部门。

参考文献

[1] 蔡跃洲、马文君：《数据要素对高质量发展影响与数据流动制约》，《数量经济技术经济研究》2021 年第 3 期。

[2] 陈冬梅、王俐珍、陈安霓：《数字化与战略管理理论——回顾、挑战与展望》，《管理世界》2020 年第 5 期。

[3] 陈晓东、杨晓霞：《数字经济可以实现产业链的最优强度吗？——基于 1987—2017 年中国投入产出表面板数据》，《南京社会科学》2021 年第 2 期。

[4] 陈晓红、胡东滨、曹文治、梁伟、徐雪松、唐湘博、汪阳洁：《数字技术助推我国能源行业碳中和目标实现的路径探析》，《中国科学院院刊》2021 年第 9 期。

[5] 陈晓红、李杨扬、宋丽洁、汪阳洁：《数字经济理论体系与研究展望》，《管理世界》2022 年第 2 期。

[6] 单豪杰：《中国资本存量 K 的再估算：1952—2006 年》，《数量经济技术经济研究》2008 年第 10 期。

[7] 葛立宇、莫龙炯、黄念兵：《数字经济发展、产业结构升级与城市碳排放》，《现代财经》（天津财经大学学报）2022 年第 10 期。

[8] 郭家堂、骆品亮：《互联网对中国全要素生产率有促进作用吗?》，《管理世界》2016 年第 10 期。

[9] 郭美晨、杜传忠：《ICT 提升中国经济增长质量的机理与效应分析》，《统计研究》2019 年第 3 期。

[10] 韩民春、袁瀚坤：《生产性服务业与制造业融合对制造业升级的影响研究——基于跨国面板的分析》，《经济问题探索》2020 年第

12 期。

［11］韩先锋、宋文飞、李勃昕：《互联网能成为中国区域创新效率提升的新动能吗》，《中国工业经济》2019 年第 7 期。

［12］洪竞科、李沅潮、蔡伟光：《多情景视角下的中国碳达峰路径模拟——基于 RICE - LEAP 模型》，《资源科学》2021 年第 4 期。

［13］黄浩：《互联网驱动的产业融合——基于分工与纵向整合的解释》，《中国软科学》2020 年第 3 期。

［14］荆文君、孙宝文：《数字经济促进经济高质量发展：一个理论分析框架》，《经济学家》2019 年第 2 期。

［15］李琳、赵桁：《“两业”融合与碳排放效率关系研究》，《经济经纬》2021 年第 5 期。

［16］李少林、冯亚飞：《区块链如何推动制造业绿色发展？——基于环保重点城市的准自然实验》，《中国环境科学》2021 年第 3 期。

［17］李涛、沙玮华：《数字经济对地区全要素能源效率的影响研究——基于市场贸易的中介效应分析》，《财经理论与实践》2022 年第 3 期。

［18］李腾、孙国强、崔格格：《数字产业化与产业数字化：双向联动关系、产业网络特征与数字经济发展》，《产业经济研究》2021 年第 5 期。

［19］林伯强、杜之利：《中国城市车辆耗能与公共交通效率研究》，《经济研究》2018 年第 6 期。

［20］马勇、陈雨露：《金融杠杆、杠杆波动与经济增长》，《经济研究》2017 年第 6 期。

［21］裴丹、江飞涛：《数字经济时代下的产业融合与创新效率——基于电信、电视和互联网“三网融合”的理论模型》，《经济纵横》2021 年第 7 期。

［22］戚聿东、肖旭：《数字经济时代的企业管理变革》，《管理世界》2020 年第 6 期。

［23］史丹、孙光林：《大数据发展对制造业企业全要素生产率的影响机理研究》，《财贸经济》2022 年第 9 期。

［24］孙光林、艾永芳、李森：《资本错配与中国经济增长质量——

基于金融效率与产能利用率中介效应实证研究》，《管理学刊》2021 年第 5 期。

［25］王洪庆、郝雯雯：《高新技术产业集聚对我国绿色创新效率的影响研究》，《中国软科学》2022 年第 8 期。

［26］王军、朱杰、罗茜：《中国数字经济发展水平及演变测度》，《数量经济技术经济研究》2021 年第 7 期。

［27］王如玉、梁琦、李广乾：《虚拟集聚：新一代信息技术与实体经济深度融合的空间组织新形态》，《管理世界》2018 年第 2 期。

［28］王瑞荣、陈晓华：《数字经济助推制造业高质量发展的动力机制与实证检验——来自浙江的考察》，《系统工程》2022 年第 1 期。

［29］王文：《数字经济时代下工业智能化促进了高质量就业吗》，《经济学家》2020 年第 4 期。

［30］韦庄禹：《数字经济发展对制造业企业资源配置效率的影响研究》，《数量经济技术经济研究》2022 年第 3 期。

［31］温涛、陈一明：《数字经济与农业农村经济融合发展：实践模式、现实障碍与突破路径》，《农业经济问题》2020 年第 7 期。

［32］许恒、张一林、曹雨佳：《数字经济、技术溢出与动态竞合政策》，《管理世界》2020 年第 11 期。

［33］许捷、柏培文：《中国资本回报率嬗变之谜》，《中国工业经济》2017 年第 7 期。

［34］杨飞、范从来：《产业智能化是否有利于中国益贫式发展?》，《经济研究》2020 年第 5 期。

［35］张虎、韩爱华：《制造业与生产性服务业耦合能否促进空间协调——基于 285 个城市数据的检验》，《统计研究》2019 年第 1 期。

［36］张争妍、李豫新：《数字经济对我国碳排放的影响研究》，《财经理论与实践》2022 年第 5 期。

［37］赵宸宇、王文春、李雪松：《数字化转型如何影响企业全要素生产率》，《财贸经济》2021 年第 7 期。

［38］Brondi，C.，Cornago，S.，Ballarino，A.，Avai，A.，and Niero，M.，"Sustainability-based Optimization Criteria for Industrial Symbiosis：The Symbioptima Case"，*Procedia CIRP*，Vol. 69，No. 11，2018.

[39] Hukal, P., Henfridsson, O., Shaikh, M., and Parker, G., "Platform Signaling for Generating Platform Content", *MIS Quarterly*, Vol. 44, No. 3, 2020.

[40] Li, J., Chen, L., Chen, Y., and He, J., "Digital Economy, Technological Innovation, and Green Economic Efficiency—Empirical Evidence from 277 Cities in China", *Managerial and Decision Economics*, Vol. 43, No. 3, 2021.

[41] Ren, S., Hao, Y., Xu, L., Wu, H., and Ba, N., "Digitalization and Energy: How does Internet Development Affect China's Energy Consumption?", *Energy Economics*, Vol. 98, 2021.

[42] Tang, C., Xu, Y., Hao, Y., Wu, H., and Xue, Y., "What is the Role of Telecommunications Infrastructure Construction in Green Technology Innovation? A Firm-level Analysis for China", *Energy Economics*, Vol. 103, 2021.

[43] Wang, L., Chen, Y., Ramsey, T. S., and Hewings, G. J., "Will Researching Digital Technology Really Empower Green Development?", *Technological Forecast and Social Change*, Vol. 66, 2021.

[44] Wu, H., Xue, Y., Hao Y., and S. Ren, "How does Internet Development Affect Energy-saving and Emi-ssion Reduction? Evidence from China", *Energy Economics*, Vol. 103, 2021.

[45] Zhang, W., X., Liu, Wang, D., J., and Zhou, "Digital Economy and Carbon Emission Performance: Evidence at China's City Level", *Energy Policy*, Vol. 165, 2022.

第二十一章

“双碳”目标下工业碳排放结构模拟与政策冲击

第一节　问题提出

2020 年 9 月，习近平总书记在第七十五届联合国大会中提出，“中国将提高国家自主贡献力度，采取更加有力的政策和措施，二氧化碳排放力争于 2030 年前达到峰值，努力争取 2060 年前实现碳中和”（简称“双碳”目标）。中央财经委员会第九次会议指出，实现“双碳”目标是一场广泛而深刻的经济社会系统性变革。而实现“双碳”目标，离不开产业结构的调整与经济发展方式的转型升级。一方面，国内化石能源消费产生的二氧化碳排放（简称碳排放）在碳排放总量中占据较高比重，工业是化石能源消费的重点领域，也是碳排放的主要来源（陈诗一，2009；鲁万波等，2013），尤其是钢铁、化工、水泥、有色金属等行业。根据本研究测算，2019 年全国工业碳排放量为 62.36 亿吨，约占全国碳排放总量的 62%。由此，实现“双碳”目标的关键在于推动工业的绿色发展，尤其是发展绿色制造。另一方面，《中华人民共和国国民经济和社会发展第十四个五年规划和 2035 年远景目标纲要》提出“深入实施制造强国战略”，强调要“保持制造业比重基本稳定”。这对制造业发展提出了新的要求，本研究认为，要保持制造业比重基本稳定、推动制造业高质量发展的唯一途径在于发展绿色制造。鉴于实现“双碳”目标和保持制造比重稳定的现实紧迫性，量化研究工业行业在实现“双碳”目标过程中的作用、贡献以及给出相应的路径安排，无疑具有重要的现实意义。

从研究现状看，根据研究对象的因果关系，现有文献大致可以分为两类：一类文献重在考察实现碳减排的主要途径或影响因素，包括绿色技术创新、产业结构调整、降低化石能源终端消费比重、构建新型电力系统、发展碳交易市场和实施碳税等。例如，从产业结构与碳排放之间的关系看，有研究表明，优化产业结构对碳排放有显著影响（林伯强、蒋竺均，2009）。也有研究认为仅依靠产业结构调整就能够实现2020年供给侧能耗目标和碳排放大幅减少（王文举、向其凤，2014）；采取差异化的产业结构调整政策能够实现碳减排和经济增长的双重目标（张捷、赵秀娟，2015）。

另一类文献认为碳减排目标约束对产业结构变动、要素配置、技术创新等变量会形成倒逼作用，重在考察实现碳减排目标对经济社会的主要影响。“双碳”目标倒逼产业结构不断优化，降低高耗能产业比重，引发前所未有的绿色工业化革命（胡鞍钢，2021）。事实上，绿色发展与低碳工业化存在天然联系，绿色低碳以新型工业化为理念，而新型工业化又以绿色发展为结果（史丹，2018）。量化研究方面，有研究发现随着碳减排约束趋紧，产业结构调整幅度越大，排放系数较低且最终需求水平较高的行业得到鼓励（张晓娣，2014）。王勇等（2017）比较了2025年、2030年、2035年碳达峰对经济的影响，认为推迟至2030年碳达峰能够降低产业部门的负面影响。朱佩誉和凌文（2020）发现碳减排政策对高耗能产业的影响最大，服务业、高技术产业部门受到的冲击较小。碳减排政策也会推动劳动力市场、投资、能源市场发生结构性变化。林伯强和李江龙（2015）认为强化环境治理约束目标能够推动能源结构转型，加快煤炭替代和降低碳排放。碳减排政策约束下，可再生能源部门的投资会相应增加。还有一些文献考察了环境政策目标与技术创新之间的关系，有研究认为，环境权益交易市场诱发了企业绿色创新，主要表现在绿色发明专利的促进作用更大（齐绍洲等，2018）。排污权交易制度有助于提升绿色创新强度（史丹、李少林，2020）。关于碳排放交易试点的技术创新效果，王为东等（2020）发现碳排放权交易试点政策促进了试点地区的低碳技术创新活动。然而，也有研究有不同发现，Shi等（2017）认为构建碳排放权交易制度会对企业的创新活动构成损害。

第二节 本研究采用的模型与方法

本研究构建的动态 CGE 模型由多层嵌套结构组成。

一 生产结构

第一层的产出包括基本投入和生产税两部分。生产税由政府征收，政府征收生产税会增加企业的生产成本，但不影响其产出。因此，二者不存在替代关系，用列昂惕夫函数复合而成。第二层的两个部分同样使用列昂惕夫函数复合而成，其中，第一部分是能源—资本—劳动的复合品，第二部分是复合的中间投入。而能源—资本—劳动复合品又包括能源—资本复合品与劳动两部分，二者通过恒弹性替代（CES）函数进行嵌套。复合的中间投入中，由于每种投入不存在替代关系，均通过列昂惕夫函数嵌套而成。在能源层，本研究将能源分为化石能源与电力两大类，通过 CES 函数嵌套，其中，化石能源又可分为煤炭和非煤炭（石油和天然气）。对于每类化石能源、每种中间投入商品均可分为国内和进口两个部门，其仍由 CES 函数嵌套而成，国内部分又由多个地区的商品进一步嵌套构成。

二 区域间的国内贸易

区域间贸易是动态多区域 CGE 模型的主要特点之一，通过跨区域调入、调出商品实现。在调出方面，地区 r 的企业 i 可以将自身的产品同时在国内和国外销售。针对国内销售的情形，除了本地区外，其产品也可以出售至其他地区（用 s 表示）。由于各区域间存在运输成本等，即使某地区的商品价格高于其他地区，企业也不会把所有商品均销往单一地区。假定各地区之间的销售方案不可完全替代，参照恒替代转换函数的设定，将其表示为：

$$Q1D_{i,s,t} = B1D_{i,s,t} \left[\sum_{r} \beta 1dr_{i,s,r,t} Q1DR_{i,s,r,t}^{\rho 1d_{i,s,t}} \right]^{\frac{1}{\rho 1d_{i,s,t}}} \quad (1)$$

$$Q1DR_{i,s,r,t} = \left[\frac{P1DR_{i,s,r,t}}{\beta 1dr_{i,s,r,t} P1D_{i,s,t}} \right]^{\sigma 1d_{i,s,t}} \frac{Q1D_{i,s,t}}{(B1D_{i,s,t})^{1+\sigma 1d_{i,s,t}}} \quad (2)$$

$$P1D_{i,s,t} = \frac{\sum_{s} P1DR_{i,s,r,t} Q1DR_{i,s,r,t}}{Q1D_{i,s,t}} \tag{3}$$

$$\rho 1d_{i,s,t} = \frac{1 + \sigma 1d_{i,s,t}}{\sigma 1d_{i,s,t}} \tag{4}$$

其中，$Q1DR_{i,s,r,t}$ 表示地区 s 的行业 i 销售给地区 r 的数量，$P1DR_{i,s,r,t}$ 为相应的价格，$\beta 1dr_{i,s,r,t}$ 表示份额参数。$Q1D_{i,s,t}$ 和 $P1D_{i,s,t}$ 为销售给所有国内地区的数量与价格。$B1D_{i,s,t}$ 表示 CET 函数的规模系数。$\sigma 1d_{i,s,t}$ 是弹性系数，用来衡量企业销往各地区之间的替代程度。$\rho 1d_{i,s,t}$ 表示与替代弹性有关的中间参数。

在区域间调入方面，假定企业在购买中间投入品、各类能源商品时能够根据各地区产品价格自由选择，这一假设也适用于投资、消费和政府采购，同样通过 CES 函数嵌套而成。

三 区域间的国际贸易

各区域之间的贸易分为进口与出口两部分。假定各区域直接与国际商品市场进行贸易。在出口方面，企业出口和国内销售的比例由阿明顿条件决定。在进口方面，企业的决策与出口类似，但不同的是，进口数量与进口价格反方向变动，出口数量与出口价格则呈同方向变化。主要方程可表示为：

$$Q1EX_{i,s,t} = \left[\frac{1 - \beta 1ex_{i,s,t}}{\beta 1ex_{i,s,t}} \frac{PW_{i,s,t}}{P1D_{i,s,t}}\right]^{\sigma ex_{i,s,t}} Q1D_{i,s,t} \tag{5}$$

$$PW_{i,s,t} = \frac{PWX_{i,s,t} \cdot Ed_{nor,t}}{1 + tex_{i,t}} \tag{6}$$

$$Q1EX_{i,s,t} = Q1EX0_{i,s,t} \left[\frac{PWORLD_{i,t} \cdot Ed_{nor,t}}{PW_{i,s,t} \cdot (1 + tex_{i,t})}\right]^{\sigma wd_{i,t}} \tag{7}$$

其中，$Q1EX_{i,s,t}$ 和 $Q1D_{i,s,t}$ 分别是企业决定出口国外和在国内的产品销售量。$P1D_{i,s,t}$ 是在国内销售部分的价格。$PW_{i,s,t}$ 是以本币表示的税前出口价格，$PWX_{i,s,t}$ 是以外币表示的税后出口国际价格。$tex_{i,t}$ 表示出口税税率，假定同一时期各区域出口某商品的税率相同，因此该变量没有地区下标 s。$Ed_{nor,t}$ 是直接标价法下的时期 t 的人民币名义汇率，即 1 美元 = $Ed_{nor,t}$ 人民币。$PWORLD_{i,t}$ 是商品的国际市场价格。$Q1EX0_{i,s,t}$ 为基准情景下的国际市场需求量。$\sigma wd_{i,t}$ 是国际市场的需求弹性。式（5）表明企业在出口和国内销售的分配关系受价格影响。式（6）反映了以人民币表示的税前出口价和以国际货币表示的税后出口价之间的关系。以美元表示国际货币，企业出口的商品同时受自身和国际需求的影响。式（7）意味着，价格比例与汇率是国际市场对商品需求的主要决定因素。此外，对于汇率，本部分参照费雪指数（Fisher Index）的原理，使用直接标价法计算人民币实际汇率。

四 动态模块及其他部分

传统的 CGE 模型大多采用递归动态机制，尽管完美预期动态机制在理论上更具优势，但实际操作中不容易求解，因此，本研究仍然采用递归动态机制进行求解。在这一机制中，资本跨期迭代是常用的方法，资本存量由投资决定，投资量还受到投资者投资意愿的影响。本研究设定了 M 比率，即预期回报率与该行业的长期稳态回报率之间的比例，假定投资者投资的意愿强烈程度与 M 比率同方向变动。

另外，本模型还包含污染排放模块、政府收支、居民收入与消费模型闭合等部分。污染排放模块的思路主要根据各能源种类的碳排放因子换算而来。首先，将各能源的物理量统一换算为统一单位。然后，根据 IPCC 于 2006 年发布的碳排放因子清单，分别乘以各自的碳排放因子。最后进行加总。其余污染物的构建思路亦是如此。政府的收入主要来自生产税、个人所得税、关税等各项税收收入。政府支出主要包括采购和储蓄。其中，政府储蓄可以为负数，意味着财政赤字。居民的收入主要来自两部分，劳动工资收入和资本收入。居民支出包括个人所得税、储蓄和消费。居民的效用函数沿用传统的效用函数进行设定。

第三节 数据来源和情景设定

本研究使用的基础数据来自基于全国 30 省级地区①的《2012 年中国 31 省区市区域间投入产出表》。鉴于一些省份个别行业的投入或产出部门

① 鉴于数据限制，研究范围不包含西藏、香港、澳门、台湾地区。

存在为零的情况，不能够直接用于预测分析。由此，本研究根据地理特征以及党的十九大最新政策文件把30个地区归并为东、中、西、东北四大区域（见表21-1）。2011年，由国家发展和改革委员会（简称国家发展改革委）发布的《关于开展碳排放权交易试点工作的通知》同意北京、天津、上海、重庆、湖北、广东及深圳7个省市开展碳排放权交易试点。2013年6月18日至2014年6月19日，7个碳排放权交易试点省市先后开展了碳排放权交易。2016年，福建省成为全国第8个碳排放交易试点。本研究为了捕捉区域差异效应，将这些较早实行碳交易试点的地区分离出来。最终合并为5个区域。

表21-1　　区域划分

区域	省级地区
东北部	黑龙江、吉林、辽宁
东部	北京、天津、河北、山东、江苏、上海、浙江、海南、福建、广东
中部	安徽、湖北、湖南、江西、河南、山西
西部	陕西、宁夏、甘肃、青海、新疆、内蒙古、四川、重庆、广西、云南、贵州
碳交易试点地区	北京、天津、上海、重庆、湖北、广东、福建

在行业方面，本研究将“石油与天然气”行业拆分为石油和天然气两个行业，同时保留了煤炭行业。除能源部门外，这里将其他行业合并为农业，煤炭，石油，天然气，电力，化学产品，通用设备，专用设备，交通运输设备，电气机械和器材，通信设备、计算机和其他电子设备，仪器仪表，采矿业，食品和烟草，其他轻工业，其他重工业，金属制品业，其他制造产品，水的生产和供应，建筑，交通运输业，信息传输、软件和信息技术服务业，金融业，其他服务业。最终合并为24个行业。鉴于智能化是新一轮技术革命的首要特征，而智能化的主要作用在于提升相应行业的生产率。因此，这里使用相应行业的全要素生产率增长状况来刻画智能化水平。从具体因智能化而生产率提升较多的产业看，根据国际机器人联合会（IFR）发布的机器人使用数据，选取中国机器人应用较多的行业，分别为化学产品，通用设备，专用设备，交通运输设备，

电气机械和器材，通信设备、计算机和其他电子设备，仪器仪表，食品和烟草，金属制品，其他制造产品交通仓储，信息业，金融业，并将这些产业称作“智能化”程度较高的产业。

力争2030年前中国二氧化碳排放达到峰值，2060年前力争实现碳中和是中央经济工作会议提出的八大重点工作任务之一。其间，2035年和2050年分别是中国基本实现社会主义现代化和建成社会主义现代化强国的时间节点。因此，这里模拟的时间范围是2021—2060年。对基准情景的设置包括对经济增长、劳动力增长等关键变量的赋值。在劳动力供应方面，本部分假设劳动力与人口数量同比例变动，该数据来自联合国最新发布的《世界人口展望2019》。在能源利用效率方面，过去十几年中国能源利用效率显著提升，而且提高能源利用效率将是“十四五”时期乃至未来能源规划的核心内容。已有文献强调了能源效率提升对工业绿色转型的重要作用（中国社会科学院工业经济研究所课题组，2011），设定能源效率提升情景恰好也反映了新一轮技术革命中绿色化的特征。根据国家发展改革委设定的2005—2020年的能源效率目标以及借鉴现有文献（Xu and Masui，2009），考虑到能源效率速度会随着时间推移逐渐下降，保守设定2020—2035年、2036—2060年能源效率年均分别增长1.5%、1%。外生参数如弹性的设定参考现有文献（Dong et al.，2018）以及GTAP 10.0数据库。具体模拟情景设定如表21－2所示。[①]

为了推动“双碳”目标顺利实现，2020年12月25日《全国碳排放权交易管理办法（试行）》正式发布，2021年全国碳交易试点正式开启，电力行业率先被纳入，全国发电行业率先启动第一个履约周期，2225家发电企业分到碳排放配额。随着全国碳排放交易体系运行常态化，该范围将逐步扩大，预计最终覆盖发电、石化、化工、建材、钢铁、有色金属、造纸和国内民用航空八个行业。鉴于投入产出数据的局限性，本研究除了上述行业以外，还将其他高耗能行业一并纳入。目前，全国碳排

---

① 需要说明的是，现有研究对碳达峰的实现时间和碳排放峰值有所涉及，但对于碳中和仍然停留在定性分析层面。根据碳中和的定义，产生的温室气体总量通过森林碳汇、碳捕捉碳封存等技术吸收，实现社会经济系统的净零排放。本研究保守将碳排放50亿吨以下的水平视为实现碳中和的合理区间。

放交易体系采用基准线法来分配配额，即对单位产品的碳排放量进行限制。排放配额初期以免费分配为主，后续会逐步引入有偿分配、提高有偿分配的比例，企业获得配额高于其实际排放的部分可在市场出售。

表 21－2　　情景设置

	情景	情景介绍
基准政策情景	BAU	基准情景：仅依靠能源效率提升、绿色技术进步①温和增长的自然增长状态
弱政策情景	S11	在能源效率提升基础上，高耗能行业绿色技术进步 2021—2035 年、2036—2060 年均分别提高 3%、1.5%；其他行业绿色技术进步年均提高 1.5%、0.5%
一般政策情景	S21	在能源效率提升基础上，高耗能行业绿色技术进步 2021—2035 年、2036—2060 年均分别提高 5%、3%；其他行业绿色技术进步年均提高 2%、1%；对高耗能行业征收碳税 100 元/吨
	S22	在能源效率提升基础上，高耗能行业绿色技术进步 2021—2035 年、2036—2060 年均分别提高 5%、3%；其他行业绿色技术进步年均提高 2%、1%；各省份对高耗能行业广泛开展碳交易市场
强政策情景	S31	在能源效率提升基础上，高耗能行业绿色技术进步 2021—2035 年、2036—2060 年均分别提高 5%、3%；其他行业绿色技术进步 2021—2035 年、2036—2060 年均分别提高 2%、1%；各省份广泛开展碳交易市场；智能化水平年均提升 2% 以 TFP 作为智能化的表征变量，结合 IFR 机器人数据对不同产业设定不同的智能化水平

① 绿色技术是指能减少污染、降低消耗和改善生态的技术体系。包括能源技术、材料技术、生物技术、污染治理技术、资源回收技术以及环境监测技术和从源头、过程加以控制的清洁生产技术。本研究重点以生产端节能减排技术来衡量绿色技术进步水平，其增速参考“十三五”时期（数据仅包括 2016—2019 年）绿色专利授权年均增速约为 4%，这一数据通过各城市绿色专利数据计算而得，原始数据来源于国家专利局。

第四节 结果及分析

一 总体结果

碳减排政策通过行政命令和市场机制对不同产业部门的能源使用量进行约束，促进非化石能源替代化石能源、加快产业结构转型升级。基准政策情景（BAU）结果模拟显示，未来十年里中国碳排放仍会保持温和增长（见图 21－1），随着能源效率和绿色技术进步水平不断提升，产业结构转型加快，总体上将于 2030 年实现碳达峰，对应的峰值为 120 亿吨左右，随后呈现缓慢下降趋势，并于 2060 年降至 71 亿吨的水平。这表明仅依靠能源效率和温和的绿色技术进步不足以实现碳中和，还需要结合其他政策手段。考虑在生产端征收碳税后（S21），减排政策抬高了企业的生产成本，尤其是高碳产业部门的产出会大幅下降，该情景下对应的碳排放峰值低于基准政策情景。进一步考虑将高耗能行业纳入碳交易市场（S22）后，碳排放峰值会继续下降，提前于 2028 年实现碳达峰，对应的峰值约为 107 亿吨，2060 年将降至 40 亿吨左右的水平，较 2020 年下降 60%。另外，在大数据、云计算、人工智能等新技术革命的推动下，行业智能化水平的提升会增强碳减排效应。原因在于人工智能技术为绿色产业增添了新动能，其具有的速度快、处理信息量大等特点，在高

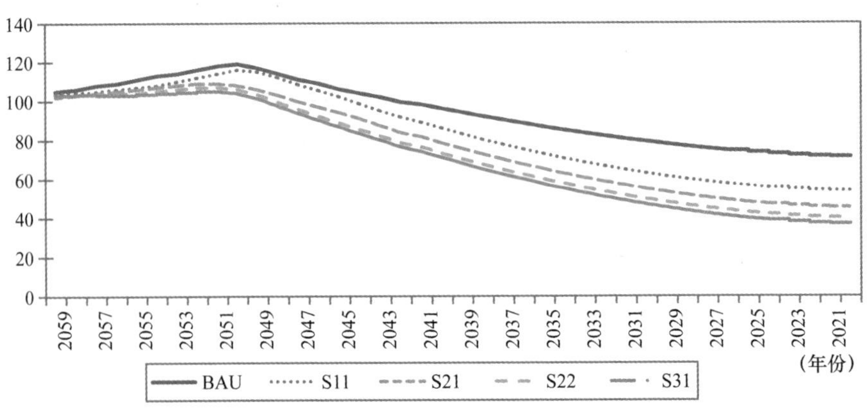

图 21－1 不同情景下碳排放变动趋势（亿吨）

技术产业、环保产业均有应用；人工智能的自动化控制以及精确计算等为降低能耗、节约能源，实现绿色生产生活方式转变提供了新的途径。考虑行业智能化提升（S31）后，预计2028年实现碳达峰，对应的峰值约为105亿吨，同样助推碳中和目标的实现，2060年碳排量降至37亿吨左右。

在减排政策驱动下，所有区域均将于2030年实现碳达峰，但步伐不一致。情景S31的模拟结果显示（见图21－2），预计东部（未包含碳交易试点省份）与较早参与碳交易试点的省份将率先实现碳达峰，对应的峰值为27亿吨、22亿吨左右，东北地区、中部、西部地区大致于2029年实现碳达峰，对应的峰值分别为11亿吨、19亿吨、25亿吨。强化行政政策和市场机制后，各区域碳排放有收敛趋势，2030年后逐步下降，其中，东部地区下降较多，下降幅度也最大，相对于2020年下降61.62%，说明东部地区是实现"双碳"约束目标的主要贡献者。

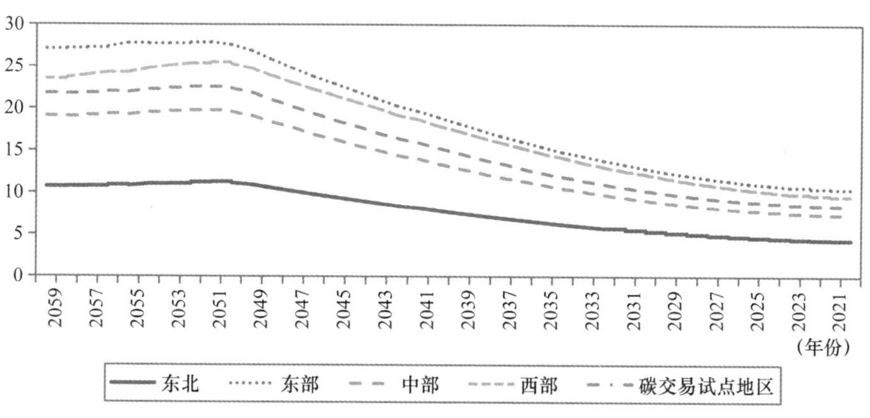

图21－2 情景S31下各区域碳排放变动趋势（亿吨）

二 工业行业

工业作为主要用能部门之一，2019年其能源消费占全国终端能源消费的62%，大力调整工业结构，促进工业转型升级，能够推动工业部门有效降低能耗强度和碳排放。图21－3列示了各种情景下工业部门碳排放的变动趋势。结果表明，单纯的绿色技术进步不足以实现工业碳排放有效下降，需要结合碳交易或碳税等市场调节机制。在基准情景下，工业终端碳排放将在2030年达峰，2060年相对于2020年下降47%。在考虑了对高耗能行业实行碳市场交易机制的情形后，工业整体将于2029年达峰，碳减排效应更加显著；2060年相对于2020年碳排放下降61%，该情景下工业实际减排量贡献了减排总量的54.6%。另外，考虑智能化转型的因素后，2060年工业碳排放量相对于2020年下降63%。这说明工业尤其是制造业绿色转型对中国"双碳"目标的顺利实现具有举足轻重的作用，同时也反映了以智能化为主要特征的新一轮技术革命不仅有利于促进经济增长，同时也能够增强智能化行业对制造业绿色转型的正向影响。

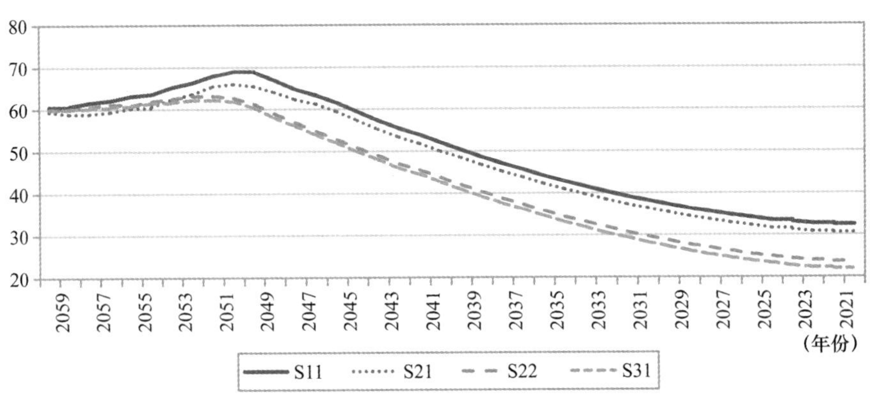

图21-3 工业部门碳排放变动趋势（亿吨）

（一）能源行业

在总体能源消费结构中，煤炭一直是中国最主要的能源来源。在工业化的快速发展的中前期，煤炭消费比重始终在60%以上。2020年煤炭消费比重已降至57%左右。从需求结构看，煤炭需求主要的四大行业为：火力发电、钢铁、水泥建材以及化工行业，四大行业近年来的煤炭需求占比已超过85%。模拟结果显示，在积极的政策情景S22、S31下煤炭部门的碳排放预计于2028年前后达峰。通过推算，2060年煤炭消费将降至3亿—4亿吨的水平，能源结构显著优化。发电部门也是中国碳排放的一大来源，2019年燃煤发电装机容量占发电装机总量的51.8%。预计发电部门碳排放仍将继续增长，于2029年前后达峰，随后脱碳化趋势明显加快，至2060年，发电部门的碳排放约为7亿吨，电气化水平大幅提升。相对于基准情景，2060年S22情景下各区域煤炭、石油消费大幅下降。其中，碳交易试点地区、西部地区煤炭消费下降最为明显，分别下降22.88%、20.77%，天然气需求也遭受负向冲击，在所有地区表现为萎缩态势；而电力消费有所上升，这在碳交易试点地区表现最为突出。这表明在加大节能增效力度的同时，加强电气化替代是实现“双碳”目标的关键。比较不同模拟情景可以发现，征收碳税S21情景对应的峰值低于全面对高耗能行业实行碳交易的S22情景，这表明短期内碳税对碳减排的治理效果突出；但长期看，实行碳交易的S22情景减排效果要优于征收固定税率的碳税，原因在于碳交易情景下，碳税价格一直处于增长趋势，对企业的倒逼程度不断强化。碳交易机制下各区域的碳定价将在后文分析。

（二）制造业

其他重工业主要属于制造业领域，包括钢铁、有色金属等高耗能行业。预测结果显示，其他重工业整体有望在2030年前实现碳达峰，并在2030年后呈快速下降趋势，在强政策情景下，碳排放量将下降至4亿吨左右，相对于峰值下降约3/4。目前，制造业领域中的钢铁、化工、水泥、有色金属等高耗能行业的碳排放量占比较高，以下将围绕这些重点制造行业进行分析。

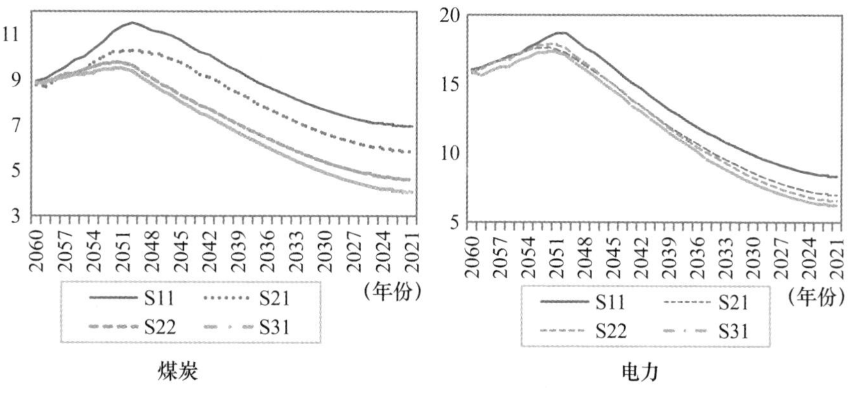

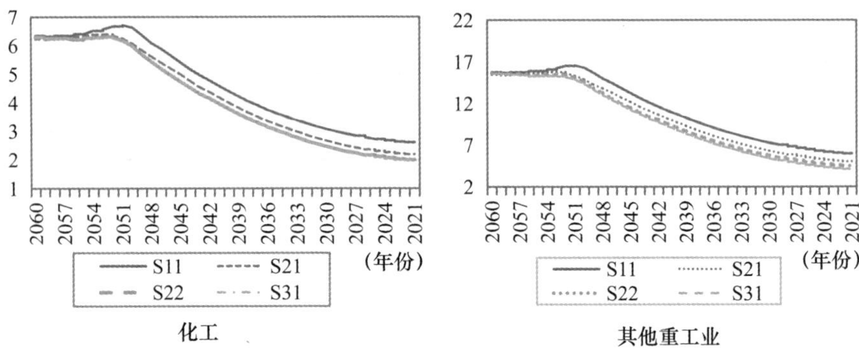

图 21-4 主要行业碳排放趋势（万吨）

钢铁行业。钢铁行业是中国制造业领域中碳排放量最高的行业。未来十年里钢铁行业整体碳排放量仍然处于上升的主要原因系钢铁产量的持续提升。当前，中国粗钢产量占全球 1/2 以上，主要分布在河北、江苏、山东、辽宁、山西，加之国内钢铁以高炉—转炉长流程生产工艺为主，导致碳排放量较高。参照发达国家钢铁产业的发展趋势，预计中国的钢铁产量在“十四五”时期进入缓慢增长期，产量在“十四五”时期末达到峰值。从炼钢工艺的视角看，长流程炼钢碳排放量要高于短流程。长流程工艺中，炼铁环节的碳排放占比最高。目前，中国长流程单位炼钢碳排放量为2.0 吨左右，高于全球钢铁企业的平均排放强度。而电炉钢是工艺最为环保，排放系数约为 0.4 吨碳/吨钢。未来，需要进一步提升电炉钢占比和应用碳捕捉技术，这将是实现钢铁行业碳中和目标的重要方式。

化工行业。目前，化工行业碳排放量占工业部门的比重约为 10%，占全国碳排放量的 6% 左右。化工行业主要分为原料端、过程端、产品端三个方面。其中，过程端是碳排放的重要来源，以耗电为主，当前的能源结构仍以煤电为主，过程端耗电相当于间接带动煤炭需求。2020 年，化工行业耗电量占制造业的 13% 左右，其中的耗电行业大户包括电石、肥料、氯碱等子行业，这些耗电大户也是推高边际减排成本的主要方面。根据测算结果，化工行业整体能够于 2030 年前实现碳达峰，且考虑智能化转型因素后，碳达峰的峰值相对于基准情景更低，2060 年约排放 2 亿吨碳，相较于2021年下降2/3以上。未来，化工行业实现碳中和的主要途径包括：在原料端推进煤炭的高效利用；过程端推进碳封存和捕捉技术；产品端减少对石油基产品的依赖，促进生物降解技术的研发。

水泥行业。在工业化和城镇化进程的双重需求推动下，中国于21世纪起成为全球水泥消费大国，约占全球1/2的水泥生产量。水泥行业的碳排放主要来源于生产过程，石灰石、黏土和其他杂质作为原料，首先被研磨成粉末，之后送入锅炉中高温煅烧，在水泥熟料生产过程中大量碳元素与氧结合，释放出二氧化碳，生产过程产生的碳排放量约占整个水泥行业的90%。2020年，中国水泥生产量为23.8亿吨，行业碳排放量为13.9亿吨，约占碳排放总量的14%；生产每吨水泥的碳排放量为0.6吨左右，人均水泥消费量1.7吨，高于0.55吨的国际平均水平。从区域看，水泥产量主要集中在广东、江苏、山东、四川、安徽等地。预计“十四五”时期，“两新一重”（新型基础设施建设、新型城镇化建设、交通水利等重大工程建设）政策会推动水泥消费基本保持稳定或小幅上涨，预计产销量会稳定在23亿吨左右；长期看，预计2030年水泥消费会稳步下降至16亿吨左右。水泥行业实现零排放同样需依赖碳捕捉技术，同时还有赖于大力推动发展散装水泥。数据显示，仅1978—2008年30年间全国累计生产散装水泥37.42亿吨，实现二氧化碳减排2亿多吨。2018年，中国散装水泥使用率达67%。

有色金属行业。该行业的碳排放主要集中在电解环节，主要金属品种包括铜、铝、铅、锌，可以分为采矿、选矿、冶炼等过程。根据中国有色金属工业协会的统计数据，2020年中国有色金属工业的碳排放量为6.5亿吨左右。其中，电解铝约为4.2亿吨，占有色金属工业碳排放总量的65%。电解铝行业主要使用火电作为电力来源，生产每吨铝产生的二氧化碳排放为13吨，火电环节产生的碳排放占排放总量的86%。由此，电解铝行业是有色金属工业领域实现碳达峰的关键。从区域分布看，电解铝产量主要集中在山东、新疆、内蒙古、广西、云南，五省份占全国的65.6%，这些地区也是未来促进电解铝行业减排的重点区域。通过优化工艺和碳捕捉、发展清洁能源替代等，有色金属行业有望在2030年前实现碳达峰。实现碳中和，需要有色金属行业继续优化产业布局，推动电解铝产能向可再生电力富集地区转移；促进余热回收等综合节能技术创新，加快智能化转型和提升智能化管理水平，同时持续优化工艺流程控制。

三 碳交易机制下区域碳定价

碳排放权交易需要相应的碳价作为支撑，根据模拟结果，预计未来要实现碳达峰目标，需要逐步增加碳交易价格，但由于各地区的资源禀赋、碳排放量具有差异，因此，制定碳排放价格一方面应坚持以市场为根本导向，另一方面还需因地制宜。至 2030 年，各地区的平均碳价应上升至 90 元/吨左右才能实现碳达峰，而实现 2060 碳中和，需要逐年制定更高的碳价，预计各地区平均超过 2000 元/吨，碳信用的重要性进一步凸显。从各地区的模拟结果看，以 S31 情景为例（见表 21－3），中部、西部地区的碳定价相对更高，2060 年均超过 2800 元/吨，其次是较高实行碳交易试点的地区。

表 21－3　　碳交易机制下 S31 情景下区域碳价趋势　　（元/吨）

年份	东北	东部	中部	西部	碳交易试点地区
2021	26.69	27.88	30.34	29.36	24.11
2025	43.32	41.10	42.73	39.59	37.45
2030	93.56	91.97	97.03	91.64	86.79
2035	245.14	241.07	259.17	238.71	234.42
2040	326.63	318.13	366.67	334.27	316.39
2045	555.28	532.33	642.54	578.58	545.60
2050	943.05	894.61	1092.37	994.31	943.41
2055	1547.77	1441.27	1797.34	1678.85	1567.49
2060	2497.40	2259.41	2867.15	2807.54	2539.89

四 碳减排政策对制造业的影响

本研究以情景 S31 为例，分析 2060 年碳减排政策相对于基准政策情景主要变量的变动情况。从制造业行业的产出看，碳减排对能源部门的负面冲击最大，各区域煤炭、石油部门产出降幅均在 20% 以上，中部地区的石油部门产出相对于基准政策情景萎缩45.5%；电力部门的产出也受到负面冲击，相对于基准情景下降6%左右，其中，中部地区下降较多，达8.5%，而之前参与碳交易试点地区实现正增长。这进一步印证了“双碳”目标实现过程中电力对化石能源重要的替代效应。从各制造业的产出看，多数制造行业产出受到负面冲击，其中，多数地区的化学产品、其他重工业相对于基准政策情景下降幅度较大，例如西部地区分别下降7.7%、9.1%。比较而言，较早实行碳交易试点的省份整体上制造业产出降幅较小。总体上，各区域内部以及之间的不同产业受到的冲击呈明显分化趋势。另外，模拟结果显示，在未考虑主要行业的智能化水平情景下，各地区制造业的降幅有所扩大，这表明智能化不仅能够为工业增长提供新动能，而且能够加快推动制造业实现结构转型升级和高质量发展（见表21－4）。

表21－4　S31情景下各区域制造业产出相对于基准政策情景变动（%）（2060年）

行业	东北	东部	中部	西部	碳交易试点地区
食品和烟草业	－0.904	－1.120	－0.068	2.257	－2.020
化学产品	－7.286	－5.663	－4.841	－7.704	－3.286
通用设备	－5.649	－3.932	－6.989	－6.810	0.202
专用设备	－4.662	－3.255	－5.505	－6.848	－0.089
交通运输设备	－1.278	－2.419	－5.750	－3.585	－0.221
电气机械和器材	－5.504	－3.184	－4.386	－6.035	－0.171
通信设备、计算机和其他电子设备	－7.893	－2.362	－5.144	－1.216	－0.214
仪器仪表	－8.218	－4.124	－4.697	－6.131	－0.011
其他轻工业	－4.582	－3.502	－1.933	－1.379	－1.677
其他重工业	－10.439	－6.005	－7.963	－9.126	－4.652
金属制品业	－5.091	－4.410	－5.784	－7.526	－2.634
其他制造产品	－10.463	－5.728	－4.706	－2.639	－1.195

从制造业领域的投资变动看，相对于基准政策情况，所有地区多数制造业投资需求表现为正增长，少数如化学产品、其他重工业等行业的

投资为负增长。以S31情景为例（见表21－5），东部地区化学产品、其他重工业投资分别下降1.0%、1.3%，而碳交易试点省份整体上分别下降0.08%、0.45%。通用设备、专用设备、交通运输设备、电气机械等高新技术产业大多表现为正向增长。另外，从区域看，东北地区中交通运输设备，通信设备、计算机和其他电子设备，食品和烟草业投资需求增长较多；东部地区中，食品和烟草业，通信设备、计算机和其他电子设备表现为较大幅度的提升；中部地区的其他轻工业、电气机械和器材、食品和烟草业增幅较大；西部地区中，增幅较大的为通信设备、计算机和其他电子设备，其他制造产品，其他轻工业。综上，相对于基准政策情景，高耗能行业投资需求显著下降，各区域高新技术行业投资需求大多得到鼓励，尤其是通信设备、计算机和其他电子设备，交通运输设备投资需求增长较为显著。

表21－5　S31情景下各区域制造业投资相对于基准政策情景变动（%）（2060年）

行业	东北	东部	中部	西部	碳交易试点地区
食品和烟草业	2.906	1.113	2.999	2.447	0.385
化学产品	－1.722	－1.013	1.176	－0.750	－0.077
通用设备	0.404	0.476	0.309	0.726	1.762
专用设备	0.231	0.024	0.351	0.751	1.779
交通运输设备	3.932	0.111	0.158	1.690	1.814
电气机械和器材	0.152	0.040	1.508	1.474	1.935
通信设备、计算机和其他电子设备	3.108	0.821	1.053	5.292	2.423
仪器仪表	－2.247	－0.447	1.039	0.384	2.949
其他轻工业	0.008	－0.295	2.723	3.610	－0.005
其他重工业	－2.220	－1.335	－0.731	－1.214	－0.452
金属制品业	0.008	－0.809	－0.013	0.079	－0.386
其他制造产品	－5.637	－1.970	0.305	4.268	－0.429

对于就业而言，表21－6直观地显示，各区域多数制造行业的就业受到负向冲击。一方面，碳减排政策倒逼传统高耗能制造行业转型，降低

了高耗能部门的劳动力需求，另一方面，智能化尤其是工业机器人的应用对现有行业内的劳动尤其是低端技能的劳动需求形成了替代。智能化对劳动的影响取决于生产率效应、替代效应以及新工作创造效应，一般而言，智能化引致的生产率效应为正，而替代效应为负，其对劳动需求的影响并不确定。这一结果表明在碳减排政策以及行业智能化水平的提升的共同作用下，多数制造行业的劳动需求受到负向冲击，化学产品、其他重工业等高耗能产业的劳动力需求在所有区域表现为负增长。相比而言，中西部欠发达地区劳动力需求受到的负面冲击相对更大，可能反映了中西部地区人力资本水平相对不高、易被智能化装备替代的事实。另外，较早实行碳交易试点的省份整体上受到的劳动力需求负面冲击较小，大多高新技术产业的劳动需求反而实现了正增长。例如，相对于基准政策情景，通用设备、专用设备、交通运输设备劳动需求分别增长2.0%、1.1%、1.0%。因此，在实现“双碳”目标和推广工业机器人应用过程中，需要认真评估其对不同区域不同制造行业的劳动力需求的不利影响，在目标收益与成本之间寻求平衡。

表 21－6　S31 情景下各区域制造业就业相对于基准政策情景变动（%）（2060 年）

行业	东北	东部	中部	西部	碳交易试点地区
食品和烟草业	0.385	－0.165	1.748	－0.770	－1.141
化学产品	－2.478	－2.122	－4.288	－0.994	－3.201
通用设备	－1.379	－1.187	－3.018	－3.519	1.969
专用设备	－0.098	－1.357	－3.075	－3.240	1.105
交通运输设备	－1.398	－0.121	－3.317	－1.439	0.963
电气机械和器材	－1.800	－1.626	－5.148	－4.082	0.115
通信设备、计算机和其他电子设备	－5.707	－3.530	－4.543	－3.510	－1.328
仪器仪表	－5.764	－5.144	－5.173	－3.942	－1.294
其他轻工业	0.014	0.198	1.607	0.944	0.658
其他重工业	－2.154	－2.591	－2.929	－0.949	－2.362
金属制品业	0.650	0.262	－0.390	－3.440	1.430
其他制造产品	1.199	2.362	2.401	3.199	4.394

第五节 结论及建议

实现2030年前碳达峰、2060年前碳中和是中国融入新时期全球产业链、构建人类命运共同体的关键抉择，将给中国经济社会带来深刻变革。从现有研究看，实现“双碳”目标主要依赖于非化石能源比重大幅提升、碳税和碳交易、终端部门电气化替代、节能减排技术、碳封存以及捕捉技术、森林碳汇等。鉴于工业部门是产业部门中碳排放的重要来源，本研究综合考虑绿色技术创新、能源效率、碳税和碳交易等手段和工具，通过构建基于中国的多区域CGE模型，设定多种政策情景研究了工业碳减排在实现“双碳”目标中的贡献，重点识别其中的实现路径。研究发现：（1）随着能源效率和绿色技术进步水平不断提升，产业结构转型加快，基准情景下，中国总体上将于2030年实现碳达峰，对应的峰值为120亿吨左右，并于2060年降至71亿吨的水平。这表明仅依靠能源效率和温和的绿色技术进步不足以实现碳中和目标。考虑将高耗能行业全面纳入碳交易市场后，碳排放峰值会继续下降，中国提前于2028年实现碳达峰，对应的峰值约为107亿吨，2060年将降至40亿吨左右的水平。（2）从行业层面看，考虑将高耗能行业全面纳入碳交易市场后，工业整体将于2029年达峰，2060年相对于2020年碳排放下降61%，工业实际减排量贡献了减排总量的54.6%，加入智能化因素会强化这一效应。本研究还对钢铁、化工、水泥、有色金属四大高耗能行业进行了重点分析。对于化工行业，整体能够于2030年前实现碳达峰，且考虑智能化转型因素后，碳达峰的峰值相对于基准情景更低，2060年约排放2亿吨二氧化碳，相较于2021年下降2/3以上。本研究认为发展绿色制造是中国实现“双碳”目标的关键所在，也是保持制造业比重基本稳定的重要途径。（3）从区域层面看，在强政策情景下，东部地区（未包含碳交易试点省份）与较早参与碳交易试点的省份将率先实现碳达峰，具体对应的峰值为27亿吨与22亿吨左右，东北地区、中部、西部地区大致于2029年实现碳达峰，对应的峰值分别为11亿吨、19亿吨、25亿吨。东部地区是实现“双碳”约束目标的主要贡献来源。（4）多数地区的制造业就业受到负面冲击，其中，中西部欠发达地区受到的负面冲击较大，但通过推动智能化可以减弱这一负面效应。此外，本研究发现，实现“双碳”目标，需要重视碳信用的关键作用，逐年制定更高的碳价，并根据各地区的生态资源禀赋以及相应的环境承载力制定区域差异性碳价。

根据上述研究结论，本研究提出如下政策启示：一是重视战略规划导向作用，完善提升绿色制造战略规划。绿色制造具有系统性、长期性、战略性。亟须围绕“双碳”总体约束目标，对整个绿色制造产业链进行重构规划，特别是对于绿色制造发展水平较为薄弱的中西部地区，制定中长期技术路线图和配套运行规范，为工业绿色制造中长期发展提供全面参考。对钢铁、化工、有色金属等高耗能行业研究以结构调整、产业升级为主线的合理需求和总量控制，提出全局性的工业绿色发展规划。

二是加强绿色自主技术创新，突破一批关键核心技术。本研究发现仅依靠温和的绿色进步不足以实现碳中和目标。需要按围绕钢铁、化工、有色金属、建材等高耗能领域，以节能环保、清洁生产、清洁能源等为重点率先突破，实施一批绿色制造重点示范项目，推进关键节能减排技术示范推广和改造升级。重点推进与生产工艺及节能环保装备相关的技术研发应用，重点研发智能、高效的清洁生产工艺。选择一批铸、锻、焊、热行业的龙头企业及若干典型地区，实施节能技术装备与应用示范工程；针对基础制造工艺缺失的关键工序开展生产工艺绿色化改造；建立数字化、柔性化、绿色高效的数字化工厂，优先在制造装备集聚地区，建立专业化的基础制造工艺中心。

三是优化绿色金融政策体系，引导资源向绿色制造倾斜。发展绿色制造需要大量投资，离不开金融资源支持。应进一步完善绿色金融政策框架和激励机制，加强绿色金融顶层设计，尽快出台“绿色金融法”，明确绿色金融范畴、基本原则、发展目标和要求、重点推进方向、保障措施等。重点支持高耗能行业应用节能高效工艺技术，鼓励制造企业进行传统能源改造，支持开发利用可再生能源。重点支持有色金属、化工等重点行业企业实施清洁化改造，尤其加大钢铁等行业超低排放改造力度。加快再制造关键工艺技术装备研发应用与产业化推广。坚持以市场为导向，探索将排污权、碳交易权等纳入抵质押担保范围。创新和推广绿色金融产品，鼓励保险机构探索创新环境污染责任保险、绿色企业环保节能设备首台（套）重大技术装备综合保险、碳保险等绿色保险产品和服务。

四是重视智能化技术的作用。人工智能已成为国际竞争的焦点。本研究发现智能化在减缓“双碳”目标对工业行业的负面冲击中发挥着重要作用。应深刻把握人工智能技术的特点和发展趋势，加快智能化的基础理论研究，在理论、方法、工具、系统上取得颠覆性突破。避免实行区域“一刀切”政策，应加大对中西部地区智能化转型的政策倾斜力度，避免区域间差距过大。培育壮大人工智能产业，促进智能化与工业特别是制造业深度融合发展，同时，注重在绿色低碳等领域培育新的经济增长点，打造竞争新优势。

五是加快构建新型电力系统。本研究同样认为，加快电气化替代也是实现“双碳”目标的重要途径之一。“双碳”目标倒逼作用下，全社会电气化水平将持续提升，需要加快推动形成以新能源为主的电力供应格局。为此，大力发展风电、太阳能、生物质能、氢能等清洁能源，加快储能技术、特高压传输技术的研发应用，打造智慧能源平台，提高电源的稳定性、电力系统的灵活性。

六是重视碳交易和碳税的搭配作用。本研究认为，固定碳税的短期减排效应更为显著，但碳交易机制的长期效果更为明显。碳交易和碳税作为常用的市场化减排工具，建议将二者结合起来统筹规划。当前，全国层面的碳市场仅纳入电力行业，需要逐步纳入更多的高耗能行业，如钢铁、化工、水泥、有色金属等，根据行业碳排放量或者碳排放强度有序扩大碳交易市场覆盖范围。此外，由于各区域所处的发展阶段不同，需要关注碳价对区域的差异性影响，尽量降低短期内碳减排政策带来的负面冲击。

参考文献

［1］陈诗一：《能源消耗、二氧化碳排放与中国工业的可持续发展》，《经济研究》2009 年第 4 期。

［2］胡鞍钢：《中国实现 2030 年前碳达峰目标及主要途径》，《北京工业大学学报》（社会科学版）2021 年第 3 期。

［3］林伯强、蒋竺均：《中国二氧化碳的环境库兹涅茨曲线预测及影

响因素分析》，《管理世界》2009 年第 4 期。

［4］林伯强、李江龙：《环境治理约束下的中国能源结构转变——基于煤炭和二氧化碳峰值的分析》，《中国社会科学》2015 年第 9 期。

［5］鲁万波、仇婷婷、杜磊：《中国不同经济增长阶段碳排放影响因素研究》，《经济研究》2013 年第 4 期。

［6］齐绍洲、林屾、崔静波：《环境权益交易市场能否诱发绿色创新？——基于我国上市公司绿色专利数据的证据》，《经济研究》2018 年第 12 期。

［7］史丹、李少林：《排污权交易制度与能源利用效率——对地级及以上城市的测度与实证》，《中国工业经济》2020 年第 9 期。

［8］史丹：《绿色发展与全球工业化的新阶段：中国的进展与比较》，《中国工业经济》2018 年第 10 期。

［9］王为东、王冬、卢娜：《中国碳排放权交易促进低碳技术创新机制的研究》，《中国人口·资源与环境》2020 年第 2 期。

［10］王文举、向其凤：《中国产业结构调整及其节能减排潜力评估》，《中国工业经济》2014 年第 1 期。

［11］王勇、王恩东、毕莹：《不同情景下碳排放达峰对中国经济的影响——基于 CGE 模型的分析》，《资源科学》2017 年第 10 期。

［12］张捷、赵秀娟：《碳减排目标下的广东省产业结构优化研究——基于投入产出模型和多目标规划模型的模拟分析》，《中国工业经济》2015 年第 6 期。

［13］张晓娣：《增长、就业及减排目标约束下的产业结构优化研究》，《中国人口·资源与环境》2014 年第 5 期。

［14］朱佩誉、凌文：《不同碳排放达峰情景对产业结构的影响——基于动态 CGE 模型的分析》，《财经理论与实践》2020 年第 5 期。

［15］Dong B. M.，W.，X.，Wei，X.，L.，Ma and P. Li，“On the Impacts of Carbon Tax and Technological Progress on China”，*Applied Economics*，No. 4，2018.

［16］Shi，B.，B.，F.，Chen M.，Qiu，and E. Anders，“Innovation Suppression and Migration Effect：The Unintentional Consequences of Environmental Regulation”，*China Economic Review*，No. 49，2018.

[17] Xu Y. and M. , Sui T. , "Local Air Pollutant Emission Reduction and Ancillary Carbon Benefits of SO_2 Control Policies: Application of AIM/CGE Model to China", *European Journal of Operational Research*, No. 1, 2009.

第二十二章

发达国家绿色低碳发展经验与政策建议

第一节　发达国家绿色低碳发展经验

一　英国绿色低碳发展经验

英国作为全球低碳经济的倡导者和先行者，其经济发展已与碳排放脱钩，率先实现了碳达峰，并朝着碳中和的目标迈进，着力解决国内碳排放和绿色转型问题，在政策制定、绿色能源、绿色制造和绿色生活方式等方面都处于领先位置。其主要措施包括：

高度重视低碳经济发展，树立战略地位并构建完善的制度体系，为绿色低碳发展提供良好的制度保障。英国将绿色低碳发展列为国家发展的重心，在一些国家为缓解经济压力而放松减排标准的情况下，英国仍然大力发展绿色低碳经济，并借此提升自己的国际影响力。2003 年，在国家能源白皮书中，英国明确宣布要通过发展与应用碳技术进行转型，争取在 2050 年成为一个低碳经济国家，同时向世界各国传授先进经验，引领绿色低碳转型。此后，英国政府推出了一系列法案与政策以应对气候变化风险与控制碳排放，例如 2008 年的《气候变化法案》，使英国成为世界上第一个为温室气体减排目标建立法案的国家，以及 2019 年对该法案目标的修正案，使英国成为世界上第一个明确净排放量为 0，并将其确定为法案的国家。此外，英国率先提出对所有工商业和工商部门征收气候变化税等相关政策，并依据相关政策减免税收，在提高企业竞争力的同时也培养了公众的绿色低碳意识。

大力发展绿色能源。英国能源产业对其经济增长的贡献度不高，尤其是近年来，能源产业的贡献度持续降低，能源消费在总体上呈现出下降趋势，能源消费结构不断得到改善。英国凭借其独特的地理优势，拥有大量的海洋资源，可以发展海上风能以及海藻能源等海洋低碳能源，优先建立了海洋能源中心和陆地风电场。英国非常重视碳排放的规划管理，并规定各种可再生能源的供应比例范围。

大力发展绿色制造。英国政府通过制定支持绿色低碳技术研发的各种政策，推动绿色低碳经济与绿色制造业发展。英国政府较多政策与举措向低碳环保企业倾斜，成立了碳信托有限公司，将气候变化税应用到产品研发与商业化等方面，实现收益的循环投入，降低能源替代成本。在专利发明等方面，英国知识产权局推出低碳技术优先权措施，促进了英国低碳技术创新与发展。

引导绿色生活方式。英国首相公开建议政府官员使用低碳环保汽车，一些组织发挥社会作用，宣传绿色低碳经济的重要性等相关知识，逐步引导社会群众生活方式向绿色低碳方向转变。政府鼓励民众主动改造房屋内的耗能设备，安装绿色低碳设备倡导绿色消费和绿色环保产品。英国很多制造产业也积极承担自身的社会责任，将国家的低碳经济计划融入到公司自身发展目标中，降低碳排放。

二 德国绿色低碳发展经验

德国绿色低碳发展经验主要集中在以下四个方面：能源转型、绿色建筑、绿色交通和循环经济。

在能源转型方面，1991 年德国颁布了《德国电力供应法》，明确了部分清洁能源行业的贷款、补贴等优惠财政政策，是德国可再生能源发展的立法开端，2000 年，德国首次颁布《可再生能源法》，之后根据执行情况和效果对其进行了多次修改与完善，该法案的核心内容是对可再生能源产业提供资金补贴和政策倾斜，包括对可再生能源企业提供长期固定补贴，设置上网电力保护价格，补贴分担等，德国电力行业的可再生能源的净发电量也从 2000 年的 6. 3% 增加到 2014 年的 30%。德国充分发挥市场机制的作用，在 2017 年引入了竞拍机制，利用市场机制来确定绿色电能价格，在 2021 年全面启动了国家碳排放交易系统，并且计划逐年提高碳定价，利用市场来激励技术创新，提高生产效率，降低温室气体的排放，促进可再生能源稳步发展。

在绿色建筑方面，德国政府十分重视建筑和住房的节能减排，2022年，联邦政府拨款55亿欧元用于支持建筑和住房领域的绿色建设。政府鼓励建筑业采用可再生能源，2020年，颁布《建筑能源法》明确要求建筑物一定比例的供暖、制冷能耗必须由可再生能源提供。德国重视雨水的回收利用，通过经济手段鼓励公共建筑和居民对雨水进行收集利用，对没有雨水利用设施的建筑征收额外的“雨水费”。德国政府还推出了一系列的绿色建筑激励政策，例如复兴信贷银行（KFW）为建筑节能及节能改造提供低利率信贷优惠政策，联邦政府也会为节能建筑和节能改造提供免税支持。德国自1999年起便实施环境税改革，一方面，提高能源价格，另一方面将征收税额的90%通过降低缴纳退休费方式返还给居民和企业，在不过度加重民众负担的前提下提高社会节能意识。

在绿色交通方面，德国联邦政府采用财政补贴与税收政策相结合的激励约束机制推动绿色交通发展。2020年，德国政府出台总价值为1300亿欧元的经济复苏计划，其中500亿欧元用于支持电动交通、氢能、铁路交通等领域的绿色发展建设。计划到2030年德国政府将会投入860亿欧元对铁路的基础设施进行改造升级。从2019年11月起，德国政府对购买电动汽车的消费者最高给予6000欧元补贴。同时德国政府还通过税收政策引导居民生活方式的绿色转变，2020年德国政府将长途火车票价的增值税从19%永久性地降低到7%，鼓励居民火车出行。联邦政府对2021年以后购买的燃油车征收基于公里碳排放的车辆税，扩大电动汽车市场。

在循环经济方面，德国资源相对匮乏，非常注重资源的可持续利用，联邦政府从立法、观念、技术等方面为循环经济提供全方位的保障。德国政府构建了较为完善的环境保护法规，1972年颁布的《废弃物处置法》是循环经济的法律开端，1994年颁布的《循环经济与废弃物法》将资源闭路循环的循环经济思想推广到所有生产部门，完整的法律体系让各社会主体在废弃物处理过程中有章可循。德国也是最早推行环保标识的国家，通过环保标识来提升居民的环保意识，同时德国教育部门将环境教育纳入到德国中、小学的义务教育范畴中，积极培养青少年的绿色观念。德国大力支持绿色技术创新，将循环经济纳入到工业发展战略中去，通过设立产业基金的方式，促进材料节约型和资源节约型的循环经济技术研发。

三 日本绿色低碳发展经验

受地理环境和资源禀赋等自然条件的制约，全球气候变化对于日本的影响远大于世界上其他国家。从20世纪50年代开始，日本经济迅速崛起，但是早期推动重工业发展的模式，不仅使日本经济对传统化石能源的依赖性越来越强，而且也导致了较为严重的环境污染和生态破坏问题。20世纪50年代，严重的环境污染引发了“四大公害病”，日本民众深受其害，70年代排烟和排水的严重污染又引发了大面积的疾病，一系列的环境问题使日本政府开始注重绿色低碳发展。2013年，日本已全面实现碳达峰。

较为完备的法律法规和政策体系是日本绿色低碳发展的基础。20世纪70年代，日本出台了《公害对策基本法》《自然环境保护法》《水质污染法》等推动环境污染治理，公布《节能法》《废弃物处理及清扫法》《再生资源利用促进法》等提高能源利用效率，促进资源循环利用。90年代，日本政府颁布《环境基本法》，该法也被称为“环境法令中的宪法”，确立了减少资源消耗、消解环境负担的基本方针。2000年，日本颁布《建立循环型社会基本法》，标志着日本正式将发展循环经济、构建循环社会确立为发展目标。2001年，颁布的《循环型社会推进基本法》。除此之外，日本在食品再利用、机动车再利用、容器包装回收、家电回收、建筑回收等领域也出台了相关的具体法案。2004年，日本宣布要建设成为低碳型国家，此后在碳减排领域出台了较多政策。2006年，日本出台《新国家能源战略报告》，推动能源结构调整，2008年制订《环境能源技术革新计划》，提出要开发利用新一代太阳能、地热等发电技术。2010年颁布的《气候变暖对策基本法案》明确提出2020年和2050年的碳减排目标。2012年日本参议院通过了《城市低碳化促进法》推动构建低碳城市。此后，日本在能源革新、氢能、节能技术等领域又出台了相应的发展战略，来助力绿色低碳发展。2020年，日本提出《碳中和绿色增长战略》，2021年又将其更新为《2050碳中和绿色增长战略》，指出要加快能源和工业部门的结构转型，同时通过财政政策和加强监管等措施助力产业结构和经济社会实现转型。

推动绿色技术发展是日本绿色低碳发展的重要动力。在石油危机发生后，日本更加意识到提高可再生能源在能源结构占比的重要性，积极发展海上风电、核能发电、光伏发电、氢能等新能源技术进行能源结构调整。同时，日本新能源政策对于电力公司总销售电量中新能源发电销售量占比做出了强制性的规定。在碳减排上，日本积极发展低碳技术，通过提升能效、实施清洁能源替代、提高资源回收利用率等降低了重点行业的碳排放。此外，为了引导企业进行绿色技术创新，日本在财政政策上运用税收、补贴等手段给予企业优惠，充分调动市场机制提升企业绿色创新的积极性，取得了较好的成果。

强化政府监管职责是日本绿色低碳发展的重要保障。为了全面监督管理企业执行日本制定的节能环保标准，日本实行了上到首相，下到各县的经济产业局自上而下的管理模式，如此，完整的政府监督管理链条对于企业的节能环保起到了较大的约束作用，使得节能环保标准达到了良好的实施效果。在推进再生资源产业发展的过程中，日本不断明确和强化不同政府部门的管理职责和职能，同时建立起了各政府部门之间良好的分工协作关系，为再生资源产业发展提供重要保障。

第二节　政策建议

一　积极推行创新驱动发展战略

创新是引领发展的第一动力。绿色创新兼具环境友好和经济效益提升的双重价值。一方面，绿色创新可以改进生产工艺，降低资源消耗水平，提高绿色全要素生产率，从而减少污染物排放，促进环境效益提升；另一方面，绿色创新能够使企业节约生产资源，降低生产成本，创新绿色产品，进而增强企业的市场竞争力和提升经济效益。绿色创新是新时代经济高质量发展和绿色低碳转型的重要内生力量，中国要实现绿色低碳发展，关键还是要依赖于绿色创新。

一是着力营造良好的绿色创新环境。首先，政府要加强体制和机制创新，积极构建完善的绿色创新政策支撑体系，培养企业的绿色创新意识与社会责任感，并且制定严格的环境规制，加大环保监管处罚力度，倒逼企业进行绿色技术研发；其次，畅通企业间、行业间绿色技术的交流渠道，为绿色技术搭建信息交流平台，提高绿色创新资源的共享与交流水平，进一步鼓励企业与科研所、高等院校实现合作共赢；最后，充分重视知识产权保护对于企业绿色创新效率提升的促进作用，完善绿色技术知识产权保护的相关法律法规建设，进一步加强知识产权保护力度，营造重视知识产权保护的良好社会氛围，提高绿色创新主体的维权意识，为企业进行绿色技术研发提供制度保障，从而激发企业的绿色创新活力。

二是培育壮大绿色技术创新主体，激发市场创新活力。企业是实现绿色创新的重要市场主体，政府要致力于制定并逐步完善绿色技术创新企业认定标准规范，一方面，鼓励大型龙头企业积极进行绿色技术研发，并发挥行业示范引领作用，带动周边企业共同创新发展；另一方面，积极扶持创新型中小微企业，鼓励中小微企业承担大型绿色创新项目，财政上通过税收优惠、政府补助等方式加大对绿色低碳技术研发的支持力度，引导金融机构创新金融产品缓解中小微企业的融资压力，工业部门是产业部门中碳排放的重要来源，应加大对工业企业绿色技术创新的财政倾斜力度，促进工业企业自主创新和绿色低碳转型。

三是以市场需求为导向，发挥市场在绿色创新资源配置中的决定作用。目前，由于企业的创意和产品与市场需求匹配度不高，使得绿色创新成果难以转化为市场价值，企业创新产出无法弥补创新投入，已经成为阻碍企业积极进行绿色技术创新的重要因素。因此，要推进绿色低碳发展，必须充分发挥市场导向作用，坚持以市场需求为导向，发挥市场对技术研发方向、路径选择、要素价格和各类创新要素配置的引导作用，政府要从体制改革、载体建设、制度安排、政策完善等方面，建立一套绿色技术创新的高质量支撑体系，促进绿色技术、绿色资本、绿色产业的有效对接，有序淘汰落后产能。

二 推动制造业与服务业高质量融合发展

一是营造有利于两业融合发展的良好环境。制造业与服务业进一步深度融合的前提在于良好的政策环境与市场环境，在政策环境上，建议加快健全与产业融合相配套的政策体系、标准体系和制度保障，依法保障各类市场主体公平竞争，对国有企业、民营企业、外资企业、大型企业、中小微企业一视同仁，消除政策歧视、规模歧视和所有制歧视，消除地区壁垒、部门壁垒、产业壁垒，为制造业与服务业融合发展提供条件；在市场环境上，完善市场机制，加快形成全国统一开放、竞争有序的市场体系，充分发挥市场在促进制造业与服务业融合发展过程中的决定性作用。

二是加快推进制造业与服务业企业双向融合转型进程。制造业与服务业的融合，主要包括制造业服务化和服务业制造化两个方面，制造业服务化指的是制造业企业依据自身优势转型成为专业服务企业，服务业制造化则指的是服务企业作为制造业的中间投入为制造业提供服务。在制造业服务化上，建议利用现行的生产型服务业收入以及制造业收入相关税收政策推动中大型规模的制造企业逐步转型为服务企业，鼓励中大型制造业开展总承包业务，由单一加工逐步延伸至独立研发、品牌营销等工作当中，探索新的生产经营管理模式，推动企业实现由单一的“生产型制造”向综合的“服务型制造”转变。而服务业制造化关键在于发展服务反向制造，从用户需求中产生生产订单，鼓励服务业企业通过品牌授权、贴牌生产、连锁经营等方式嵌入制造业企业，拓展产业增长空间和增值能力。

三是注重发挥数字技术在两业间的“黏合剂”作用。数字技术通过技术进步和平台媒介两种方式，突破生产壁垒，实现多渠道信息联通，促进制造业与服务业融合高效发展。制造业与服务业融合过程中企业要抢抓数字经济革命机遇，加快推动云计算、大数据、人工智能等数字技术在研发设计、加工制造、运营管理和售后服务等制造业诸环节的渗透和应用，加快产品服务、生产方式和商业模式创新，提升自身适应新的客户需求和市场形势变化的能力；政府要加快推进网络信息平台建设，使得各行业能够通过平台精确获取信息，实现产品或服务的匹配和优化，创造个性化定制、精准化服务等产业新模式，提高制造业的服务水平。

三　推动数字经济与实体经济融合，发挥数字技术在绿色低碳发展中的作用

一是推进数字经济产业化与传统产业数字化转型升级。数字经济是基于数字技术的不断创新，将数字技术广泛应用于生产行业，尤其是制造业等工业领域，可以有效提升资源利用效率，以降低二氧化碳与污染物排放。一方面，通过对传统制造业等工业领域进行改造，提高生产行

业的数字化与智能化水平，以提升能效与生产效率；另一方面，在交通和物流等生产与生活领域建立大数据平台，减少通行里程与道路堵塞等问题，降低生产与生活等领域的碳排放量与单位能耗，促进绿色低碳发展。

二是政府相关职能部门应当完善体制机制，为数字经济赋能工业营造良好的外部环境。数字经济时代产生大量的数据要素，为优化资源配置效率与提升绿色全要素生产率提供了新的契机。但是，由于缺乏数据要素的保障体制机制，数据要素在企业间的流动受到极大的限制。因此，政府职能部门应当通过完善法律法规等体制机制，有针对性地对数据要素进行确权，加强数字技术与数据要素等资产的知识产权保护，完善数据交易与数据流通制度，加强数字技术企业与传统产业部门企业的全面对接。

三是推进数字经济高质量发展。中国数字经济发展迅速，数字经济快速发展为其他经济各领域带来了规模效应和范围经济，促进了传统行业的数字化转型，以帮助其他行业优化能源消耗，有助于企业实现绿色低碳的经营目标。然而，数字经济快速发展是以数字网络基站、大数据中心与区块链技术等广泛应用为支撑，本身又带来了大量的能源消耗，这对于中国绿色低碳发展会带来不利影响。因此，中国在发展数字经济的过程中要避免粗放式的增长模式，注重减排技术在数字经济行业中的应用，降低数字经济行业自身的能源消耗，从而促进数字经济高质量发展。

四是加强数字经济与企业绿色创新的融合程度，提高企业绿色技术水平。要充分发挥数据要素与数字技术在企业绿色创新过程中起到的作用。一方面，金融机构要加强数字技术在金融服务的应用范围与广度，根据市场需求推出多样化的数字金融产品。与此同时，政府机构应当采取措施激励商业银行开展绿色信贷服务，支持企业开展绿色技术研发。另一方面，要完善绿色技术交易相关的法律制度和产权制度，充分利用数字技术推广企业绿色技术创新成果，推进绿色创新技术在制造业和农业等不同领域应用范围，从而促进绿色低碳发展。此外，随着数字技术与企业绿色创新融合程度的加深，会提高绿色创新高素质人才的需求，需要加强绿色人才队伍建设，以吸纳更多高质量创新型人才进入企业绿色创新部门。

四　推动工业部门为实现“双碳”目标做出更大贡献

一是把全面推行绿色制造作为工业领域“双碳”工作重要抓手。发展绿色制造是从源头减少碳排放的重要手段，也是保持制造业比重基本稳定的重要途径。在政府层面，支持地方、行业确定本地区、本行业的绿色制造、智能制造标杆企业，开展绿色认证、智能认证和星级评价，对绿色制造企业进行动态管理，建立有进有出的动态调整机制；加大对绿色制造的财政投入，统筹整合利用转型升级、节能减排、污染防治、产业退出等各类财政支出政策，重点向绿色制造技术改造倾斜。在企业层面，引进专业领域人才，开发推广具备能源高效利用、污染减量化、废弃物资源化利用等功能的绿色工艺技术和装备，提升化石能源利用效率，加快促进太阳能、风能、氢气、植物油、天然气发动机等新能源技术的应用，尽快实现清洁能源替代。

二是健全碳市场体系建设，进一步推动高耗能企业加入碳市场交易。将高耗能行业全面纳入碳交易市场，不仅有助于降低碳排放峰值，而且有助于中国提前实现碳达峰。目前中国碳市场交易对象主要集中于发电行业重点排放单位，下一步应逐步将石化、化工、建材、有色、造纸、航空等高排放行业纳入，壮大市场交易主体，提高市场交易活力；不断完善碳交易金融体系建设，创新碳市场交易品种，进一步丰富碳期货、碳期权、碳债券等碳金融衍生品，以提升中国碳市场的活跃度。

三是深化绿色制造国际合作交流水平。推动建设绿色制造国际伙伴关系，着力搭建更高水平的国际工业低碳技术交流平台，拓宽交流渠道，学习交流国内外绿色制造技术最新研究成果，研讨绿色制造工艺技术与装备发展趋势、污染防治和环境保护系统解决方案等，引进国际先进的绿色制造技术，鼓励企业积极参与国际绿色制造合作，通过海外投资、并购等方式加快绿色核心技术积累，从而促进工业绿色发展整体水平显著提升。

后　记

推进新型工业化，是以习近平同志为核心的党中央从党和国家事业全局出发，着眼全面建成社会主义现代化强国作出的战略部署，具有重大的现实意义和深远的历史意义。自党中央提出新型工业化以来，中国社科院工业经济研究所组织力量积极开展研究，发表了一系列成果。本书《新型工业化与实施路径研究》是在研究阐释党的十九届五中全会精神国家社会科学基金重大项目“推进新型工业化与经济体系优化升级研究”的成果基础上完成的。为了高质量完成本书编著，课题组成员查阅了大量文献，并多次调研获得一手资料，期间还得到了众多学者、专家的大力支持，在此表示衷心的感谢。

在本书编著过程中，我们深感学术研究没有止境，尽管付出了大量时间和精力，但难免有不足之处，恳请广大读者批评指正。参与本书编写的课题组人员有：李晓华、李鹏飞、渠慎宁、江飞涛、邓洲、张成、孙光林、李鹏、赵剑波、许明、方晓霞、孙天阳、黄娅娜、赵婷、惠炜、陈素梅、叶云岭、周麟、林博、寇冬雪。

感谢课题组成员的大力协作，感谢中国社会科学出版社的领导和编辑老师们的精心编校和大力支持。

希望本书能够为广大学界同仁和读者提供有益参考，推动新型工业化的研究持续深入。

史　丹

2023 年 12 月